1] Lehrausgaben Deutscher Gesetze [1
herausgegeben von
Professor Dr. O. Bühler, Münster i. W.

Bürgerliches Gesetzbuch
und Einführungsgesetz

Von

Dr. Fritz Schulz

ord. Professor der Rechte an der Universität Bonn

Zweite Auflage

Berlin und Leipzig 1931

Walter de Gruyter & Co.

vormals G. J. Göschen'sche Verlagshandlung — J. Guttentag, Verlagsbuchhandlung — Georg Reimer — Karl J. Trübner — Veit & Comp.

1] Lehrausgaben Deutscher Gesetze [1

herausgegeben von

Professor Dr. O. Bühler, Münster i. W.

Bürgerliches Gesetzbuch
und Einführungsgesetz

Von

Dr. Fritz Schulz

ord. Professor der Rechte an der Universität Bonn

Berlin und Leipzig 1931

Walter de Gruyter & Co.

vormals G. J. Göschen'sche Verlagshandlung — J. Guttentag, Verlagsbuchhandlung — Georg Reimer — Karl J. Trübner — Veit & Comp.

Vorwort.

Die vorliegende Lehrausgabe des Bürgerlichen Gesetzbuchs will zum Lesen des Gesetzbuchs erziehen. Sie ist daher eine Textausgabe, denn Anmerkungen erschweren Übersicht und Einsicht in den Zusammenhang der einzelnen Vorschriften; sie stellt aber durch kurze Überschriften über den Paragraphen die Disposition der einzelnen Abschnitte des Gesetzes klar. Daß in diesen Überschriften häufig die gemeinrechtliche Terminologie verwandt worden ist, geschah nicht allein aus geschichtlichen Rücksichten, sondern vor allem, um den Studierenden auch auf diesem Wege mit der internationalen Rechtssprache bekanntzumachen.

Der Text gründet sich auf den Druck des Bürgerlichen Gesetzbuchs im Reichsgesetzblatt 1896; nur die alte Rechtschreibung ist nicht festgehalten. Die späteren Änderungen sind selbstverständlich vollständig berücksichtigt, insbesondere sind zum ersten Male die im Übergangsgesetz vom 4. März 1919 und im Art. 179 der Reichsverfassung vorgeschriebenen Änderungen folgerecht im Gesetzestexte durchgeführt worden. Wo die späteren Änderungen den ursprünglichen Text nur einfach beseitigten, ist dieser stehen gelassen, aber in kleinerem Druck wiedergegeben worden. In allen anderen Fällen gibt die Ausgabe lediglich den jetzt geltenden Text. Bei jeder Änderung ist in der Anmerkung das ändernde Gesetz angegeben.

Das Einführungsgesetz ist nur in seinem ersten Abschnitt mit Überschriften versehen worden. Die Art. 34—51 sind nicht abgedruckt worden: die hier vorgesehenen Änderungen von Reichsgesetzen sind längst in den neueren Ausgaben dieser Gesetze berücksichtigt; niemand wird sie heute noch im Einführungsgesetz zum Bürgerlichen Gesetzbuch suchen. In den Abschnitten 3 und 4 des EG. sind aufgehobene Artikel, sofern es sich nicht um wenige kurze Sätze handelte, einfach gestrichen worden; in der Anmerkung ist auch hier das aufhebende Gesetz angegeben.

Von Nebengesetzen sind ausschließlich aufgenommen worden die drei mit dem Bürgerlichen Gesetzbuch im engsten Zusammenhange stehenden Verordnungen über den Viehkauf, das Erbbaurecht und den Fund.

Bonn a. Rh., im Oktober 1930.

Fritz Schulz.

Inhaltsübersicht.

			Seite
Vorwort			III

Bürgerliches Gesetzbuch[1]).

Erstes Buch. Allgemeiner Teil.

Erster Abschnitt. Personen			
Erster Titel. Natürliche Personen	§§	1—20	1
Zweiter Titel. Juristische Personen	§§	21—89	
I. Vereine			
1. Allgemeine Vorschriften	§§	21—54	5
2. Eingetragene Vereine	§§	55—79	13
II. Stiftungen	§§	80—88	18
III. Juristische Personen des öffentlichen Rechtes	§	89	20
Zweiter Abschnitt. Sachen	§§	90—103	20
Dritter Abschnitt. Rechtsgeschäfte			
Erster Titel. Geschäftsfähigkeit	§§	104—115	23
Zweiter Titel. Willenserklärung	§§	116—144	26
Dritter Titel. Vertrag	§§	145—157	32
Vierter Titel. Bedingung. Zeitbestimmung	§§	158—163	34
Fünfter Titel. Vertretung. Vollmacht	§§	164—181	36
Sechster Titel. Einwilligung. Genehmigung	§§	182—185	40
Vierter Abschnitt. Fristen. Termine	§§	186—193	41
Fünfter Abschnitt. Verjährung	§§	194—225	43
Sechster Abschnitt. Ausübung der Rechte. Selbstverteidigung. Selbsthilfe	§§	226—231	52
Siebenter Abschnitt. Sicherheitsleistung	§§	232—240	53

[1]) Dieses Inhaltsverzeichnis enthält alle Überschriften des amtlichen Textes. (Der Ausgabe im Reichsgesetzblatt ist ein Inhaltsverzeichnis nicht beigegeben.) Alle anderen Überschriften der folgenden Ausgabe (die links über den Paragraphen angebracht sind) stammen von dem Herausgeber.

II*

Inhaltsübersicht.

			Seite
Zweites Buch. Recht der Schuldverhältnisse.			
Erster Abschnitt. Inhalt der Schuldverhältnisse			
Erster Titel. Verpflichtung zur Leistung	§§	241—292	55
Zweiter Titel. Verzug des Gläubigers	§§	293—304	66
Zweiter Abschnitt. Schuldverhältnisse aus Verträgen			
Erster Titel. Begründung. Inhalt des Vertrags	§§	305—319	68
Zweiter Titel. Gegenseitiger Vertrag	§§	320—327	71
Dritter Titel. Versprechen der Leistung an einen Dritten	§§	328—335	74
Vierter Titel. Draufgabe. Vertragsstrafe	§§	336—345	76
Fünfter Titel. Rücktritt	§§	346—361	78
Dritter Abschnitt. Erlöschen der Schuldverhältnisse			
Erster Titel. Erfüllung	§§	362—371	81
Zweiter Titel. Hinterlegung	§§	372—386	82
Dritter Titel. Aufrechnung	§§	387—396	85
Vierter Titel. Erlaß	§	397	87
Vierter Abschnitt. Übertragung der Forderung	§§	398—413	88
Fünfter Abschnitt. Schuldübernahme	§§	414—419	91
Sechster Abschnitt. Mehrheit von Schuldnern und Gläubigern	§§	420—432	93
Siebenter Abschnitt. Einzelne Schuldverhältnisse			
Erster Titel. Kauf. Tausch.			
I. Allgemeine Vorschriften	§§	433—458	95
II. Gewährleistung wegen Mängel der Sache	§§	459—493	
III. Besondere Arten des Kaufes.			101
1. Kauf nach Probe. Kauf auf Probe	§§	494—496	108
2. Wiederkauf	§§	497—503	109
3. Vorkauf	§§	504—514	110
IV. Tausch	§	515	113
Zweiter Titel. Schenkung	§§	516—534	113
Dritter Titel. Miete. Pacht.			
I. Miete	§§	535—580	117
II. Pacht	§§	581—597	128
Vierter Titel. Leihe	§§	598—606	132
Fünfter Titel. Darlehen	§§	607—610	134
Sechster Titel. Dienstvertrag	§§	611—630	135
Siebenter Titel. Werkvertrag	§§	631—651	140
Achter Titel. Mäklervertrag	§§	652—656	145
Neunter Titel. Auslobung	§§	657—661	146

Inhaltsübersicht.

			Seite
Zehnter Titel. Auftrag	§§	662—676	147
Elfter Titel. Geschäftsführung ohne Auftrag	§§	677—687	150
Zwölfter Titel. Verwahrung	§§	688—700	152
Dreizehnter Titel. Einbringung von Sachen bei Gastwirten	§§	701—704	155
Vierzehnter Titel. Gesellschaft	§§	705—740	156
Fünfzehnter Titel. Gemeinschaft	§§	741—758	164
Sechzehnter Titel. Leibrente	§§	759—761	167
Siebzehnter Titel. Spiel. Wette	§§	762—764	168
Achtzehnter Titel. Bürgschaft	§§	765—778	169
Neunzehnter Titel. Vergleich	§	779	172
Zwanzigster Titel. Schuldversprechen. Schuldanerkenntnis	§§	780—782	173
Einundzwanzigster Titel. Anweisung	§§	783—792	173
Zweiundzwanzigster Titel. Schuldverschreibung auf den Inhaber	§§	793—808	175
Dreiundzwanzigster Titel. Vorlegung von Sachen	§§	809—811	180
Vierundzwanzigster Titel. Ungerechtfertigte Bereicherung	§§	812—822	180
Fünfundzwanzigster Titel. Unerlaubte Handlungen	§§	823—853	183

Drittes Buch. Sachenrecht.

Erster Abschnitt. Besitz	§§	854—872	192
Zweiter Abschnitt. Allgemeine Vorschriften über Rechte an Grundstücken	§§	873—902	195
Dritter Abschnitt. Eigentum			
Erster Titel. Inhalt des Eigentums	§§	903—924	202
Zweiter Titel. Erwerb und Verlust des Eigentums an Grundstücken	§§	925—928	208
Dritter Titel. Erwerb und Verlust des Eigentums an beweglichen Sachen.			
I. Übertragung	§§	929—936	209
II. Ersitzung	§§	937—945	211
III. Verbindung. Vermischung. Verarbeitung	§§	946—952	212
IV. Erwerb von Erzeugnissen und sonstigen Bestandteilen einer Sache	§§	953—957	214
V. Aneignung	§§	958—964	215
VI. Fund	§§	965—984	216
Vierter Titel. Ansprüche aus dem Eigentume	§§	985—1007	221
Fünfter Titel. Miteigentum	§§	1008—1011	226

Inhaltsübersicht.

Seite

Vierter Abschnitt. Erbbaurecht . . . . §§ 1012—1017 227

Fünfter Abschnitt. Dienstbarkeiten

Erster Titel. Grunddienstbarkeiten . . . . §§ 1018—1029 228

Zweiter Titel. Nießbrauch.

I. Nießbrauch an Sachen . . . . §§ 1030—1067 231

II. Nießbrauch an Rechten . . . . §§ 1068—1084 238

III. Nießbrauch an einem Vermögen . . . . . . §§ 1085—1089 242

Dritter Titel. Beschränkte persönliche Dienstbarkeiten §§ 1090—1093 243

Sechster Abschnitt. Vorkaufsrecht . . . . §§ 1094—1104 244

Siebenter Abschnitt. Reallasten . . . . §§ 1105—1112 246

Achter Abschnitt. Hypothek. Grundschuld. Rentenschuld.

Erster Titel. Hypothek . . . . §§ 1113—1190 248

Zweiter Titel. Grundschuld. Rentenschuld.

I. Grundschuld . . . . §§ 1191—1198 267

II. Rentenschuld . . . . §§ 1199—1203 268

Neunter Abschnitt. Pfandrecht an beweglichen Sachen und an Rechten

Erster Titel. Pfandrecht an beweglichen Sachen . . §§ 1204—1272 269

Zweiter Titel. Pfandrecht an Rechten . . . . . . §§ 1273—1296 282

Viertes Buch. Familienrecht.

Erster Abschnitt. Bürgerliche Ehe

Erster Titel. Verlöbnis . . . . §§ 1297—1302 287

Zweiter Titel. Eingehung der Ehe . . . . §§ 1303—1322 289

Dritter Titel. Nichtigkeit und Anfechtbarkeit der Ehe §§ 1323—1347 294

Vierter Titel. Wiederverheiratung im Falle der Todeserklärung . . . . §§ 1348—1352 299

Fünfter Titel. Wirkungen der Ehe im allgemeinen §§ 1353—1362 300

Sechster Titel. Eheliches Güterrecht.

I. Gesetzliches Güterrecht.

1. Allgemeine Vorschriften . . . . §§ 1363—1372 303

2. Verwaltung und Nutznießung . . . . §§ 1373—1409 305

3. Schuldenhaftung . . . . §§ 1410—1417 312

4. Beendigung der Verwaltung und Nutznießung §§ 1418—1425 314

5. Gütertrennung . . . . §§ 1426—1431 316

		Seite
II. Vertragsmäßiges Güterrecht.		
1. Allgemeine Vorschriften	§§ 1432—1436	318
2. Allgemeine Gütergemeinschaft	§§ 1437—1518	319
3. Errungenschaftsgemeinschaft	§§ 1519—1548	338
4. Fahrnisgemeinschaft	§§ 1549—1557	344
III. Güterrechtsregister	§§ 1558—1563	346
Siebenter Titel. Scheidung der Ehe	§§ 1564—1587	347
Achter Titel. Kirchliche Verpflichtungen	§ 1588	353
Zweiter Abschnitt. Verwandtschaft		
Erster Titel. Allgemeine Vorschriften	§§ 1589—1590	353
Zweiter Titel. Eheliche Abstammung	§§ 1591—1600	354
Dritter Titel. Unterhaltspflicht	§§ 1601—1615	356
Vierter Titel. Rechtliche Stellung der ehelichen Kinder.		
I. Rechtsverhältnis zwischen den Eltern und dem Kinde im allgemeinen	§§ 1616—1625	360
II. Elterliche Gewalt	§ 1626	362
1. Elterliche Gewalt des Vaters	§§ 1627—1683	362
2. Elterliche Gewalt der Mutter	§§ 1684—1698	374
Fünfter Titel. Rechtliche Stellung der Kinder aus nichtigen Ehen	§§ 1699—1704	377
Sechster Titel. Rechtliche Stellung der unehelichen Kinder	§§ 1705—1718	378
Siebenter Titel. Legitimation unehelicher Kinder.		
I. Legitimation durch nachfolgende Ehe	§§ 1719—1722	382
II. Ehelichkeitserklärung	§§ 1723—1740	382
Achter Titel. Annahme an Kindes Statt	§§ 1741—1772	386
Dritter Abschnitt. Vormundschaft		
Erster Titel. Vormundschaft über Minderjährige.		
I. Anordnung der Vormundschaft	§§ 1773—1792	392
II. Führung der Vormundschaft	§§ 1793—1836	397
III. Fürsorge und Aufsicht des Vormundschaftsgerichts	§§ 1837—1848	409
IV. Mitwirkung des Gemeindewaisenrats	§§ 1849—1851	412
V. Befreite Vormundschaft	§§ 1852—1857	412
VI. Familienrat	§§ 1858—1881	414
VII. Beendigung der Vormundschaft	§§ 1882—1895	418
Zweiter Titel. Vormundschaft über Volljährige	§§ 1896—1908	421
Dritter Titel. Pflegschaft	§§ 1909—1921	423

Inhaltsübersicht.

Seite

Fünftes Buch. Erbrecht.

Erster Abschnitt. Erbfolge . . . . §§ 1922—1941 427

Zweiter Abschnitt. Rechtliche Stellung des Erben

Erster Titel. Annahme und Ausschlagung der Erbschaft. Fürsorge des Nachlaßgerichts . . . . . §§ 1942—1966 431

Zweiter Titel. Haftung des Erben für die Nachlaßverbindlichkeiten.

I. Nachlaßverbindlichkeiten . . . . §§ 1967—1969 436

II. Aufgebot der Nachlaßgläubiger . . . . §§ 1970—1974 437

III. Beschränkung der Haftung des Erben . . . . §§ 1975—1992 438

IV. Inventarerrichtung. Unbeschränkte Haftung des Erben . . . . §§ 1993—2013 442

V. Aufschiebende Einreden. . . . . §§ 2014—2017 447

Dritter Titel. Erbschaftsanspruch . . . . §§ 2018—2031 448

Vierter Titel. Mehrheit von Erben.

I. Rechtsverhältnis der Erben untereinander . . §§ 2032—2057 451

II. Rechtsverhältnis zwischen den Erben und den Nachlaßgläubigern . . . . §§ 2058—2063 457

Dritter Abschnitt. Testament

Erster Titel. Allgemeine Vorschriften . . . . §§ 2064—2086 458

Zweiter Titel. Erbeinsetzung . . . . §§ 2087—2099 463

Dritter Titel. Einsetzung eines Nacherben . . . . . §§ 2100—2146 465

Vierter Titel. Vermächtnis . . . . §§ 2147—2191 476

Fünfter Titel. Auflage . . . . §§ 2192—2196 486

Sechster Titel. Testamentsvollstrecker . . . . §§ 2197—2228 487

Siebenter Titel. Errichtung und Aufhebung eines Testaments . . . . §§ 2229—2264 494

Achter Titel. Gemeinschaftliches Testament . . . . §§ 2265—2273 502

Vierter Abschnitt. Erbvertrag . . . . §§ 2274—2302 504

Fünfter Abschnitt. Pflichtteil . . . . §§ 2303—2338 511

Sechster Abschnitt. Erbunwürdigkeit . . . . . §§ 2339—2345 520

Siebenter Abschnitt. Erbverzicht . . . . §§ 2346—2352 522

Achter Abschnitt. Erbschein . . . . §§ 2353—2370 523

Neunter Abschnitt. Erbschaftskauf . . . . . . §§ 2371—2385 528

Inhaltsübersicht.

Seite

Einführungsgesetz

Erster Abschnitt. Allgemeine Vorschriften 532

Zweiter Abschnitt. Verhältnis des Bürgerlichen Gesetzbuchs zu den Reichsgesetzen 539

Dritter Abschnitt. Verhältnis des Bürgerlichen Gesetzbuchs zu den Landesgesetzen 540

Vierter Abschnitt. Übergangsvorschriften. 558

Anhang

1. Verordnung, betr. die Hauptmängel und Gewährfristen beim Viehhandel, vom 27. März 1889 573
2. Verordnung über das Erbbaurecht vom 15. Januar 1919 575
3. Bekanntmachung des Bundesrats vom 16. Juni 1898 586

Sachverzeichnis 587

Bürgerliches Gesetzbuch.

Vom 18. August 1896 (RGBl. 1896 S. 195ff.)[1].

Erstes Buch.

Allgemeiner Teil.

Erster Abschnitt. Personen.

Erster Titel. Natürliche Personen.

1. Beginn der Rechtsfähigkeit.

§ 1.

Die Rechtsfähigkeit des Menschen beginnt mit der Vollendung der Geburt.

2. Beginn der Volljährigkeit (§§ 2—5).

a) Lebensalter.

§ 2.

Die Volljährigkeit tritt mit der Vollendung des einundzwanzigsten Lebensjahrs ein.

b) Volljährigkeitserklärung (§§ 3—5).

§ 3.

Ein Minderjähriger, der das achtzehnte Lebensjahr vollendet hat, kann durch Beschluß des Vormundschaftsgerichts für volljährig erklärt werden.

Durch die Volljährigkeitserklärung erlangt der Minderjährige die rechtliche Stellung eines Volljährigen.

§ 4.

Die Volljährigkeitserklärung ist nur zulässig, wenn der Minderjährige seine Einwilligung erteilt.

Steht der Minderjährige unter elterlicher Gewalt, so ist auch die Einwilligung des Gewalthabers erforderlich, es sei denn, daß diesem weder die Sorge für die Person noch die Sorge für das Vermögen des Kindes zusteht. Für eine minderjährige Witwe ist die Einwilligung des Gewalthabers nicht erforderlich.

---

[1]) Unter Berücksichtigung der Novellen bis zum 1. November 1930.

§ 5.

Die Volljährigkeitserklärung soll nur erfolgen, wenn sie das Beste des Minderjährigen befördert.

3. Entmündigungsgründe.

§ 6.

Entmündigt kann werden:

1. wer infolge von Geisteskrankheit oder von Geistesschwäche seine Angelegenheiten nicht zu besorgen vermag;
2. wer durch Verschwendung sich oder seine Familie der Gefahr des Notstandes aussetzt;
3. wer infolge von Trunksucht seine Angelegenheiten nicht zu besorgen vermag oder sich oder seine Familie der Gefahr des Notstandes aussetzt oder die Sicherheit anderer gefährdet.

Die Entmündigung ist wieder aufzuheben, wenn der Grund der Entmündigung wegfällt.

4. Wohnsitz (§§ 7—11).

a) Erwerb und Verlust durch Willensakt (§§ 7, 8).

§ 7.

Wer sich an einem Orte ständig niederläßt, begründet an diesem Orte seinen Wohnsitz.

Der Wohnsitz kann gleichzeitig an mehreren Orten bestehen.

Der Wohnsitz wird aufgehoben, wenn die Niederlassung mit dem Willen aufgehoben wird, sie aufzugeben.

§ 8.

Wer geschäftsunfähig oder in der Geschäftsfähigkeit beschränkt ist, kann ohne den Willen seines gesetzlichen Vertreters einen Wohnsitz weder begründen noch aufheben.

b) Gesetzlicher Wohnsitz (§§ 9—11).

α) Militärperson.

§ 9.

Eine Militärperson hat ihren Wohnsitz am Garnisonorte. Als Wohnsitz einer Militärperson, deren Truppenteil im Inlande keinen Garnisonort hat, gilt der letzte inländische Garnisonort des Truppenteils.

Diese Vorschriften finden keine Anwendung auf Militärpersonen, die nur zur Erfüllung der Wehrpflicht dienen oder[1]) die nicht selbständig einen Wohnsitz begründen können.

---

[1]) Diese Worte sind durch die Abschaffung der Wehrpflicht gegenstandslos geworden. Gesetz vom 21. August 1920 § 1 (RGBl. II S. 1608).

β) **Ehefrau.**

§ 10.

Die Ehefrau teilt den Wohnsitz des Ehemanns. Sie teilt den Wohnsitz nicht, wenn der Mann seinen Wohnsitz im Ausland an einem Orte begründet, an den die Frau ihm nicht folgt und zu folgen nicht verpflichtet ist.

Solange der Mann keinen Wohnsitz hat oder die Frau seinen Wohnsitz nicht teilt, kann die Frau selbständig einen Wohnsitz haben.

γ) **Kind.**

§ 11.

Ein eheliches Kind teilt den Wohnsitz des Vaters, ein uneheliches Kind den Wohnsitz der Mutter, ein an Kindes Statt angenommenes Kind den Wohnsitz des Annehmenden. Das Kind behält den Wohnsitz, bis es ihn rechtsgültig aufhebt.

Eine erst nach dem Eintritte der Volljährigkeit des Kindes erfolgende Legitimation oder Annahme an Kindes Statt hat keinen Einfluß auf den Wohnsitz des Kindes.

5. **Negatorischer Anspruch bei Verletzung d. Namensrechts.**

§ 12.

Wird das Recht zum Gebrauch eines Namens dem Berechtigten von einem anderen bestritten oder wird das Interesse des Berechtigten dadurch verletzt, daß ein anderer unbefugt den gleichen Namen gebraucht, so kann der Berechtigte von dem anderen Beseitigung der Beeinträchtigung verlangen. Sind weitere Beeinträchtigungen zu besorgen, so kann er auf Unterlassung klagen.

6. **Verschollenheit und Todeserklärung** (§§ 13—19).

a) **Voraussetzungen der Todeserklärung.**

α) **Verschollenheit und Aufgebotsverfahren.**

§ 13.

Wer verschollen ist, kann nach Maßgabe der §§ 14 bis 17 im Wege des Aufgebotsverfahrens für tot erklärt werden.

β) **Verschollenheitsfristen** (§§ 14—17).

Allgemeine Verschollenheit.

§ 14.

Die Todeserklärung ist zulässig, wenn seit zehn Jahren keine Nachricht von dem Leben des Verschollenen eingegangen ist. Sie darf nicht vor dem Schlusse des Jahres erfolgen, in welchem der Verschollene das einunddreißigste Lebensjahr vollendet haben würde.

Ein Verschollener, der das siebzigste Lebensjahr vollendet haben würde, kann für tot erklärt werden, wenn seit fünf Jahren keine Nachricht von seinem Leben eingegangen ist.

1*

Der Zeitraum von zehn oder fünf Jahren beginnt mit dem Schlusse des letzten Jahres, in welchem der Verschollene den vorhandenen Nachrichten zufolge noch gelebt hat.

Kriegsverschollenheit.

§ 15.

Wer als Angehöriger einer bewaffneten Macht an einem Kriege teilgenommen hat, während des Krieges vermißt worden und seitdem verschollen ist, kann für tot erklärt werden, wenn seit dem Friedensschlusse drei Jahre verstrichen sind. Hat ein Friedensschluß nicht stattgefunden, so beginnt der dreijährige Zeitraum mit dem Schlusse des Jahres, in welchem der Krieg beendigt worden ist.

Als Angehöriger einer bewaffneten Macht gilt auch derjenige, welcher sich in einem Amts- oder Dienstverhältnis oder zum Zwecke freiwilliger Hilfeleistung bei der bewaffneten Macht befindet.

Seeverschollenheit.

§ 16.

Wer sich bei einer Seefahrt auf einem während der Fahrt untergegangenen Fahrzeuge befunden hat und seit dem Untergange des Fahrzeugs verschollen ist, kann für tot erklärt werden, wenn seit dem Untergang ein Jahr verstrichen ist.

Der Untergang des Fahrzeugs wird vermutet, wenn es an dem Orte seiner Bestimmung nicht eingetroffen oder in Ermangelung eines festen Reiseziels nicht zurückgekehrt ist und wenn

bei Fahrten innerhalb der Ostsee ein Jahr,
bei Fahrten innerhalb anderer europäischer Meere, mit Einschluß sämtlicher Teile des Mittelländischen, Schwarzen und Azowschen Meeres, zwei Jahre,
bei Fahrten, die über außereuropäische Meere führen, drei Jahre

seit dem Antritte der Reise verstrichen sind. Sind Nachrichten über das Fahrzeug eingegangen, so ist der Ablauf des Zeitraums erforderlich, der verstrichen sein müßte, wenn das Fahrzeug von dem Orte abgegangen wäre, an dem es sich den Nachrichten zufolge zuletzt befunden hat.

Gefahrverschollenheit.

§ 17.

Wer unter anderen als den in den §§ 15, 16 bezeichneten Umständen in eine Lebensgefahr geraten und seitdem verschollen ist, kann für tot erklärt werden, wenn seit dem Ereignisse, durch welches die Lebensgefahr entstanden ist, drei Jahre verstrichen sind.

b) **Wirkung der Todeserklärung (praesumptio iuris).**

§ 18.

Die Todeserklärung begründet die Vermutung, daß der Verschollene in dem Zeitpunkte gestorben sei, welcher in dem die Todeserklärung aussprechenden Urteile festgestellt ist.

Als Zeitpunkt des Todes ist, sofern nicht die Ermittelungen ein anderes ergeben, anzunehmen:

in den Fällen des § 14 der Zeitpunkt, in welchem die Todeserklärung zulässig geworden ist;

in den Fällen des § 15 der Zeitpunkt des Friedensschlusses oder der Schluß des Jahres, in welchem der Krieg beendigt worden ist;

in den Fällen des § 16 der Zeitpunkt, in welchem das Fahrzeug untergegangen ist oder von welchem an der Untergang vermutet wird;

in den Fällen des § 17 der Zeitpunkt, in welchem das Ereignis stattgefunden hat.

Ist die Todeszeit nur dem Tage nach festgestellt, so gilt das Ende des Tages als Zeitpunkt des Todes.

c) **Lebensvermutung.**

§ 19.

Solange nicht die Todeserklärung erfolgt ist, wird das Fortleben des Verschollenen bis zu dem Zeitpunkte vermutet, der nach § 18 Abs. 2 in Ermangelung eines anderen Ergebnisses der Ermittelungen als Zeitpunkt des Todes anzunehmen ist; die Vorschrift des § 18 Abs. 3 findet entsprechende Anwendung.

7. **Vermutung d. Commorienz.**

§ 20.

Sind mehrere in einer gemeinsamen Gefahr umgekommen, so wird vermutet, daß sie gleichzeitig gestorben seien.

Zweiter Titel. Juristische Personen.

I. Vereine.

1. Allgemeine Vorschriften.

1. **Erwerb d. Rechtsfähigkeit (§§ 21—23).**

a) **Ideale Vereine.**

§ 21.

Ein Verein, dessen Zweck nicht auf einen wirtschaftlichen Geschäftsbetrieb gerichtet ist, erlangt Rechtsfähigkeit durch Eintragung in das Vereinsregister des zuständigen Amtsgerichts.

b) Wirtschaftliche Vereine (§§ 22, 23).

§ 22.

Ein Verein, dessen Zweck auf einen wirtschaftlichen Geschäftsbetrieb gerichtet ist, erlangt in Ermangelung besonderer reichsgesetzlicher Vorschriften Rechtsfähigkeit durch staatliche Verleihung. Die Verleihung steht dem Lande[1]) zu, in dessen Gebiete der Verein seinen Sitz hat.

§ 23.

Einem Vereine, der seinen Sitz nicht in einem Lande hat, kann in Ermangelung besonderer reichsgesetzlicher Vorschriften Rechtsfähigkeit durch Beschluß des Reichsrats[2]) verliehen werden.

2. Sitz d. Vereins.

§ 24.

Als Sitz eines Vereins gilt, wenn nicht ein anderes bestimmt ist, der Ort, an welchem die Verwaltung geführt wird.

3. Quellen d. Verfassungsrechts.

§ 25.

Die Verfassung eines rechtsfähigen Vereins wird, soweit sie nicht auf den nachfolgenden Vorschriften beruht, durch die Vereinssatzung bestimmt.

4. Vereinsvertreter (§§ 26—31).
a) Vorstand (§§ 26—29).
α) Obligat. Organ. Vertretungsmacht.

§ 26.

Der Verein muß einen Vorstand haben. Der Vorstand kann aus mehreren Personen bestehen.

Der Vorstand vertritt den Verein gerichtlich und außergerichtlich; er hat die Stellung eines gesetzlichen Vertreters. Der Umfang seiner Vertretungsmacht kann durch die Satzung mit Wirkung gegen Dritte beschränkt werden.

β) Bestellung. Widerruf. Geschäftsführung.

§ 27.

Die Bestellung des Vorstandes erfolgt durch Beschluß der Mitgliederversammlung.

Die Bestellung ist jederzeit widerruflich, unbeschadet des Anspruchs auf die vertragsmäßige Vergütung. Die Widerruflichkeit kann durch die Satzung auf den Fall beschränkt werden,

---

[1]) Fassung auf Grund der Reichsverfassung Art. 179.

[2]) Fassung auf Grund des Übergangsgesetzes vom 4. März 1919 § 3 (RGBl. S. 285) und des Art. 179 der Reichsverfassung.

daß ein wichtiger Grund für den Widerruf vorliegt; ein solcher Grund ist insbesondere grobe Pflichtverletzung oder Unfähigkeit zur ordnungsmäßigen Geschäftsführung.

Auf die Geschäftsführung des Vorstandes finden die für den Auftrag geltenden Vorschriften der §§ 664 bis 670 entsprechende Anwendung.

γ) **Mehrgliedriger Vorstand.**

§ 28.

Besteht der Vorstand aus mehreren Personen, so erfolgt die Beschlußfassung nach den für die Beschlüsse der Mitglieder des Vereins geltenden Vorschriften der §§ 32, 34.

Ist eine Willenserklärung dem Vereine gegenüber abzugeben, so genügt die Abgabe gegenüber einem Mitgliede des Vorstandes.

δ) **Bestellung durch d. Gericht.**

§ 29.

Soweit die erforderlichen Mitglieder des Vorstandes fehlen, sind sie in dringenden Fällen für die Zeit bis zur Hebung des Mangels auf Antrag eines Beteiligten von dem Amtsgerichte zu bestellen, in dessen Bezirke der Verein seinen Sitz hat.

b) **Sondervertreter.**

§ 30.

Durch die Satzung kann bestimmt werden, daß neben dem Vorstande für gewisse Geschäfte besondere Vertreter zu bestellen sind. Die Vertretungsmacht eines solchen Vertreters erstreckt sich im Zweifel auf alle Rechtsgeschäfte, die der ihm zugewiesene Geschäftskreis gewöhnlich mit sich bringt.

c) **Haftung d. Vereins für seine Vertreter.**

§ 31.

Der Verein ist für den Schaden verantwortlich, den der Vorstand, ein Mitglied des Vorstandes oder ein anderer verfassungsmäßig berufener Vertreter durch eine in Ausführung der ihm zustehenden Verrichtungen begangene, zum Schadensersatze verpflichtende Handlung einem Dritten zufügt.

5. **Vereinsmitglieder** (§§ 32—39).
a) **Beschlüsse d. Mitglieder** (§§ 32—35).
α) **Allgemeines.**

§ 32.

Die Angelegenheiten des Vereins werden, soweit sie nicht von dem Vorstand oder einem anderen Vereinsorgane zu besorgen sind, durch Beschlußfassung in einer Versammlung der Mitglieder geordnet. Zur Gültigkeit des Beschlusses ist erforderlich, daß der Gegenstand bei der Berufung bezeichnet wird.

Bei der Beschlußfassung entscheidet die Mehrheit der erschienenen Mitglieder.

Auch ohne Versammlung der Mitglieder ist ein Beschluß gültig, wenn alle Mitglieder ihre Zustimmung zu dem Beschlusse schriftlich erklären.

β) **Satzungsänderung.**

§ 33.

Zu einem Beschlusse, der eine Änderung der Satzung enthält, ist eine Mehrheit von drei Vierteilen der erschienenen Mitglieder erforderlich. Zur Änderung des Zweckes des Vereins ist die Zustimmung aller Mitglieder erforderlich; die Zustimmung der nicht erschienenen Mitglieder muß schriftlich erfolgen.

Beruht die Rechtsfähigkeit des Vereins auf Verleihung, so ist zu jeder Änderung der Satzung staatliche Genehmigung oder, falls die Verleihung durch den Reichsrat[1]) erfolgt ist, die Genehmigung des Reichsrats[1]) erforderlich.

γ) **Ausschluß von der Abstimmung.**

§ 34.

Ein Mitglied ist nicht stimmberechtigt, wenn die Beschlußfassung die Vornahme eines Rechtsgeschäfts mit ihm oder die Einleitung oder Erledigung eines Rechtsstreits zwischen ihm und dem Vereine betrifft.

δ) **Sonderrechte.**

§ 35.

Sonderrechte eines Mitglieds können nicht ohne dessen Zustimmung durch Beschluß der Mitgliederversammlung beeinträchtigt werden.

b) **Berufung d. Mitgliederversammlung** (§§ 36, 37).

§ 36.

Die Mitgliederversammlung ist in den durch die Satzung bestimmten Fällen sowie dann zu berufen, wenn das Interesse des Vereins es erfordert.

§ 37.

Die Mitgliederversammlung ist zu berufen, wenn der durch die Satzung bestimmte Teil oder in Ermangelung einer Bestimmung der zehnte Teil der Mitglieder die Berufung schriftlich unter Angabe des Zweckes und der Gründe verlangt.

Wird dem Verlangen nicht entsprochen, so kann das Amtsgericht, in dessen Bezirke der Verein seinen Sitz hat, die Mitglieder, welche das Verlangen gestellt haben, zur Berufung der

---

[1]) Fassung auf Grund der S. 6 Note 2 genannten Normen.

Versammlung ermächtigen und über die Führung des Vorsitzes in der Versammlung Bestimmung treffen. Auf die Ermächtigung muß bei der Berufung der Versammlung Bezug genommen werden.

c) Übertragung d. Mitgliedschaftsrechte.

§ 38.

Die Mitgliedschaft ist nicht übertragbar und nicht vererblich. Die Ausübung der Mitgliedschaftsrechte kann nicht einem anderen überlassen werden.

d) Austritt.

§ 39.

Die Mitglieder sind zum Austritt aus dem Vereine berechtigt.

Durch die Satzung kann bestimmt werden, daß der Austritt nur am Schlusse eines Geschäftsjahrs oder erst nach dem Ablauf einer Kündigungsfrist zulässig ist; die Kündigungsfrist kann höchstens zwei Jahre betragen.

6. Dispositives Vereinsrecht.

§ 40.

Die Vorschriften des § 27 Abs. 1, 3, des § 28 Abs. 1 und der §§ 32, 33, 38 finden insoweit keine Anwendung, als die Satzung ein anderes bestimmt.

7. Untergang des Vereins (§§ 41—53).

a) Auflösung.

§ 41.

Der Verein kann durch Beschluß der Mitgliederversammlung aufgelöst werden. Zu dem Beschluß ist eine Mehrheit von drei Vierteilen der erschienenen Mitglieder erforderlich, wenn nicht die Satzung ein anderes bestimmt.

b) Verlust der Rechtsfähigkeit (§§ 42—44).

§ 42[1].

Der Verein verliert die Rechtsfähigkeit durch die Eröffnung des Konkurses.

Der Vorstand hat im Falle der Überschuldung die Eröffnung des Konkursverfahrens oder des gerichtlichen Vergleichsverfahrens zu beantragen. Wird die Stellung des Antrags verzögert, so sind die Vorstandsmitglieder, denen ein Verschulden zur Last fällt, den Gläubigern für den daraus entstehenden Schaden verantwortlich; sie haften als Gesamtschuldner.

---

[1]) Abs. 2 in d. Fassung d. Ges. v. 25. März 1930 Art. II (RGBl. I, 93).

§ 43.

Dem Vereine kann die Rechtsfähigkeit entzogen werden, wenn er durch einen gesetzwidrigen Beschluß der Mitgliederversammlung oder durch gesetzwidriges Verhalten des Vorstandes das Gemeinwohl gefährdet.

Einem Vereine, dessen Zweck nach der Satzung nicht auf einen wirtschaftlichen Geschäftsbetrieb gerichtet ist, kann die Rechtsfähigkeit entzogen werden, wenn er einen solchen Zweck verfolgt.

Einem Vereine, der nach der Satzung einen politischen, sozialpolitischen oder religiösen Zweck nicht hat, kann die Rechtsfähigkeit entzogen werden, wenn er einen solchen Zweck verfolgt[1]).

Einem Vereine, dessen Rechtsfähigkeit auf Verleihung beruht, kann die Rechtsfähigkeit entzogen werden, wenn er einen anderen als den in der Satzung bestimmten Zweck verfolgt.

§ 44.

Die Zuständigkeit und das Verfahren bestimmen sich in den Fällen des § 43 nach den für streitige Verwaltungssachen geltenden Vorschriften der Landesgesetze. Wo ein Verwaltungsstreitverfahren nicht besteht, finden die Vorschriften der §§ 20, 21 der Gewerbeordnung Anwendung; die Entscheidung erfolgt in erster Instanz durch die höhere Verwaltungsbehörde, in deren Bezirke der Verein seinen Sitz hat.

Beruht die Rechtsfähigkeit auf Verleihung durch den Reichsrat[2]), so erfolgt die Entziehung durch Beschluß des Reichsrats[2]).

c) Schicksal des Vereinsvermögens (§§ 45—53).

a) Anfallberechtigte.

§ 45.

Mit der Auflösung des Vereins oder der Entziehung der Rechtsfähigkeit fällt das Vermögen an die in der Satzung bestimmten Personen.

Durch die Satzung kann vorgeschrieben werden, daß die Anfallberechtigten durch Beschluß der Mitgliederversammlung oder eines anderen Vereinsorgans bestimmt werden. Ist der Zweck des Vereins nicht auf einen wirtschaftlichen Geschäftsbetrieb gerichtet, so kann die Mitgliederversammlung auch ohne eine solche Vorschrift das Vermögen einer öffentlichen Stiftung oder Anstalt zuweisen.

---

[1]) Abs. 3 ist aufgehoben durch den Aufruf des Rats der Volksbeauftragten vom 12. November 1918 Nr. 2 (RGBl. S. 1303); vgl. Reichsverfassung Art. 124 Abs. 2.

[2]) Fassung auf Grund der S. 6 Note 2 genannten Normen.

Fehlt es an einer Bestimmung der Anfallberechtigten, so fällt das Vermögen, wenn der Verein nach der Satzung ausschließlich den Interessen seiner Mitglieder diente, an die zur Zeit der Auflösung oder der Entziehung der Rechtsfähigkeit vorhandenen Mitglieder zu gleichen Teilen, anderenfalls an den Fiskus des Landes[1]), in dessen Gebiete der Verein seinen Sitz hatte.

β) **Anfall an den Fiskus insbesondere.**

§ 46.

Fällt das Vereinsvermögen an den Fiskus, so finden die Vorschriften über eine dem Fiskus als gesetzlichem Erben anfallende Erbschaft entsprechende Anwendung. Der Fiskus hat das Vermögen tunlichst in einer den Zwecken des Vereins entsprechenden Weise zu verwenden.

γ) **Liquidation (§§ 47—53).**

§ 47.

Fällt das Vereinsvermögen nicht an den Fiskus, so muß eine Liquidation stattfinden.

§ 48.

Die Liquidation erfolgt durch den Vorstand. Zu Liquidatoren können auch andere Personen bestellt werden; für die Bestellung sind die für die Bestellung des Vorstandes geltenden Vorschriften maßgebend.

Die Liquidatoren haben die rechtliche Stellung des Vorstandes, soweit sich nicht aus dem Zwecke der Liquidation ein anderes ergibt.

Sind mehrere Liquidatoren vorhanden, so ist für ihre Beschlüsse Übereinstimmung aller erforderlich, sofern nicht ein anderes bestimmt ist.

§ 49.

Die Liquidatoren haben die laufenden Geschäfte zu beendigen, die Forderungen einzuziehen, das übrige Vermögen in Geld umzusetzen, die Gläubiger zu befriedigen und den Überschuß den Anfallberechtigten auszuantworten. Zur Beendigung schwebender Geschäfte können die Liquidatoren auch neue Geschäfte eingehen. Die Einziehung der Forderungen sowie die Umsetzung des übrigen Vermögens in Geld darf unterbleiben, soweit diese Maßregeln nicht zur Befriedigung der Gläubiger oder zur Verteilung des Überschusses unter die Anfallberechtigten erforderlich sind.

---

[1]) Fassung auf Grund der Reichsverfassung Art. 179.

Der Verein gilt bis zur Beendigung der Liquidation als fortbestehend, soweit der Zweck der Liquidation es erfordert.

§ 50.

Die Auflösung des Vereins oder die Entziehung der Rechtsfähigkeit ist durch die Liquidatoren öffentlich bekanntzumachen. In der Bekanntmachung sind die Gläubiger zur Anmeldung ihrer Ansprüche aufzufordern. Die Bekanntmachung erfolgt durch das in der Satzung für Veröffentlichungen bestimmte Blatt, in Ermangelung eines solchen durch dasjenige Blatt, welches für Bekanntmachungen des Amtsgerichts bestimmt ist, in dessen Bezirke der Verein seinen Sitz hatte. Die Bekanntmachung gilt mit dem Ablaufe des zweiten Tages nach der Einrückung oder der ersten Einrückung als bewirkt.

Bekannte Gläubiger sind durch besondere Mitteilung zur Anmeldung aufzufordern.

§ 51.

Das Vermögen darf den Anfallberechtigten nicht vor dem Ablauf eines Jahres nach der Bekanntmachung der Auflösung des Vereins oder der Entziehung der Rechtsfähigkeit ausgeantwortet werden.

§ 52.

Meldet sich ein bekannter Gläubiger nicht, so ist der geschuldete Betrag, wenn die Berechtigung zur Hinterlegung vorhanden ist, für den Gläubiger zu hinterlegen.

Ist die Berichtigung einer Verbindlichkeit zur Zeit nicht ausführbar oder ist eine Verbindlichkeit streitig, so darf das Vermögen den Anfallberechtigten nur ausgeantwortet werden, wenn dem Gläubiger Sicherheit geleistet ist.

§ 53[1]).

Die Liquidatoren haben im Falle der Überschuldung die Eröffnung des Konkursverfahrens zu beantragen.

Liquidatoren, welche die ihnen nach dem Abs. 1 und den §§ 50 bis 52 obliegenden Verpflichtungen verletzen oder vor der Befriedigung der Gläubiger Vermögen den Anfallberechtigten ausantworten, sind, wenn ihnen ein Verschulden zur Last fällt, den Gläubigern für den daraus entstehenden Schaden verantwortlich; sie haften als Gesamtschuldner.

---

1) Fassung des Gesetzes v. 25. März 1930 Art. II (RGBl. I 94).

8. **Anhang.**
Nicht rechtsfähige Vereine.

§ 54.

Auf Vereine, die nicht rechtsfähig sind, finden die Vorschriften über die Gesellschaft Anwendung. Aus einem Rechtsgeschäfte, das im Namen eines solchen Vereins einem Dritten gegenüber vorgenommen wird, haftet der Handelnde persönlich; handeln mehrere, so haften sie als Gesamtschuldner.

2. Eingetragene Vereine.

1. **Registergericht.**

§ 55.

Die Eintragung eines Vereins der im § 21 bezeichneten Art in das Vereinsregister hat bei dem Amtsgerichte zu geschehen, in dessen Bezirke der Verein seinen Sitz hat.

2. **Voraussetzungen der Eintragung (§§ 56—59).**
a) **Mitgliederzahl.**

§ 56.

Die Eintragung soll nur erfolgen, wenn die Zahl der Mitglieder mindestens sieben beträgt.

b) **Satzung (§§ 57, 58).**
α) **Mußvorschriften.**

§ 57.

Die Satzung muß den Zweck, den Namen und den Sitz des Vereins enthalten und ergeben, daß der Verein eingetragen werden soll.

Der Name soll sich von den Namen der an demselben Orte oder in derselben Gemeinde bestehenden eingetragenen Vereine deutlich unterscheiden.

β) **Sollvorschriften.**

§ 58.

Die Satzung soll Bestimmungen enthalten:

1. über den Eintritt und Austritt der Mitglieder;
2. darüber, ob und welche Beiträge von den Mitgliedern zu leisten sind;
3. über die Bildung des Vorstandes;
4. über die Voraussetzungen, unter denen die Mitgliederversammlung zu berufen ist, über die Form der Berufung und über die Beurkundung der Beschlüsse.

c) **Anmeldung.**

§ 59.

Der Vorstand hat den Verein zur Eintragung anzumelden.

Der Anmeldung sind beizufügen:

1. die Satzung in Urschrift und Abschrift;

2. eine Abschrift der Urkunden über die Bestellung des Vorstandes.

Die Satzung soll von mindestens sieben Mitgliedern unterzeichnet sein und die Angabe des Tages der Errichtung enthalten.

3. Zurückweisung durch das Gericht.

§ 60.

Die Anmeldung ist, wenn den Erfordernissen der §§ 56 bis 59 nicht genügt ist, von dem Amtsgericht unter Angabe der Gründe zurückzuweisen.

Gegen einen zurückweisenden Beschluß findet die sofortige Beschwerde nach den Vorschriften der Zivilprozeßordnung statt.

4. Einspruch d. Verwaltungsbehörde (§§ 61—63).

§ 61.

Wird die Anmeldung zugelassen, so hat das Amtsgericht sie der zuständigen Verwaltungsbehörde mitzuteilen.

Die Verwaltungsbehörde kann gegen die Eintragung Einspruch erheben, wenn der Verein nach dem öffentlichen Vereinsrecht unerlaubt ist oder verboten werden kann oder wenn er einen politischen, sozialpolitischen oder religiösen Zweck verfolgt[1]).

§ 62.

Erhebt die Verwaltungsbehörde Einspruch, so hat das Amtsgericht den Einspruch dem Vorstande mitzuteilen.

Der Einspruch kann im Wege des Verwaltungsstreitverfahrens oder, wo ein solches nicht besteht, im Wege des Rekurses nach Maßgabe der §§ 20, 21 der Gewerbeordnung angefochten werden.

§ 63.

Die Eintragung darf, sofern nicht die Verwaltungsbehörde dem Amtsgerichte mitteilt, daß Einspruch nicht erhoben werde, erst erfolgen, wenn seit der Mitteilung der Anmeldung an die Verwaltungsbehörde sechs Wochen verstrichen sind und Einspruch nicht erhoben oder wenn der erhobene Einspruch endgültig aufgehoben ist.

5. Eintragung (§§ 64—66).

§ 64.

Bei der Eintragung sind der Name und der Sitz des Vereins, der Tag der Errichtung der Satzung sowie die Mitglieder des Vorstandes im Vereinsregister anzugeben. Bestimmungen,

---

[1]) Der klein gedruckte Satzteil ist aufgehoben durch die S. 10 Note 1 angeführten Vorschriften.

die den Umfang der Vertretungsmacht des Vorstandes beschränken oder die Beschlußfassung des Vorstandes abweichend von der Vorschrift des § 28 Abs. 1 regeln, sind gleichfalls einzutragen.

§ 65.

Mit der Eintragung erhält der Name des Vereins den Zusatz „eingetragener Verein“.

§ 66.

Das Amtsgericht hat die Eintragung durch das für seine Bekanntmachungen bestimmte Blatt zu veröffentlichen.

Die Urschrift der Satzung ist mit der Bescheinigung der Eintragung zu versehen und zurückzugeben. Die Abschrift wird von dem Amtsgerichte beglaubigt und mit den übrigen Schriftstücken aufbewahrt.

6. Änderung des Vorstands.

a) Eintragung.

§ 67.

Jede Änderung des Vorstandes sowie die erneute Bestellung eines Vorstandsmitglieds ist von dem Vorstande zur Eintragung anzumelden. Der Anmeldung ist eine Abschrift der Urkunde über die Änderung oder die erneute Bestellung beizufügen.

Die Eintragung gerichtlich bestellter Vorstandsmitglieder erfolgt von Amts wegen.

b) Wirkung der Änderung gegenüber Dritten.

§ 68.

Wird zwischen den bisherigen Mitgliedern des Vorstandes und einem Dritten ein Rechtsgeschäft vorgenommen, so kann die Änderung des Vorstandes dem Dritten nur entgegengesetzt werden, wenn sie zur Zeit der Vornahme des Rechtsgeschäfts im Vereinsregister eingetragen oder dem Dritten bekannt ist. Ist die Änderung eingetragen, so braucht der Dritte sie nicht gegen sich gelten zu lassen, wenn er sie nicht kennt, seine Unkenntnis auch nicht auf Fahrlässigkeit beruht.

c) Nachweis der Eintragung.

§ 69.

Der Nachweis, daß der Vorstand aus den im Register eingetragenen Personen besteht, wird Behörden gegenüber durch ein Zeugnis des Amtsgerichts über die Eintragung geführt.

d) Änderung d. Vertretungsmacht oder d. Beschlußfassung d. Vorstandes.

§ 70.

Die Vorschriften des § 68 gelten auch für Bestimmungen, die den Umfang der Vertretungsmacht des Vorstandes beschränken oder die Beschlußfassung des Vorstandes abweichend von der Vorschrift des § 28 Abs. 1 regeln.

7. Eintragung der Satzungsänderung.

§ 71.

Änderungen der Satzung bedürfen zu ihrer Wirksamkeit der Eintragung in das Vereinsregister. Die Änderung ist von dem Vorstande zur Eintragung anzumelden. Der Anmeldung ist der die Änderung enthaltende Beschluß in Urschrift und Abschrift beizufügen.

Die Vorschriften der §§ 60 bis 64 und des § 66 Abs. 2 finden entsprechende Anwendung.

8. Entziehung der Rechtsfähigkeit durch d. Registergericht (§§ 72, 73).

§ 72[1]).

Der Vorstand hat dem Amtsgericht auf dessen Verlangen jederzeit eine von ihm vollzogene Bescheinigung über die Zahl der Vereinsmitglieder einzureichen.

§ 73.

Sinkt die Zahl der Vereinsmitglieder unter drei herab, so hat das Amtsgericht auf Antrag des Vorstandes und, wenn der Antrag nicht binnen drei Monaten gestellt wird, von Amts wegen nach Anhörung des Vorstandes dem Vereine die Rechtsfähigkeit zu entziehen. Der Beschluß ist dem Vereine zuzustellen. Gegen den Beschluß findet die sofortige Beschwerde nach den Vorschriften der Zivilprozeßordnung statt.

Der Verein verliert die Rechtsfähigkeit mit der Rechtskraft des Beschlusses.

9. Eintragung d. Auflösung u. d. Entziehung d. Rechtsfähigkeit (§§ 74, 75).

§ 74.

Die Auflösung des Vereins sowie die Entziehung der Rechtsfähigkeit ist in das Vereinsregister einzutragen. Im Falle der Eröffnung des Konkurses unterbleibt die Eintragung.

Wird der Verein durch Beschluß der Mitgliederversammlung oder durch den Ablauf der für die Dauer des Vereins bestimmten Zeit aufgelöst, so hat der Vorstand die Auflösung zur Eintragung anzumelden. Der Anmeldung ist im ersteren Falle eine Abschrift des Auflösungsbeschlusses beizufügen.

Wird dem Verein auf Grund des § 43 die Rechtsfähigkeit entzogen oder wird der Verein auf Grund des öffentlichen

---

[1]) Fassung des Vereinsgesetzes v. 19. April 1908 § 22 (RGBl. S. 156).

Vereinsrechts aufgelöst, so erfolgt die Eintragung auf Anzeige der zuständigen Behörde.

§ 75.

Die Eröffnung des Konkurses ist von Amts wegen einzutragen. Das gleiche gilt von der Aufhebung des Eröffnungsbeschlusses.

10. Eintragung der Liquidatoren.

§ 76.

Die Liquidatoren sind in das Vereinsregister einzutragen. Das gleiche gilt von Bestimmungen, welche die Beschlußfassung der Liquidatoren abweichend von der Vorschrift des § 48 Abs. 3 regeln.

Die Anmeldung hat durch den Vorstand, bei späteren Änderungen durch die Liquidatoren zu erfolgen. Der Anmeldung der durch Beschluß der Mitgliederversammlung bestellten Liquidatoren ist eine Abschrift des Beschlusses, der Anmeldung einer Bestimmung über die Beschlußfassung der Liquidatoren eine Abschrift der die Bestimmung enthaltenden Urkunde beizufügen.

Die Eintragung gerichtlich bestellter Liquidatoren geschieht von Amts wegen.

11. Anmeldungen zum Vereinsregister (§§ 77, 78).

§ 77.

Die Anmeldungen zum Vereinsregister sind von den Mitgliedern des Vorstandes sowie von den Liquidatoren mittels öffentlich beglaubigter Erklärung zu bewirken.

§ 78.

Das Amtsgericht kann die Mitglieder des Vorstandes zur Befolgung der Vorschriften des § 67 Abs. 1, des § 71 Abs. 1, des § 72, des § 74 Abs. 2 und des § 76 durch Ordnungsstrafen anhalten. Die einzelne Strafe darf den Betrag von dreihundert Mark nicht übersteigen[1]).

In gleicher Weise können die Liquidatoren zur Befolgung der Vorschriften des § 76 angehalten werden.

12. Öffentlichkeit d. Registers.

§ 79.

Die Einsicht des Vereinsregisters sowie der von dem Vereine bei dem Amtsgericht eingereichten Schriftstücke ist jedem

---

1) Aufgehoben durch die Verordnung vom 6. Februar 1924 Art. XIV (RGBl. I, 47). Nach Art. II dieser Verordnung in Verbindung mit § 2 der Verordnung vom 12. Dezember 1924 § 2 (RGBl. I, 775) beträgt die Strafe 1—1000 RM.

gestattet. Von den Eintragungen kann eine Abschrift gefordert werden; die Abschrift ist auf Verlangen zu beglaubigen.

II. Stiftungen.

1. Begründung (§§ 80—84).

a) Stiftungsgeschäft und staatliche Genehmigung.

§ 80.

Zur Entstehung einer rechtsfähigen Stiftung ist außer dem Stiftungsgeschäfte die Genehmigung des Landes[1]) erforderlich, in dessen Gebiete die Stiftung ihren Sitz haben soll. Soll die Stiftung ihren Sitz nicht in einem Lande[1]) haben, so ist die Genehmigung des Reichsrats[1]) erforderlich. Als Sitz der Stiftung gilt, wenn nicht ein anderes bestimmt ist, der Ort, an welchem die Verwaltung geführt wird.

b) Stiftungsgeschäft unter Lebenden (§§ 81, 82).

α) Form. Widerruf.

§ 81.

Das Stiftungsgeschäft unter Lebenden bedarf der schriftlichen Form.

Bis zur Erteilung der Genehmigung ist der Stifter zum Widerrufe berechtigt. Ist die Genehmigung bei der zuständigen Behörde nachgesucht, so kann der Widerruf nur dieser gegenüber erklärt werden. Der Erbe des Stifters ist zum Widerrufe nicht berechtigt, wenn der Stifter das Gesuch bei der zuständigen Behörde eingereicht oder im Falle der gerichtlichen oder notariellen Beurkundung des Stiftungsgeschäfts das Gericht oder den Notar bei oder nach der Beurkundung mit der Einreichung betraut hat.

β) Wirkung der Genehmigung.

§ 82.

Wird die Stiftung genehmigt, so ist der Stifter verpflichtet, das in dem Stiftungsgeschäfte zugesicherte Vermögen auf die Stiftung zu übertragen. Rechte, zu deren Übertragung der Abtretungsvertrag genügt, gehen mit der Genehmigung auf die Stiftung über, sofern nicht aus dem Stiftungsgeschäfte sich ein anderer Wille des Stifters ergibt.

c) Stiftungsgeschäft von Todes wegen.

§ 83.

Besteht das Stiftungsgeschäft in einer Verfügung von Todes wegen, so hat das Nachlaßgericht die Genehmigung einzuholen,

---

[1]) Fassung auf Grund der S. 6 Note 2 angeführten Normen.

sofern sie nicht von dem Erben oder dem Testamentsvollstrecker nachgesucht wird.

d) Rückwirkung d. Entstehung.

§ 84.

Wird die Stiftung erst nach dem Tode des Stifters genehmigt, so gilt sie für die Zuwendungen des Stifters als schon vor dessen Tode entstanden.

2. Quellen des Verfassungsrechts.

§ 85.

Die Verfassung einer Stiftung wird, soweit sie nicht auf Reichs- oder Landesgesetz beruht, durch das Stiftungsgeschäft bestimmt.

3. Übertragung des Vereinsrechts auf die Stiftung.

§ 86.

Die Vorschriften des § 26, des § 27 Abs. 3 und der §§ 28 bis 31, 42 finden auf Stiftungen entsprechende Anwendung, die Vorschriften des § 27 Abs. 3 und des § 28 Abs. 1 jedoch nur insoweit, als sich nicht aus der Verfassung, insbesondere daraus, daß die Verwaltung der Stiftung von einer öffentlichen Behörde geführt wird, ein anderes ergibt. Die Vorschriften des § 28 Abs. 2 und des § 29 finden auf Stiftungen, deren Verwaltung von einer öffentlichen Behörde geführt wird, keine Anwendung.

4. Aufhebung u. Umwandlung (§§ 87, 88).

§ 87.

Ist die Erfüllung des Stiftungszwecks unmöglich geworden oder gefährdet sie das Gemeinwohl, so kann die zuständige Behörde der Stiftung eine andere Zweckbestimmung geben oder sie aufheben.

Bei der Umwandlung des Zweckes ist die Absicht des Stifters tunlichst zu berücksichtigen, insbesondere dafür Sorge zu tragen, daß die Erträge des Stiftungsvermögens dem Personenkreise, dem sie zustatten kommen sollten, im Sinne des Stifters tunlichst erhalten bleiben. Die Behörde kann die Verfassung der Stiftung ändern, soweit die Umwandlung des Zweckes es erfordert.

Vor der Umwandlung des Zweckes und der Änderung der Verfassung soll der Vorstand der Stiftung gehört werden.

§ 88.

Mit dem Erlöschen der Stiftung fällt das Vermögen an die in der Verfassung bestimmten Personen. Die Vorschriften der §§ 46 bis 53 finden entsprechende Anwendung.

III. Juristische Personen des öffentlichen Rechtes.

§ 89.

Die Vorschrift des § 31 findet auf den Fiskus sowie auf die Körperschaften, Stiftungen und Anstalten des öffentlichen Rechtes entsprechende Anwendung.

Das gleiche gilt, soweit bei Körperschaften, Stiftungen und Anstalten des öffentlichen Rechtes der Konkurs zulässig ist, von der Vorschrift des § 42 Abs. 2.

Zweiter Abschnitt. Sachen.

1. Begriff der Sache.

§ 90.

Sachen im Sinne des Gesetzes sind nur körperliche Gegenstände.

2. Vertretbare Sachen.

§ 91.

Vertretbare Sachen im Sinne des Gesetzes sind bewegliche Sachen, die im Verkehre nach Zahl, Maß oder Gewicht bestimmt zu werden pflegen.

3. Verbrauchbare Sachen.

§ 92.

Verbrauchbare Sachen im Sinne des Gesetzes sind bewegliche Sachen, deren bestimmungsmäßiger Gebrauch in dem Verbrauch oder in der Veräußerung besteht.

Als verbrauchbar gelten auch bewegliche Sachen, die zu einem Warenlager oder zu einem sonstigen Sachinbegriffe gehören, dessen bestimmungsmäßiger Gebrauch in der Veräußerung der einzelnen Sachen besteht.

4. Bestandteile (§§ 93—96).
a) Wesentliche Bestandteile (§§ 93, 94).
α) **Im allgemeinen.**

§ 93.

Bestandteile einer Sache, die voneinander nicht getrennt werden können, ohne daß der eine oder der andere zerstört oder in seinem Wesen verändert wird (wesentliche Bestandteile), können nicht Gegenstand besonderer Rechte sein.

β) **Sonderfälle.**

§ 94.

Zu den wesentlichen Bestandteilen eines Grundstücks gehören die mit dem Grund und Boden fest verbundenen Sachen, insbesondere Gebäude, sowie die Erzeugnisse des Grundstücks, solange sie mit dem Boden zusammenhängen. Samen wird mit dem Aussäen, eine Pflanze wird mit dem Einpflanzen wesentlicher Bestandteil des Grundstücks.

Zu den wesentlichen Bestandteilen eines Gebäudes gehören die zur Herstellung des Gebäudes eingefügten Sachen.

b) **Scheinbestandteile.**

§ 95.

Zu den Bestandteilen eines Grundstücks gehören solche Sachen nicht, die nur zu einem vorübergehenden Zwecke mit dem Grund und Boden verbunden sind. Das gleiche gilt von einem Gebäude oder anderen Werke, das in Ausübung eines Rechtes an einem fremden Grundstücke von dem Berechtigten mit dem Grundstücke verbunden worden ist.

Sachen, die nur zu einem vorübergehenden Zwecke in ein Gebäude eingefügt sind, gehören nicht zu den Bestandteilen des Gebäudes.

c) **Mit dem Grundeigentum verbundene Rechte.**

§ 96.

Rechte, die mit dem Eigentum an einem Grundstücke verbunden sind, gelten als Bestandteile des Grundstücks.

5. **Zubehör** (§§ 97, 98).

§ 97.

Zubehör sind bewegliche Sachen, die, ohne Bestandteile der Hauptsache zu sein, dem wirtschaftlichen Zwecke der Hauptsache zu dienen bestimmt sind und zu ihr in einem dieser Bestimmung entsprechenden räumlichen Verhältnisse stehen. Eine Sache ist nicht Zubehör, wenn sie im Verkehre nicht als Zubehör angesehen wird.

Die vorübergehende Benutzung einer Sache für den wirtschaftlichen Zweck einer anderen begründet nicht die Zubehöreigenschaft. Die vorübergehende Trennung eines Zubehörstücks von der Hauptsache hebt die Zubehöreigenschaft nicht auf.

§ 98.

Dem wirtschaftlichen Zwecke der Hauptsache sind zu dienen bestimmt:

1. bei einem Gebäude, das für einen gewerblichen Betrieb dauernd eingerichtet ist, insbesondere bei einer Mühle, einer Schmiede, einem Brauhaus, einer Fabrik, die zu dem Betriebe bestimmten Maschinen und sonstigen Gerätschaften;
2. bei einem Landgute das zum Wirtschaftsbetriebe bestimmte Gerät und Vieh, die landwirtschaftlichen Erzeugnisse, soweit sie zur Fortführung der Wirtschaft bis zu der Zeit erforderlich sind, zu welcher gleiche oder ähnliche Erzeugnisse voraussichtlich gewonnen werden, sowie der vorhandene auf dem Gute gewonnene Dünger.

6. Früchte und Nutzungen (§§ 99—102).

a) Sach- und Rechtsfrüchte.

§ 99.

Früchte einer Sache sind die Erzeugnisse der Sache und die sonstige Ausbeute, welche aus der Sache ihrer Bestimmung gemäß gewonnen wird.

Früchte eines Rechtes sind die Erträge, welche das Recht seiner Bestimmung gemäß gewährt, insbesondere bei einem Rechte auf Gewinnung von Bodenbestandteilen die gewonnenen Bestandteile.

Früchte sind auch die Erträge, welche eine Sache oder ein Recht vermöge eines Rechtsverhältnisses gewährt.

b) Nutzungen.

§ 100.

Nutzungen sind die Früchte einer Sache oder eines Rechtes sowie die Vorteile, welche der Gebrauch der Sache oder des Rechtes gewährt.

c) Fruchtverteilung.

§ 101.

Ist jemand berechtigt, die Früchte einer Sache oder eines Rechtes bis zu einer bestimmten Zeit oder von einer bestimmten Zeit an zu beziehen, so gebühren ihm, sofern nicht ein anderes bestimmt ist:

1. die im § 99 Abs. 1 bezeichneten Erzeugnisse und Bestandteile, auch wenn er sie als Früchte eines Rechtes zu beziehen hat, insoweit, als sie während der Dauer der Berechtigung von der Sache getrennt werden;
2. andere Früchte insoweit, als sie während der Dauer der Berechtigung fällig werden; bestehen jedoch die Früchte in der Vergütung für die Überlassung des Gebrauchs oder des Fruchtgenusses, in Zinsen, Gewinnanteilen oder anderen regelmäßig wiederkehrenden Erträgen, so gebührt dem Berechtigten ein der Dauer seiner Berechtigung entsprechender Teil.

d) Fruchtkosten.

§ 102.

Wer zur Herausgabe von Früchten verpflichtet ist, kann Ersatz der auf die Gewinnung der Früchte verwendeten Kosten insoweit verlangen, als sie einer ordnungsmäßigen Wirtschaft entsprechen und den Wert der Früchte nicht übersteigen.

7. Lastenverteilung.

§ 103.

Wer verpflichtet ist, die Lasten einer Sache oder eines Rechtes bis zu einer bestimmten Zeit oder von einer bestimmten Zeit an zu tragen, hat, sofern nicht ein anderes bestimmt ist, die regelmäßig wiederkehrenden Lasten nach dem Verhältnisse der Dauer seiner Verpflichtung, andere Lasten insoweit zu tragen, als sie während der Dauer seiner Verpflichtung zu entrichten sind.

Dritter Abschnitt. Rechtsgeschäfte.

Erster Titel. Geschäftsfähigkeit.

1. Geschäftsunfähigkeit (§§ 104, 105).

§ 104.

Geschäftsunfähig ist:

1. wer nicht das siebente Lebensjahr vollendet hat;
2. wer sich in einem die freie Willensbestimmung ausschließenden Zustande krankhafter Störung der Geistestätigkeit befindet, sofern nicht der Zustand seiner Natur nach ein vorübergehender ist;
3. wer wegen Geisteskrankheit entmündigt ist.

§ 105.

Die Willenserklärung eines Geschäftsunfähigen ist nichtig.

Nichtig ist auch eine Willenserklärung, die im Zustande der Bewußtlosigkeit oder vorübergehender Störung der Geistestätigkeit abgegeben wird.

2. Beschränkte Geschäftsfähigkeit (§§ 106—114).

a) Minderjährige (§§ 106—113).

§ 106.

Ein Minderjähriger, der das siebente Lebensjahr vollendet hat, ist nach Maßgabe der §§ 107 bis 113 in der Geschäftsfähigkeit beschränkt.

α) Einwilligungsbedürftige Geschäfte.

§ 107.

Der Minderjährige bedarf zu einer Willenserklärung, durch die er nicht lediglich einen rechtlichen Vorteil erlangt, der Einwilligung seines gesetzlichen Vertreters.

β) Konvaleszenz des Vertrages durch Genehmigung (§§ 108, 109).

§ 108.

Schließt der Minderjährige einen Vertrag ohne die erforderliche Einwilligung des gesetzlichen Vertreters, so hängt die Wirksamkeit des Vertrags von der Genehmigung des Vertreters ab.

Fordert der andere Teil den Vertreter zur Erklärung über die Genehmigung auf, so kann die Erklärung nur ihm gegenüber erfolgen; eine vor der Aufforderung dem Minderjährigen gegenüber erklärte Genehmigung oder Verweigerung der Genehmigung wird unwirksam. Die Genehmigung kann nur bis zum Ablaufe von zwei Wochen nach dem Empfange der Aufforderung erklärt werden; wird sie nicht erklärt, so gilt sie als verweigert.

Ist der Minderjährige unbeschränkt geschäftsfähig geworden, so tritt seine Genehmigung an die Stelle der Genehmigung des Vertreters.

§ 109.

Bis zur Genehmigung des Vertrags ist der andere Teil zum Widerrufe berechtigt. Der Widerruf kann auch dem Minderjährigen gegenüber erklärt werden.

Hat der andere Teil die Minderjährigkeit gekannt, so kann er nur widerrufen, wenn der Minderjährige der Wahrheit zuwider die Einwilligung des Vertreters behauptet hat; er kann auch in diesem Falle nicht widerrufen, wenn ihm das Fehlen der Einwilligung bei dem Abschlusse des Vertrags bekannt war.

γ) Konvaleszenz des Vertrages durch Leistung.

§ 110.

Ein von dem Minderjährigen ohne Zustimmung des gesetzlichen Vertreters geschlossener Vertrag gilt als von Anfang an wirksam, wenn der Minderjährige die vertragsmäßige Leistung mit Mitteln bewirkt, die ihm zu diesem Zwecke oder zu freier Verfügung von dem Vertreter oder mit dessen Zustimmung von einem Dritten überlassen worden sind.

δ) Einseitige einwilligungsbedürftige Geschäfte.

§ 111.

Ein einseitiges Rechtsgeschäft, das der Minderjährige ohne die erforderliche Einwilligung des gesetzlichen Vertreters vornimmt, ist unwirksam. Nimmt der Minderjährige mit dieser Einwilligung ein solches Rechtsgeschäft einem anderen gegenüber vor, so ist das Rechtsgeschäft unwirksam, wenn der Minderjährige die Einwilligung nicht in schriftlicher Form vorlegt und der andere das Rechtsgeschäft aus diesem Grunde unverzüglich zurückweist. Die Zurückweisung ist ausgeschlossen, wenn der Vertreter den anderen von der Einwilligung in Kenntnis gesetzt hatte.

ε) Unbeschränkt geschäftsfähige Minderjährige (§§ 112, 113).

§ 112.

Ermächtigt der gesetzliche Vertreter mit Genehmigung des Vormundschaftsgerichts den Minderjährigen zum selbständigen

Betrieb eines Erwerbsgeschäfts, so ist der Minderjährige für solche Rechtsgeschäfte unbeschränkt geschäftsfähig, welche der Geschäftsbetrieb mit sich bringt. Ausgenommen sind Rechtsgeschäfte, zu denen der Vertreter der Genehmigung des Vormundschaftsgerichts bedarf.

Die Ermächtigung kann von dem Vertreter nur mit Genehmigung des Vormundschaftsgerichts zurückgenommen werden.

§ 113.

Ermächtigt der gesetzliche Vertreter den Minderjährigen, in Dienst oder in Arbeit zu treten, so ist der Minderjährige für solche Rechtsgeschäfte unbeschränkt geschäftsfähig, welche die Eingehung oder Aufhebung eines Dienst- oder Arbeitsverhältnisses der gestatteten Art oder die Erfüllung der sich aus einem solchen Verhältnis ergebenden Verpflichtungen betreffen. Ausgenommen sind Verträge, zu denen der Vertreter der Genehmigung des Vormundschaftsgerichts bedarf.

Die Ermächtigung kann von dem Vertreter zurückgenommen oder eingeschränkt werden.

Ist der gesetzliche Vertreter ein Vormund, so kann die Ermächtigung, wenn sie von ihm verweigert wird, auf Antrag des Minderjährigen durch das Vormundschaftsgericht ersetzt werden. Das Vormundschaftsgericht hat die Ermächtigung zu ersetzen, wenn sie im Interesse des Mündels liegt.

Die für einen einzelnen Fall erteilte Ermächtigung gilt im Zweifel als allgemeine Ermächtigung zur Eingehung von Verhältnissen derselben Art.

b) Sonstige in der Geschäftsfähigkeit beschränkte Personen.

§ 114.

Wer wegen Geistesschwäche, wegen Verschwendung oder wegen Trunksucht entmündigt oder wer nach § 1906 unter vorläufige Vormundschaft gestellt ist, steht in Ansehung der Geschäftsfähigkeit einem Minderjährigen gleich, der das siebente Lebensjahr vollendet hat.

3. Anfechtung der Entmündigung und Verwandtes.

§ 115.

Wird ein die Entmündigung aussprechender Beschluß infolge einer Anfechtungsklage aufgehoben, so kann die Wirksamkeit der von oder gegenüber dem Entmündigten vorgenommenen Rechtsgeschäfte nicht auf Grund des Beschlusses in Frage gestellt werden. Auf die Wirksamkeit der von oder gegenüber dem gesetzlichen Vertreter vorgenommenen Rechtsgeschäfte hat die Aufhebung keinen Einfluß.

Diese Vorschriften finden entsprechende Anwendung, wenn im Falle einer vorläufigen Vormundschaft der Antrag auf Entmündigung zurückgenommen oder rechtskräftig abgewiesen oder der die Entmündigung aussprechende Beschluß infolge einer Anfechtungsklage aufgehoben wird.

Zweiter Titel. Willenserklärung.

1. **Wille und Erklärung (§§ 116—124).**

a) **Mentalreservation.**

§ 116.

Eine Willenserklärung ist nicht deshalb nichtig, weil sich der Erklärende insgeheim vorbehält, das Erklärte nicht zu wollen. Die Erklärung ist nichtig, wenn sie einem anderen gegenüber abzugeben ist und dieser den Vorbehalt kennt.

b) **Scheingeschäft (Simulation).**

§ 117

Wird eine Willenserklärung, die einem anderen gegenüber abzugeben ist, mit dessen Einverständnisse nur zum Schein abgegeben, so ist sie nichtig.

Wird durch ein Scheingeschäft ein anderes Rechtsgeschäft verdeckt, so finden die für das verdeckte Rechtsgeschäft geltenden Vorschriften Anwendung.

c) **Fehlender Ernst.**

§ 118.

Eine nicht ernstlich gemeinte Willenserklärung, die in der Erwartung abgegeben wird, der Mangel der Ernstlichkeit werde nicht verkannt werden, ist nichtig.

d) **Irrtum (§§ 119—121).**

α) **Beachtlicher Irrtum (§§ 119, 120).**

§ 119.

Wer bei der Abgabe einer Willenserklärung über deren Inhalt im Irrtume war oder eine Erklärung dieses Inhalts überhaupt nicht abgeben wollte, kann die Erklärung anfechten, wenn anzunehmen ist, daß er sie bei Kenntnis der Sachlage und bei verständiger Würdigung des Falles nicht abgegeben haben würde.

Als Irrtum über den Inhalt der Erklärung gilt auch der Irrtum über solche Eigenschaften der Person oder der Sache, die im Verkehr als wesentlich angesehen werden.

§ 120.

Eine Willenserklärung, welche durch die zur Übermittelung verwendete Person oder Anstalt unrichtig übermittelt worden ist, kann unter der gleichen Voraussetzung angefochten werden wie nach § 119 eine irrtümlich abgegebene Willenserklärung.

β) **Anfechtungsfrist.**

§ 121.

Die Anfechtung muß in den Fällen der §§ 119, 120 ohne schuldhaftes Zögern (unverzüglich) erfolgen, nachdem der Anfechtungsberechtigte von dem Anfechtungsgrunde Kenntnis erlangt hat. Die einem Abwesenden gegenüber erfolgte Anfechtung gilt als rechtzeitig erfolgt, wenn die Anfechtungserklärung unverzüglich abgesendet worden ist.

Die Anfechtung ist ausgeschlossen, wenn seit der Abgabe der Willenserklärung dreißig Jahre verstrichen sind.

e) **Haftung des Erklärenden auf das Vertrauensinteresse.**

§ 122.

Ist eine Willenserklärung nach § 118 nichtig oder auf Grund der §§ 119, 120 angefochten, so hat der Erklärende, wenn die Erklärung einem anderen gegenüber abzugeben war, diesem, anderenfalls jedem Dritten den Schaden zu ersetzen, den der andere oder der Dritte dadurch erleidet, daß er auf die Gültigkeit der Erklärung vertraut, jedoch nicht über den Betrag des Interesses hinaus, welches der andere oder der Dritte an der Gültigkeit der Erklärung hat.

Die Schadensersatzpflicht tritt nicht ein, wenn der Beschädigte den Grund der Nichtigkeit oder der Anfechtbarkeit kannte oder infolge von Fahrlässigkeit nicht kannte (kennen mußte).

f) **Zwang und arglistige Täuschung (Betrug) (§§ 123, 124).**

α) **Anfechtbarkeit.**

§ 123.

Wer zur Abgabe einer Willenserklärung durch arglistige Täuschung oder widerrechtlich durch Drohung bestimmt worden ist, kann die Erklärung anfechten.

Hat ein Dritter die Täuschung verübt, so ist eine Erklärung, die einem anderen gegenüber abzugeben war, nur dann anfechtbar, wenn dieser die Täuschung kannte oder kennen mußte. Soweit ein anderer als derjenige, welchem gegenüber die Erklärung abzugeben war, aus der Erklärung unmittelbar ein Recht erworben hat, ist die Erklärung ihm gegenüber anfechtbar, wenn er die Täuschung kannte oder kennen mußte.

β) Anfechtungsfrist.

§ 124.

Die Anfechtung einer nach § 123 anfechtbaren Willenserklärung kann nur binnen Jahresfrist erfolgen.

Die Frist beginnt im Falle der arglistigen Täuschung mit dem Zeitpunkt, in welchem der Anfechtungsberechtigte die Täuschung entdeckt, im Falle der Drohung mit dem Zeitpunkt, in welchem die Zwangslage aufhört. Auf den Lauf der Frist finden die für die Verjährung geltenden Vorschriften des § 203 Abs. 2 und der §§ 206, 207 entsprechende Anwendung.

Die Anfechtung ist ausgeschlossen, wenn seit der Abgabe der Willenserklärung dreißig Jahre verstrichen sind.

2. **Form des Rechtsgeschäfts** (§§ 125—129).

a) **Bedeutung des Formerfordernisses.**

§ 125.

Ein Rechtsgeschäft, welches der durch Gesetz vorgeschriebenen Form ermangelt, ist nichtig. Der Mangel der durch Rechtsgeschäft bestimmten Form hat im Zweifel gleichfalls Nichtigkeit zur Folge.

b) **Schriftform** (§§ 126, 127).

§ 126.

Ist durch Gesetz schriftliche Form vorgeschrieben, so muß die Urkunde von dem Aussteller eigenhändig durch Namensunterschrift oder mittels gerichtlich oder notariell beglaubigten Handzeichens unterzeichnet werden.

Bei einem Vertrage muß die Unterzeichnung der Parteien auf derselben Urkunde erfolgen. Werden über den Vertrag mehrere gleichlautende Urkunden aufgenommen, so genügt es, wenn jede Partei die für die andere Partei bestimmte Urkunde unterzeichnet.

Die schriftliche Form wird durch die gerichtliche oder notarielle Beurkundung ersetzt.

§ 127.

Die Vorschriften des § 126 gelten im Zweifel auch für die durch Rechtsgeschäft bestimmte schriftliche Form. Zur Wahrung der Form genügt jedoch, soweit nicht ein anderer Wille anzunehmen ist, telegraphische Übermittelung und bei einem Vertrage Briefwechsel; wird eine solche Form gewählt, so kann nachträglich eine dem § 126 entsprechende Beurkundung verlangt werden.

c) **Gerichtliche und notarielle Beurkundung.**

§ 128.

Ist durch Gesetz gerichtliche oder notarielle Beurkundung eines Vertrags vorgeschrieben, so genügt es, wenn zunächst der

Antrag und sodann die Annahme des Antrags von einem Gericht oder einem Notar beurkundet wird.

d) **Öffentliche Beglaubigung.** **§ 129.**

Ist durch Gesetz für eine Erklärung öffentliche Beglaubigung vorgeschrieben, so muß die Erklärung schriftlich abgefaßt und die Unterschrift des Erklärenden von der zuständigen Behörde oder einem zuständigen Beamten oder Notar beglaubigt werden. Wird die Erklärung von dem Aussteller mittels Handzeichens unterzeichnet, so ist die im § 126 Abs. 1 vorgeschriebene Beglaubigung des Handzeichens erforderlich und genügend.

Die öffentliche Beglaubigung wird durch die gerichtliche oder notarielle Beurkundung der Erklärung ersetzt.

3. **Abgabe und Zugang der Willenserklärung** (§§ 130—132).

a) **Im allgemeinen.** **§ 130.**

Eine Willenserklärung, die einem anderen gegenüber abzugeben ist, wird, wenn sie in dessen Abwesenheit abgegeben wird, in dem Zeitpunkte wirksam, in welchem sie ihm zugeht. Sie wird nicht wirksam, wenn dem anderen vorher oder gleichzeitig ein Widerruf zugeht.

Auf die Wirksamkeit der Willenserklärung ist es ohne Einfluß, wenn der Erklärende nach der Abgabe stirbt oder geschäftsunfähig wird.

Diese Vorschriften finden auch dann Anwendung, wenn die Willenserklärung einer Behörde gegenüber abzugeben ist.

b) **Zugang bei Geschäftsunfähigkeit oder beschränkter Geschäftsfähigkeit des Adressaten.** **§ 131.**

Wird die Willenserklärung einem Geschäftsunfähigen gegenüber abgegeben, so wird sie nicht wirksam, bevor sie dem gesetzlichen Vertreter zugeht.

Das gleiche gilt, wenn die Willenserklärung einer in der Geschäftsfähigkeit beschränkten Person gegenüber abgegeben wird. Bringt die Erklärung jedoch der in der Geschäftsfähigkeit beschränkten Person lediglich einen rechtlichen Vorteil oder hat der gesetzliche Vertreter seine Einwilligung erteilt, so wird die Erklärung in dem Zeitpunkte wirksam, in welchem sie ihr zugeht.

c) **Zustellung durch den Gerichtsvollzieher und öffentliche Zustellung.** **§ 132.**

Eine Willenserklärung gilt auch dann als zugegangen, wenn sie durch Vermittelung eines Gerichtsvollziehers zugestellt worden ist. Die Zustellung erfolgt nach den Vorschriften der Zivilprozeßordnung.

Befindet sich der Erklärende über die Person desjenigen, welchem gegenüber die Erklärung abzugeben ist, in einer nicht auf Fahrlässigkeit beruhenden Unkenntnis oder ist der Aufenthalt dieser Person unbekannt, so kann die Zustellung nach den für die öffentliche Zustellung einer Ladung geltenden Vorschriften der Zivilprozeßordnung erfolgen. Zuständig für die Bewilligung ist im ersteren Falle das Amtsgericht, in dessen Bezirke der Erklärende seinen Wohnsitz oder in Ermangelung eines inländischen Wohnsitzes seinen Aufenthalt hat, im letzteren Falle das Amtsgericht, in dessen Bezirke die Person, welcher zuzustellen ist, den letzten Wohnsitz oder in Ermangelung eines inländischen Wohnsitzes den letzten Aufenhalt hatte.

4. Auslegung der Willenserklärung.

§ 133.

Bei der Auslegung einer Willenserklärung ist der wirkliche Wille zu erforschen und nicht an dem buchstäblichen Sinne des Ausdrucks zu haften.

5. Nichtige Rechtsgeschäfte (§§ 134—141).

a) Gründe der Nichtigkeit.

α) Gesetzliches Verbot (Lex perfecta).

§ 134.

Ein Rechtsgeschäft, das gegen ein gesetzliches Verbot verstößt, ist nichtig, wenn sich nicht aus dem Gesetz ein anderes ergibt.

β) Veräußerungsverbot (§§ 135—137).

§ 135.

Verstößt die Verfügung über einen Gegenstand gegen ein gesetzliches Veräußerungsverbot, das nur den Schutz bestimmter Personen bezweckt, so ist sie nur diesen Personen gegenüber unwirksam. Der rechtsgeschäftlichen Verfügung steht eine Verfügung gleich, die im Wege der Zwangsvollstreckung oder der Arrestvollziehung erfolgt.

Die Vorschriften zugunsten derjenigen, welche Rechte von einem Nichtberechtigten herleiten, finden entsprechende Anwendung.

§ 136.

Ein Veräußerungsverbot, das von einem Gericht oder von einer anderen Behörde innerhalb ihrer Zuständigkeit erlassen wird, steht einem gesetzlichen Veräußerungsverbote der im § 135 bezeichneten Art gleich.

§ 137.

Die Befugnis zur Verfügung über ein veräußerliches Recht kann nicht durch Rechtsgeschäft ausgeschlossen oder beschränkt werden. Die Wirksamkeit einer Verpflichtung, über ein solches Recht nicht zu verfügen, wird durch diese Vorschrift nicht berührt.

γ) Sittenwidrigkeit.

§ 138.

Ein Rechtsgeschäft, das gegen die guten Sitten verstößt, ist nichtig.

Nichtig ist insbesondere ein Rechtsgeschäft, durch das jemand unter Ausbeutung der Notlage, des Leichtsinns oder der Unerfahrenheit eines anderen sich oder einem Dritten für eine Leistung Vermögensvorteile versprechen oder gewähren läßt, welche den Wert der Leistung dergestalt übersteigen, daß den Umständen nach die Vermögensvorteile in auffälligem Mißverhältnisse zu der Leistung stehen.

b) Teilnichtigkeit.

§ 139.

Ist ein Teil eines Rechtsgeschäfts nichtig, so ist das ganze Rechtsgeschäft nichtig, wenn nicht anzunehmen ist, daß es auch ohne den nichtigen Teil vorgenommen sein würde.

c) Konversion.

§ 140.

Entspricht ein nichtiges Rechtsgeschäft den Erfordernissen eines anderen Rechtsgeschäfts, so gilt das letztere, wenn anzunehmen ist, daß dessen Geltung bei Kenntnis der Nichtigkeit gewollt sein würde.

d) Bestätigung.

§ 141.

Wird ein nichtiges Rechtsgeschäft von demjenigen, welcher es vorgenommen hat, bestätigt, so ist die Bestätigung als erneute Vornahme zu beurteilen.

Wird ein nichtiger Vertrag von den Parteien bestätigt, so sind diese im Zweifel verpflichtet, einander zu gewähren, was sie haben würden, wenn der Vertrag von Anfang an gültig gewesen wäre.

6. Anfechtbare Rechtsgeschäfte (§§ 142—144).

a) Wirkung der Anfechtung.

§ 142.

Wird ein anfechtbares Rechtsgeschäft angefochten, so ist es als von Anfang an nichtig anzusehen.

Wer die Anfechtbarkeit kannte oder kennen mußte, wird, wenn die Anfechtung erfolgt, so behandelt, wie wenn er die

Nichtigkeit des Rechtsgeschäfts gekannt hätte oder hätte kennen müssen.

b) **Anfechtungserklärung.**

§ 143.

Die Anfechtung erfolgt durch Erklärung gegenüber dem Anfechtungsgegner.

Anfechtungsgegner ist bei einem Vertrage der andere Teil, im Falle des § 123 Abs. 2 Satz 2 derjenige, welcher aus dem Vertrag unmittelbar ein Recht erworben hat.

Bei einem einseitigen Rechtsgeschäfte, das einem anderen gegenüber vorzunehmen war, ist der andere der Anfechtungsgegner. Das gleiche gilt bei einem Rechtsgeschäfte, das einem anderen oder einer Behörde gegenüber vorzunehmen war, auch dann, wenn das Rechtsgeschäft der Behörde gegenüber vorgenommen worden ist.

Bei einem einseitigen Rechtsgeschäft anderer Art ist Anfechtungsgegner jeder, der auf Grund des Rechtsgeschäfts unmittelbar einen rechtlichen Vorteil erlangt hat. Die Anfechtung kann jedoch, wenn die Willenserklärung einer Behörde gegenüber abzugeben war, durch Erklärung gegenüber der Behörde erfolgen; die Behörde soll die Anfechtung demjenigen mitteilen, welcher durch das Rechtsgeschäft unmittelbar betroffen worden ist.

c) **Bestätigung.**

§ 144.

Die Anfechtung ist ausgeschlossen, wenn das anfechtbare Rechtsgeschäft von dem Anfechtungsberechtigten bestätigt wird.

Die Bestätigung bedarf nicht der für das Rechtsgeschäft bestimmten Form.

Dritter Titel. Vertrag.

1. **Antrag (§§ 145—150).**

a) **Gebundenheit an den Antrag.**

§ 145.

Wer einem anderen die Schließung eines Vertrags anträgt, ist an den Antrag gebunden, es sei denn, daß er die Gebundenheit ausgeschlossen hat.

b) **Erlöschen des Antrags (§§ 146—149).**

§ 146.

Der Antrag erlischt, wenn er dem Antragenden gegenüber abgelehnt oder wenn er nicht diesem gegenüber nach den §§ 147 bis 149 rechtzeitig angenommen wird.

§ 147.

Der einem Anwesenden gemachte Antrag kann nur sofort angenommen werden. Dies gilt auch von einem mittels Fernsprechers von Person zu Person gemachten Antrage.

Der einem Abwesenden gemachte Antrag kann nur bis zu dem Zeitpunkt angenommen werden, in welchem der Antragende den Eingang der Antwort unter regelmäßigen Umständen erwarten darf.

§ 148.

Hat der Antragende für die Annahme des Antrags eine Frist bestimmt, so kann die Annahme nur innerhalb der Frist erfolgen.

§ 149.

Ist eine dem Antragenden verspätet zugegangene Annahmeerklärung dergestalt abgesendet worden, daß sie bei regelmäßiger Beförderung ihm rechtzeitig zugegangen sein würde, und mußte der Antragende dies erkennen, so hat er die Verspätung dem Annehmenden unverzüglich nach dem Empfange der Erklärung anzuzeigen, sofern es nicht schon vorher geschehen ist. Verzögert er die Absendung der Anzeige, so gilt die Annahme als nicht verspätet.

c) Antrag kraft Konversion.

§ 150.

Die verspätete Annahme eines Antrags gilt als neuer Antrag.

Eine Annahme unter Erweiterungen, Einschränkungen oder sonstigen Änderungen gilt als Ablehnung verbunden mit einem neuen Antrage.

2. Annahme (§§ 151—153).

a) Nicht adreßbedürftige Annahme.

§ 151.

Der Vertrag kommt durch die Annahme des Antrags zustande, ohne daß die Annahme dem Antragenden gegenüber erklärt zu werden braucht, wenn eine solche Erklärung nach der Verkehrssitte nicht zu erwarten ist oder der Antragende auf sie verzichtet hat. Der Zeitpunkt, in welchem der Antrag erlischt, bestimmt sich nach dem aus dem Antrag oder den Umständen zu entnehmenden Willen des Antragenden.

b) Nicht zugangsbedürftige Annahme.

§ 152.

Wird ein Vertrag gerichtlich oder notariell beurkundet, ohne daß beide Teile gleichzeitig anwesend sind, so kommt der Vertrag mit der nach § 128 erfolgten Beurkundung der Annahme zustande, wenn nicht ein anderes bestimmt ist. Die Vorschrift des § 151 Satz 2 findet Anwendung.

c) Annahme nach dem Tode des Antragenden.

§ 153.

Das Zustandekommen des Vertrags wird nicht dadurch gehindert, daß der Antragende vor der Annahme stirbt oder geschäftsunfähig wird, es sei denn, daß ein anderer Wille des Antragenden anzunehmen ist.

3. Punktation.

§ 154.

Solange nicht die Parteien sich über alle Punkte eines Vertrags geeinigt haben, über die nach der Erklärung auch nur einer Partei eine Vereinbarung getroffen werden soll, ist im Zweifel der Vertrag nicht geschlossen. Die Verständigung über einzelne Punkte ist auch dann nicht bindend, wenn eine Aufzeichnung stattgefunden hat.

Ist eine Beurkundung des beabsichtigten Vertrags verabredet worden, so ist im Zweifel der Vertrag nicht geschlossen, bis die Beurkundung erfolgt ist.

4. Sog. versteckter Dissens.

§ 155.

Haben sich die Parteien bei einem Vertrage, den sie als geschlossen ansehen, über einen Punkt, über den eine Vereinbarung getroffen werden sollte, in Wirklichkeit nicht geeinigt, so gilt das Vereinbarte, sofern anzunehmen ist, daß der Vertrag auch ohne eine Bestimmung über diesen Punkt geschlossen sein würde.

5. Versteigerung.

§ 156.

Bei einer Versteigerung kommt der Vertrag erst durch den Zuschlag zustande. Ein Gebot erlischt, wenn ein Übergebot abgegeben oder die Versteigerung ohne Erteilung des Zuschlags geschlossen wird.

6. Auslegung des Vertrags.

§ 157.

Verträge sind so auszulegen, wie Treu und Glauben mit Rücksicht auf die Verkehrssitte es erfordern.

Vierter Titel. Bedingung. Zeitbestimmung.

1. Bedingung (§§ 158—162).

a) Arten (Suspensiv- und Resolutivbedingung).

§ 158.

Wird ein Rechtsgeschäft unter einer aufschiebenden Bedingung vorgenommen, so tritt die von der Bedingung abhängig gemachte Wirkung mit dem Eintritte der Bedingung ein.

Wird ein Rechtsgeschäft unter einer auflösenden Bedingung

vorgenommen, so endigt mit dem Eintritte der Bedingung die Wirkung des Rechtsgeschäfts; mit diesem Zeitpunkte tritt der frühere Rechtszustand wieder ein.

b) Bedingungseintritt wirkt nicht zurück.

§ 159.

Sollen nach dem Inhalte des Rechtsgeschäfts die an den Eintritt der Bedingung geknüpften Folgen auf einen früheren Zeitpunkt zurückbezogen werden, so sind im Falle des Eintritts der Bedingung die Beteiligten verpflichtet, einander zu gewähren, was sie haben würden, wenn die Folgen in dem früheren Zeitpunkt eingetreten wären.

c) Schadensersatzhaftung bei Verletzung des Anwartschaftsrechts.

§ 160.

Wer unter einer aufschiebenden Bedingung berechtigt ist, kann im Falle des Eintritts der Bedingung Schadensersatz von dem anderen Teile verlangen, wenn dieser während der Schwebezeit das von der Bedingung abhängige Recht durch sein Verschulden vereitelt oder beeinträchtigt.

Den gleichen Anspruch hat unter denselben Voraussetzungen bei einem unter einer auflösenden Bedingung vorgenommenen Rechtsgeschäfte derjenige, zu dessen Gunsten der frühere Rechtszustand wieder eintritt.

d) Schutz des Anwartschaftsrechts gegen Zwischenverfügungen.

§ 161.

Hat jemand unter einer aufschiebenden Bedingung über einen Gegenstand verfügt, so ist jede weitere Verfügung, die er während der Schwebezeit über den Gegenstand trifft, im Falle des Eintritts der Bedingung insoweit unwirksam, als sie die von der Bedingung abhängige Wirkung vereiteln oder beeinträchtigen würde. Einer solchen Verfügung steht eine Verfügung gleich, die während der Schwebezeit im Wege der Zwangsvollstreckung oder der Arrestvollziehung oder durch den Konkursverwalter erfolgt.

Dasselbe gilt bei einer auflösenden Bedingung von den Verfügungen desjenigen, dessen Recht mit dem Eintritte der Bedingung endigt.

Die Vorschriften zugunsten derjenigen, welche Rechte von einem Nichtberechtigten herleiten, finden entsprechende Anwendung.

e) Fiktion des Bedingungseintritts und -ausfalls.

§ 162.

Wird der Eintritt der Bedingung von der Partei, zu deren Nachteil er gereichen würde, wider Treu und Glauben verhindert, so gilt die Bedingung als eingetreten.

Wird der Eintritt der Bedingung von der Partei, zu deren Vorteil er gereicht, wider Treu und Glauben herbeigeführt, so gilt der Eintritt als nicht erfolgt.

2. Zeitbestimmung.

§ 163.

Ist für die Wirkung eines Rechtsgeschäfts bei dessen Vornahme ein Anfangs- oder ein Endtermin bestimmt worden, so finden im ersteren Falle die für die aufschiebende, im letzteren Falle die für die auflösende Bedingung geltenden Vorschriften der §§ 158, 160, 161 entsprechende Anwendung.

Fünfter Titel. Vertretung. Vollmacht.

1. Voraussetzungen wirksamer direkter Stellvertretung (§§ 164, 165).

a) Handeln in fremdem Namen, Vertretungsmacht.

§ 164.

Eine Willenserklärung, die jemand innerhalb der ihm zustehenden Vertretungsmacht im Namen des Vertretenen abgibt, wirkt unmittelbar für und gegen den Vertretenen. Es macht keinen Unterschied, ob die Erklärung ausdrücklich im Namen des Vertretenen erfolgt oder ob die Umstände ergeben, daß sie in dessen Namen erfolgen soll.

Tritt der Wille, in fremdem Namen zu handeln, nicht erkennbar hervor, so kommt der Mangel des Willens, im eigenen Namen zu handeln, nicht in Betracht.

Die Vorschriften des Abs. 1 finden entsprechende Anwendung, wenn eine gegenüber einem anderen abzugebende Willenserklärung dessen Vertreter gegenüber erfolgt.

b) Beschränkte Geschäftsfähigkeit.

§ 165.

Die Wirksamkeit einer von oder gegenüber einem Vertreter abgegebenen Willenserklärung wird nicht dadurch beeinträchtigt, daß der Vertreter in der Geschäftsfähigkeit beschränkt ist.

2. Repräsentationsprinzip (Begriff der Vollmacht).

§ 166.

Soweit die rechtlichen Folgen einer Willenserklärung durch Willensmängel oder durch die Kenntnis oder das Kennenmüssen gewisser Umstände beeinflußt werden, kommt nicht die Person des Vertretenen, sondern die des Vertreters in Betracht.

Hat im Falle einer durch Rechtsgeschäft erteilten Vertretungsmacht (Vollmacht) der Vertreter nach bestimmten Weisungen des Vollmachtgebers gehandelt, so kann sich dieser in Ansehung solcher Umstände, die er selbst kannte, nicht auf die Unkenntnis des Vertreters berufen. Dasselbe gilt von Umständen, die der Vollmachtgeber kennen mußte, sofern das Kennenmüssen der Kenntnis gleichsteht.

3. Erteilung und Erlöschen der Vollmacht (§§ 167, 168).

§ 167.

Die Erteilung der Vollmacht erfolgt durch Erklärung gegenüber dem zu Bevollmächtigenden oder dem Dritten, demgegenüber die Vertretung stattfinden soll.

Die Erklärung bedarf nicht der Form, welche für das Rechtsgeschäft bestimmt ist, auf das sich die Vollmacht bezieht.

§ 168.

Das Erlöschen der Vollmacht bestimmt sich nach dem ihrer Erteilung zugrunde liegenden Rechtsverhältnisse. Die Vollmacht ist auch bei dem Fortbestehen des Rechtsverhältnisses widerruflich, sofern sich nicht aus diesem ein anderes ergibt. Auf die Erklärung des Widerrufs findet die Vorschrift des § 167 Abs. 1 entsprechende Anwendung.

4. Vertretungsmacht kraft guten Glaubens und kraft deklaratorischer Mitteilung (§§ 169—173).

a) Guter Glaube des Vertreters und des Dritten an den Fortbestand der erloschenen Vollmacht (§§ 169, 173).

§ 169.

Soweit nach den §§ 674, 729 die erloschene Vollmacht eines Beauftragten oder eines geschäftsführenden Gesellschafters als fortbestehend gilt, wirkt sie nicht zugunsten eines Dritten, der bei der Vornahme eines Rechtsgeschäfts das Erlöschen kennt oder kennen muß.

b) Guter Glaube des Dritten an den Fortbestand der erloschenen Vollmacht (§§ 170, 173).

§ 170.

Wird die Vollmacht durch Erklärung gegenüber einem Dritten erteilt, so bleibt sie diesem gegenüber in Kraft, bis ihm das Erlöschen von dem Vollmachtgeber angezeigt wird.

c) Deklaratorische Mitteilung (§§ 171—173).

§ 171.

Hat jemand durch besondere Mitteilung an einen Dritten oder durch öffentliche Bekanntmachung kundgegeben, daß er einen anderen bevollmächtigt habe, so ist dieser auf Grund der Kundgebung im ersteren Falle dem Dritten gegenüber, im letzteren Falle jedem Dritten gegenüber zur Vertretung befugt.

Die Vertretungsmacht bleibt bestehen, bis die Kundgebung in derselben Weise, wie sie erfolgt ist, widerrufen wird.

§ 172.

Der besonderen Mitteilung einer Bevollmächtigung durch den Vollmachtgeber steht es gleich, wenn dieser dem Vertreter eine Vollmachtsurkunde ausgehändigt hat und der Vertreter sie dem Dritten vorlegt.

Die Vertretungsmacht bleibt bestehen, bis die Vollmachtsurkunde dem Vollmachtgeber zurückgegeben oder für kraftlos erklärt wird.

§ 173.

Die Vorschriften des § 170, des § 171 Abs. 2 und des § 172 Abs. 2 finden keine Anwendung, wenn der Dritte das Erlöschen der Vertretungsmacht bei der Vornahme des Rechtsgeschäfts kennt oder kennen muß.

5. Vollmachtsurkunde (§§ 174—176).

a) Vorlegungspflicht.

§ 174.

Ein einseitiges Rechtsgeschäft, das ein Bevollmächtigter einem anderen gegenüber vornimmt, ist unwirksam, wenn der Bevollmächtigte eine Vollmachtsurkunde nicht vorlegt und der andere das Rechtsgeschäft aus diesem Grunde unverzüglich zurückweist. Die Zurückweisung ist ausgeschlossen, wenn der Vollmachtgeber den anderen von der Bevollmächtigung in Kenntnis gesetzt hatte.

b) Rückgabepflicht.

§ 175.

Nach dem Erlöschen der Vollmacht hat der Bevollmächtigte die Vollmachtsurkunde dem Vollmachtgeber zurückzugeben; ein Zurückbehaltungsrecht steht ihm nicht zu.

c) Kraftloserklärung.

§ 176.

Der Vollmachtgeber kann die Vollmachtsurkunde durch eine öffentliche Bekanntmachung für kraftlos erklären; die Kraftloserklärung muß nach den für die öffentliche Zustellung einer Ladung geltenden Vorschriften der Zivilprozeßordnung veröffentlicht werden. Mit dem Ablauf eines Monats nach der letzten Einrückung in die öffentlichen Blätter wird die Kraftloserklärung wirksam.

Zuständig für die Bewilligung der Veröffentlichung ist sowohl das Amtsgericht, in dessen Bezirke der Vollmachtgeber seinen allgemeinen Gerichtsstand hat, als das Amtsgericht, welches für die Klage auf Rückgabe der Urkunde, abgesehen von dem Werte des Streitgegenstandes, zuständig sein würde.

Die Kraftloserklärung ist unwirksam, wenn der Vollmachtgeber die Vollmacht nicht widerrufen kann.

6. Direkte Stellvertretung ohne Vertretungsmacht (§§ 177—180).

a) Bei Verträgen (§§ 177—179).

α) **Genehmigung.**

§ 177.

Schließt jemand ohne Vertretungsmacht im Namen eines anderen einen Vertrag, so hängt die Wirksamkeit des Vertrags für und gegen den Vertretenen von dessen Genehmigung ab.

Fordert der andere Teil den Vertretenen zur Erklärung über die Genehmigung auf, so kann die Erklärung nur ihm gegenüber erfolgen; eine vor der Aufforderung dem Vertreter gegenüber erklärte Genehmigung oder Verweigerung der Genehmigung wird unwirksam. Die Genehmigung kann nur bis zum Ablaufe von zwei Wochen nach dem Empfange der Aufforderung erklärt werden; wird sie nicht erklärt, so gilt sie als verweigert.

β) **Widerruf.**

§ 178.

Bis zur Genehmigung des Vertrags ist der andere Teil zum Widerrufe berechtigt, es sei denn, daß er den Mangel der Vertretungsmacht bei dem Abschlusse des Vertrags gekannt hat. Der Widerruf kann auch dem Vertreter gegenüber erklärt werden.

γ) **Haftung des Vertreters.**

§ 179.

Wer als Vertreter einen Vertrag geschlossen hat, ist, sofern er nicht seine Vertretungsmacht nachweist, dem anderen Teile nach dessen Wahl zur Erfüllung oder zum Schadensersatze verpflichtet, wenn der Vertretene die Genehmigung des Vertrags verweigert.

Hat der Vertreter den Mangel der Vertretungsmacht nicht gekannt, so ist er nur zum Ersatze desjenigen Schadens verpflichtet, welchen der andere Teil dadurch erleidet, daß er auf die Vertretungsmacht vertraut, jedoch nicht über den Betrag des Interesses hinaus, welches der andere Teil an der Wirksamkeit des Vertrags hat.

Der Vertreter haftet nicht, wenn der andere Teil den Mangel der Vertretungsmacht kannte oder kennen mußte. Der Vertreter haftet auch dann nicht, wenn er in der Geschäftsfähigkeit beschränkt war, es sei denn, daß er mit Zustimmung seines gesetzlichen Vertreters gehandelt hat.

b) Bei einseitigen Rechtsgeschäften.

§ 180.

Bei einem einseitigen Rechtsgeschäft ist Vertretung ohne Vertretungsmacht unzulässig. Hat jedoch derjenige, welchem gegenüber ein solches Rechtsgeschäft vorzunehmen war, die von dem Vertreter behauptete Vertretungsmacht bei der Vornahme des Rechtsgeschäfts nicht beanstandet oder ist er damit einverstanden gewesen, daß der Vertreter ohne Vertretungsmacht handele, so finden die Vorschriften über Verträge entsprechende Anwendung. Das gleiche gilt, wenn ein einseitiges Rechtsgeschäft gegenüber einem Vertreter ohne Vertretungsmacht mit dessen Einverständnisse vorgenommen wird.

7. Geschäfte des Vertreters mit sich selbst.

§ 181.

Ein Vertreter kann, soweit nicht ein anderes ihm gestattet ist, im Namen des Vertretenen mit sich im eigenen Namen oder als Vertreter eines Dritten ein Rechtsgeschäft nicht vornehmen, es sei denn, daß das Rechtsgeschäft ausschließlich in der Erfüllung einer Verbindlichkeit besteht.

Sechster Titel. Einwilligung. Genehmigung.

1. Adressat und Form der Zustimmung.

§ 182.

Hängt die Wirksamkeit eines Vertrags oder eines einseitigen Rechtsgeschäfts, das einem anderen gegenüber vorzunehmen ist, von der Zustimmung eines Dritten ab, so kann die Erteilung sowie die Verweigerung der Zustimmung sowohl dem einen als dem anderen Teile gegenüber erklärt werden.

Die Zustimmung bedarf nicht der für das Rechtsgeschäft bestimmten Form.

Wird ein einseitiges Rechtsgeschäft, dessen Wirksamkeit von der Zustimmung eines Dritten abhängt, mit Einwilligung des Dritten vorgenommen, so finden die Vorschriften des § 111 Satz 2, 3 entsprechende Anwendung.

2. Widerruf der Einwilligung.

§ 183.

Die vorherige Zustimmung (Einwilligung) ist bis zur Vornahme des Rechtsgeschäfts widerruflich, soweit nicht aus dem ihrer Erteilung zugrunde liegenden Rechtsverhältnisse sich ein anderes ergibt. Der Widerruf kann sowohl dem einen als dem anderen Teile gegenüber erklärt werden.

3. Rückwirkung der Genehmigung.

§ 184.

Die nachträgliche Zustimmung (Genehmigung) wirkt auf den Zeitpunkt der Vornahme des Rechtsgeschäfts zurück, soweit nicht ein anderes bestimmt ist.

Durch die Rückwirkung werden Verfügungen nicht unwirksam, die vor der Genehmigung über den Gegenstand des Rechtsgeschäfts von dem Genehmigenden getroffen worden oder im Wege der Zwangsvollstreckung oder der Arrestvollziehung oder durch den Konkursverwalter erfolgt sind.

4. Wirksamkeit und Wirksamwerden der Verfügung eines Nichtberechtigten.

§ 185.

Eine Verfügung, die ein Nichtberechtigter über einen Gegenstand trifft, ist wirksam, wenn sie mit Einwilligung des Berechtigten erfolgt.

Die Verfügung wird wirksam, wenn der Berechtigte sie genehmigt oder wenn der Verfügende den Gegenstand erwirbt oder wenn er von dem Berechtigten beerbt wird und dieser für die Nachlaßverbindlichkeiten unbeschränkt haftet. In den beiden letzteren Fällen wird, wenn über den Gegenstand mehrere miteinander nicht in Einklang stehende Verfügungen getroffen worden sind, nur die frühere Verfügung wirksam.

Vierter Abschnitt. Fristen. Termine.

Inhalt dieses Abschnittes: Auslegungsvorschriften.

§ 186.

Für die in Gesetzen, gerichtlichen Verfügungen und Rechtsgeschäften enthaltenen Frist- und Terminsbestimmungen gelten die Auslegungsvorschriften der §§ 187 bis 193.

1. Fristen (§§ 187—191).
a) Beginn.

§ 187.

Ist für den Anfang einer Frist ein Ereignis oder ein in den Lauf eines Tages fallender Zeitpunkt maßgebend, so wird bei der Berechnung der Frist der Tag nicht mitgerechnet, in welchen das Ereignis oder der Zeitpunkt fällt.

Ist der Beginn eines Tages der für den Anfang einer Frist maßgebende Zeitpunkt, so wird dieser Tag bei der Berechnung der Frist mitgerechnet. Das gleiche gilt von dem Tage der Geburt bei der Berechnung des Lebensalters.

b) Ende.

§ 188.

Eine nach Tagen bestimmte Frist endigt mit dem Ablaufe des letzten Tages der Frist.

Eine Frist, die nach Wochen, nach Monaten oder nach einem mehrere Monate umfassenden Zeitraume — Jahr, halbes Jahr, Vierteljahr — bestimmt ist, endigt im Falle des § 187 Abs. 1 mit dem Ablaufe desjenigen Tages der letzten Woche oder des letzten Monats, welcher durch seine Benennung oder seine Zahl dem Tage entspricht, in den das Ereignis oder der Zeitpunkt fällt, im Falle des § 187 Abs. 2 mit dem Ablaufe desjenigen Tages der letzten Woche oder des letzten Monats, welcher dem Tage vorhergeht, der durch seine Benennung oder seine Zahl dem Anfangstage der Frist entspricht.

Fehlt bei einer nach Monaten bestimmten Frist in dem letzten Monate der für ihren Ablauf maßgebende Tag, so endigt die Frist mit dem Ablaufe des letzten Tages dieses Monats.

c) Bruchteile des Jahres und des Monats.

§ 189.

Unter einem halben Jahre wird eine Frist von sechs Monaten, unter einem Vierteljahre eine Frist von drei Monaten, unter einem halben Monat eine Frist von fünfzehn Tagen verstanden.

Ist eine Frist auf einen oder mehrere ganze Monate und einen halben Monat gestellt, so sind die fünfzehn Tage zuletzt zu zählen.

d) Verlängerung.

§ 190.

Im Falle der Verlängerung einer Frist wird die neue Frist von dem Ablaufe der vorigen Frist an berechnet.

e) Jahr und Monat nach Tagen.

§ 191.

Ist ein Zeitraum nach Monaten oder nach Jahren in dem Sinne bestimmt, daß er nicht zusammenhängend zu verlaufen braucht, so wird der Monat zu dreißig, das Jahr zu dreihundertfünfundsechzig Tagen gerechnet.

2. Termine (§§ 192, 193).

§ 192.

Unter Anfang des Monats wird der erste, unter Mitte des Monats der fünfzehnte, unter Ende des Monats der letzte Tag des Monats verstanden.

§ 193.

Ist an einem bestimmten Tage oder innerhalb einer Frist eine Willenserklärung abzugeben oder eine Leistung zu bewirken und fällt der bestimmte Tag oder der letzte Tag der Frist auf einen Sonntag oder einen am Erklärungs- oder Leistungsorte staatlich anerkannten allgemeinen Feiertag, so tritt an die Stelle des Sonntags oder des Feiertags der nächstfolgende Werktag.

Fünfter Abschnitt. Verjährung.

I. Gegenstand der Verjährung.

§ 194.

Das Recht, von einem anderen ein Tun oder ein Unterlassen zu verlangen (Anspruch), unterliegt der Verjährung.

Der Anspruch aus einem familienrechtlichen Verhältnis unterliegt der Verjährung nicht, soweit er auf die Herstellung des dem Verhältnis entsprechenden Zustandes für die Zukunft gerichtet ist.

II. Verjährungsfrist (§§ 195—221).

1. Regelmäßige Frist.

§ 195.

Die regelmäßige Verjährungsfrist beträgt dreißig Jahre.

2. Kurze Fristen (§§ 196, 197).

§ 196.

In zwei Jahren verjähren die Ansprüche:

1. der Kaufleute, Fabrikanten, Handwerker und derjenigen, welche ein Kunstgewerbe betreiben, für Lieferung von Waren, Ausführung von Arbeiten und Besorgung fremder Geschäfte, mit Einschluß der Auslagen, es sei denn, daß die Leistung für den Gewerbebetrieb des Schuldners erfolgt;
2. derjenigen, welche Land- oder Forstwirtschaft betreiben, für Lieferung von land- oder forstwirtschaftlichen Erzeugnissen, sofern die Lieferung zur Verwendung im Haushalte des Schuldners erfolgt;
3. der Eisenbahnunternehmungen, Frachtfuhrleute, Schiffer, Lohnkutscher und Boten wegen des Fahrgeldes, der Fracht, des Fuhr- und Botenlohns, mit Einschluß der Auslagen;
4. der Gastwirte und derjenigen, welche Speisen oder Getränke gewerbsmäßig verabreichen, für Gewährung von Wohnung und Beköstigung sowie für andere den Gästen zur Befriedigung ihrer Bedürfnisse gewährte Leistungen, mit Einschluß der Auslagen;
5. derjenigen, welche Lotterielose vertreiben, aus dem Vertriebe der Lose, es sei denn, daß die Lose zum Weitervertriebe geliefert werden;

6. derjenigen, welche bewegliche Sachen gewerbsmäßig vermieten, wegen des Mietzinses;
7. derjenigen, welche ohne zu den in Nr. 1 bezeichneten Personen zu gehören, die Besorgung fremder Geschäfte oder die Leistung von Diensten gewerbsmäßig betreiben, wegen der ihnen aus dem Gewerbebetriebe gebührenden Vergütungen, mit Einschluß der Auslagen;
8. derjenigen, welche im Privatdienste stehen, wegen des Gehalts, Lohnes oder anderer Dienstbezüge, mit Einschluß der Auslagen, sowie der Dienstberechtigten wegen der auf solche Ansprüche gewährten Vorschüsse;
9. der gewerblichen Arbeiter — Gesellen, Gehilfen, Lehrlinge, Fabrikarbeiter —, der Tagelöhner und Handarbeiter wegen des Lohnes und anderer an Stelle oder als Teil des Lohnes vereinbarter Leistungen, mit Einschluß der Auslagen, sowie der Arbeitgeber wegen der auf solche Ansprüche gewährten Vorschüsse;
10. der Lehrherren und Lehrmeister wegen des Lehrgeldes und anderer im Lehrvertrage vereinbarter Leistungen sowie wegen der für die Lehrlinge bestrittenen Auslagen;
11. der öffentlichen Anstalten, welche dem Unterrichte, der Erziehung, Verpflegung oder Heilung dienen, sowie der Inhaber von Privatanstalten solcher Art für Gewährung von Unterricht, Verpflegung oder Heilung und für die damit zusammenhängenden Aufwendungen;
12. derjenigen, welche Personen zur Verpflegung oder zur Erziehung aufnehmen, für Leistungen und Aufwendungen der in Nr. 11 bezeichneten Art;
13. der öffentlichen Lehrer und der Privatlehrer wegen ihrer Honorare, die Ansprüche der öffentlichen Lehrer jedoch nicht, wenn sie auf Grund besonderer Einrichtungen gestundet sind;
14. der Ärzte, insbesondere auch der Wundärzte, Geburtshelfer, Zahnärzte und Tierärzte, sowie der Hebammen für ihre Dienstleistungen, mit Einschluß der Auslagen;
15. der Rechtsanwälte, Notare und Gerichtsvollzieher sowie aller Personen, die zur Besorgung gewisser Geschäfte öffentlich bestellt oder zugelassen sind, wegen ihrer Gebühren und Auslagen, soweit nicht diese zur Staatskasse fließen;
16. der Parteien wegen der ihren Rechtsanwälten geleisteten Vorschüsse;
17. der Zeugen und Sachverständigen wegen ihrer Gebühren und Auslagen.

Soweit die im Abs. 1 Nr. 1, 2, 5 bezeichneten Ansprüche

nicht der Verjährung von zwei Jahren unterliegen, verjähren sie in vier Jahren.

§ 197.

In vier Jahren verjähren die Ansprüche auf Rückstände von Zinsen, mit Einschluß der als Zuschlag zu den Zinsen zum Zwecke allmählicher Tilgung des Kapitals zu entrichtenden Beträge, die Ansprüche auf Rückstände von Miet- und Pachtzinsen, soweit sie nicht unter die Vorschrift des § 196 Abs. 1 Nr. 6 fallen, und die Ansprüche auf Rückstände von Renten, Auszugsleistungen, Besoldungen, Wartegeldern, Ruhegehalten, Unterhaltsbeiträgen und allen anderen regelmäßig wiederkehrenden Leistungen.

3. Beginn der Verjährung (§§ 198—201).

a) Entstehung des Anspruchs (actio nata).

§ 198.

Die Verjährung beginnt mit der Entstehung des Anspruchs. Geht der Anspruch auf ein Unterlassen, so beginnt die Verjährung mit der Zuwiderhandlung.

b) Zulässigkeit der Kündigung.

§ 199.

Kann der Berechtigte die Leistung erst verlangen, wenn er dem Verpflichteten gekündigt hat, so beginnt die Verjährung mit dem Zeitpunkte, von welchem an die Kündigung zulässig ist. Hat der Verpflichtete die Leistung erst zu bewirken, wenn seit der Kündigung eine bestimmte Frist verstrichen ist, so wird der Beginn der Verjährung um die Dauer der Frist hinausgeschoben.

c) Zulässigkeit der Anfechtung.

§ 200.

Hängt die Entstehung eines Anspruchs davon ab, daß der Berechtigte von einem ihm zustehenden Anfechtungsrechte Gebrauch macht, so beginnt die Verjährung mit dem Zeitpunkte, von welchem an die Anfechtung zulässig ist. Dies gilt jedoch nicht, wenn die Anfechtung sich auf ein familienrechtliches Verhältnis bezieht.

d) Jahresschluß bei den kurzen Fristen.

§ 201.

Die Verjährung der in den §§ 196, 197 bezeichneten Ansprüche beginnt mit dem Schlusse des Jahres, in welchem der nach den §§ 198 bis 200 maßgebende Zeitpunkt eintritt. Kann die Leistung erst nach dem Ablauf einer über diesen Zeitpunkt hinausreichenden Frist verlangt werden, so beginnt die Verjährung mit dem Schlusse des Jahres, in welchem die Frist abläuft.

4. Hemmung der Verjährung (§§ 202—205).

a) Einreden.

§ 202.

Die Verjährung ist gehemmt, solange die Leistung gestundet oder der Verpflichtete aus einem anderen Grunde vorübergehend zur Verweigerung der Leistung berechtigt ist.

Diese Vorschrift findet keine Anwendung auf die Einrede des Zurückbehaltungsrechts, des nicht erfüllten Vertrags, der mangelnden Sicherheitsleistung, der Vorausklage sowie auf die nach § 770 dem Bürgen und nach den §§ 2014, 2015 dem Erben zustehenden Einreden.

b) Höhere Gewalt.

§ 203.

Die Verjährung ist gehemmt, solange der Berechtigte durch Stillstand der Rechtspflege innerhalb der letzten sechs Monate der Verjährungsfrist an der Rechtsverfolgung verhindert ist.

Das gleiche gilt, wenn eine solche Verhinderung in anderer Weise durch höhere Gewalt herbeigeführt wird.

c) Ehe, Minderjährigkeit, Vormundschaft.

§ 204.

Die Verjährung von Ansprüchen zwischen Ehegatten ist gehemmt, solange die Ehe besteht. Das gleiche gilt von Ansprüchen zwischen Eltern und Kindern während der Minderjährigkeit der Kinder und von Ansprüchen zwischen dem Vormund und dem Mündel während der Dauer des Vormundschaftsverhältnisses.

d) Begriff der Verjährungshemmung.

§ 205.

Der Zeitraum, während dessen die Verjährung gehemmt ist, wird in die Verjährungsfrist nicht eingerechnet.

5. Sog. Ablaufshemmung (§§ 206, 207).

§ 206.

Ist eine geschäftsunfähige oder in der Geschäftsfähigkeit beschränkte Person ohne gesetzlichen Vertreter, so wird die gegen sie laufende Verjährung nicht vor dem Ablaufe von sechs Monaten nach dem Zeitpunkte vollendet, in welchem die Person unbeschränkt geschäftsfähig wird oder der Mangel der Vertretung aufhört. Ist die Verjährungsfrist kürzer als sechs Monate, so tritt der für die Verjährung bestimmte Zeitraum an die Stelle der sechs Monate.

Diese Vorschriften finden keine Anwendung, soweit eine in der Geschäftsfähigkeit beschränkte Person prozeßfähig ist.

§ 207.

Die Verjährung eines Anspruchs, der zu einem Nachlasse gehört oder sich gegen einen Nachlaß richtet, wird nicht vor dem Ablaufe von sechs Monaten nach dem Zeitpunkte vollendet, in welchem die Erbschaft von dem Erben angenommen oder der Konkurs über den Nachlaß eröffnet wird oder von welchem an der Anspruch von einem Vertreter oder gegen einen Vertreter geltend gemacht werden kann. Ist die Verjährungsfrist kürzer als sechs Monate, so tritt der für die Verjährung bestimmte Zeitraum an die Stelle der sechs Monate.

6. Unterbrechung der Verjährung (§§ 208—217).

a) Gründe (§§ 208—210).

α) **Anerkennung.**

§ 208.

Die Verjährung wird unterbrochen, wenn der Verpflichtete dem Berechtigten gegenüber den Anspruch durch Abschlagzahlung, Zinszahlung, Sicherheitsleistung oder in anderer Weise anerkennt.

β) **Gerichtliche Geltendmachung (§§ 209, 210).**

§ 209[1]).

Die Verjährung wird unterbrochen, wenn der Berechtigte auf Befriedigung oder auf Feststellung des Anspruchs, auf Erteilung der Vollstreckungsklausel oder auf Erlassung des Vollstreckungsurteil Klage erhebt.

Der Erhebung der Klage stehen gleich:

1. die Zustellung eines Zahlungsbefehls im Mahnverfahren;

1a. die Geltendmachung eines Anspruchs durch Anbringung eines Güteantrags bei dem Amtsgericht oder einer Gütestelle der im § 495a Abs. 1 Nr. 1 der Zivilprozeßordnung bezeichneten Art;

2. die Anmeldung des Anspruchs im Konkurse;

3. die Geltendmachung der Aufrechnung des Anspruchs im Prozesse;

4. die Streitverkündung in dem Prozesse, von dessen Ausgange der Anspruch abhängt;

5. die Vornahme einer Vollstreckungshandlung und, soweit die Zwangsvollstreckung den Gerichten oder anderen Behörden zugewiesen ist, die Stellung des Antrags auf Zwangsvollstreckung.

---

1) § 209 Abs. 2 Ziff. 1a eingefügt durch VO. über das Verfahren in bürgerlichen Rechtsstreitigkeiten v. 13. Febr. 1924 Art. IV (RGBl. I S. 148).

§ 210[1]).

Hängt die Zulässigkeit des Rechtswegs von der Vorentscheidung einer Behörde ab oder hat die Bestimmung des zuständigen Gerichts durch ein höheres Gericht zu erfolgen, so wird die Verjährung durch die Einreichung des Gesuchs an die Behörde oder das höhere Gericht in gleicher Weise wie durch Klagerhebung oder durch Anbringung des Güteantrags unterbrochen, wenn binnen drei Monaten nach der Erledigung des Gesuchs die Klage erhoben oder der Güteantrag angebracht wird. Auf diese Frist finden die Vorschriften der §§ 203, 206, 207 entsprechende Anwendung.

b) Dauer der Unterbrechung (§§ 211—216).

α) **Klagerhebung (§§ 211, 212).**

§ 211.

Die Unterbrechung durch Klagerhebung dauert fort, bis der Prozeß rechtskräftig entschieden oder anderweit erledigt ist.

Gerät der Prozeß infolge einer Vereinbarung oder dadurch, daß er nicht betrieben wird, in Stillstand, so endigt die Unterbrechung mit der letzten Prozeßhandlung der Parteien oder des Gerichts. Die nach der Beendigung der Unterbrechung beginnende neue Verjährung wird dadurch, daß eine der Parteien den Prozeß weiter betreibt, in gleicher Weise wie durch Klagerhebung unterbrochen.

§ 212.

Die Unterbrechung durch Klagerhebung gilt als nicht erfolgt, wenn die Klage zurückgenommen oder durch ein nicht in der Sache selbst entscheidendes Urteil rechtskräftig abgewiesen wird.

Erhebt der Berechtigte binnen sechs Monaten von neuem Klage, so gilt die Verjährung als durch die Erhebung der ersten Klage unterbrochen. Auf diese Frist finden die Vorschriften der §§ 203, 206, 207 entsprechende Anwendung.

β) **Güteantrag.**

§ 212a[2]).

Die Unterbrechung durch Anbringung des Güteantrags dauert bis zur Erledigung des Güteverfahrens und, wenn an dieses Verfahren sich ein Streitverfahren unmittelbar anschließt,

---

[1]) In der Fassung der VO. über das Verfahren in bürgerlichen Rechtsstreitigkeiten v. 13. Febr. 1924 Art. IV (RGBl. I S. 148).

[2]) Eingefügt durch die VO. über das Verfahren in bürgerlichen Rechtsstreitigkeiten v. 13. Febr. 1924 Art. IV (RGBl. I S. 148).

nach Maßgabe der §§ 211, 212 fort. Gerät das Güteverfahren dadurch, daß es nicht betrieben wird, in Stillstand, so finden die Vorschriften des § 211 Abs. 2 entsprechende Anwendung. Wird der Güteantrag zurückgenommen, so gilt die Unterbrechung der Verjährung als nicht erfolgt.

γ) **Zahlungsbefehl.** **§ 213**[1]).

Auf die Unterbrechung durch Zustellung eines Zahlungsbefehls im Mahnverfahren finden die Vorschriften des § 212a entsprechende Anwendung. Die Unterbrechung gilt als nicht erfolgt, wenn der Zahlungsbefehl seine Kraft verliert (§ 701 der Zivilprozeßordnung).

δ) **Anmeldung im Konkurs.** **§ 214.**

Die Unterbrechung durch Anmeldung im Konkurse dauert fort, bis der Konkurs beendigt ist.

Die Unterbrechung gilt als nicht erfolgt, wenn die Anmeldung zurückgenommen wird.

Wird bei der Beendigung des Konkurses für eine Forderung, die infolge eines bei der Prüfung erhobenen Widerspruchs in Prozeß befangen ist, ein Betrag zurückbehalten, so dauert die Unterbrechung auch nach der Beendigung des Konkurses fort; das Ende der Unterbrechung bestimmt sich nach den Vorschriften des § 211.

ε) **Aufrechnung. Streitverkündung.** **§ 215.**

Die Unterbrechung durch Geltendmachung der Aufrechnung im Prozeß oder durch Streitverkündung dauert fort, bis der Prozeß rechtskräftig entschieden oder anderweit erledigt ist; die Vorschriften des § 211 Abs. 2 finden Anwendung.

Die Unterbrechung gilt als nicht erfolgt, wenn nicht binnen sechs Monaten nach der Beendigung des Prozesses Klage auf Befriedigung oder Feststellung des Anspruchs erhoben wird. Auf diese Frist finden die Vorschriften der §§ 203, 206, 207 entsprechende Anwendung.

ζ) **Vollstreckungshandlung.** **§ 216.**

Die Unterbrechung durch Vornahme einer Vollstreckungshandlung gilt als nicht erfolgt, wenn die Vollstreckungsmaß-

---

1) In der Fassung der VO. über das Verfahren in bürgerlichen Rechtsstreitigkeiten v. 13. Febr. 1924 Art. IV (RGBl. I S. 148), Druckfehlerberichtigung RGBl. 1924 I S. 562.

regel auf Antrag des Berechtigten oder wegen Mangels der gesetzlichen Voraussetzungen aufgehoben wird.

Die Unterbrechung durch Stellung des Antrags auf Zwangsvollstreckung gilt als nicht erfolgt, wenn dem Antrage nicht stattgegeben oder der Antrag vor der Vornahme der Vollstreckungshandlung zurückgenommen oder die erwirkte Vollstreckungsmaßregel nach Abs. 1 aufgehoben wird.

c) Wirkung der Unterbrechung.

§ 217.

Wird die Verjährung unterbrochen, so kommt die bis zur Unterbrechung verstrichene Zeit nicht in Betracht; eine neue Verjährung kann erst nach der Beendigung der Unterbrechung beginnen.

7. Ausschluß der kurzen Verjährungsfristen (§§ 218, 219).

§ 218.

Ein rechtskräftig festgestellter Anspruch verjährt in dreißig Jahren, auch wenn er an sich einer kürzeren Verjährung unterliegt. Das gleiche gilt von dem Anspruch aus einem vollstreckbaren Vergleich oder einer vollstreckbaren Urkunde sowie von einem Anspruche, welcher durch die im Konkurs erfolgte Feststellung vollstreckbar geworden ist.

Soweit sich die Feststellung auf regelmäßig wiederkehrende, erst künftig fällig werdende Leistungen bezieht, bewendet es bei der kürzeren Verjährungsfrist.

§ 219.

Als rechtskräftige Entscheidung im Sinne des § 211 Abs. 1 und des § 218 Abs. 1 gilt auch ein unter Vorbehalt ergangenes rechtskräftiges Urteil.

8. Ansprüche, die nicht vor die ordentlichen Gerichte gehören.

§ 220.

Ist der Anspruch vor einem Schiedsgericht oder einem besonderen Gerichte, vor einem Verwaltungsgericht oder einer Verwaltungsbehörde geltend zu machen, so finden die Vorschriften der §§ 209 bis 213, 215, 216, 218, 219 entsprechende Anwendung.

Sind in dem Schiedsvertrage die Schiedsrichter nicht ernannt, oder ist die Ernennung eines Schiedsrichters aus einem anderen Grunde erforderlich oder kann das Schiedsgericht erst nach der Erfüllung einer sonstigen Voraussetzung angerufen werden, so wird die Verjährung schon dadurch unterbrochen, daß der Berechtigte das zur Erledigung der Sache seinerseits Erforderliche vornimmt.

9. Accessio temporis.

§ 221.

Gelangt eine Sache, in Ansehung deren ein dinglicher Anspruch besteht, durch Rechtsnachfolge in den Besitz eines Dritten, so kommt die während des Besitzes des Rechtsvorgängers verstrichene Verjährungszeit dem Rechtsnachfolger zustatten.

III. Wirkung der Verjährung (§§ 222—224).

1. Einrede. Ausschluß des § 813.

§ 222.

Nach der Vollendung der Verjährung ist der Verpflichtete berechtigt, die Leistung zu verweigern.

Das zur Befriedigung eines verjährten Anspruchs Geleistete kann nicht zurückgefordert werden, auch wenn die Leistung in Unkenntnis der Verjährung bewirkt worden ist. Das gleiche gilt von einem vertragsmäßigen Anerkenntnisse sowie einer Sicherheitsleistung des Verpflichteten.

2. Keine Wirkung auf dingliche Sicherungsrechte.

§ 223.

Die Verjährung eines Anspruchs, für den eine Hypothek oder ein Pfandrecht besteht, hindert den Berechtigten nicht, seine Befriedigung aus dem verhafteten Gegenstande zu suchen.

Ist zur Sicherung eines Anspruchs ein Recht übertragen worden, so kann die Rückübertragung nicht auf Grund der Verjährung des Anspruchs gefordert werden.

Diese Vorschriften finden keine Anwendung bei der Verjährung von Ansprüchen auf Rückstände von Zinsen oder anderen wiederkehrenden Leistungen.

3. Wirkung auf Nebenansprüche.

§ 224.

Mit dem Hauptanspruche verjährt der Anspruch auf die von ihm abhängenden Nebenleistungen, auch wenn die für diesen Anspruch geltende besondere Verjährung noch nicht vollendet ist.

IV. Rechtsgeschäftliche Änderung des Verjährungsrechts.

§ 225.

Die Verjährung kann durch Rechtsgeschäft weder ausgeschlossen noch erschwert werden. Erleichterung der Verjährung, insbesondere Abkürzung der Verjährungsfrist, ist zulässig.

4*

Sechster Abschnitt.

Ausübung der Rechte. Selbstverteidigung. Selbsthilfe.

1. **Rechtsmißbrauch (Schikane).**

§ 226.

Die Ausübung eines Rechtes ist unzulässig, wenn sie nur den Zweck haben kann, einem anderen Schaden zuzufügen.

2. **Notwehr.**

§ 227.

Eine durch Notwehr gebotene Handlung ist nicht widerrechtlich.

Notwehr ist diejenige Verteidigung, welche erforderlich ist, um einen gegenwärtigen rechtswidrigen Angriff von sich oder einem anderen abzuwenden.

3. **Notstand.**

§ 228.

Wer eine fremde Sache beschädigt oder zerstört, um eine durch sie drohende Gefahr von sich oder einem anderen abzuwenden, handelt nicht widerrechtlich, wenn die Beschädigung oder die Zerstörung zur Abwendung der Gefahr erforderlich ist und der Schaden nicht außer Verhältnis zu der Gefahr steht. Hat der Handelnde die Gefahr verschuldet, so ist er zum Schadensersatze verpflichtet.

4. **Selbsthilfe (§§ 229—231).**

a) **Zulässigkeit.**

§ 229.

Wer zum Zwecke der Selbsthilfe eine Sache wegnimmt, zerstört oder beschädigt oder wer zum Zwecke der Selbsthilfe einen Verpflichteten, welcher der Flucht verdächtig ist, festnimmt oder den Widerstand des Verpflichteten gegen eine Handlung, die dieser zu dulden verpflichtet ist, beseitigt, handelt nicht widerrechtlich, wenn obrigkeitliche Hilfe nicht rechtzeitig zu erlangen ist und ohne sofortiges Eingreifen die Gefahr besteht, daß die Verwirklichung des Anspruchs vereitelt oder wesentlich erschwert werde.

b) **Grenzen.**

§ 230.

Die Selbsthilfe darf nicht weiter gehen, als zur Abwendung der Gefahr erforderlich ist.

Im Falle der Wegnahme von Sachen ist, sofern nicht Zwangsvollstreckung erwirkt wird, der dingliche Arrest zu beantragen.

Im Falle der Festnahme des Verpflichteten ist, sofern er nicht wieder in Freiheit gesetzt wird, der persönliche Sicherheitsarrest bei dem Amtsgerichte zu beantragen, in dessen Bezirke die Festnahme erfolgt ist; der Verpflichtete ist unverzüglich dem Gerichte vorzuführen.

Wird der Arrestantrag verzögert oder abgelehnt, so hat die Rückgabe der weggenommenen Sachen und die Freilassung des Festgenommenen unverzüglich zu erfolgen.

c) Haftung bei Putativ-Selbsthilfe.

§ 231.

Wer eine der im § 229 bezeichneten Handlungen in der irrigen Annahme vornimmt, daß die für den Ausschluß der Widerrechtlichkeit erforderlichen Voraussetzungen vorhanden seien, ist dem anderen Teile zum Schadensersatze verpflichtet, auch wenn der Irrtum nicht auf Fahrlässigkeit beruht.

Siebenter Abschnitt. Sicherheitsleistung.

1. Arten der Sicherheitsleistung.

§ 232.

Wer Sicherheit zu leisten hat, kann dies bewirken
- durch Hinterlegung von Geld oder Wertpapieren,
- durch Verpfändung von Forderungen, die in das Reichsschuldbuch oder in das Staatsschuldbuch eines Landes[1]) eingetragen sind,
- durch Verpfändung beweglicher Sachen,
- durch Bestellung von Hypotheken an inländischen Grundstücken,
- durch Verpfändung von Forderungen, für die eine Hypothek an einem inländischen Grundstücke besteht, oder durch Verpfändung von Grundschulden oder Rentenschulden an inländischen Grundstücken.

Kann die Sicherheit nicht in dieser Weise geleistet werden, so ist die Stellung eines tauglichen Bürgen zulässig.

2. Pfandrecht.

§ 233.

Mit der Hinterlegung erwirbt der Berechtigte ein Pfandrecht an dem hinterlegten Gelde oder an den hinterlegten Wertpapieren und, wenn das Geld oder die Wertpapiere nach landesgesetzlicher Vorschrift in das Eigentum des Fiskus oder der als Hinterlegungsstelle bestimmten Anstalt übergehen, ein Pfandrecht an der Forderung auf Rückerstattung.

3. Geeignetheit zur Sicherheitsleistung (§§ 234—239).

a) Wertpapiere (§§ 234, 235).

§ 234.

Wertpapiere sind zur Sicherheitsleistung nur geeignet, wenn sie auf den Inhaber lauten, einen Kurswert haben und

---

1) Fassung auf Grund des Art. 179 der Reichsverfassung.

einer Gattung angehören, in der Mündelgeld angelegt werden darf. Den Inhaberpapieren stehen Orderpapiere gleich, die mit Blankoindossament versehen sind.

Mit den Wertpapieren sind die Zins-, Renten-, Gewinnanteil- und Erneuerungsscheine zu hinterlegen.

Mit Wertpapieren kann Sicherheit nur in Höhe von drei Vierteilen des Kurswerts geleistet werden.

Umtausch.

§ 235.

Wer durch Hinterlegung von Geld oder von Wertpapieren Sicherheit geleistet hat, ist berechtigt, das hinterlegte Geld gegen geeignete Wertpapiere, die hinterlegten Wertpapiere gegen andere geeignete Wertpapiere oder gegen Geld umzutauschen.

b) Buchforderungen.

§ 236.

Mit einer Buchforderung gegen das Reich oder gegen ein Land[1]) kann Sicherheit nur in Höhe von drei Vierteilen des Kurswerts der Wertpapiere geleistet werden, deren Aushändigung der Gläubiger gegen Löschung seiner Forderung verlangen kann.

c) Bewegliche Sachen.

§ 237.

Mit einer beweglichen Sache kann Sicherheit nur in Höhe von zwei Dritteilen des Schätzungswerts geleistet werden. Sachen, deren Verderb zu besorgen oder deren Aufbewahrung mit besonderen Schwierigkeiten verbunden ist, können zurückgewiesen werden.

d) Grundpfandrechte.

§ 238.

Eine Hypothekenforderung, eine Grundschuld oder eine Rentenschuld ist zur Sicherheitsleistung nur geeignet, wenn sie den Voraussetzungen entspricht, unter denen am Orte der Sicherheitsleistung Mündelgeld in Hypothekenforderungen, Grundschulden oder Rentenschulden angelegt werden darf.

Eine Forderung, für die eine Sicherungshypothek besteht, ist zur Sicherheitsleistung nicht geeignet.

e) Bürgen.

§ 239.

Ein Bürge ist tauglich, wenn er ein der Höhe der zu leistenden Sicherheit angemessenes Vermögen besitzt und seinen allgemeinen Gerichtsstand im Inlande hat.

---

[1]) Fassung auf Grund des Art. 179 der Reichsverfassung.

Die Bürgschaftserklärung muß den Verzicht auf die Einrede der Vorausklage enthalten.

4. Ergänzungspflicht.

§ 240.

Wird die geleistete Sicherheit ohne Verschulden des Berechtigten unzureichend, so ist sie zu ergänzen oder anderweitige Sicherheit zu leisten.

Zweites Buch.

Recht der Schuldverhältnisse.

Erster Abschnitt. Inhalt der Schuldverhältnisse.

Erster Titel. Verpflichtung zur Leistung.

I. Leistung im allgemeinen (§§ 241, 242).

§ 241.

Kraft des Schuldverhältnisses ist der Gläubiger berechtigt, von dem Schuldner eine Leistung zu fordern. Die Leistung kann auch in einem Unterlassen bestehen.

§ 242.

Der Schuldner ist verpflichtet, die Leistung so zu bewirken, wie Treu und Glauben mit Rücksicht auf die Verkehrssitte es erfordern.

II. Gattungs- (genus-) Schuld.

§ 243.

Wer eine nur der Gattung nach bestimmte Sache schuldet, hat eine Sache von mittlerer Art und Güte zu leisten.

Hat der Schuldner das zur Leistung einer solchen Sache seinerseits Erforderliche getan, so beschränkt sich das Schuldverhältnis auf diese Sache.

III. Geldschuld (§§ 244—248).

1. Ausländische Währung.

§ 244.

Ist eine in ausländischer Währung ausgedrückte Geldschuld im Inlande zu zahlen, so kann die Zahlung in Reichswährung erfolgen, es sei denn, daß Zahlung in ausländischer Währung ausdrücklich bedungen ist.

Die Umrechnung erfolgt nach dem Kurswerte, der zur Zeit der Zahlung für den Zahlungsort maßgebend ist.

2. Münzsortenschuld.

§ 245.

Ist eine Geldschuld in einer bestimmten Münzsorte zu zahlen, die sich zur Zeit der Zahlung nicht mehr im Umlaufe befindet, so ist die Zahlung so zu leisten, wie wenn die Münzsorte nicht bestimmt wäre.

3. Zinsen (§§ 246—248).
a) Gesetzlicher Zinsfuß.

§ 246.

Ist eine Schuld nach Gesetz oder Rechtsgeschäft zu verzinsen, so sind vier vom Hundert für das Jahr zu entrichten, sofern nicht ein anderes bestimmt ist.

b) Kündigungsrecht.

§ 247[1]).

Ist ein höherer Zinssatz als sechs vom Hundert für das Jahr vereinbart, so kann der Schuldner nach dem Ablaufe von sechs Monaten das Kapital unter Einhaltung einer Kündigungsfrist von sechs Monaten kündigen. Das Kündigungsrecht kann nicht durch Vertrag ausgeschlossen oder beschränkt werden.

Diese Vorschriften gelten nicht für Schuldverschreibungen auf den Inhaber.

c) Anatozismus.

§ 248.

Eine im voraus getroffene Vereinbarung, daß fällige Zinsen wieder Zinsen tragen sollen, ist nichtig.

Sparkassen, Kreditanstalten und Inhaber von Bankgeschäften können im voraus vereinbaren, daß nicht erhobene Zinsen von Einlagen als neue verzinsliche Einlagen gelten sollen. Kreditanstalten, die berechtigt sind, für den Betrag der von ihnen gewährten Darlehen verzinsliche Schuldverschreibungen auf den Inhaber auszugeben, können sich bei solchen Darlehen die Verzinsung rückständiger Zinsen im voraus versprechen lassen.

IV. Schadensersatzpflicht (§§ 249—255).
1. Natural- und Geldersatz (§§ 249—251).

§ 249.

Wer zum Schadensersatze verpflichtet ist, hat den Zustand herzustellen, der bestehen würde, wenn der zum Ersatze verpflichtende Umstand nicht eingetreten wäre. Ist wegen Verletzung einer Person oder wegen Beschädigung einer Sache Schadensersatz zu leisten, so kann der Gläubiger statt der Herstellung den dazu erforderlichen Geldbetrag verlangen.

---

[1]) Durch Gesetz vom 3. März 1923 Art. I (RGBl. I S. 163) außer Kraft gesetzt.

§ 250.

Der Gläubiger kann dem Ersatzpflichtigen zur Herstellung eine angemessene Frist mit der Erklärung bestimmen, daß er die Herstellung nach dem Ablaufe der Frist ablehne. Nach dem Ablaufe der Frist kann der Gläubiger den Ersatz in Geld verlangen, wenn nicht die Herstellung rechtzeitig erfolgt; der Anspruch auf die Herstellung ist ausgeschlossen.

§ 251.

Soweit die Herstellung nicht möglich oder zur Entschädigung des Gläubigers nicht genügend ist, hat der Ersatzpflichtige den Gläubiger in Geld zu entschädigen.

Der Ersatzpflichtige kann den Gläubiger in Geld entschädigen, wenn die Herstellung nur mit unverhältnismäßigen Aufwendungen möglich ist.

b) lucrum cessans.

§ 252.

Der zu ersetzende Schaden umfaßt auch den entgangenen Gewinn. Als entgangen gilt der Gewinn, welcher nach dem gewöhnlichen Laufe der Dinge oder nach den besonderen Umständen, insbesondere nach den getroffenen Anstalten und Vorkehrungen, mit Wahrscheinlichkeit erwartet werden konnte.

c) dommage morale.

§ 253.

Wegen eines Schadens, der nicht Vermögensschaden ist, kann Entschädigung in Geld nur in den durch das Gesetz bestimmten Fällen gefordert werden.

d) Mitwirkendes Verschulden des Verletzten.

§ 254.

Hat bei der Entstehung des Schadens ein Verschulden des Beschädigten mitgewirkt, so hängt die Verpflichtung zum Ersatze sowie der Umfang des zu leistenden Ersatzes von den Umständen, insbesondere davon ab, inwieweit der Schaden vorwiegend von dem einen oder dem anderen Teile verursacht worden ist.

Dies gilt auch dann, wenn sich das Verschulden des Beschädigten darauf beschränkt, daß er unterlassen hat, den Schuldner auf die Gefahr eines ungewöhnlich hohen Schadens aufmerksam zu machen, die der Schuldner weder kannte noch kennen mußte, oder daß er unterlassen hat, den Schaden abzuwenden oder zu mindern. Die Vorschrift des § 278 findet entsprechende Anwendung.

e) Abandon.

§ 255.

Wer für den Verlust einer Sache oder eines Rechtes Schadensersatz zu leisten hat, ist zum Ersatze nur gegen Abtretung der Ansprüche verpflichtet, die dem Ersatzberechtigten auf Grund des Eigentums an der Sache oder auf Grund des Rechtes gegen Dritte zustehen.

V. Ersatz von Aufwendungen (§§ 256, 257).

§ 256.

Wer zum Ersatze von Aufwendungen verpflichtet ist, hat den aufgewendeten Betrag, oder wenn andere Gegenstände als Geld aufgewendet worden sind, den als Ersatz ihres Wertes zu zahlenden Betrag von der Zeit der Aufwendung an zu verzinsen. Sind Aufwendungen auf einen Gegenstand gemacht worden, der dem Ersatzpflichtigen herauszugeben ist, so sind Zinsen für die Zeit, für welche dem Ersatzberechtigten die Nutzungen oder die Früchte des Gegenstandes ohne Vergütung verbleiben, nicht zu entrichten.

§ 257.

Wer berechtigt ist, Ersatz für Aufwendungen zu verlangen, die er für einen bestimmten Zweck macht, kann, wenn er für diesen Zweck eine Verbindlichkeit eingeht, Befreiung von der Verbindlichkeit verlangen. Ist die Verbindlichkeit noch nicht fällig, so kann ihm der Ersatzpflichtige, statt ihn zu befreien, Sicherheit leisten.

VI. Pflichten bei Ausübung des ius tollendi.

§ 258.

Wer berechtigt ist, von einer Sache, die er einem anderen herauszugeben hat, eine Einrichtung wegzunehmen, hat im Falle der Wegnahme die Sache auf seine Kosten in den vorigen Stand zu setzen. Erlangt der andere den Besitz der Sache, so ist er verpflichtet, die Wegnahme der Einrichtung zu gestatten; er kann die Gestattung verweigern, bis ihm für den mit der Wegnahme verbundenen Schaden Sicherheit geleistet wird.

VII. Pflicht zur Rechenschaftsablage, zur Auskunft u. zum Offenbarungseid (§§259—261).

§ 259.

Wer verpflichtet ist, über eine mit Einnahmen oder Ausgaben verbundene Verwaltung Rechenschaft abzulegen, hat dem Berechtigten eine die geordnete Zusammenstellung der Einnahmen oder der Ausgaben enthaltende Rechnung mitzuteilen und, soweit Belege erteilt zu werden pflegen, Belege vorzulegen.

Besteht Grund zu der Annahme, daß die in der Rechnung enthaltenen Angaben über die Einnahmen nicht mit der erforderlichen Sorgfalt gemacht worden sind, so hat der Verpflichtete auf Verlangen den Offenbarungseid dahin zu leisten:

daß er nach bestem Wissen die Einnahmen so vollständig angegeben habe, als er dazu imstande sei.

In Angelegenheiten von geringer Bedeutung besteht eine Verpflichtung zur Leistung des Offenbarungseids nicht.

§ 260.

Wer verpflichtet ist, einen Inbegriff von Gegenständen herauszugeben oder über den Bestand eines solchen Inbegriffs Auskunft zu erteilen, hat dem Berechtigten ein Verzeichnis des Bestandes vorzulegen.

Besteht Grund zu der Annahme, daß das Verzeichnis nicht mit der erforderlichen Sorgfalt aufgestellt worden ist, so hat der Verpflichtete auf Verlangen den Offenbarungseid dahin zu leisten:

daß er nach bestem Wissen den Bestand so vollständig angegeben habe, als er dazu imstande sei.

Die Vorschrift des § 259 Abs. 3 findet Anwendung.

§ 261.

Der Offenbarungseid ist, sofern er nicht vor dem Prozeßgerichte zu leisten ist, vor dem Amtsgerichte des Ortes zu leisten, an welchem die Verpflichtung zur Rechnungslegung oder zur Vorlegung des Verzeichnisses zu erfüllen ist. Hat der Verpflichtete seinen Wohnsitz oder seinen Aufenthalt im Inlande, so kann er den Eid vor dem Amtsgerichte des Wohnsitzes oder des Aufenthaltsorts leisten.

Das Gericht kann eine den Umständen entsprechende Änderung der Eidesnorm beschließen.

Die Kosten der Abnahme des Eides hat derjenige zu tragen, welcher die Leistung des Eides verlangt.

VIII. Wahlschuld (Alternativobligation) (§§ 262—265).

1. Wahlberechtigter.

§ 262.

Werden mehrere Leistungen in der Weise geschuldet, daß nur die eine oder die andere zu bewirken ist, so steht das Wahlrecht im Zweifel dem Schuldner zu.

2. Form und Wirkung der Wahl.

§ 263.

Die Wahl erfolgt durch Erklärung gegenüber dem anderen Teile.

Die gewählte Leistung gilt als die von Anfang an allein geschuldete.

3. **Verzögerung der Wahl.**

§ 264.

Nimmt der wahlberechtigte Schuldner die Wahl nicht vor dem Beginne der Zwangsvollstreckung vor, so kann der Gläubiger die Zwangsvollstreckung nach seiner Wahl auf die eine oder auf die andere Leistung richten; der Schuldner kann sich jedoch, solange nicht der Gläubiger die gewählte Leistung ganz oder zum Teil empfangen hat, durch eine der übrigen Leistungen von seiner Verbindlichkeit befreien.

Ist der wahlberechtigte Gläubiger im Verzuge, so kann der Schuldner ihn unter Bestimmung einer angemessenen Frist zur Vornahme der Wahl auffordern. Mit dem Ablaufe der Frist geht das Wahlrecht auf den Schuldner über, wenn nicht der Gläubiger rechtzeitig die Wahl vornimmt.

4. **Konzentration durch Unmöglichkeit.**

§ 265.

Ist eine der Leistungen von Anfang an unmöglich oder wird sie später unmöglich, so beschränkt sich das Schuldverhältnis auf die übrigen Leistungen. Die Beschränkung tritt nicht ein, wenn die Leistung infolge eines Umstandes unmöglich wird, den der nicht wahlberechtigte Teil zu vertreten hat.

IX. **Teilleistungen.**

§ 266.

Der Schuldner ist zu Teilleistungen nicht berechtigt.

X. **Leistung durch Dritte (§§ 267, 268).**

§ 267.

Hat der Schuldner nicht in Person zu leisten, so kann auch ein Dritter die Leistung bewirken. Die Einwilligung des Schuldners ist nicht erforderlich.

Der Gläubiger kann die Leistung ablehnen, wenn der Schuldner widerspricht.

§ 268.

Betreibt der Gläubiger die Zwangsvollstreckung in einen dem Schuldner gehörenden Gegenstand, so ist jeder, der Gefahr läuft, durch die Zwangsvollstreckung ein Recht an dem Gegenstande zu verlieren, berechtigt, den Gläubiger zu befriedigen. Das gleiche Recht steht dem Besitzer einer Sache zu, wenn er Gefahr läuft, durch die Zwangsvollstreckung den Besitz zu verlieren.

Die Befriedigung kann auch durch Hinterlegung oder durch Aufrechnung erfolgen.

Soweit der Dritte den Gläubiger befriedigt, geht die Forderung auf ihn über. Der Übergang kann nicht zum Nachteile des Gläubigers geltend gemacht werden.

XI. Leistungs- (Erfüllungs-) Ort (§§ 269, 270).

§ 269.

Ist ein Ort für die Leistung weder bestimmt noch aus den Umständen, insbesondere aus der Natur des Schuldverhältnisses, zu entnehmen, so hat die Leistung an dem Orte zu erfolgen, an welchem der Schuldner zur Zeit der Entstehung des Schuldverhältnisses seinen Wohnsitz hatte.

Ist die Verbindlichkeit im Gewerbebetriebe des Schuldners entstanden, so tritt, wenn der Schuldner seine gewerbliche Niederlassung an einem anderen Orte hatte, der Ort der Niederlassung an die Stelle des Wohnsitzes.

Aus dem Umstand allein, daß der Schuldner die Kosten der Versendung übernommen hat, ist nicht zu entnehmen, daß der Ort, nach welchem die Versendung zu erfolgen hat, der Leistungsort sein soll.

§ 270.

Geld hat der Schuldner im Zweifel auf seine Gefahr und seine Kosten dem Gläubiger an dessen Wohnsitz zu übermitteln.

Ist die Forderung im Gewerbebetriebe des Gläubigers entstanden, so tritt, wenn der Gläubiger seine gewerbliche Niederlassung an einem anderen Orte hat, der Ort der Niederlassung an die Stelle des Wohnsitzes.

Erhöhen sich infolge einer nach der Entstehung des Schuldverhältnisses eintretenden Änderung des Wohnsitzes oder der gewerblichen Niederlassung des Gläubigers die Kosten oder die Gefahr der Übermittelung, so hat der Gläubiger im ersteren Falle die Mehrkosten, im letzteren Falle die Gefahr zu tragen.

Die Vorschriften über den Leistungsort bleiben unberührt.

XII. Leistungszeit (§§ 271, 272).
1. Forderungsfälligkeit. Bewirkungsfälligkeit. Dies pro debitore.

§ 271.

Ist eine Zeit für die Leistung weder bestimmt noch aus den Umständen zu entnehmen, so kann der Gläubiger die Leistung sofort verlangen, der Schuldner sie sofort bewirken.

Ist eine Zeit bestimmt, so ist im Zweifel anzunehmen, daß der Gläubiger die Leistung nicht vor dieser Zeit verlangen, der Schuldner aber sie vorher bewirken kann.

2. Zwischenzinsen.

§ 272.

Bezahlt der Schuldner eine unverzinsliche Schuld vor der Fälligkeit, so ist er zu einem Abzuge wegen der Zwischenzinsen nicht berechtigt.

XIII. Zurückbehaltungs- (Retentions-) Recht (§§ 273, 274).

a) Voraussetzungen.

§ 273.

Hat der Schuldner aus demselben rechtlichen Verhältnis, auf dem seine Verpflichtung beruht, einen fälligen Anspruch gegen den Gläubiger, so kann er, sofern nicht aus dem Schuldverhältnisse sich ein anderes ergibt, die geschuldete Leistung verweigern, bis die ihm gebührende Leistung bewirkt wird (Zurückbehaltungsrecht).

Wer zur Herausgabe eines Gegenstandes verpflichtet ist, hat das gleiche Recht, wenn ihm ein fälliger Anspruch wegen Verwendungen auf den Gegenstand oder wegen eines ihm durch diesen verursachten Schadens zusteht, es sei denn, daß er den Gegenstand durch eine vorsätzlich begangene unerlaubte Handlung erlangt hat.

Der Gläubiger kann die Ausübung des Zurückbehaltungsrechts durch Sicherheitsleistung abwenden. Die Sicherheitsleistung durch Bürgen ist ausgeschlossen.

b) Wirkung der Geltendmachung.

§ 274.

Gegenüber der Klage des Gläubigers hat die Geltendmachung des Zurückbehaltungsrechts nur die Wirkung, daß der Schuldner zur Leistung gegen Empfang der ihm gebührenden Leistung (Erfüllung Zug um Zug) zu verurteilen ist.

Auf Grund einer solchen Verurteilung kann der Gläubiger seinen Anspruch ohne Bewirkung der ihm obliegenden Leistung im Wege der Zwangsvollstreckung verfolgen, wenn der Schuldner im Verzuge der Annahme ist.

XIV. Nachträgliche Unmöglichkeit der Leistung (§§ 275—282).

1. Unmöglichkeit, die Schuldner nicht zu vertreten hat (§§ 275—279).

a) Wirkung (Befreiung des Schuldners).

§ 275.

Der Schuldner wird von der Verpflichtung zur Leistung frei, soweit die Leistung infolge eines nach der Entstehung des Schuldverhältnisses eintretenden Umstandes, den er nicht zu vertreten hat, unmöglich wird.

Einer nach der Entstehung des Schuldverhältnisses eintretenden Unmöglichkeit steht das nachträglich eintretende Unvermögen des Schuldners zur Leistung gleich.

b) Was ist zu vertreten? (§§ 276—279).

α) **Grundsatz.**

§ 276.

Der Schuldner hat, sofern nicht ein anderes bestimmt ist, Vorsatz und Fahrlässigkeit zu vertreten. Fahrlässig handelt, wer die im Verkehr erforderliche Sorgfalt außer acht läßt. Die Vorschriften der §§ 827, 828 finden Anwendung.

Die Haftung wegen Vorsatzes kann dem Schuldner nicht im voraus erlassen werden.

β) **Culpa in concreto (Diligentia, quam quis suis rebus adhibere solet).**

§ 277.

Wer nur für diejenige Sorgfalt einzustehen hat, welche er in eigenen Angelegenheiten anzuwenden pflegt, ist von der Haftung wegen grober Fahrlässigkeit nicht befreit.

γ) **Verschulden des gesetzlichen Vertreters und des Erfüllungsgehilfen.**

§ 278.

Der Schuldner hat ein Verschulden seines gesetzlichen Vertreters und der Personen, deren er sich zur Erfüllung seiner Verbindlichkeit bedient, in gleichem Umfange zu vertreten wie eigenes Verschulden. Die Vorschrift des § 276 Abs. 2 findet keine Anwendung.

δ) **Zufall (Gattungsschuld).**

§ 279.

Ist der geschuldete Gegenstand nur der Gattung nach bestimmt, so hat der Schuldner, solange die Leistung aus der Gattung möglich ist, sein Unvermögen zur Leistung auch dann zu vertreten, wenn ihm ein Verschulden nicht zur Last fällt.

2. Wirkung der Unmöglichkeit, die Schuldner zu vertreten hat.

§ 280.

Soweit die Leistung infolge eines von dem Schuldner zu vertretenen Umstandes unmöglich wird, hat der Schuldner dem Gläubiger den durch die Nichterfüllung entstehenden Schaden zu ersetzen.

Im Falle teilweiser Unmöglichkeit kann der Gläubiger unter Ablehnung des noch möglichen Teiles der Leistung Schadensersatz wegen Nichterfüllung der ganzen Verbindlichkeit verlangen, wenn die teilweise Erfüllung für ihn kein Interesse hat. Die für das vertragsmäßige Rücktrittsrecht geltenden Vorschriften der §§ 346 bis 356 finden entsprechende Anwendung.

3. Allgemeines z. nachträglichen Unmöglichkeit (§§ 281, 282).

a) Surrogat.

§ 281.

Erlangt der Schuldner infolge des Umstandes, welcher die Leistung unmöglich macht, für den geschuldeten Gegenstand einen Ersatz oder einen Ersatzanspruch, so kann der Gläubiger Herausgabe des als Ersatz Empfangenen oder Abtretung des Ersatzanspruchs verlangen.

Hat der Gläubiger Anspruch auf Schadensersatz wegen Nichterfüllung, so mindert sich, wenn er von dem im Abs. 1 bestimmten Rechte Gebrauch macht, die ihm zu leistende Entschädigung um den Wert des erlangten Ersatzes oder Ersatzanspruchs.

b) Beweislast.

§ 282.

Ist streitig, ob die Unmöglichkeit der Leistung die Folge eines von dem Schuldner zu vertretenden Umstandes ist, so trifft die Beweislast den Schuldner.

XV. Wirkung der rechtskräftigen Verurteilung auf die Obligation.

§ 283.

Ist der Schuldner rechtskräftig verurteilt, so kann der Gläubiger ihm zur Bewirkung der Leistung eine angemessene Frist mit der Erklärung bestimmen, daß er die Annahme der Leistung nach dem Ablaufe der Frist ablehne. Nach dem Ablaufe der Frist kann der Gläubiger Schadensersatz wegen Nichterfüllung verlangen, soweit nicht die Leistung rechtzeitig bewirkt wird; der Anspruch auf Erfüllung ist ausgeschlossen. Die Verpflichtung zum Schadensersatze tritt nicht ein, wenn die Leistung infolge eines Umstandes unmöglich wird, den der Schuldner nicht zu vertreten hat.

Wird die Leistung bis zum Ablaufe der Frist nur teilweise nicht bewirkt, so steht dem Gläubiger auch das im § 280 Abs. 2 bestimmte Recht zu.

XVI. Schuldnerverzug (§§ 284—290).

1. Voraussetzungen (§§ 284, 285).

a) Fälligkeit. Mahnung. Dies interpellat pro homine.

§ 284

Leistet der Schuldner auf eine Mahnung des Gläubigers nicht, die nach dem Eintritte der Fälligkeit erfolgt, so kommt er durch die Mahnung in Verzug. Der Mahnung steht die Erhebung der Klage auf die Leistung sowie die Zustellung eines Zahlungsbefehls im Mahnverfahren gleich.

Ist für die Leistung eine Zeit nach dem Kalender bestimmt, so kommt der Schuldner ohne Mahnung in Verzug, wenn er nicht zu der bestimmten Zeit leistet. Das gleiche gilt, wenn der Leistung eine Kündigung vorauszugehen hat und die Zeit für die Leistung in der Weise bestimmt ist, daß sie sich von der Kündigung ab nach dem Kalender berechnen läßt.

b) Zu vertretende Verzögerung.

§ 285.

Der Schuldner kommt nicht in Verzug, solange die Leistung infolge eines Umstandes unterbleibt, den er nicht zu vertreten hat.

2. Folgen (§§ 286—290).

a) Schadensersatzpflicht (§§ 286, 287).

§ 286.

Der Schuldner hat dem Gläubiger den durch den Verzug entstehenden Schaden zu ersetzen.

Hat die Leistung infolge des Verzugs für den Gläubiger kein Interesse, so kann dieser unter Ablehnung der Leistung Schadensersatz wegen Nichterfüllung verlangen. Die für das vertragsmäßige Rücktrittsrecht geltenden Vorschriften der §§ 346 bis 356 finden entsprechende Anwendung.

§ 287.

Der Schuldner hat während des Verzugs jede Fahrlässigkeit zu vertreten. Er ist auch für die während des Verzugs durch Zufall eintretende Unmöglichkeit der Leistung verantwortlich, es sei denn, daß der Schaden auch bei rechtzeitiger Leistung eingetreten sein würde.

b) Verzugszinsen (§§ 288—290).

§ 288.

Eine Geldschuld ist während des Verzugs mit vier vom Hundert für das Jahr zu verzinsen. Kann der Gläubiger aus einem anderen Rechtsgrunde höhere Zinsen verlangen, so sind diese fortzuentrichten.

Die Geltendmachung eines weiteren Schadens ist nicht ausgeschlossen.

§ 289.

Von Zinsen sind Verzugszinsen nicht zu entrichten. Das Recht des Gläubigers auf Ersatz des durch den Verzug entstehenden Schadens bleibt unberührt.

§ 290.

Ist der Schuldner zum Ersatze des Wertes eines Gegenstandes verpflichtet, der während des Verzugs untergegangen ist oder aus einem während des Verzugs eingetretenen Grunde nicht herausgegeben werden kann, so kann der Gläubiger Zinsen des zu ersetzenden Betrags von dem Zeitpunkt an verlangen, welcher der Bestimmung des Wertes zugrunde gelegt wird. Das gleiche gilt, wenn der Schuldner zum Ersatze der Minderung des Wertes eines während des Verzugs verschlechterten Gegenstandes verpflichtet ist.

XVII. Wirkung der Rechtshängigkeit (§§ 291, 292).

1. Prozeßzinsen.

§ 291.

Eine Geldschuld hat der Schuldner von dem Eintritte der Rechtshängigkeit an zu verzinsen, auch wenn er nicht im Verzug ist; wird die Schuld erst später fällig, so ist sie von der Fälligkeit an zu verzinsen. Die Vorschriften des § 288 Abs. 1 und des § 289 Satz 1 finden entsprechende Anwendung.

2. Übertragung von Normen der rei vindicatio.

§ 292.

Hat der Schuldner einen bestimmten Gegenstand herauszugeben, so bestimmt sich von dem Eintritte der Rechtshängigkeit an der Anspruch des Gläubigers auf Schadensersatz wegen Verschlechterung, Unterganges oder einer aus einem anderen Grunde eintretenden Unmöglichkeit der Herausgabe nach den Vorschriften, welche für das Verhältnis zwischen dem Eigentümer und dem Besitzer von dem Eintritte der Rechtshängigkeit des Eigentumsanspruchs an gelten, soweit nicht aus dem Schuldverhältnis oder dem Verzuge des Schuldners sich zugunsten des Gläubigers ein anderes ergibt.

Das gleiche gilt von dem Anspruche des Gläubigers auf Herausgabe oder Vergütung von Nutzungen und von dem Anspruche des Schuldners auf Ersatz von Verwendungen.

Zweiter Titel. Verzug des Gläubigers.

1. Voraussetzungen (§§ 293—299).

a) Angebot und Annahmeweigerung (§§ 293—296).

α) Regel (§§ 293—295).

§ 293.

Der Gläubiger kommt in Verzug, wenn er die ihm angebotene Leistung nicht annimmt.

Realangebot. **§ 294.**

Die Leistung muß dem Gläubiger so, wie sie zu bewirken ist, tatsächlich angeboten werden.

Verbalangebot. **§ 295.**

Ein wörtliches Angebot des Schuldners genügt, wenn der Gläubiger ihm erklärt hat, daß er die Leistung nicht annehmen werde, oder wenn zur Bewirkung der Leistung eine Handlung des Gläubigers erforderlich ist, insbesondere wenn der Gläubiger die geschuldete Sache abzuholen hat. Dem Angebote der Leistung steht die Aufforderung an den Gläubiger gleich, die erforderliche Handlung vorzunehmen.

β) **Ausnahme. Angebot unnötig.** **§ 296.**

Ist für die von dem Gläubiger vorzunehmende Handlung eine Zeit nach dem Kalender bestimmt, so bedarf es des Angebots nur, wenn der Gläubiger die Handlung rechtzeitig vornimmt. Das gleiche gilt, wenn der Handlung eine Kündigung vorauszugehen hat und die Zeit für die Handlung in der Weise bestimmt ist, daß sie sich von der Kündigung ab nach dem Kalender berechnen läßt.

b) **Leistungsfähigkeit des Schuldners.** **§ 297.**

Der Gläubiger kommt nicht in Verzug, wenn der Schuldner zur Zeit des Angebots oder im Falle des § 296 zu der für die Handlung des Gläubigers bestimmten Zeit außerstande ist, die Leistung zu bewirken.

c) **Angebot der Gegenleistung.** **§ 298.**

Ist der Schuldner nur gegen eine Leistung des Gläubigers zu leisten verpflichtet, so kommt der Gläubiger in Verzug, wenn er zwar die angebotene Leistung anzunehmen bereit ist, die verlangte Gegenleistung aber nicht anbietet.

d) **Ankündigung des Angebots.** **§ 299.**

Ist die Leistungszeit nicht bestimmt oder ist der Schuldner berechtigt, vor der bestimmten Zeit zu leisten, so kommt der Gläubiger nicht dadurch in Verzug, daß er vorübergehend an der Annahme der angebotenen Leistung verhindert ist, es sei denn, daß der Schuldner ihm die Leistung eine angemessene Zeit vorher angekündigt hat.

5*

2. Wirkungen (§§ 300—304).

a) Milderung der Verschuldungs-, Beseitigung der Zufallshaftung.

§ 300.

Der Schuldner hat während des Verzugs des Gläubigers nur Vorsatz und grobe Fahrlässigkeit zu vertreten.

Wird eine nur der Gattung nach bestimmte Sache geschuldet, so geht die Gefahr mit dem Zeitpunkt auf den Gläubiger über, in welchem er dadurch in Verzug kommt, daß er die angebotene Sache nicht annimmt.

b) Hemmung des Zinsenlaufs.

§ 301.

Von einer verzinslichen Geldschuld hat der Schuldner während des Verzugs des Gläubigers Zinsen nicht zu entrichten.

c) Nur fructus percepti.

§ 302.

Hat der Schuldner die Nutzungen eines Gegenstandes herauszugeben oder zu ersetzen, so beschränkt sich seine Verpflichtung während des Verzugs des Gläubigers auf die Nutzungen, welche er zieht.

d) Preisgaberecht.

§ 303.

Ist der Schuldner zur Herausgabe eines Grundstücks verpflichtet, so kann er nach dem Eintritte des Verzugs des Gläubigers den Besitz aufgeben. Das Aufgeben muß dem Gläubiger vorher angedroht werden, es sei denn, daß die Androhung untunlich ist.

e) Mehraufwendungen.

§ 304.

Der Schuldner kann im Falle des Verzugs des Gläubigers Ersatz der Mehraufwendungen verlangen, die er für das erfolglose Angebot sowie für die Aufbewahrung und Erhaltung des geschuldeten Gegenstandes machen mußte.

Zweiter Abschnitt. Schuldverhältnisse aus Verträgen.

Erster Titel. Begründung. Inhalt des Vertrags.

1. Vertragsfreiheit.

§ 305.

Zur Begründung eines Schuldverhältnisses durch Rechtsgeschäft sowie zur Änderung des Inhalts eines Schuldverhältnisses ist ein Vertrag zwischen den Beteiligten erforderlich, soweit nicht das Gesetz ein anderes vorschreibt.

2. Schuldverträge auf unmögliche (anfängliche Unmöglichkeit) Leistungen (§§ 306—308).

a) Impossibilium nulla obligatio.

§ 306.

Ein auf eine unmögliche Leistung gerichteter Vertrag ist nichtig.

b) Haftung auf das Vertrauensinteresse.

§ 307.

Wer bei der Schließung eines Vertrags, der auf eine unmögliche Leistung gerichtet ist, die Unmöglichkeit der Leistung kennt oder kennen muß, ist zum Ersatze des Schadens verpflichtet, den der andere Teil dadurch erleidet, daß er auf die Gültigkeit des Vertrags vertraut, jedoch nicht über den Betrag des Interesses hinaus, welches der andere Teil an der Gültigkeit des Vertrags hat. Die Ersatzpflicht tritt nicht ein, wenn der andere Teil die Unmöglichkeit kennt oder kennen muß.

Diese Vorschriften finden entsprechende Anwendung, wenn die Leistung nur teilweise unmöglich und der Vertrag in Ansehung des möglichen Teiles gültig ist oder wenn eine von mehreren wahlweise versprochenen Leistungen unmöglich ist.

c) Behebbare Unmöglichkeit.

§ 308.

Die Unmöglichkeit der Leistung steht der Gültigkeit des Vertrags nicht entgegen, wenn die Unmöglichkeit gehoben werden kann und der Vertrag für den Fall geschlossen ist, daß die Leistung möglich wird.

Wird eine unmögliche Leistung unter einer anderen aufschiebenden Bedingung oder unter Bestimmung eines Anfangstermins versprochen, so ist der Vertrag gültig, wenn die Unmöglichkeit vor dem Eintritte der Bedingung oder des Termins gehoben wird.

3. Verbotene Schuldverträge.

§ 309.

Verstößt ein Vertrag gegen ein gesetzliches Verbot, so finden die Vorschriften der §§ 307, 308 entsprechende Anwendung.

4. Schuldverträge über ein Vermögen (§§ 310—312).

a) Über künftiges Vermögen.

§ 310.

Ein Vertrag, durch den sich der eine Teil verpflichtet, sein künftiges Vermögen oder einen Bruchteil seines künftigen Vermögens zu übertragen oder mit einem Nießbrauche zu belasten, ist nichtig.

b) Über gegenwärtiges Vermögen.

§ 311.

Ein Vertrag, durch den sich der eine Teil verpflichtet, sein gegenwärtiges Vermögen oder einen Bruchteil seines gegenwärtigen Vermögens zu übertragen oder mit einem Nießbrauche zu belasten, bedarf der gerichtlichen oder notariellen Beurkundung.

c) Pactum de hereditate tertii.

§ 312.

Ein Vertrag über den Nachlaß eines noch lebenden Dritten ist nichtig. Das gleiche gilt von einem Vertrag über den Pflichtteil oder ein Vermächtnis aus dem Nachlaß eines noch lebenden Dritten.

Diese Vorschriften finden keine Anwendung auf einen Vertrag, der unter künftigen gesetzlichen Erben über den gesetzlichen Erbteil oder den Pflichtteil eines von ihnen geschlossen wird. Ein solcher Vertrag bedarf der gerichtlichen oder notariellen Beurkundung.

5. Schuldverträge gerichtet auf Veräußerung von Sachen (§§ 313, 314).

a) Form bei Grundstücken.

§ 313.

Ein Vertrag, durch den sich der eine Teil verpflichtet, das Eigentum an einem Grundstücke zu übertragen, bedarf der gerichtlichen oder notariellen Beurkundung. Ein ohne Beobachtung dieser Form geschlossener Vertrag wird seinem ganzen Inhalte nach gültig, wenn die Auflassung und die Eintragung in das Grundbuch erfolgen.

b) Zubehör.

§ 314.

Verpflichtet sich jemand zur Veräußerung oder Belastung einer Sache, so erstreckt sich die Verpflichtung im Zweifel auch auf das Zubehör der Sache.

6. Nachträgliche Bestimmung der Leistung (§§ 315—319).

a) Durch eine Vertragspartei (§§ 315, 316).

§ 315.

Soll die Leistung durch einen der Vertragschließenden bestimmt werden, so ist im Zweifel anzunehmen, daß die Bestimmung nach billigem Ermessen zu treffen ist.

Die Bestimmung erfolgt durch Erklärung gegenüber dem anderen Teile.

Soll die Bestimmung nach billigem Ermessen erfolgen, so ist die getroffene Bestimmung für den anderen Teil nur verbindlich, wenn sie der Billigkeit entspricht. Entspricht sie nicht der Billigkeit, so wird die Bestimmung durch Urteil getroffen; das gleiche gilt, wenn die Bestimmung verzögert wird.

§ 316.

Ist der Umfang der für eine Leistung versprochenen Gegenleistung nicht bestimmt, so steht die Bestimmung im Zweifel demjenigen Teile zu, welcher die Gegenleistung zu fordern hat.

b) Durch einen Dritten (§§ 317—319).

§ 317.

Ist die Bestimmung der Leistung einem Dritten überlassen, so ist im Zweifel anzunehmen, daß sie nach billigem Ermessen zu treffen ist.

Soll die Bestimmung durch mehrere Dritte erfolgen, so ist im Zweifel Übereinstimmung aller erforderlich; soll eine Summe bestimmt werden, so ist, wenn verschiedene Summen bestimmt werden, im Zweifel die Durchschnittssumme maßgebend.

§ 318.

Die einem Dritten überlassene Bestimmung der Leistung erfolgt durch Erklärung gegenüber einem der Vertragschließenden.

Die Anfechtung der getroffenen Bestimmung wegen Irrtums, Drohung oder arglistiger Täuschung steht nur den Vertragschließenden zu; Anfechtungsgegner ist der andere Teil. Die Anfechtung muß unverzüglich erfolgen, nachdem der Anfechtungsberechtigte von dem Anfechtungsgrunde Kenntnis erlangt hat. Sie ist ausgeschlossen, wenn dreißig Jahre verstrichen sind, nachdem die Bestimmung getroffen worden ist.

§ 319.

Soll der Dritte die Leistung nach billigem Ermessen bestimmen, so ist die getroffene Bestimmung für die Vertragschließenden nicht verbindlich, wenn sie offenbar unbillig ist. Die Bestimmung erfolgt in diesem Falle durch Urteil; das gleiche gilt, wenn der Dritte die Bestimmung nicht treffen kann oder will oder wenn er sie verzögert.

Soll der Dritte die Bestimmung nach freiem Belieben treffen, so ist der Vertrag unwirksam, wenn der Dritte die Bestimmung nicht treffen kann oder will oder wenn er sie verzögert.

Zweiter Titel. Gegenseitiger Vertrag.

I. Exceptio non adimpleti contractus (§§ 320—322).

1. Regel.

§ 320.

Wer aus einem gegenseitigen Vertrage verpflichtet ist, kann die ihm obliegende Leistung bis zur Bewirkung der Gegenleistung verweigern, es sei denn, daß er vorzuleisten verpflichtet ist. Hat die Leistung an mehrere zu erfolgen, so kann dem einzelnen der ihm gebührende Teil bis zur Bewirkung der ganzen Gegenleistung verweigert werden. Die Vorschrift des § 273 Abs. 3 findet keine Anwendung.

Ist von der einen Seite teilweise geleistet worden, so kann die Gegenleistung insoweit nicht verweigert werden, als die Verweigerung nach den Umständen, insbesondere wegen verhältnismäßiger Geringfügigkeit des rückständigen Teiles, gegen Treu und Glauben verstoßen würde.

2. Exceptio wegen nachträglichem Vermögensverfall.

§ 321.

Wer aus einem gegenseitigen Vertrage vorzuleisten verpflichtet ist, kann, wenn nach dem Abschlusse des Vertrags in den Vermögensverhältnissen des anderen Teiles eine wesentliche Verschlechterung eintritt, durch die der Anspruch auf die Gegenleistung gefährdet wird, die ihm obliegende Leistung verweigern, bis die Gegenleistung bewirkt oder Sicherheit für sie geleistet wird.

3. Wirkung der Geltendmachung.

§ 322.

Erhebt aus einem gegenseitigen Vertrage der eine Teil Klage auf die ihm geschuldete Leistung, so hat die Geltendmachung des dem anderen Teile zustehenden Rechtes, die Leistung bis zur Bewirkung der Gegenleistung zu verweigern, nur die Wirkung, daß der andere Teil zur Erfüllung Zug um Zug zu verurteilen ist.

Hat der klagende Teil vorzuleisten, so kann er, wenn der andere Teil im Verzuge der Annahme ist, auf Leistung nach Empfang der Gegenleistung klagen.

Auf die Zwangsvollstreckung findet die Vorschrift des § 274 Abs. 2 Anwendung.

II. Vertragsverletzung (§§ 323—327).

1. Nachträgliche Unmöglichkeit (§§ 323—325).

a) Unmöglichkeit, die keine Partei zu vertreten hat.

§ 323.

Wird die aus einem gegenseitigen Vertrage dem einen Teile obliegende Leistung infolge eines Umstandes unmöglich, den weder er noch der andere Teil zu vertreten hat, so verliert er den Anspruch auf die Gegenleistung; bei teilweiser Unmöglichkeit mindert sich die Gegenleistung nach Maßgabe der §§ 472, 473.

Verlangt der andere Teil nach § 281 Herausgabe des für den geschuldeten Gegenstand erlangten Ersatzes oder Abtretung des Ersatzanspruchs, so bleibt er zur Gegenleistung verpflichtet; diese mindert sich jedoch nach Maßgabe der §§ 472, 473 insoweit, als der Wert des Ersatzes oder des Ersatzanspruchs hinter dem Werte der geschuldeten Leistung zurückbleibt.

Soweit die nach diesen Vorschriften nicht geschuldete Gegenleistung bewirkt ist, kann das Geleistete nach den Vorschriften über die Herausgabe einer ungerechtfertigten Bereicherung zurückgefordert werden.

b) Unmöglichkeit, die der Gläubiger zu vertreten hat und während des Gläubigerverzugs.

§ 324.

Wird die aus einem gegenseitigen Vertrage dem einen Teile obliegende Leistung infolge eines Umstandes, den der andere Teil zu vertreten hat, unmöglich, so behält er den Anspruch auf die Gegenleistung. Er muß sich jedoch dasjenige anrechnen lassen, was er infolge der Befreiung von der Leistung erspart oder durch anderweitige Verwendung seiner Arbeitskraft erwirbt oder zu erwerben böswillig unterläßt.

Das gleiche gilt, wenn die dem einen Teile obliegende Leistung infolge eines von ihm nicht zu vertretenden Umstandes zu einer Zeit unmöglich wird, zu welcher der andere Teil im Verzuge der Annahme ist.

c) Unmöglichkeit, die der Schuldner zu vertreten hat.

§ 325.

Wird die aus einem gegenseitigen Vertrage dem einen Teile obliegende Leistung infolge eines Umstandes, den er zu vertreten hat, unmöglich, so kann der andere Teil Schadensersatz wegen Nichterfüllung verlangen oder von dem Vertrage zurücktreten. Bei teilweiser Unmöglichkeit ist er, wenn die teilweise Erfüllung des Vertrags für ihn kein Interesse hat, berechtigt, Schadensersatz wegen Nichterfüllung der ganzen Verbindlichkeit nach Maßgabe des § 280 Abs. 2 zu verlangen oder von dem ganzen Vertrage zurückzutreten. Statt des Anspruchs auf Schadensersatz und des Rücktrittsrechts kann er auch die für den Fall des § 323 bestimmten Rechte geltend machen.

Das gleiche gilt in dem Falle des § 283, wenn nicht die Leistung bis zum Ablaufe der Frist bewirkt wird oder wenn sie zu dieser Zeit teilweise nicht bewirkt ist.

2. Schuldnerverzug.

§ 326.

Ist bei einem gegenseitigen Vertrage der eine Teil mit der ihm obliegenden Leistung im Verzuge, so kann ihm der andere Teil zur Bewirkung der Leistung eine angemessene Frist mit der Erklärung bestimmen, daß er die Annahme der Leistung nach dem Ablaufe der Frist ablehne. Nach dem Ablaufe der Frist ist er berechtigt, Schadensersatz wegen Nichterfüllung zu verlangen oder von dem Vertrage zurückzutreten, wenn nicht die Leistung rechtzeitig erfolgt ist; der Anspruch auf Erfüllung ist ausgeschlossen. Wird die Leistung bis zum Ablaufe der Frist teilweise nicht bewirkt, so findet die Vorschrift des § 325 Abs. 1 Satz 2 entsprechende Anwendung.

Hat die Erfüllung des Vertrags infolge des Verzugs für den anderen Teil kein Interesse, so stehen ihm die im Abs. 1 bezeichneten Rechte zu, ohne daß es der Bestimmung einer Frist bedarf.

3. **Normen über das gesetzliche Rücktrittsrecht.**

§ 327.

Auf das in den §§ 325, 326 bestimmte Rücktrittsrecht finden die für das vertragsmäßige Rücktrittsrecht geltenden Vorschriften der §§ 346 bis 356 entsprechende Anwendung. Erfolgt der Rücktritt wegen eines Umstandes, den der andere Teil nicht zu vertreten hat, so haftet dieser nur nach den Vorschriften über die Herausgabe einer ungerechtfertigten Bereicherung.

Dritter Titel. Versprechen der Leistung an einen Dritten.

1. **Grundsatz.**

§ 328.

Durch Vertrag kann eine Leistung an einen Dritten mit der Wirkung bedungen werden, daß der Dritte unmittelbar das Recht erwirbt, die Leistung zu fordern.

In Ermangelung einer besonderen Bestimmung ist aus den Umständen, insbesondere aus dem Zwecke des Vertrags, zu entnehmen, ob der Dritte das Recht erwerben, ob das Recht des Dritten sofort oder nur unter gewissen Voraussetzungen entstehen und ob den Vertragschließenden die Befugnis vorbehalten sein soll, das Recht des Dritten ohne dessen Zustimmung aufzuheben oder zu ändern.

2. **Auslegungsregeln** (§§ 329—332).

§ 329.

Verpflichtet sich in einem Vertrage der eine Teil zur Befriedigung eines Gläubigers des anderen Teiles, ohne die Schuld zu übernehmen, so ist im Zweifel nicht anzunehmen, daß der Gläubiger unmittelbar das Recht erwerben soll, die Befriedigung von ihm zu fordern.

§ 330.

Wird in einem Lebensversicherungs- oder einem Leibrentenvertrage die Zahlung der Versicherungssumme oder der Leibrente an einen Dritten bedungen, so ist im Zweifel anzunehmen, daß der Dritte unmittelbar das Recht erwerben soll, die Leistung zu fordern. Das gleiche gilt, wenn bei einer unentgeltlichen Zuwendung dem Bedachten eine Leistung an einen Dritten auferlegt oder bei einer Vermögens- oder Gutsübernahme von dem Übernehmer eine Leistung an einen Dritten zum Zwecke der Abfindung versprochen wird.

§ 331.

Soll die Leistung an den Dritten nach dem Tode desjenigen erfolgen, welchem sie versprochen wird, so erwirbt der Dritte das Recht auf die Leistung im Zweifel mit dem Tode des Versprechensempfängers.

Stirbt der Versprechensempfänger vor der Geburt des Dritten, so kann das Versprechen, an den Dritten zu leisten, nur dann noch aufgehoben oder geändert werden, wenn die Befugnis dazu vorbehalten worden ist.

§ 332.

Hat sich der Versprechensempfänger die Befugnis vorbehalten, ohne Zustimmung des Versprechenden an die Stelle des in dem Vertrage bezeichneten Dritten einen anderen zu setzen, so kann dies im Zweifel auch in einer Verfügung von Todes wegen geschehen.

3. Zurückweisung durch den Dritten.

§ 333.

Weist der Dritte das aus dem Vertrag erworbene Recht dem Versprechenden gegenüber zurück, so gilt das Recht als nicht erworben.

4. Einwendungen.

§ 334.

Einwendungen aus dem Vertrage stehen dem Versprechenden auch gegenüber dem Dritten zu.

5. Forderungsrecht des Versprechensempfängers.

§ 335.

Der Versprechensempfänger kann, sofern nicht ein anderer Wille der Vertragschließenden anzunehmen ist, die Leistung an den Dritten auch dann fordern, wenn diesem das Recht auf die Leistung zusteht.

Vierter Titel. Draufgabe. Vertragsstrafe.

I. Arrha contractui perfecto data (§§ 336—338).

1. Zeichen des Vertragsschlusses.

§ 336.

Wird bei der Eingehung eines Vertrags etwas als Draufgabe gegeben, so gilt dies als Zeichen des Abschlusses des Vertrags.

Die Draufgabe gilt im Zweifel nicht als Reugeld.

2. Anrechnung auf die Erfüllung und Rückgabe.

§ 337.

Die Draufgabe ist im Zweifel auf die von dem Geber geschuldete Leistung anzurechnen oder, wenn dies nicht geschehen kann, bei der Erfüllung des Vertrags zurückzugeben.

Wird der Vertrag wieder aufgehoben, so ist die Draufgabe zurückzugeben.

3. Ersatzfunktion.

§ 338.

Wird die von dem Geber geschuldete Leistung infolge eines Umstandes, den er zu vertreten hat, unmöglich oder verschuldet der Geber die Wiederaufhebung des Vertrags, so ist der Empfänger berechtigt, die Draufgabe zu behalten. Verlangt der Empfänger Schadensersatz wegen Nichterfüllung, so ist die Draufgabe im Zweifel anzurechnen oder, wenn dies nicht geschehen kann, bei der Leistung des Schadensersatzes zurückzugeben.

II. Vertragsstrafe (§§ 339—345).

1. Geldstrafe (§§ 339—341).

a) Verfall.

§ 339.

Verspricht der Schuldner dem Gläubiger für den Fall, daß er seine Verbindlichkeit nicht oder nicht in gehöriger Weise erfüllt, die Zahlung einer Geldsumme als Strafe, so ist die Strafe verwirkt, wenn er in Verzug kommt. Besteht die geschuldete Leistung in einem Unterlassen, so tritt die Verwirkung mit der Zuwiderhandlung ein.

b) Strafe für Nichterfüllung.

§ 340.

Hat der Schuldner die Strafe für den Fall versprochen, daß er seine Verbindlichkeit nicht erfüllt, so kann der Gläubiger die verwirkte Strafe statt der Erfüllung verlangen. Erklärt der Gläubiger dem Schuldner, daß er die Strafe verlange, so ist der Anspruch auf Erfüllung ausgeschlossen.

Steht dem Gläubiger ein Anspruch auf Schadensersatz wegen Nichterfüllung zu, so kann er die verwirkte Strafe als

Mindestbetrag des Schadens verlangen. Die Geltendmachung eines weiteren Schadens ist nicht ausgeschlossen.

c) Strafe für nicht gehörige Erfüllung.

§ 341.

Hat der Schuldner die Strafe für den Fall versprochen, daß er seine Verbindlichkeit nicht in gehöriger Weise, insbesondere nicht zu der bestimmten Zeit, erfüllt, so kann der Gläubiger die verwirkte Strafe neben der Erfüllung verlangen.

Steht dem Gläubiger ein Anspruch auf Schadensersatz wegen der nicht gehörigen Erfüllung zu, so finden die Vorschriften des § 340 Abs. 2 Anwendung.

Nimmt der Gläubiger die Erfüllung an, so kann er die Strafe nur verlangen, wenn er sich das Recht dazu bei der Annahme vorbehält.

2. Nicht Geldstrafe.

§ 342.

Wird als Strafe eine andere Leistung als die Zahlung einer Geldsumme versprochen, so finden die Vorschriften der §§ 339 bis 341 Anwendung; der Anspruch auf Schadensersatz ist ausgeschlossen, wenn der Gläubiger die Strafe verlangt.

3. Herabsetzung.

§ 343.

Ist eine verwirkte Strafe unverhältnismäßig hoch, so kann sie auf Antrag des Schuldners durch Urteil auf den angemessenen Betrag herabgesetzt werden. Bei der Beurteilung der Angemessenheit ist jedes berechtigte Interesse des Gläubigers, nicht bloß das Vermögensinteresse, in Betracht zu ziehen. Nach der Entrichtung der Strafe ist die Herabsetzung ausgeschlossen.

Das gleiche gilt auch außer den Fällen der §§ 339, 342, wenn jemand eine Strafe für den Fall verspricht, daß er eine Handlung vornimmt oder unterläßt.

4. Nicht akzessorisches Strafversprechen.

§ 344.

Erklärt das Gesetz das Versprechen einer Leistung für unwirksam, so ist auch die für den Fall der Nichterfüllung des Versprechens getroffene Vereinbarung einer Strafe unwirksam, selbst wenn die Parteien die Unwirksamkeit des Versprechens gekannt haben.

5. Beweislast.

§ 345.

Bestreitet der Schuldner die Verwirkung der Strafe, weil er seine Verbindlichkeit erfüllt habe, so hat er die Erfüllung zu beweisen, sofern nicht die geschuldete Leistung in einem Unterlassen besteht.

Fünfter Titel. Rücktritt.

1. Wirkung des Rücktritts (§§ 346—348).

a) Verpflichtung zur Rückgewährung.

§ 346.

Hat sich in einem Vertrag ein Teil den Rücktritt vorbehalten, so sind die Parteien, wenn der Rücktritt erfolgt, verpflichtet, einander die empfangenen Leistungen zurückzugewähren. Für geleistete Dienste sowie für die Überlassung der Benutzung einer Sache ist der Wert zu vergüten oder, falls in dem Vertrag eine Gegenleistung in Geld bestimmt ist, diese zu entrichten.

b) Anwendung von Normen der rei vindicatio.

§ 347.

Der Anspruch auf Schadensersatz wegen Verschlechterung, Unterganges oder einer aus einem anderen Grunde eintretenden Unmöglichkeit der Herausgabe bestimmt sich im Falle des Rücktritts von dem Empfange der Leistung an nach den Vorschriften, welche für das Verhältnis zwischen dem Eigentümer und dem Besitzer von dem Eintritte der Rechtshängigkeit des Eigentumsanspruchs an gelten. Das gleiche gilt von dem Anspruch auf Herausgabe oder Vergütung von Nutzungen und von dem Anspruch auf Ersatz von Verwendungen. Eine Geldsumme ist von der Zeit des Empfanges an zu verzinsen.

c) Anwendung von Normen d. gegenseitigen Vertrages.

§ 348.

Die sich aus dem Rücktritt ergebenden Verpflichtungen der Parteien sind Zug um Zug zu erfüllen. Die Vorschriften der §§ 320, 322 finden entsprechende Anwendung.

2. Ausübung des Rücktrittsrechts.

§ 349.

Der Rücktritt erfolgt durch Erklärung gegenüber dem anderen Teile.

3. Unmöglichwerden der vom Rücktrittsberechtigten zurückzugewährenden Leistung (§§ 350—353).

a) Untergang durch Zufall.

§ 350.

Der Rücktritt wird nicht dadurch ausgeschlossen, daß der Gegenstand, welchen der Berechtigte empfangen hat, durch Zufall untergegangen ist.

b) Unmöglichwerden durch Verschulden u. Verarbeitung (§§ 350—353).

§ 351.

Der Rücktritt ist ausgeschlossen, wenn der Berechtigte eine wesentliche Verschlechterung, den Untergang oder die anderweitige Unmöglichkeit der Herausgabe des empfangenen Gegenstandes verschuldet hat. Der Untergang eines erheblichen Teiles steht einer wesentlichen Verschlechterung des Gegenstandes, das von dem Berechtigten nach § 278 zu vertretende Verschulden eines anderen steht dem eigenen Verschulden des Berechtigten gleich.

§ 352.

Der Rücktritt ist ausgeschlossen, wenn der Berechtigte die empfangene Sache durch Verarbeitung oder Umbildung in eine Sache anderer Art umgestaltet hat.

§ 353.

Hat der Berechtigte den empfangenen Gegenstand oder einen erheblichen Teil des Gegenstandes veräußert oder mit dem Rechte eines Dritten belastet, so ist der Rücktritt ausgeschlossen, wenn bei demjenigen, welcher den Gegenstand infolge der Verfügung erlangt hat, die Voraussetzungen des § 351 oder des § 352 eingetreten sind.

Einer Verfügung des Berechtigten steht eine Verfügung gleich, die im Wege der Zwangsvollstreckung oder der Arrestvollziehung oder durch den Konkursverwalter erfolgt.

4. Verzug des Rücktrittsberechtigten mit der Rückgewähr.

§ 354.

Kommt der Berechtigte mit der Rückgewähr des empfangenen Gegenstandes oder eines erheblichen Teiles des Gegenstandes in Verzug, so kann ihm der andere Teil eine angemessene Frist mit der Erklärung bestimmen, daß er die Annahme nach dem Ablaufe der Frist ablehne. Der Rücktritt wird unwirksam, wenn nicht die Rückgewähr vor dem Ablaufe der Frist erfolgt.

5. Befristung des Rücktrittsrechts.

§ 355.

Ist für die Ausübung des Rücktrittsrechts eine Frist nicht vereinbart, so kann dem Berechtigten von dem anderen Teile für die Ausübung eine angemessene Frist bestimmt werden. Das Rücktrittsrecht erlischt, wenn nicht der Rücktritt vor dem Ablaufe der Frist erklärt wird.

6. **Mehrheit von Rücktrittsberechtigten.**

§ 356.

Sind bei einem Vertrag auf der einen oder der anderen Seite mehrere beteiligt, so kann das Rücktrittsrecht nur von allen und gegen alle ausgeübt werden. Erlischt das Rücktrittsrecht für einen der Berechtigten, so erlischt es auch für die übrigen.

7. **Aufrechnung nach Rücktritt.**

§ 357.

Hat sich der eine Teil den Rücktritt für den Fall vorbehalten, daß der andere Teil seine Verbindlichkeit nicht erfüllt, so ist der Rücktritt unwirksam, wenn der andere Teil sich von der Verbindlichkeit durch Aufrechnung befreien konnte und unverzüglich nach dem Rücktritte die Aufrechnung erklärt.

8. **Beweislast.**

§ 358.

Hat sich der eine Teil den Rücktritt für den Fall vorbehalten, daß der andere Teil seine Verbindlichkeit nicht erfüllt, und bestreitet dieser die Zulässigkeit des erklärten Rücktritts, weil er erfüllt habe, so hat er die Erfüllung zu beweisen, sofern nicht die geschuldete Leistung in einem Unterlassen besteht.

9. **Zurückweisung des Rücktritts.**

§ 359.

Ist der Rücktritt gegen Zahlung eines Reugeldes vorbehalten, so ist der Rücktritt unwirksam, wenn das Reugeld nicht vor oder bei der Erklärung entrichtet wird und der andere Teil aus diesem Grunde die Erklärung unverzüglich zurückweist. Die Erklärung ist jedoch wirksam, wenn das Reugeld unverzüglich nach der Zurückweisung entrichtet wird.

10. **Lex commissoria.**

§ 360.

Ist ein Vertrag mit dem Vorbehalte geschlossen, daß der Schuldner seiner Rechte aus dem Vertrage verlustig sein soll, wenn er seine Verbindlichkeit nicht erfüllt, so ist der Gläubiger bei dem Eintritte dieses Falles zum Rücktritte von dem Vertrage berechtigt.

11. **Fixgeschäft.**

§ 361.

Ist in einem gegenseitigen Vertrage vereinbart, daß die Leistung des einen Teiles genau zu einer festbestimmten Zeit oder innerhalb einer festbestimmten Frist bewirkt werden soll, so ist im Zweifel anzunehmen, daß der andere Teil zum Rücktritte berechtigt sein soll, wenn die Leistung nicht zu der bestimmten Zeit oder innerhalb der bestimmten Frist erfolgt.

Dritter Abschnitt. Erlöschen der Schuldverhältnisse.

Erster Titel. Erfüllung.

1. **Erfüllung im engeren Sinne (§§ 362—363).**

§ 362.

Das Schuldverhältnis erlischt, wenn die geschuldete Leistung an den Gläubiger bewirkt wird.

Wird an einen Dritten zum Zwecke der Erfüllung geleistet, so finden die Vorschriften des § 185 Anwendung.

§ 363.

Hat der Gläubiger eine ihm als Erfüllung angebotene Leistung als Erfüllung angenommen, so trifft ihn die Beweislast, wenn er die Leistung deshalb nicht als Erfüllung gelten lassen will, weil sie eine andere als die geschuldete Leistung oder weil sie unvollständig gewesen sei.

2. **Datio in solutum (§§ 364—365).**

§ 364.

Das Schuldverhältnis erlischt, wenn der Gläubiger eine andere als die geschuldete Leistung an Erfüllungs Statt annimmt.

Übernimmt der Schuldner zum Zwecke der Befriedigung des Gläubigers diesem gegenüber eine neue Verbindlichkeit, so ist im Zweifel nicht anzunehmen, daß er die Verbindlichkeit an Erfüllungs Statt übernimmt.

§ 365.

Wird eine Sache, eine Forderung gegen einen Dritten oder ein anderes Recht an Erfüllungs Statt gegeben, so hat der Schuldner wegen eines Mangels im Rechte oder wegen eines Mangels der Sache in gleicher Weise wie ein Verkäufer Gewähr zu leisten.

3. **Anrechnung der Leistung bei Mehrheit von Schuldverhältnissen (§§ 366, 367).**

§ 366.

Ist der Schuldner dem Gläubiger aus mehreren Schuldverhältnissen zu gleichartigen Leistungen verpflichtet und reicht das von ihm Geleistete nicht zur Tilgung sämtlicher Schulden aus, so wird diejenige Schuld getilgt, welche er bei der Leistung bestimmt.

Trifft der Schuldner keine Bestimmung, so wird zunächst die fällige Schuld, unter mehreren fälligen Schulden diejenige, welche dem Gläubiger geringere Sicherheit bietet, unter mehreren gleich sicheren die dem Schuldner lästigere, unter mehreren gleich lästigen die ältere Schuld und bei gleichem Alter jede Schuld verhältnismäßig getilgt.

§ 367.

Hat der Schuldner außer der Hauptleistung Zinsen und Kosten zu entrichten, so wird eine zur Tilgung der ganzen Schuld nicht ausreichende Leistung zunächst auf die Kosten, dann auf die Zinsen und zuletzt auf die Hauptleistung angerechnet.

Bestimmt der Schuldner eine andere Anrechnung, so kann der Gläubiger die Annahme der Leistung ablehnen.

4. Quittung (§§ 368—370).

§ 368.

Der Gläubiger hat gegen Empfang der Leistung auf Verlangen ein schriftliches Empfangsbekenntnis (Quittung) zu erteilen. Hat der Schuldner ein rechtliches Interesse, daß die Quittung in anderer Form erteilt wird, so kann er die Erteilung in dieser Form verlangen.

§ 369.

Die Kosten der Quittung hat der Schuldner zu tragen und vorzuschießen, sofern nicht aus dem zwischen ihm und dem Gläubiger bestehenden Rechtsverhältnisse sich ein anderes ergibt.

Treten infolge einer Übertragung der Forderung oder im Wege der Erbfolge an die Stelle des ursprünglichen Gläubigers mehrere Gläubiger, so fallen die Mehrkosten den Gläubigern zur Last.

§ 370.

Der Überbringer einer Quittung gilt als ermächtigt, die Leistung zu empfangen, sofern nicht die dem Leistenden bekannten Umstände der Annahme einer solchen Ermächtigung entgegenstehen.

5. Schuldschein.

§ 371.

Ist über die Forderung ein Schuldschein ausgestellt worden, so kann der Schuldner neben der Quittung Rückgabe des Schuldscheins verlangen. Behauptet der Gläubiger, zur Rückgabe außerstande zu sein, so kann der Schuldner das öffentlich beglaubigte Anerkenntnis verlangen, daß die Schuld erloschen sei.

Zweiter Titel. Hinterlegung.

1. Voraussetzungen des Hinterlegungsrechts (§§ 372, 373).

§ 372.

Geld, Wertpapiere und sonstige Urkunden sowie Kostbarkeiten kann der Schuldner bei einer dazu bestimmten öffentlichen Stelle für den Gläubiger hinterlegen, wenn der Gläubiger im Verzuge der Annahme ist. Das gleiche gilt, wenn der Schuldner aus einem anderen in der Person des Gläubigers liegenden Grunde oder infolge einer nicht auf Fahrlässigkeit beruhenden Ungewißheit über die Person des Gläubigers seine Verbindlichkeit nicht oder nicht mit Sicherheit erfüllen kann.

§ 373.

Ist der Schuldner nur gegen eine Leistung des Gläubigers zu leisten verpflichtet, so kann er das Recht des Gläubigers zum Empfange der hinterlegten Sache von der Bewirkung der Gegenleistung abhängig machen.

2. Hinterlegungsort.

§ 374.

Die Hinterlegung hat bei der Hinterlegungsstelle des Leistungsorts zu erfolgen; hinterlegt der Schuldner bei einer anderen Stelle, so hat er dem Gläubiger den daraus entstehenden Schaden zu ersetzen.

Der Schuldner hat dem Gläubiger die Hinterlegung unverzüglich anzuzeigen; im Falle der Unterlassung ist er zum Schadensersatze verpflichtet. Die Anzeige darf unterbleiben, wenn sie untunlich ist.

3. Hinterlegungszeit.

§ 375.

Ist die hinterlegte Sache der Hinterlegungsstelle durch die Post übersendet worden, so wirkt die Hinterlegung auf die Zeit der Aufgabe der Sache zur Post zurück.

4. Rücknahmerecht (§§ 376, 377)

§ 376.

Der Schuldner hat das Recht, die hinterlegte Sache zurückzunehmen.

Die Rücknahme ist ausgeschlossen:
1. wenn der Schuldner der Hinterlegungsstelle erklärt, daß er auf das Recht zur Rücknahme verzichte;
2. wenn der Gläubiger der Hinterlegungsstelle die Annahme erklärt;
3. wenn der Hinterlegungsstelle ein zwischen dem Gläubiger und dem Schuldner ergangenes rechtskräftiges Urteil vorgelegt wird, das die Hinterlegung für rechtmäßig erklärt.

§ 377.

Das Recht zur Rücknahme ist der Pfändung nicht unterworfen.

6*

Wird über das Vermögen des Schuldners der Konkurs eröffnet, so kann während des Konkurses das Recht zur Rücknahme auch nicht von dem Schuldner ausgeübt werden.

5. **Wirkung der Hinterlegung** (§§ 378, 379)

§ 378.

Ist die Rücknahme der hinterlegten Sache ausgeschlossen, so wird der Schuldner durch die Hinterlegung von seiner Verbindlichkeit in gleicher Weise befreit, wie wenn er zur Zeit der Hinterlegung an den Gläubiger geleistet hätte.

§ 379.

Ist die Rücknahme der hinterlegten Sache nicht ausgeschlossen, so kann der Schuldner den Gläubiger auf die hinterlegte Sache verweisen.

Solange die Sache hinterlegt ist, trägt der Gläubiger die Gefahr und ist der Schuldner nicht verpflichtet, Zinsen zu zahlen oder Ersatz für nicht gezogene Nutzungen zu leisten.

Nimmt der Schuldner die hinterlegte Sache zurück, so gilt die Hinterlegung als nicht erfolgt.

6. **Abhebung des Hinterlegten durch den Gläubiger** (§§ 380—382).

a) **Legitimation.**

§ 380.

Soweit nach den für die Hinterlegungsstelle geltenden Bestimmungen zum Nachweise der Empfangsberechtigung des Gläubigers eine diese Berechtigung anerkennende Erklärung des Schuldners erforderlich oder genügend ist, kann der Gläubiger von dem Schuldner die Abgabe der Erklärung unter denselben Voraussetzungen verlangen, unter denen er die Leistung zu fordern berechtigt sein würde, wenn die Hinterlegung nicht erfolgt wäre.

b) **Kosten.**

§ 381.

Die Kosten der Hinterlegung fallen dem Gläubiger zur Last, sofern nicht der Schuldner die hinterlegte Sache zurücknimmt.

c) **Befristung.**

§ 382.

Das Recht des Gläubigers auf den hinterlegten Betrag erlischt mit dem Ablaufe von dreißig Jahren nach dem Empfange der Anzeige von der Hinterlegung, wenn nicht der Gläubiger sich vorher bei der Hinterlegungsstelle meldet; der Schuldner ist zur Rücknahme berechtigt, auch wenn er auf das Recht zur Rücknahme verzichtet hat.

7. Selbsthilfeverkauf und Hinterlegung des Erlöses (§§ 383—386).

§ 383.

Ist die geschuldete bewegliche Sache zur Hinterlegung nicht geeignet, so kann der Schuldner sie im Falle des Verzugs des Gläubigers am Leistungsorte versteigern lassen und den Erlös hinterlegen. Das gleiche gilt in den Fällen des § 372 Satz 2, wenn der Verderb der Sache zu besorgen oder die Aufbewahrung mit unverhältnismäßigen Kosten verbunden ist.

Ist von der Versteigerung am Leistungsort ein angemessener Erfolg nicht zu erwarten, so ist die Sache an einem geeigneten anderen Orte zu versteigern.

Die Versteigerung hat durch einen für den Versteigerungsort bestellten Gerichtsvollzieher oder zu Versteigerungen befugten anderen Beamten oder öffentlich angestellten Versteigerer öffentlich zu erfolgen (öffentliche Versteigerung). Zeit und Ort der Versteigerung sind unter allgemeiner Bezeichnung der Sache öffentlich bekanntzumachen.

§ 384.

Die Versteigerung ist erst zulässig, nachdem sie dem Gläubiger angedroht worden ist; die Androhung darf unterbleiben, wenn die Sache dem Verderb ausgesetzt und mit dem Aufschube der Versteigerung Gefahr verbunden ist.

Der Schuldner hat den Gläubiger von der Versteigerung unverzüglich zu benachrichtigen; im Falle der Unterlassung ist er zum Schadensersatze verpflichtet.

Die Androhung und die Benachrichtigung dürfen unterbleiben, wenn sie untunlich sind.

§ 385.

Hat die Sache einen Börsen- oder Marktpreis, so kann der Schuldner den Verkauf aus freier Hand durch einen zu solchen Verkäufen öffentlich ermächtigten Handelsmäkler oder durch eine zur öffentlichen Versteigerung befugte Person zum laufenden Preise bewirken.

§ 386.

Die Kosten der Versteigerung oder des nach § 385 erfolgten Verkaufs fallen dem Gläubiger zur Last, sofern nicht der Schuldner den hinterlegten Erlös zurücknimmt.

Dritter Titel. Aufrechnung.

1. Voraussetzungen.

§ 387.

Schulden zwei Personen einander Leistungen, die ihrem Gegenstande nach gleichartig sind, so kann jeder Teil seine Forderung gegen die Forderung des anderen Teiles aufrechnen, sobald er die ihm gebührende Leistung fordern und die ihm obliegende Leistung bewirken kann.

2. **Vornahme der Aufrechnung.** **§ 388.**

Die Aufrechnung erfolgt durch Erklärung gegenüber dem anderen Teile. Die Erklärung ist unwirksam, wenn sie unter einer Bedingung oder einer Zeitbestimmung abgegeben wird.

3. **Wirkung der Aufrechnung.** **§ 389.**

Die Aufrechnung bewirkt, daß die Forderungen, soweit sie sich decken, als in dem Zeitpunkt erloschen gelten, in welchem sie zur Aufrechnung geeignet einander gegenübergetreten sind.

4. **Besondere Fälle** (§§ 390—395).

a) **Einredebehaftete Forderung.** **§ 390.**

Eine Forderung, der eine Einrede entgegensteht, kann nicht aufgerechnet werden. Die Verjährung schließt die Aufrechnung nicht aus, wenn die verjährte Forderung zu der Zeit, zu welcher sie gegen die andere Forderung aufgerechnet werden konnte, noch nicht verjährt war.

b) **Verschiedenheit des Leistungsorts.** **§ 391.**

Die Aufrechnung wird nicht dadurch ausgeschlossen, daß für die Forderungen verschiedene Leistungs- oder Ablieferungsorte bestehen. Der aufrechnende Teil hat jedoch den Schaden zu ersetzen, den der andere Teil dadurch erleidet, daß er infolge der Aufrechnung die Leistung nicht an dem bestimmten Orte erhält oder bewirken kann.

Ist vereinbart, daß die Leistung zu einer bestimmten Zeit an einem bestimmten Orte erfolgen soll, so ist im Zweifel anzunehmen, daß die Aufrechnung einer Forderung, für die ein anderer Leistungsort besteht, ausgeschlossen sein soll.

c) **Beschlagnahmte Forderung.** **§ 392.**

Durch die Beschlagnahme einer Forderung wird die Aufrechnung einer dem Schuldner gegen den Gläubiger zustehenden Forderung nur dann ausgeschlossen, wenn der Schuldner seine Forderung nach der Beschlagnahme erworben hat oder wenn seine Forderung erst nach der Beschlagnahme und später als die in Beschlag genommene Forderung fällig geworden ist.

d) Forderung aus vorsätzlichem Delikt.

§ 393.

Gegen eine Forderung aus einer vorsätzlich begangenen unerlaubten Handlung ist die Aufrechnung nicht zulässig.

e) Unpfändbare Forderung.

§ 394.

Soweit eine Forderung der Pfändung nicht unterworfen ist, findet die Aufrechnung gegen die Forderung nicht statt. Gegen die aus Kranken-, Hilfs- oder Sterbekassen, insbesondere aus Knappschaftskassen und Kassen der Knappschaftsvereine, zu beziehenden Hebungen können jedoch geschuldete Beiträge aufgerechnet werden.

f) Verschiedenheit der stationes fisci.

§ 395.

Gegen eine Forderung des Reichs oder eines Landes[1]) sowie gegen eine Forderung einer Gemeinde oder eines anderen Kommunalverbandes ist die Aufrechnung nur zulässig, wenn die Leistung an dieselbe Kasse zu erfolgen hat, aus der die Forderung des Aufrechnenden zu berichtigen ist.

5. Anrechnung bei Forderungsmehrheit.

§ 396.

Hat der eine oder der andere Teil mehrere zur Aufrechnung geeignete Forderungen, so kann der aufrechnende Teil die Forderungen bestimmen, die gegeneinander aufgerechnet werden sollen. Wird die Aufrechnung ohne eine solche Bestimmung erklärt oder widerspricht der andere Teil unverzüglich, so findet die Vorschrift des § 366 Abs. 2 entsprechende Anwendung.

Schuldet der aufrechnende Teil dem anderen Teile außer der Hauptleistung Zinsen und Kosten, so finden die Vorschriften des § 367 entsprechende Anwendung.

Vierter Titel. Erlaß.

§ 397.

Das Schuldverhältnis erlischt, wenn der Gläubiger dem Schuldner durch Vertrag die Schuld erläßt.

Das gleiche gilt, wenn der Gläubiger durch Vertrag mit dem Schuldner anerkennt, daß das Schuldverhältnis nicht bestehe.

---

1) Die Fassung beruht auf Art. 179 der Reichsverfassung.

Vierter Abschnitt. Übertragung der Forderung.

1. Grundsatz.

§ 398.

Eine Forderung kann von dem Gläubiger durch Vertrag mit einem anderen auf diesen übertragen werden (Abtretung). Mit dem Abschlusse des Vertrags tritt der neue Gläubiger an die Stelle des bisherigen Gläubigers.

2. Unabtretbare Forderungen (§§ 399, 400).

§ 399.

Eine Forderung kann nicht abgetreten werden, wenn die Leistung an einen anderen als den ursprünglichen Gläubiger nicht ohne Veränderung ihres Inhalts erfolgen kann oder wenn die Abtretung durch Vereinbarung mit dem Schuldner ausgeschlossen ist.

§ 400.

Eine Forderung kann nicht abgetreten werden, soweit sie der Pfändung nicht unterworfen ist.

3. Nebenrechte.

§ 401.

Mit der abgetretenen Forderung gehen die Hypotheken oder Pfandrechte, die für sie bestehen, sowie die Rechte aus einer für sie bestellten Bürgschaft auf den neuen Gläubiger über.

Ein mit der Forderung für den Fall der Zwangsvollstreckung oder des Konkurses verbundenes Vorzugsrecht kann auch der neue Gläubiger geltend machen.

4. Pflichten aus dem Verfügungsgeschäft (§§ 402, 403).

§ 402.

Der bisherige Gläubiger ist verpflichtet, dem neuen Gläubiger die zur Geltendmachung der Forderung nötige Auskunft zu erteilen und ihm die zum Beweise der Forderung dienenden Urkunden, soweit sie sich in seinem Besitze befinden, auszuliefern.

§ 403.

Der bisherige Gläubiger hat dem neuen Gläubiger auf Verlangen eine öffentlich beglaubigte Urkunde über die Abtretung auszustellen. Die Kosten hat der neue Gläubiger zu tragen und vorzuschießen.

5. Einwendungen (§§ 404, 405).

a) Regel.

§ 404.

Der Schuldner kann dem neuen Gläubiger die Einwendungen entgegensetzen, die zur Zeit der Abtretung der Forderung gegen den bisherigen Gläubiger begründet waren.

b) Einwendung der Unabtretbarkeit und der Simulation.

§ 405.

Hat der Schuldner eine Urkunde über die Schuld ausgestellt, so kann er sich, wenn die Forderung unter Vorlegung der Urkunde abgetreten wird, dem neuen Gläubiger gegenüber nicht darauf berufen, daß die Eingehung oder Anerkennung des Schuldverhältnisses nur zum Schein erfolgt oder daß die Abtretung durch Vereinbarung mit dem ursprünglichen Gläubiger ausgeschlossen sei, es sei denn, daß der neue Gläubiger bei der Abtretung den Sachverhalt kannte oder kennen mußte.

6. Aufrechnung.

§ 406.

Der Schuldner kann eine ihm gegen den bisherigen Gläubiger zustehende Forderung auch dem neuen Gläubiger gegenüber aufrechnen, es sei denn, daß er bei dem Erwerbe der Forderung von der Abtretung Kenntnis hatte oder daß die Forderung erst nach der Erlangung der Kenntnis und später als die abgetretene Forderung fällig geworden ist.

7. Fortdauernde Legitimation des Zedenten gegenüber d. Schuldner (§§ 407, 408).

§ 407.

Der neue Gläubiger muß eine Leistung, die der Schuldner nach der Abtretung an den bisherigen Gläubiger bewirkt, sowie jedes Rechtsgeschäft, das nach der Abtretung zwischen dem Schuldner und dem bisherigen Gläubiger in Ansehung der Forderung vorgenommen wird, gegen sich gelten lassen, es sei denn, daß der Schuldner die Abtretung bei der Leistung oder der Vornahme des Rechtsgeschäfts kennt.

Ist in einem nach der Abtretung zwischen dem Schuldner und dem bisherigen Gläubiger anhängig gewordenen Rechtsstreit ein rechtskräftiges Urteil über die Forderung ergangen, so muß der neue Gläubiger das Urteil gegen sich gelten lassen, es sei denn, daß der Schuldner die Abtretung bei dem Eintritte der Rechtshängigkeit gekannt hat.

§ 408.

Wird eine abgetretene Forderung von dem bisherigen Gläubiger nochmals an einen Dritten abgetreten, so finden, wenn der Schuldner an den Dritten leistet oder wenn zwischen dem Schuldner und dem Dritten ein Rechtsgeschäft vorgenommen oder ein Rechtsstreit anhängig wird, zugunsten des Schuldners die Vorschriften des § 407 dem früheren Erwerber gegenüber entsprechende Anwendung.

Das gleiche gilt, wenn die bereits abgetretene Forderung durch gerichtlichen Beschluß einem Dritten überwiesen wird oder wenn der bisherige Gläubiger dem Dritten gegenüber anerkennt, daß die bereits abgetretene Forderung kraft Gesetzes auf den Dritten übergegangen sei.

8. Denuntiatio des Zedenten an d. Schuldner u. Abtretungsurkunde (§§ 409—411).

§ 409.

Zeigt der Gläubiger dem Schuldner an, daß er die Forderung abgetreten habe, so muß er dem Schuldner gegenüber die angezeigte Abtretung gegen sich gelten lassen, auch wenn sie nicht erfolgt oder nicht wirksam ist. Der Anzeige steht es gleich, wenn der Gläubiger eine Urkunde über die Abtretung dem in der Urkunde bezeichneten neuen Gläubiger ausgestellt hat und dieser sie dem Schuldner vorlegt.

Die Anzeige kann nur mit Zustimmung desjenigen zurückgenommen werden, welcher als der neue Gläubiger bezeichnet worden ist.

§ 410.

Der Schuldner ist dem neuen Gläubiger gegenüber zur Leistung nur gegen Aushändigung einer von dem bisherigen Gläubiger über die Abtretung ausgestellten Urkunde verpflichtet. Eine Kündigung oder eine Mahnung des neuen Gläubigers ist unwirksam, wenn sie ohne Vorlegung einer solchen Urkunde erfolgt und der Schuldner sie aus diesem Grunde unverzüglich zurückweist.

Diese Vorschriften finden keine Anwendung, wenn der bisherige Gläubiger dem Schuldner die Abtretung schriftlich angezeigt hat.

§ 411.

Tritt eine Militärperson, ein Beamter, ein Geistlicher oder ein Lehrer an einer öffentlichen Unterrichtsanstalt den übertragbaren Teil des Diensteinkommens, des Wartegeldes oder des Ruhegehalts ab, so ist die auszahlende Kasse durch Aushändigung einer von dem bisherigen Gläubiger ausgestellten, öffentlich beglaubigten Urkunde von der Abtretung zu benachrichtigen. Bis zur Benachrichtigung gilt die Abtretung als der Kasse nicht bekannt.

9. Cessio legis.

§ 412.

Auf die Übertragung einer Forderung kraft Gesetzes finden die Vorschriften der §§ 399 bis 404, 406 bis 410 entsprechende Anwendung.

10. Übertragung anderer Rechte.

§ 413.

Die Vorschriften über die Übertragung von Forderungen finden auf die Übertragung anderer Rechte entsprechende Anwendung, soweit nicht das Gesetz ein anderes vorschreibt.

Fünfter Abschnitt. Schuldübernahme.

I. Privative Schuldübernahme (§§ 414—418).

1. Erfordernisse (§§ 414—416).

a) Vertrag zwischen Übernehmer und Gläubiger.

§ 414.

Eine Schuld kann von einem Dritten durch Vertrag mit dem Gläubiger in der Weise übernommen werden, daß der Dritte an die Stelle des bisherigen Schuldners tritt.

b) Vertrag zwischen Übernehmer und Schuldner (§§ 415, 416).

α) **Regel.**

§ 415.

Wird die Schuldübernahme von dem Dritten mit dem Schuldner vereinbart, so hängt ihre Wirksamkeit von der Genehmigung des Gläubigers ab. Die Genehmigung kann erst erfolgen, wenn der Schuldner oder der Dritte dem Gläubiger die Schuldübernahme mitgeteilt hat. Bis zur Genehmigung können die Parteien den Vertrag ändern oder aufheben.

Wird die Genehmigung verweigert, so gilt die Schuldübernahme als nicht erfolgt. Fordert der Schuldner oder der Dritte den Gläubiger unter Bestimmung einer Frist zur Erklärung über die Genehmigung auf, so kann die Genehmigung nur bis zum Ablaufe der Frist erklärt werden; wird sie nicht erklärt, so gilt sie als verweigert.

Solange nicht der Gläubiger die Genehmigung erteilt hat, ist im Zweifel der Übernehmer dem Schuldner gegenüber verpflichtet, den Gläubiger rechtzeitig zu befriedigen. Das gleiche gilt, wenn der Gläubiger die Genehmigung verweigert.

β) **Erleichterung bei Übernahme einer hypothekarisch gesicherten Schuld.**

§ 416.

Übernimmt der Erwerber eines Grundstücks durch Vertrag mit dem Veräußerer eine Schuld des Veräußerers, für die eine Hypothek an dem Grundstücke besteht, so kann der Gläubiger die Schuldübernahme nur genehmigen, wenn der Veräußerer sie ihm mitteilt. Sind seit dem Empfange der Mitteilung sechs Monate verstrichen, so gilt die Genehmigung als erteilt, wenn nicht der Gläubiger sie dem Veräußerer gegenüber vorher verweigert hat; die Vorschrift des § 415 Abs. 2 Satz 2 findet keine Anwendung.

Die Mitteilung des Veräußerers kann erst erfolgen, wenn der Erwerber als Eigentümer im Grundbuch eingetragen ist. Sie muß schriftlich geschehen und den Hinweis enthalten, daß der Übernehmer an die Stelle des bisherigen Schuldners tritt, wenn nicht der Gläubiger die Verweigerung innerhalb der sechs Monate erklärt.

Der Veräußerer hat auf Verlangen des Erwerbers dem Gläubiger die Schuldübernahme mitzuteilen. Sobald die Erteilung oder Verweigerung der Genehmigung feststeht, hat der Veräußerer den Erwerber zu benachrichtigen.

2. **Wirkungen (§§ 417, 418).**

a) **Einwendungen.**

§ 417.

Der Übernehmer kann dem Gläubiger die Einwendungen entgegensetzen, welche sich aus dem Rechtsverhältnisse zwischen dem Gläubiger und dem bisherigen Schuldner ergeben. Eine dem bisherigen Schuldner zustehende Forderung kann er nicht aufrechnen.

Aus dem der Schuldübernahme zugrunde liegenden Rechtsverhältnisse zwischen dem Übernehmer und dem bisherigen Schuldner kann der Übernehmer dem Gläubiger gegenüber Einwendungen nicht herleiten.

b) **Nebenrechte.**

§ 418.

Infolge der Schuldübernahme erlöschen die für die Forderung bestellten Bürgschaften und Pfandrechte. Besteht für die Forderung eine Hypothek, so tritt das gleiche ein, wie wenn der Gläubiger auf die Hypothek verzichtet. Diese Vorschriften finden keine Anwendung, wenn der Bürge oder derjenige, welchem der verhaftete Gegenstand zur Zeit der Schuldübernahme gehört, in diese einwilligt.

Ein mit der Forderung für den Fall des Konkurses verbundenes Vorzugsrecht kann nicht im Konkurs über das Vermögen des Übernehmers geltend gemacht werden.

II. **Vermögensübernahme.**

§ 419.

Übernimmt jemand durch Vertrag das Vermögen eines anderen, so können dessen Gläubiger, unbeschadet der Fortdauer der Haftung des bisherigen Schuldners, von dem Abschlusse des Vertrags an ihre zu dieser Zeit bestehenden Ansprüche auch gegen den Übernehmer geltend machen.

Die Haftung des Übernehmers beschränkt sich auf den Bestand des übernommenen Vermögens und die ihm aus dem Vertrage zustehenden Ansprüche. Beruft sich der Übernehmer auf die Beschränkung seiner Haftung, so finden die für die Haftung des Erben geltenden Vorschriften der §§ 1990, 1991 entsprechende Anwendung.

Die Haftung des Übernehmers kann nicht durch Vereinbarung zwischen ihm und dem bisherigen Schuldner ausgeschlossen oder beschränkt werden.

Sechster Abschnitt.

Mehrheit von Schuldnern und Gläubigern.

I. Teilschulden. Teilforderungen.

§ 420.

Schulden mehrere eine teilbare Leistung oder haben mehrere eine teilbare Leistung zu fordern, so ist im Zweifel jeder Schuldner nur zu einem gleichen Anteile verpflichtet, jeder Gläubiger nur zu einem gleichen Anteile berechtigt.

II. Passive Solidarität (§§ 421—427).

1. Rechtsverhältnis der Schuldner zum Gläubiger (§§ 421—425).

a) Teilungsrecht des Gläubigers.

§ 421.

Schulden mehrere eine Leistung in der Weise, daß jeder die ganze Leistung zu bewirken verpflichtet, der Gläubiger aber die Leistung nur einmal zu fordern berechtigt ist (Gesamtschuldner), so kann der Gläubiger die Leistung nach seinem Belieben von jedem der Schuldner ganz oder zu einem Teile fordern. Bis zur Bewirkung der ganzen Leistung bleiben sämtliche Schuldner verpflichtet.

b) Erfüllung, Erfüllungssurrogate, Aufrechnung.

§ 422.

Die Erfüllung durch einen Gesamtschuldner wirkt auch für die übrigen Schuldner. Das gleiche gilt von der Leistung an Erfüllungs Statt, der Hinterlegung und der Aufrechnung.

Eine Forderung, die einem Gesamtschuldner zusteht, kann nicht von den übrigen Schuldnern aufgerechnet werden.

c) Erlaß.

§ 423.

Ein zwischen dem Gläubiger und einem Gesamtschuldner vereinbarter Erlaß wirkt auch für die übrigen Schuldner, wenn die Vertragschließenden das ganze Schuldverhältnis aufheben wollten.

d) Gläubigerverzug. **§ 424.**

Der Verzug des Gläubigers gegenüber einem Gesamtschuldner wirkt auch für die übrigen Schuldner.

e) Sonstige die Obligation berührende Tatsachen. **§ 425.**

Andere als die in den §§ 422 bis 424 bezeichneten Tatsachen wirken, soweit sich nicht aus dem Schuldverhältnis ein anderes ergibt, nur für und gegen den Gesamtschuldner, in dessen Person sie eintreten.

Dies gilt insbesondere von der Kündigung, dem Verzuge, dem Verschulden, von der Unmöglichkeit der Leistung in der Person eines Gesamtschuldners, von der Verjährung, deren Unterbrechung und Hemmung, von der Vereinigung der Forderung mit der Schuld und von dem rechtskräftigen Urteile.

2. Rechtsverhältnis der Schuldner untereinander. **§ 426.**

Die Gesamtschuldner sind im Verhältnisse zueinander zu gleichen Anteilen verpflichtet, soweit nicht ein anderes bestimmt ist. Kann von einem Gesamtschuldner der auf ihn entfallende Beitrag nicht erlangt werden, so ist der Ausfall von den übrigen zur Ausgleichung verpflichteten Schuldnern zu tragen.

Soweit ein Gesamtschuldner den Gläubiger befriedigt und von den übrigen Schuldnern Ausgleichung verlangen kann, geht die Forderung des Gläubigers gegen die übrigen Schuldner auf ihn über. Der Übergang kann nicht zum Nachteile des Gläubigers geltend gemacht werden.

3. Entstehung der Gesamtschuld durch Vertrag. **§ 427.**

Verpflichten sich mehrere durch Vertrag gemeinschaftlich zu einer teilbaren Leistung, so haften sie im Zweifel als Gesamtschuldner.

III. Aktive Solidarität (§§ 428—430).

1. Rechtsverhältnis der Gläubiger zum Schuldner (§§ 428, 429).

a) Wahlrecht des Schuldners. **§ 428.**

Sind mehrere eine Leistung in der Weise zu fordern berechtigt, daß jeder die ganze Leistung fordern kann, der Schuldner aber die Leistung nur einmal zu bewirken verpflichtet ist (Gesamtgläubiger), so kann der Schuldner nach seinem Belieben an jeden der Gläubiger leisten. Dies gilt auch dann, wenn einer der Gläubiger bereits Klage auf die Leistung erhoben hat.

b) Gesamtwirkung und Einzelwirkung von Tatsachen, die die Obligation berühren.

§ 429.

Der Verzug eines Gesamtgläubigers wirkt auch gegen die übrigen Gläubiger.

Vereinigen sich Forderung und Schuld in der Person eines Gesamtgläubigers, so erlöschen die Rechte der übrigen Gläubiger gegen den Schuldner.

Im übrigen finden die Vorschriften der §§ 422, 423, 425 entsprechende Anwendung. Insbesondere bleiben, wenn ein Gesamtgläubiger seine Forderung auf einen anderen überträgt, die Rechte der übrigen Gläubiger unberührt.

2. Rechtsverhältnis der Gläubiger untereinander.

§ 430.

Die Gesamtgläubiger sind im Verhältnisse zueinander zu gleichen Anteilen berechtigt, soweit nicht ein anderes bestimmt ist.

IV. Unteilbarkeit der Leistung (§§ 431, 432).

1. Schuldnermehrheit: Solidarschuld.

§ 431.

Schulden mehrere eine unteilbare Leistung, so haften sie als Gesamtschuldner.

2. Gläubigermehrheit: Gesamthandsforderung.

§ 432.

Haben mehrere eine unteilbare Leistung zu fordern, so kann, sofern sie nicht Gesamtgläubiger sind, der Schuldner nur an alle gemeinschaftlich leisten und jeder Gläubiger nur die Leistung an alle fordern. Jeder Gläubiger kann verlangen, daß der Schuldner die geschuldete Sache für alle Gläubiger hinterlegt oder, wenn sie sich nicht zur Hinterlegung eignet, an einen gerichtlich zu bestellenden Verwahrer abliefert.

Im übrigen wirkt eine Tatsache, die nur in der Person eines der Gläubiger eintritt, nicht für und gegen die übrigen Gläubiger.

Siebenter Abschnitt. Einzelne Schuldverhältnisse.

Erster Titel. Kauf. Tausch.

I. Allgemeine Vorschriften.

I. Pflichten der Parteien.

§ 433.

Durch den Kaufvertrag wird der Verkäufer einer Sache verpflichtet, dem Käufer die Sache zu übergeben und das Eigentum an der Sache zu verschaffen. Der Verkäufer eines Rechts ist verpflichtet, dem Käufer das Recht zu verschaffen und, wenn das Recht zum Besitz einer Sache berechtigt, die Sache zu übergeben.

Der Käufer ist verpflichtet, dem Verkäufer den vereinbarten Kaufpreis zu zahlen und die gekaufte Sache abzunehmen.

II. Pflichten des Verkäufers, insbesondere Rechtsmängelhaftung (§§ 434—445).

1. Freiheit v. Rechten Dritter.

§ 434.

Der Verkäufer ist verpflichtet, dem Käufer den verkauften Gegenstand frei von Rechten zu verschaffen, die von Dritten gegen den Käufer geltend gemacht werden können.

2. Löschung erledigter Eintragungen.

§ 435.

Der Verkäufer eines Grundstücks oder eines Rechtes an einem Grundstück ist verpflichtet, im Grundbuch eingetragene Rechte, die nicht bestehen, auf seine Kosten zur Löschung zu bringen, wenn sie im Falle ihres Bestehens das dem Käufer zu verschaffende Recht beeinträchtigen würden.

Das gleiche gilt bei dem Verkauf eines Schiffes oder eines Rechtes an einem Schiffe für die im Schiffsregister eingetragenen Rechte.

3. Freiheit von öffentlichen Lasten.

§ 436.

Der Verkäufer eines Grundstücks haftet nicht für die Freiheit des Grundstücks von öffentlichen Abgaben und von anderen öffentlichen Lasten, die zur Eintragung in das Grundbuch nicht geeignet sind.

4. Verkauf von Rechten (§§ 437, 438).

a) Haftung für die Verität.

§ 437.

Der Verkäufer einer Forderung oder eines sonstigen Rechtes haftet für den rechtlichen Bestand der Forderung oder des Rechtes.

Der Verkäufer eines Wertpapiers haftet auch dafür, daß es nicht zum Zwecke der Kraftloserklärung aufgeboten ist.

b) Haftung für die Bonität.

§ 438.

Übernimmt der Verkäufer einer Forderung die Haftung für die Zahlungsfähigkeit des Schuldners, so ist die Haftung im Zweifel nur auf die Zahlungsfähigkeit zur Zeit der Abtretung zu beziehen.

5. **Kenntnis des Käufers vom Rechtsmangel.**

§ 439.

Der Verkäufer hat einen Mangel im Rechte nicht zu vertreten, wenn der Käufer den Mangel bei dem Abschlusse des Kaufes kennt.

Eine Hypothek, eine Grundschuld, eine Rentenschuld oder ein Pfandrecht hat der Verkäufer zu beseitigen, auch wenn der Käufer die Belastung kennt. Das gleiche gilt von einer Vormerkung zur Sicherung des Anspruchs auf Bestellung eines dieser Rechte.

6. **Folgen der Nichterfüllung** (§§ 440, 441).

§ 440.

Erfüllt der Verkäufer die ihm nach den §§ 433 bis 437, 439 obliegenden Verpflichtungen nicht, so bestimmen sich die Rechte des Käufers nach den Vorschriften der §§ 320 bis 327.

Ist eine bewegliche Sache verkauft und dem Käufer zum Zwecke der Eigentumsübertragung übergeben worden, so kann der Käufer wegen des Rechtes eines Dritten, das zum Besitze der Sache berechtigt, Schadensersatz wegen Nichterfüllung nur verlangen, wenn er die Sache dem Dritten mit Rücksicht auf dessen Recht herausgegeben hat oder sie dem Verkäufer zurückgewährt oder wenn die Sache untergegangen ist.

Der Herausgabe der Sache an den Dritten steht es gleich, wenn der Dritte den Käufer oder dieser den Dritten beerbt oder wenn der Käufer das Recht des Dritten anderweit erwirbt oder den Dritten abfindet.

Steht dem Käufer ein Anspruch auf Herausgabe gegen einen anderen zu, so genügt an Stelle der Rückgewähr die Abtretung des Anspruchs.

§ 441.

Die Vorschriften des § 440 Abs. 2 bis 4 gelten auch dann, wenn ein Recht an einer beweglichen Sache verkauft ist, das zum Besitze der Sache berechtigt.

7. **Beweislast.**

§ 442.

Bestreitet der Verkäufer den vom Käufer geltend gemachten Mangel im Rechte, so hat der Käufer den Mangel zu beweisen.

8. **Vertragsmäßige Einschränkung der Rechtsmängelhaftung (pactum ne dolus praestetur).**

§ 443.

Eine Vereinbarung, durch welche die nach den §§ 433 bis 437, 439 bis 442 wegen eines Mangels im Rechte dem Verkäufer obliegende Verpflichtung zur Gewährleistung erlassen oder beschränkt wird, ist nichtig, wenn der Verkäufer den Mangel arglistig verschweigt.

9. Auskunftspflicht des Verkäufers über die Rechtslage.

§ 444.

Der Verkäufer ist verpflichtet, dem Käufer über die den verkauften Gegenstand betreffenden rechtlichen Verhältnisse, insbesondere im Falle des Verkaufs eines Grundstücks über die Grenzen, Gerechtsame und Lasten, die nötige Auskunft zu erteilen und ihm die zum Beweise des Rechtes dienenden Urkunden, soweit sie sich in seinem Besitze befinden, auszuliefern. Erstreckt sich der Inhalt einer solchen Urkunde auch auf andere Angelegenheiten, so ist der Verkäufer nur zur Erteilung eines öffentlich beglaubigten Auszugs verpflichtet.

10. Übertragung des Kaufrechts auf andere Verträge.

§ 445.

Die Vorschriften der §§ 433 bis 444 finden auf andere Verträge, die auf Veräußerung oder Belastung eines Gegenstandes gegen Entgelt gerichtet sind, entsprechende Anwendung.

III. Übergabe, Versendung, Übereignung (§§ 446—451).

1. Gefahrübergang (§§ 446, 447).

§ 446.

Mit der Übergabe der verkauften Sache geht die Gefahr des zufälligen Unterganges und einer zufälligen Verschlechterung auf den Käufer über. Von der Übergabe an gebühren dem Käufer die Nutzungen und trägt er die Lasten der Sache.

Wird der Käufer eines Grundstücks vor der Übergabe als Eigentümer in das Grundbuch eingetragen, so treten diese Wirkungen mit der Eintragung ein.

§ 447.

Versendet der Verkäufer auf Verlangen des Käufers die verkaufte Sache nach einem anderen Orte als dem Erfüllungsorte, so geht die Gefahr auf den Käufer über, sobald der Verkäufer die Sache dem Spediteur, dem Frachtführer oder der sonst zur Ausführung der Versendung bestimmten Person oder Anstalt ausgeliefert hat.

Hat der Käufer eine besondere Anweisung über die Art der Versendung erteilt und weicht der Verkäufer ohne dringenden Grund von der Anweisung ab, so ist der Verkäufer dem Käufer für den daraus entstehenden Schaden verantwortlich.

2. **Kosten** (§§ 448, 449).

§ 448.

Die Kosten der Übergabe der verkauften Sache, insbesondere die Kosten des Messens und Wägens, fallen dem Verkäufer, die Kosten der Abnahme und der Versendung der Sache nach einem anderen Orte als dem Erfüllungsorte fallen dem Käufer zur Last.

Ist ein Recht verkauft, so fallen die Kosten der Begründung oder Übertragung des Rechtes dem Verkäufer zur Last.

§ 449.

Der Käufer eines Grundstücks hat die Kosten der Auflassung und der Eintragung, der Käufer eines Rechtes an einem Grundstücke hat die Kosten der zur Begründung oder Übertragung des Rechtes nötigen Eintragung in das Grundbuch, mit Einschluß der Kosten der zu der Eintragung erforderlichen Erklärungen, zu tragen. Dem Käufer fallen in beiden Fällen auch die Kosten der Beurkundung des Kaufes zur Last.

3. **Verwendungen des Verkäufers.**

§ 450.

Ist vor der Übergabe der verkauften Sache die Gefahr auf den Käufer übergegangen und macht der Verkäufer vor der Übergabe Verwendungen auf die Sache, die nach dem Übergange der Gefahr notwendig geworden sind, so kann er von dem Käufer Ersatz verlangen, wie wenn der Käufer ihn mit der Verwaltung der Sache beauftragt hätte.

Die Verpflichtung des Käufers zum Ersatze sonstiger Verwendungen bestimmt sich nach den Vorschriften über die Geschäftsführung ohne Auftrag.

4. **Verkauf eines Besitzrechts.**

§ 451.

Ist ein Recht an einer Sache verkauft, das zum Besitze der Sache berechtigt, so finden die Vorschriften der §§ 446 bis 450 entsprechende Anwendung.

IV. **Pflichten des Käufers** (§§ 452—454).

§ 452.

Der Käufer ist verpflichtet, den Kaufpreis von dem Zeitpunkt an zu verzinsen, von welchem an die Nutzungen des gekauften Gegenstandes ihm gebühren, sofern nicht der Kaufpreis gestundet ist.

§ 453.

Ist als Kaufpreis der Marktpreis bestimmt, so gilt im Zweifel der für den Erfüllungsort zur Erfüllungszeit maßgebende Marktpreis als vereinbart.

7*

§ 454.

Hat der Verkäufer den Vertrag erfüllt und den Kaufpreis gestundet, so steht ihm das im § 325 Abs. 2 und im § 326 bestimmte Rücktrittsrecht nicht zu.

V. Mobiliarkauf mit Eigentumsvorbehalt.

§ 455.

Hat sich der Verkäufer einer beweglichen Sache das Eigentum bis zur Zahlung des Kaufpreises vorbehalten, so ist im Zweifel anzunehmen, daß die Übertragung des Eigentums unter der aufschiebenden Bedingung vollständiger Zahlung des Kaufpreises erfolgt und daß der Verkäufer zum Rücktritte von dem Vertrage berechtigt ist, wenn der Käufer mit der Zahlung in Verzug kommt.

VI. Ausschluß von der Teilnahme am Kaufabschluß (§§ 456—458).

§ 456.

Bei einem Verkauf im Wege der Zwangsvollstreckung dürfen der mit der Vornahme oder Leitung des Verkaufs Beauftragte und die von ihm zugezogenen Gehilfen, mit Einschluß des Protokollführers, den zum Verkaufe gestellten Gegenstand weder für sich persönlich oder durch einen anderen noch als Vertreter eines anderen kaufen.

§ 457.

Die Vorschrift des § 456 gilt auch bei einem Verkauf außerhalb der Zwangsvollstreckung, wenn der Auftrag zu dem Verkauf auf Grund einer gesetzlichen Vorschrift erteilt worden ist, die den Auftraggeber ermächtigt, den Gegenstand für Rechnung eines anderen verkaufen zu lassen, insbesondere in den Fällen des Pfandverkaufs und des in den §§ 383, 385 zugelassenen Verkaufs, sowie bei einem Verkaufe durch den Konkursverwalter.

§ 458.

Die Wirksamkeit eines den Vorschriften der §§ 456, 457 zuwider erfolgten Kaufes und der Übertragung des gekauften Gegenstandes hängt von der Zustimmung der bei dem Verkauf als Schuldner, Eigentümer oder Gläubiger Beteiligten ab. Fordert der Käufer einen Beteiligten zur Erklärung über die Genehmigung auf, so finden die Vorschriften des § 177 Abs. 2 entsprechende Anwendung.

Wird infolge der Verweigerung der Genehmigung ein neuer Verkauf vorgenommen, so hat der frühere Käufer für die Kosten des neuen Verkaufs sowie für einen Mindererlös aufzukommen.

II. Gewährleistung wegen Mängel der Sache.

I. Species=Sachkauf (§§ 459—479).

1. Ädilizische Haftung (§§ 459 bis 462).

a) Gewährsmängel.

§ 459.

Der Verkäufer einer Sache haftet dem Käufer dafür, daß sie zu der Zeit, zu welcher die Gefahr auf den Käufer übergeht, nicht mit Fehlern behaftet ist, die den Wert oder die Tauglichkeit zu dem gewöhnlichen oder dem nach dem Vertrage vorausgesetzten Gebrauch aufheben oder mindern. Eine unerhebliche Minderung des Wertes oder der Tauglichkeit kommt nicht in Betracht.

Der Verkäufer haftet auch dafür, daß die Sache zur Zeit des Überganges der Gefahr die zugesicherten Eigenschaften hat.

b) Ausschluß der Haftung (§§ 460, 461).

§ 460.

Der Verkäufer hat einen Mangel der verkauften Sache nicht zu vertreten, wenn der Käufer den Mangel bei dem Abschlusse des Kaufes kennt. Ist dem Käufer ein Mangel der im § 459 Abs. 1 bezeichneten Art infolge grober Fahrlässigkeit unbekannt geblieben, so haftet der Verkäufer, sofern er nicht die Abwesenheit des Fehlers zugesichert hat, nur, wenn er den Fehler arglistig verschwiegen hat.

§ 461.

Der Verkäufer hat einen Mangel der verkauften Sache nicht zu vertreten, wenn die Sache auf Grund eines Pfandrechts in öffentlicher Versteigerung unter der Bezeichnung als Pfand verkauft wird.

c) Inhalt der Haftung (actio redhibitoria u. quanti minoris).

§ 462.

Wegen eines Mangels, den der Verkäufer nach den Vorschriften der §§ 459, 460 zu vertreten hat, kann der Käufer Rückgängigmachung des Kaufes (Wandelung) oder Herabsetzung des Kaufpreises (Minderung) verlangen.

2. Schadensersatzhaftung.

§ 463.

Fehlt der verkauften Sache zur Zeit des Kaufes eine zugesicherte Eigenschaft, so kann der Käufer statt der Wandelung oder der Minderung Schadensersatz wegen Nichterfüllung verlangen. Das gleiche gilt, wenn der Verkäufer einen Fehler arglistig verschwiegen hat.

3. Erlöschen der Mängelhaftung durch vorbehaltlose Annahme. **§ 464.**

Nimmt der Käufer eine mangelhafte Sache an, obschon er den Mangel kennt, so stehen ihm die in den §§ 462, 463 bestimmten Ansprüche nur zu, wenn er sich seine Rechte wegen des Mangels bei der Annahme vorbehält.

4. Erlöschen des Wahlrechts (Wandelung oder Minderung). **§ 465.**

Die Wandelung oder die Minderung ist vollzogen, wenn sich der Verkäufer auf Verlangen des Käufers mit ihr einverstanden erklärt.

5. Wandelung insbesondere (§§ 466—471).

a) Befristung des Wandelungsrechts. **§ 466.**

Behauptet der Käufer dem Verkäufer gegenüber einen Mangel der Sache, so kann der Verkäufer ihn unter dem Erbieten zur Wandelung und unter Bestimmung einer angemessenen Frist zur Erklärung darüber auffordern, ob er Wandelung verlange. Die Wandelung kann in diesem Falle nur bis zum Ablaufe der Frist verlangt werden.

b) Anwendung der Rücktrittsnormen auf die Wandelung. **§ 467.**

Auf die Wandelung finden die für das vertragsmäßige Rücktrittsrecht geltenden Vorschriften der §§ 346 bis 348, 350 bis 354, 356 entsprechende Anwendung; im Falle des § 352 ist jedoch die Wandelung nicht ausgeschlossen, wenn der Mangel sich erst bei der Umgestaltung der Sache gezeigt hat. Der Verkäufer hat dem Käufer auch die Vertragskosten zu ersetzen.

c) Wandelung bei Zusicherung d. Größe des Grundstücks. **§ 468.**

Sichert der Verkäufer eines Grundstücks dem Käufer eine bestimmte Größe des Grundstücks zu, so haftet er für die Größe wie für eine zugesicherte Eigenschaft. Der Käufer kann jedoch wegen Mangels der zugesicherten Größe Wandelung nur verlangen, wenn der Mangel so erheblich ist, daß die Erfüllung des Vertrags für den Käufer kein Interesse hat.

d) Wandelung beim Verkauf mehrerer Sachen zu einem Gesamtpreis (§§ 469—471).

§ 469.

Sind von mehreren verkauften Sachen nur einzelne mangelhaft, so kann nur in Ansehung dieser Wandelung verlangt werden, auch wenn ein Gesamtpreis für alle Sachen festgesetzt ist. Sind jedoch die Sachen als zusammengehörend verkauft, so kann jeder Teil verlangen, daß die Wandelung auf alle Sachen erstreckt wird, wenn die mangelhaften Sachen nicht ohne Nachteil für ihn von den übrigen getrennt werden können.

§ 470.

Die Wandelung wegen eines Mangels der Hauptsache erstreckt sich auch auf die Nebensache. Ist die Nebensache mangelhaft, so kann nur in Ansehung dieser Wandelung verlangt werden.

§ 471.

Findet im Falle des Verkaufs mehrerer Sachen für einen Gesamtpreis die Wandelung nur in Ansehung einzelner Sachen statt, so ist der Gesamtpreis in dem Verhältnisse herabzusetzen, in welchem zur Zeit des Verkaufs der Gesamtwert der Sachen in mangelfreiem Zustande zu dem Werte der von der Wandelung nicht betroffenen Sachen gestanden haben würde.

6. Minderung insbesondere (§§ 472—475).

a) Herabsetzung des Preises (§§ 472, 473).

§ 472.

Bei der Minderung ist der Kaufpreis in dem Verhältnisse herabzusetzen, in welchem zur Zeit des Verkaufs der Wert der Sache in mangelfreiem Zustande zu dem wirklichen Werte gestanden haben würde.

Findet im Falle des Verkaufs mehrerer Sachen für einen Gesamtpreis die Minderung nur wegen einzelner Sachen statt, so ist bei der Herabsetzung des Preises der Gesamtwert aller Sachen zugrunde zu legen.

§ 473.

Sind neben dem in Geld festgesetzten Kaufpreise Leistungen bedungen, die nicht vertretbare Sachen zum Gegenstande haben, so sind diese Leistungen in den Fällen der §§ 471, 472 nach dem Werte zur Zeit des Verkaufs in Geld zu veranschlagen. Die Herabsetzung der Gegenleistung des Käufers erfolgt an dem in

Geld festgesetzten Preise; ist dieser geringer als der abzusetzende Betrag, so hat der Verkäufer den überschießenden Betrag dem Käufer zu vergüten.

b) **Mehrheit von Käufern und Verkäufern.**

§ 474.

Sind auf der einen oder der anderen Seite mehrere beteiligt, so kann von jedem und gegen jeden Minderung verlangt werden.

Mit der Vollziehung der von einem der Käufer verlangten Minderung ist die Wandelung ausgeschlossen.

c) **Mehrheit von Mängeln.**

§ 475.

Durch die wegen eines Mangels erfolgte Minderung wird das Recht des Käufers, wegen eines anderen Mangels Wandelung oder von neuem Minderung zu verlangen, nicht ausgeschlossen.

7. **Beschränkung der Mängelhaftung durch Vertrag** (pactum ne dolus praestetur).

§ 476.

Eine Vereinbarung, durch welche die Verpflichtung des Verkäufers zur Gewährleistung wegen Mängel der Sache erlassen oder beschränkt wird, ist nichtig, wenn der Verkäufer den Mangel arglistig verschweigt.

8. **Verjährung** (§§ 477—479).

§ 477.

Der Anspruch auf Wandelung oder auf Minderung sowie der Anspruch auf Schadensersatz wegen Mangels einer zugesicherten Eigenschaft verjährt, sofern nicht der Verkäufer den Mangel arglistig verschwiegen hat, bei beweglichen Sachen in sechs Monaten von der Ablieferung, bei Grundstücken in einem Jahre von der Übergabe an. Die Verjährungsfrist kann durch Vertrag verlängert werden.

Beantragt der Käufer gerichtliche Beweisaufnahme zur Sicherung des Beweises, so wird die Verjährung unterbrochen. Die Unterbrechung dauert bis zur Beendigung des Verfahrens fort. Die Vorschriften des § 211 Abs. 2 und des § 212 finden entsprechende Anwendung.

Die Hemmung oder Unterbrechung der Verjährung eines der im Abs. 1 bezeichneten Ansprüche bewirkt auch die Hemmung oder Unterbrechung der Verjährung der anderen Ansprüche.

§ 478.

Hat der Käufer den Mangel dem Verkäufer angezeigt oder die Anzeige an ihn abgesendet, bevor der Anspruch auf Wandelung oder auf Minderung verjährt war, so kann er auch nach der Vollendung der Verjährung die Zahlung des Kaufpreises insoweit verweigern, als er auf Grund der Wandelung oder der Minderung dazu berechtigt sein würde. Das gleiche gilt, wenn der Käufer vor der Vollendung der Verjährung gerichtliche Beweisaufnahme zur Sicherung des Beweises beantragt oder in einem zwischen ihm und einem späteren Erwerber der Sache wegen des Mangels anhängigen Rechtsstreite dem Verkäufer den Streit verkündet hat.

Hat der Verkäufer den Mangel arglistig verschwiegen, so bedarf es der Anzeige oder einer ihr nach Abs. 1 gleichstehenden Handlung nicht.

§ 479.

Der Anspruch auf Schadensersatz kann nach der Vollendung der Verjährung nur aufgerechnet werden, wenn der Käufer vorher eine der im § 478 bezeichneten Handlungen vorgenommen hat. Diese Beschränkung tritt nicht ein, wenn der Verkäufer den Mangel arglistig verschwiegen hat.

II. Genus-Sachkauf.

§ 480.

Der Käufer einer nur der Gattung nach bestimmten Sache kann statt der Wandelung oder der Minderung verlangen, daß ihm an Stelle der mangelhaften Sache eine mangelfreie geliefert wird. Auf diesen Anspruch finden die für die Wandelung geltenden Vorschriften der §§ 464 bis 466, des § 467 Satz 1 und der §§ 469, 470, 474 bis 479 entsprechende Anwendung.

Fehlt der Sache zu der Zeit, zu welcher die Gefahr auf den Käufer übergeht, eine zugesicherte Eigenschaft oder hat der Verkäufer einen Fehler arglistig verschwiegen, so kann der Käufer statt der Wandelung, der Minderung oder der Lieferung einer mangelfreien Sache Schadensersatz wegen Nichterfüllung verlangen.

III. Viehkauf (§§ 481—492).

1. Begriff.

§ 481.

Für den Verkauf von Pferden, Eseln, Mauleseln und Maultieren, von Rindvieh, Schafen und Schweinen gelten die Vorschriften der §§ 459 bis 467, 469 bis 480 nur insoweit, als sich nicht aus den §§ 482 bis 492 ein anderes ergibt.

2. Hauptmängel. Gewährfristen (§§ 482—486).

a) Grundsatz, Delegation.

§ 482.

Der Verkäufer hat nur bestimmte Fehler (Hauptmängel) und diese nur dann zu vertreten, wenn sie sich innerhalb bestimmter Fristen (Gewährfristen) zeigen.

Die Hauptmängel und die Gewährfristen werden durch eine mit Zustimmung des Bundesrats zu erlassende Kaiserliche Verordnung bestimmt[1]). Die Bestimmung kann auf demselben Wege[2]) ergänzt und abgeändert werden.

b) Beginn der Frist.

§ 483.

Die Gewährfrist beginnt mit dem Ablaufe des Tages, an welchem die Gefahr auf den Käufer übergeht.

c) Vermutung.

§ 484.

Zeigt sich ein Hauptmangel innerhalb der Gewährfrist, so wird vermutet, daß der Mangel schon zu der Zeit vorhanden gewesen sei, zu welcher die Gefahr auf den Käufer übergegangen ist.

d) Mängelrüge.

§ 485.

Der Käufer verliert die ihm wegen des Mangels zustehenden Rechte, wenn er nicht spätestens zwei Tage nach dem Ablaufe der Gewährfrist oder, falls das Tier vor dem Ablaufe der Frist getötet worden oder sonst verendet ist, nach dem Tode des Tieres den Mangel dem Verkäufer anzeigt oder die Anzeige an ihn absendet oder wegen des Mangels Klage gegen den Verkäufer erhebt oder diesem den Streit verkündet oder gerichtliche Beweisaufnahme zur Sicherung des Beweises beantragt. Der Rechtsverlust tritt nicht ein, wenn der Verkäufer den Mangel arglistig verschwiegen hat.

---

[1]) Vgl. VO. betr. die Hauptmängel und Gewährfristen beim Viehhandel, vom 27. März 1899 (RGBl. S. 219, abgedr. Anhang Nr. 1).

[2]) Jetzt durch VO. des Reichspräsidenten mit Zustimmung des Reichsrats. (Übergangsgesetz vom 4. März 1919, §§ 3, 4, Reichsverfassung Art. 179). Die Kommentare zu § 482 behaupten ohne Angabe von Gründen, die Änderung der Kaiserlichen Verordnung erfolge jetzt durch Verordnung der Reichsregierung mit Zustimmung des Reichsrats.

c) Vereinbarte Frist. **§ 486.**

Die Gewährfrist kann durch Vertrag verlängert oder abgekürzt werden. Die vereinbarte Frist tritt an die Stelle der gesetzlichen Frist.

3. **Inhalt der Haftung** (§§ 487—492).

a) **Species-Kauf** (§§ 487—490).

α) Wandelung, Grundsätze. **§ 487.**

Der Käufer kann nur Wandelung, nicht Minderung verlangen.

Die Wandelung kann auch in den Fällen der §§ 351 bis 353, insbesondere wenn das Tier geschlachtet ist, verlangt werden; an Stelle der Rückgewähr hat der Käufer den Wert des Tieres zu vergüten. Das gleiche gilt in anderen Fällen, in denen der Käufer infolge eines Umstandes, den er zu vertreten hat, insbesondere einer Verfügung über das Tier, außerstande ist, das Tier zurückzugewähren.

Ist vor der Vollziehung der Wandelung eine unwesentliche Verschlechterung des Tieres infolge eines von dem Käufer zu vertretenden Umstandes eingetreten, so hat der Käufer die Wertminderung zu vergüten.

Nutzungen hat der Käufer nur insoweit zu ersetzen, als er sie gezogen hat.

β) Kosten. **§ 488.**

Der Verkäufer hat im Falle der Wandelung dem Käufer auch die Kosten der Fütterung und Pflege, die Kosten der tierärztlichen Untersuchung und Behandlung sowie die Kosten der notwendig gewordenen Tötung und Wegschaffung des Tieres zu ersetzen.

γ) Versteigerung. **§ 489.**

Ist über den Anspruch auf Wandelung ein Rechtsstreit anhängig, so ist auf Antrag der einen oder der anderen Partei die öffentliche Versteigerung des Tieres und die Hinterlegung des Erlöses durch einstweilige Verfügung anzuordnen, sobald die Besichtigung des Tieres nicht mehr erforderlich ist.

δ) Verjährung. **§ 490.**

Der Anspruch auf Wandelung sowie der Anspruch auf Schadensersatz wegen eines Hauptmangels, dessen Nichtvorhandensein der Verkäufer zugesichert hat, verjährt in sechs Wochen von dem Ende der Gewährfrist an. Im übrigen bleiben die Vorschriften des § 477 unberührt.

An die Stelle der in den §§ 210, 212, 215 bestimmten Fristen tritt eine Frist von sechs Wochen.

Der Käufer kann auch nach der Verjährung des Anspruchs auf Wandelung die Zahlung des Kaufpreises verweigern. Die Aufrechnung des Anspruchs auf Schadensersatz unterliegt nicht der im § 479 bestimmten Beschränkung.

b) Genus-Kauf.

§ 491.

Der Käufer eines nur der Gattung nach bestimmten Tieres kann statt der Wandelung verlangen, daß ihm an Stelle des mangelhaften Tieres ein mangelfreies geliefert wird. Auf diesen Anspruch finden die Vorschriften der §§ 488 bis 490 entsprechende Anwendung.

4. Haftung für andere Mängel als Hauptmängel.

§ 492.

Übernimmt der Verkäufer die Gewährleistung wegen eines nicht zu den Hauptmängeln gehörenden Fehlers oder sichert er eine Eigenschaft des Tieres zu, so finden die Vorschriften der §§ 487 bis 491 und, wenn eine Gewährfrist vereinbart wird, auch die Vorschriften der §§ 483 bis 485 entsprechende Anwendung. Die im § 490 bestimmte Verjährung beginnt, wenn eine Gewährfrist nicht vereinbart wird, mit der Ablieferung des Tieres.

IV. Übertragung des Kaufrechts auf andere Verträge.

§ 493.

Die Vorschriften über die Verpflichtung des Verkäufers zur Gewährleistung wegen Mängel der Sache finden auf andere Verträge, die auf Veräußerung oder Belastung einer Sache gegen Entgelt gerichtet sind, entsprechende Anwendung.

III. Besondere Arten des Kaufes.

1. Kauf nach Probe. Kauf auf Probe.

1. Kauf nach Probe.

§ 494.

Bei einem Kaufe nach Probe oder nach Muster sind die Eigenschaften der Probe oder des Musters als zugesichert anzusehen.

2. Kauf auf Probe (§§ 495, 496).

§ 495.

Bei einem Kaufe auf Probe oder auf Besicht steht die Billigung des gekauften Gegenstandes im Belieben des Käufers.

Der Kauf ist im Zweifel unter der aufschiebenden Bedingung der Billigung geschlossen.

Der Verkäufer ist verpflichtet, dem Käufer die Untersuchung des Gegenstandes zu gestatten.

§ 496.

Die Billigung eines auf Probe oder auf Besicht gekauften Gegenstandes kann nur innerhalb der vereinbarten Frist und in Ermangelung einer solchen nur bis zum Ablauf einer dem Käufer von dem Verkäufer bestimmten angemessenen Frist erklärt werden. War die Sache dem Käufer zum Zwecke der Probe oder der Besichtigung übergeben, so gilt sein Schweigen als Billigung.

2. Wiederkauf.

1. Wesen.

§ 497.

Hat sich der Verkäufer in dem Kaufvertrage das Recht des Wiederkaufs vorbehalten, so kommt der Wiederkauf mit der Erklärung des Verkäufers gegenüber dem Käufer, daß er das Wiederkaufsrecht ausübe, zustande. Die Erklärung bedarf nicht der für den Kaufvertrag bestimmten Form.

Der Preis, zu welchem verkauft worden ist, gilt im Zweifel auch für den Wiederkauf.

2. Zubehör. Schadensersatz wegen Unmöglichwerden d. Rückgabe.

§ 498.

Der Wiederverkäufer ist verpflichtet, dem Wiederkäufer den gekauften Gegenstand nebst Zubehör herauszugeben.

Hat der Wiederverkäufer vor der Ausübung des Wiederkaufsrechts eine Verschlechterung, den Untergang oder eine aus einem anderen Grunde eingetretene Unmöglichkeit der Herausgabe des gekauften Gegenstandes verschuldet oder den Gegenstand wesentlich verändert, so ist er für den daraus entstehenden Schaden verantwortlich. Ist der Gegenstand ohne Verschulden des Wiederverkäufers verschlechtert oder ist er nur unwesentlich verändert, so kann der Wiederkäufer Minderung des Kaufpreises nicht verlangen.

3. Beseitigung von Rechten Dritter.

§ 499.

Hat der Wiederverkäufer vor der Ausübung des Wiederkaufsrechts über den gekauften Gegenstand verfügt, so ist er verpflichtet, die dadurch begründeten Rechte Dritter zu beseitigen.

Einer Verfügung des Wiederverkäufers steht eine Verfügung gleich, die im Wege der Zwangsvollstreckung oder der Arrestvollziehung oder durch den Konkursverwalter erfolgt.

4. **Verwendungen.**

§ 500.

Der Wiederverkäufer kann für Verwendungen, die er auf den gekauften Gegenstand vor dem Wiederkaufe gemacht hat, insoweit Ersatz verlangen, als der Wert des Gegenstandes durch die Verwendungen erhöht ist. Eine Einrichtung, mit der er die herauszugebende Sache versehen hat, kann er wegnehmen.

5. **Schätzungswert.**

§ 501.

Ist als Wiederkaufpreis der Schätzungswert vereinbart, den der gekaufte Gegenstand zur Zeit des Wiederkaufs hat, so ist der Wiederverkäufer für eine Verschlechterung, den Untergang oder die aus einem anderen Grunde eingetretene Unmöglichkeit der Herausgabe des Gegenstandes nicht verantwortlich, der Wiederkäufer zum Ersatze von Verwendungen nicht verpflichtet.

6. **Mehrheit von Wiederkaufsberechtigten.**

§ 502.

Steht das Wiederkaufsrecht mehreren gemeinschaftlich zu, so kann es nur im ganzen ausgeübt werden. Ist es für einen der Berechtigten erloschen oder übt einer von ihnen sein Recht nicht aus, so sind die übrigen berechtigt, das Wiederkaufsrecht im ganzen auszuüben.

7. **Ausschlußfrist.**

§ 503.

Das Wiederkaufsrecht kann bei Grundstücken nur bis zum Ablaufe von dreißig, bei anderen Gegenständen nur bis zum Ablaufe von drei Jahren nach der Vereinbarung des Vorbehalts ausgeübt werden. Ist für die Ausübung eine Frist bestimmt, so tritt diese an die Stelle der gesetzlichen Frist.

3. Vorkauf.

1. **Ausübung und Rechtsfolgen** (§§ 504, 505).

§ 504.

Wer in Ansehung eines Gegenstandes zum Vorkaufe berechtigt ist, kann das Vorkaufsrecht ausüben, sobald der Verpflichtete mit einem Dritten einen Kaufvertrag über den Gegenstand geschlossen hat.

§ 505.

Die Ausübung des Vorkaufsrechts erfolgt durch Erklärung gegenüber dem Verpflichteten. Die Erklärung bedarf nicht der für den Kaufvertrag bestimmten Form.

Mit der Ausübung des Vorkaufsrechts kommt der Kauf zwischen dem Berechtigten und dem Verpflichteten unter den Bestimmungen zustande, welche der Verpflichtete mit dem Dritten vereinbart hat.

2. Abweichungen des Kaufrechtsverhältnisses zwischen Berechtigten und Verpflichteten von dem Rechtsverhältnis zwischen Verpflichteten u. d. Dritten (§§ 506—509).

a) Bedingung. Rücktrittsrecht.

§ 506.

Eine Vereinbarung des Verpflichteten mit dem Dritten, durch welche der Kauf von der Nichtausübung des Vorkaufsrechts abhängig gemacht oder dem Verpflichteten für den Fall der Ausübung des Vorkaufsrechts der Rücktritt vorbehalten wird, ist dem Vorkaufsberechtigten gegenüber unwirksam.

b) Nebenleistungen.

§ 507.

Hat sich der Dritte in dem Vertrage zu einer Nebenleistung verpflichtet, die der Vorkaufsberechtigte zu bewirken außerstande ist, so hat der Vorkaufsberechtigte statt der Nebenleistung ihren Wert zu entrichten. Läßt sich die Nebenleistung nicht in Geld schätzen, so ist die Ausübung des Vorkaufsrechts ausgeschlossen; die Vereinbarung der Nebenleistung kommt jedoch nicht in Betracht, wenn der Vertrag mit dem Dritten auch ohne sie geschlossen sein würde.

c) Gesamtpreis.

§ 508.

Hat der Dritte den Gegenstand, auf den sich das Vorkaufsrecht bezieht, mit anderen Gegenständen zu einem Gesamtpreise gekauft, so hat der Vorkaufsberechtigte einen verhältnismäßigen Teil des Gesamtpreises zu entrichten. Der Verpflichtete kann verlangen, daß der Vorkauf auf alle Sachen erstreckt wird, die nicht ohne Nachteil für ihn getrennt werden können.

d) Preisstundung.

§ 509.

Ist dem Dritten in dem Vertrage der Kaufpreis gestundet worden, so kann der Vorkaufsberechtigte die Stundung nur in Anspruch nehmen, wenn er für den gestundeten Betrag Sicherheit leistet.

Ist ein Grundstück Gegenstand des Vorkaufs, so bedarf es der Sicherheitsleistung insoweit nicht, als für den gestundeten Kaufpreis die Bestellung einer Hypothek an dem Grundstücke vereinbart oder in Anrechnung auf den Kaufpreis eine Schuld, für die eine Hypothek an dem Grundstücke besteht, übernommen worden ist.

3. Anzeigepflicht. Ausschlußfrist.

§ 510.

Der Verpflichtete hat dem Vorkaufsberechtigten den Inhalt des mit dem Dritten geschlossenen Vertrags unverzüglich mitzuteilen. Die Mitteilung des Verpflichteten wird durch die Mitteilung des Dritten ersetzt.

Das Vorkaufsrecht kann bei Grundstücken nur bis zum Ablaufe von zwei Monaten, bei anderen Gegenständen nur bis zum Ablauf einer Woche nach dem Empfange der Mitteilung ausgeübt werden. Ist für die Ausübung eine Frist bestimmt, so tritt diese an die Stelle der gesetzlichen Frist.

4. Ausschluß des Vorkaufsrechts (§§ 511, 512).

a) Kindskauf.

§ 511.

Das Vorkaufsrecht erstreckt sich im Zweifel nicht auf einen Verkauf, der mit Rücksicht auf ein künftiges Erbrecht an einen gesetzlichen Erben erfolgt.

b) Zwangsverkauf.

§ 512.

Das Vorkaufsrecht ist ausgeschlossen, wenn der Verkauf im Wege der Zwangsvollstreckung oder durch den Konkursverwalter erfolgt.

5. Mehrheit von Vorkaufsberechtigten.

§ 513.

Steht das Vorkaufsrecht mehreren gemeinschaftlich zu, so kann es nur im ganzen ausgeübt werden. Ist es für einen der Berechtigten erloschen oder übt einer von ihnen sein Recht nicht aus, so sind die übrigen berechtigt, das Vorkaufsrecht im ganzen auszuüben.

6. Übertragbarkeit.

§ 514.

Das Vorkaufsrecht ist nicht übertragbar und geht nicht auf die Erben des Berechtigten über, sofern nicht ein anderes bestimmt ist. Ist das Recht auf eine bestimmte Zeit beschränkt, so ist es im Zweifel vererblich.

IV. Tausch.

§ 515.

Auf den Tausch finden die Vorschriften über den Kauf entsprechende Anwendung.

Zweiter Titel. Schenkung.

1. Begriff.

a) Vertrag.

§ 516.

Eine Zuwendung, durch die jemand aus seinem Vermögen einen anderen bereichert, ist Schenkung, wenn beide Teile darüber einig sind, daß die Zuwendung unentgeltlich erfolgt.

Ist die Zuwendung ohne den Willen des anderen erfolgt, so kann ihn der Zuwendende unter Bestimmung einer angemessenen Frist zur Erklärung über die Annahme auffordern. Nach dem Ablaufe der Frist gilt die Schenkung als angenommen, wenn nicht der andere sie vorher abgelehnt hat. Im Falle der Ablehnung kann die Herausgabe des Zugewendeten nach den Vorschriften über die Herausgabe einer ungerechtfertigten Bereicherung gefordert werden.

b) Lucrum cessans.

§ 517.

Eine Schenkung liegt nicht vor, wenn jemand zum Vorteil eines anderen einen Vermögenserwerb unterläßt oder auf ein angefallenes, noch nicht endgültig erworbenes Recht verzichtet oder eine Erbschaft oder ein Vermächtnis ausschlägt.

2. Form.

§ 518.

Zur Gültigkeit eines Vertrags, durch den eine Leistung schenkweise versprochen wird, ist die gerichtliche oder notarielle Beurkundung des Versprechens erforderlich. Das gleiche gilt, wenn ein Schuldversprechen oder ein Schuldanerkenntnis der in den §§ 780, 781 bezeichneten Art schenkweise erteilt wird, von dem Versprechen oder der Anerkennungserklärung.

Der Mangel der Form wird durch die Bewirkung der versprochenen Leistung geheilt.

3. Verpflichtung des Schenkers (§§ 519—524).

a) Beneficium competentiae.

§ 519.

Der Schenker ist berechtigt, die Erfüllung eines schenkweise erteilten Versprechens zu verweigern, soweit er bei Berücksichtigung seiner sonstigen Verpflichtungen außerstande ist, das Versprechen zu erfüllen, ohne daß sein standesmäßiger Unterhalt oder die Erfüllung der ihm kraft Gesetzes obliegenden Unterhaltspflichten gefährdet wird.

Treffen die Ansprüche mehrerer Beschenkten zusammen, so geht der früher entstandene Anspruch vor.

b) Tod des Schenkers. **§ 520.**

Verspricht der Schenker eine in wiederkehrenden Leistungen bestehende Unterstützung, so erlischt die Verbindlichkeit mit seinem Tode, sofern nicht aus dem Versprechen sich ein anderes ergibt.

c) Haftungsgrad. **§ 521.**

Der Schenker hat nur Vorsatz und grobe Fahrlässigkeit zu vertreten.

d) Verzugszinsen. **§ 522.**

Zur Entrichtung von Verzugszinsen ist der Schenker nicht verpflichtet.

e) Haftung für Rechtsmängel. **§ 523.**

Verschweigt der Schenker arglistig einen Mangel im Rechte, so ist er verpflichtet, dem Beschenkten den daraus entstehenden Schaden zu ersetzen.

Hatte der Schenker die Leistung eines Gegenstandes versprochen, den er erst erwerben sollte, so kann der Beschenkte wegen eines Mangels im Rechte Schadensersatz wegen Nichterfüllung verlangen, wenn der Mangel dem Schenker bei dem Erwerbe der Sache bekannt gewesen oder infolge grober Fahrlässigkeit unbekannt geblieben ist. Die für die Gewährleistungspflicht des Verkäufers geltenden Vorschriften des § 433 Abs. 1, der §§ 434 bis 437, des § 440 Abs. 2 bis 4 und der §§ 441 bis 444 finden entsprechende Anwendung.

f) Haftung für Sachmängel. **§ 524.**

Verschweigt der Schenker arglistig einen Fehler der verschenkten Sache, so ist er verpflichtet, dem Beschenkten den daraus entstehenden Schaden zu ersetzen.

Hatte der Schenker die Leistung einer nur der Gattung nach bestimmten Sache versprochen, die er erst erwerben sollte, so kann der Beschenkte, wenn die geleistete Sache fehlerhaft und der Mangel dem Schenker bei dem Erwerbe der Sache bekannt gewesen oder infolge grober Fahrlässigkeit unbekannt geblieben ist, verlangen, daß ihm an Stelle der fehlerhaften Sache eine fehlerfreie geliefert wird. Hat der Schenker den Fehler arglistig verschwiegen, so kann der Beschenkte statt der Lieferung einer fehlerfreien Sache Schadensersatz wegen Nichterfüllung verlangen. Auf diese Ansprüche finden die für die Gewährleistung wegen Fehler einer verkauften Sache geltenden Vorschriften entsprechende Anwendung.

4. Schenkung unter Auflage (§§ 525—527).

a) Anspruch auf Erfüllung.

§ 525.

Wer eine Schenkung unter einer Auflage macht, kann die Vollziehung der Auflage verlangen, wenn er seinerseits geleistet hat.

Liegt die Vollziehung der Auflage im öffentlichen Interesse, so kann nach dem Tode des Schenkers auch die zuständige Behörde die Vollziehung verlangen.

b) Einrede. Aufwendungsersatz.

§ 526.

Soweit infolge eines Mangels im Rechte oder eines Mangels der verschenkten Sache der Wert der Zuwendung die Höhe der zur Vollziehung der Auflage erforderlichen Aufwendungen nicht erreicht, ist der Beschenkte berechtigt, die Vollziehung der Auflage zu verweigern, bis der durch den Mangel entstandene Fehlbetrag ausgeglichen wird. Vollzieht der Beschenkte die Auflage ohne Kenntnis des Mangels, so kann er von dem Schenker Ersatz der durch die Vollziehung verursachten Aufwendungen insoweit verlangen, als sie infolge des Mangels den Wert der Zuwendung übersteigen.

c) Rückforderung des Geschenks.

§ 527.

Unterbleibt die Vollziehung der Auflage, so kann der Schenker die Herausgabe des Geschenkes unter den für das Rücktrittsrecht bei gegenseitigen Verträgen bestimmten Voraussetzungen nach den Vorschriften über die Herausgabe einer ungerechtfertigten Bereicherung insoweit fordern, als das Geschenk zur Vollziehung der Auflage hätte verwendet werden müssen.

Der Anspruch ist ausgeschlossen, wenn ein Dritter berechtigt ist, die Vollziehung der Auflage zu verlangen.

5. Rückforderung wegen Verarmung des Schenkers (§§ 528, 529).

§ 528.

Soweit der Schenker nach der Vollziehung der Schenkung außerstande ist, seinen standesmäßigen Unterhalt zu bestreiten

8*

und die ihm seinen Verwandten, seinem Ehegatten oder seinem früheren Ehegatten gegenüber gesetzlich obliegende Unterhaltspflicht zu erfüllen, kann er von dem Beschenkten die Herausgabe des Geschenkes nach den Vorschriften über die Herausgabe einer ungerechtfertigten Bereicherung fordern. Der Beschenkte kann die Herausgabe durch Zahlung des für den Unterhalt erforderlichen Betrags abwenden. Auf die Verpflichtung des Beschenkten finden die Vorschriften des § 760 sowie die für die Unterhaltspflicht der Verwandten geltende Vorschrift des § 1613 und im Falle des Todes des Schenkers auch die Vorschriften des § 1615 entsprechende Anwendung.

Unter mehreren Beschenkten haftet der früher Beschenkte nur insoweit, als der später Beschenkte nicht verpflichtet ist.

§ 529.

Der Anspruch auf Herausgabe des Geschenkes ist ausgeschlossen, wenn der Schenker seine Bedürftigkeit vorsätzlich oder durch grobe Fahrlässigkeit herbeigeführt hat oder wenn zur Zeit des Eintritts seiner Bedürftigkeit seit der Leistung des geschenkten Gegenstandes zehn Jahre verstrichen sind.

Das gleiche gilt, soweit der Beschenkte bei Berücksichtigung seiner sonstigen Verpflichtungen außerstande ist, das Geschenk herauszugeben, ohne daß sein standesmäßiger Unterhalt oder die Erfüllung der ihm kraft Gesetzes obliegenden Unterhaltspflichten gefährdet wird.

6. Widerruf wegen groben Undankes (§§ 530—533).

a) Gründe.

§ 530.

Eine Schenkung kann widerrufen werden, wenn sich der Beschenkte durch eine schwere Verfehlung gegen den Schenker oder einen nahen Angehörigen des Schenkers groben Undankes schuldig macht.

Dem Erben des Schenkers steht das Recht des Widerrufs nur zu, wenn der Beschenkte vorsätzlich und widerrechtlich den Schenker getötet oder am Widerrufe gehindert hat.

b) Ausübung und Rechtsfolge.

§ 531.

Der Widerruf erfolgt durch Erklärung gegenüber dem Beschenkten.

Ist die Schenkung widerrufen, so kann die Herausgabe des Geschenkes nach den Vorschriften über die Herausgabe einer ungerechtfertigten Bereicherung gefordert werden.

c) Verzeihung. Ausschlußfrist. **§ 532.**

Der Widerruf ist ausgeschlossen, wenn der Schenker dem Beschenkten verziehen hat oder wenn seit dem Zeitpunkt, in welchem der Widerrufsberechtigte von dem Eintritte der Voraussetzungen seines Rechtes Kenntnis erlangt hat, ein Jahr verstrichen ist. Nach dem Tode des Beschenkten ist der Widerruf nicht mehr zulässig.

d) Verzicht. **§ 533.**

Auf das Widerrufsrecht kann erst verzichtet werden, wenn der Undank dem Widerrufsberechtigten bekannt geworden ist.

7. Pflicht- und Anstandsschenkungen. **§ 534.**

Schenkungen, durch die einer sittlichen Pflicht oder einer auf den Anstand zu nehmenden Rücksicht entsprochen wird, unterliegen nicht der Rückforderung und dem Widerrufe.

Dritter Titel. Miete. Pacht.

I. Miete.

1. Grundpflichten der Parteien. **§ 535.**

Durch den Mietvertrag wird der Vermieter verpflichtet, dem Mieter den Gebrauch der vermieteten Sache während der Mietzeit zu gewähren. Der Mieter ist verpflichtet, dem Vermieter den vereinbarten Mietzins zu entrichten.

2. Pflichten des Vermieters (§§ 536—547).

a) Gebrauchs-, Überlassungs- u. Reparaturpflicht. **§ 536.**

Der Vermieter hat die vermietete Sache dem Mieter in einem zu dem vertragsmäßigen Gebrauche geeigneten Zustande zu überlassen und sie während der Mietzeit in diesem Zustande zu erhalten.

b) Haftung für Sach- und Rechtsmängel (§§ 537—545).

α) Minderung des Mietzinses wegen Sachmängeln. **§ 537.**

Ist die vermietete Sache zur Zeit der Überlassung an den Mieter mit einem Fehler behaftet, der ihre Tauglichkeit zu dem vertragsmäßigen Gebrauch aufhebt oder mindert, oder entsteht im Laufe der Miete ein solcher Fehler, so ist der Mieter für die

Zeit, während deren die Tauglichkeit aufgehoben ist, von der Entrichtung des Mietzinses befreit, für die Zeit, während deren die Tauglichkeit gemindert ist, nur zur Entrichtung eines nach den §§ 472, 473 zu bemessenden Teiles des Mietzinses verpflichtet.

Das gleiche gilt, wenn eine zugesicherte Eigenschaft fehlt oder später wegfällt. Bei der Vermietung eines Grundstücks steht die Zusicherung einer bestimmten Größe der Zusicherung einer Eigenschaft gleich.

β) **Schadensersatzhaftung wegen Sachmängeln.**

§ 538.

Ist ein Mangel der im § 537 bezeichneten Art bei dem Abschlusse des Vertrags vorhanden oder entsteht ein solcher Mangel später infolge eines Umstandes, den der Vermieter zu vertreten hat, oder kommt der Vermieter mit der Beseitigung eines Mangels in Verzug, so kann der Mieter, statt die im § 537 bestimmten Rechte geltend zu machen, Schadensersatz wegen Nichterfüllung verlangen.

Im Falle des Verzugs des Vermieters kann der Mieter den Mangel selbst beseitigen und Ersatz der erforderlichen Aufwendungen verlangen.

γ) **Ausschluß der Sachmängelhaftung wegen Kenntnis u. grob fahrlässiger Unkenntnis des Mieters.**

§ 539.

Kennt der Mieter bei dem Abschlusse des Vertrags den Mangel der gemieteten Sache, so stehen ihm die in den §§ 537, 538 bestimmten Rechte nicht zu. Ist dem Mieter ein Mangel der im § 537 Abs. 1 bezeichneten Art infolge grober Fahrlässigkeit unbekannt geblieben oder nimmt er eine mangelhafte Sache an, obschon er den Mangel kennt, so kann er diese Rechte nur unter den Voraussetzungen geltend machen, unter welchen dem Käufer einer mangelhaften Sache nach den §§ 460, 464 Gewähr zu leisten ist.

δ) **Ausschluß der Sachmängelhaftung durch Vertrag (pactum ne dolus praestetur).**

§ 540.

Eine Vereinbarung, durch welche die Verpflichtung des Vermieters zur Vertretung von Mängeln der vermieteten Sache erlassen oder beschränkt wird, ist nichtig, wenn der Vermieter den Mangel arglistig verschweigt.

ε) Minderung des Mietzinses und Schadensersatzhaftung wegen Rechtsmängeln.

§ 541.

Wird durch das Recht eines Dritten dem Mieter der vertragsmäßige Gebrauch der gemieteten Sache ganz oder zum Teil entzogen, so finden die Vorschriften der §§ 537, 538, des § 539 Satz 1 und des § 540 entsprechende Anwendung.

ζ) Kündigungsrecht wegen Nichtüberlassung, wegen Sach- und Rechtsmängeln (§§ 542—544).

§ 542.

Wird dem Mieter der vertragsmäßige Gebrauch der gemieteten Sache ganz oder zum Teil nicht rechtzeitig gewährt oder wiederentzogen, so kann der Mieter ohne Einhaltung einer Kündigungsfrist das Mietverhältnis kündigen. Die Kündigung ist erst zulässig, wenn der Vermieter eine ihm von dem Mieter bestimmte angemessene Frist hat verstreichen lassen, ohne Abhilfe zu schaffen. Der Bestimmung einer Frist bedarf es nicht, wenn die Erfüllung des Vertrags infolge des die Kündigung rechtfertigenden Umstandes für den Mieter kein Interesse hat.

Wegen einer unerheblichen Hinderung oder Vorenthaltung des Gebrauchs ist die Kündigung nur zulässig, wenn sie durch ein besonderes Interesse des Mieters gerechtfertigt wird.

Bestreitet der Vermieter die Zulässigkeit der erfolgten Kündigung, weil er den Gebrauch der Sache rechtzeitig gewährt oder vor dem Ablaufe der Frist die Abhilfe bewirkt habe, so trifft ihn die Beweislast.

§ 543.

Auf das dem Mieter nach § 542 zustehende Kündigungsrecht finden die Vorschriften der §§ 539 bis 541 sowie die für die Wandelung bei dem Kaufe geltenden Vorschriften der §§ 469 bis 471 entsprechende Anwendung.

Ist der Mietzins für eine spätere Zeit im voraus entrichtet, so hat ihn der Vermieter nach Maßgabe des § 347 oder, wenn die Kündigung wegen eines Umstandes erfolgt, den er nicht zu vertreten hat, nach den Vorschriften über die Herausgabe einer ungerechtfertigten Bereicherung zurückzuerstatten.

§ 544.

Ist eine Wohnung oder ein anderer zum Aufenthalte von Menschen bestimmter Raum so beschaffen, daß die Benutzung mit einer erheblichen Gefährdung der Gesundheit verbunden ist, so kann der Mieter das Mietverhältnis ohne Einhaltung einer

Kündigungsfrist kündigen, auch wenn er die gefahrbringende Beschaffenheit bei dem Abschlusse des Vertrags gekannt oder auf die Geltendmachung der ihm wegen dieser Beschaffenheit zustehenden Rechte verzichtet hat.

η) **Anzeigepflicht.**

§ 545.

Zeigt sich im Laufe der Miete ein Mangel der gemieteten Sache oder wird eine Vorkehrung zum Schutze der Sache gegen eine nicht vorhergesehene Gefahr erforderlich, so hat der Mieter dem Vermieter unverzüglich Anzeige zu machen. Das gleiche gilt, wenn sich ein Dritter ein Recht an der Sache anmaßt.

Unterläßt der Mieter die Anzeige, so ist er zum Ersatze des daraus entstehenden Schadens verpflichtet; er ist, soweit der Vermieter infolge der Unterlassung der Anzeige Abhilfe zu schaffen außerstande war, nicht berechtigt, die im § 537 bestimmten Rechte geltend zu machen oder nach § 542 Abs. 1 Satz 3 ohne Bestimmung einer Frist zu kündigen oder Schadensersatz wegen Nichterfüllung zu verlangen.

c) **Lasten.**

§ 546.

Die auf der vermieteten Sache ruhenden Lasten hat der Vermieter zu tragen.

d) **Verwendungen.**

§ 547.

Der Vermieter ist verpflichtet, dem Mieter die auf die Sache gemachten notwendigen Verwendungen zu ersetzen. Der Mieter eines Tieres hat jedoch die Fütterungskosten zu tragen.

Die Verpflichtung des Vermieters zum Ersatze sonstiger Verwendungen bestimmt sich nach den Vorschriften über die Geschäftsführung ohne Auftrag. Der Mieter ist berechtigt, eine Einrichtung, mit der er die Sache versehen hat, wegzunehmen.

3. **Pflichten des Mieters** (§§ 548—557).

a) **Vertragsmäßiger Gebrauch** (§§ 548—550).

α) **Normale Abnutzung.**

§ 548.

Veränderungen oder Verschlechterungen der gemieteten Sache, die durch den vertragsmäßigen Gebrauch herbeigeführt werden, hat der Mieter nicht zu vertreten.

β) **Untermiete.**

§ 549.

Der Mieter ist ohne die Erlaubnis des Vermieters nicht berechtigt, den Gebrauch der gemieteten Sache einem Dritten zu überlassen, insbesondere die Sache weiter zu vermieten. Verweigert der Vermieter die Erlaubnis, so kann der Mieter das Mietverhältnis unter Einhaltung der gesetzlichen Frist kündigen, sofern nicht in der Person des Dritten ein wichtiger Grund vorliegt.

Überläßt der Mieter den Gebrauch einem Dritten, so hat er ein dem Dritten bei dem Gebrauche zur Last fallendes Verschulden zu vertreten, auch wenn der Vermieter die Erlaubnis zur Überlassung erteilt hat.

γ) Unterlassungsklage.

§ 550.

Macht der Mieter von der gemieteten Sache einen vertragswidrigen Gebrauch und setzt er den Gebrauch ungeachtet einer Abmahnung des Vermieters fort, so kann der Vermieter auf Unterlassung klagen.

b) Mietzins (§§ 551, 552).

§ 551.

Der Mietzins ist am Ende der Mietzeit zu entrichten. Ist der Mietzins nach Zeitabschnitten bemessen, so ist er nach dem Ablaufe der einzelnen Zeitabschnitte zu entrichten.

Der Mietzins für ein Grundstück ist, sofern er nicht nach kürzeren Zeitabschnitten bemessen ist, nach dem Ablaufe je eines Kalendervierteljahrs am ersten Werktage des folgenden Monats zu entrichten.

§ 552.

Der Mieter wird von der Entrichtung des Mietzinses nicht dadurch befreit, daß er durch einen in seiner Person liegenden Grund an der Ausübung des ihm zustehenden Gebrauchsrechts verhindert wird. Der Vermieter muß sich jedoch den Wert der ersparten Aufwendungen sowie derjenigen Vorteile anrechnen lassen, welche er aus einer anderweitigen Verwertung des Gebrauchs erlangt. Solange der Vermieter infolge der Überlassung des Gebrauchs an einen Dritten außerstande ist, dem Mieter den Gebrauch zu gewähren, ist der Mieter zur Entrichtung des Mietzinses nicht verpflichtet.

c) Kündigungsrecht des Vermieters wegen Vertragsverletzungen des Mieters (§§ 553—555).

α) Schlechte Behandlung d. Sache.

§ 553.

Der Vermieter kann ohne Einhaltung einer Kündigungsfrist das Mietverhältnis kündigen, wenn der Mieter oder derjenige, welchem der Mieter den Gebrauch der gemieteten Sache überlassen hat, ungeachtet einer Abmahnung des Vermieters einen vertragswidrigen Gebrauch der Sache fortsetzt, der die Rechte des Vermieters in erheblichem Maße verletzt, insbesondere einem Dritten den ihm unbefugt überlassenen Gebrauch beläßt, oder die Sache durch Vernachlässigung der dem Mieter obliegenden Sorgfalt erheblich gefährdet.

β) Verzug mit Zahlung des Mietzinses.

§ 554.

Der Vermieter kann ohne Einhaltung einer Kündigungsfrist das Mietverhältnis kündigen, wenn der Mieter für zwei aufeinanderfolgende Termine mit der Entrichtung des Mietzinses oder eines Teiles des Mietzinses im Verzug ist. Die Kündigung ist ausgeschlossen, wenn der Mieter den Vermieter befriedigt, bevor sie erfolgt.

Die Kündigung ist unwirksam, wenn sich der Mieter von seiner Schuld durch Aufrechnung befreien konnte und unverzüglich nach der Kündigung die Aufrechnung erklärt.

γ) Rückerstattung des Mietzinses.

§ 555.

Macht der Vermieter von dem ihm nach den §§ 553, 554 zustehenden Kündigungsrechte Gebrauch, so hat er den für eine spätere Zeit im voraus entrichteten Mietzins nach Maßgabe des § 347 zurückzuerstatten.

d) Rückgabepflicht (§§ 556, 557).

§ 556.

Der Mieter ist verpflichtet, die gemietete Sache nach der Beendigung des Mietverhältnisses zurückzugeben.

Dem Mieter eines Grundstücks steht wegen seiner Ansprüche gegen den Vermieter ein Zurückbehaltungsrecht nicht zu.

Hat der Mieter den Gebrauch der Sache einem Dritten überlassen, so kann der Vermieter die Sache nach der Beendigung des Mietverhältnisses auch von dem Dritten zurückfordern.

§ 557.

Gibt der Mieter die gemietete Sache nach der Beendigung des Mietverhältnisses nicht zurück, so kann der Vermieter für die Dauer der Vorenthaltung als Entschädigung den vereinbarten Mietzins verlangen. Die Geltendmachung eines weiteren Schadens ist nicht ausgeschlossen.

4. Verjährung gewisser Ansprüche der Parteien.

§ 558.

Die Ersatzansprüche des Vermieters wegen Veränderungen oder Verschlechterungen der vermieteten Sache sowie die Ansprüche des Mieters auf Ersatz von Verwendungen oder auf Gestattung der Wegnahme einer Einrichtung verjähren in sechs Monaten.

Die Verjährung der Ersatzansprüche des Vermieters beginnt mit dem Zeitpunkt, in welchem er die Sache zurückerhält, die Verjährung der Ansprüche des Mieters beginnt mit der Beendigung des Mietverhältnisses.

Mit der Verjährung des Anspruchs des Vermieters auf Rückgabe der Sache verjähren auch die Ersatzansprüche des Vermieters.

5. **Vermieterpfandrecht (§§ 559—563).**

a) **Voraussetzungen.**

§ 559.

Der Vermieter eines Grundstücks hat für seine Forderungen aus dem Mietverhältnis ein Pfandrecht an den eingebrachten Sachen des Mieters. Für künftige Entschädigungsforderungen und für den Mietzins für eine spätere Zeit als das laufende und das folgende Mietjahr kann das Pfandrecht nicht geltend gemacht werden. Es erstreckt sich nicht auf die der Pfändung nicht unterworfenen Sachen.

b) **Erlöschen durch Entfernung.**

§ 560.

Das Pfandrecht des Vermieters erlischt mit der Entfernung der Sachen von dem Grundstück, es sei denn, daß die Entfernung ohne Wissen oder unter Widerspruch des Vermieters erfolgt. Der Vermieter kann der Entfernung nicht widersprechen, wenn sie im regelmäßigen Betriebe des Geschäfts des Mieters oder den gewöhnlichen Lebensverhältnissen entsprechend erfolgt oder wenn die zurückbleibenden Sachen zur Sicherung des Vermieters offenbar ausreichen.

c) **Erlaubte Eigenmacht des Vermieters.**

§ 561.

Der Vermieter darf die Entfernung der seinem Pfandrecht unterliegenden Sachen, soweit er ihr zu widersprechen berechtigt ist, auch ohne Anrufen des Gerichts verhindern und, wenn der Mieter auszieht, die Sachen in seinen Besitz nehmen.

Sind die Sachen ohne Wissen oder unter Widerspruch des Vermieters entfernt worden, so kann er die Herausgabe zum Zwecke der Zurückschaffung in das Grundstück und, wenn der Mieter ausgezogen ist, die Überlassung des Besitzes verlangen. Das Pfandrecht erlischt mit dem Ablauf eines Monats, nachdem der Vermieter von der Entfernung der Sachen Kenntnis erlangt hat, wenn nicht der Vermieter diesen Anspruch vorher gerichtlich geltend gemacht hat.

d) **Abwendung durch Sicherheitsleistung.**

§ 562.

Der Mieter kann die Geltendmachung des Pfandrechts des Vermieters durch Sicherheitsleistung abwenden; er kann jede einzelne Sache dadurch von dem Pfandrechte befreien, daß er in Höhe ihres Wertes Sicherheit leistet.

e) **Verhältnis zum Pfändungspfandrecht.**

§ 563.

Wird eine dem Pfandrechte des Vermieters unterliegende Sache für einen anderen Gläubiger gepfändet, so kann diesem gegenüber das Pfandrecht nicht wegen des Mietzinses für eine frühere Zeit als das letzte Jahr vor der Pfändung geltend gemacht werden.

6. Beendigung des Mietverhältnisses (§§ 564—570).

a) Ablauf der vereinbarten Mietzeit. Kündigung bei Miete auf unbestimmte Zeit (§§ 564—568).

α) **Grundsatz.**

§ 564.

Das Mietverhältnis endigt mit dem Ablaufe der Zeit, für die es eingegangen ist.

Ist die Mietzeit nicht bestimmt, so kann jeder Teil das Mietverhältnis nach den Vorschriften des § 565 kündigen.

β) **Kündigungsfristen.**

§ 565.

Bei Grundstücken ist die Kündigung nur für den Schluß eines Kalendervierteljahrs zulässig; sie hat spätestens am dritten Werktage des Vierteljahrs zu erfolgen. Ist der Mietzins nach Monaten bemessen, so ist die Kündigung nur für den Schluß eines Kalendermonats zulässig; sie hat spätestens am fünfzehnten des Monats zu erfolgen. Ist der Mietzins nach Wochen bemessen, so ist die Kündigung nur für den Schluß einer Kalenderwoche zulässig; sie hat spätestens am ersten Werktage der Woche zu erfolgen.

Bei beweglichen Sachen hat die Kündigung spätestens am dritten Tage vor dem Tage zu erfolgen, an welchem das Mietverhältnis endigen soll.

Ist der Mietzins für ein Grundstück oder für eine bewegliche Sache nach Tagen bemessen, so ist die Kündigung an jedem Tage für den folgenden Tag zulässig.

Die Vorschriften des Abs. 1 Satz 1, Abs. 2 gelten auch für die Fälle, in denen das Mietverhältnis unter Einhaltung der gesetzlichen Frist vorzeitig gekündigt werden kann.

γ) Form der Grundstücksmiete über ein Jahr.

§ 566.

Ein Mietvertrag über ein Grundstück, der für längere Zeit als ein Jahr geschlossen wird, bedarf der schriftlichen Form. Wird die Form nicht beobachtet, so gilt der Vertrag als für unbestimmte Zeit geschlossen; die Kündigung ist jedoch nicht für eine frühere Zeit als für den Schluß des ersten Jahres zulässig.

δ) Miete für mehr als 30 Jahre.

§ 567.

Wird ein Mietvertrag für eine längere Zeit als dreißig Jahre geschlossen, so kann nach dreißig Jahren jeder Teil das Mietverhältnis unter Einhaltung der gesetzlichen Frist kündigen. Die Kündigung ist unzulässig, wenn der Vertrag für die Lebenszeit des Vermieters oder des Mieters geschlossen ist.

ε) Relocatio tacita.

§ 568.

Wird nach dem Ablaufe der Mietzeit der Gebrauch der Sache von dem Mieter fortgesetzt, so gilt das Mietverhältnis als auf unbestimmte Zeit verlängert, sofern nicht der Vermieter oder der Mieter seinen entgegenstehenden Willen binnen einer Frist von zwei Wochen dem anderen Teile gegenüber erklärt. Die Frist beginnt für den Mieter mit der Fortsetzung des Gebrauchs, für den Vermieter mit dem Zeitpunkt, in welchem er von der Fortsetzung Kenntnis erlangt.

b) Vorzeitige Kündigung (§§ 569, 570).

α) Tod des Mieters.

§ 569.

Stirbt der Mieter, so ist sowohl der Erbe als der Vermieter berechtigt, das Mietverhältnis unter Einhaltung der gesetzlichen Frist zu kündigen. Die Kündigung kann nur für den ersten Termin erfolgen, für den sie zulässig ist.

β) Versetzungskündigung.

§ 570.

Militärpersonen, Beamte, Geistliche und Lehrer an öffentlichen Unterrichtsanstalten können im Falle der Versetzung nach einem anderen Orte das Mietverhältnis in Ansehung der Räume, welche sie für sich oder ihre Familie an dem bisherigen Garnison- oder Wohnorte gemietet haben, unter Einhaltung der gesetzlichen Frist kündigen. Die Kündigung kann nur für den ersten Termin erfolgen, für den sie zulässig ist.

7. Veräußerung und Belastung des vermieteten Grundstücks (§§ 571—579).

a) Eintritt des Erwerbers in die Miete; Kauf bricht nicht Miete (§§ 571, 572).

§ 571.

Wird das vermietete Grundstück nach der Überlassung an den Mieter von dem Vermieter an einen Dritten veräußert, so tritt der Erwerber an Stelle des Vermieters in die sich während der Dauer seines Eigentums aus dem Mietverhältnis ergebenden Rechte und Verpflichtungen ein.

Erfüllt der Erwerber die Verpflichtungen nicht, so haftet der Vermieter für den von dem Erwerber zu ersetzenden Schaden wie ein Bürge, der auf die Einrede der Vorausklage verzichtet hat. Erlangt der Mieter von dem Übergange des Eigentums durch Mitteilung des Vermieters Kenntnis, so wird der Vermieter von der Haftung befreit, wenn nicht der Mieter das Mietverhältnis für den ersten Termin kündigt, für den die Kündigung zulässig ist.

§ 572.

Hat der Mieter des veräußerten Grundstücks dem Vermieter für die Erfüllung seiner Verpflichtungen Sicherheit geleistet, so tritt der Erwerber in die dadurch begründeten Rechte ein. Zur Rückgewähr der Sicherheit ist er nur verpflichtet, wenn sie ihm ausgehändigt wird oder wenn er dem Vermieter gegenüber die Verpflichtung zur Rückgewähr übernimmt.

b) Vorausverfügungen des Vermieters über die Mietzinsforderung (§§ 573—575).

α) Im allgemeinen.

§ 573[1]).

Eine Verfügung, die der Vermieter vor dem Übergange des Eigentums über den auf die Zeit der Berechtigung des Erwerbers entfallenden Mietzins getroffen hat, ist insoweit wirksam, als sie sich auf den Mietzins für das zur Zeit des Überganges des Eigentums laufende Kalendervierteljahr bezieht; erfolgt der Übergang des Eigentums innerhalb des letzten halben Monats eines Kalendervierteljahrs, so ist die Verfügung auch insoweit wirksam, als sie sich auf den Mietzins für

---

1) §§ 573, 574 in der Fassung des Gesetzes v. 8. Juni 1915 zur Einschränkung der Verfügungen über Miet- und Pachtzinsforderungen Art. 2 (RGBl. S. 327).

das folgende Kalendervierteljahr bezieht. Eine Verfügung über den Mietzins für eine spätere Zeit muß der Erwerber gegen sich gelten lassen, wenn er sie zur Zeit des Überganges des Eigentums kennt.

β) Verfügungsgeschäfte zwischen Mieter und Vermieter insbesondere.

§ 574.

Ein Rechtsgeschäft, das zwischen dem Mieter und dem Vermieter in Ansehung der Mietzinsforderung vorgenommen wird, insbesondere die Entrichtung des Mietzinses, ist dem Erwerber gegenüber wirksam, soweit es sich nicht auf den Mietzins für eine spätere Zeit als das Kalendervierteljahr bezieht, in welchem der Mieter von dem Übergange des Eigentums Kenntnis erlangt; erlangt der Mieter die Kenntnis innerhalb des letzten halben Monats eines Kalendervierteljahrs, so ist das Rechtsgeschäft auch insoweit wirksam, als es sich auf den Mietzins für das folgende Kalendervierteljahr bezieht. Ein Rechtsgeschäft, das nach dem Übergange des Eigentums vorgenommen wird, ist jedoch unwirksam, wenn der Mieter bei der Vornahme des Rechtsgeschäfts von dem Übergange des Eigentums Kenntnis hat.

γ) Aufrechnungsrecht des Mieters.

§ 575.

Soweit die Entrichtung des Mietzinses an den Vermieter nach § 574 dem Erwerber gegenüber wirksam ist, kann der Mieter gegen die Mietzinsforderung des Erwerbers eine ihm gegen den Vermieter zustehende Forderung aufrechnen. Die Aufrechnung ist ausgeschlossen, wenn der Mieter die Gegenforderung erworben hat, nachdem er von dem Übergange des Eigentums Kenntnis erlangt hat, oder wenn die Gegenforderung erst nach der Erlangung der Kenntnis und später als der Mietzins fällig geworden ist.

c) Anzeige des Veräußerungsgeschäfts durch den Vermieter.

§ 576.

Zeigt der Vermieter dem Mieter an, daß er das Eigentum an dem vermieteten Grundstück auf einen Dritten übertragen habe, so muß er in Ansehung der Mietzinsforderung die angezeigte Übertragung dem Mieter gegenüber gegen sich gelten lassen, auch wenn sie nicht erfolgt oder nicht wirksam ist.

Die Anzeige kann nur mit Zustimmung desjenigen zurückgenommen werden, welcher als der neue Eigentümer bezeichnet worden ist.

d) **Belastung des Mietgrundstücks.**

§ 577.

Wird das vermietete Grundstück nach der Überlassung an den Mieter von dem Vermieter mit dem Rechte eines Dritten belastet, so finden die Vorschriften der §§ 571 bis 576 entsprechende Anwendung, wenn durch die Ausübung des Rechtes dem Mieter der vertragsmäßige Gebrauch entzogen wird. Hat die Ausübung des Rechtes nur eine Beschränkung des Mieters in dem vertragsmäßigen Gebrauche zur Folge, so ist der Dritte dem Mieter gegenüber verpflichtet, die Ausübung zu unterlassen, soweit sie den vertragsmäßigen Gebrauch beeinträchtigen würde.

e) **Veräußerung und Belastung nach der Vermietung, aber vor der Überlassung des Grundstücks.**

§ 578.

Hat vor der Überlassung des vermieteten Grundstücks an den Mieter der Vermieter das Grundstück an einen Dritten veräußert oder mit einem Rechte belastet, durch dessen Ausübung der vertragsmäßige Gebrauch dem Mieter entzogen oder beschränkt wird, so gilt das gleiche wie in den Fällen des § 571 Abs. 1 und des § 577, wenn der Erwerber dem Vermieter gegenüber die Erfüllung der sich aus dem Mietverhältnis ergebenden Verpflichtungen übernommen hat.

f) **Mehrmalige Veräußerung.**

§ 579.

Wird das vermietete Grundstück von dem Erwerber weiterveräußert oder belastet, so finden die Vorschriften des § 571 Abs. 1 und der §§ 572 bis 578 entsprechende Anwendung. Erfüllt der neue Erwerber die sich aus dem Mietverhältnis ergebenden Verpflichtungen nicht, so haftet der Vermieter dem Mieter nach § 571 Abs. 2.

8. **Miete von Räumen.**

§ 580.

Die Vorschriften über die Miete von Grundstücken gelten auch für die Miete von Wohnräumen und anderen Räumen.

II. Pacht.

1. **Begriff der Pacht. Anwendung des Mietrechts.**

§ 581.

Durch den Pachtvertrag wird der Verpächter verpflichtet, dem Pächter den Gebrauch des verpachteten Gegenstandes und den Genuß der Früchte, soweit sie nach den Regeln einer ordnungsmäßigen Wirtschaft als Ertrag anzusehen sind, während der Pachtzeit zu gewähren. Der Pächter ist verpflichtet, dem Verpächter den vereinbarten Pachtzins zu entrichten.

Auf die Pacht finden, soweit sich nicht aus den §§ 582 bis 597 ein anderes ergibt, die Vorschriften über die Miete entsprechende Anwendung.

2. **Pacht eines landwirtschaftlichen Grundstücks insbesondere (§§ 582—585).**

a) **Reparaturpflicht des Pächters.**

§ 582.

Der Pächter eines landwirtschaftlichen Grundstücks hat die gewöhnlichen Ausbesserungen, insbesondere die der Wohn- und Wirtschaftsgebäude, der Wege, Gräben und Einfriedigungen, auf seine Kosten zu bewirken.

b) **Änderungen in der wirtschaftlichen Bestimmung.**

§ 583.

Der Pächter eines landwirtschaftlichen Grundstücks darf nicht ohne die Erlaubnis des Verpächters Änderungen in der wirtschaftlichen Bestimmung des Grundstücks vornehmen, die auf die Art der Bewirtschaftung über die Pachtzeit hinaus von Einfluß sind.

c) **Termin für die Zahlung des Pachtzinses.**

§ 584.

Ist bei der Pacht eines landwirtschaftlichen Grundstücks der Pachtzins nach Jahren bemessen, so ist er nach dem Ablaufe je eines Pachtjahrs am ersten Werktage des folgenden Jahres zu entrichten.

d) **Verpächterpfand.**

§ 585.

Das Pfandrecht des Verpächters eines landwirtschaftlichen Grundstücks kann für den gesamten Pachtzins geltend gemacht werden und unterliegt nicht der im § 563 bestimmten Beschränkung. Es erstreckt sich auf die Früchte des Grundstücks sowie auf die nach § 811 Nr. 4[1]) der Zivilprozeßordnung der Pfändung nicht unterworfenen Sachen.

3. **Pacht eines Grundstücks samt Inventar insbesondere (§§ 586—590).**

a) **im allgemeinen.**

§ 586.

Wird ein Grundstück samt Inventar verpachtet, so liegt dem Pächter die Erhaltung der einzelnen Inventarstücke ob.

---

[1]) Fassung auf Grund des § 1 des Ges. v. 17. Mai 1898 (RGBl. S. 343).

Der Verpächter ist verpflichtet, Inventarstücke, die infolge eines von dem Pächter nicht zu vertretenden Umstandes in Abgang kommen, zu ergänzen. Der Pächter hat jedoch den gewöhnlichen Abgang der zu dem Inventar gehörenden Tiere aus den Jungen insoweit zu ersetzen, als dies einer ordnungsmäßigen Wirtschaft entspricht.

b) Übernahme des Inventars zum Schätzungswert (§§ 587—589).

§ 587.

Übernimmt der Pächter eines Grundstücks das Inventar zum Schätzungswerte mit der Verpflichtung, es bei der Beendigung der Pacht zum Schätzungswerte zurückzugewähren, so gelten die Vorschriften der §§ 588, 589.

§ 588.

Der Pächter trägt die Gefahr des zufälligen Unterganges und einer zufälligen Verschlechterung des Inventars. Er kann über die einzelnen Stücke innerhalb der Grenzen einer ordnungsmäßigen Wirtschaft verfügen.

Der Pächter hat das Inventar nach den Regeln einer ordnungsmäßigen Wirtschaft in dem Zustande zu erhalten, in welchem es ihm übergeben wird. Die von ihm angeschafften Stücke werden mit der Einverleibung in das Inventar Eigentum des Verpächters.

§ 589.

Der Pächter hat das bei der Beendigung der Pacht vorhandene Inventar dem Verpächter zurückzugewähren.

Der Verpächter kann die Übernahme derjenigen von dem Pächter angeschafften Inventarstücke ablehnen, welche nach den Regeln einer ordnungsmäßigen Wirtschaft für das Grundstück überflüssig oder zu wertvoll sind; mit der Ablehnung geht das Eigentum an den abgelehnten Stücken auf den Pächter über.

Ist der Gesamtschätzungswert der übernommenen Stücke höher oder niedriger als der Gesamtschätzungswert der zurückzugewährenden Stücke, so hat im ersteren Falle der Pächter dem Verpächter, im letzteren Falle der Verpächter dem Pächter den Mehrbetrag zu ersetzen.

c) Pächterpfand.

§ 590.

Dem Pächter eines Grundstücks steht für die Forderungen gegen den Verpächter, die sich auf das mitgepachtete Inventar beziehen, ein Pfandrecht an den in seinen Besitz gelangten Inventarstücken zu. Auf das Pfandrecht findet die Vorschrift des § 562 Anwendung.

4. Beendigung des Pachtverhältnisses (§§ 591—597).

a) Rückgewähr eines landwirtschaftlichen Grundstücks (§§ 591—594).

§ 591.

Der Pächter eines landwirtschaftlichen Grundstücks ist verpflichtet, das Grundstück nach der Beendigung der Pacht in dem Zustande zurückzugewähren, der sich bei einer während der Pachtzeit bis zur Rückgewähr fortgesetzten ordnungsmäßigen Bewirtschaftung ergibt. Dies gilt insbesondere auch für die Bestellung.

§ 592.

Endigt die Pacht eines landwirtschaftlichen Grundstücks im Laufe eines Pachtjahrs, so hat der Verpächter die Kosten, die der Pächter auf die noch nicht getrennten, jedoch nach den Regeln einer ordnungsmäßigen Wirtschaft vor dem Ende des Pachtjahrs zu trennenden Früchte verwendet hat, insoweit zu ersetzen, als sie einer ordnungsmäßigen Wirtschaft entsprechen und den Wert dieser Früchte nicht übersteigen.

§ 593.

Der Pächter eines Landguts hat von den bei der Beendigung der Pacht vorhandenen landwirtschaftlichen Erzeugnissen ohne Rücksicht darauf, ob er bei dem Antritte der Pacht solche Erzeugnisse übernommen hat, so viel zurückzulassen, als zur Fortführung der Wirtschaft bis zu der Zeit erforderlich ist, zu welcher gleiche oder ähnliche Erzeugnisse voraussichtlich gewonnen werden.

Soweit der Pächter landwirtschaftliche Erzeugnisse in größerer Menge oder besserer Beschaffenheit zurückzulassen verpflichtet ist, als er bei dem Antritte der Pacht übernommen hat, kann er von dem Verpächter Ersatz des Wertes verlangen.

Den vorhandenen auf dem Gute gewonnenen Dünger hat der Pächter zurückzulassen, ohne daß er Ersatz des Wertes verlangen kann.

§ 594.

Übernimmt der Pächter eines Landguts das Gut auf Grund einer Schätzung des wirtschaftlichen Zustandes mit der Bestimmung, daß nach der Beendigung der Pacht die Rückgewähr gleichfalls auf Grund einer solchen Schätzung zu erfolgen hat,

9*

so finden auf die Rückgewähr des Gutes die Vorschriften des § 589 Abs. 2, 3 entsprechende Anwendung.

Das gleiche gilt, wenn der Pächter Vorräte auf Grund einer Schätzung mit einer solchen Bestimmung übernimmt, für die Rückgewähr der Vorräte, die er zurückzulassen verpflichtet ist.

b) Kündigung (§§ 595, 596).

§ 595.

Ist bei der Pacht eines Grundstücks oder eines Rechtes die Pachtzeit nicht bestimmt, so ist die Kündigung nur für den Schluß eines Pachtjahrs zulässig; sie hat spätestens am ersten Werktage des halben Jahres zu erfolgen, mit dessen Ablaufe die Pacht endigen soll.

Diese Vorschriften gelten bei der Pacht eines Grundstücks oder eines Rechtes auch für die Fälle, in denen das Pachtverhältnis unter Einhaltung der gesetzlichen Frist vorzeitig gekündigt werden kann.

§ 596.

Dem Pächter steht das im § 549 Abs. 1 bestimmte Kündigungsrecht nicht zu.

Der Verpächter ist nicht berechtigt, das Pachtverhältnis nach § 569 zu kündigen.

Eine Kündigung des Pachtverhältnisses nach § 570 findet nicht statt.

c) Pachtzins als Schadensersatz.

§ 597.

Gibt der Pächter den gepachteten Gegenstand nach der Beendigung der Pacht nicht zurück, so kann der Verpächter für die Dauer der Vorenthaltung als Entschädigung den vereinbarten Pachtzins nach dem Verhältnisse verlangen, in welchem die Nutzungen, die der Pächter während dieser Zeit gezogen hat oder hätte ziehen können, zu den Nutzungen des ganzen Pachtjahrs stehen. Die Geltendmachung eines weiteren Schadens ist nicht ausgeschlossen.

Vierter Titel. Leihe.

1. Pflichten des Verleihers (§§ 598—600).

a) Gestattung des Gebrauchs.

§ 598.

Durch den Leihvertrag wird der Verleiher einer Sache verpflichtet, dem Entleiher den Gebrauch der Sache unentgeltlich zu gestatten.

b) Haftungsgrad.

§ 599.

Der Verleiher hat nur Vorsatz und grobe Fahrlässigkeit zu vertreten.

c) Mängelhaftung.

§ 600.

Verschweigt der Verleiher arglistig einen Mangel im Rechte oder einen Fehler der verliehenen Sache, so ist er verpflichtet, dem Entleiher den daraus entstehenden Schaden zu ersetzen.

2. Verwendungen.

§ 601.

Der Entleiher hat die gewöhnlichen Kosten der Erhaltung der geliehenen Sache, bei der Leihe eines Tieres insbesondere die Fütterungskosten, zu tragen.

Die Verpflichtung des Verleihers zum Ersatz anderer Verwendungen bestimmt sich nach den Vorschriften über die Geschäftsführung ohne Auftrag. Der Entleiher ist berechtigt, eine Einrichtung, mit der er die Sache versehen hat, wegzunehmen.

3. Pflichten des Entleihers (§§ 602—604).

a) Vertragsmäßiger Gebrauch (§§ 602, 603).

§ 602.

Veränderungen oder Verschlechterungen der geliehenen Sache, die durch den vertragsmäßigen Gebrauch herbeigeführt werden, hat der Entleiher nicht zu vertreten.

§ 603.

Der Entleiher darf von der geliehenen Sache keinen anderen als den vertragsmäßigen Gebrauch machen. Er ist ohne die Erlaubnis des Verleihers nicht berechtigt, den Gebrauch der Sache einem Dritten zu überlassen.

b) Rückgabe.

§ 604.

Der Entleiher ist verpflichtet, die geliehene Sache nach dem Ablaufe der für die Leihe bestimmten Zeit zurückzugeben.

Ist eine Zeit nicht bestimmt, so ist die Sache zurückzugeben, nachdem der Entleiher den sich aus dem Zwecke der Leihe ergebenden Gebrauch gemacht hat. Der Verleiher kann die Sache schon vorher zurückfordern, wenn so viel Zeit verstrichen ist, daß der Entleiher den Gebrauch hätte machen können.

Ist die Dauer der Leihe weder bestimmt noch aus dem Zwecke zu entnehmen, so kann der Verleiher die Sache jederzeit zurückfordern.

Überläßt der Entleiher den Gebrauch der Sache einem Dritten, so kann der Verleiher sie nach der Beendigung der Leihe auch von dem Dritten zurückfordern.

4. Vorzeitige Kündigung.

§ 605.

Der Verleiher kann die Leihe kündigen:

1. wenn er infolge eines nicht vorhergesehenen Umstandes der verliehenen Sache bedarf;
2. wenn der Entleiher einen vertragswidrigen Gebrauch von der Sache macht, insbesondere unbefugt den Gebrauch einem Dritten überläßt, oder die Sache durch Vernachlässigung der ihm obliegenden Sorgfalt erheblich gefährdet;
3. wenn der Entleiher stirbt.

5. Verjährung.

§ 606.

Die Ersatzansprüche des Verleihers wegen Veränderungen oder Verschlechterungen der verliehenen Sache sowie die Ansprüche des Entleihers auf Ersatz von Verwendungen oder auf Gestattung der Wegnahme einer Einrichtung verjähren in sechs Monaten. Die Vorschriften des § 558 Abs. 2, 3 finden entsprechende Anwendung.

Fünfter Titel. **Darlehen.**

1. Begriff und Abschluß.

§ 607.

Wer Geld oder andere vertretbare Sachen als Darlehen empfangen hat, ist verpflichtet, dem Darleiher das Empfangene in Sachen von gleicher Art, Güte und Menge zurückzuerstatten.

Wer Geld oder andere vertretbare Sachen aus einem anderen Grunde schuldet, kann mit dem Gläubiger vereinbaren, daß das Geld oder die Sachen als Darlehen geschuldet werden sollen.

2. Termin für die Zinsenzahlung.

§ 608.

Sind für ein Darlehen Zinsen bedungen, so sind sie, sofern nicht ein anderes bestimmt ist, nach dem Ablaufe je eines Jahres und, wenn das Darlehen vor dem Ablauf eines Jahres zurückzuerstatten ist, bei der Rückerstattung zu entrichten.

3. Kündigung.

§ 609.

Ist für die Rückerstattung eines Darlehens eine Zeit nicht bestimmt, so hängt die Fälligkeit davon ab, daß der Gläubiger oder der Schuldner kündigt.

Die Kündigungsfrist beträgt bei Darlehen von mehr als dreihundert Reichsmark[1]) drei Monate, bei Darlehen von geringerem Betrag einen Monat.

Sind Zinsen nicht bedungen, so ist der Schuldner auch ohne Kündigung zur Rückerstattung berechtigt.

4. **Darlehnsvorvertrag (pactum de mutuo dando).**

§ 610.

Wer die Hingabe eines Darlehens verspricht, kann im Zweifel das Versprechen widerrufen, wenn in den Vermögensverhältnissen des anderen Teiles eine wesentliche Verschlechterung eintritt, durch die der Anspruch auf die Rückerstattung gefährdet wird.

Sechster Titel. Dienstvertrag.

1. **Begriff und Abschluß (§§ 611, 612).**

§ 611.

Durch den Dienstvertrag wird derjenige, welcher Dienste zusagt, zur Leistung der versprochenen Dienste, der andere Teil zur Gewährung der vereinbarten Vergütung verpflichtet.

Gegenstand des Dienstvertrags können Dienste jeder Art sein.

§ 612.

Eine Vergütung gilt als stillschweigend vereinbart, wenn die Dienstleistung den Umständen nach nur gegen eine Vergütung zu erwarten ist.

Ist die Höhe der Vergütung nicht bestimmt, so ist bei dem Bestehen einer Taxe die taxmäßige Vergütung, in Ermangelung einer Taxe die übliche Vergütung als vereinbart anzusehen.

2. **Pflicht des Arbeiters.**

§ 613.

Der zur Dienstleistung Verpflichtete hat die Dienste im Zweifel in Person zu leisten. Der Anspruch auf die Dienste ist im Zweifel nicht übertragbar.

3. **Pflichten des Arbeitgebers (§§ 614—619).**

a) **Vergütung (§§ 614—616).**

α) **Leistungstermin.**

§ 614.

Die Vergütung ist nach der Leistung der Dienste zu entrichten. Ist die Vergütung nach Zeitabschnitten bemessen, so ist sie nach dem Ablaufe der einzelnen Zeitabschnitte zu entrichten.

---

[1]) Fassung der VO. v. 12. Dez. 1924 § 1 (RGBl. I S. 775).

β) **Annahmeverzug des Arbeitgebers.**

§ 615.

Kommt der Dienstberechtigte mit der Annahme der Dienste in Verzug, so kann der Verpflichtete für die infolge des Verzugs nicht geleisteten Dienste die vereinbarte Vergütung verlangen, ohne zur Nachleistung verpflichtet zu sein. Er muß sich jedoch den Wert desjenigen anrechnen lassen, was er infolge des Unterbleibens der Dienstleistung erspart oder durch anderweitige Verwendung seiner Dienste erwirbt oder zu erwerben böswillig unterläßt.

γ) **Verhinderung des Arbeiters.**

§ 616.

Der zur Dienstleistung Verpflichtete wird des Anspruchs auf die Vergütung nicht dadurch verlustig, daß er für eine verhältnismäßig nicht erhebliche Zeit durch einen in seiner Person liegenden Grund ohne sein Verschulden an der Dienstleistung verhindert wird. Er muß sich jedoch den Betrag anrechnen lassen, welcher ihm für die Zeit der Verhinderung aus einer auf Grund gesetzlicher Verpflichtung bestehenden Kranken- oder Unfallversicherung zukommt.

b) **Soziale Pflichten** (§§ 617—619).

§ 617.

Ist bei einem dauernden Dienstverhältnisse, welches die Erwerbstätigkeit des Verpflichteten vollständig oder hauptsächlich in Anspruch nimmt, der Verpflichtete in die häusliche Gemeinschaft aufgenommen, so hat der Dienstberechtigte ihm im Falle der Erkrankung die erforderliche Verpflegung und ärztliche Behandlung bis zur Dauer von sechs Wochen, jedoch nicht über die Beendigung des Dienstverhältnisses hinaus, zu gewähren, sofern nicht die Erkrankung von dem Verpflichteten vorsätzlich oder durch grobe Fahrlässigkeit herbeigeführt worden ist. Die Verpflegung und ärztliche Behandlung kann durch Aufnahme des Verpflichteten in eine Krankenanstalt gewährt werden. Die Kosten können auf die für die Zeit der Erkrankung geschuldete Vergütung angerechnet werden. Wird das Dienstverhältnis wegen der Erkrankung von dem Dienstberechtigten nach § 626 gekündigt, so bleibt die dadurch herbeigeführte Beendigung des Dienstverhältnisses außer Betracht.

Die Verpflichtung des Dienstberechtigten tritt nicht ein, wenn für die Verpflegung und ärztliche Behandlung durch eine Versicherung oder durch eine Einrichtung der öffentlichen Krankenpflege Vorsorge getroffen ist.

§ 618.

Der Dienstberechtigte hat Räume, Vorrichtungen oder Gerätschaften, die er zur Verrichtung der Dienste zu beschaffen hat, so einzurichten und zu unterhalten und Dienstleistungen, die unter seiner Anordnung oder seiner Leitung vorzunehmen sind, so zu regeln, daß der Verpflichtete gegen Gefahr für Leben und Gesundheit soweit geschützt ist, als die Natur der Dienstleistung es gestattet.

Ist der Verpflichtete in die häusliche Gemeinschaft aufgenommen, so hat der Dienstberechtigte in Ansehung des Wohn- und Schlafraums, der Verpflegung sowie der Arbeits- und Erholungszeit diejenigen Einrichtungen und Anordnungen zu treffen, welche mit Rücksicht auf die Gesundheit, die Sittlichkeit und die Religion des Verpflichteten erforderlich sind.

Erfüllt der Dienstberechtigte die ihm in Ansehung des Lebens und der Gesundheit des Verpflichteten obliegenden Verpflichtungen nicht, so finden auf seine Verpflichtung zum Schadensersatze die für unerlaubte Handlungen geltenden Vorschriften der §§ 842 bis 846 entsprechende Anwendung.

§ 619.

Die dem Dienstberechtigten nach den §§ 617, 618 obliegenden Verpflichtungen können nicht im voraus durch Vertrag aufgehoben oder beschränkt werden.

4. Beendigung des Dienstverhältnisses (§§ 620—630).

a) Ablauf der Dienstzeit. Zweckerreichung und Kündigung bei unbestimmter Zeit (§§ 620—625).

α) Grundsatz.

§ 620.

Das Dienstverhältnis endigt mit dem Ablaufe der Zeit, für die es eingegangen ist.

Ist die Dauer des Dienstverhältnisses weder bestimmt noch aus der Beschaffenheit oder dem Zwecke der Dienste zu entnehmen, so kann jeder Teil das Dienstverhältnis nach Maßgabe der §§ 621 bis 623 kündigen.

β) Kündigungsfristen (§§ 621—623).

§ 621.

Ist die Vergütung nach Tagen bemessen, so ist die Kündigung an jedem Tage für den folgenden Tag zulässig.

Ist die Vergütung nach Wochen bemessen, so ist die Kündigung nur für den Schluß einer Kalenderwoche zulässig; sie hat spätestens am ersten Werktage der Woche zu erfolgen.

Ist die Vergütung nach Monaten bemessen, so ist die Kündigung nur für den Schluß eines Kalendermonats zulässig; sie hat spätestens am fünfzehnten des Monats zu erfolgen.

Ist die Vergütung nach Vierteljahren oder längeren Zeitabschnitten bemessen, so ist die Kündigung nur für den Schluß eines Kalendervierteljahrs und nur unter Einhaltung einer Kündigungsfrist von sechs Wochen zulässig.

§ 622.

Das Dienstverhältnis der mit festen Bezügen zur Leistung von Diensten höherer Art Angestellten, deren Erwerbstätigkeit durch das Dienstverhältnis vollständig oder hauptsächlich in Anspruch genommen wird, insbesondere der Lehrer, Erzieher, Privatbeamten, Gesellschafterinnen, kann nur für den Schluß eines Kalendervierteljahrs und nur unter Einhaltung einer Kündigungsfrist von sechs Wochen gekündigt werden, auch wenn die Vergütung nach kürzeren Zeitabschnitten als Vierteljahren bemessen ist.

§ 623.

Ist die Vergütung nicht nach Zeitabschnitten bemessen, so kann das Dienstverhältnis jederzeit gekündigt werden; bei einem die Erwerbstätigkeit des Verpflichteten vollständig oder hauptsächlich in Anspruch nehmenden Dienstverhältnis ist jedoch eine Kündigungsfrist von zwei Wochen einzuhalten.

γ) Vertrag für länger als 5 Jahre.

§ 624.

Ist das Dienstverhältnis für die Lebenszeit einer Person oder für längere Zeit als fünf Jahre eingegangen, so kann es von dem Verpflichteten nach dem Ablaufe von fünf Jahren gekündigt werden. Die Kündigungsfrist beträgt sechs Monate.

δ) Relocatio tacita.

§ 625.

Wird das Dienstverhältnis nach dem Ablaufe der Dienstzeit von dem Verpflichteten mit Wissen des anderen Teiles fortgesetzt, so gilt es als auf unbestimmte Zeit verlängert, sofern nicht der andere Teil unverzüglich widerspricht.

b) Vorzeitige Kündigung (§§ 626—628).

§ 626.

Das Dienstverhältnis kann von jedem Teile ohne Einhaltung einer Kündigungsfrist gekündigt werden, wenn ein wichtiger Grund vorliegt.

§ 627.

Hat der zur Dienstleistung Verpflichtete, ohne in einem dauernden Dienstverhältnisse mit festen Bezügen zu stehen, Dienste höherer Art zu leisten, die auf Grund besonderen Vertrauens übertragen zu werden pflegen, so ist die Kündigung auch ohne die im § 626 bezeichnete Voraussetzung zulässig.

Der Verpflichtete darf nur in der Art kündigen, daß sich der Dienstberechtigte die Dienste anderweit beschaffen kann, es sei denn, daß ein wichtiger Grund für die unzeitige Kündigung vorliegt. Kündigt er ohne solchen Grund zur Unzeit, so hat er dem Dienstberechtigten den daraus entstehenden Schaden zu ersetzen.

§ 628.

Wird nach dem Beginne der Dienstleistung das Dienstverhältnis auf Grund des § 626 oder des § 627 gekündigt, so kann der Verpflichtete einen seinen bisherigen Leistungen entsprechenden Teil der Vergütung verlangen. Kündigt er, ohne durch vertragswidriges Verhalten des anderen Teiles dazu veranlaßt zu sein, oder veranlaßt er durch sein vertragswidriges Verhalten die Kündigung des anderen Teiles, so steht ihm ein Anspruch auf die Vergütung insoweit nicht zu, als seine bisherigen Leistungen infolge der Kündigung für den anderen Teil kein Interesse haben. Ist die Vergütung für eine spätere Zeit im voraus entrichtet, so hat der Verpflichtete sie nach Maßgabe des § 347 oder, wenn die Kündigung wegen eines Umstandes erfolgt, den er nicht zu vertreten hat, nach den Vorschriften über die Herausgabe einer ungerechtfertigten Bereicherung zurückzuerstatten.

Wird die Kündigung durch vertragswidriges Verhalten des anderen Teiles veranlaßt, so ist dieser zum Ersatze des durch die Aufhebung des Dienstverhältnisses entstehenden Schadens verpflichtet.

c) Pflichten des Arbeitgebers bei Beendigung eines dauernden Dienstverhältnisses (§§ 629, 630).

§ 629.

Nach der Kündigung eines dauernden Dienstverhältnisses hat der Dienstberechtigte dem Verpflichteten auf Verlangen angemessene Zeit zum Aufsuchen eines anderen Dienstverhältnisses zu gewähren.

§ 630.

Bei der Beendigung eines dauernden Dienstverhältnisses kann der Verpflichtete von dem anderen Teile ein schriftliches

Zeugnis über das Dienstverhältnis und dessen Dauer fordern. Das Zeugnis ist auf Verlangen auf die Leistungen und die Führung im Dienste zu erstrecken.

Siebenter Titel. **Werkvertrag.**

1. Begriff und Abschluß (§§ 631, 632).

§ 631.

Durch den Werkvertrag wird der Unternehmer zur Herstellung des versprochenen Werkes, der Besteller zur Entrichtung der vereinbarten Vergütung verpflichtet.

Gegenstand des Werkvertrags kann sowohl die Herstellung oder Veränderung einer Sache als ein anderer durch Arbeit oder Dienstleistung herbeizuführender Erfolg sein.

§ 632.

Eine Vergütung gilt als stillschweigend vereinbart, wenn die Herstellung des Werkes den Umständen nach nur gegen eine Vergütung zu erwarten ist.

Ist die Höhe der Vergütung nicht bestimmt, so ist bei dem Bestehen einer Taxe die taxmäßige Vergütung, in Ermangelung einer Taxe die übliche Vergütung als vereinbart anzusehen.

2. Pflichten des Unternehmers, insbesondere Mängelhaftung (§§ 633—639).

a) Gewährsmängel, Pflicht zur Mängelbeseitigung.

§ 633.

Der Unternehmer ist verpflichtet, das Werk so herzustellen, daß es die zugesicherten Eigenschaften hat und nicht mit Fehlern behaftet ist, die den Wert oder die Tauglichkeit zu dem gewöhnlichen oder dem nach dem Vertrage vorausgesetzten Gebrauch aufheben oder mindern.

Ist das Werk nicht von dieser Beschaffenheit, so kann der Besteller die Beseitigung des Mangels verlangen. Der Unternehmer ist berechtigt, die Beseitigung zu verweigern, wenn sie einen unverhältnismäßigen Aufwand erfordert.

Ist der Unternehmer mit der Beseitigung des Mangels im Verzuge, so kann der Besteller den Mangel selbst beseitigen und Ersatz der erforderlichen Aufwendungen verlangen.

b) Wandelung und Minderung.

§ 634.

Zur Beseitigung eines Mangels der im § 633 bezeichneten Art kann der Besteller dem Unternehmer eine angemessene Frist mit der Erklärung bestimmen, daß er die Beseitigung des Mangels nach dem Ablaufe der Frist ablehne. Zeigt sich schon vor der Ablieferung des Werkes ein Mangel, so kann der Besteller die Frist sofort bestimmen; die Frist muß so bemessen werden, daß sie nicht vor der für die Ablieferung bestimmten Frist abläuft. Nach dem Ablaufe der Frist kann der Besteller Rückgängigmachung des Vertrags (Wandelung) oder Herabsetzung der Vergütung (Minderung) verlangen, wenn nicht der Mangel rechtzeitig beseitigt worden ist; der Anspruch auf Beseitigung des Mangels ist ausgeschlossen.

Der Bestimmung einer Frist bedarf es nicht, wenn die Beseitigung des Mangels unmöglich ist oder von dem Unternehmer verweigert wird oder wenn die sofortige Geltendmachung des Anspruchs auf Wandelung oder auf Minderung durch ein besonderes Interesse des Bestellers gerechtfertigt wird.

Die Wandelung ist ausgeschlossen, wenn der Mangel den Wert oder die Tauglichkeit des Werkes nur unerheblich mindert.

Auf die Wandelung und die Minderung finden die für den Kauf geltenden Vorschriften der §§ 465 bis 467, 469 bis 475 entsprechende Anwendung.

c) Schadensersatzpflicht.

§ 635.

Beruht der Mangel des Werkes auf einem Umstande, den der Unternehmer zu vertreten hat, so kann der Besteller statt der Wandelung oder der Minderung Schadensersatz wegen Nichterfüllung verlangen.

d) Nicht rechtzeitige Herstellung.

§ 636.

Wird das Werk ganz oder zum Teil nicht rechtzeitig hergestellt, so finden die für die Wandelung geltenden Vorschriften des § 634 Abs. 1 bis 3 entsprechende Anwendung; an die Stelle des Anspruchs auf Wandelung tritt das Recht des Bestellers, nach § 327 von dem Vertrage zurückzutreten. Die im Falle des Verzugs des Unternehmers dem Besteller zustehenden Rechte bleiben unberührt.

Bestreitet der Unternehmer die Zulässigkeit des erklärten Rücktritts, weil er das Werk rechtzeitig hergestellt habe, so trifft ihn die Beweislast.

e) Milderung d. Mängelhaftung; pactum ne dolus praestetur.

§ 637.

Eine Vereinbarung, durch welche die Verpflichtung des Unternehmers, einen Mangel des Werkes zu vertreten, erlassen oder beschränkt wird, ist nichtig, wenn der Unternehmer den Mangel arglistig verschweigt.

f) Verjährung (§§ 638, 639).

§ 638.

Der Anspruch des Bestellers auf Beseitigung eines Mangels des Werkes sowie die wegen des Mangels dem Besteller zustehenden Ansprüche auf Wandelung, Minderung oder Schadensersatz verjähren, sofern nicht der Unternehmer den Mangel arglistig verschwiegen hat, in sechs Monaten, bei Arbeiten an einem Grundstück in einem Jahre, bei Bauwerken in fünf Jahren. Die Verjährung beginnt mit der Abnahme des Werkes.

Die Verjährungsfrist kann durch Vertrag verlängert werden.

§ 639.

Auf die Verjährung der im § 638 bezeichneten Ansprüche des Bestellers finden die für die Verjährung der Ansprüche des Käufers geltenden Vorschriften des § 477 Abs. 2, 3 und der §§ 478, 479 entsprechende Anwendung.

Unterzieht sich der Unternehmer im Einverständnisse mit dem Besteller der Prüfung des Vorhandenseins des Mangels oder der Beseitigung des Mangels, so ist die Verjährung so lange gehemmt, bis der Unternehmer das Ergebnis der Prüfung dem Besteller mitteilt oder ihm gegenüber den Mangel für beseitigt erklärt oder die Fortsetzung der Beseitigung verweigert.

3. Pflichten des Bestellers (§§ 640—643).

a) Abnahme.

§ 640.

Der Besteller ist verpflichtet, das vertragsmäßig hergestellte Werk abzunehmen, sofern nicht nach der Beschaffenheit des Werkes die Abnahme ausgeschlossen ist.

Nimmt der Besteller ein mangelhaftes Werk ab, obschon er den Mangel kennt, so stehen ihm die in den §§ 633, 634 bestimmten Ansprüche nur zu, wenn er sich seine Rechte wegen des Mangels bei der Abnahme vorbehält.

b) Vergütung.

§ 641.

Die Vergütung ist bei der Abnahme des Werkes zu entrichten. Ist das Werk in Teilen abzunehmen und die Vergütung für die einzelnen Teile bestimmt, so ist die Vergütung für jeden Teil bei dessen Abnahme zu entrichten.

Eine in Geld festgesetzte Vergütung hat der Besteller von der Abnahme des Werkes an zu verzinsen, sofern nicht die Vergütung gestundet ist.

c) Mitwirkung bei der Herstellung (§§ 642, 643).

§ 642.

Ist bei der Herstellung des Werkes eine Handlung des Bestellers erforderlich, so kann der Unternehmer, wenn der Besteller durch das Unterlassen der Handlung in Verzug der Annahme kommt, eine angemessene Entschädigung verlangen.

Die Höhe der Entschädigung bestimmt sich einerseits nach der Dauer des Verzugs und der Höhe der vereinbarten Vergütung, andererseits nach demjenigen, was der Unternehmer infolge des Verzugs an Aufwendungen erspart oder durch anderweitige Verwendung seiner Arbeitskraft erwerben kann.

§ 643.

Der Unternehmer ist im Falle des § 642 berechtigt, dem Besteller zur Nachholung der Handlung eine angemessene Frist mit der Erklärung zu bestimmen, daß er den Vertrag kündige, wenn die Handlung nicht bis zum Ablaufe der Frist vorgenommen werde. Der Vertrag gilt als aufgehoben, wenn nicht die Nachholung bis zum Ablaufe der Frist erfolgt.

4. Gefahrtragung (§§ 644, 645).

§ 644.

Der Unternehmer trägt die Gefahr bis zur Abnahme des Werkes. Kommt der Besteller in Verzug der Annahme, so geht die Gefahr auf ihn über. Für den zufälligen Untergang und eine zufällige Verschlechterung des von dem Besteller gelieferten Stoffes ist der Unternehmer nicht verantwortlich.

Versendet der Unternehmer das Werk auf Verlangen des Bestellers nach einem anderen Orte als dem Erfüllungsorte, so finden die für den Kauf geltenden Vorschriften des § 447 entsprechende Anwendung.

§ 645.

Ist das Werk vor der Abnahme infolge eines Mangels des von dem Besteller gelieferten Stoffes oder infolge einer von dem Besteller für die Ausführung erteilten Anweisung untergegangen, verschlechtert oder unausführbar geworden, ohne daß ein Umstand mitgewirkt hat, den der Unternehmer zu vertreten hat, so kann der Unternehmer einen der geleisteten Arbeit entsprechenden Teil der Vergütung und Ersatz der in der Vergütung nicht inbegriffenen Auslagen verlangen. Das gleiche gilt, wenn der Vertrag in Gemäßheit des § 643 aufgehoben wird.

Eine weitergehende Haftung des Bestellers wegen Verschuldens bleibt unberührt.

5. **Abnahme ausgeschlossen.**

§ 646.

Ist nach der Beschaffenheit des Werkes die Abnahme ausgeschlossen, so tritt in den Fällen der §§ 638, 641, 644, 645 an die Stelle der Abnahme die Vollendung des Werkes.

6. **Unternehmerpfandrecht** (§§ 647, 648).

a) **Bewegliche Sachen.**

§ 647.

Der Unternehmer hat für seine Forderungen aus dem Vertrag ein Pfandrecht an den von ihm hergestellten oder ausgebesserten beweglichen Sachen des Bestellers, wenn sie bei der Herstellung oder zum Zwecke der Ausbesserung in seinen Besitz gelangt sind.

b) **Grundstücke.**

§ 648.

Der Unternehmer eines Bauwerkes oder eines einzelnen Teiles eines Bauwerkes kann für seine Forderungen aus dem Vertrage die Einräumung einer Sicherungshypothek an dem Baugrundstücke des Bestellers verlangen. Ist das Werk noch nicht vollendet, so kann er die Einräumung der Sicherungshypothek für einen der geleisteten Arbeit entsprechenden Teil der Vergütung und für die in der Vergütung nicht inbegriffenen Auslagen verlangen.

7. **Kündigung des Bestellers** (§§ 649, 650).

§ 649.

Der Besteller kann bis zur Vollendung des Werkes jederzeit den Vertrag kündigen. Kündigt der Besteller, so ist der Unternehmer berechtigt, die vereinbarte Vergütung zu verlangen; er muß sich jedoch dasjenige anrechnen lassen, was er infolge der Aufhebung des Vertrags an Aufwendungen erspart oder durch anderweitige Verwendung seiner Arbeitskraft erwirbt oder zu erwerben böswillig unterläßt.

§ 650.

Ist dem Vertrag ein Kostenanschlag zugrunde gelegt worden, ohne daß der Unternehmer die Gewähr für die Richtigkeit des Anschlags übernommen hat, und ergibt sich, daß das Werk nicht ohne eine wesentliche Überschreitung des Anschlags ausführbar ist, so steht dem Unternehmer, wenn der Besteller den Vertrag aus diesem Grunde kündigt, nur der im § 645 Abs. 1 bestimmte Anspruch zu.

Ist eine solche Überschreitung des Anschlags zu erwarten, so hat der Unternehmer dem Besteller unverzüglich Anzeige zu machen.

8. Werklieferungsvertrag.

§ 651.

Verpflichtet sich der Unternehmer, das Werk aus einem von ihm zu beschaffenden Stoffe herzustellen, so hat er dem Besteller die hergestellte Sache zu übergeben und das Eigentum an der Sache zu verschaffen. Auf einen solchen Vertrag finden die Vorschriften über den Kauf Anwendung; ist eine nicht vertretbare Sache herzustellen, so treten an die Stelle des § 433, des § 446 Abs. 1 Satz 1 und der §§ 447, 459, 460, 462 bis 464, 477 bis 479 die Vorschriften über den Werkvertrag mit Ausnahme der §§ 647, 648.

Verpflichtet sich der Unternehmer nur zur Beschaffung von Zutaten oder sonstigen Nebensachen, so finden ausschließlich die Vorschriften über den Werkvertrag Anwendung.

Achter Titel. Mäklervertrag.

1. Begriff und Abschluß (§§ 652, 653).

§ 652.

Wer für den Nachweis der Gelegenheit zum Abschluß eines Vertrags oder für die Vermittelung eines Vertrags einen Mäklerlohn verspricht, ist zur Entrichtung des Lohnes nur verpflichtet, wenn der Vertrag infolge des Nachweises oder infolge der Vermittelung des Mäklers zustande kommt. Wird der Vertrag unter einer aufschiebenden Bedingung geschlossen, so kann der Mäklerlohn erst verlangt werden, wenn die Bedingung eintritt.

Aufwendungen sind dem Mäkler nur zu ersetzen, wenn es vereinbart ist. Dies gilt auch dann, wenn ein Vertrag nicht zustande kommt.

§ 653.

Ein Mäklerlohn gilt als stillschweigend vereinbart, wenn die dem Mäkler übertragene Leistung den Umständen nach nur gegen eine Vergütung zu erwarten ist.

Ist die Höhe der Vergütung nicht bestimmt, so ist bei dem Bestehen einer Taxe der taxmäßige Lohn, in Ermangelung einer Taxe der übliche Lohn als vereinbart anzusehen.

2. Doppeldienst.

§ 654.

Der Anspruch auf den Mäklerlohn und den Ersatz von Aufwendungen ist ausgeschlossen, wenn der Mäkler dem Inhalte des Vertrags zuwider auch für den anderen Teil tätig gewesen ist.

3. Herabsetzung des Mäklerlohns. **§ 655.**

Ist für den Nachweis der Gelegenheit zum Abschluß eines Dienstvertrags oder für die Vermittelung eines solchen Vertrags ein unverhältnismäßig hoher Mäklerlohn vereinbart worden, so kann er auf Antrag des Schuldners durch Urteil auf den angemessenen Betrag herabgesetzt werden. Nach der Entrichtung des Lohnes ist die Herabsetzung ausgeschlossen.

4. Ehemäkler. **§ 656.**

Durch das Versprechen eines Lohnes für den Nachweis der Gelegenheit zur Eingehung einer Ehe oder für die Vermittelung des Zustandekommens einer Ehe wird eine Verbindlichkeit nicht begründet. Das auf Grund des Versprechens Geleistete kann nicht deshalb zurückgefordert werden, weil eine Verbindlichkeit nicht bestanden hat.

Diese Vorschriften gelten auch für eine Vereinbarung, durch die der andere Teil zum Zwecke der Erfüllung des Versprechens dem Mäkler gegenüber eine Verbindlichkeit eingeht, insbesondere für ein Schuldanerkenntnis.

Neunter Titel. Auslobung.

1. Begriff. **§ 657.**

Wer durch öffentliche Bekanntmachung eine Belohnung für die Vornahme einer Handlung, insbesondere für die Herbeiführung eines Erfolges, aussetzt, ist verpflichtet, die Belohnung demjenigen zu entrichten, welcher die Handlung vorgenommen hat, auch wenn dieser nicht mit Rücksicht auf die Auslobung gehandelt hat.

2. Widerruf. **§ 658.**

Die Auslobung kann bis zur Vornahme der Handlung widerrufen werden. Der Widerruf ist nur wirksam, wenn er in derselben Weise wie die Auslobung bekanntgemacht wird oder wenn er durch besondere Mitteilung erfolgt.

Auf die Widerruflichkeit kann in der Auslobung verzichtet werden; ein Verzicht liegt im Zweifel in der Bestimmung einer Frist für die Vornahme der Handlung.

3. Mehrmalige Vornahme. **§ 659.**

Ist die Handlung, für welche die Belohnung ausgesetzt ist, mehrmals vorgenommen worden, so gebührt die Belohnung demjenigen, welcher die Handlung zuerst vorgenommen hat.

Ist die Handlung von mehreren gleichzeitig vorgenommen worden, so gebührt jedem ein gleicher Teil der Belohnung. Läßt sich die Belohnung wegen ihrer Beschaffenheit nicht teilen oder soll nach dem Inhalte der Auslobung nur einer die Belohnung erhalten, so entscheidet das Los.

4. Zusammenwirken mehrerer. **§ 660.**

Haben mehrere zu dem Erfolge mitgewirkt, für den die Belohnung ausgesetzt ist, so hat der Auslobende die Belohnung unter Berücksichtigung des Anteils eines jeden an dem Erfolge nach billigem Ermessen unter sie zu verteilen. Die Verteilung ist nicht verbindlich, wenn sie offenbar unbillig ist; sie erfolgt in einem solchen Falle durch Urteil.

Wird die Verteilung des Auslobenden von einem der Beteiligten nicht als verbindlich anerkannt, so ist der Auslobende berechtigt, die Erfüllung zu verweigern, bis die Beteiligten den Streit über ihre Berechtigung unter sich ausgetragen haben; jeder von ihnen kann verlangen, daß die Belohnung für alle hinterlegt wird.

Die Vorschrift des § 659 Abs. 2 Satz 2 findet Anwendung.

5. Preisausschreiben. **§ 661.**

Eine Auslobung, die eine Preisbewerbung zum Gegenstande hat, ist nur gültig, wenn in der Bekanntmachung eine Frist für die Bewerbung bestimmt wird.

Die Entscheidung darüber, ob eine innerhalb der Frist erfolgte Bewerbung der Auslobung entspricht oder welche von mehreren Bewerbungen den Vorzug verdient, ist durch die in der Auslobung bezeichnete Person, in Ermangelung einer solchen durch den Auslobenden zu treffen. Die Entscheidung ist für die Beteiligten verbindlich.

Bei Bewerbungen von gleicher Würdigkeit finden auf die Zuerteilung des Preises die Vorschriften des § 659 Abs. 2 Anwendung.

Die Übertragung des Eigentums an dem Werke kann der Auslobende nur verlangen, wenn er in der Auslobung bestimmt hat, daß die Übertragung erfolgen soll.

Zehnter Titel. Auftrag.

1. Begriff. **§ 662.**

Durch die Annahme eines Auftrags verpflichtet sich der Beauftragte, ein ihm von dem Auftraggeber übertragenes Geschäft für diesen unentgeltlich zu besorgen.

2. Haftung für culpa in contrahendo.

§ 663.

Wer zur Besorgung gewisser Geschäfte öffentlich bestellt ist oder sich öffentlich erboten hat, ist, wenn er einen auf solche Geschäfte gerichteten Auftrag nicht annimmt, verpflichtet, die Ablehnung dem Auftraggeber unverzüglich anzuzeigen. Das gleiche gilt, wenn sich jemand dem Auftraggeber gegenüber zur Besorgung gewisser Geschäfte erboten hat.

3. Pflichten des Mandatars. Actio mandati directa (§§ 664—668).

a) Persönliche Ausführung.

§ 664.

Der Beauftragte darf im Zweifel die Ausführung des Auftrags nicht einem Dritten übertragen. Ist die Übertragung gestattet, so hat er nur ein ihm bei der Übertragung zur Last fallendes Verschulden zu vertreten. Für das Verschulden eines Gehilfen ist er nach § 278 verantwortlich.

Der Anspruch auf Ausführung des Auftrags ist im Zweifel nicht übertragbar.

b) Beachtung der Weisungen des Mandanten.

§ 665.

Der Beauftragte ist berechtigt, von den Weisungen des Auftraggebers abzuweichen, wenn er den Umständen nach annehmen darf, daß der Auftraggeber bei Kenntnis der Sachlage die Abweichung billigen würde. Der Beauftragte hat vor der Abweichung dem Auftraggeber Anzeige zu machen und dessen Entschließung abzuwarten, wenn nicht mit dem Aufschube Gefahr verbunden ist.

c) Auskunft, Rechenschaftsablage.

§ 666.

Der Beauftragte ist verpflichtet, dem Auftraggeber die erforderlichen Nachrichten zu geben, auf Verlangen über den Stand des Geschäfts Auskunft zu erteilen und nach der Ausführung des Auftrags Rechenschaft abzulegen.

d) Herausgabe.

§ 667.

Der Beauftragte ist verpflichtet, dem Auftraggeber alles, was er zur Ausführung des Auftrags erhält und was er aus der Geschäftsbesorgung erlangt, herauszugeben.

e) Zinsen.

§ 668.

Verwendet der Beauftragte Geld für sich, das er dem Auftraggeber herauszugeben oder für ihn zu verwenden hat, so ist er verpflichtet, es von der Zeit der Verwendung an zu verzinsen.

4. Pflichten des Mandanten. Actio mandati contraria (§§ 669, 670).

a) Vorschuß.

§ 669.

Für die zur Ausführung des Auftrags erforderlichen Aufwendungen hat der Auftraggeber dem Beauftragten auf Verlangen Vorschuß zu leisten.

b) Aufwendungsersatz.

§ 670.

Macht der Beauftragte zum Zwecke der Ausführung des Auftrags Aufwendungen, die er den Umständen nach für erforderlich halten darf, so ist der Auftraggeber zum Ersatze verpflichtet.

5. Beendigung des Auftrags (§§ 671—674).

a) Widerruf und Kündigung.

§ 671.

Der Auftrag kann von dem Auftraggeber jederzeit widerrufen, von dem Beauftragten jederzeit gekündigt werden.

Der Beauftragte darf nur in der Art kündigen, daß der Auftraggeber für die Besorgung des Geschäfts anderweit Fürsorge treffen kann, es sei denn, daß ein wichtiger Grund für die unzeitige Kündigung vorliegt. Kündigt er ohne solchen Grund zur Unzeit, so hat er dem Auftraggeber den daraus entstehenden Schaden zu ersetzen.

Liegt ein wichtiger Grund vor, so ist der Beauftragte zur Kündigung auch dann berechtigt, wenn er auf das Kündigungsrecht verzichtet hat.

b) Tod und Geschäftsunfähigkeit des Mandanten.

§ 672.

Der Auftrag erlischt im Zweifel nicht durch den Tod oder den Eintritt der Geschäftsunfähigkeit des Auftraggebers. Erlischt der Auftrag, so hat der Beauftragte, wenn mit dem Aufschube Gefahr verbunden ist, die Besorgung des übertragenen Geschäfts fortzusetzen, bis der Erbe oder der gesetzliche Vertreter des Auftraggebers anderweit Fürsorge treffen kann; der Auftrag gilt insoweit als fortbestehend.

c) Tod des Mandatars.

§ 673.

Der Auftrag erlischt im Zweifel durch den Tod des Beauftragten. Erlischt der Auftrag, so hat der Erbe des Beauftragten den Tod dem Auftraggeber unverzüglich anzuzeigen und, wenn mit dem Aufschube Gefahr verbunden ist, die Besorgung des übertragenen Geschäfts fortzusetzen, bis der Auftraggeber anderweit Fürsorge treffen kann; der Auftrag gilt insoweit als fortbestehend.

d) Fortbestehen zugunsten des gutgläubigen Mandatars.

§ 674.

Erlischt der Auftrag in anderer Weise als durch Widerruf, so gilt er zugunsten des Beauftragten gleichwohl als fortbestehend, bis der Beauftragte von dem Erlöschen Kenntnis erlangt oder das Erlöschen kennen muß.

6. Anhang (§§ 675, 676).

a) Entgeltl. Geschäftsbesorgung.

§ 675.

Auf einen Dienstvertrag oder einen Werkvertrag, der eine Geschäftsbesorgung zum Gegenstande hat, finden die Vorschriften der §§ 663, 665 bis 670, 672 bis 674 und, wenn dem Verpflichteten das Recht zusteht, ohne Einhaltung einer Kündigungsfrist zu kündigen, auch die Vorschriften des § 671 Abs. 2 entsprechende Anwendung.

b) Rat kein Mandat.

§ 676.

Wer einem anderen einen Rat oder eine Empfehlung erteilt, ist, unbeschadet der sich aus einem Vertragsverhältnis oder einer unerlaubten Handlung ergebenden Verantwortlichkeit, zum Ersatze des aus der Befolgung des Rates oder der Empfehlung entstehenden Schadens nicht verpflichtet.

Elfter Titel. Geschäftsführung ohne Auftrag.

1. Pflichten des Gestor. Actio negotiorum gestorum directa (§§ 677—682).

a) Berücksichtigung des Willens und des Interesses des Geschäftsherrn (§§ 677—679).

α) Bei d. Ausführung d. Geschäfts.

§ 677.

Wer ein Geschäft für einen anderen besorgt, ohne von ihm beauftragt oder ihm gegenüber sonst dazu berechtigt zu sein, hat das Geschäft so zu führen, wie das Interesse des Geschäftsherrn mit Rücksicht auf dessen wirklichen oder mutmaßlichen Willen es erfordert.

β) Bei der Übernahme der Geschäftsführung.

§ 678.

Steht die Übernahme der Geschäftsführung mit dem wirklichen oder dem mutmaßlichen Willen des Geschäftsherrn in Widerspruch und mußte der Geschäftsführer dies erkennen, so ist er dem Geschäftsherrn zum Ersatze des aus der Geschäftsführung entstehenden Schadens auch dann verpflichtet, wenn ihm ein sonstiges Verschulden nicht zur Last fällt.

γ) Nicht zu berücksichtigender Wille.

§ 679.

Ein der Geschäftsführung entgegenstehender Wille des Geschäftsherrn kommt nicht in Betracht, wenn ohne die Geschäftsführung eine Pflicht des Geschäftsherrn, deren Erfüllung im öffentlichen Interesse liegt, oder eine gesetzliche Unterhaltspflicht des Geschäftsherrn nicht rechtzeitig erfüllt werden würde.

b) Haftungsgrad.

§ 680.

Bezweckt die Geschäftsführung die Abwendung einer dem Geschäftsherrn drohenden dringenden Gefahr, so hat der Geschäftsführer nur Vorsatz und grobe Fahrlässigkeit zu vertreten.

c) Anzeigepflicht. Übertragung von Mandatsnormen.

§ 681.

Der Geschäftsführer hat die Übernahme der Geschäftsführung, sobald es tunlich ist, dem Geschäftsherrn anzuzeigen und, wenn nicht mit dem Aufschube Gefahr verbunden ist, dessen Entschließung abzuwarten. Im übrigen finden auf die Verpflichtungen des Geschäftsführers die für einen Beauftragten geltenden Vorschriften der §§ 666 bis 668 entsprechende Anwendung.

d) Haftung bei Geschäftsunfähigkeit u. beschränkter Geschäftsfähigkeit des Gestor.

§ 682.

Ist der Geschäftsführer geschäftsunfähig oder in der Geschäftsfähigkeit beschränkt, so ist er nur nach den Vorschriften über den Schadensersatz wegen unerlaubter Handlungen und über die Herausgabe einer ungerechtfertigten Bereicherung verantwortlich.

2. Pflichten des Geschäftsherrn.

Actio negotiorum gestorum contraria (§§ 683—685).

a) Aufwendungsersatz.

§ 683.

Entspricht die Übernahme der Geschäftsführung dem Interesse und dem wirklichen oder dem mutmaßlichen Willen des Geschäftsherrn, so kann der Geschäftsführer wie ein Beauftragter Ersatz seiner Aufwendungen verlangen. In den Fällen des § 679 steht dieser Anspruch dem Geschäftsführer zu, auch wenn die Übernahme der Geschäftsführung mit dem Willen des Geschäftsherrn in Widerspruch steht.

b) Herausgabe des Erlangten. **§ 684.**

Liegen die Voraussetzungen des § 683 nicht vor, so ist der Geschäftsherr verpflichtet, dem Geschäftsführer alles, was er durch die Geschäftsführung erlangt, nach den Vorschriften über die Herausgabe einer ungerechtfertigten Bereicherung herauszugeben. Genehmigt der Geschäftsherr die Geschäftsführung, so steht dem Geschäftsführer der im § 683 bestimmte Anspruch zu.

c) Animus recipiendi. **§ 685.**

Dem Geschäftsführer steht ein Anspruch nicht zu, wenn er nicht die Absicht hatte, von dem Geschäftsherrn Ersatz zu verlangen.

Gewähren Eltern oder Voreltern ihren Abkömmlingen oder diese jenen Unterhalt, so ist im Zweifel anzunehmen, daß die Absicht fehlt, von dem Empfänger Ersatz zu verlangen.

3. Irrtum des Gestor über die Person des Herrn. **§ 686.**

Ist der Geschäftsführer über die Person des Geschäftsherrn im Irrtume, so wird der wirkliche Geschäftsherr aus der Geschäftsführung berechtigt und verpflichtet.

4. Unechte Negotiorum Gestio. **§ 687.**

Die Vorschriften der §§ 677 bis 686 finden keine Anwendung, wenn jemand ein fremdes Geschäft in der Meinung besorgt, daß es sein eigenes sei.

Behandelt jemand ein fremdes Geschäft als sein eigenes, obwohl er weiß, daß er nicht dazu berechtigt ist, so kann der Geschäftsherr die sich aus den §§ 677, 678, 681, 682 ergebenden Ansprüche geltend machen. Macht er sie geltend, so ist er dem Geschäftsführer nach § 684 Satz 1 verpflichtet.

Zwölfter Titel. **Verwahrung.**

1. Begriff und Abschluß (§§ 688, 689). **§ 688.**

Durch den Verwahrungsvertrag wird der Verwahrer verpflichtet, eine ihm von dem Hinterleger übergebene bewegliche Sache aufzubewahren.

§ 689.

Eine Vergütung für die Aufbewahrung gilt als stillschweigend vereinbart, wenn die Aufbewahrung den Umständen nach nur gegen eine Vergütung zu erwarten ist.

2. Pflichten des Depositars. Actio depositi directa (§§ 690—692).

a) Haftungsgrad.

§ 690.

Wird die Aufbewahrung unentgeltlich übernommen, so hat der Verwahrer nur für diejenige Sorgfalt einzustehen, welche er in eigenen Angelegenheiten anzuwenden pflegt.

b) Hinterlegung bei Dritten.

§ 691.

Der Verwahrer ist im Zweifel nicht berechtigt, die hinterlegte Sache bei einem Dritten zu hinterlegen. Ist die Hinterlegung bei einem Dritten gestattet, so hat der Verwahrer nur ein ihm bei dieser Hinterlegung zur Last fallendes Verschulden zu vertreten. Für das Verschulden eines Gehilfen ist er nach § 278 verantwortlich.

c) Änderung der Verwahrung.

§ 692.

Der Verwahrer ist berechtigt, die vereinbarte Art der Aufbewahrung zu ändern, wenn er den Umständen nach annehmen darf, daß der Hinterleger bei Kenntnis der Sachlage die Änderung billigen würde. Der Verwahrer hat vor der Änderung dem Hinterleger Anzeige zu machen und dessen Entschließung abzuwarten, wenn nicht mit dem Aufschube Gefahr verbunden ist.

3. Pflichten des Deponenten. Actio depositi contraria (§§ 693, 694).

a) Aufwendungsersatz.

§ 693.

Macht der Verwahrer zum Zwecke der Aufbewahrung Aufwendungen, die er den Umständen nach für erforderlich halten darf, so ist der Hinterleger zum Ersatze verpflichtet.

b) Schadensersatz.

§ 694.

Der Hinterleger hat den durch die Beschaffenheit der hinterlegten Sache dem Verwahrer entstehenden Schaden zu ersetzen, es sei denn, daß er die gefahrdrohende Beschaffenheit der Sache bei der Hinterlegung weder kennt noch kennen muß oder daß er sie dem Verwahrer angezeigt oder dieser sie ohne Anzeige gekannt hat.

4. Beendigung der Verwahrung (§§ 695—698).

a) Rückforderung.

§ 695.

Der Hinterleger kann die hinterlegte Sache jederzeit zurückfordern, auch wenn für die Aufbewahrung eine Zeit bestimmt ist.

b) Rücknahmeverlangen.

§ 696.

Der Verwahrer kann, wenn eine Zeit für die Aufbewahrung nicht bestimmt ist, jederzeit die Rücknahme der hinterlegten Sache verlangen. Ist eine Zeit bestimmt, so kann er die vorzeitige Rücknahme nur verlangen, wenn ein wichtiger Grund vorliegt.

c) Ort der Rückgabe.

§ 697.

Die Rückgabe der hinterlegten Sache hat an dem Orte zu erfolgen, an welchem die Sache aufzubewahren war; der Verwahrer ist nicht verpflichtet, die Sache dem Hinterleger zu bringen.

d) Gegenstand der Rückgabe. Zinsen.

§ 698.

Verwendet der Verwahrer hinterlegtes Geld für sich, so ist er verpflichtet, es von der Zeit der Verwendung an zu verzinsen.

5. Termin für die Zahlung der Vergütung.

§ 699.

Der Hinterleger hat die vereinbarte Vergütung bei der Beendigung der Aufbewahrung zu entrichten. Ist die Vergütung nach Zeitabschnitten bemessen, so ist sie nach dem Ablaufe der einzelnen Zeitabschnitte zu entrichten.

Endigt die Aufbewahrung vor dem Ablaufe der für sie bestimmten Zeit, so kann der Verwahrer einen seinen bisherigen Leistungen entsprechenden Teil der Vergütung verlangen, sofern nicht aus der Vereinbarung über die Vergütung sich ein anderes ergibt.

6. Depositum irregulare.

§ 700.

Werden vertretbare Sachen in der Art hinterlegt, daß das Eigentum auf den Verwahrer übergehen und dieser verpflichtet sein soll, Sachen von gleicher Art, Güte und Menge zurückzugewähren, so finden die Vorschriften über das Darlehen Anwendung. Gestattet der Hinterleger dem Verwahrer, hinterlegte vertretbare Sachen zu verbrauchen, so finden die Vorschriften über das Darlehen von dem Zeitpunkt an Anwendung, in welchem der Verwahrer sich die Sachen aneignet. In beiden Fällen bestimmen sich jedoch Zeit und Ort der Rückgabe im Zweifel nach den Vorschriften über den Verwahrungsvertrag.

Bei der Hinterlegung von Wertpapieren ist eine Vereinbarung der im Abs. 1 bezeichneten Art nur gültig, wenn sie ausdrücklich getroffen wird.

Dreizehnter Titel.

Einbringung von Sachen bei Gastwirten.

1. Receptum cauponum. Haftung bis zur Grenze der Vis maior.

§ 701.

Ein Gastwirt, der gewerbsmäßig Fremde zur Beherbergung aufnimmt, hat einem im Betriebe dieses Gewerbes aufgenommenen Gaste den Schaden zu ersetzen, den der Gast durch den Verlust oder die Beschädigung eingebrachter Sachen erleidet. Die Ersatzpflicht tritt nicht ein, wenn der Schaden von dem Gaste, einem Begleiter des Gastes oder einer Person, die er bei sich aufgenommen hat, verursacht wird oder durch die Beschaffenheit der Sachen oder durch höhere Gewalt entsteht.

Als eingebracht gelten die Sachen, welche der Gast dem Gastwirt oder Leuten des Gastwirts, die zur Entgegennahme der Sachen bestellt oder nach den Umständen als dazu bestellt anzusehen waren, übergeben oder an einen ihm von diesen angewiesenen Ort oder in Ermangelung einer Anweisung an den hierzu bestimmten Ort gebracht hat.

Ein Anschlag, durch den der Gastwirt die Haftung ablehnt, ist ohne Wirkung.

2. Wertgrenze.

§ 702.

Für Geld, Wertpapiere und Kostbarkeiten haftet der Gastwirt nach § 701 nur bis zu dem Betrage von eintausend Reichsmark[1]), es sei denn, daß er diese Gegenstände in Kenntnis ihrer Eigenschaft als Wertsachen zur Aufbewahrung übernimmt oder die Aufbewahrung ablehnt oder daß der Schaden von ihm oder von seinen Leuten verschuldet wird.

3. Anzeigepflicht.

§ 703.

Der dem Gaste auf Grund der §§ 701, 702 zustehende Anspruch erlischt, wenn nicht der Gast unverzüglich, nachdem er von dem Verlust oder der Beschädigung Kenntnis erlangt hat, dem Gastwirt Anzeige macht. Der Anspruch erlischt nicht, wenn die Sachen dem Gastwirte zur Aufbewahrung übergeben waren.

---

[1]) Fassung der VO. vom 12. Dez. 1924 § 1 (RGBl. I S. 775).

4. Pfandrecht des Gastwirts.

§ 704.

Der Gastwirt hat für seine Forderungen für Wohnung und andere dem Gaste zur Befriedigung seiner Bedürfnisse gewährte Leistungen, mit Einschluß der Auslagen, ein Pfandrecht an den eingebrachten Sachen des Gastes. Die für das Pfandrecht des Vermieters geltenden Vorschriften des § 559 Satz 3 und der §§ 560 bis 563 finden entsprechende Anwendung.

Vierzehnter Titel. Gesellschaft.

1. Begriff.

§ 705.

Durch den Gesellschaftsvertrag verpflichten sich die Gesellschafter gegenseitig, die Erreichung eines gemeinsamen Zweckes in der durch den Vertrag bestimmten Weise zu fördern, insbesondere die vereinbarten Beiträge zu leisten.

2. Pflichten der Gesellschafter.
Actio pro socio (§§ 706—708).
a) Beiträge (§§ 706, 707).

§ 706.

Die Gesellschafter haben in Ermangelung einer anderen Vereinbarung gleiche Beiträge zu leisten.

Sind vertretbare oder verbrauchbare Sachen beizutragen, so ist im Zweifel anzunehmen, daß sie gemeinschaftliches Eigentum der Gesellschafter werden sollen. Das gleiche gilt von nicht vertretbaren und nicht verbrauchbaren Sachen, wenn sie nach einer Schätzung beizutragen sind, die nicht bloß für die Gewinnverteilung bestimmt ist.

Der Beitrag eines Gesellschafters kann auch in der Leistung von Diensten bestehen.

§ 707.

Zur Erhöhung des vereinbarten Beitrags oder zur Ergänzung der durch Verlust verminderten Einlage ist ein Gesellschafter nicht verpflichtet.

b) Haftungsgrad.

§ 708.

Ein Gesellschafter hat bei der Erfüllung der ihm obliegenden Verpflichtungen nur für diejenige Sorgfalt einzustehen, welche er in eigenen Angelegenheiten anzuwenden pflegt.

3. Geschäftsführung und Vertretung (§§ 709—716).
a) Gemeinschaftliche Geschäftsführung aller Gesellschafter.

§ 709.

Die Führung der Geschäfte der Gesellschaft steht den Gesellschaftern gemeinschaftlich zu; für jedes Geschäft ist die Zustimmung aller Gesellschafter erforderlich.

Hat nach dem Gesellschaftsvertrage die Mehrheit der Stimmen zu entscheiden, so ist die Mehrheit im Zweifel nach der Zahl der Gesellschafter zu berechnen.

b) Gemeinschaftliche Geschäftsführung einz. Gesellschafter. Geschäftsführung eines Sozius.

§ 710.

Ist in dem Gesellschaftsvertrage die Führung der Geschäfte einem Gesellschafter oder mehreren Gesellschaftern übertragen, so sind die übrigen Gesellschafter von der Geschäftsführung ausgeschlossen. Ist die Geschäftsführung mehreren Gesellschaftern übertragen, so finden die Vorschriften des § 709 entsprechende Anwendung.

c) Solidarische Geschäftsführung. Melior est causa prohibentis.

§ 711.

Steht nach dem Gesellschaftsvertrage die Führung der Geschäfte allen oder mehreren Gesellschaftern in der Art zu, daß jeder allein zu handeln berechtigt ist, so kann jeder der Vornahme eines Geschäfts durch den anderen widersprechen. Im Falle des Widerspruchs muß das Geschäft unterbleiben.

d) Entziehung der besonderen (§§ 710, 711) Geschäftsführungsbefugnis.

§ 712.

Die einem Gesellschafter durch den Gesellschaftsvertrag übertragene Befugnis zur Geschäftsführung kann ihm durch einstimmigen Beschluß oder, falls nach dem Gesellschaftsvertrage die Mehrheit der Stimmen entscheidet, durch Mehrheitsbeschluß der übrigen Gesellschafter entzogen werden, wenn ein wichtiger Grund vorliegt; ein solcher Grund ist insbesondere grobe Pflichtverletzung oder Unfähigkeit zur ordnungsmäßigen Geschäftsführung.

Der Gesellschafter kann auch seinerseits die Geschäftsführung kündigen, wenn ein wichtiger Grund vorliegt; die für den Auftrag geltenden Vorschriften des § 671 Abs. 2, 3 finden entsprechende Anwendung.

e) Anwendung des Auftragsrechts.

§ 713.

Die Rechte und Verpflichtungen der geschäftsführenden Gesellschafter bestimmen sich nach den für den Auftrag geltenden Vorschriften der §§ 664 bis 670, soweit sich nicht aus dem Gesellschaftsverhältnis ein anderes ergibt.

f) Vertretungsmacht (§§ 714, 715).
α) **Begründung und Umfang.**

§ 714.

Soweit einem Gesellschafter nach dem Gesellschaftsvertrage die Befugnis zur Geschäftsführung zusteht, ist er im Zweifel auch ermächtigt, die anderen Gesellschafter Dritten gegenüber zu vertreten.

β) **Entziehung.**

§ 715.

Ist im Gesellschaftsvertrag ein Gesellschafter ermächtigt, die anderen Gesellschafter Dritten gegenüber zu vertreten, so kann die Vertretungsmacht nur nach Maßgabe des § 712 Abs. 1 und, wenn sie in Verbindung mit der Befugnis zur Geschäftsführung erteilt worden ist, nur mit dieser entzogen werden.

g) **Kontrollrecht.**

§ 716.

Ein Gesellschafter kann, auch wenn er von der Geschäftsführung ausgeschlossen ist, sich von den Angelegenheiten der Gesellschaft persönlich unterrichten, die Geschäftsbücher und die Papiere der Gesellschaft einsehen und sich aus ihnen eine Übersicht über den Stand des Gesellschaftsvermögens anfertigen.

Eine dieses Recht ausschließende oder beschränkende Vereinbarung steht der Geltendmachung des Rechtes nicht entgegen, wenn Grund zu der Annahme unredlicher Geschäftsführung besteht.

4. Übertragbarkeit der Ansprüche aus der Gesellschaft.

§ 717.

Die Ansprüche, die den Gesellschaftern aus dem Gesellschaftsverhältnisse gegeneinander zustehen, sind nicht übertragbar. Ausgenommen sind die einem Gesellschafter aus seiner Geschäftsführung zustehenden Ansprüche, soweit deren Befriedigung vor der Auseinandersetzung verlangt werden kann, sowie die Ansprüche auf einen Gewinnanteil oder auf dasjenige, was dem Gesellschafter bei der Auseinandersetzung zukommt.

5. Gesellschaftsvermögen (§§ 718—720).
a) **Quellen.**

§ 718.

Die Beiträge der Gesellschafter und die durch die Geschäftsführung für die Gesellschaft erworbenen Gegenstände werden gemeinschaftliches Vermögen der Gesellschafter (Gesellschaftsvermögen).

Zu dem Gesellschaftsvermögen gehört auch, was auf Grund eines zu dem Gesellschaftsvermögen gehörenden Rechtes oder als

Ersatz für die Zerstörung, Beschädigung oder Entziehung eines zu dem Gesellschaftsvermögen gehörenden Gegenstandes erworben wird.

b) **Gesamthandsprinzip.**

§ 719.

Ein Gesellschafter kann nicht über seinen Anteil an dem Gesellschaftsvermögen und an den einzelnen dazu gehörenden Gegenständen verfügen; er ist nicht berechtigt, Teilung zu verlangen.

Gegen eine Forderung, die zum Gesellschaftsvermögen gehört, kann der Schuldner nicht eine ihm gegen einen einzelnen Gesellschafter zustehende Forderung aufrechnen.

c) **Schutz des Schuldners, mit dem der Sozius im eigenen Namen kontrahiert hat.**

§ 720.

Die Zugehörigkeit einer nach § 718 Abs. 1 erworbenen Forderung zum Gesellschaftsvermögen hat der Schuldner erst dann gegen sich gelten zu lassen, wenn er von der Zugehörigkeit Kenntnis erlangt; die Vorschriften der §§ 406 bis 408 finden entsprechende Anwendung.

6. **Gewinn- u. Verlustverteilung** (§§ 721, 722).

§ 721.

Ein Gesellschafter kann den Rechnungsabschluß und die Verteilung des Gewinns und Verlustes erst nach der Auflösung der Gesellschaft verlangen.

Ist die Gesellschaft von längerer Dauer, so hat der Rechnungsabschluß und die Gewinnverteilung im Zweifel am Schlusse jedes Geschäftsjahrs zu erfolgen.

§ 722.

Sind die Anteile der Gesellschafter am Gewinn und Verluste nicht bestimmt, so hat jeder Gesellschafter ohne Rücksicht auf die Art und die Größe seines Beitrags einen gleichen Anteil am Gewinn und Verluste.

Ist nur der Anteil am Gewinn oder am Verluste bestimmt, so gilt die Bestimmung im Zweifel für Gewinn und Verlust.

7. **Beendigung der Gesellschaft** (§§ 723—735).

a) **Beendigungsgründe** (§§ 723—728).

α) **Kündigung eines Gesellschafters** (§§ 723, 724).

§ 723.

Ist die Gesellschaft nicht für eine bestimmte Zeit eingegangen, so kann jeder Gesellschafter sie jederzeit kündigen. Ist eine

Zeitdauer bestimmt, so ist die Kündigung vor dem Ablaufe der Zeit zulässig, wenn ein wichtiger Grund vorliegt; ein solcher Grund ist insbesondere vorhanden, wenn ein anderer Gesellschafter eine ihm nach dem Gesellschaftsvertrag obliegende wesentliche Verpflichtung vorsätzlich oder aus grober Fahrlässigkeit verletzt oder wenn die Erfüllung einer solchen Verpflichtung unmöglich wird. Unter der gleichen Voraussetzung ist, wenn eine Kündigungsfrist bestimmt ist, die Kündigung ohne Einhaltung der Frist zulässig.

Die Kündigung darf nicht zur Unzeit geschehen, es sei denn, daß ein wichtiger Grund für die unzeitige Kündigung vorliegt. Kündigt ein Gesellschafter ohne solchen Grund zur Unzeit, so hat er den übrigen Gesellschaftern den daraus entstehenden Schaden zu ersetzen.

Eine Vereinbarung, durch welche das Kündigungsrecht ausgeschlossen oder diesen Vorschriften zuwider beschränkt wird, ist nichtig.

§ 724.

Ist eine Gesellschaft für die Lebenszeit eines Gesellschafters eingegangen, so kann sie in gleicher Weise gekündigt werden wie eine für unbestimmte Zeit eingegangene Gesellschaft. Dasselbe gilt, wenn eine Gesellschaft nach dem Ablaufe der bestimmten Zeit stillschweigend fortgesetzt wird.

β) Kündigung eines Gläubigers eines Gesellschafters.

§ 725.

Hat ein Gläubiger eines Gesellschafters die Pfändung des Anteils des Gesellschafters an dem Gesellschaftsvermögen erwirkt, so kann er die Gesellschaft ohne Einhaltung einer Kündigungsfrist kündigen, sofern der Schuldtitel nicht bloß vorläufig vollstreckbar ist.

Solange die Gesellschaft besteht, kann der Gläubiger die sich aus dem Gesellschaftsverhältnis ergebenden Rechte des Gesellschafters, mit Ausnahme des Anspruchs auf einen Gewinnanteil, nicht geltend machen.

γ) Zweckerreichung.

§ 726.

Die Gesellschaft endigt, wenn der vereinbarte Zweck erreicht oder dessen Erreichung unmöglich geworden ist.

δ) Tod eines Sozius.

§ 727.

Die Gesellschaft wird durch den Tod eines der Gesellschafter aufgelöst, sofern nicht aus dem Gesellschaftsvertrage sich ein anderes ergibt.

Im Falle der Auflösung hat der Erbe des verstorbenen Gesellschafters den übrigen Gesellschaftern den Tod unverzüglich anzuzeigen und, wenn mit dem Aufschube Gefahr verbunden ist, die seinem Erblasser durch den Gesellschaftsvertrag übertragenen Geschäfte fortzuführen, bis die übrigen Gesellschafter in Gemeinschaft mit ihm anderweit Fürsorge treffen können. Die übrigen Gesellschafter sind in gleicher Weise zur einstweiligen Fortführung der ihnen übertragenen Geschäfte verpflichtet. Die Gesellschaft gilt insoweit als fortbestehend.

ε) Konkurs eines Sozius.

§ 728.

Die Gesellschaft wird durch die Eröffnung des Konkurses über das Vermögen eines Gesellschafters aufgelöst. Die Vorschriften des § 727 Abs. 2 Satz 2, 3 finden Anwendung.

b) Fortdauer der Gesellschaft zugunsten eines gutgläubigen Sozius.

§ 729.

Wird die Gesellschaft in anderer Weise als durch Kündigung aufgelöst, so gilt die einem Gesellschafter durch den Gesellschaftsvertrag übertragene Befugnis zur Geschäftsführung zu seinen Gunsten gleichwohl als fortbestehend, bis er von der Auflösung Kenntnis erlangt oder die Auflösung kennen muß.

c) Auseinandersetzung (§§ 730—735).

α) Schwebende Geschäfte.

§ 730.

Nach der Auflösung der Gesellschaft findet in Ansehung des Gesellschaftsvermögens die Auseinandersetzung unter den Gesellschaftern statt.

Für die Beendigung der schwebenden Geschäfte, für die dazu erforderliche Eingehung neuer Geschäfte sowie für die Erhaltung und Verwaltung des Gesellschaftsvermögens gilt die Gesellschaft als fortbestehend, soweit der Zweck der Auseinandersetzung es erfordert. Die einem Gesellschafter nach dem Gesellschaftsvertrage zustehende Befugnis zur Geschäftsführung erlischt jedoch, wenn nicht aus dem Vertrage sich ein anderes ergibt, mit der Auflösung der Gesellschaft; die Geschäftsführung steht von der Auflösung an allen Gesellschaftern gemeinschaftlich zu.

β) Anwendung der Gemeinschaftsnormen.

§ 731.

Die Auseinandersetzung erfolgt in Ermangelung einer anderen Vereinbarung in Gemäßheit der §§ 732 bis 735.

Im übrigen gelten für die Teilung die Vorschriften über die Gemeinschaft.

γ) **quoad usum eingebrachte Gegenstände.**

§ 732.

Gegenstände, die ein Gesellschafter der Gesellschaft zur Benutzung überlassen hat, sind ihm zurückzugeben. Für einen durch Zufall in Abgang gekommenen oder verschlechterten Gegenstand kann er nicht Ersatz verlangen.

δ) **Befriedigung der Gläubiger. Rückgabe der Einlagen.**

§ 733.

Aus dem Gesellschaftsvermögen sind zunächst die gemeinschaftlichen Schulden mit Einschluß derjenigen zu berichtigen, welche den Gläubigern gegenüber unter den Gesellschaftern geteilt sind oder für welche einem Gesellschafter die übrigen Gesellschafter als Schuldner haften. Ist eine Schuld noch nicht fällig oder ist sie streitig, so ist das zur Berichtigung Erforderliche zurückzubehalten.

Aus dem nach der Berichtigung der Schulden übrig bleibenden Gesellschaftsvermögen sind die Einlagen zurückzuerstatten. Für Einlagen, die nicht in Geld bestanden haben, ist der Wert zu ersetzen, den sie zur Zeit der Einbringung gehabt haben. Für Einlagen, die in der Leistung von Diensten oder in der Überlassung der Benutzung eines Gegenstandes bestanden haben, kann nicht Ersatz verlangt werden.

Zur Berichtigung der Schulden und zur Rückerstattung der Einlagen ist das Gesellschaftsvermögen, soweit erforderlich, in Geld umzusetzen.

ε) **Verteilung des Gewinnes.**

§ 734.

Verbleibt nach der Berichtigung der gemeinschaftlichen Schulden und der Rückerstattung der Einlagen ein Überschuß, so gebührt er den Gesellschaftern nach dem Verhältnis ihrer Anteile am Gewinne.

ζ) **Nachschußpflicht.**

§ 735.

Reicht das Gesellschaftsvermögen zur Berichtigung der gemeinschaftlichen Schulden und zur Rückerstattung der Einlagen nicht aus, so haben die Gesellschafter für den Fehlbetrag nach dem Verhältnis aufzukommen, nach welchem sie den Verlust zu tragen haben. Kann von einem Gesellschafter der auf ihn entfallende Beitrag nicht erlangt werden, so haben die übrigen Gesellschafter den Ausfall nach dem gleichen Verhältnisse zu tragen.

8. Ausscheiden eines Gesellschafters (§§ 736—740).

a) Gründe (§§ 736, 737).

α) **Kündigung und Tod.**

§ 736.

Ist im Gesellschaftsvertrage bestimmt, daß, wenn ein Gesellschafter kündigt oder stirbt oder wenn der Konkurs über sein Vermögen eröffnet wird, die Gesellschaft unter den übrigen Gesellschaftern fortbestehen soll, so scheidet bei dem Eintritt eines solchen Ereignisses der Gesellschafter, in dessen Person es eintritt, aus der Gesellschaft aus.

β) **Ausschluß.**

§ 737.

Ist im Gesellschaftsvertrage bestimmt, daß, wenn ein Gesellschafter kündigt, die Gesellschaft unter den übrigen Gesellschaftern fortbestehen soll, so kann ein Gesellschafter, in dessen Person ein die übrigen Gesellschafter nach § 723 Abs. 1 Satz 2 zur Kündigung berechtigender Umstand eintritt, aus der Gesellschaft ausgeschlossen werden. Das Ausschließungsrecht steht den übrigen Gesellschaftern gemeinschaftlich zu. Die Ausschließung erfolgt durch Erklärung gegenüber dem auszuschließenden Gesellschafter.

b) Wirkungen (§§ 738—740).

α) **Abfindung.**

§ 738.

Scheidet ein Gesellschafter aus der Gesellschaft aus, so wächst sein Anteil am Gesellschaftsvermögen den übrigen Gesellschaftern zu. Diese sind verpflichtet, dem Ausscheidenden die Gegenstände, die er der Gesellschaft zur Benutzung überlassen hat, nach Maßgabe des § 732 zurückzugeben, ihn von den gemeinschaftlichen Schulden zu befreien und ihm dasjenige zu zahlen, was er bei der Auseinandersetzung erhalten würde, wenn die Gesellschaft zur Zeit seines Ausscheidens aufgelöst worden wäre. Sind gemeinschaftliche Schulden noch nicht fällig, so können die übrigen Gesellschafter dem Ausscheidenden, statt ihn zu befreien, Sicherheit leisten.

Der Wert des Gesellschaftsvermögens ist, soweit erforderlich, im Wege der Schätzung zu ermitteln.

β) **Nachschußpflicht.**

§ 739.

Reicht der Wert des Gesellschaftsvermögens zur Deckung der gemeinschaftlichen Schulden und der Einlagen nicht aus, so hat der Ausscheidende den übrigen Gesellschaftern für den Fehlbetrag nach dem Verhältnisse seines Anteils am Verlust aufzukommen.

11*

γ) Schwebende Geschäfte. **§ 740.**

Der Ausgeschiedene nimmt an dem Gewinn und dem Verluste teil, welcher sich aus den zur Zeit seines Ausscheidens schwebenden Geschäften ergibt. Die übrigen Gesellschafter sind berechtigt, diese Geschäfte so zu beendigen, wie es ihnen am vorteilhaftesten erscheint.

Der Ausgeschiedene kann am Schlusse jedes Geschäftsjahrs Rechenschaft über die inzwischen beendigten Geschäfte, Auszahlung des ihm gebührenden Betrags und Auskunft über den Stand der noch schwebenden Geschäfte verlangen.

Fünfzehnter Titel. Gemeinschaft.

1. Begriff und Rechtsquellen. **§ 741.**

Steht ein Recht mehreren gemeinschaftlich zu, so finden, sofern sich nicht aus dem Gesetz ein anderes ergibt, die Vorschriften der §§ 742 bis 758 Anwendung (Gemeinschaft nach Bruchteilen).

2. Größe des Anteils. **§ 742.**

Im Zweifel ist anzunehmen, daß den Teilhabern gleiche Anteile zustehen.

3. Früchte. Gebrauch. **§ 743.**

Jedem Teilhaber gebührt ein seinem Anteil entsprechender Bruchteil der Früchte.

Jeder Teilhaber ist zum Gebrauche des gemeinschaftlichen Gegenstandes insoweit befugt, als nicht der Mitgebrauch der übrigen Teilhaber beeinträchtigt wird.

4. Verwaltung (§§ 744—746).

a) Gemeinschaftliche Verwaltung. **§ 744.**

Die Verwaltung des gemeinschaftlichen Gegenstandes steht den Teilhabern gemeinschaftlich zu.

Jeder Teilhaber ist berechtigt, die zur Erhaltung des Gegenstandes notwendigen Maßregeln ohne Zustimmung der anderen Teilhaber zu treffen; er kann verlangen, daß diese ihre Einwilligung zu einer solchen Maßregel im voraus erteilen.

b) Verwaltung nach Mehrheitsbeschluß. **§ 745.**

Durch Stimmenmehrheit kann eine der Beschaffenheit des gemeinschaftlichen Gegenstandes entsprechende ordnungsmäßige

Verwaltung und Benutzung beschlossen werden. Die Stimmenmehrheit ist nach der Größe der Anteile zu berechnen.

Jeder Teilhaber kann, sofern nicht die Verwaltung und Benutzung durch Vereinbarung oder durch Mehrheitsbeschluß geregelt ist, eine dem Interesse aller Teilhaber nach billigem Ermessen entsprechende Verwaltung und Benutzung verlangen.

Eine wesentliche Veränderung des Gegenstandes kann nicht beschlossen oder verlangt werden. Das Recht des einzelnen Teilhabers auf einen seinem Anteil entsprechenden Bruchteil der Nutzungen kann nicht ohne seine Zustimmung beeinträchtigt werden.

c) Wirkung der Verwaltungsregelung in rem.

§ 746.

Haben die Teilhaber die Verwaltung und Benutzung des gemeinschaftlichen Gegenstandes geregelt, so wirkt die getroffene Bestimmung auch für und gegen die Sondernachfolger.

5. Verfügung.

§ 747.

Jeder Teilhaber kann über seinen Anteil verfügen. Über den gemeinschaftlichen Gegenstand im ganzen können die Teilhaber nur gemeinschaftlich verfügen.

6. Lasten und Kosten.

§ 748.

Jeder Teilhaber ist den anderen Teilhabern gegenüber verpflichtet, die Lasten des gemeinschaftlichen Gegenstandes sowie die Kosten der Erhaltung, der Verwaltung und einer gemeinschaftlichen Benutzung nach dem Verhältnisse seines Anteils zu tragen.

7. Aufhebung der Gemeinschaft (§§ 749—758).

a) Anspruch auf Aufhebung (§§ 749—751).

§ 749.

Jeder Teilhaber kann jederzeit die Aufhebung der Gemeinschaft verlangen.

Wird das Recht, die Aufhebung zu verlangen, durch Vereinbarung für immer oder auf Zeit ausgeschlossen, so kann die Aufhebung gleichwohl verlangt werden, wenn ein wichtiger Grund vorliegt. Unter der gleichen Voraussetzung kann, wenn eine Kündigungsfrist bestimmt wird, die Aufhebung ohne Einhaltung der Frist verlangt werden.

Eine Vereinbarung, durch welche das Recht, die Aufhebung zu verlangen, diesen Vorschriften zuwider ausgeschlossen oder beschränkt wird, ist nichtig.

§ 750.

Haben die Teilhaber das Recht, die Aufhebung der Gemeinschaft zu verlangen, auf Zeit ausgeschlossen, so tritt die Vereinbarung im Zweifel mit dem Tode eines Teilhabers außer Kraft.

§ 751.

Haben die Teilhaber das Recht, die Aufhebung der Gemeinschaft zu verlangen, für immer oder auf Zeit ausgeschlossen oder eine Kündigungsfrist bestimmt, so wirkt die Vereinbarung auch für und gegen die Sondernachfolger. Hat ein Gläubiger die Pfändung des Anteils eines Teilhabers erwirkt, so kann er ohne Rücksicht auf die Vereinbarung die Aufhebung der Gemeinschaft verlangen, sofern der Schuldtitel nicht bloß vorläufig vollstreckbar ist.

b) Teilung (§§ 752—757).

α) Teilung in Natur.

§ 752.

Die Aufhebung der Gemeinschaft erfolgt durch Teilung in Natur, wenn der gemeinschaftliche Gegenstand oder, falls mehrere Gegenstände gemeinschaftlich sind, diese sich ohne Verminderung des Wertes in gleichartige, den Anteilen der Teilhaber entsprechende Teile zerlegen lassen. Die Verteilung gleicher Teile unter die Teilhaber geschieht durch das Los.

β) Teilung des Erlöses.

§ 753.

Ist die Teilung in Natur ausgeschlossen, so erfolgt die Aufhebung der Gemeinschaft durch Verkauf des gemeinschaftlichen Gegenstandes nach den Vorschriften über den Pfandverkauf, bei Grundstücken durch Zwangsversteigerung, und durch Teilung des Erlöses. Ist die Veräußerung an einen Dritten unstatthaft, so ist der Gegenstand unter den Teilhabern zu versteigern.

Hat der Versuch, den Gegenstand zu verkaufen, keinen Erfolg, so kann jeder Teilhaber die Wiederholung verlangen; er hat jedoch die Kosten zu tragen, wenn der wiederholte Versuch mißlingt.

γ) Teilung von Forderungen.

§ 754.

Der Verkauf einer gemeinschaftlichen Forderung ist nur zulässig, wenn sie noch nicht eingezogen werden kann. Ist die Einziehung möglich, so kann jeder Teilhaber gemeinschaftliche Einziehung verlangen.

δ) Schuldenberichtigung (§§ 755, 756).

§ 755.

Haften die Teilhaber als Gesamtschuldner für eine Verbindlichkeit, die sie in Gemäßheit des § 748 nach dem Verhältnis ihrer Anteile zu erfüllen haben oder die sie zum Zwecke der Erfüllung einer solchen Verbindlichkeit eingegangen sind, so kann jeder Teilhaber bei der Aufhebung der Gemeinschaft verlangen, daß die Schuld aus dem gemeinschaftlichen Gegenstande berichtigt wird.

Der Anspruch kann auch gegen die Sondernachfolger geltend gemacht werden.

Soweit zur Berichtigung der Schuld der Verkauf des gemeinschaftlichen Gegenstandes erforderlich ist, hat der Verkauf nach § 753 zu erfolgen.

§ 756.

Hat ein Teilhaber gegen einen anderen Teilhaber eine Forderung, die sich auf die Gemeinschaft gründet, so kann er bei der Aufhebung der Gemeinschaft die Berichtigung seiner Forderung aus dem auf den Schuldner entfallenden Teile des gemeinschaftlichen Gegenstandes verlangen. Die Vorschriften des § 755 Abs. 2, 3 finden Anwendung.

ε) Mängelhaftung.

§ 757.

Wird bei der Aufhebung der Gemeinschaft ein gemeinschaftlicher Gegenstand einem der Teilhaber zugeteilt, so hat wegen eines Mangels im Rechte oder wegen eines Mangels der Sache jeder der übrigen Teilhaber zu seinem Anteil in gleicher Weise wie ein Verkäufer Gewähr zu leisten.

c) Verjährung.

§ 758.

Der Anspruch auf Aufhebung der Gemeinschaft unterliegt nicht der Verjährung.

Sechzehnter Titel. **Leibrente.**

1. Auslegungsregeln.

§ 759.

Wer zur Gewährung einer Leibrente verpflichtet ist, hat die Rente im Zweifel für die Lebensdauer des Gläubigers zu entrichten.

Der für die Rente bestimmte Betrag ist im Zweifel der Jahresbetrag der Rente.

2. Vorauszahlung.

§ 760.

Die Leibrente ist im voraus zu entrichten.

Eine Geldrente ist für drei Monate vorauszuzahlen; bei einer anderen Rente bestimmt sich der Zeitabschnitt, für den sie im voraus zu entrichten ist, nach der Beschaffenheit und dem Zwecke der Rente.

Hat der Gläubiger den Beginn des Zeitabschnitts erlebt, für den die Rente im voraus zu entrichten ist, so gebührt ihm der volle auf den Zeitabschnitt entfallende Betrag.

3. Form.

§ 761.

Zur Gültigkeit eines Vertrags, durch den eine Leibrente versprochen wird, ist, soweit nicht eine andere Form vorgeschrieben ist, schriftliche Erteilung des Versprechens erforderlich.

Siebzehnter Titel. Spiel. Wette.

1. Grundsatz.

§ 762.

Durch Spiel oder durch Wette wird eine Verbindlichkeit nicht begründet. Das auf Grund des Spieles oder der Wette Geleistete kann nicht deshalb zurückgefordert werden, weil eine Verbindlichkeit nicht bestanden hat.

Diese Vorschriften gelten auch für eine Vereinbarung, durch die der verlierende Teil zum Zwecke der Erfüllung einer Spiel- oder einer Wettschuld dem gewinnenden Teile gegenüber eine Verbindlichkeit eingeht, insbesondere für ein Schuldanerkenntnis.

2. Lotterie- und Ausspielvertrag insbesondere.

§ 763.

Ein Lotterievertrag oder ein Ausspielvertrag ist verbindlich, wenn die Lotterie oder die Ausspielung staatlich genehmigt ist. Anderenfalls finden die Vorschriften des § 762 Anwendung.

3. Differenzgeschäft.

§ 764.

Wird ein auf Lieferung von Waren oder Wertpapieren lautender Vertrag in der Absicht geschlossen, daß der Unterschied zwischen dem vereinbarten Preise und dem Börsen- oder Marktpreise der Lieferungszeit von dem verlierenden Teile an den gewinnenden gezahlt werden soll, so ist der Vertrag als Spiel anzusehen. Dies gilt auch dann, wenn nur die Absicht des einen Teiles auf die Zahlung des Unterschieds gerichtet ist, der andere Teil aber diese Absicht kennt oder kennen muß.

Achtzehnter Titel. Bürgschaft.

1. Begriff.

§ 765.

Durch den Bürgschaftsvertrag verpflichtet sich der Bürge gegenüber dem Gläubiger eines Dritten, für die Erfüllung der Verbindlichkeit des Dritten einzustehen.

Die Bürgschaft kann auch für eine künftige oder eine bedingte Verbindlichkeit übernommen werden.

2. Form.

§ 766.

Zur Gültigkeit des Bürgschaftsvertrags ist schriftliche Erteilung der Bürgschaftserklärung erforderlich. Soweit der Bürge die Hauptverbindlichkeit erfüllt, wird der Mangel der Form geheilt.

3. Prinzip der Akzessorietät der Bürgenschuld (§§ 767, 768).

a) Umfang der Bürgenschuld.

§ 767.

Für die Verpflichtung des Bürgen ist der jeweilige Bestand der Hauptverbindlichkeit maßgebend. Dies gilt insbesondere auch, wenn die Hauptverbindlichkeit durch Verschulden oder Verzug des Hauptschuldners geändert wird. Durch ein Rechtsgeschäft, das der Hauptschuldner nach der Übernahme der Bürgschaft vornimmt, wird die Verpflichtung des Bürgen nicht erweitert.

Der Bürge haftet für die dem Gläubiger von dem Hauptschuldner zu ersetzenden Kosten der Kündigung und der Rechtsverfolgung.

b) Einreden.

§ 768.

Der Bürge kann die dem Hauptschuldner zustehenden Einreden geltend machen. Stirbt der Hauptschuldner, so kann sich der Bürge nicht darauf berufen, daß der Erbe für die Verbindlichkeit nur beschränkt haftet.

Der Bürge verliert eine Einrede nicht dadurch, daß der Hauptschuldner auf sie verzichtet.

4. Mitbürgen.

§ 769.

Verbürgen sich mehrere für dieselbe Verbindlichkeit, so haften sie als Gesamtschuldner, auch wenn sie die Bürgschaft nicht gemeinschaftlich übernehmen.

5. Anfechtbarkeit der Hauptschuld. Aufrechnungsrecht des Gläubigers.

§ 770.

Der Bürge kann die Befriedigung des Gläubigers verweigern, solange dem Hauptschuldner das Recht zusteht, das seiner Verbindlichkeit zugrunde liegende Rechtsgeschäft anzufechten.

Die gleiche Befugnis hat der Bürge, solange sich der Gläubiger durch Aufrechnung gegen eine fällige Forderung des Hauptschuldners befriedigen kann.

6. Beneficium excussionis (§§ 771—773).

a) Regel.

§ 771.

Der Bürge kann die Befriedigung des Gläubigers verweigern, solange nicht der Gläubiger eine Zwangsvollstreckung gegen den Hauptschuldner ohne Erfolg versucht hat (Einrede der Vorausklage).

b) Einschränkung des Beneficium.

§ 772.

Besteht die Bürgschaft für eine Geldforderung, so muß die Zwangsvollstreckung in die beweglichen Sachen des Hauptschuldners an seinem Wohnsitz und, wenn der Hauptschuldner an einem anderen Orte eine gewerbliche Niederlassung hat, auch an diesem Orte, in Ermangelung eines Wohnsitzes und einer gewerblichen Niederlassung an seinem Aufenthaltsorte versucht werden.

Steht dem Gläubiger ein Pfandrecht oder ein Zurückbehaltungsrecht an einer beweglichen Sache des Hauptschuldners zu, so muß er auch aus dieser Sache Befriedigung suchen. Steht dem Gläubiger ein solches Recht an der Sache auch für eine andere Forderung zu, so gilt dies nur, wenn beide Forderungen durch den Wert der Sache gedeckt werden.

c) Ausschluß des Beneficium.

§ 773.

Die Einrede der Vorausklage ist ausgeschlossen:

1. wenn der Bürge auf die Einrede verzichtet, insbesondere wenn er sich als Selbstschuldner verbürgt hat;
2. wenn die Rechtsverfolgung gegen den Hauptschuldner infolge einer nach der Übernahme der Bürgschaft eingetretenen Änderung des Wohnsitzes, der gewerblichen Niederlassung oder des Aufenthaltsorts des Hauptschuldners wesentlich erschwert ist;

3. wenn über das Vermögen des Hauptschuldners der Konkurs eröffnet ist;
4. wenn anzunehmen ist, daß die Zwangsvollstreckung in das Vermögen des Hauptschuldners nicht zur Befriedigung des Gläubigers führen wird.

In den Fällen der Nr. 3, 4 ist die Einrede insoweit zulässig, als sich der Gläubiger aus einer beweglichen Sache des Hauptschuldners befriedigen kann, an der er ein Pfandrecht oder ein Zurückbehaltungsrecht hat; die Vorschrift des § 772 Abs. 2 Satz 2 findet Anwendung.

7. Regreß. Cessio legis.

§ 774.

Soweit der Bürge den Gläubiger befriedigt, geht die Forderung des Gläubigers gegen den Hauptschuldner auf ihn über. Der Übergang kann nicht zum Nachteile des Gläubigers geltend gemacht werden. Einwendungen des Hauptschuldners aus einem zwischen ihm und dem Bürgen bestehenden Rechtsverhältnisse bleiben unberührt.

Mitbürgen haften einander nur nach § 426.

8. Beendigung der Bürgschaft (§§ 775—777).

a) Anspruch auf Befreiung.

§ 775.

Hat sich der Bürge im Auftrage des Hauptschuldners verbürgt oder stehen ihm nach den Vorschriften über die Geschäftsführung ohne Auftrag wegen der Übernahme der Bürgschaft die Rechte eines Beauftragten gegen den Hauptschuldner zu, so kann er von diesem Befreiung von der Bürgschaft verlangen:
1. wenn sich die Vermögensverhältnisse des Hauptschuldners wesentlich verschlechtert haben;
2. wenn die Rechtsverfolgung gegen den Hauptschuldner infolge einer nach der Übernahme der Bürgschaft eingetretenen Änderung des Wohnsitzes, der gewerblichen Niederlassung oder des Aufenthaltsorts des Hauptschuldners wesentlich erschwert ist;
3. wenn der Hauptschuldner mit der Erfüllung seiner Verbindlichkeit im Verzug ist;
4. wenn der Gläubiger gegen den Bürgen ein vollstreckbares Urteil auf Erfüllung erwirkt hat.

Ist die Hauptverbindlichkeit noch nicht fällig, so kann der Hauptschuldner dem Bürgen, statt ihn zu befreien, Sicherheit leisten.

b) **Erlöschen der Haftung durch Beeinträchtigung d. Regresses.**

§ 776.

Gibt der Gläubiger ein mit der Forderung verbundenes Vorzugsrecht, eine für sie bestehende Hypothek, ein für sie bestehendes Pfandrecht oder das Recht gegen einen Mitbürgen auf, so wird der Bürge insoweit frei, als er aus dem aufgegebenen Rechte nach § 774 hätte Ersatz erlangen können. Dies gilt auch dann, wenn das aufgegebene Recht erst nach der Übernahme der Bürgschaft entstanden ist.

c) **Zeitablauf (Nachfrist).**

§ 777.

Hat sich der Bürge für eine bestehende Verbindlichkeit auf bestimmte Zeit verbürgt, so wird er nach dem Ablaufe der bestimmten Zeit frei, wenn nicht der Gläubiger die Einziehung der Forderung unverzüglich nach Maßgabe des § 772 betreibt, das Verfahren ohne wesentliche Verzögerung fortsetzt und unverzüglich nach der Beendigung des Verfahrens dem Bürgen anzeigt, daß er ihn in Anspruch nehme. Steht dem Bürgen die Einrede der Vorausklage nicht zu, so wird er nach dem Ablaufe der bestimmten Zeit frei, wenn nicht der Gläubiger ihm unverzüglich diese Anzeige macht.

Erfolgt die Anzeige rechtzeitig, so beschränkt sich die Haftung des Bürgen im Falle des Abs. 1 Satz 1 auf den Umfang, den die Hauptverbindlichkeit zur Zeit der Beendigung des Verfahrens hat, im Falle des Abs. 1 Satz 2 auf den Umfang, den die Hauptverbindlichkeit bei dem Ablaufe der bestimmten Zeit hat.

9. **Kreditauftrag (Mandatum qualificatum).**

§ 778.

Wer einen anderen beauftragt, im eigenen Namen und auf eigene Rechnung einem Dritten Kredit zu geben, haftet dem Beauftragten für die aus der Kreditgewährung entstehende Verbindlichkeit des Dritten als Bürge.

Neunzehnter Titel. **Vergleich.**

Irrtum über die Vertragsgrundlage.

§ 779.

Ein Vertrag, durch den der Streit oder die Ungewißheit der Parteien über ein Rechtsverhältnis im Wege gegenseitigen Nachgebens beseitigt wird (Vergleich), ist unwirksam, wenn der nach dem Inhalte des Vertrags als feststehend zugrunde gelegte Sachverhalt der Wirklichkeit nicht entspricht und der Streit oder die Ungewißheit bei Kenntnis der Sachlage nicht entstanden sein würde.

Der Ungewißheit über ein Rechtsverhältnis steht es gleich, wenn die Verwirklichung eines Anspruchs unsicher ist.

Zwanzigster Titel.
Schuldversprechen. Schuldanerkenntnis.

1. Schuldversprechen.

§ 780.

Zur Gültigkeit eines Vertrags, durch den eine Leistung in der Weise versprochen wird, daß das Versprechen die Verpflichtung selbständig begründen soll (Schuldversprechen), ist, soweit nicht eine andere Form vorgeschrieben ist, schriftliche Erteilung des Versprechens erforderlich.

2. Schuldanerkenntnis.

§ 781.

Zur Gültigkeit eines Vertrags, durch den das Bestehen eines Schuldverhältnisses anerkannt wird (Schuldanerkenntnis), ist schriftliche Erteilung der Anerkennungserklärung erforderlich. Ist für die Begründung des Schuldverhältnisses, dessen Bestehen anerkannt wird, eine andere Form vorgeschrieben, so bedarf der Anerkennungsvertrag dieser Form.

3. Abrechnung. Vergleich.

§ 782.

Wird ein Schuldversprechen oder ein Schuldanerkenntnis auf Grund einer Abrechnung oder im Wege des Vergleichs erteilt, so ist die Beobachtung der in den §§ 780, 781 vorgeschriebenen schriftlichen Form nicht erforderlich.

Einundzwanzigster Titel. Anweisung.

1. Erfordernisse.
Doppelermächtigung.

§ 783.

Händigt jemand eine Urkunde, in der er einen anderen anweist, Geld, Wertpapiere oder andere vertretbare Sachen an einen Dritten zu leisten, dem Dritten aus, so ist dieser ermächtigt, die Leistung bei dem Angewiesenen im eigenen Namen zu erheben; der Angewiesene ist ermächtigt, für Rechnung des Anweisenden an den Anweisungsempfänger zu leisten.

2. Annahme (§§ 784—786).
a) Form und Wirkung.

§ 784.

Nimmt der Angewiesene die Anweisung an, so ist er dem Anweisungsempfänger gegenüber zur Leistung verpflichtet; er kann ihm nur solche Einwendungen entgegensetzen, welche die Gültigkeit der Annahme betreffen oder sich aus dem Inhalte der Anweisung oder dem Inhalte der Annahme ergeben oder dem Angewiesenen unmittelbar gegen den Anweisungsempfänger zustehen.

Die Annahme erfolgt durch einen schriftlichen Vermerk auf der Anweisung. Ist der Vermerk auf die Anweisung vor der Aushändigung an den Anweisungsempfänger gesetzt worden, so wird die Annahme diesem gegenüber erst mit der Aushändigung wirksam.

b) **Einlösungspapier.** **§ 785.**

Der Angewiesene ist nur gegen Aushändigung der Anweisung zur Leistung verpflichtet.

c) **Verjährung.** **§ 786.**

Der Anspruch des Anweisungsempfängers gegen den Angewiesenen aus der Annahme verjährt in drei Jahren.

3. **Anweisung auf Schuld.** **§ 787.**

Im Falle einer Anweisung auf Schuld wird der Angewiesene durch die Leistung in deren Höhe von der Schuld befreit.

Zur Annahme der Anweisung oder zur Leistung an den Anweisungsempfänger ist der Angewiesene dem Anweisenden gegenüber nicht schon deshalb verpflichtet, weil er Schuldner des Anweisenden ist.

4. **Qui delegat non solvit.** **§ 788.**

Erteilt der Anweisende die Anweisung zu dem Zwecke, um seinerseits eine Leistung an den Anweisungsempfänger zu bewirken, so wird die Leistung, auch wenn der Angewiesene die Anweisung annimmt, erst mit der Leistung des Angewiesenen an den Anweisungsempfänger bewirkt.

5. **Anzeigepflicht.** **§ 789.**

Verweigert der Angewiesene vor dem Eintritte der Leistungszeit die Annahme der Anweisung oder verweigert er die Leistung, so hat der Anweisungsempfänger dem Anweisenden unverzüglich Anzeige zu machen. Das gleiche gilt, wenn der Anweisungsempfänger die Anweisung nicht geltend machen kann oder will.

6. Erlöschen der Anweisung (§§ 790, 791).

a) Widerruf.

§ 790.

Der Anweisende kann die Anweisung dem Angewiesenen gegenüber widerrufen, solange nicht der Angewiesene sie dem Anweisungsempfänger gegenüber angenommen oder die Leistung bewirkt hat. Dies gilt auch dann, wenn der Anweisende durch den Widerruf einer ihm gegen den Anweisungsempfänger obliegenden Verpflichtung zuwiderhandelt.

b) Tod. Verlust der Geschäftsfähigkeit.

§ 791.

Die Anweisung erlischt nicht durch den Tod oder den Eintritt der Geschäftsunfähigkeit eines der Beteiligten.

7. Übertragung der Anweisung.

§ 792.

Der Anweisungsempfänger kann die Anweisung durch Vertrag mit einem Dritten auf diesen übertragen, auch wenn sie noch nicht angenommen worden ist. Die Übertragungserklärung bedarf der schriftlichen Form. Zur Übertragung ist die Aushändigung der Anweisung an den Dritten erforderlich.

Der Anweisende kann die Übertragung ausschließen. Die Ausschließung ist dem Angewiesenen gegenüber nur wirksam, wenn sie aus der Anweisung zu entnehmen ist oder wenn sie von dem Anweisenden dem Angewiesenen mitgeteilt wird, bevor dieser die Anweisung annimmt oder die Leistung bewirkt.

Nimmt der Angewiesene die Anweisung dem Erwerber gegenüber an, so kann er aus einem zwischen ihm und dem Anweisungsempfänger bestehenden Rechtsverhältnis Einwendungen nicht herleiten. Im übrigen finden auf die Übertragung der Anweisung die für die Abtretung einer Forderung geltenden Vorschriften entsprechende Anwendung.

Zweiundzwanzigster Titel.

Schuldverschreibung auf den Inhaber.

1. Begriff und Entstehung (§§ 793—795).

a) Inhalt und Form der Urkunde. Legitimation des Inhabers.

§ 793.

Hat jemand eine Urkunde ausgestellt, in der er dem Inhaber der Urkunde eine Leistung verspricht (Schuldverschreibung auf den Inhaber), so kann der Inhaber von ihm die Leistung nach Maßgabe des Versprechens verlangen, es sei denn, daß er zur Verfügung über die Urkunde nicht berechtigt ist. Der Aussteller wird jedoch auch durch die Leistung an einen nicht zur Verfügung berechtigten Inhaber befreit.

Die Gültigkeit der Unterzeichnung kann durch eine in die Urkunde aufgenommene Bestimmung von der Beobachtung einer besonderen Form abhängig gemacht werden. Zur Unterzeichnung genügt eine im Wege der mechanischen Vervielfältigung hergestellte Namensunterschrift.

b) Kreationstheorie. **§ 794.**

Der Aussteller wird aus einer Schuldverschreibung auf den Inhaber auch dann verpflichtet, wenn sie ihm gestohlen worden oder verlorengegangen oder wenn sie sonst ohne seinen Willen in den Verkehr gelangt ist.

Auf die Wirksamkeit einer Schuldverschreibung auf den Inhaber ist es ohne Einfluß, wenn die Urkunde ausgegeben wird, nachdem der Aussteller gestorben oder geschäftsunfähig geworden ist.

c) Staatliche Genehmigung. **§ 795.**

Im Inland ausgestellte Schuldverschreibungen auf den Inhaber, in denen die Zahlung einer bestimmten Geldsumme versprochen wird, dürfen nur mit staatlicher Genehmigung in den Verkehr gebracht werden.

Die Genehmigung wird durch die Zentralbehörde des Landes[1]) erteilt, in dessen Gebiete der Aussteller seinen Wohnsitz oder seine gewerbliche Niederlassung hat. Die Erteilung der Genehmigung und die Bestimmungen, unter denen sie erfolgt, sollen durch den Deutschen Reichsanzeiger bekanntgemacht werden.

Eine ohne staatliche Genehmigung in den Verkehr gelangte Schuldverschreibung ist nichtig; der Aussteller hat dem Inhaber den durch die Ausgabe verursachten Schaden zu ersetzen.

Diese Vorschriften finden keine Anwendung auf Schuldverschreibungen, die von dem Reiche oder einem Lande[1]) ausgegeben werden.

2. Einwendungen. **§ 796.**

Der Aussteller kann dem Inhaber der Schuldverschreibung nur solche Einwendungen entgegensetzen, welche die Gültigkeit der Ausstellung betreffen oder sich aus der Urkunde ergeben oder dem Aussteller unmittelbar gegen den Inhaber zustehen.

---

[1]) Fassung auf Grund der Reichsverfassung Art. 179.

3. Einlösungspapier.

§ 797.

Der Aussteller ist nur gegen Aushändigung der Schuldverschreibung zur Leistung verpflichtet. Mit der Aushändigung erwirbt er das Eigentum an der Urkunde, auch wenn der Inhaber zur Verfügung über sie nicht berechtigt ist.

4. Urkundenerneuerung bei Beschädigung der Urkunde.

§ 798.

Ist eine Schuldverschreibung auf den Inhaber infolge einer Beschädigung oder einer Verunstaltung zum Umlaufe nicht mehr geeignet, so kann der Inhaber, sofern ihr wesentlicher Inhalt und ihre Unterscheidungsmerkmale noch mit Sicherheit erkennbar sind, von dem Aussteller die Erteilung einer neuen Schuldverschreibung auf den Inhaber gegen Aushändigung der beschädigten oder verunstalteten verlangen. Die Kosten hat er zu tragen und vorzuschießen.

5. Kraftloserklärung (§§ 799, 800).

§ 799.

Eine abhanden gekommene oder vernichtete Schuldverschreibung auf den Inhaber kann, wenn nicht in der Urkunde das Gegenteil bestimmt ist, im Wege des Aufgebotsverfahrens für kraftlos erklärt werden. Ausgenommen sind Zins-, Renten- und Gewinnanteilscheine sowie die auf Sicht zahlbaren unverzinslichen Schuldverschreibungen.

Der Aussteller ist verpflichtet, dem bisherigen Inhaber auf Verlangen die zur Erwirkung des Aufgebots oder der Zahlungssperre erforderliche Auskunft zu erteilen und die erforderlichen Zeugnisse auszustellen. Die Kosten der Zeugnisse hat der bisherige Inhaber zu tragen und vorzuschießen.

§ 800.

Ist eine Schuldverschreibung auf den Inhaber für kraftlos erklärt, so kann derjenige, welcher das Ausschlußurteil erwirkt hat, von dem Aussteller, unbeschadet der Befugnis, den Anspruch aus der Urkunde geltend zu machen, die Erteilung einer neuen Schuldverschreibung auf den Inhaber an Stelle der für kraftlos erklärten verlangen. Die Kosten hat er zu tragen und vorzuschießen.

6. Verjährung (§§ 801, 802).

§ 801.

Der Anspruch aus einer Schuldverschreibung auf den Inhaber erlischt mit dem Ablaufe von dreißig Jahren nach dem Eintritte der für die Leistung bestimmten Zeit, wenn nicht die

Urkunde vor dem Ablaufe der dreißig Jahre dem Aussteller zur Einlösung vorgelegt wird. Erfolgt die Vorlegung, so verjährt der Anspruch in zwei Jahren von dem Ende der Vorlegungsfrist an. Der Vorlegung steht die gerichtliche Geltendmachung des Anspruchs aus der Urkunde gleich.

Bei Zins-, Renten- und Gewinnanteilscheinen beträgt die Vorlegungsfrist vier Jahre. Die Frist beginnt mit dem Schlusse des Jahres, in welchem die für die Leistung bestimmte Zeit eintritt.

Die Dauer und der Beginn der Vorlegungsfrist können von dem Aussteller in der Urkunde anders bestimmt werden.

§ 802.

Der Beginn und der Lauf der Vorlegungsfrist sowie der Verjährung werden durch die Zahlungssperre zugunsten des Antragstellers gehemmt. Die Hemmung beginnt mit der Stellung des Antrags auf Zahlungssperre; sie endigt mit der Erledigung des Aufgebotsverfahrens und, falls die Zahlungssperre vor der Einleitung des Verfahrens verfügt worden ist, auch dann, wenn seit der Beseitigung des der Einleitung entgegenstehenden Hindernisses sechs Monate verstrichen sind und nicht vorher die Einleitung beantragt worden ist. Auf diese Frist finden die Vorschriften der §§ 203, 206, 207 entsprechende Anwendung.

7. Selbständigkeit des Zinsscheins.

§ 803.

Werden für eine Schuldverschreibung auf den Inhaber Zinsscheine ausgegeben, so bleiben die Scheine, sofern sie nicht eine gegenteilige Bestimmung enthalten, in Kraft, auch wenn die Hauptforderung erlischt oder die Verpflichtung zur Verzinsung aufgehoben oder geändert wird.

Werden solche Zinsscheine bei der Einlösung der Hauptschuldverschreibung nicht zurückgegeben, so ist der Aussteller berechtigt, den Betrag zurückzubehalten, den er nach Abs. 1 für die Scheine zu zahlen verpflichtet ist.

8. Keine Kraftloserklärung von Zins-, Renten- und Gewinnanteilscheinen.

§ 804.

Ist ein Zins-, Renten- oder Gewinnanteilschein abhanden gekommen oder vernichtet und hat der bisherige Inhaber den Verlust dem Aussteller vor dem Ablaufe der Vorlegungsfrist angezeigt, so kann der bisherige Inhaber nach dem Ablaufe der Frist die Leistung von dem Aussteller verlangen. Der Anspruch ist ausgeschlossen, wenn der abhanden gekommene Schein dem Aussteller zur Einlösung vorgelegt oder der Anspruch aus dem Scheine gerichtlich geltend gemacht worden ist, es sei denn, daß die Vorlegung oder die gerichtliche Geltendmachung nach dem Ablaufe der Frist erfolgt ist. Der Anspruch verjährt in vier Jahren.

In dem Zins-, Renten- oder Gewinnanteilscheine kann der im Abs. 1 bestimmte Anspruch ausgeschlossen werden.

9. Erneuerungsschein.

§ 805.

Neue Zins- oder Rentenscheine für eine Schuldverschreibung auf den Inhaber dürfen an den Inhaber der zum Empfange der Scheine ermächtigenden Urkunde (Erneuerungsschein) nicht ausgegeben werden, wenn der Inhaber der Schuldverschreibung der Ausgabe widersprochen hat. Die Scheine sind in diesem Falle dem Inhaber der Schuldverschreibung auszuhändigen, wenn er die Schuldverschreibung vorlegt.

10. Umwandlung in ein Namenspapier.

§ 806.

Die Umschreibung einer auf den Inhaber lautenden Schuldverschreibung auf den Namen eines bestimmten Berechtigten kann nur durch den Aussteller erfolgen. Der Aussteller ist zur Umschreibung nicht verpflichtet.

11. Inhaberzeichen.

§ 807.

Werden Karten, Marken oder ähnliche Urkunden, in denen ein Gläubiger nicht bezeichnet ist, von dem Aussteller unter Umständen ausgegeben, aus welchen sich ergibt, daß er dem Inhaber zu einer Leistung verpflichtet sein will, so finden die Vorschriften des § 793 Abs. 1 und der §§ 794, 796, 797 entsprechende Anwendung.

12. Legitimationspapiere.

§ 808.

Wird eine Urkunde, in welcher der Gläubiger benannt ist, mit der Bestimmung ausgegeben, daß die in der Urkunde versprochene Leistung an jeden Inhaber bewirkt werden kann, so wird der Schuldner durch die Leistung an den Inhaber der Urkunde befreit. Der Inhaber ist nicht berechtigt, die Leistung zu verlangen.

Der Schuldner ist nur gegen Aushändigung der Urkunde zur Leistung verpflichtet. Ist die Urkunde abhanden gekommen oder vernichtet, so kann sie, wenn nicht ein anderes bestimmt ist, im Wege des Aufgebotsverfahrens für kraftlos erklärt werden. Die im § 802 für die Verjährung gegebenen Vorschriften finden Anwendung.

Dreiundzwanzigster Titel. Vorlegung von Sachen.

1. Voraussetzungen der actio ad exhibendum im allgemeinen.

§ 809.

Wer gegen den Besitzer einer Sache einen Anspruch in Ansehung der Sache hat oder sich Gewißheit verschaffen will, ob ihm ein solcher Anspruch zusteht, kann, wenn die Besichtigung der Sache aus diesem Grunde für ihn von Interesse ist, verlangen, daß der Besitzer ihm die Sache zur Besichtigung vorlegt oder die Besichtigung gestattet.

2. Urkundenedition insbesondere.

§ 810.

Wer ein rechtliches Interesse daran hat, eine in fremdem Besitze befindliche Urkunde einzusehen, kann von dem Besitzer die Gestattung der Einsicht verlangen, wenn die Urkunde in seinem Interesse errichtet oder in der Urkunde ein zwischen ihm und einem anderen bestehendes Rechtsverhältnis beurkundet ist oder wenn die Urkunde Verhandlungen über ein Rechtsgeschäft enthält, die zwischen ihm und einem anderen oder zwischen einem von beiden und einem gemeinschaftlichen Vermittler gepflogen worden sind.

3. Vorlegungsort.

§ 811.

Die Vorlegung hat in den Fällen der §§ 809, 810 an dem Orte zu erfolgen, an welchem sich die vorzulegende Sache befindet. Jeder Teil kann die Vorlegung an einem anderen Orte verlangen, wenn ein wichtiger Grund vorliegt.

Die Gefahr und die Kosten hat derjenige zu tragen, welcher die Vorlegung verlangt. Der Besitzer kann die Vorlegung verweigern, bis ihm der andere Teil die Kosten vorschießt und wegen der Gefahr Sicherheit leistet.

Vierundzwanzigster Titel.
Ungerechtfertigte Bereicherung.

1. Gründe der Herausgabepflicht (§§ 812—817).

a) Condictio sine causa, ob causam finitam, ob causam datorum.

§ 812.

Wer durch die Leistung eines anderen oder in sonstiger Weise auf dessen Kosten etwas ohne rechtlichen Grund erlangt, ist ihm zur Herausgabe verpflichtet. Diese Verpflichtung besteht auch dann, wenn der rechtliche Grund später wegfällt oder der mit einer Leistung nach dem Inhalte des Rechtsgeschäfts bezweckte Erfolg nicht eintritt.

Als Leistung gilt auch die durch Vertrag erfolgte Anerkennung des Bestehens oder des Nichtbestehens eines Schuldverhältnisses.

b) Condictio indebiti (§§ 813, 814).

§ 813.

Das zum Zwecke der Erfüllung einer Verbindlichkeit Geleistete kann auch dann zurückgefordert werden, wenn dem Anspruch eine Einrede entgegenstand, durch welche die Geltendmachung des Anspruchs dauernd ausgeschlossen wurde. Die Vorschrift des § 222 Abs. 2 bleibt unberührt.

Wird eine betagte Verbindlichkeit vorzeitig erfüllt, so ist die Rückforderung ausgeschlossen; die Erstattung von Zwischenzinsen kann nicht verlangt werden.

§ 814.

Das zum Zwecke der Erfüllung einer Verbindlichkeit Geleistete kann nicht zurückgefordert werden, wenn der Leistende gewußt hat, daß er zur Leistung nicht verpflichtet war, oder wenn die Leistung einer sittlichen Pflicht oder einer auf den Anstand zu nehmenden Rücksicht entsprach.

c) Condictio ob causam datorum.

§ 815.

Die Rückforderung wegen Nichteintritts des mit einer Leistung bezweckten Erfolges ist ausgeschlossen, wenn der Eintritt des Erfolges von Anfang an unmöglich war und der Leistende dies gewußt hat oder wenn der Leistende den Eintritt des Erfolges wider Treu und Glauben verhindert hat.

d) Verfügung eines Nichtberechtigten.

§ 816.

Trifft ein Nichtberechtigter über einen Gegenstand eine Verfügung, die dem Berechtigten gegenüber wirksam ist, so ist er dem Berechtigten zur Herausgabe des durch die Verfügung Erlangten verpflichtet. Erfolgt die Verfügung unentgeltlich, so trifft die gleiche Verpflichtung denjenigen, welcher auf Grund der Verfügung unmittelbar einen rechtlichen Vorteil erlangt.

Wird an einen Nichtberechtigten eine Leistung bewirkt, die dem Berechtigten gegenüber wirksam ist, so ist der Nichtberechtigte dem Berechtigten zur Herausgabe des Geleisteten verpflichtet.

e) Condictio ob turpem vel iniustam causam.

§ 817.

War der Zweck einer Leistung in der Art bestimmt, daß der Empfänger durch die Annahme gegen ein gesetzliches Verbot oder gegen die guten Sitten verstoßen hat, so ist der Empfänger zur Herausgabe verpflichtet. Die Rückforderung ist ausgeschlossen, wenn dem Leistenden gleichfalls ein solcher Verstoß zur Last fällt, es sei denn, daß die Leistung in der Eingehung einer Verbindlichkeit bestand; das zur Erfüllung einer solchen Verbindlichkeit Geleistete kann nicht zurückgefordert werden.

2. Inhalt des Bereicherungsanspruchs (§§ 818—820).

a) Im allgemeinen.

§ 818.

Die Verpflichtung zur Herausgabe erstreckt sich auf die gezogenen Nutzungen sowie auf dasjenige, was der Empfänger auf Grund eines erlangten Rechtes oder als Ersatz für die Zerstörung, Beschädigung oder Entziehung des erlangten Gegenstandes erwirbt.

Ist die Herausgabe wegen der Beschaffenheit des Erlangten nicht möglich oder ist der Empfänger aus einem anderen Grunde zur Herausgabe außerstande, so hat er den Wert zu ersetzen.

Die Verpflichtung zur Herausgabe oder zum Ersatze des Wertes ist ausgeschlossen, soweit der Empfänger nicht mehr bereichert ist.

Von dem Eintritte der Rechtshängigkeit an haftet der Empfänger nach den allgemeinen Vorschriften.

b) Bei Unredlichkeit des Empfängers.

§ 819.

Kennt der Empfänger den Mangel des rechtlichen Grundes bei dem Empfang oder erfährt er ihn später, so ist er von dem Empfang oder der Erlangung der Kenntnis an zur Herausgabe verpflichtet, wie wenn der Anspruch auf Herausgabe zu dieser Zeit rechtshängig geworden wäre.

Verstößt der Empfänger durch die Annahme der Leistung gegen ein gesetzliches Verbot oder gegen die guten Sitten, so ist er von dem Empfange der Leistung an in der gleichen Weise verpflichtet.

c) Condictio ob causam datorum und ob causam finitam.

§ 820.

War mit der Leistung ein Erfolg bezweckt, dessen Eintritt nach dem Inhalte des Rechtsgeschäfts als ungewiß angesehen wurde, so ist der Empfänger, falls der Erfolg nicht eintritt, zur Herausgabe so verpflichtet, wie wenn der Anspruch auf

Herausgabe zur Zeit des Empfanges rechtshängig geworden wäre. Das gleiche gilt, wenn die Leistung aus einem Rechtsgrunde, dessen Wegfall nach dem Inhalte des Rechtsgeschäfts als möglich angesehen wurde, erfolgt ist und der Rechtsgrund wegfällt.

Zinsen hat der Empfänger erst von dem Zeitpunkt an zu entrichten, in welchem er erfährt, daß der Erfolg nicht eingetreten oder daß der Rechtsgrund weggefallen ist; zur Herausgabe von Nutzungen ist er insoweit nicht verpflichtet, als er zu dieser Zeit nicht mehr bereichert ist.

3. Bereicherungseinrede.

§ 821.

Wer ohne rechtlichen Grund eine Verbindlichkeit eingeht, kann die Erfüllung auch dann verweigern, wenn der Anspruch auf Befreiung von der Verbindlichkeit verjährt ist.

4. Mittelbare Bereicherung.

§ 822.

Wendet der Empfänger das Erlangte unentgeltlich einem Dritten zu, so ist, soweit infolgedessen die Verpflichtung des Empfängers zur Herausgabe der Bereicherung ausgeschlossen ist, der Dritte zur Herausgabe verpflichtet, wie wenn er die Zuwendung von dem Gläubiger ohne rechtlichen Grund erhalten hätte.

Fünfundzwanzigster Titel. Unerlaubte Handlungen.

I. Die deliktischen Tatbestände (§§ 823—839).

1. Haftung für eigenes Verhalten (§§ 823—830).

a) Verletzung von Lebensgütern und absoluten Rechten.

§ 823.

Wer vorsätzlich oder fahrlässig das Leben, den Körper, die Gesundheit, die Freiheit, das Eigentum oder ein sonstiges Recht eines anderen widerrechtlich verletzt, ist dem anderen zum Ersatze des daraus entstehenden Schadens verpflichtet.

Die gleiche Verpflichtung trifft denjenigen, welcher gegen ein den Schutz eines anderen bezweckendes Gesetz verstößt. Ist nach dem Inhalte des Gesetzes ein Verstoß gegen dieses auch ohne Verschulden möglich, so tritt die Ersatzpflicht nur im Falle des Verschuldens ein.

b) Kreditschädigung und Verwandtes.

§ 824.

Wer der Wahrheit zuwider eine Tatsache behauptet oder verbreitet, die geeignet ist, den Kredit eines anderen zu gefährden oder sonstige Nachteile für dessen Erwerb oder Fortkommen herbeizuführen, hat dem anderen den daraus entstehenden Schaden auch dann zu ersetzen, wenn er die Unwahrheit zwar nicht kennt, aber kennen muß.

Durch eine Mitteilung, deren Unwahrheit dem Mitteilenden unbekannt ist, wird dieser nicht zum Schadensersatze verpflichtet, wenn er oder der Empfänger der Mitteilung an ihr ein berechtigtes Interesse hat.

c) **Verletzung der Geschlechtsehre.**

§ 825.

Wer eine Frauensperson durch Hinterlist, durch Drohung oder unter Mißbrauch eines Abhängigkeitsverhältnisses zur Gestattung der außerehelichen Beiwohnung bestimmt, ist ihr zum Ersatze des daraus entstehenden Schadens verpflichtet.

d) **Sittenwidrige vorsätzliche Schadenszufügung.**

§ 826.

Wer in einer gegen die guten Sitten verstoßenden Weise einem anderen vorsätzlich Schaden zufügt, ist dem anderen zum Ersatze des Schadens verpflichtet.

e) **Zurechnungsfähigkeit (§§ 827—829).**

α) **Unzurechnungsfähigkeit.**

§ 827.

Wer im Zustande der Bewußtlosigkeit oder in einem die freie Willensbestimmung ausschließenden Zustande krankhafter Störung der Geistestätigkeit einem anderen Schaden zufügt, ist für den Schaden nicht verantwortlich. Hat er sich durch geistige Getränke oder ähnliche Mittel in einen vorübergehenden Zustand dieser Art versetzt, so ist er für einen Schaden, den er in diesem Zustande widerrechtlich verursacht, in gleicher Weise verantwortlich, wie wenn ihm Fahrlässigkeit zur Last fiele; die Verantwortlichkeit tritt nicht ein, wenn er ohne Verschulden in den Zustand geraten ist.

β) **Beschränkte Zurechnungsfähigkeit.**

§ 828.

Wer nicht das siebente Lebensjahr vollendet hat, ist für einen Schaden, den er einem anderen zufügt, nicht verantwortlich.

Wer das siebente, aber nicht das achtzehnte Lebensjahr vollendet hat, ist für einen Schaden, den er einem anderen zufügt, nicht verantwortlich, wenn er bei der Begehung der schädigenden Handlung nicht die zur Erkenntnis der Verant=

wortlichkeit erforderliche Einsicht hat. Das gleiche gilt von einem Taubstummen.

γ) Haftung trotz fehlender Zurechnungsfähigkeit.

§ 829.

Wer in einem der in den §§ 823 bis 826 bezeichneten Fälle für einen von ihm verursachten Schaden auf Grund der §§ 827, 828 nicht verantwortlich ist, hat gleichwohl, sofern der Ersatz des Schadens nicht von einem aufsichtspflichtigen Dritten erlangt werden kann, den Schaden insoweit zu ersetzen, als die Billigkeit nach den Umständen, insbesondere nach den Verhältnissen der Beteiligten, eine Schadloshaltung erfordert und ihm nicht die Mittel entzogen werden, deren er zum standesmäßigen Unterhalte sowie zur Erfüllung seiner gesetzlichen Unterhaltspflichten bedarf.

δ) Mittäterschaft und Teilnahme.

§ 830.

Haben mehrere durch eine gemeinschaftlich begangene unerlaubte Handlung einen Schaden verursacht, so ist jeder für den Schaden verantwortlich. Das gleiche gilt, wenn sich nicht ermitteln läßt, wer von mehreren Beteiligten den Schaden durch seine Handlung verursacht hat.

Anstifter und Gehilfen stehen Mittätern gleich.

2. Haftung für andere (§§ 831, 832).

a) Haftung für Angestellte.

§ 831.

Wer einen anderen zu einer Verrichtung bestellt, ist zum Ersatze des Schadens verpflichtet, den der andere in Ausführung der Verrichtung einem Dritten widerrechtlich zufügt. Die Ersatzpflicht tritt nicht ein, wenn der Geschäftsherr bei der Auswahl der bestellten Person und, sofern er Vorrichtungen oder Gerätschaften zu beschaffen oder die Ausführung der Verrichtung zu leiten hat, bei der Beschaffung oder der Leitung die im Verkehr erforderliche Sorgfalt beobachtet oder wenn der Schaden auch bei Anwendung dieser Sorgfalt entstanden sein würde.

Die gleiche Verantwortlichkeit trifft denjenigen, welcher für den Geschäftsherrn die Besorgung eines der im Abs. 1 Satz 2 bezeichneten Geschäfte durch Vertrag übernimmt.

b) Haftung für Aufsichtsbedürftige.

§ 832.

Wer kraft Gesetzes zur Führung der Aufsicht über eine Person verpflichtet ist, die wegen Minderjährigkeit oder wegen ihres geistigen oder körperlichen Zustandes der Beaufsichtigung bedarf, ist zum Ersatze des Schadens verpflichtet, den diese Person einem Dritten widerrechtlich zufügt. Die Ersatzpflicht tritt nicht ein, wenn er seiner Aufsichtspflicht genügt oder wenn der Schaden auch bei gehöriger Aufsichtsführung entstanden sein würde.

Die gleiche Verantwortlichkeit trifft denjenigen, welcher die Führung der Aufsicht durch Vertrag übernimmt.

3. Haftung für Tiere (§§ 833—835).

a) Haftung des Tierhalters.

§ 833.

Wird durch ein Tier ein Mensch getötet oder der Körper oder die Gesundheit eines Menschen verletzt oder eine Sache beschädigt, so ist derjenige, welcher das Tier hält, verpflichtet, dem Verletzten den daraus entstehenden Schaden zu ersetzen. Die Ersatzpflicht tritt nicht ein, wenn der Schaden durch ein Haustier verursacht wird, das dem Berufe, der Erwerbstätigkeit oder dem Unterhalte des Tierhalters zu dienen bestimmt ist, und entweder der Tierhalter bei der Beaufsichtigung des Tieres die im Verkehr erforderliche Sorgfalt beobachtet oder der Schaden auch bei Anwendung dieser Sorgfalt entstanden sein würde[1]).

b) Haftung des Aufsichtspflichtigen.

§ 834.

Wer für denjenigen, welcher ein Tier hält, die Führung der Aufsicht über das Tier durch Vertrag übernimmt, ist für den Schaden verantwortlich, den das Tier einem Dritten in der im § 833 bezeichneten Weise zufügt. Die Verantwortlichkeit tritt nicht ein, wenn er bei der Führung der Aufsicht die im Verkehr erforderliche Sorgfalt beobachtet oder wenn der Schaden auch bei Anwendung dieser Sorgfalt entstanden sein würde.

c) Haftung für Wildschaden.

§ 835.

Wird durch Schwarz-, Rot-, Elch-, Dam- oder Rehwild oder durch Fasanen ein Grundstück beschädigt, an welchem dem Eigentümer das Jagdrecht nicht zusteht, so ist der Jagdberechtigte verpflichtet, dem Verletzten den Schaden zu ersetzen. Die Ersatzpflicht erstreckt sich auf den Schaden, den die Tiere an den getrennten, aber noch nicht eingeernteten Erzeugnissen des Grundstücks anrichten.

Ist dem Eigentümer die Ausübung des ihm zustehenden Jagdrechts durch das Gesetz entzogen, so hat derjenige den

---

[1]) Satz 2 ist durch das Gesetz vom 30. Mai 1908 (RGBl. S. 313) zugefügt worden.

Schaden zu ersetzen, welcher zur Ausübung des Jagdrechts nach dem Gesetze berechtigt ist. Hat der Eigentümer eines Grundstücks, auf dem das Jagdrecht wegen der Lage des Grundstücks nur gemeinschaftlich mit dem Jagdrecht auf einem anderen Grundstück ausgeübt werden darf, das Jagdrecht dem Eigentümer dieses Grundstücks verpachtet, so ist der letztere für den Schaden verantwortlich.

Sind die Eigentümer der Grundstücke eines Bezirkes zum Zwecke der gemeinschaftlichen Ausübung des Jagdrechts durch das Gesetz zu einem Verbande vereinigt, der nicht als solcher haftet, so sind sie nach dem Verhältnisse der Größe ihrer Grundstücke ersatzpflichtig.

4. Haftung für den Einsturz von Gebäuden (§§ 836—838).

a) Haftung des Grundbesitzers.

§ 836.

Wird durch den Einsturz eines Gebäudes oder eines anderen mit einem Grundstücke verbundenen Werkes oder durch die Ablösung von Teilen des Gebäudes oder des Werkes ein Mensch getötet, der Körper oder die Gesundheit eines Menschen verletzt oder eine Sache beschädigt, so ist der Besitzer des Grundstücks, sofern der Einsturz oder die Ablösung die Folge fehlerhafter Errichtung oder mangelhafter Unterhaltung ist, verpflichtet, dem Verletzten den daraus entstehenden Schaden zu ersetzen. Die Ersatzpflicht tritt nicht ein, wenn der Besitzer zum Zwecke der Abwendung der Gefahr die im Verkehr erforderliche Sorgfalt beobachtet hat.

Ein früherer Besitzer des Grundstücks ist für den Schaden verantwortlich, wenn der Einsturz oder die Ablösung innerhalb eines Jahres nach der Beendigung seines Besitzes eintritt, es sei denn, daß er während seines Besitzes die im Verkehr erforderliche Sorgfalt beobachtet hat oder ein späterer Besitzer durch Beobachtung dieser Sorgfalt die Gefahr hätte abwenden können.

Besitzer im Sinne dieser Vorschriften ist der Eigenbesitzer.

b) Haftung des Gebäudebesitzers.

§ 837.

Besitzt jemand auf einem fremden Grundstück in Ausübung eines Rechtes ein Gebäude oder ein anderes Werk, so trifft ihn an Stelle des Besitzers des Grundstücks die im § 836 bestimmte Verantwortlichkeit.

c) Haftung des Unterhaltungspflichtigen.

§ 838.

Wer die Unterhaltung eines Gebäudes oder eines mit einem Grundstücke verbundenen Werkes für den Besitzer übernimmt oder das Gebäude oder das Werk vermöge eines ihm zustehenden Nutzungsrechts zu unterhalten hat, ist für den durch den Einsturz oder die Ablösung von Teilen verursachten Schaden in gleicher Weise verantwortlich wie der Besitzer.

5. **Beamtenhaftung.**

§ 839.

Verletzt ein Beamter vorsätzlich oder fahrlässig die ihm einem Dritten gegenüber obliegende Amtspflicht, so hat er dem Dritten den daraus entstehenden Schaden zu ersetzen. Fällt dem Beamten nur Fahrlässigkeit zur Last, so kann er nur dann in Anspruch genommen werden, wenn der Verletzte nicht auf andere Weise Ersatz zu erlangen vermag.

Verletzt ein Beamter bei dem Urteil in einer Rechtssache seine Amtspflicht, so ist er für den daraus entstehenden Schaden nur dann verantwortlich, wenn die Pflichtverletzung mit einer im Wege des gerichtlichen Strafverfahrens zu verhängenden öffentlichen Strafe bedroht ist. Auf eine pflichtwidrige Verweigerung oder Verzögerung der Ausübung des Amtes findet diese Vorschrift keine Anwendung.

Die Ersatzpflicht tritt nicht ein, wenn der Verletzte vorsätzlich oder fahrlässig unterlassen hat, den Schaden durch Gebrauch eines Rechtsmittels abzuwenden.

II. Inhalt der Schadensersatzpflicht (§§ 840—851).

1. **Haftung mehrerer** (§§ 840, 841).

§ 840.

Sind für den aus einer unerlaubten Handlung entstehenden Schaden mehrere nebeneinander verantwortlich, so haften sie, vorbehaltlich der Vorschrift des § 835 Abs. 3, als Gesamtschuldner.

Ist neben demjenigen, welcher nach den §§ 831, 832 zum Ersatze des von einem anderen verursachten Schadens verpflichtet ist, auch der andere für den Schaden verantwortlich, so ist in ihrem Verhältnisse zueinander der andere allein, im Falle des § 829 der Aufsichtspflichtige allein verpflichtet.

Ist neben demjenigen, welcher nach den §§ 833 bis 838 zum Ersatze des Schadens verpflichtet ist, ein Dritter für den Schaden verantwortlich, so ist in ihrem Verhältnisse zueinander der Dritte allein verpflichtet.

§ 841.

Ist ein Beamter, der vermöge seiner Amtspflicht einen anderen zur Geschäftsführung für einen Dritten zu bestellen oder eine solche Geschäftsführung zu beaufsichtigen oder durch

Genehmigung von Rechtsgeschäften bei ihr mitzuwirken hat, wegen Verletzung dieser Pflichten neben dem anderen für den von diesem verursachten Schaden verantwortlich, so ist in ihrem Verhältnisse zueinander der andere allein verpflichtet.

2. Haftung bei Verletzung von Personen (§§ 842—847).

a) Nachteile für Erwerb und Fortkommen.

§ 842.

Die Verpflichtung zum Schadensersatze wegen einer gegen die Person gerichteten unerlaubten Handlung erstreckt sich auf die Nachteile, welche die Handlung für den Erwerb oder das Fortkommen des Verletzten herbeiführt.

b) Geldrente. Kapitalabfindung.

§ 843.

Wird infolge einer Verletzung des Körpers oder der Gesundheit die Erwerbsfähigkeit des Verletzten aufgehoben oder gemindert oder tritt eine Vermehrung seiner Bedürfnisse ein, so ist dem Verletzten durch Entrichtung einer Geldrente Schadensersatz zu leisten.

Auf die Rente finden die Vorschriften des § 760 Anwendung. Ob, in welcher Art und für welchen Betrag der Ersatzpflichtige Sicherheit zu leisten hat, bestimmt sich nach den Umständen.

Statt der Rente kann der Verletzte eine Abfindung in Kapital verlangen, wenn ein wichtiger Grund vorliegt.

Der Anspruch wird nicht dadurch ausgeschlossen, daß ein anderer dem Verletzten Unterhalt zu gewähren hat.

c) Ansprüche mittelbar Geschädigter (§§ 844—846).

§ 844.

Im Falle der Tötung hat der Ersatzpflichtige die Kosten der Beerdigung demjenigen zu ersetzen, welchem die Verpflichtung obliegt, diese Kosten zu tragen.

Stand der Getötete zur Zeit der Verletzung zu einem Dritten in einem Verhältnisse, vermöge dessen er diesem gegenüber kraft Gesetzes unterhaltspflichtig war oder unterhaltspflichtig werden konnte, und ist dem Dritten infolge der Tötung das Recht auf den Unterhalt entzogen, so hat der Ersatzpflichtige dem Dritten durch Entrichtung einer Geldrente insoweit Schadensersatz zu leisten, als der Getötete während der mutmaßlichen Dauer seines Lebens zur Gewährung des Unterhalts verpflichtet gewesen sein würde; die Vorschriften des § 843 Abs. 2 bis 4 finden entsprechende Anwendung. Die Ersatzpflicht tritt auch dann ein, wenn der Dritte zur Zeit der Verletzung erzeugt, aber noch nicht geboren war.

§ 845.

Im Falle der Tötung, der Verletzung des Körpers oder der Gesundheit sowie im Falle der Freiheitsentziehung hat der Ersatzpflichtige, wenn der Verletzte kraft Gesetzes einem Dritten zur Leistung von Diensten in dessen Hauswesen oder Gewerbe verpflichtet war, dem Dritten für die entgehenden Dienste durch Entrichtung einer Geldrente Ersatz zu leisten. Die Vorschriften des § 843 Abs. 2 bis 4 finden entsprechende Anwendung.

§ 846.

Hat in den Fällen der §§ 844, 845 bei der Entstehung des Schadens, den der Dritte erleidet, ein Verschulden des Verletzten mitgewirkt, so finden auf den Anspruch des Dritten die Vorschriften des § 254 Anwendung.

d) Dommage morale.

§ 847.

Im Falle der Verletzung des Körpers oder der Gesundheit sowie im Falle der Freiheitsentziehung kann der Verletzte auch wegen des Schadens, der nicht Vermögensschaden ist, eine billige Entschädigung in Geld verlangen. Der Anspruch ist nicht übertragbar und geht nicht auf die Erben über, es sei denn, daß er durch Vertrag anerkannt oder daß er rechtshängig geworden ist.

Ein gleicher Anspruch steht einer Frauensperson zu, gegen die ein Verbrechen oder Vergehen wider die Sittlichkeit begangen oder die durch Hinterlist, durch Drohung oder unter Mißbrauch eines Abhängigkeitsverhältnisses zur Gestattung der außerehelichen Beiwohnung bestimmt wird.

3. Haftung wegen Entziehung oder Beschädigung von Sachen (§§ 848—851).

a) Zufallshaftung (Fur semper in mora).

§ 848.

Wer zur Rückgabe einer Sache verpflichtet ist, die er einem anderen durch eine unerlaubte Handlung entzogen hat, ist auch für den zufälligen Untergang, eine aus einem anderen Grunde eintretende zufällige Unmöglichkeit der Herausgabe oder eine zufällige Verschlechterung der Sache verantwortlich, es sei denn, daß der Untergang, die anderweitige Unmöglichkeit der Herausgabe oder die Verschlechterung auch ohne die Entziehung eingetreten sein würde.

b) Zinsen. **§ 849.**

Ist wegen der Entziehung einer Sache der Wert oder wegen der Beschädigung einer Sache die Wertminderung zu ersetzen, so kann der Verletzte Zinsen des zu ersetzenden Betrags von dem Zeitpunkt an verlangen, welcher der Bestimmung des Wertes zugrunde gelegt wird.

c) Verwendungen. **§ 850.**

Macht der zur Herausgabe einer entzogenen Sache Verpflichtete Verwendungen auf die Sache, so stehen ihm dem Verletzten gegenüber die Rechte zu, die der Besitzer dem Eigentümer gegenüber wegen Verwendungen hat.

d) Legitimation des Besitzers. **§ 851.**

Leistet der wegen der Entziehung oder Beschädigung einer beweglichen Sache zum Schadensersatze Verpflichtete den Ersatz an denjenigen, in dessen Besitze sich die Sache zur Zeit der Entziehung oder der Beschädigung befunden hat, so wird er durch die Leistung auch dann befreit, wenn ein Dritter Eigentümer der Sache war oder ein sonstiges Recht an der Sache hatte, es sei denn, daß ihm das Recht des Dritten bekannt oder infolge grober Fahrlässigkeit unbekannt ist.

III. Verjährung (§§ 852, 853).

a) Frist. Bereicherungshaftung. **§ 852.**

Der Anspruch auf Ersatz des aus einer unerlaubten Handlung entstandenen Schadens verjährt in drei Jahren von dem Zeitpunkt an, in welchem der Verletzte von dem Schaden und der Person des Ersatzpflichtigen Kenntnis erlangt, ohne Rücksicht auf diese Kenntnis in dreißig Jahren von der Begehung der Handlung an.

Hat der Ersatzpflichtige durch die unerlaubte Handlung auf Kosten des Verletzten etwas erlangt, so ist er auch nach der Vollendung der Verjährung zur Herausgabe nach den Vorschriften über die Herausgabe einer ungerechtfertigten Bereicherung verpflichtet.

b) Einredeweise Geltendmachung. **§ 853.**

Erlangt jemand durch eine von ihm begangene unerlaubte Handlung eine Forderung gegen den Verletzten, so kann der Verletzte die Erfüllung auch dann verweigern, wenn der Anspruch auf Aufhebung der Forderung verjährt ist.

Drittes Buch.

Sachenrecht.

Erster Abschnitt. Besitz.

I. Unmittelbarer Besitz (§§ 854—867).

1. Erwerb.

§ 854.

Der Besitz einer Sache wird durch die Erlangung der tatsächlichen Gewalt über die Sache erworben.

Die Einigung des bisherigen Besitzers und des Erwerbers genügt zum Erwerbe, wenn der Erwerber in der Lage ist, die Gewalt über die Sache auszuüben.

2. Besitzdiener (Detentor).

§ 855.

Übt jemand die tatsächliche Gewalt über eine Sache für einen anderen in dessen Haushalt oder Erwerbsgeschäft oder in einem ähnlichen Verhältnis aus, vermöge dessen er den sich auf die Sache beziehenden Weisungen des anderen Folge zu leisten hat, so ist nur der andere Besitzer.

3. Verlust.

§ 856.

Der Besitz wird dadurch beendigt, daß der Besitzer die tatsächliche Gewalt über die Sache aufgibt oder in anderer Weise verliert.

Durch eine ihrer Natur nach vorübergehende Verhinderung in der Ausübung der Gewalt wird der Besitz nicht beendigt.

4. Le mort saisit le vif.

§ 857.

Der Besitz geht auf den Erben über.

5. Besitzschutz (§§ 858—867).

a) Voraussetzung. Begriff der vitiosa possessio.

§ 858.

Wer dem Besitzer ohne dessen Willen den Besitz entzieht oder ihn im Besitze stört, handelt, sofern nicht das Gesetz die Entziehung oder die Störung gestattet, widerrechtlich (verbotene Eigenmacht).

Der durch verbotene Eigenmacht erlangte Besitz ist fehlerhaft. Die Fehlerhaftigkeit muß der Nachfolger im Besitze gegen sich gelten lassen, wenn er Erbe des Besitzers ist oder die Fehlerhaftigkeit des Besitzes seines Vorgängers bei dem Erwerbe kennt.

b) Notwehr. Selbsthilfe (§§ 859, 860).

§ 859.

Der Besitzer darf sich verbotener Eigenmacht mit Gewalt erwehren.

Wird eine bewegliche Sache dem Besitzer mittels verbotener Eigenmacht weggenommen, so darf er sie dem auf frischer Tat betroffenen oder verfolgten Täter mit Gewalt wieder abnehmen.

Wird dem Besitzer eines Grundstücks der Besitz durch verbotene Eigenmacht entzogen, so darf er sofort nach der Entziehung sich des Besitzes durch Entsetzung des Täters wieder bemächtigen.

Die gleichen Rechte stehen dem Besitzer gegen denjenigen zu, welcher nach § 858 Abs. 2 die Fehlerhaftigkeit des Besitzes gegen sich gelten lassen muß.

§ 860.

Zur Ausübung der dem Besitzer nach § 859 zustehenden Rechte ist auch derjenige befugt, welcher die tatsächliche Gewalt nach § 855 für den Besitzer ausübt.

c) Besitzansprüche (§§ 861—864).

α) Anspruch wegen Besitzentziehung.

§ 861.

Wird der Besitz durch verbotene Eigenmacht dem Besitzer entzogen, so kann dieser die Wiedereinräumung des Besitzes von demjenigen verlangen, welcher ihm gegenüber fehlerhaft besitzt.

Der Anspruch ist ausgeschlossen, wenn der entzogene Besitz dem gegenwärtigen Besitzer oder dessen Rechtsvorgänger gegenüber fehlerhaft war und in dem letzten Jahre vor der Entziehung erlangt worden ist.

β) Anspruch wegen Besitzstörung.

§ 862.

Wird der Besitzer durch verbotene Eigenmacht im Besitze gestört, so kann er von dem Störer die Beseitigung der Störung verlangen. Sind weitere Störungen zu besorgen, so kann der Besitzer auf Unterlassung klagen.

Der Anspruch ist ausgeschlossen, wenn der Besitzer dem Störer oder dessen Rechtsvorgänger gegenüber fehlerhaft besitzt und der Besitz in dem letzten Jahre vor der Störung erlangt worden ist.

γ) Ausschluß petitorischer Einreden.

§ 863.

Gegenüber den in den §§ 861, 862 bestimmten Ansprüchen kann ein Recht zum Besitz oder zur Vornahme der störenden

Handlung nur zur Begründung der Behauptung geltend gemacht werden, daß die Entziehung oder die Störung des Besitzes nicht verbotene Eigenmacht sei.

δ) Erlöschen der Ansprüche.

§ 864.

Ein nach den §§ 861, 862 begründeter Anspruch erlischt mit dem Ablauf eines Jahres nach der Verübung der verbotenen Eigenmacht, wenn nicht vorher der Anspruch im Wege der Klage geltend gemacht wird.

Das Erlöschen tritt auch dann ein, wenn nach der Verübung der verbotenen Eigenmacht durch rechtskräftiges Urteil festgestellt wird, daß dem Täter ein Recht an der Sache zusteht, vermöge dessen er die Herstellung eines seiner Handlungsweise entsprechenden Besitzstandes verlangen kann.

d) Schutz des Teilbesitzes.

§ 865.

Die Vorschriften der §§ 858 bis 864 gelten auch zugunsten desjenigen, welcher nur einen Teil einer Sache, insbesondere abgesonderte Wohnräume oder andere Räume, besitzt.

e) Schutz des Mitbesitzes.

§ 866.

Besitzen mehrere eine Sache gemeinschaftlich, so findet in ihrem Verhältnisse zueinander ein Besitzschutz insoweit nicht statt, als es sich um die Grenzen des den einzelnen zustehenden Gebrauchs handelt.

f) Abholungsanspruch.

§ 867.

Ist eine Sache aus der Gewalt des Besitzers auf ein im Besitz eines anderen befindliches Grundstück gelangt, so hat ihm der Besitzer des Grundstücks die Aufsuchung und die Wegschaffung zu gestatten, sofern nicht die Sache inzwischen in Besitz genommen worden ist. Der Besitzer des Grundstücks kann Ersatz des durch die Aufsuchung und die Wegschaffung entstehenden Schadens verlangen. Er kann, wenn die Entstehung eines Schadens zu besorgen ist, die Gestattung verweigern, bis ihm Sicherheit geleistet wird; die Verweigerung ist unzulässig, wenn mit dem Aufschube Gefahr verbunden ist.

II. Mittelbarer Besitz
(§§ 868—871).

1. Begriff.

§ 868.

Besitzt jemand eine Sache als Nießbraucher, Pfandgläubiger, Pächter, Mieter, Verwahrer oder in einem ähnlichen Verhältnisse, vermöge dessen er einem anderen gegenüber auf Zeit zum Besitze berechtigt oder verpflichtet ist, so ist auch der andere Besitzer (mittelbarer Besitz).

2. Besitzschutz.

§ 869.

Wird gegen den Besitzer verbotene Eigenmacht verübt, so stehen die in den §§ 861, 862 bestimmten Ansprüche auch dem mittelbaren Besitzer zu. Im Falle der Entziehung des Besitzes ist der mittelbare Besitzer berechtigt, die Wiedereinräumung des Besitzes an den bisherigen Besitzer zu verlangen; kann oder will dieser den Besitz nicht wieder übernehmen, so kann der mittelbare Besitzer verlangen, daß ihm selbst der Besitz eingeräumt wird. Unter der gleichen Voraussetzung kann er im Falle des § 867 verlangen, daß ihm die Aufsuchung und Wegschaffung der Sache gestattet wird.

3. Übertragung des mittelbaren Besitzes.

§ 870.

Der mittelbare Besitz kann dadurch auf einen anderen übertragen werden, daß diesem der Anspruch auf Herausgabe der Sache abgetreten wird.

4. Mehrstufiger mittelbarer Besitz.

§ 871.

Steht der mittelbare Besitzer zu einem Dritten in einem Verhältnisse der im § 868 bezeichneten Art, so ist auch der Dritte mittelbarer Besitzer.

III. Eigenbesitz.

§ 872.

Wer eine Sache als ihm gehörend besitzt, ist Eigenbesitzer.

Zweiter Abschnitt.

Allgemeine Vorschriften über Rechte an Grundstücken.

1. Begründung, Übertragung, Aufhebung, Änderung (§§ 873—878).

a) Begründung, Übertragung.

Einigung und Eintragung (§§ 873, 874).

§ 873.

Zur Übertragung des Eigentums an einem Grundstücke, zur Belastung eines Grundstücks mit einem Rechte sowie zur Übertragung oder Belastung eines solchen Rechtes ist die Einigung des Berechtigten und des anderen Teiles über den Eintritt der Rechtsänderung und die Eintragung der Rechtsänderung in das Grundbuch erforderlich, soweit nicht das Gesetz ein anderes vorschreibt.

Vor der Eintragung sind die Beteiligten an die Einigung nur gebunden, wenn die Erklärungen gerichtlich oder notariell beurkundet oder vor dem Grundbuchamt abgegeben oder bei diesem eingereicht sind oder wenn der Berechtigte dem anderen Teile eine den Vorschriften der Grundbuchordnung entsprechende Eintragungsbewilligung ausgehändigt hat.

§ 874.

Bei der Eintragung eines Rechtes, mit dem ein Grundstück belastet wird, kann zur näheren Bezeichnung des Inhalts des Rechtes auf die Eintragungsbewilligung Bezug genommen werden, soweit nicht das Gesetz ein anderes vorschreibt.

b) Aufhebung (§§ 875, 876).

α) Verzicht und Löschung.

§ 875.

Zur Aufhebung eines Rechtes an einem Grundstück ist, soweit nicht das Gesetz ein anderes vorschreibt, die Erklärung des Berechtigten, daß er das Recht aufgebe, und die Löschung des Rechtes im Grundbuch erforderlich. Die Erklärung ist dem Grundbuchamt oder demjenigen gegenüber abzugeben, zu dessen Gunsten sie erfolgt.

Vor der Löschung ist der Berechtigte an seine Erklärung nur gebunden, wenn er sie dem Grundbuchamte gegenüber abgegeben oder demjenigen, zu dessen Gunsten sie erfolgt, eine den Vorschriften der Grundbuchordnung entsprechende Löschungsbewilligung ausgehändigt hat.

β) Zustimmung Dritter.

§ 876.

Ist ein Recht an einem Grundstücke mit dem Rechte eines Dritten belastet, so ist zur Aufhebung des belasteten Rechtes die Zustimmung des Dritten erforderlich. Steht das aufzuhebende Recht dem jeweiligen Eigentümer eines anderen Grundstücks zu, so ist, wenn dieses Grundstück mit dem Rechte eines Dritten belastet ist, die Zustimmung des Dritten erforderlich, es sei denn, daß dessen Recht durch die Aufhebung nicht berührt wird. Die Zustimmung ist dem Grundbuchamt oder demjenigen gegenüber zu erklären, zu dessen Gunsten sie erfolgt; sie ist unwiderruflich.

c) Inhaltsänderung.

§ 877.

Die Vorschriften der §§ 873, 874, 876 finden auch auf Änderungen des Inhalts eines Rechtes an einem Grundstück Anwendung.

d) Nachträgliche Verfügungsbeschränkung.

§ 878.

Eine von dem Berechtigten in Gemäßheit der §§ 873, 875, 877 abgegebene Erklärung wird nicht dadurch unwirksam, daß der Berechtigte in der Verfügung beschränkt wird, nachdem die Erklärung für ihn bindend geworden und der Antrag auf Eintragung bei dem Grundbuchamte gestellt worden ist.

2. Rangverhältnis mehrerer Grundstücksrechte (§§ 879—881).

a) Ursprünglicher Rang.

§ 879.

Das Rangverhältnis unter mehreren Rechten, mit denen ein Grundstück belastet ist, bestimmt sich, wenn die Rechte in derselben Abteilung des Grundbuchs eingetragen sind, nach der Reihenfolge der Eintragungen. Sind die Rechte in verschiedenen Abteilungen eingetragen, so hat das unter Angabe eines früheren Tages eingetragene Recht den Vorrang; Rechte, die unter Angabe desselben Tages eingetragen sind, haben gleichen Rang.

Die Eintragung ist für das Rangverhältnis auch dann maßgebend, wenn die nach § 873 zum Erwerbe des Rechtes erforderliche Einigung erst nach der Eintragung zustande gekommen ist.

Eine abweichende Bestimmung des Rangverhältnisses bedarf der Eintragung in das Grundbuch.

b) Rangänderung.

§ 880.

Das Rangverhältnis kann nachträglich geändert werden.

Zu der Rangänderung ist die Einigung des zurücktretenden und des vortretenden Berechtigten und die Eintragung der Änderung in das Grundbuch erforderlich; die Vorschriften des § 873 Abs. 2 und des § 878 finden Anwendung. Soll eine Hypothek, eine Grundschuld oder eine Rentenschuld zurücktreten, so ist außerdem die Zustimmung des Eigentümers erforderlich. Die Zustimmung ist dem Grundbuchamt oder einem der Beteiligten gegenüber zu erklären; sie ist unwiderruflich.

Ist das zurücktretende Recht mit dem Rechte eines Dritten belastet, so finden die Vorschriften des § 876 entsprechende Anwendung.

Der dem vortretenden Rechte eingeräumte Rang geht nicht dadurch verloren, daß das zurücktretende Recht durch Rechtsgeschäft aufgehoben wird.

Rechte, die den Rang zwischen dem zurücktretenden und dem vortretenden Rechte haben, werden durch die Rangänderung nicht berührt.

c) Rangvorbehalt.

§ 881.

Der Eigentümer kann sich bei der Belastung des Grundstücks mit einem Rechte die Befugnis vorbehalten, ein anderes, dem Umfange nach bestimmtes Recht mit dem Range vor jenem Rechte eintragen zu lassen.

Der Vorbehalt bedarf der Eintragung in das Grundbuch; die Eintragung muß bei dem Rechte erfolgen, das zurücktreten soll.

Wird das Grundstück veräußert, so geht die vorbehaltene Befugnis auf den Erwerber über.

Ist das Grundstück vor der Eintragung des Rechtes, dem der Vorrang beigelegt ist, mit einem Rechte ohne einen entsprechenden Vorbehalt belastet worden, so hat der Vorrang insoweit keine Wirkung, als das mit dem Vorbehalt eingetragene Recht infolge der inzwischen eingetretenen Belastung eine über den Vorbehalt hinausgehende Beeinträchtigung erleiden würde.

3. Bestimmung des Höchstbetrags des Wertersatzes.

§ 882.

Wird ein Grundstück mit einem Rechte belastet, für welches nach den für die Zwangsversteigerung geltenden Vorschriften dem Berechtigten im Falle des Erlöschens durch den Zuschlag der Wert aus dem Erlöse zu ersetzen ist, so kann der Höchstbetrag des Ersatzes bestimmt werden. Die Bestimmung bedarf der Eintragung in das Grundbuch.

4. Vormerkung (§§ 883—888).

a) Voraussetzungen, Funktion (§§ 883, 884).

§ 883.

Zur Sicherung des Anspruchs auf Einräumung oder Aufhebung eines Rechtes an einem Grundstück oder an einem das Grundstück belastenden Rechte oder auf Änderung des Inhalts oder des Ranges eines solchen Rechtes kann eine Vormerkung in das Grundbuch eingetragen werden. Die Eintragung einer Vormerkung ist auch zur Sicherung eines künftigen oder eines bedingten Anspruchs zulässig.

Eine Verfügung, die nach der Eintragung der Vormerkung über das Grundstück oder das Recht getroffen wird, ist insoweit unwirksam, als sie den Anspruch vereiteln oder beeinträchtigen würde. Dies gilt auch, wenn die Verfügung im Wege der Zwangsvollstreckung oder der Arrestvollziehung oder durch den Konkursverwalter erfolgt.

Der Rang des Rechtes, auf dessen Einräumung der Anspruch gerichtet ist, bestimmt sich nach der Eintragung der Vormerkung.

§ 884.

Soweit der Anspruch durch die Vormerkung gesichert ist, kann sich der Erbe des Verpflichteten nicht auf die Beschränkung seiner Haftung berufen.

b) **Begründung.**

§ 885.

Die Eintragung einer Vormerkung erfolgt auf Grund einer einstweiligen Verfügung oder auf Grund der Bewilligung desjenigen, dessen Grundstück oder dessen Recht von der Vormerkung betroffen wird. Zur Erlassung der einstweiligen Verfügung ist nicht erforderlich, daß eine Gefährdung des zu sichernden Anspruchs glaubhaft gemacht wird.

Bei der Eintragung kann zur näheren Bezeichnung des zu sichernden Anspruchs auf die einstweilige Verfügung oder die Eintragungsbewilligung Bezug genommen werden.

c) **Beseitigung** (§§ 886, 887).

α) **Anspruch auf Beseitigung.**

§ 886.

Steht demjenigen, dessen Grundstück oder dessen Recht von der Vormerkung betroffen wird, eine Einrede zu, durch welche die Geltendmachung des durch die Vormerkung gesicherten Anspruchs dauernd ausgeschlossen wird, so kann er von dem Gläubiger die Beseitigung der Vormerkung verlangen.

β) **Ausschluß im Aufgebotsverfahren.**

§ 887.

Ist der Gläubiger, dessen Anspruch durch die Vormerkung gesichert ist, unbekannt, so kann er im Wege des Aufgebotsverfahrens mit seinem Rechte ausgeschlossen werden, wenn die im § 1170 für die Ausschließung eines Hypothekengläubigers bestimmten Voraussetzungen vorliegen. Mit der Erlassung des Ausschlußurteils erlischt die Wirkung der Vormerkung.

d) **Wirkung.**

§ 888.

Soweit der Erwerb eines eingetragenen Rechtes oder eines Rechtes an einem solchen Rechte gegenüber demjenigen, zu dessen Gunsten die Vormerkung besteht, unwirksam ist, kann dieser von dem Erwerber die Zustimmung zu der Eintragung oder der Löschung verlangen, die zur Verwirklichung des durch die Vormerkung gesicherten Anspruchs erforderlich ist.

Das gleiche gilt, wenn der Anspruch durch ein Veräußerungsverbot gesichert ist.

§ 889.

5. Confusio.

Ein Recht an einem fremden Grundstück erlischt nicht dadurch, daß der Eigentümer des Grundstücks das Recht oder der Berechtigte das Eigentum an dem Grundstück erwirbt.

§ 890.

6. Vereinigung von Grundstücken.

Mehrere Grundstücke können dadurch zu einem Grundstücke vereinigt werden, daß der Eigentümer sie als ein Grundstück in das Grundbuch eintragen läßt.

Ein Grundstück kann dadurch zum Bestandteil eines anderen Grundstücks gemacht werden, daß der Eigentümer es diesem im Grundbuche zuschreiben läßt.

§ 891.

7. Vermutung für die Richtigkeit des Grundbuchs.

Ist im Grundbuche für jemand ein Recht eingetragen, so wird vermutet, daß ihm das Recht zustehe.

Ist im Grundbuch ein eingetragenes Recht gelöscht, so wird vermutet, daß das Recht nicht bestehe.

§ 892.

8. Öffentlicher Glaube des Grundbuchs (§§ 892, 893).

Zugunsten desjenigen, welcher ein Recht an einem Grundstück oder ein Recht an einem solchen Rechte durch Rechtsgeschäft erwirbt, gilt der Inhalt des Grundbuchs als richtig, es sei denn, daß ein Widerspruch gegen die Richtigkeit eingetragen oder die Unrichtigkeit dem Erwerber bekannt ist. Ist der Berechtigte in der Verfügung über ein im Grundbuch eingetragenes Recht zugunsten einer bestimmten Person beschränkt, so ist die Beschränkung dem Erwerber gegenüber nur wirksam, wenn sie aus dem Grundbuch ersichtlich oder dem Erwerber bekannt ist.

Ist zu dem Erwerbe des Rechtes die Eintragung erforderlich, so ist für die Kenntnis des Erwerbers die Zeit der Stellung des Antrags auf Eintragung oder, wenn die nach § 873 erforderliche Einigung erst später zustande kommt, die Zeit der Einigung maßgebend.

§ 893.

Die Vorschriften des § 892 finden entsprechende Anwendung, wenn an denjenigen, für welchen ein Recht im Grundbuch eingetragen ist, auf Grund dieses Rechtes eine Leistung bewirkt oder wenn zwischen ihm und einem anderen in Ansehung dieses Rechtes ein nicht unter die Vorschriften des § 892 fallendes

Rechtsgeschäft vorgenommen wird, das eine Verfügung über das Recht enthält.

9. Anspruch auf Grundbuchberichtigung (§§ 894—898).

a) Anspruch auf Zustimmung zur Berichtigung.

§ 894.

Steht der Inhalt des Grundbuchs in Ansehung eines Rechtes an dem Grundstück, eines Rechtes an einem solchen Rechte oder einer Verfügungsbeschränkung der im § 892 Abs. 1 bezeichneten Art mit der wirklichen Rechtslage nicht im Einklange, so kann derjenige, dessen Recht nicht oder nicht richtig eingetragen oder durch die Eintragung einer nicht bestehenden Belastung oder Beschränkung beeinträchtigt ist, die Zustimmung zu der Berichtigung des Grundbuchs von demjenigen verlangen, dessen Recht durch die Berichtigung betroffen wird.

b) Anspruch auf Eintragung des Berichtigungspflichtigen.

§ 895.

Kann die Berichtigung des Grundbuchs erst erfolgen, nachdem das Recht des nach § 894 Verpflichteten eingetragen worden ist, so hat dieser auf Verlangen sein Recht eintragen zu lassen.

c) Anspruch auf Vorlegung von Urkunden.

§ 896.

Ist zur Berichtigung des Grundbuchs die Vorlegung eines Hypotheken-, Grundschuld- oder Rentenschuldbriefs erforderlich, so kann derjenige, zu dessen Gunsten die Berichtigung erfolgen soll, von dem Besitzer des Briefes verlangen, daß der Brief dem Grundbuchamte vorgelegt wird.

d) Kosten.

§ 897.

Die Kosten der Berichtigung des Grundbuchs und der dazu erforderlichen Erklärungen hat derjenige zu tragen, welcher die Berichtigung verlangt, sofern nicht aus einem zwischen ihm und dem Verpflichteten bestehenden Rechtsverhältnisse sich ein anderes ergibt.

e) Verjährung.

§ 898.

Die in den §§ 894 bis 896 bestimmten Ansprüche unterliegen nicht der Verjährung.

10. Widerspruch.

§ 899.

In den Fällen des § 894 kann ein Widerspruch gegen die Richtigkeit des Grundbuchs eingetragen werden.

Die Eintragung erfolgt auf Grund einer einstweiligen Verfügung oder auf Grund einer Bewilligung desjenigen, dessen

Recht durch die Berichtigung des Grundbuchs betroffen wird. Zur Erlassung der einstweiligen Verfügung ist nicht erforderlich, daß eine Gefährdung des Rechtes des Widersprechenden glaubhaft gemacht wird.

11. Buch- (Tabular-) Ersitzung. **§ 900.**

Wer als Eigentümer eines Grundstücks im Grundbuch eingetragen ist, ohne daß er das Eigentum erlangt hat, erwirbt das Eigentum, wenn die Eintragung dreißig Jahre bestanden und er während dieser Zeit das Grundstück im Eigenbesitze gehabt hat. Die dreißigjährige Frist wird in derselben Weise berechnet wie die Frist für die Ersitzung einer beweglichen Sache. Der Lauf der Frist ist gehemmt, solange ein Widerspruch gegen die Richtigkeit der Eintragung im Grundbuch eingetragen ist.

Diese Vorschriften finden entsprechende Anwendung, wenn für jemand ein ihm nicht zustehendes anderes Recht im Grundbuch eingetragen ist, das zum Besitze des Grundstücks berechtigt oder dessen Ausübung nach den für den Besitz geltenden Vorschriften geschützt ist. Für den Rang des Rechtes ist die Eintragung maßgebend.

12. Buchversitzung. **§ 901.**

Ist ein Recht an einem fremden Grundstück im Grundbuche mit Unrecht gelöscht, so erlischt es, wenn der Anspruch des Berechtigten gegen den Eigentümer verjährt ist. Das gleiche gilt, wenn ein kraft Gesetzes entstandenes Recht an einem fremden Grundstücke nicht in das Grundbuch eingetragen worden ist.

13. Unverjährbarkeit der Ansprüche aus eingetragenen Rechten. **§ 902.**

Die Ansprüche aus eingetragenen Rechten unterliegen nicht der Verjährung. Dies gilt nicht für Ansprüche, die auf Rückstände wiederkehrender Leistungen oder auf Schadensersatz gerichtet sind.

Ein Recht, wegen dessen ein Widerspruch gegen die Richtigkeit des Grundbuchs eingetragen ist, steht einem eingetragenen Rechte gleich.

Dritter Abschnitt. Eigentum.

Erster Titel. Inhalt des Eigentums.

1. Grundsatz. **§ 903.**

Der Eigentümer einer Sache kann, soweit nicht das Gesetz oder Rechte Dritter entgegenstehen, mit der Sache nach Belieben verfahren und andere von jeder Einwirkung ausschließen.

2. Notstand.

§ 904.

Der Eigentümer einer Sache ist nicht berechtigt, die Einwirkung eines anderen auf die Sache zu verbieten, wenn die Einwirkung zur Abwendung einer gegenwärtigen Gefahr notwendig und der drohende Schaden gegenüber dem aus der Einwirkung dem Eigentümer entstehenden Schaden unverhältnismäßig groß ist. Der Eigentümer kann Ersatz des ihm entstehenden Schadens verlangen.

3. Räumliche Grenzen des Grundeigentums.

§ 905.

Das Recht des Eigentümers eines Grundstücks erstreckt sich auf den Raum über der Oberfläche und auf den Erdkörper unter der Oberfläche. Der Eigentümer kann jedoch Einwirkungen nicht verbieten, die in solcher Höhe oder Tiefe vorgenommen werden, daß er an der Ausschließung kein Interesse hat.

4. Nachbarrecht (§§ 906—924).
a) Immission von Imponderabilien (§§ 906, 907).

§ 906.

Der Eigentümer eines Grundstücks kann die Zuführung von Gasen, Dämpfen, Gerüchen, Rauch, Ruß, Wärme, Geräusch, Erschütterungen und ähnliche von einem anderen Grundstück ausgehende Einwirkungen insoweit nicht verbieten, als die Einwirkung die Benutzung seines Grundstücks nicht oder nur unwesentlich beeinträchtigt oder durch eine Benutzung des anderen Grundstücks herbeigeführt wird, die nach den örtlichen Verhältnissen bei Grundstücken dieser Lage gewöhnlich ist. Die Zuführung durch eine besondere Leitung ist unzulässig.

§ 907.

Der Eigentümer eines Grundstücks kann verlangen, daß auf den Nachbargrundstücken nicht Anlagen hergestellt oder gehalten werden, von denen mit Sicherheit vorauszusehen ist, daß ihr Bestand oder ihre Benutzung eine unzulässige Einwirkung auf sein Grundstück zur Folge hat. Genügt eine Anlage den landesgesetzlichen Vorschriften, die einen bestimmten Abstand von der Grenze oder sonstige Schutzmaßregeln vorschreiben, so kann die Beseitigung der Anlage erst verlangt werden, wenn die unzulässige Einwirkung tatsächlich hervortritt.

Bäume und Sträucher gehören nicht zu den Anlagen im Sinne dieser Vorschriften.

b) **Drohender Einsturz (damnum infectum).**

§ 908.

Droht einem Grundstücke die Gefahr, daß es durch den Einsturz eines Gebäudes oder eines anderen Werkes, das mit einem Nachbargrundstücke verbunden ist, oder durch die Ablösung von Teilen des Gebäudes oder des Werkes beschädigt wird, so kann der Eigentümer von demjenigen, welcher nach dem § 836 Abs. 1 oder den §§ 837, 838 für den eintretenden Schaden verantwortlich sein würde, verlangen, daß er die zur Abwendung der Gefahr erforderliche Vorkehrung trifft.

c) **Vertiefung.**

§ 909.

Ein Grundstück darf nicht in der Weise vertieft werden, daß der Boden des Nachbargrundstücks die erforderliche Stütze verliert, es sei denn, daß für eine genügende anderweitige Befestigung gesorgt ist.

d) **Überhang.**

§ 910.

Der Eigentümer eines Grundstücks kann Wurzeln eines Baumes oder eines Strauches, die von einem Nachbargrundstück eingedrungen sind, abschneiden und behalten. Das gleiche gilt von herüberragenden Zweigen, wenn der Eigentümer dem Besitzer des Nachbargrundstücks eine angemessene Frist zur Beseitigung bestimmt hat und die Beseitigung nicht innerhalb der Frist erfolgt.

Dem Eigentümer steht dieses Recht nicht zu, wenn die Wurzeln oder die Zweige die Benutzung des Grundstücks nicht beeinträchtigen.

e) **Überfall.**

§ 911.

Früchte, die von einem Baume oder einem Strauche auf ein Nachbargrundstück hinüberfallen, gelten als Früchte dieses Grundstücks. Diese Vorschrift findet keine Anwendung, wenn das Nachbargrundstück dem öffentlichen Gebrauche dient.

f) **Überbau (§§ 912—916).**

α) **Pflicht zur Duldung gegen Entschädigung.**

§ 912.

Hat der Eigentümer eines Grundstücks bei der Errichtung eines Gebäudes über die Grenze gebaut, ohne daß ihm Vorsatz oder grobe Fahrlässigkeit zur Last fällt, so hat der Nachbar den Überbau zu dulden, es sei denn, daß er vor oder sofort nach der Grenzüberschreitung Widerspruch erhoben hat.

Der Nachbar ist durch eine Geldrente zu entschädigen. Für die Höhe der Rente ist die Zeit der Grenzüberschreitung maßgebend.

β) **Einzelheiten über die Rente (§§ 913, 914).**

§ 913.

Die Rente für den Überbau ist dem jeweiligen Eigentümer des Nachbargrundstücks von dem jeweiligen Eigentümer des anderen Grundstücks zu entrichten.

Die Rente ist jährlich im voraus zu entrichten.

§ 914.

Das Recht auf die Rente geht allen Rechten an dem belasteten Grundstück, auch den älteren, vor. Es erlischt mit der Beseitigung des Überbaues.

Das Recht wird nicht in das Grundbuch eingetragen. Zum Verzicht auf das Recht sowie zur Feststellung der Höhe der Rente durch Vertrag ist die Eintragung erforderlich.

Im übrigen finden die Vorschriften Anwendung, die für eine zugunsten des jeweiligen Eigentümers eines Grundstücks bestehende Reallast gelten.

γ) **Recht auf Grundabnahme.**

§ 915.

Der Rentenberechtigte kann jederzeit verlangen, daß der Rentenpflichtige ihm gegen Übertragung des Eigentums an dem überbauten Teile des Grundstücks den Wert ersetzt, den dieser Teil zur Zeit der Grenzüberschreitung gehabt hat. Macht er von dieser Befugnis Gebrauch, so bestimmen sich die Rechte und Verpflichtungen beider Teile nach den Vorschriften über den Kauf.

Für die Zeit bis zur Übertragung des Eigentums ist die Rente fortzuentrichten.

δ) **Erbbau- und Servitutenberechtigte.**

§ 916.

Wird durch den Überbau ein Erbbaurecht oder eine Dienstbarkeit an dem Nachbargrundstücke beeinträchtigt, so finden zugunsten des Berechtigten die Vorschriften der §§ 912 bis 914 entsprechende Anwendung.

g) **Notweg (§§ 917, 918).**

§ 917.

Fehlt einem Grundstücke die zur ordnungsmäßigen Benutzung notwendige Verbindung mit einem öffentlichen Wege, so kann der Eigentümer von den Nachbarn verlangen, daß sie bis zur

Hebung des Mangels die Benutzung ihrer Grundstücke zur Herstellung der erforderlichen Verbindung dulden. Die Richtung des Notwegs und der Umfang des Benutzungsrechts werden erforderlichenfalls durch Urteil bestimmt.

Die Nachbarn, über deren Grundstücke der Notweg führt, sind durch eine Geldrente zu entschädigen. Die Vorschriften des § 912 Abs. 2 Satz 2 und der §§ 913, 914, 916 finden entsprechende Anwendung.

§ 918.

Die Verpflichtung zur Duldung des Notwegs tritt nicht ein, wenn die bisherige Verbindung des Grundstücks mit dem öffentlichen Wege durch eine willkürliche Handlung des Eigentümers aufgehoben wird.

Wird infolge der Veräußerung eines Teiles des Grundstücks der veräußerte oder der zurückbehaltene Teil von der Verbindung mit dem öffentlichen Wege abgeschnitten, so hat der Eigentümer desjenigen Teiles, über welchen die Verbindung bisher stattgefunden hat, den Notweg zu dulden. Der Veräußerung eines Teiles steht die Veräußerung eines von mehreren demselben Eigentümer gehörenden Grundstücken gleich.

h) **Grenzrecht (§§ 919—923).**

α) **Abmarkung.**

§ 919.

Der Eigentümer eines Grundstücks kann von dem Eigentümer eines Nachbargrundstücks verlangen, daß dieser zur Errichtung fester Grenzzeichen und, wenn ein Grenzzeichen verrückt oder unkenntlich geworden ist, zur Wiederherstellung mitwirkt.

Die Art der Abmarkung und das Verfahren bestimmen sich nach den Landesgesetzen; enthalten diese keine Vorschriften, so entscheidet die Ortsüblichkeit.

Die Kosten der Abmarkung sind von den Beteiligten zu gleichen Teilen zu tragen, sofern nicht aus einem zwischen ihnen bestehenden Rechtsverhältnisse sich ein anderes ergibt.

β) **Grenzverwirrung.**

§ 920.

Läßt sich im Falle einer Grenzverwirrung die richtige Grenze nicht ermitteln, so ist für die Abgrenzung der Besitzstand maßgebend. Kann der Besitzstand nicht festgestellt werden, so ist jedem der Grundstücke ein gleichgroßes Stück der streitigen Fläche zuzuteilen.

Soweit eine diesen Vorschriften entsprechende Bestimmung der Grenze zu einem Ergebnisse führt, das mit den ermittelten Umständen, insbesondere mit der feststehenden Größe der Grundstücke, nicht übereinstimmt, ist die Grenze so zu ziehen, wie es unter Berücksichtigung dieser Umstände der Billigkeit entspricht.

γ) Grenzeinrichtungen (§§ 921, 922).

§ 921.

Werden zwei Grundstücke durch einen Zwischenraum, Rain, Winkel, einen Graben, eine Mauer, Hecke, Planke oder eine andere Einrichtung, die zum Vorteile beider Grundstücke dient, voneinander geschieden, so wird vermutet, daß die Eigentümer der Grundstücke zur Benutzung der Einrichtung gemeinschaftlich berechtigt seien, sofern nicht äußere Merkmale darauf hinweisen, daß die Einrichtung einem der Nachbarn allein gehört.

§ 922.

Sind die Nachbarn zur Benutzung einer der im § 921 bezeichneten Einrichtungen gemeinschaftlich berechtigt, so kann jeder sie zu dem Zwecke, der sich aus ihrer Beschaffenheit ergibt, insoweit benutzen, als nicht die Mitbenutzung des anderen beeinträchtigt wird. Die Unterhaltungskosten sind von den Nachbarn zu gleichen Teilen zu tragen. Solange einer der Nachbarn an dem Fortbestande der Einrichtung ein Interesse hat, darf sie nicht ohne seine Zustimmung beseitigt oder geändert werden. Im übrigen bestimmt sich das Rechtsverhältnis zwischen den Nachbarn nach den Vorschriften über die Gemeinschaft.

δ) Grenzbaum.

§ 923.

Steht auf der Grenze ein Baum, so gebühren die Früchte und, wenn der Baum gefällt wird, auch der Baum den Nachbarn zu gleichen Teilen.

Jeder der Nachbarn kann die Beseitigung des Baumes verlangen. Die Kosten der Beseitigung fallen den Nachbarn zu gleichen Teilen zur Last. Der Nachbar, der die Beseitigung verlangt, hat jedoch die Kosten allein zu tragen, wenn der andere auf sein Recht an dem Baume verzichtet; er erwirbt in diesem Falle mit der Trennung das Alleineigentum. Der Anspruch auf die Beseitigung ist ausgeschlossen, wenn der Baum als Grenzzeichen dient und den Umständen nach nicht durch ein anderes zweckmäßiges Grenzzeichen ersetzt werden kann.

Diese Vorschriften gelten auch für einen auf der Grenze stehenden Strauch.

i) Verjährung.

§ 924.

Die Ansprüche, die sich aus den §§ 907 bis 909, 915, dem § 917 Abs. 1, dem § 918 Abs. 2, den §§ 919, 920 und dem § 923 Abs. 2 ergeben, unterliegen nicht der Verjährung.

Zweiter Titel.

Erwerb und Verlust des Eigentums an Grundstücken.

1. Eigentumsübertragungsvertrag (§§ 925, 926).

a) Auflassung und Eintragung.

§ 925.

Die zur Übertragung des Eigentums an einem Grundstücke nach § 873 erforderliche Einigung des Veräußerers und des Erwerbers (Auflassung) muß bei gleichzeitiger Anwesenheit beider Teile vor dem Grundbuchamt erklärt werden.

Eine Auflassung, die unter einer Bedingung oder einer Zeitbestimmung erfolgt, ist unwirksam.

b) Zubehör.

§ 926.

Sind der Veräußerer und der Erwerber darüber einig, daß sich die Veräußerung auf das Zubehör des Grundstücks erstrecken soll, so erlangt der Erwerber mit dem Eigentum an dem Grundstück auch das Eigentum an den zur Zeit des Erwerbes vorhandenen Zubehörstücken, soweit sie dem Veräußerer gehören. Im Zweifel ist anzunehmen, daß sich die Veräußerung auf das Zubehör erstrecken soll.

Erlangt der Erwerber auf Grund der Veräußerung den Besitz von Zubehörstücken, die dem Veräußerer nicht gehören oder mit Rechten Dritter belastet sind, so finden die Vorschriften der §§ 932 bis 936 Anwendung; für den guten Glauben des Erwerbers ist die Zeit der Erlangung des Besitzes maßgebend.

2. Ausschlußurteil.

§ 927.

Der Eigentümer eines Grundstücks kann, wenn das Grundstück seit dreißig Jahren im Eigenbesitz eines anderen ist, im Wege des Aufgebotsverfahrens mit seinem Rechte ausgeschlossen werden. Die Besitzzeit wird in gleicher Weise berechnet wie die Frist für die Ersitzung einer beweglichen Sache. Ist der Eigentümer im Grundbuch eingetragen, so ist das Aufgebotsverfahren nur zulässig, wenn er gestorben oder verschollen ist und eine Eintragung in das Grundbuch, die der Zustimmung des Eigentümers bedurfte, seit dreißig Jahren nicht erfolgt ist.

Derjenige, welcher das Ausschlußurteil erwirkt hat, erlangt das Eigentum dadurch, daß er sich als Eigentümer in das Grundbuch eintragen läßt.

Ist vor der Erlassung des Ausschlußurteils ein Dritter als Eigentümer oder wegen des Eigentums eines Dritten ein Widerspruch gegen die Richtigkeit des Grundbuchs eingetragen worden, so wirkt das Urteil nicht gegen den Dritten.

3. Dereliktion u. Aneignung.

§ 928.

Das Eigentum an einem Grundstücke kann dadurch aufgegeben werden, daß der Eigentümer den Verzicht dem Grundbuchamte gegenüber erklärt und der Verzicht in das Grundbuch eingetragen wird.

Das Recht zur Aneignung des aufgegebenen Grundstücks steht dem Fiskus des Landes[1]) zu, in dessen Gebiete das Grundstück liegt. Der Fiskus erwirbt das Eigentum dadurch, daß er sich als Eigentümer in das Grundbuch eintragen läßt.

Dritter Titel.

Erwerb und Verlust des Eigentums an beweglichen Sachen.

I. Übertragung.

1. Erwerb vom Eigentümer (§§ 929—931).

a) Einigung u. Übergabe.
Traditio brevi manu.

§ 929.

Zur Übertragung des Eigentums an einer beweglichen Sache ist erforderlich, daß der Eigentümer die Sache dem Erwerber übergibt und beide darüber einig sind, daß das Eigentum übergehen soll. Ist der Erwerber im Besitze der Sache, so genügt die Einigung über den Übergang des Eigentums.

b) Übergabesurrogate (§§ 930, 931).

α) Constitutum possessorium.

§ 930.

Ist der Eigentümer im Besitze der Sache, so kann die Übergabe dadurch ersetzt werden, daß zwischen ihm und dem Erwerber ein Rechtsverhältnis vereinbart wird, vermöge dessen der Erwerber den mittelbaren Besitz erlangt.

β) Anspruchsabtretung.

§ 931.

Ist ein Dritter im Besitze der Sache, so kann die Übergabe dadurch ersetzt werden, daß der Eigentümer dem Erwerber den Anspruch auf Herausgabe der Sache abtritt.

2. Erwerb vom Nichteigentümer (§§ 932—935).

a) Einigung und Übergabe.
Traditio brevi manu.

§ 932.

Durch eine nach § 929 erfolgte Veräußerung wird der Erwerber auch dann Eigentümer, wenn die Sache nicht dem Ver-

[1]) Fassung auf Grund von Art. 179 der Reichsverfassung.

äußerer gehört, es sei denn, daß er zu der Zeit, zu der er nach diesen Vorschriften das Eigentum erwerben würde, nicht in gutem Glauben ist. In dem Falle des § 929 Satz 2 gilt dies jedoch nur dann, wenn der Erwerber den Besitz von dem Veräußerer erlangt hatte.

Der Erwerber ist nicht in gutem Glauben, wenn ihm bekannt oder infolge grober Fahrlässigkeit unbekannt ist, daß die Sache nicht dem Veräußerer gehört.

b) Constitutum possessorium.

§ 933.

Gehört eine nach § 930 veräußerte Sache nicht dem Veräußerer, so wird der Erwerber Eigentümer, wenn ihm die Sache von dem Veräußerer übergeben wird, es sei denn, daß er zu dieser Zeit nicht in gutem Glauben ist.

c) Anspruchsabtretung.

§ 934.

Gehört eine nach § 931 veräußerte Sache nicht dem Veräußerer, so wird der Erwerber, wenn der Veräußerer mittelbarer Besitzer der Sache ist, mit der Abtretung des Anspruchs, anderenfalls dann Eigentümer, wenn er den Besitz der Sache von dem Dritten erlangt, es sei denn, daß er zur Zeit der Abtretung oder des Besitzerwerbes nicht in gutem Glauben ist.

d) Abhanden gekommene Sachen.

§ 935.

Der Erwerb des Eigentums auf Grund der §§ 932 bis 934 tritt nicht ein, wenn die Sache dem Eigentümer gestohlen worden, verlorengegangen oder sonst abhanden gekommen war. Das gleiche gilt, falls der Eigentümer nur mittelbarer Besitzer war, dann, wenn die Sache dem Besitzer abhanden gekommen war.

Diese Vorschriften finden keine Anwendung auf Geld oder Inhaberpapiere sowie auf Sachen, die im Wege öffentlicher Versteigerung veräußert werden.

3. Belastungen der veräußerten Sache.

§ 936.

Ist eine veräußerte Sache mit dem Rechte eines Dritten belastet, so erlischt das Recht mit dem Erwerbe des Eigentums. In dem Falle des § 929 Satz 2 gilt dies jedoch nur dann, wenn der Erwerber den Besitz von dem Veräußerer erlangt hatte. Erfolgt die Veräußerung nach § 930 oder war die nach § 931 veräußerte Sache nicht im mittelbaren Besitze des Veräußerers, so erlischt das Recht des Dritten erst dann, wenn der Erwerber auf Grund der Veräußerung den Besitz der Sache erlangt.

Das Recht des Dritten erlischt nicht, wenn der Erwerber zu der nach Abs. 1 maßgebenden Zeit in Ansehung des Rechtes nicht in gutem Glauben ist.

Steht im Falle des § 931 das Recht dem dritten Besitzer zu, so erlischt es auch dem gutgläubigen Erwerber gegenüber nicht.

II. Ersitzung.

1. Voraussetzungen u. Wirkung (§§ 937, 938).

§ 937.

Wer eine bewegliche Sache zehn Jahre im Eigenbesitze hat, erwirbt das Eigentum (Ersitzung).

Die Ersitzung ist ausgeschlossen, wenn der Erwerber bei dem Erwerbe des Eigenbesitzes nicht in gutem Glauben ist oder wenn er später erfährt, daß ihm das Eigentum nicht zusteht.

Olim et hodie possessor, semper possessor.

§ 938.

Hat jemand eine Sache am Anfang und am Ende eines Zeitraums im Eigenbesitze gehabt, so wird vermutet, daß sein Eigenbesitz auch in der Zwischenzeit bestanden habe.

2. Hemmung der Ersitzung.

§ 939.

Die Ersitzung kann nicht beginnen und, falls sie begonnen hat, nicht fortgesetzt werden, solange die Verjährung des Eigentumsanspruchs gehemmt ist oder ihrer Vollendung die Vorschriften der §§ 206, 207 entgegenstehen.

3. Unterbrechung (§§ 940—942).

a) Besitzverlust.

§ 940.

Die Ersitzung wird durch den Verlust des Eigenbesitzes unterbrochen.

Die Unterbrechung gilt als nicht erfolgt, wenn der Eigenbesitzer den Eigenbesitz ohne seinen Willen verloren und ihn binnen Jahresfrist oder mittels einer innerhalb dieser Frist erhobenen Klage wiedererlangt hat.

b) Klage.

§ 941.

Die Ersitzung wird unterbrochen, wenn der Eigentumsanspruch gegen den Eigenbesitzer oder im Falle eines mittelbaren Eigenbesitzes gegen den Besitzer gerichtlich geltend gemacht wird, der sein Recht zum Besitze von dem Eigenbesitzer ableitet; die Unterbrechung tritt jedoch nur zugunsten desjenigen ein, welcher sie herbeiführt. Die für die Verjährung geltenden Vorschriften der §§ 209 bis 212, 216, 219, 220 finden entsprechende Anwendung.

c) **Wirkung der Unterbrechung.**

§ 942.

Wird die Ersitzung unterbrochen, so kommt die bis zur Unterbrechung verstrichene Zeit nicht in Betracht; eine neue Ersitzung kann erst nach der Beendigung der Unterbrechung beginnen.

4. **Accessio temporis (§§ 943, 944).**

§ 943.

Gelangt die Sache durch Rechtsnachfolge in den Eigenbesitz eines Dritten, so kommt die während des Besitzes des Rechtsvorgängers verstrichene Ersitzungszeit dem Dritten zustatten.

§ 944.

Die Ersitzungszeit, die zugunsten eines Erbschaftsbesitzers verstrichen ist, kommt dem Erben zustatten.

5. **Belastungen der ersessenen Sache.**

§ 945.

Mit dem Erwerbe des Eigentums durch Ersitzung erlöschen die an der Sache vor dem Erwerbe des Eigenbesitzes begründeten Rechte Dritter, es sei denn, daß der Eigenbesitzer bei dem Erwerbe des Eigenbesitzes in Ansehung dieser Rechte nicht in gutem Glauben ist oder ihr Bestehen später erfährt. Die Ersitzungsfrist muß auch in Ansehung des Rechtes des Dritten verstrichen sein; die Vorschriften der §§ 939 bis 944 finden entsprechende Anwendung.

III. Verbindung. Vermischung. Verarbeitung.

1. **Verbindung beweglicher Sachen mit Grundstücken (superficies solo cedit).**

§ 946.

Wird eine bewegliche Sache mit einem Grundstücke dergestalt verbunden, daß sie wesentlicher Bestandteil des Grundstücks wird, so erstreckt sich das Eigentum an dem Grundstück auf diese Sache.

2. **Verbindung beweglicher Sachen miteinander.**

§ 947.

Werden bewegliche Sachen miteinander dergestalt verbunden, daß sie wesentliche Bestandteile einer einheitlichen Sache werden, so werden die bisherigen Eigentümer Miteigentümer dieser Sache; die Anteile bestimmen sich nach dem Verhältnisse des Wertes, den die Sachen zur Zeit der Verbindung haben.

Ist eine der Sachen als die Hauptsache anzusehen, so erwirbt ihr Eigentümer das Alleineigentum.

3. Confusio und commixtio.

§ 948.

Werden bewegliche Sachen miteinander untrennbar vermischt oder vermengt, so finden die Vorschriften des § 947 entsprechende Anwendung.

Der Untrennbarkeit steht es gleich, wenn die Trennung der vermischten oder vermengten Sachen mit unverhältnismäßigen Kosten verbunden sein würde.

4. Belastungen.

§ 949.

Erlischt nach den §§ 946 bis 948 das Eigentum an einer Sache, so erlöschen auch die sonstigen an der Sache bestehenden Rechte. Erwirbt der Eigentümer der belasteten Sache Miteigentum, so bestehen die Rechte an dem Anteile fort, der an die Stelle der Sache tritt. Wird der Eigentümer der belasteten Sache Alleineigentümer, so erstrecken sich die Rechte auf die hinzutretende Sache.

5. Spezifikation.

§ 950.

Wer durch Verarbeitung oder Umbildung eines oder mehrerer Stoffe eine neue bewegliche Sache herstellt, erwirbt das Eigentum an der neuen Sache, sofern nicht der Wert der Verarbeitung oder der Umbildung erheblich geringer ist als der Wert des Stoffes. Als Verarbeitung gilt auch das Schreiben, Zeichnen, Malen, Drucken, Gravieren oder eine ähnliche Bearbeitung der Oberfläche.

Mit dem Erwerbe des Eigentums an der neuen Sache erlöschen die an dem Stoffe bestehenden Rechte.

6. Ausgleichungsrechte des Geschädigten.

§ 951.

Wer infolge der Vorschriften der §§ 946 bis 950 einen Rechtsverlust erleidet, kann von demjenigen, zu dessen Gunsten die Rechtsänderung eintritt, Vergütung in Geld nach den Vorschriften über die Herausgabe einer ungerechtfertigten Bereicherung fordern. Die Wiederherstellung des früheren Zustandes kann nicht verlangt werden.

Die Vorschriften über die Verpflichtung zum Schadensersatze wegen unerlaubter Handlungen sowie die Vorschriften über den Ersatz von Verwendungen und über das Recht zur

Wegnahme einer Einrichtung bleiben unberührt. In den Fällen der §§ 946, 947 ist die Wegnahme nach den für das Wegnahmerecht des Besitzers gegenüber dem Eigentümer geltenden Vorschriften auch dann zulässig, wenn die Verbindung nicht von dem Besitzer der Hauptsache bewirkt worden ist.

7. Eigentum an Schuldurkunden.

§ 952.

Das Eigentum an dem über eine Forderung ausgestellten Schuldscheine steht dem Gläubiger zu. Das Recht eines Dritten an der Forderung erstreckt sich auf den Schuldschein.

Das gleiche gilt für Urkunden über andere Rechte, kraft deren eine Leistung gefordert werden kann, insbesondere für Hypotheken-, Grundschuld- und Rentenschuldbriefe.

IV. Erwerb von Erzeugnissen und sonstigen Bestandteilen einer Sache.

1. Erwerb kraft Eigentums an der Muttersache.

§ 953.

Erzeugnisse und sonstige Bestandteile einer Sache gehören auch nach der Trennung dem Eigentümer der Sache, soweit sich nicht aus den §§ 954 bis 957 ein anderes ergibt.

2. Erwerb kraft dinglichen Aneignungsrechts.

§ 954.

Wer vermöge eines Rechtes an einer fremden Sache befugt ist, sich Erzeugnisse oder sonstige Bestandteile der Sache anzueignen, erwirbt das Eigentum an ihnen, unbeschadet der Vorschriften der §§ 955 bis 957, mit der Trennung.

3. Erwerb kraft Eigen- und Nutzbesitzes.

§ 955.

Wer eine Sache im Eigenbesitze hat, erwirbt das Eigentum an den Erzeugnissen und sonstigen zu den Früchten der Sache gehörenden Bestandteilen, unbeschadet der Vorschriften der §§ 956, 957, mit der Trennung. Der Erwerb ist ausgeschlossen, wenn der Eigenbesitzer nicht zum Eigenbesitz oder ein anderer vermöge eines Rechtes an der Sache zum Fruchtbezuge berechtigt ist und der Eigenbesitzer bei dem Erwerbe des Eigenbesitzes nicht in gutem Glauben ist oder vor der Trennung den Rechtsmangel erfährt.

Dem Eigenbesitzer steht derjenige gleich, welcher die Sache zum Zwecke der Ausübung eines Nutzungsrechts an ihr besitzt.

Auf den Eigenbesitz und den ihm gleichgestellten Besitz findet die Vorschrift des § 940 Abs. 2 entsprechende Anwendung.

4. Erwerb kraft (nicht dinglicher) Aneignungsgestattung (§§ 956, 957).

§ 956.

Gestattet der Eigentümer einem anderen, sich Erzeugnisse oder sonstige Bestandteile der Sache anzueignen, so erwirbt dieser das Eigentum an ihnen, wenn der Besitz der Sache ihm überlassen ist, mit der Trennung, anderenfalls mit der Besitzergreifung. Ist der Eigentümer zu der Gestattung verpflichtet, so kann er sie nicht widerrufen, solange sich der andere in dem ihm überlassenen Besitze der Sache befindet.

Das gleiche gilt, wenn die Gestattung nicht von dem Eigentümer, sondern von einem anderen ausgeht, dem Erzeugnisse oder sonstige Bestandteile einer Sache nach der Trennung gehören.

§ 957.

Die Vorschriften des § 956 finden auch dann Anwendung, wenn derjenige, welcher die Aneignung einem anderen gestattet, hierzu nicht berechtigt ist, es sei denn, daß der andere, falls ihm der Besitz der Sache überlassen wird, bei der Überlassung, anderenfalls bei der Ergreifung des Besitzes der Erzeugnisse oder der sonstigen Bestandteile nicht in gutem Glauben ist oder vor der Trennung den Rechtsmangel erfährt.

V. Aneignung.

1. Voraussetzungen wirksamer Okkupation.

§ 958.

Wer eine herrenlose bewegliche Sache in Eigenbesitz nimmt, erwirbt das Eigentum an der Sache.

Das Eigentum wird nicht erworben, wenn die Aneignung gesetzlich verboten ist oder wenn durch die Besitzergreifung das Aneignungsrecht eines anderen verletzt wird.

2. Herrenlose Sachen (§§ 959—964).

a) Dereliktion.

§ 959.

Eine bewegliche Sache wird herrenlos, wenn der Eigentümer in der Absicht, auf das Eigentum zu verzichten, den Besitz der Sache aufgibt.

b) Wilde Tiere.

§ 960.

Wilde Tiere sind herrenlos, solange sie sich in der Freiheit befinden. Wilde Tiere in Tiergärten und Fische in Teichen oder anderen geschlossenen Privatgewässern sind nicht herrenlos.

Erlangt ein gefangenes wildes Tier die Freiheit wieder,

so wird es herrenlos, wenn nicht der Eigentümer das Tier unverzüglich verfolgt oder wenn er die Verfolgung aufgibt.

Ein gezähmtes Tier wird herrenlos, wenn es die Gewohnheit ablegt, an den ihm bestimmten Ort zurückzukehren.

c) **Bienenrecht** (§§ 961—964).

§ 961.

Zieht ein Bienenschwarm aus, so wird er herrenlos, wenn nicht der Eigentümer ihn unverzüglich verfolgt oder wenn der Eigentümer die Verfolgung aufgibt.

§ 962.

Der Eigentümer des Bienenschwarmes darf bei der Verfolgung fremde Grundstücke betreten. Ist der Schwarm in eine fremde nicht besetzte Bienenwohnung eingezogen, so darf der Eigentümer des Schwarmes zum Zwecke des Einfangens die Wohnung öffnen und die Waben herausnehmen oder herausbrechen. Er hat den entstehenden Schaden zu ersetzen.

§ 963.

Vereinigen sich ausgezogene Bienenschwärme mehrerer Eigentümer, so werden die Eigentümer, welche ihre Schwärme verfolgt haben, Miteigentümer des eingefangenen Gesamtschwarmes; die Anteile bestimmen sich nach der Zahl der verfolgten Schwärme.

§ 964.

Ist ein Bienenschwarm in eine fremde besetzte Bienenwohnung eingezogen, so erstrecken sich das Eigentum und die sonstigen Rechte an den Bienen, mit denen die Wohnung besetzt war, auf den eingezogenen Schwarm. Das Eigentum und die sonstigen Rechte an dem eingezogenen Schwarme erlöschen.

VI. Fund.

I. Allgemeines Fundrecht (§§ 965—977).

1. Finderpflichten (§§ 965—968).

a) **Anzeigepflicht.**

§ 965.

Wer eine verlorene Sache findet und an sich nimmt, hat dem Verlierer oder dem Eigentümer oder einem sonstigen Empfangsberechtigten unverzüglich Anzeige zu machen.

Kennt der Finder die Empfangsberechtigten nicht oder ist ihm ihr Aufenthalt unbekannt, so hat er den Fund und die Umstände, welche für die Ermittelung der Empfangsberechtigten erheblich sein können, unverzüglich der Polizeibehörde anzuzeigen.

Ist die Sache nicht mehr als drei Reichsmark[1]) wert, so bedarf es der Anzeige nicht.

b) Verwahrungs- und Versteigerungspflicht.

§ 966.

Der Finder ist zur Verwahrung der Sache verpflichtet.

Ist der Verderb der Sache zu besorgen oder ist die Aufbewahrung mit unverhältnismäßigen Kosten verbunden, so hat der Finder die Sache öffentlich versteigern zu lassen. Vor der Versteigerung ist der Polizeibehörde Anzeige zu machen. Der Erlös tritt an die Stelle der Sache.

c) Pflicht (u. Recht) zur Ablieferung an die Polizei.

§ 967.

Der Finder ist berechtigt und auf Anordnung der Polizeibehörde verpflichtet, die Sache oder den Versteigerungserlös an die Polizeibehörde abzuliefern.

d) Haftungsgrad.

§ 968.

Der Finder hat nur Vorsatz und grobe Fahrlässigkeit zu vertreten.

2. Finderrechte (§§ 969—977).

a) Herausgabe an den Verlierer.

§ 969.

Der Finder wird durch die Herausgabe der Sache an den Verlierer auch den sonstigen Empfangsberechtigten gegenüber befreit.

b) Ersatz von Aufwendungen.

§ 970.

Macht der Finder zum Zwecke der Verwahrung oder Erhaltung der Sache oder zum Zwecke der Ermittelung eines Empfangsberechtigten Aufwendungen, die er den Umständen nach für erforderlich halten darf, so kann er von dem Empfangsberechtigten Ersatz verlangen.

c) Finderlohn.

§ 971.

Der Finder kann von dem Empfangsberechtigten einen Finderlohn verlangen. Der Finderlohn beträgt von dem Werte der Sache bis zu dreihundert Reichsmark[1]) fünf vom Hundert, von dem Mehrwert eins vom Hundert, bei Tieren eins vom Hundert. Hat die Sache nur für den Empfangsberechtigten einen

---

[1]) Fassung auf Grund der VO. v. 12. Dezember 1924 § 1 (RGBl. I S. 775).

Wert, so ist der Finderlohn nach billigem Ermessen zu bestimmen.

Der Anspruch ist ausgeschlossen, wenn der Finder die Anzeigepflicht verletzt oder den Fund auf Nachfrage verheimlicht.

d) Geltendmachung der Finderansprüche.

§ 972.

Auf die in den §§ 970, 971 bestimmten Ansprüche finden die für die Ansprüche des Besitzers gegen den Eigentümer wegen Verwendungen geltenden Vorschriften der §§ 1000 bis 1002 entsprechende Anwendung.

e) Eigentumserwerb an der Fundsache (§§ 873—877).

α) Erwerb des Finders (§§ 973—975).

§ 973.

Mit dem Ablauf eines Jahres nach der Anzeige des Fundes bei der Polizeibehörde erwirbt der Finder das Eigentum an der Sache, es sei denn, daß vorher ein Empfangsberechtigter dem Finder bekannt geworden ist oder sein Recht bei der Polizeibehörde angemeldet hat. Mit dem Erwerbe des Eigentums erlöschen die sonstigen Rechte an der Sache.

Ist die Sache nicht mehr als drei Reichsmark[1]) wert, so beginnt die einjährige Frist mit dem Funde. Der Finder erwirbt das Eigentum nicht, wenn er den Fund auf Nachfrage verheimlicht. Die Anmeldung eines Rechtes bei der Polizeibehörde steht dem Erwerbe des Eigentums nicht entgegen.

§ 974.

Sind vor dem Ablaufe der einjährigen Frist Empfangsberechtigte dem Finder bekannt geworden oder haben sie bei einer Sache, die mehr als drei Reichsmark[1]) wert ist, ihre Rechte bei der Polizeibehörde rechtzeitig angemeldet, so kann der Finder die Empfangsberechtigten nach den Vorschriften des § 1003 zur Erklärung über die ihm nach den §§ 970 bis 972 zustehenden Ansprüche auffordern. Mit dem Ablaufe der für die Erklärung bestimmten Frist erwirbt der Finder das Eigentum und erlöschen die sonstigen Rechte an der Sache, wenn nicht die Empfangsberechtigten sich rechtzeitig zu der Befriedigung der Ansprüche bereit erklären.

§ 975.

Durch die Ablieferung der Sache oder des Versteigerungserlöses an die Polizeibehörde werden die Rechte des Finders

[1]) Siehe Anm. zu § 965.

nicht berührt. Läßt die Polizeibehörde die Sache versteigern, so tritt der Erlös an die Stelle der Sache. Die Polizeibehörde darf die Sache oder den Erlös nur mit Zustimmung des Finders einem Empfangsberechtigten herausgeben.

β) Verzicht des Finders auf den Erwerb.

§ 976.

Verzichtet der Finder der Polizeibehörde gegenüber auf das Recht zum Erwerbe des Eigentums an der Sache, so geht sein Recht auf die Gemeinde des Fundorts über.

Hat der Finder nach der Ablieferung der Sache oder des Versteigerungserlöses an die Polizeibehörde auf Grund der Vorschriften der §§ 973, 974 das Eigentum erworben, so geht es auf die Gemeinde des Fundorts über, wenn nicht der Finder vor dem Ablauf einer ihm von der Polizeibehörde bestimmten Frist die Herausgabe verlangt.

γ) Bereicherungsanspruch.

§ 977.

Wer infolge der Vorschriften der §§ 973, 974, 976 einen Rechtsverlust erleidet, kann in den Fällen der §§ 973, 974 von dem Finder, in den Fällen des § 976 von der Gemeinde des Fundorts die Herausgabe des durch die Rechtsänderung Erlangten nach den Vorschriften über die Herausgabe einer ungerechtfertigten Bereicherung fordern. Der Anspruch erlischt mit dem Ablaufe von drei Jahren nach dem Übergange des Eigentums auf den Finder oder die Gemeinde, wenn nicht die gerichtliche Geltendmachung vorher erfolgt.

II. Verkehrsfund (§§ 978—982).

§ 978.

Wer eine Sache in den Geschäftsräumen oder den Beförderungsmitteln einer öffentlichen Behörde oder einer dem öffentlichen Verkehre dienenden Verkehrsanstalt findet und an sich nimmt, hat die Sache unverzüglich an die Behörde oder die Verkehrsanstalt oder an einen ihrer Angestellten abzuliefern. Die Vorschriften der §§ 965 bis 977 finden keine Anwendung.

§ 979.

Die Behörde oder die Verkehrsanstalt kann die an sie abgelieferte Sache öffentlich versteigern lassen. Die öffentlichen Behörden und die Verkehrsanstalten des Reichs, der Länder[1])

---

[1]) Fassung auf Grund von Art. 179 d. Reichsverfassung.

und der Gemeinden können die Versteigerung durch einen ihrer Beamten vornehmen lassen.

Der Erlös tritt an die Stelle der Sache.

§ 980.

Die Versteigerung ist erst zulässig, nachdem die Empfangsberechtigten in einer öffentlichen Bekanntmachung des Fundes zur Anmeldung ihrer Rechte unter Bestimmung einer Frist aufgefordert worden sind und die Frist verstrichen ist; sie ist unzulässig, wenn eine Anmeldung rechtzeitig erfolgt ist.

Die Bekanntmachung ist nicht erforderlich, wenn der Verderb der Sache zu besorgen oder die Aufbewahrung mit unverhältnismäßigen Kosten verbunden ist.

§ 981.

Sind seit dem Ablaufe der in der öffentlichen Bekanntmachung bestimmten Frist drei Jahre verstrichen, so fällt der Versteigerungserlös, wenn nicht ein Empfangsberechtigter sein Recht angemeldet hat, bei Reichsbehörden und Reichsanstalten an den Reichsfiskus, bei Landesbehörden und Landesanstalten an den Fiskus des Landes[1]), bei Gemeindebehörden und Gemeindeanstalten an die Gemeinde, bei Verkehrsanstalten, die von einer Privatperson betrieben werden, an diese.

Ist die Versteigerung ohne die öffentliche Bekanntmachung erfolgt, so beginnt die dreijährige Frist erst, nachdem die Empfangsberechtigten in einer öffentlichen Bekanntmachung des Fundes zur Anmeldung ihrer Rechte aufgefordert worden sind. Das gleiche gilt, wenn gefundenes Geld abgeliefert worden ist.

Die Kosten werden von dem herauszugebenden Betrag abgezogen.

§ 982.

Die in den §§ 980, 981 vorgeschriebene Bekanntmachung erfolgt bei Reichsbehörden und Reichsanstalten nach den von dem Reichsrat[2]), in den übrigen Fällen nach den von der Zentralbehörde des Landes[3]) erlassenen Vorschriften[4]).

---

[1]) Siehe Anm. zu § 979.

[2]) Fassung auf Grund des Übergangsgesetzes v. 4. März 1919 § 3 und des Art. 179 der Reichsverfassung.

[3]) Siehe Anm. zu § 979.

[4]) Siehe Anhang Nr. 3.

III. Versteigerung von Sachen im Besitz einer Behörde.

§ 983.

Ist eine öffentliche Behörde im Besitz einer Sache, zu deren Herausgabe sie verpflichtet ist, ohne daß die Verpflichtung auf Vertrag beruht, so finden, wenn der Behörde der Empfangsberechtigte oder dessen Aufenthalt unbekannt ist, die Vorschriften der §§ 979 bis 982 entsprechende Anwendung.

IV. Schatzfund.

§ 984.

Wird eine Sache, die so lange verborgen gelegen hat, daß der Eigentümer nicht mehr zu ermitteln ist (Schatz), entdeckt und infolge der Entdeckung in Besitz genommen, so wird das Eigentum zur Hälfte von dem Entdecker, zur Hälfte von dem Eigentümer der Sache erworben, in welcher der Schatz verborgen war.

Vierter Titel. Ansprüche aus dem Eigentume.

I. Herausgabeanspruch. Rei Vindicatio (§§ 985—1003).

1. Voraussetzungen.

§ 985.

Der Eigentümer kann von dem Besitzer die Herausgabe der Sache verlangen.

2. Einwendungen.

§ 986.

Der Besitzer kann die Herausgabe der Sache verweigern, wenn er oder der mittelbare Besitzer, von dem er sein Recht zum Besitz ableitet, dem Eigentümer gegenüber zum Besitze berechtigt ist. Ist der mittelbare Besitzer dem Eigentümer gegenüber zur Überlassung des Besitzes an den Besitzer nicht befugt, so kann der Eigentümer von dem Besitzer die Herausgabe der Sache an den mittelbaren Besitzer oder, wenn dieser den Besitz nicht wieder übernehmen kann oder will, an sich selbst verlangen.

Der Besitzer einer Sache, die nach § 931 durch Abtretung des Anspruchs auf Herausgabe veräußert worden ist, kann dem neuen Eigentümer die Einwendungen entgegensetzen, welche ihm gegen den abgetretenen Anspruch zustehen.

3. Anspruch auf Nutzungen u. Schadensersatz (§§ 987—993).

a) Haftung des redlichen Besitzers (§§ 987—989).

α) Nutzungen (§§ 987, 988).

§ 987.

Der Besitzer hat dem Eigentümer die Nutzungen herauszugeben, die er nach dem Eintritte der Rechtshängigkeit zieht.

Zieht der Besitzer nach dem Eintritte der Rechtshängigkeit Nutzungen nicht, die er nach den Regeln einer ordnungsmäßigen Wirtschaft ziehen könnte, so ist er dem Eigentümer zum Ersatze verpflichtet, soweit ihm ein Verschulden zur Last fällt.

§ 988.

Hat ein Besitzer, der die Sache als ihm gehörig oder zum Zwecke der Ausübung eines ihm in Wirklichkeit nicht zustehenden Nutzungsrechts an der Sache besitzt, den Besitz unentgeltlich erlangt, so ist er dem Eigentümer gegenüber zur Herausgabe der Nutzungen, die er vor dem Eintritte der Rechtshängigkeit zieht, nach den Vorschriften über die Herausgabe einer ungerechtfertigten Bereicherung verpflichtet.

β) Schadensersatz.

§ 989.

Der Besitzer ist von dem Eintritte der Rechtshängigkeit an dem Eigentümer für den Schaden verantwortlich, der dadurch entsteht, daß infolge seines Verschuldens die Sache verschlechtert wird, untergeht oder aus einem anderen Grunde von ihm nicht herausgegeben werden kann.

b) Haftung des unredlichen Besitzers.

§ 990.

War der Besitzer bei dem Erwerbe des Besitzes nicht in gutem Glauben, so haftet er dem Eigentümer von der Zeit des Erwerbes an nach den §§ 987, 989. Erfährt der Besitzer später, daß er zum Besitze nicht berechtigt ist, so haftet er in gleicher Weise von der Erlangung der Kenntnis an.

Eine weitergehende Haftung des Besitzers wegen Verzugs bleibt unberührt.

c) Haftung des Besitzmittlers.

§ 991.

Leitet der Besitzer das Recht zum Besitze von einem mittelbaren Besitzer ab, so finden die Vorschriften des § 990 in Ansehung der Nutzungen nur Anwendung, wenn die Voraussetzungen des § 990 auch bei dem mittelbaren Besitzer vorliegen oder diesem gegenüber die Rechtshängigkeit eingetreten ist.

War der Besitzer bei dem Erwerbe des Besitzes in gutem Glauben, so hat er gleichwohl von dem Erwerb an den im § 989 bezeichneten Schaden dem Eigentümer gegenüber insoweit zu vertreten, als er dem mittelbaren Besitzer verantwortlich ist.

d) Voraussetzungen der Deliktshaftung.

§ 992.

Hat sich der Besitzer durch verbotene Eigenmacht oder durch eine strafbare Handlung den Besitz verschafft, so haftet er dem

Eigentümer nach den Vorschriften über den Schadensersatz wegen unerlaubter Handlungen.

e) Übermaßfrüchte.

§ 993.

Liegen die in den §§ 987 bis 992 bezeichneten Voraussetzungen nicht vor, so hat der Besitzer die gezogenen Früchte, soweit sie nach den Regeln einer ordnungsmäßigen Wirtschaft nicht als Ertrag der Sache anzusehen sind, nach den Vorschriften über die Herausgabe einer ungerechtfertigten Bereicherung herauszugeben; im übrigen ist er weder zur Herausgabe von Nutzungen noch zum Schadensersatze verpflichtet.

Für die Zeit, für welche dem Besitzer die Nutzungen verbleiben, finden auf ihn die Vorschriften des § 101 Anwendung.

4. Verwendungen auf die vindizierte Sache (§§ 994—1003).

a) Anspruch auf Verwendungsersatz (§§ 994—996).

α) Impensae necessariae (§§ 994, 995).

§ 994.

Der Besitzer kann für die auf die Sache gemachten notwendigen Verwendungen von dem Eigentümer Ersatz verlangen. Die gewöhnlichen Erhaltungskosten sind ihm jedoch für die Zeit, für welche ihm die Nutzungen verbleiben, nicht zu ersetzen.

Macht der Besitzer nach dem Eintritte der Rechtshängigkeit oder nach dem Beginne der im § 990 bestimmten Haftung notwendige Verwendungen, so bestimmt sich die Ersatzpflicht des Eigentümers nach den Vorschriften über die Geschäftsführung ohne Auftrag.

§ 995.

Zu den notwendigen Verwendungen im Sinne des § 994 gehören auch die Aufwendungen, die der Besitzer zur Bestreitung von Lasten der Sache macht. Für die Zeit, für welche dem Besitzer die Nutzungen verbleiben, sind ihm nur die Aufwendungen für solche außerordentliche Lasten zu ersetzen, die als auf den Stammwert der Sache gelegt anzusehen sind.

β) Impensae utiles.

§ 996.

Für andere als notwendige Verwendungen kann der Besitzer Ersatz nur insoweit verlangen, als sie vor dem Eintritte der Rechtshängigkeit und vor dem Beginne der im § 990 bestimmten Haftung gemacht werden und der Wert der Sache durch sie noch zu der Zeit erhöht ist, zu welcher der Eigentümer die Sache wiedererlangt.

b) Ius tollendi.

§ 997.

Hat der Besitzer mit der Sache eine andere Sache als wesentlichen Bestandteil verbunden, so kann er sie abtrennen und sich aneignen. Die Vorschriften des § 258 finden Anwendung.

Das Recht zur Abtrennung ist ausgeschlossen, wenn der Besitzer nach § 994 Abs. 1 Satz 2 für die Verwendung Ersatz nicht verlangen kann oder die Abtrennung für ihn keinen Nutzen hat oder ihm mindestens der Wert ersetzt wird, den der Bestandteil nach der Abtrennung für ihn haben würde.

c) Fruchtkosten.

§ 998.

Ist ein landwirtschaftliches Grundstück herauszugeben, so hat der Eigentümer die Kosten, die der Besitzer auf die noch nicht getrennten, jedoch nach den Regeln einer ordnungsmäßigen Wirtschaft vor dem Ende des Wirtschaftsjahrs zu trennenden Früchte verwendet hat, insoweit zu ersetzen, als sie einer ordnungsmäßigen Wirtschaft entsprechen und den Wert dieser Früchte nicht übersteigen.

d) Wechsel des Besitzers oder Eigentümers.

§ 999.

Der Besitzer kann für die Verwendungen eines Vorbesitzers, dessen Rechtsnachfolger er geworden ist, in demselben Umfang Ersatz verlangen, in welchem ihn der Vorbesitzer fordern könnte, wenn er die Sache herauszugeben hätte.

Die Verpflichtung des Eigentümers zum Ersatze von Verwendungen erstreckt sich auch auf die Verwendungen, die gemacht worden sind, bevor er das Eigentum erworben hat.

e) Rechtsschutz des Anspruchs auf Ersatz der Verwendungen (§§ 1000—1003).

α) Retentionsrecht.

§ 1000.

Der Besitzer kann die Herausgabe der Sache verweigern, bis er wegen der ihm zu ersetzenden Verwendungen befriedigt wird. Das Zurückbehaltungsrecht steht ihm nicht zu, wenn er die Sache durch eine vorsätzlich begangene unerlaubte Handlung erlangt hat.

β) Geltendmachung des Anspruchs.

§ 1001.

Der Besitzer kann den Anspruch auf den Ersatz der Verwendungen nur geltend machen, wenn der Eigentümer die Sache wiedererlangt oder die Verwendungen genehmigt. Bis zur Genehmigung der Verwendungen kann sich der Eigentümer von dem Anspruche dadurch befreien, daß er die wiedererlangte Sache zurückgibt. Die Genehmigung gilt als erteilt, wenn der Eigentümer die ihm von dem Besitzer unter Vorbehalt des Anspruchs angebotene Sache annimmt.

γ) Ausschlußfrist.

§ 1002.

Gibt der Besitzer die Sache dem Eigentümer heraus, so erlischt der Anspruch auf den Ersatz der Verwendungen mit dem Ablauf eines Monats, bei einem Grundstücke mit dem Ablaufe von sechs Monaten nach der Herausgabe, wenn nicht vorher die gerichtliche Geltendmachung erfolgt oder der Eigentümer die Verwendungen genehmigt.

Auf diese Fristen finden die für die Verjährung geltenden Vorschriften der §§ 203, 206, 207 entsprechende Anwendung.

δ) Befriedigung aus der Sache.

§ 1003.

Der Besitzer kann den Eigentümer unter Angabe des als Ersatz verlangten Betrags auffordern, sich innerhalb einer von ihm bestimmten angemessenen Frist darüber zu erklären, ob er die Verwendungen genehmige. Nach dem Ablaufe der Frist ist der Besitzer berechtigt, Befriedigung aus der Sache nach den Vorschriften über den Pfandverkauf, bei einem Grundstücke nach den Vorschriften über die Zwangsvollstreckung in das unbewegliche Vermögen zu suchen, wenn nicht die Genehmigung rechtzeitig erfolgt.

Bestreitet der Eigentümer den Anspruch vor dem Ablaufe der Frist, so kann sich der Besitzer aus der Sache erst dann befriedigen, wenn er nach rechtskräftiger Feststellung des Betrags der Verwendungen den Eigentümer unter Bestimmung einer angemessenen Frist zur Erklärung aufgefordert hat und die Frist verstrichen ist; das Recht auf Befriedigung aus der Sache ist ausgeschlossen, wenn die Genehmigung rechtzeitig erfolgt.

II. Actio negatoria.

§ 1004.

Wird das Eigentum in anderer Weise als durch Entziehung oder Vorenthaltung des Besitzes beeinträchtigt, so kann der Eigentümer von dem Störer die Beseitigung der Beeinträchtigung verlangen. Sind weitere Beeinträchtigungen zu besorgen, so kann der Eigentümer auf Unterlassung klagen.

Der Anspruch ist ausgeschlossen, wenn der Eigentümer zur Duldung verpflichtet ist.

III. **Petitorischer Abholungsanspruch.**

§ 1005.

Befindet sich eine Sache auf einem Grundstücke, das ein anderer als der Eigentümer der Sache besitzt, so steht diesem gegen den Besitzer des Grundstücks der im § 867 bestimmte Anspruch zu.

IV. **Eigentumsvermutung für den Fahrnisbesitzer.**

§ 1006.

Zugunsten des Besitzers einer beweglichen Sache wird vermutet, daß er Eigentümer der Sache sei. Dies gilt jedoch nicht einem früheren Besitzer gegenüber, dem die Sache gestohlen worden, verlorengegangen oder sonst abhanden gekommen ist, es sei denn, daß es sich um Geld oder Inhaberpapiere handelt.

Zugunsten eines früheren Besitzers wird vermutet, daß er während der Dauer seines Besitzes Eigentümer der Sache gewesen sei.

Im Falle eines mittelbaren Besitzes gilt die Vermutung für den mittelbaren Besitzer.

V. **Anspruch aus früherem Fahrnisbesitz.**

§ 1007.

Wer eine bewegliche Sache im Besitze gehabt hat, kann von dem Besitzer die Herausgabe der Sache verlangen, wenn dieser bei dem Erwerbe des Besitzes nicht in gutem Glauben war.

Ist die Sache dem früheren Besitzer gestohlen worden, verlorengegangen oder sonst abhanden gekommen, so kann er die Herausgabe auch von einem gutgläubigen Besitzer verlangen, es sei denn, daß dieser Eigentümer der Sache ist oder die Sache ihm vor der Besitzzeit des früheren Besitzers abhanden gekommen war. Auf Geld und Inhaberpapiere findet diese Vorschrift keine Anwendung.

Der Anspruch ist ausgeschlossen, wenn der frühere Besitzer bei dem Erwerbe des Besitzes nicht in gutem Glauben war oder wenn er den Besitz aufgegeben hat. Im übrigen finden die Vorschriften der §§ 986 bis 1003 entsprechende Anwendung.

Fünfter Titel. Miteigentum.

1. **Begriff des Miteigentums.**

§ 1008.

Steht das Eigentum an einer Sache mehreren nach Bruchteilen zu, so gelten die Vorschriften der §§ 1009 bis 1011.

2. Belastung zugunsten eines Miteigentümers.

§ 1009.

Die gemeinschaftliche Sache kann auch zugunsten eines Miteigentümers belastet werden.

Die Belastung eines gemeinschaftlichen Grundstücks zugunsten des jeweiligen Eigentümers eines anderen Grundstücks sowie die Belastung eines anderen Grundstücks zugunsten der jeweiligen Eigentümer des gemeinschaftlichen Grundstücks wird nicht dadurch ausgeschlossen, daß das andere Grundstück einem Miteigentümer des gemeinschaftlichen Grundstücks gehört.

3. Regelung der Verwaltung u. Benutzung.

§ 1010.

Haben die Miteigentümer eines Grundstücks die Verwaltung und Benutzung geregelt oder das Recht, die Aufhebung der Gemeinschaft zu verlangen, für immer oder auf Zeit ausgeschlossen oder eine Kündigungsfrist bestimmt, so wirkt die getroffene Bestimmung gegen den Sondernachfolger eines Miteigentümers nur, wenn sie als Belastung des Anteils im Grundbuch eingetragen ist.

Die in den §§ 755, 756 bestimmten Ansprüche können gegen den Sondernachfolger eines Miteigentümers nur geltend gemacht werden, wenn sie im Grundbuch eingetragen sind.

4. Geltendmachung der Eigentumsansprüche.

§ 1011.

Jeder Miteigentümer kann die Ansprüche aus dem Eigentume Dritten gegenüber in Ansehung der ganzen Sache geltend machen, den Anspruch auf Herausgabe jedoch nur in Gemäßheit des § 432.

Vierter Abschnitt. **Erbbaurecht**[1]).

§ 1012.

Ein Grundstück kann in der Weise belastet werden, daß demjenigen, zu dessen Gunsten die Belastung erfolgt, das veräußerliche und vererbliche Recht zusteht, auf oder unter der Oberfläche des Grundstücks ein Bauwerk zu haben (Erbbaurecht).

§ 1013.

Das Erbbaurecht kann auf die Benutzung eines für das Bauwerk nicht erforderlichen Teiles des Grundstücks erstreckt werden, wenn sie für die Benutzung des Bauwerkes Vorteil bietet.

---

[1]) Aufgehoben durch VO. über das Erbbaurecht vom 15. Januar 1919 § 35 (siehe Anhang Nr. 2).

15*

§ 1014.

Die Beschränkung des Erbbaurechts auf einen Teil eines Gebäudes, insbesondere ein Stockwerk, ist unzulässig.

§ 1015.

Die zur Bestellung des Erbbaurechts nach § 873 erforderliche Einigung des Eigentümers und des Erwerbers muß bei gleichzeitiger Anwesenheit beider Teile vor dem Grundbuchamt erklärt werden.

§ 1016.

Das Erbbaurecht erlischt nicht dadurch, daß das Bauwerk untergeht.

§ 1017.

Für das Erbbaurecht gelten die sich auf Grundstücke beziehenden Vorschriften.

Die für den Erwerb des Eigentums und die Ansprüche aus dem Eigentume geltenden Vorschriften finden auf das Erbbaurecht entsprechende Anwendung.

Fünfter Abschnitt. Dienstbarkeiten.

Erster Titel. Grunddienstbarkeiten.

1. Inhalt der Prädialservituten (§§ 1018—1023).

a) Servitus in faciendo consistere nequit.

§ 1018.

Ein Grundstück kann zugunsten des jeweiligen Eigentümers eines anderen Grundstücks in der Weise belastet werden, daß dieser das Grundstück in einzelnen Beziehungen benutzen darf oder daß auf dem Grundstücke gewisse Handlungen nicht vorgenommen werden dürfen oder daß die Ausübung eines Rechtes ausgeschlossen ist, das sich aus dem Eigentum an dem belasteten Grundstücke dem anderen Grundstücke gegenüber ergibt (Grunddienstbarkeit).

b) Praedio utilis.

§ 1019.

Eine Grunddienstbarkeit kann nur in einer Belastung bestehen, die für die Benutzung des Grundstücks des Berechtigten Vorteil bietet. Über das sich hieraus ergebende Maß hinaus kann der Inhalt der Dienstbarkeit nicht erstreckt werden.

c) Civiliter uti.

§ 1020.

Bei der Ausübung einer Grunddienstbarkeit hat der Berechtigte das Interesse des Eigentümers des belasteten Grundstücks

tunlichst zu schonen. Hält er zur Ausübung der Dienstbarkeit auf dem belasteten Grundstück eine Anlage, so hat er sie in ordnungsmäßigem Zustande zu erhalten, soweit das Interesse des Eigentümers es erfordert.

d) Facere als Nebeninhalt der Servitut (§§ 1021, 1022).

§ 1021.

Gehört zur Ausübung einer Grunddienstbarkeit eine Anlage auf dem belasteten Grundstücke, so kann bestimmt werden, daß der Eigentümer dieses Grundstücks die Anlage zu unterhalten hat, soweit das Interesse des Berechtigten es erfordert. Steht dem Eigentümer das Recht zur Mitbenutzung der Anlage zu, so kann bestimmt werden, daß der Berechtigte die Anlage zu unterhalten hat, soweit es für das Benutzungsrecht des Eigentümers erforderlich ist.

Auf eine solche Unterhaltungspflicht finden die Vorschriften über die Reallasten entsprechende Anwendung.

§ 1022.

Besteht die Grunddienstbarkeit in dem Rechte, auf einer baulichen Anlage des belasteten Grundstücks eine bauliche Anlage zu halten, so hat, wenn nicht ein anderes bestimmt ist, der Eigentümer des belasteten Grundstücks seine Anlage zu unterhalten, soweit das Interesse des Berechtigten es erfordert. Die Vorschrift des § 1021 Abs. 2 gilt auch für diese Unterhaltungspflicht.

e) Verlegungsrecht.

§ 1023.

Beschränkt sich die jeweilige Ausübung einer Grunddienstbarkeit auf einen Teil des belasteten Grundstücks, so kann der Eigentümer die Verlegung der Ausübung auf eine andere, für den Berechtigten ebenso geeignete Stelle verlangen, wenn die Ausübung an der bisherigen Stelle für ihn besonders beschwerlich ist; die Kosten der Verlegung hat er zu tragen und vorzuschießen. Dies gilt auch dann, wenn der Teil des Grundstücks, auf den sich die Ausübung beschränkt, durch Rechtsgeschäft bestimmt ist.

Das Recht auf die Verlegung kann nicht durch Rechtsgeschäft ausgeschlossen oder beschränkt werden.

2. Zusammentreffen mit anderen Servituten.

§ 1024.

Trifft eine Grunddienstbarkeit mit einer anderen Grunddienstbarkeit oder einem sonstigen Nutzungsrecht an dem Grundstücke dergestalt zusammen, daß die Rechte nebeneinander nicht oder nicht vollständig ausgeübt werden können, und haben die Rechte gleichen Rang, so kann jeder Berechtigte eine den Interessen aller Berechtigten nach billigem Ermessen entsprechende Regelung der Ausübung verlangen.

3. Teilung der Grundstücke (§§ 1025, 1026).

a) des praedium dominans.

§ 1025.

Wird das Grundstück des Berechtigten geteilt, so besteht die Grunddienstbarkeit für die einzelnen Teile fort; die Ausübung ist jedoch im Zweifel nur in der Weise zulässig, daß sie für den Eigentümer des belasteten Grundstücks nicht beschwerlicher wird. Gereicht die Dienstbarkeit nur einem der Teile zum Vorteile, so erlischt sie für die übrigen Teile.

b) des praedium serviens.

§ 1026.

Wird das belastete Grundstück geteilt, so werden, wenn die Ausübung der Grunddienstbarkeit auf einen bestimmten Teil des belasteten Grundstücks beschränkt ist, die Teile, welche außerhalb des Bereichs der Ausübung liegen, von der Dienstbarkeit frei.

4. Schutz der Prädialservituten (§§ 1027—1029).

a) Actio confessoria (§§ 1027, 1028).

α) Negatorischer Anspruch.

§ 1027.

Wird eine Grunddienstbarkeit beeinträchtigt, so stehen dem Berechtigten die im § 1004 bestimmten Rechte zu.

β) Verjährung.

§ 1028.

Ist auf dem belasteten Grundstück eine Anlage, durch welche die Grunddienstbarkeit beeinträchtigt wird, errichtet worden, so unterliegt der Anspruch des Berechtigten auf Beseitigung der Beeinträchtigung der Verjährung, auch wenn die Dienstbarkeit im Grundbuch eingetragen ist. Mit der Verjährung des Anspruchs erlischt die Dienstbarkeit, soweit der Bestand der Anlage mit ihr in Widerspruch steht.

Die Vorschriften des § 892 finden keine Anwendung.

b) Besitzschutz (Iuris quasi possessio).

§ 1029.

Wird der Besitzer eines Grundstücks in der Ausübung einer für den Eigentümer im Grundbuch eingetragenen Grunddienstbarkeit gestört, so finden die für den Besitzschutz geltenden Vorschriften entsprechende Anwendung, soweit die Dienstbarkeit innerhalb eines Jahres vor der Störung, sei es auch nur einmal, ausgeübt worden ist.

Zweiter Titel. Nießbrauch.

I. Nießbrauch an Sachen.

1. Begriff.

§ 1030.

Eine Sache kann in der Weise belastet werden, daß derjenige, zu dessen Gunsten die Belastung erfolgt, berechtigt ist, die Nutzungen der Sache zu ziehen (Nießbrauch).

Der Nießbrauch kann durch den Ausschluß einzelner Nutzungen beschränkt werden.

2. Erwerb des Mobiliarnießbrauchs (§§ 1031—1033)
a) durch Rechtsgeschäft (§§ 1031, 1032)

§ 1031.

Mit dem Nießbrauch an einem Grundstück erlangt der Nießbraucher den Nießbrauch an dem Zubehöre nach den für den Erwerb des Eigentums geltenden Vorschriften des § 926.

§ 1032.

Zur Bestellung des Nießbrauchs an einer beweglichen Sache ist erforderlich, daß der Eigentümer die Sache dem Erwerber übergibt und beide darüber einig sind, daß diesem der Nießbrauch zustehen soll. Die Vorschriften des § 929 Satz 2 und der §§ 930 bis 936 finden entsprechende Anwendung; in den Fällen des § 936 tritt nur die Wirkung ein, daß der Nießbrauch dem Rechte des Dritten vorgeht.

b) durch Ersitzung.

§ 1033.

Der Nießbrauch an einer beweglichen Sache kann durch Ersitzung erworben werden. Die für den Erwerb des Eigentums durch Ersitzung geltenden Vorschriften finden entsprechende Anwendung.

3. Feststellung des Sachzustands (§§ 1034, 1035).

§ 1034.

Der Nießbraucher kann den Zustand der Sache auf seine Kosten durch Sachverständige feststellen lassen. Das gleiche Recht steht dem Eigentümer zu.

§ 1035.

Bei dem Nießbrauch an einem Inbegriffe von Sachen sind der Nießbraucher und der Eigentümer einander verpflichtet, zur

Aufnahme eines Verzeichnisses der Sachen mitzuwirken. Das Verzeichnis ist mit der Angabe des Tages der Aufnahme zu versehen und von beiden Teilen zu unterzeichnen; jeder Teil kann verlangen, daß die Unterzeichnung öffentlich beglaubigt wird. Jeder Teil kann auch verlangen, daß das Verzeichnis durch die zuständige Behörde oder durch einen zuständigen Beamten oder Notar aufgenommen wird. Die Kosten hat derjenige zu tragen und vorzuschießen, welcher die Aufnahme oder die Beglaubigung verlangt.

4. Rechte des Nießbrauchers (§§ 1036—1040).

a) Nutzung salva rei substantia (§§ 1036, 1037).

§ 1036.

Der Nießbraucher ist zum Besitze der Sache berechtigt.

Er hat bei der Ausübung des Nutzungsrechts die bisherige wirtschaftliche Bestimmung der Sache aufrechtzuerhalten und nach den Regeln einer ordnungsmäßigen Wirtschaft zu verfahren.

§ 1037.

Der Nießbraucher ist nicht berechtigt, die Sache umzugestalten oder wesentlich zu verändern.

Der Nießbraucher eines Grundstücks darf neue Anlagen zur Gewinnung von Steinen, Kies, Sand, Lehm, Ton, Mergel, Torf und sonstigen Bodenbestandteilen errichten, sofern nicht die wirtschaftliche Bestimmung des Grundstücks dadurch wesentlich verändert wird.

b) Planwirtschaft.

§ 1038.

Ist ein Wald Gegenstand des Nießbrauchs, so kann sowohl der Eigentümer als der Nießbraucher verlangen, daß das Maß der Nutzung und die Art der wirtschaftlichen Behandlung durch einen Wirtschaftsplan festgestellt werden. Tritt eine erhebliche Änderung der Umstände ein, so kann jeder Teil eine entsprechende Änderung des Wirtschaftsplans verlangen. Die Kosten hat jeder Teil zur Hälfte zu tragen.

Das gleiche gilt, wenn ein Bergwerk oder eine andere auf Gewinnung von Bodenbestandteilen gerichtete Anlage Gegenstand des Nießbrauchs ist.

c) Übermaßfrüchte.

§ 1039.

Der Nießbraucher erwirbt das Eigentum auch an solchen Früchten, die er den Regeln einer ordnungsmäßigen Wirtschaft zuwider oder die er deshalb im Übermaße zieht, weil dies infolge eines besonderen Ereignisses notwendig geworden ist. Er ist jedoch, unbeschadet seiner Verantwortlichkeit für ein Verschulden, verpflichtet, den Wert der Früchte dem Eigentümer bei der Beendigung des Nießbrauchs zu ersetzen und für die Erfüllung dieser Verpflichtung Sicherheit zu leisten. Sowohl der Eigentümer als der Nießbraucher kann verlangen, daß der zu ersetzende Betrag zur Wiederherstellung der Sache insoweit verwendet wird, als es einer ordnungsmäßigen Wirtschaft entspricht.

Wird die Verwendung zur Wiederherstellung der Sache nicht verlangt, so fällt die Ersatzpflicht weg, soweit durch den ordnungswidrigen oder den übermäßigen Fruchtbezug die dem Nießbraucher gebührenden Nutzungen beeinträchtigt werden.

d) Schatz.

§ 1040.

Das Recht des Nießbrauchers erstreckt sich nicht auf den Anteil des Eigentümers an einem Schatze, der in der Sache gefunden wird.

5. **Pflichten des Nießbrauchers** (§§ 1041—1047).

a) **Erhaltung der Sache** (§§ 1041—1044).

§ 1041.

Der Nießbraucher hat für die Erhaltung der Sache in ihrem wirtschaftlichen Bestande zu sorgen. Ausbesserungen und Erneuerungen liegen ihm nur insoweit ob, als sie zu der gewöhnlichen Unterhaltung der Sache gehören.

§ 1042.

Wird die Sache zerstört oder beschädigt oder wird eine außergewöhnliche Ausbesserung oder Erneuerung der Sache oder eine Vorkehrung zum Schutze der Sache gegen eine nicht vorhergesehene Gefahr erforderlich, so hat der Nießbraucher dem Eigentümer unverzüglich Anzeige zu machen. Das gleiche gilt, wenn sich ein Dritter ein Recht an der Sache anmaßt.

§ 1043.

Nimmt der Nießbraucher eines Grundstücks eine erforderlich gewordene außergewöhnliche Ausbesserung oder Erneuerung selbst vor, so darf er zu diesem Zwecke innerhalb der Grenzen einer ordnungsmäßigen Wirtschaft auch Bestandteile des Grundstücks verwenden, die nicht zu den ihm gebührenden Früchten gehören.

§ 1044.

Nimmt der Nießbraucher eine erforderlich gewordene Ausbesserung oder Erneuerung der Sache nicht selbst vor, so hat er dem Eigentümer die Vornahme und, wenn ein Grundstück Gegenstand des Nießbrauchs ist, die Verwendung der im § 1043 bezeichneten Bestandteile des Grundstücks zu gestatten.

b) Versicherung (§§ 1045, 1046).

§ 1045.

Der Nießbraucher hat die Sache für die Dauer des Nießbrauchs gegen Brandschaden und sonstige Unfälle auf seine Kosten unter Versicherung zu bringen, wenn die Versicherung einer ordnungsmäßigen Wirtschaft entspricht. Die Versicherung ist so zu nehmen, daß die Forderung gegen den Versicherer dem Eigentümer zusteht.

Ist die Sache bereits versichert, so fallen die für die Versicherung zu leistenden Zahlungen dem Nießbraucher für die Dauer des Nießbrauchs zur Last, soweit er zur Versicherung verpflichtet sein würde.

§ 1046.

An der Forderung gegen den Versicherer steht dem Nießbraucher der Nießbrauch nach den Vorschriften zu, die für den Nießbrauch an einer auf Zinsen ausstehenden Forderung gelten.

Tritt ein unter die Versicherung fallender Schaden ein, so kann sowohl der Eigentümer als der Nießbraucher verlangen, daß die Versicherungssumme zur Wiederherstellung der Sache oder zur Beschaffung eines Ersatzes insoweit verwendet wird, als es einer ordnungsmäßigen Wirtschaft entspricht. Der Eigentümer kann die Verwendung selbst besorgen oder dem Nießbraucher überlassen.

c) Lasten.

§ 1047.

Der Nießbraucher ist dem Eigentümer gegenüber verpflichtet, für die Dauer des Nießbrauchs die auf der Sache ruhenden öffentlichen Lasten mit Ausschluß der außerordentlichen Lasten, die als auf den Stammwert der Sache gelegt anzusehen sind, sowie diejenigen privatrechtlichen Lasten zu tragen, welche schon zur Zeit der Bestellung des Nießbrauchs auf der Sache ruhten, insbesondere die Zinsen der Hypothekenforderungen und Grundschulden sowie die auf Grund einer Rentenschuld zu entrichtenden Leistungen.

6. Dispositions-Nießbrauch.

§ 1048.

Ist ein Grundstück samt Inventar Gegenstand des Nießbrauchs, so kann der Nießbraucher über die einzelnen Stücke des Inventars innerhalb der Grenzen einer ordnungsmäßigen Wirtschaft verfügen. Er hat für den gewöhnlichen Abgang sowie für die nach den Regeln einer ordnungsmäßigen Wirtschaft ausscheidenden Stücke Ersatz zu beschaffen; die von ihm angeschafften Stücke werden mit der Einverleibung in das Inventar Eigentum desjenigen, welchem das Inventar gehört.

Übernimmt der Nießbraucher das Inventar zum Schätzungswerte mit der Verpflichtung, es bei der Beendigung des Nießbrauchs zum Schätzungswerte zurückzugewähren, so finden die Vorschriften der §§ 588, 589 entsprechende Anwendung.

7. **Verwendungen.**

§ 1049.

Macht der Nießbraucher Verwendungen auf die Sache, zu denen er nicht verpflichtet ist, so bestimmt sich die Ersatzpflicht des Eigentümers nach den Vorschriften über die Geschäftsführung ohne Auftrag.

Der Nießbraucher ist berechtigt, eine Einrichtung, mit der er die Sache versehen hat, wegzunehmen.

8. **Normale Abnutzung.**

§ 1050.

Veränderungen oder Verschlechterungen der Sache, welche durch die ordnungsmäßige Ausübung des Nießbrauchs herbeigeführt werden, hat der Nießbraucher nicht zu vertreten.

9. **Schutz des Eigentümers gegenüber dem Nießbraucher (§§ 1051—1056).**

a) **Sicherheitsleistung (Cautio usufructuaria) (§§ 1051, 1052).**

§ 1051.

Wird durch das Verhalten des Nießbrauchers die Besorgnis einer erheblichen Verletzung der Rechte des Eigentümers begründet, so kann der Eigentümer Sicherheitsleistung verlangen.

§ 1052.

Ist der Nießbraucher zur Sicherheitsleistung rechtskräftig verurteilt, so kann der Eigentümer statt der Sicherheitsleistung verlangen, daß die Ausübung des Nießbrauchs für Rechnung des Nießbrauchers einem von dem Gerichte zu bestellenden Verwalter übertragen wird. Die Anordnung der Verwaltung ist nur zulässig, wenn dem Nießbraucher auf Antrag des Eigentümers von dem Gericht eine Frist zur Sicherheitsleistung bestimmt worden und die Frist verstrichen ist; sie ist unzulässig, wenn die Sicherheit vor dem Ablaufe der Frist geleistet wird.

Der Verwalter steht unter der Aufsicht des Gerichts wie ein für die Zwangsverwaltung eines Grundstücks bestellter Verwalter. Verwalter kann auch der Eigentümer sein.

Die Verwaltung ist aufzuheben, wenn die Sicherheit nachträglich geleistet wird.

b) Actio negatoria.

§ 1053.

Macht der Nießbraucher einen Gebrauch von der Sache, zu dem er nicht befugt ist, und setzt er den Gebrauch ungeachtet einer Abmahnung des Eigentümers fort, so kann der Eigentümer auf Unterlassung klagen.

c) Sequestration.

§ 1054.

Verletzt der Nießbraucher die Rechte des Eigentümers in erheblichem Maße und setzt er das verletzende Verhalten ungeachtet einer Abmahnung des Eigentümers fort, so kann der Eigentümer die Anordnung einer Verwaltung nach § 1052 verlangen.

d) Rückgabe.

§ 1055.

Der Nießbraucher ist verpflichtet, die Sache nach der Beendigung des Nießbrauchs dem Eigentümer zurückzugeben.

Bei dem Nießbrauch an einem landwirtschaftlichen Grundstücke finden die Vorschriften der §§ 591, 592, bei dem Nießbrauch an einem Landgute finden die Vorschriften der §§ 591 bis 593 entsprechende Anwendung.

e) Nießbrauchserlöschen bricht nicht Miete. Kündigungsrecht des Eigentümers.

§ 1056.

Hat der Nießbraucher ein Grundstück über die Dauer des Nießbrauchs hinaus vermietet oder verpachtet, so finden nach der Beendigung des Nießbrauchs die für den Fall der Veräußerung geltenden Vorschriften der §§ 571, 572, des § 573 Satz 1 und der §§ 574 bis 576, 579 entsprechende Anwendung.

Der Eigentümer ist berechtigt, das Miet- oder Pachtverhältnis unter Einhaltung der gesetzlichen Kündigungsfrist zu kündigen. Verzichtet der Nießbraucher auf den Nießbrauch, so ist die Kündigung erst von der Zeit an zulässig, zu welcher der Nießbrauch ohne den Verzicht erlöschen würde.

Der Mieter oder der Pächter ist berechtigt, den Eigentümer unter Bestimmung einer angemessenen Frist zur Erklärung darüber aufzufordern, ob er von dem Kündigungsrechte Gebrauch mache. Die Kündigung kann nur bis zum Ablaufe der Frist erfolgen.

10. Verjährung.

§ 1057.

Die Ersatzansprüche des Eigentümers wegen Veränderungen oder Verschlechterungen der Sache sowie die Ansprüche des

Nießbrauchers auf Ersatz von Verwendungen oder auf Gestattung der Wegnahme einer Einrichtung verjähren in sechs Monaten. Die Vorschriften des § 558 Abs. 2, 3 finden entsprechende Anwendung.

11. Legitimation des Bestellers.

§ 1058.

Im Verhältnisse zwischen dem Nießbraucher und dem Eigentümer gilt zugunsten des Nießbrauchers der Besteller als Eigentümer, es sei denn, daß der Nießbraucher weiß, daß der Besteller nicht Eigentümer ist.

12. Höchstpersönliches Recht.

§ 1059.

Der Nießbrauch ist nicht übertragbar. Die Ausübung des Nießbrauchs kann einem anderen überlassen werden.

13. Zusammentreffen mit anderen Servituten.

§ 1060.

Trifft ein Nießbrauch mit einem anderen Nießbrauch oder mit einem sonstigen Nutzungsrecht an der Sache dergestalt zusammen, daß die Rechte nebeneinander nicht oder nicht vollständig ausgeübt werden können, und haben die Rechte gleichen Rang, so findet die Vorschrift des § 1024 Anwendung.

14. Erlöschen des Nießbrauchs (§§ 1061—1064).

a) Untergang der Person des Berechtigten.

§ 1061.

Der Nießbrauch erlischt mit dem Tode des Nießbrauchers. Steht der Nießbrauch einer juristischen Person zu, so erlischt er mit dieser.

b) Grundstückszubehör.

§ 1062.

Wird der Nießbrauch an einem Grundstücke durch Rechtsgeschäft aufgehoben, so erstreckt sich die Aufhebung im Zweifel auf den Nießbrauch an dem Zubehöre.

e) Consolidatio.

§ 1063.

Der Nießbrauch an einer beweglichen Sache erlischt, wenn er mit dem Eigentum in derselben Person zusammentrifft.

Der Nießbrauch gilt als nicht erloschen, soweit der Eigentümer ein rechtliches Interesse an dem Fortbestehen des Nießbrauchs hat.

d) **Rechtsgeschäftliche Aufhebung des Mobiliarnießbrauchs.**

§ 1064.

Zur Aufhebung des Nießbrauchs an einer beweglichen Sache durch Rechtsgeschäft genügt die Erklärung des Nießbrauchers gegenüber dem Eigentümer oder dem Besteller, daß er den Nießbrauch aufgebe.

15. **Actio confessoria.**

§ 1065.

Wird das Recht des Nießbrauchers beeinträchtigt, so finden auf die Ansprüche des Nießbrauchers die für die Ansprüche aus dem Eigentume geltenden Vorschriften entsprechende Anwendung.

16. **Besondere Arten des Nießbrauchs (§§ 1066, 1067).**

a) **Anteilsnießbrauch.**

§ 1066.

Besteht ein Nießbrauch an dem Anteil eines Miteigentümers, so übt der Nießbraucher die Rechte aus, die sich aus der Gemeinschaft der Miteigentümer in Ansehung der Verwaltung der Sache und der Art ihrer Benutzung ergeben.

Die Aufhebung der Gemeinschaft kann nur von dem Miteigentümer und dem Nießbraucher gemeinschaftlich verlangt werden.

Wird die Gemeinschaft aufgehoben, so gebührt dem Nießbraucher der Nießbrauch an den Gegenständen, welche an die Stelle des Anteils treten.

b) **Quasiususfruct.**

§ 1067.

Sind verbrauchbare Sachen Gegenstand des Nießbrauchs. so wird der Nießbraucher Eigentümer der Sachen; nach der Beendigung des Nießbrauchs hat er dem Besteller den Wert zu ersetzen, den die Sachen zur Zeit der Bestellung hatten. Sowohl der Besteller als der Nießbraucher kann den Wert auf seine Kosten durch Sachverständige feststellen lassen.

Der Besteller kann Sicherheitsleistung verlangen, wenn der Anspruch auf Ersatz des Wertes gefährdet ist.

II. Nießbrauch an Rechten.

I. **Allgemeiner Teil (§§ 1068—1072).**

1. **Grundsatz.**

§ 1068.

Gegenstand des Nießbrauchs kann auch ein Recht sein.

Auf den Nießbrauch an Rechten finden die Vorschriften über den Nießbrauch an Sachen entsprechende Anwendung, soweit sich nicht aus den §§ 1069 bis 1084 ein anderes ergibt.

2. **Bestellung.**

§ 1069.

Die Bestellung des Nießbrauchs an einem Rechte erfolgt nach den für die Übertragung des Rechtes geltenden Vorschriften.

An einem Rechte, das nicht übertragbar ist, kann ein Nießbrauch nicht bestellt werden.

3. **Verhältnis des Nießbrauchers z. Drittschuldner.**

§ 1070.

Ist ein Recht, kraft dessen eine Leistung gefordert werden kann, Gegenstand des Nießbrauchs, so finden auf das Rechtsverhältnis zwischen dem Nießbraucher und dem Verpflichteten die Vorschriften entsprechende Anwendung, welche im Falle der Übertragung des Rechtes für das Rechtsverhältnis zwischen dem Erwerber und dem Verpflichteten gelten.

Wird die Ausübung des Nießbrauchs nach § 1052 einem Verwalter übertragen, so ist die Übertragung dem Verpflichteten gegenüber erst wirksam, wenn er von der getroffenen Anordnung Kenntnis erlangt oder wenn ihm eine Mitteilung von der Anordnung zugestellt wird. Das gleiche gilt von der Aufhebung der Verwaltung.

4. **Aufhebung des belasteten Rechts.**

§ 1071.

Ein dem Nießbrauch unterliegendes Recht kann durch Rechtsgeschäft nur mit Zustimmung des Nießbrauchers aufgehoben werden. Die Zustimmung ist demjenigen gegenüber zu erklären, zu dessen Gunsten sie erfolgt; sie ist unwiderruflich. Die Vorschrift des § 876 Satz 3 bleibt unberührt.

Das gleiche gilt im Falle einer Änderung des Rechtes, sofern sie den Nießbrauch beeinträchtigt.

5. **Erlöschen durch Verzicht und Consolidatio.**

§ 1072.

Die Beendigung des Nießbrauchs tritt nach den Vorschriften der §§ 1063, 1064 auch dann ein, wenn das dem Nießbrauch unterliegende Recht nicht ein Recht an einer beweglichen Sache ist.

II. **Besonderer Teil** (§§ 1073—1084).

1. **Nießbrauch an Leibrenten.**

§ 1073.

Dem Nießbraucher einer Leibrente, eines Auszugs oder eines ähnlichen Rechtes gebühren die einzelnen Leistungen, die auf Grund des Rechtes gefordert werden können.

2. Nießbrauch an Forderungen (§§ 1074—1079).

a) Im allgemeinen (§§ 1074, 1075).

α) Einziehungsrecht.

§ 1074.

Der Nießbraucher einer Forderung ist zur Einziehung der Forderung und, wenn die Fälligkeit von einer Kündigung des Gläubigers abhängt, zur Kündigung berechtigt. Er hat für die ordnungsmäßige Einziehung zu sorgen. Zu anderen Verfügungen über die Forderung ist er nicht berechtigt.

β) Wirkung der Einziehung.

§ 1075.

Mit der Leistung des Schuldners an den Nießbraucher erwirbt der Gläubiger den geleisteten Gegenstand und der Nießbraucher den Nießbrauch an dem Gegenstande.

Werden verbrauchbare Sachen geleistet, so erwirbt der Nießbraucher das Eigentum; die Vorschriften des § 1067 finden entsprechende Anwendung.

b) Nießbrauch an verzinslichen Forderungen (§§ 1076 bis 1079).

§ 1076.

Ist eine auf Zinsen ausstehende Forderung Gegenstand des Nießbrauchs, so gelten die Vorschriften der §§ 1077 bis 1079.

§ 1077.

Der Schuldner kann das Kapital nur an den Nießbraucher und den Gläubiger gemeinschaftlich zahlen. Jeder von beiden kann verlangen, daß an sie gemeinschaftlich gezahlt wird; jeder kann statt der Zahlung die Hinterlegung für beide fordern.

Der Nießbraucher und der Gläubiger können nur gemeinschaftlich kündigen. Die Kündigung des Schuldners ist nur wirksam, wenn sie dem Nießbraucher und dem Gläubiger erklärt wird.

§ 1078.

Ist die Forderung fällig, so sind der Nießbraucher und der Gläubiger einander verpflichtet, zur Einziehung mitzuwirken. Hängt die Fälligkeit von einer Kündigung ab, so kann jeder Teil die Mitwirkung des anderen zur Kündigung verlangen, wenn die Einziehung der Forderung wegen Gefährdung ihrer Sicherheit nach den Regeln einer ordnungsmäßigen Vermögensverwaltung geboten ist.

§ 1079.

Der Nießbraucher und der Gläubiger sind einander verpflichtet, dazu mitzuwirken, daß das eingezogene Kapital nach den für die Anlegung von Mündelgeld geltenden Vorschriften verzinslich angelegt und gleichzeitig dem Nießbraucher der Nießbrauch bestellt wird. Die Art der Anlegung bestimmt der Nießbraucher.

3. Nießbrauch an Grundschulden.

§ 1080.

Die Vorschriften über den Nießbrauch an einer Forderung gelten auch für den Nießbrauch an einer Grundschuld und an einer Rentenschuld.

4. Nießbrauch an Inhaber- und Orderpapieren (§§ 1081 bis 1084).

§ 1081.

Ist ein Inhaberpapier oder ein Orderpapier, das mit Blankoindossament versehen ist, Gegenstand des Nießbrauchs, so steht der Besitz des Papiers und des zu dem Papiere gehörenden Erneuerungsscheins dem Nießbraucher und dem Eigentümer gemeinschaftlich zu. Der Besitz der zu dem Papiere gehörenden Zins-, Renten- oder Gewinnanteilscheine steht dem Nießbraucher zu.

Zur Bestellung des Nießbrauchs genügt an Stelle der Übergabe des Papiers die Einräumung des Mitbesitzes.

§ 1082.

Das Papier ist nebst dem Erneuerungsschein auf Verlangen des Nießbrauchers oder des Eigentümers bei einer Hinterlegungsstelle mit der Bestimmung zu hinterlegen, daß die Herausgabe nur von dem Nießbraucher und dem Eigentümer gemeinschaftlich verlangt werden kann. Der Nießbraucher kann auch Hinterlegung bei der Reichsbank verlangen.

§ 1083.

Der Nießbraucher und der Eigentümer des Papiers sind einander verpflichtet, zur Einziehung des fälligen Kapitals, zur Beschaffung neuer Zins-, Renten- oder Gewinnanteilscheine sowie zu sonstigen Maßnahmen mitzuwirken, die zur ordnungsmäßigen Vermögensverwaltung erforderlich sind.

Im Falle der Einlösung des Papiers finden die Vorschriften des § 1079 Anwendung. Eine bei der Einlösung gezahlte Prämie gilt als Teil des Kapitals.

§ 1084.

Gehört ein Inhaberpapier oder ein Orderpapier, das mit Blankoindossament versehen ist, nach § 92 zu den verbrauchbaren Sachen, so bewendet es bei den Vorschriften des § 1067.

III. Nießbrauch an einem Vermögen.

1. Bestellung.

§ 1085.

Der Nießbrauch an dem Vermögen einer Person kann nur in der Weise bestellt werden, daß der Nießbraucher den Nießbrauch an den einzelnen zu dem Vermögen gehörenden Gegenständen erlangt. Soweit der Nießbrauch bestellt ist, gelten die Vorschriften der §§ 1086 bis 1088.

2. Schulden des Bestellers (§§ 1086—1088).

a) Befriedigungsrecht der Gläubiger.

§ 1086.

Die Gläubiger des Bestellers können, soweit ihre Forderungen vor der Bestellung entstanden sind, ohne Rücksicht auf den Nießbrauch Befriedigung aus den dem Nießbrauch unterliegenden Gegenständen verlangen. Hat der Nießbraucher das Eigentum an verbrauchbaren Sachen erlangt, so tritt an die Stelle der Sachen der Anspruch des Bestellers auf Ersatz des Wertes; der Nießbraucher ist den Gläubigern gegenüber zum sofortigen Ersatze verpflichtet.

b) Pflicht des Nießbrauchers zur Schuldentilgung (§§ 1087, 1088).

§ 1087.

Der Besteller kann, wenn eine vor der Bestellung entstandene Forderung fällig ist, von dem Nießbraucher Rückgabe der zur Befriedigung des Gläubigers erforderlichen Gegenstände verlangen. Die Auswahl steht ihm zu; er kann jedoch nur die vorzugsweise geeigneten Gegenstände auswählen. Soweit die zurückgegebenen Gegenstände ausreichen, ist der Besteller dem Nießbraucher gegenüber zur Befriedigung des Gläubigers verpflichtet.

Der Nießbraucher kann die Verbindlichkeit durch Leistung des geschuldeten Gegenstandes erfüllen. Gehört der geschuldete Gegenstand nicht zu dem Vermögen, das dem Nießbrauch unterliegt, so ist der Nießbraucher berechtigt, zum Zwecke der Befriedigung des Gläubigers einen zu dem Vermögen gehörenden Gegenstand zu veräußern, wenn die Befriedigung durch den Besteller nicht ohne Gefahr abgewartet werden kann. Er hat einen vorzugsweise geeigneten Gegenstand auszuwählen. Soweit er zum Ersatze des Wertes verbrauchbarer Sachen verpflichtet ist, darf er eine Veräußerung nicht vornehmen.

§ 1088.

Die Gläubiger des Bestellers, deren Forderungen schon zur Zeit der Bestellung verzinslich waren, können die Zinsen für die Dauer des Nießbrauchs auch von dem Nießbraucher verlangen. Das gleiche gilt von anderen wiederkehrenden Leistungen, die bei ordnungsmäßiger Verwaltung aus den Einkünften des Vermögens bestritten werden, wenn die Forderung vor der Bestellung des Nießbrauchs entstanden ist.

Die Haftung des Nießbrauchers kann nicht durch Vereinbarung zwischen ihm und dem Besteller ausgeschlossen oder beschränkt werden.

Der Nießbraucher ist dem Besteller gegenüber zur Befriedigung der Gläubiger wegen der im Abs. 1 bezeichneten Ansprüche verpflichtet. Die Rückgabe von Gegenständen zum Zwecke der Befriedigung kann der Besteller nur verlangen, wenn der Nießbraucher mit der Erfüllung dieser Verbindlichkeit in Verzug kommt.

3. Nießbrauch an einer Erbschaft.

§ 1089.

Die Vorschriften der §§ 1085 bis 1088 finden auf den Nießbrauch an einer Erbschaft entsprechende Anwendung.

Dritter Titel. Beschränkte persönliche Dienstbarkeiten.

1. Inhalt (§§ 1090, 1091).

§ 1090.

Ein Grundstück kann in der Weise belastet werden, daß derjenige, zu dessen Gunsten die Belastung erfolgt, berechtigt ist, das Grundstück in einzelnen Beziehungen zu benutzen, oder daß ihm eine sonstige Befugnis zusteht, die den Inhalt einer Grunddienstbarkeit bilden kann (beschränkte persönliche Dienstbarkeit).

Die Vorschriften der §§ 1020 bis 1024, 1026 bis 1029, 1061 finden entsprechende Anwendung.

§ 1091.

Der Umfang einer beschränkten persönlichen Dienstbarkeit bestimmt sich im Zweifel nach dem persönlichen Bedürfnisse des Berechtigten.

2. Höchstpersönliches Recht.

§ 1092.

Eine beschränkte persönliche Dienstbarkeit ist nicht übertragbar. Die Ausübung der Dienstbarkeit kann einem anderen nur überlassen werden, wenn die Überlassung gestattet ist.

3. **Wohnungsrecht** (habitatio).

§ 1093.

Als beschränkte persönliche Dienstbarkeit kann auch das Recht bestellt werden, ein Gebäude oder einen Teil eines Gebäudes unter Ausschluß des Eigentümers als Wohnung zu benutzen. Auf dieses Recht finden die für den Nießbrauch geltenden Vorschriften der §§ 1031, 1034, 1036, des § 1037 Abs. 1 und der §§ 1041, 1042, 1044, 1049, 1050, 1057, 1062 entsprechende Anwendung.

Der Berechtigte ist befugt, seine Familie sowie die zur standesmäßigen Bedienung und zur Pflege erforderlichen Personen in die Wohnung aufzunehmen.

Ist das Recht auf einen Teil des Gebäudes beschränkt, so kann der Berechtigte die zum gemeinschaftlichen Gebrauche der Bewohner bestimmten Anlagen und Einrichtungen mitbenutzen.

Sechster Abschnitt. Vorkaufsrecht.

1. **Begriff und Gegenstand** (§§ 1094—1096).

a) **Grundsatz.**

§ 1094.

Ein Grundstück kann in der Weise belastet werden, daß derjenige, zu dessen Gunsten die Belastung erfolgt, dem Eigentümer gegenüber zum Vorkaufe berechtigt ist.

Das Vorkaufsrecht kann auch zugunsten des jeweiligen Eigentümers eines anderen Grundstücks bestellt werden.

b) **Bruchteil.**

§ 1095.

Ein Bruchteil eines Grundstücks kann mit dem Vorkaufsrechte nur belastet werden, wenn er in dem Anteil eines Miteigentümers besteht.

c) **Zubehör.**

§ 1096.

Das Vorkaufsrecht kann auf das Zubehör erstreckt werden, das mit dem Grundstücke verkauft wird. Im Zweifel ist anzunehmen, daß sich das Vorkaufsrecht auf dieses Zubehör erstrecken soll.

2. **Inhalt** (§§ 1097, 1098).

§ 1097.

Das Vorkaufsrecht beschränkt sich auf den Fall des Verkaufs durch den Eigentümer, welchem das Grundstück zur Zeit der Bestellung gehört, oder durch dessen Erben; es kann jedoch auch für mehrere oder für alle Verkaufsfälle bestellt werden.

§ 1098.

Das Rechtsverhältnis zwischen dem Berechtigten und dem Verpflichteten bestimmt sich nach den Vorschriften der §§ 504 bis 514. Das Vorkaufsrecht kann auch dann ausgeübt werden, wenn das Grundstück von dem Konkursverwalter aus freier Hand verkauft wird.

Dritten gegenüber hat das Vorkaufsrecht die Wirkung einer Vormerkung zur Sicherung des durch die Ausübung des Rechtes entstehenden Anspruchs auf Übertragung des Eigentums.

3. Rechtsstellung eines neuen Eigentümers (§§ 1099—1102).

§ 1099.

Gelangt das Grundstück in das Eigentum eines Dritten, so kann dieser in gleicher Weise wie der Verpflichtete dem Berechtigten den Inhalt des Kaufvertrags mit der im § 510 Abs. 2 bestimmten Wirkung mitteilen.

Der Verpflichtete hat den neuen Eigentümer zu benachrichtigen, sobald die Ausübung des Vorkaufsrechts erfolgt oder ausgeschlossen ist.

§ 1100.

Der neue Eigentümer kann, wenn er der Käufer oder ein Rechtsnachfolger des Käufers ist, die Zustimmung zur Eintragung des Berechtigten als Eigentümer und die Herausgabe des Grundstücks verweigern, bis ihm der zwischen dem Verpflichteten und dem Käufer vereinbarte Kaufpreis, soweit er berichtigt ist, erstattet wird. Erlangt der Berechtigte die Eintragung als Eigentümer, so kann der bisherige Eigentümer von ihm die Erstattung des berichtigten Kaufpreises gegen Herausgabe des Grundstücks fordern.

§ 1101.

Soweit der Berechtigte nach § 1100 dem Käufer oder dessen Rechtsnachfolger den Kaufpreis zu erstatten hat, wird er von der Verpflichtung zur Zahlung des aus dem Vorkaufe geschuldeten Kaufpreises frei.

§ 1102.

Verliert der Käufer oder sein Rechtsnachfolger infolge der Geltendmachung des Vorkaufsrechts das Eigentum, so wird der Käufer, soweit der von ihm geschuldete Kaufpreis noch nicht berichtigt ist, von seiner Verpflichtung frei; den berichtigten Kaufpreis kann er nicht zurückfordern.

4. Umwandlung.

§ 1103.

Ein zugunsten des jeweiligen Eigentümers eines Grundstücks bestehendes Vorkaufsrecht kann nicht von dem Eigentum an diesem Grundstücke getrennt werden.

Ein zugunsten einer bestimmten Person bestehendes Vorkaufsrecht kann nicht mit dem Eigentum an einem Grundstücke verbunden werden.

5. Ausschluß des Berechtigten.

§ 1104.

Ist der Berechtigte unbekannt, so kann er im Wege des Aufgebotsverfahrens mit seinem Rechte ausgeschlossen werden, wenn die im § 1170 für die Ausschließung eines Hypothekengläubigers bestimmten Voraussetzungen vorliegen. Mit der Erlassung des Ausschlußurteils erlischt das Vorkaufsrecht.

Auf ein Vorkaufsrecht, das zugunsten des jeweiligen Eigentümers eines Grundstücks besteht, finden diese Vorschriften keine Anwendung.

Siebenter Abschnitt. Reallasten.

1. Begriff und Gegenstand (§§ 1105, 1106).

§ 1105.

Ein Grundstück kann in der Weise belastet werden, daß an denjenigen, zu dessen Gunsten die Belastung erfolgt, wiederkehrende Leistungen aus dem Grundstücke zu entrichten sind (Reallast).

Die Reallast kann auch zugunsten des jeweiligen Eigentümers eines anderen Grundstücks bestellt werden.

§ 1106.

Ein Bruchteil eines Grundstücks kann mit einer Reallast nur belastet werden, wenn er in dem Anteil eines Miteigentümers besteht.

2. Die Einzelleistung (§§ 1107, 1108).

a) Haftung des Grundstücks.

§ 1107.

Auf die einzelnen Leistungen finden die für die Zinsen einer Hypothekenforderung geltenden Vorschriften entsprechende Anwendung.

b) Haftung des Eigentümers.

§ 1108.

Der Eigentümer haftet für die während der Dauer seines Eigentums fällig werdenden Leistungen auch persönlich, soweit nicht ein anderes bestimmt ist.

Wird das Grundstück geteilt, so haften die Eigentümer der einzelnen Teile als Gesamtschuldner.

3. Teilung des herrschenden Grundstücks.

§ 1109.

Wird das Grundstück des Berechtigten geteilt, so besteht die Reallast für die einzelnen Teile fort. Ist die Leistung teilbar, so bestimmen sich die Anteile der Eigentümer nach dem Verhältnisse der Größe der Teile; ist sie nicht teilbar, so finden die Vorschriften des § 432 Anwendung. Die Ausübung des Rechtes ist im Zweifel nur in der Weise zulässig, daß sie für den Eigentümer des belasteten Grundstücks nicht beschwerlicher wird.

Der Berechtigte kann bestimmen, daß das Recht nur mit einem der Teile verbunden sein soll. Die Bestimmung hat dem Grundbuchamte gegenüber zu erfolgen und bedarf der Eintragung in das Grundbuch; die Vorschriften der §§ 876, 878 finden entsprechende Anwendung. Veräußert der Berechtigte einen Teil des Grundstücks, ohne eine solche Bestimmung zu treffen, so bleibt das Recht mit dem Teile verbunden, den er behält.

Gereicht die Reallast nur einem der Teile zum Vorteile, so bleibt sie mit diesem Teile allein verbunden.

4. Umwandlung, Veräußerung, Belastung (§§ 1110, 1111).

§ 1110.

Eine zugunsten des jeweiligen Eigentümers eines Grundstücks bestehende Reallast kann nicht von dem Eigentum an diesem Grundstücke getrennt werden.

§ 1111.

Eine zugunsten einer bestimmten Person bestehende Reallast kann nicht mit dem Eigentum an einem Grundstücke verbunden werden.

Ist der Anspruch auf die einzelne Leistung nicht übertragbar, so kann das Recht nicht veräußert oder belastet werden.

5. Ausschluß des Berechtigten.

§ 1112.

Ist der Berechtigte unbekannt, so finden auf die Ausschließung seines Rechtes die Vorschriften des § 1104 entsprechende Anwendung.

Achter Abschnitt. Hypothek. Grundschuld. Rentenschuld.

Erster Titel. Hypothek.

I. Verkehrshypothek (§§ 1113—1183).

1. Begriff und Gegenstand (§§ 1113, 1114).

§ 1113.

Ein Grundstück kann in der Weise belastet werden, daß an denjenigen, zu dessen Gunsten die Belastung erfolgt, eine bestimmte Geldsumme zur Befriedigung wegen einer ihm zustehenden Forderung aus dem Grundstücke zu zahlen ist (Hypothek).

Die Hypothek kann auch für eine künftige oder eine bedingte Forderung bestellt werden.

§ 1114.

Ein Bruchteil eines Grundstücks kann mit einer Hypothek nur belastet werden, wenn er in dem Anteil eines Miteigentümers besteht.

2. Eintragung.

§ 1115.

Bei der Eintragung der Hypothek müssen der Gläubiger, der Geldbetrag der Forderung und, wenn die Forderung verzinslich ist, der Zinssatz, wenn andere Nebenleistungen zu entrichten sind, ihr Geldbetrag im Grundbuch angegeben werden; im übrigen kann zur Bezeichnung der Forderung auf die Eintragungsbewilligung Bezug genommen werden.

Bei der Eintragung der Hypothek für ein Darlehen einer Kreditanstalt, deren Satzung von der zuständigen Behörde öffentlich bekanntgemacht worden ist, genügt zur Bezeichnung der außer den Zinsen satzungsgemäß zu entrichtenden Nebenleistungen die Bezugnahme auf die Satzung.

3. Hypothekenbrief (§§ 1116, 1117).

a) Brief- und Buchhypothek.

§ 1116.

Über die Hypothek wird ein Hypothekenbrief erteilt.

Die Erteilung des Briefes kann ausgeschlossen werden. Die Ausschließung kann auch nachträglich erfolgen. Zu der Ausschließung ist die Einigung des Gläubigers und des Eigentümers sowie die Eintragung in das Grundbuch erforderlich; die Vorschriften des § 873 Abs. 2 und der §§ 876, 878 finden entsprechende Anwendung.

Die Ausschließung der Erteilung des Briefes kann aufgehoben werden; die Aufhebung erfolgt in gleicher Weise wie die Ausschließung.

b) Erwerb der Briefhypothek.

§ 1117.

Der Gläubiger erwirbt, sofern nicht die Erteilung des Hypothekenbriefs ausgeschlossen ist, die Hypothek erst, wenn ihm der Brief von dem Eigentümer des Grundstücks übergeben wird. Auf die Übergabe finden die Vorschriften des § 929 Satz 2 und der §§ 930, 931 Anwendung.

Die Übergabe des Briefes kann durch die Vereinbarung ersetzt werden, daß der Gläubiger berechtigt sein soll, sich den Brief von dem Grundbuchamt aushändigen zu lassen.

Ist der Gläubiger im Besitze des Briefes, so wird vermutet, daß die Übergabe erfolgt sei.

4. Haftung für Zinsen und Kosten.

§ 1118.

Kraft der Hypothek haftet das Grundstück auch für die gesetzlichen Zinsen der Forderung sowie für die Kosten der Kündigung und der die Befriedigung aus dem Grundstücke bezweckenden Rechtsverfolgung.

5. Änderung der Schuld.

§ 1119.

Ist die Forderung unverzinslich oder ist der Zinssatz niedriger als fünf vom Hundert, so kann die Hypothek ohne Zustimmung der im Range gleich- oder nachstehenden Berechtigten dahin erweitert werden, daß das Grundstück für Zinsen bis zu fünf vom Hundert haftet.

Zu einer Änderung der Zahlungszeit und des Zahlungsorts ist die Zustimmung dieser Berechtigten gleichfalls nicht erforderlich.

6. Gegenstand der Hypothek (§§ 1120—1132).

a) Bestandteile und Zubehör (§§ 1120—1122).

α) Voraussetzungen der Haftung.

§ 1120.

Die Hypothek erstreckt sich auf die von dem Grundstücke getrennten Erzeugnisse und sonstigen Bestandteile, soweit sie nicht mit der Trennung nach den §§ 954 bis 957 in das Eigentum eines anderen als des Eigentümers oder des Eigenbesitzers des Grundstücks gelangt sind, sowie auf das Zubehör des Grundstücks mit Ausnahme der Zubehörstücke, welche nicht in das Eigentum des Eigentümers des Grundstücks gelangt sind.

β) Erlöschen der Haftung (§§ 1121, 1122).

§ 1121.

Erzeugnisse und sonstige Bestandteile des Grundstücks sowie Zubehörstücke werden von der Haftung frei, wenn sie veräußert und von dem Grundstück entfernt werden, bevor sie zugunsten des Gläubigers in Beschlag genommen worden sind.

Erfolgt die Veräußerung vor der Entfernung, so kann sich der Erwerber dem Gläubiger gegenüber nicht darauf berufen, daß er in Ansehung der Hypothek in gutem Glauben gewesen sei. Entfernt der Erwerber die Sache von dem Grundstücke, so ist eine vor der Entfernung erfolgte Beschlagnahme ihm gegenüber nur wirksam, wenn er bei der Entfernung in Ansehung der Beschlagnahme nicht in gutem Glauben ist.

§ 1122.

Sind die Erzeugnisse oder Bestandteile innerhalb der Grenzen einer ordnungsmäßigen Wirtschaft von dem Grundstücke getrennt worden, so erlischt ihre Haftung auch ohne Veräußerung, wenn sie vor der Beschlagnahme von dem Grundstück entfernt werden, es sei denn, daß die Entfernung zu einem vorübergehenden Zwecke erfolgt.

Zubehörstücke werden ohne Veräußerung von der Haftung frei, wenn die Zubehöreigenschaft innerhalb der Grenzen einer ordnungsmäßigen Wirtschaft vor der Beschlagnahme aufgehoben wird.

b) Miet- und Pachtzinsforderung (§§ 1123—1125).

§ 1123[1]).

Ist das Grundstück vermietet oder verpachtet, so erstreckt sich die Hypothek auf die Miet- oder Pachtzinsforderung.

Soweit die Forderung fällig ist, wird sie mit dem Ablauf eines Jahres nach dem Eintritte der Fälligkeit von der Haftung frei, wenn nicht vorher die Beschlagnahme zugunsten des Hypothekengläubigers erfolgt. Ist der Miet- oder Pachtzins im voraus zu entrichten, so erstreckt sich die Befreiung nicht auf den Miet- oder Pachtzins für eine spätere Zeit als das zur Zeit der Beschlagnahme laufende Kalendervierteljahr; erfolgt die Beschlagnahme innerhalb des letzten halben Monats eines Kalendervierteljahrs, so erstreckt sich die Befreiung auch auf den Miet- oder Pachtzins für das folgende Kalendervierteljahr.

§ 1124[1]).

Wird der Miet- oder Pachtzins eingezogen, bevor er zugunsten des Hypothekengläubigers in Beschlag genommen worden

[1]) In der Fassung des Gesetzes v. 8. Juni 1915, betr. Einschränkung der Verfügungen über Miet- und Pachtzinsforderungen, Art. 2 (RGBl. S. 327).

ist, oder wird vor der Beschlagnahme in anderer Weise über ihn verfügt, so ist die Verfügung dem Hypothekengläubiger gegenüber wirksam. Besteht die Verfügung in der Übertragung der Forderung auf einen Dritten, so erlischt die Haftung der Forderung; erlangt ein Dritter ein Recht an der Forderung, so geht es der Hypothek im Range vor.

Die Verfügung ist dem Hypothekengläubiger gegenüber unwirksam, soweit sie sich auf den Miet- oder Pachtzins für eine spätere Zeit als das zur Zeit der Beschlagnahme laufende Kalendervierteljahr bezieht; erfolgt die Beschlagnahme innerhalb des letzten halben Monats eines Kalendervierteljahrs, so ist die Verfügung jedoch insoweit wirksam, als sie sich auf den Miet- oder Pachtzins für das folgende Kalendervierteljahr bezieht.

Der Übertragung der Forderung auf einen Dritten steht es gleich, wenn das Grundstück ohne die Forderung veräußert wird.

§ 1125.

Soweit die Einziehung des Miet- oder Pachtzinses dem Hypothekengläubiger gegenüber unwirksam ist, kann der Mieter oder der Pächter nicht eine ihm gegen den Vermieter oder den Verpächter zustehende Forderung gegen den Hypothekengläubiger aufrechnen.

c) Subjektiv-dingliche Rechte.

§ 1126.

Ist mit dem Eigentum an dem Grundstück ein Recht auf wiederkehrende Leistungen verbunden, so erstreckt sich die Hypothek auf die Ansprüche auf diese Leistungen. Die Vorschriften des § 1123 Abs. 2 Satz 1, des § 1124 Abs. 1, 3 und des § 1125 finden entsprechende Anwendung. Eine vor der Beschlagnahme erfolgte Verfügung über den Anspruch auf eine Leistung, die erst drei Monate nach der Beschlagnahme fällig wird, ist dem Hypothekengläubiger gegenüber unwirksam.

d) Versicherungsforderung (§§ 1127—1130).

§ 1127.

Sind Gegenstände, die der Hypothek unterliegen, für den Eigentümer oder den Eigenbesitzer des Grundstücks unter Versicherung gebracht, so erstreckt sich die Hypothek auf die Forderung gegen den Versicherer.

Die Haftung der Forderung gegen den Versicherer erlischt, wenn der versicherte Gegenstand wiederhergestellt oder Ersatz für ihn beschafft ist.

§ 1128.

Ist ein Gebäude versichert, so kann der Versicherer die Versicherungssumme mit Wirkung gegen den Hypothekengläubiger an den Versicherten erst zahlen, wenn er oder der Versicherte den Eintritt des Schadens dem Hypothekengläubiger angezeigt hat und seit dem Empfange der Anzeige ein Monat verstrichen ist. Der Hypothekengläubiger kann bis zum Ablaufe der Frist dem Versicherer gegenüber der Zahlung widersprechen. Die Anzeige darf unterbleiben, wenn sie untunlich ist; in diesem Falle wird der Monat von dem Zeitpunkt an berechnet, in welchem die Versicherungssumme fällig wird.

Im übrigen finden die für eine verpfändete Forderung geltenden Vorschriften Anwendung; der Versicherer kann sich jedoch nicht darauf berufen, daß er eine aus dem Grundbuch ersichtliche Hypothek nicht gekannt habe.

§ 1129.

Ist ein anderer Gegenstand als ein Gebäude versichert, so bestimmt sich die Haftung der Forderung gegen den Versicherer nach den Vorschriften des § 1123 Abs. 2 Satz 1 und des § 1124 Abs. 1, 3.

§ 1130.

Ist der Versicherer nach den Versicherungsbestimmungen nur verpflichtet, die Versicherungssumme zur Wiederherstellung des versicherten Gegenstandes zu zahlen, so ist eine diesen Bestimmungen entsprechende Zahlung an den Versicherten dem Hypothekengläubiger gegenüber wirksam.

e) **Als Bestandteil zugeschriebenes Grundstück.**

§ 1131.

Wird ein Grundstück nach § 890 Abs. 2 einem anderen Grundstück im Grundbuche zugeschrieben, so erstrecken sich die an diesem Grundstücke bestehenden Hypotheken auf das zugeschriebene Grundstück. Rechte, mit denen das zugeschriebene Grundstück belastet ist, gehen diesen Hypotheken im Range vor.

f) **Gesamthypothek.**

§ 1132.

Besteht für die Forderung eine Hypothek an mehreren Grundstücken (Gesamthypothek), so haftet jedes Grundstück für die ganze Forderung. Der Gläubiger kann die Befriedigung nach seinem Belieben aus jedem der Grundstücke ganz oder zu einem Teile suchen.

Der Gläubiger ist berechtigt, den Betrag der Forderung auf die einzelnen Grundstücke in der Weise zu verteilen, daß jedes Grundstück nur für den zugeteilten Betrag haftet. Auf die Verteilung finden die Vorschriften der §§ 875, 876, 878 entsprechende Anwendung.

7. Schutz des Gläubigers gegen Verschlechterung des Grundstücks (§§ 1133—1135).

a) Recht zur vorzeitigen Befriedigung.

§ 1133.

Ist infolge einer Verschlechterung des Grundstücks die Sicherheit der Hypothek gefährdet, so kann der Gläubiger dem Eigentümer eine angemessene Frist zur Beseitigung der Gefährdung bestimmen. Nach dem Ablaufe der Frist ist der Gläubiger berechtigt, sofort Befriedigung aus dem Grundstücke zu suchen, wenn nicht die Gefährdung durch Verbesserung des Grundstücks oder durch anderweitige Hypothekenbestellung beseitigt worden ist. Ist die Forderung unverzinslich und noch nicht fällig, so gebührt dem Gläubiger nur die Summe, welche mit Hinzurechnung der gesetzlichen Zinsen für die Zeit von der Zahlung bis zur Fälligkeit dem Betrage der Forderung gleichkommt.

b) Negatorischer Anspruch.

§ 1134.

Wirkt der Eigentümer oder ein Dritter auf das Grundstück in solcher Weise ein, daß eine die Sicherheit der Hypothek gefährdende Verschlechterung des Grundstücks zu besorgen ist, so kann der Gläubiger auf Unterlassung klagen.

Geht die Einwirkung von dem Eigentümer aus, so hat das Gericht auf Antrag des Gläubigers die zur Abwendung der Gefährdung erforderlichen Maßregeln anzuordnen. Das gleiche gilt, wenn die Verschlechterung deshalb zu besorgen ist, weil der Eigentümer die erforderlichen Vorkehrungen gegen Einwirkungen Dritter oder gegen andere Beschädigungen unterläßt.

c) Verschlechterung von Zubehör.

§ 1135.

Einer Verschlechterung des Grundstücks im Sinne der §§ 1133, 1134 steht es gleich, wenn Zubehörstücke, auf die sich die Hypothek erstreckt, verschlechtert oder den Regeln einer ordnungsmäßigen Wirtschaft zuwider von dem Grundstück entfernt werden.

8. Verfügungsbeschränkungen des Eigentümers.

§ 1136.

Eine Vereinbarung, durch die sich der Eigentümer dem Gläubiger gegenüber verpflichtet, das Grundstück nicht zu veräußern oder nicht weiter zu belasten, ist nichtig.

9. Abgeleitete Einreden des Eigentümers.

§ 1137.

Der Eigentümer kann gegen die Hypothek die dem persönlichen Schuldner gegen die Forderung sowie die nach § 770 einem

Bürgen zustehenden Einreden geltend machen. Stirbt der persönliche Schuldner, so kann sich der Eigentümer nicht darauf berufen, daß der Erbe für die Schuld nur beschränkt haftet.

Ist der Eigentümer nicht der persönliche Schuldner, so verliert er eine Einrede nicht dadurch, daß dieser auf sie verzichtet.

10. Vermutung und öffentlicher Glaube des Grundbuchs, Berichtigung und Widerspruch bei der Hypothek (§§ 1138—1140).

a) Erstreckung auf die Forderung.

§ 1138.

Die Vorschriften der §§ 891 bis 899 gelten für die Hypothek auch in Ansehung der Forderung und der dem Eigentümer nach § 1137 zustehenden Einreden.

b) Widerspruch bei nicht valutierter Buchhypothek.

§ 1139.

Ist bei der Bestellung einer Hypothek für ein Darlehen die Erteilung des Hypothekenbriefs ausgeschlossen worden, so genügt zur Eintragung eines Widerspruchs, der sich darauf gründet, daß die Hingabe des Darlehens unterblieben sei, der von dem Eigentümer an das Grundbuchamt gerichtete Antrag, sofern er vor dem Ablauf eines Monats nach der Eintragung der Hypothek gestellt wird. Wird der Widerspruch innerhalb des Monats eingetragen, so hat die Eintragung die gleiche Wirkung, wie wenn der Widerspruch zugleich mit der Hypothek eingetragen worden wäre.

c) Zerstörung des öffentlichen Glaubens des Grundbuchs durch den Brief.

§ 1140.

Soweit die Unrichtigkeit des Grundbuchs aus dem Hypothekenbrief oder einem Vermerk auf dem Briefe hervorgeht, ist die Berufung auf die Vorschriften der §§ 892, 893 ausgeschlossen. Ein Widerspruch gegen die Richtigkeit des Grundbuchs, der aus dem Briefe oder einem Vermerk auf dem Briefe hervorgeht, steht einem im Grundbuch eingetragenen Widerspruche gleich.

11. Kündigung der Hypothek.

§ 1141.

Hängt die Fälligkeit der Forderung von einer Kündigung ab, so ist die Kündigung für die Hypothek nur wirksam, wenn sie von dem Gläubiger dem Eigentümer oder von dem Eigentümer dem Gläubiger erklärt wird. Zugunsten des Gläubigers gilt derjenige, welcher im Grundbuch als Eigentümer eingetragen ist, als der Eigentümer.

Hat der Eigentümer keinen Wohnsitz im Inland oder liegen die Voraussetzungen des § 132 Abs. 2 vor, so hat auf Antrag des Gläubigers das Amtsgericht, in dessen Bezirke das Grundstück liegt, dem Eigentümer einen Vertreter zu bestellen, dem gegenüber die Kündigung des Gläubigers erfolgen kann.

12. Befriedigung des Gläubigers (§§ 1142—1150).

a) Sachlösung durch den Eigentümer (§§ 1142—1146).

α) **Lösungsrecht.**

§ 1142.

Der Eigentümer ist berechtigt, den Gläubiger zu befriedigen, wenn die Forderung ihm gegenüber fällig geworden oder wenn der persönliche Schuldner zur Leistung berechtigt ist.

Die Befriedigung kann auch durch Hinterlegung oder durch Aufrechnung erfolgen.

β) **Regreß.**

§ 1143.

Ist der Eigentümer nicht der persönliche Schuldner, so geht, soweit er den Gläubiger befriedigt, die Forderung auf ihn über. Die für einen Bürgen geltenden Vorschriften des § 774 Abs. 1 finden entsprechende Anwendung.

Besteht für die Forderung eine Gesamthypothek, so gelten für diese die Vorschriften des § 1173.

γ) **Herausgabe u. Berichtigung v. Urkunden** (§§ 1144, 1145).

§ 1144.

Der Eigentümer kann gegen Befriedigung des Gläubigers die Aushändigung des Hypothekenbriefs und der sonstigen Urkunden verlangen, die zur Berichtigung des Grundbuchs oder zur Löschung der Hypothek erforderlich sind.

§ 1145.

Befriedigt der Eigentümer den Gläubiger nur teilweise, so kann er die Aushändigung des Hypothekenbriefs nicht verlangen. Der Gläubiger ist verpflichtet, die teilweise Befriedigung auf dem Briefe zu vermerken und den Brief zum Zwecke der Berichtigung des Grundbuchs oder der Löschung dem Grundbuchamt oder zum Zwecke der Herstellung eines Teilhypothekenbriefs für den Eigentümer der zuständigen Behörde oder einem zuständigen Notare vorzulegen.

Die Vorschrift des Abs. 1 Satz 2 gilt für Zinsen und andere Nebenleistungen nur, wenn sie später als in dem Kalendervierteljahr, in welchem der Gläubiger befriedigt wird, oder dem folgenden Vierteljahre fällig werden. Auf Kosten, für die das

Grundstück nach § 1118 haftet, findet die Vorschrift keine Anwendung.

δ) Verzug bezügl. Sachlösung. **§ 1146.**

Liegen dem Eigentümer gegenüber die Voraussetzungen vor, unter denen ein Schuldner in Verzug kommt, so gebühren dem Gläubiger Verzugszinsen aus dem Grundstücke.

b) Befriedigung durch Sachverwertung (§§ 1147—1149).

α) Zwangsversteigerung und Zwangsverwaltung. **§ 1147.**

Die Befriedigung des Gläubigers aus dem Grundstück und den Gegenständen, auf die sich die Hypothek erstreckt, erfolgt im Wege der Zwangsvollstreckung.

β) Legitimation des Bucheigentümers. **§ 1148.**

Bei der Verfolgung des Rechtes aus der Hypothek gilt zugunsten des Gläubigers derjenige, welcher im Grundbuch als Eigentümer eingetragen ist, als der Eigentümer. Das Recht des nicht eingetragenen Eigentümers, die ihm gegen die Hypothek zustehenden Einwendungen geltend zu machen, bleibt unberührt.

γ) Lex commissoria und Abrede des Privatverkaufs. **§ 1149.**

Der Eigentümer kann, solange nicht die Forderung ihm gegenüber fällig geworden ist, dem Gläubiger nicht das Recht einräumen, zum Zwecke der Befriedigung die Übertragung des Eigentums an dem Grundstücke zu verlangen oder die Veräußerung des Grundstücks auf andere Weise als im Wege der Zwangsvollstreckung zu bewirken.

c) Lösungsrecht Dritter. **§ 1150.**

Verlangt der Gläubiger Befriedigung aus dem Grundstücke, so finden die Vorschriften der §§ 268, 1144, 1145 entsprechende Anwendung.

13. Forderungsteilung (§§ 1151, 1152). **§ 1151.**

Wird die Forderung geteilt, so ist zur Änderung des Rangverhältnisses der Teilhypotheken untereinander die Zustimmung des Eigentümers nicht erforderlich.

§ 1152.

Im Falle einer Teilung der Forderung kann, sofern nicht die Erteilung des Hypothekenbriefs ausgeschlossen ist, für jeden Teil ein Teilhypothekenbrief hergestellt werden; die Zustimmung des Eigentümers des Grundstücks ist nicht erforderlich. Der Teilhypothekenbrief tritt für den Teil, auf den er sich bezieht, an die Stelle des bisherigen Briefes.

14. Übertragung der Hypothek (§§ 1153—1159).

a) Forderungsabtretung.

§ 1153.

Mit der Übertragung der Forderung geht die Hypothek auf den neuen Gläubiger über.

Die Forderung kann nicht ohne die Hypothek, die Hypothek kann nicht ohne die Forderung übertragen werden.

b) Form der Forderungsabtretung.

§ 1154.

Zur Abtretung der Forderung ist Erteilung der Abtretungserklärung in schriftlicher Form und Übergabe des Hypothekenbriefs erforderlich; die Vorschriften des § 1117 finden Anwendung. Der bisherige Gläubiger hat auf Verlangen des neuen Gläubigers die Abtretungserklärung auf seine Kosten öffentlich beglaubigen zu lassen.

Die schriftliche Form der Abtretungserklärung kann dadurch ersetzt werden, daß die Abtretung in das Grundbuch eingetragen wird.

Ist die Erteilung des Hypothekenbriefs ausgeschlossen, so finden auf die Abtretung der Forderung die Vorschriften der §§ 873, 878 entsprechende Anwendung.

c) Rechtsstellung des neuen Gläubigers (§§ 1155—1159).

α) Tabularbesitz des Zessionars kraft Briefbesitzes.

§ 1155.

Ergibt sich das Gläubigerrecht des Besitzers des Hypothekenbriefs aus einer zusammenhängenden, auf einen eingetragenen Gläubiger zurückführenden Reihe von öffentlich beglaubigten Abtretungserklärungen, so finden die Vorschriften der §§ 891 bis 899 in gleicher Weise Anwendung, wie wenn der Besitzer des Briefes als Gläubiger im Grundbuch eingetragen wäre. Einer öffentlich beglaubigten Abtretungserklärung steht gleich ein gerichtlicher Überweisungsbeschluß und das öffentlich beglaubigte Anerkenntnis einer kraft Gesetzes erfolgten Übertragung der Forderung.

β) **Ausschluß der Legitimation des Zedenten.**

§ 1156.

Die für die Übertragung der Forderung geltenden Vorschriften der §§ 406 bis 408 finden auf das Rechtsverhältnis zwischen dem Eigentümer und dem neuen Gläubiger in Ansehung der Hypothek keine Anwendung. Der neue Gläubiger muß jedoch eine dem bisherigen Gläubiger gegenüber erfolgte Kündigung des Eigentümers gegen sich gelten lassen, es sei denn, daß die Übertragung zur Zeit der Kündigung dem Eigentümer bekannt oder im Grundbuch eingetragen ist.

γ) **Ausschluß von Einreden aus der Person des Zedenten.**

§ 1157.

Eine Einrede, die dem Eigentümer auf Grund eines zwischen ihm und dem bisherigen Gläubiger bestehenden Rechtsverhältnisses gegen die Hypothek zusteht, kann auch dem neuen Gläubiger entgegengesetzt werden. Die Vorschriften der §§ 892, 894 bis 899, 1140 gelten auch für diese Einrede.

δ) **Nebenforderungen (§§ 1158, 1159).**

§ 1158.

Soweit die Forderung auf Zinsen oder andere Nebenleistungen gerichtet ist, die nicht später als in dem Kalendervierteljahr, in welchem der Eigentümer von der Übertragung Kenntnis erlangt, oder dem folgenden Vierteljahre fällig werden, finden auf das Rechtsverhältnis zwischen dem Eigentümer und dem neuen Gläubiger die Vorschriften der §§ 406 bis 408 Anwendung; der Gläubiger kann sich gegenüber den Einwendungen, welche dem Eigentümer nach den §§ 404, 406 bis 408, 1157 zustehen, nicht auf die Vorschriften des § 892 berufen.

§ 1159.

Soweit die Forderung auf Rückstände von Zinsen oder anderen Nebenleistungen gerichtet ist, bestimmt sich die Übertragung sowie das Rechtsverhältnis zwischen dem Eigentümer und dem neuen Gläubiger nach den für die Übertragung von Forderungen geltenden allgemeinen Vorschriften. Das gleiche gilt für den Anspruch auf Erstattung von Kosten, für die das Grundstück nach § 1118 haftet.

Die Vorschriften des § 892 finden auf die im Abs. 1 bezeichneten Ansprüche keine Anwendung.

15. Briefbesitz und Geltendmachung der Hypothek und Forderung (§§ 1160, 1161).

§ 1160.

Der Geltendmachung der Hypothek kann, sofern nicht die Erteilung des Hypothekenbriefs ausgeschlossen ist, widersprochen werden, wenn der Gläubiger nicht den Brief vorlegt; ist der Gläubiger nicht im Grundbuch eingetragen, so sind auch die im § 1155 bezeichneten Urkunden vorzulegen.

Eine dem Eigentümer gegenüber erfolgte Kündigung oder Mahnung ist unwirksam, wenn der Gläubiger die nach Abs. 1 erforderlichen Urkunden nicht vorlegt und der Eigentümer die Kündigung oder die Mahnung aus diesem Grunde unverzüglich zurückweist.

Diese Vorschriften gelten nicht für die im § 1159 bezeichneten Ansprüche.

§ 1161.

Ist der Eigentümer der persönliche Schuldner, so finden die Vorschriften des § 1160 auch auf die Geltendmachung der Forderung Anwendung.

16. Kraftloserklärung des Briefes.

§ 1162.

Ist der Hypothekenbrief abhanden gekommen oder vernichtet, so kann er im Wege des Aufgebotsverfahrens für kraftlos erklärt werden.

17. Eigentümerhypothek und Regreßhypothek des persönlichen Schuldners (§§ 1163—1179).

a) Einzelhypothek (§§ 1163—1171).

α) Eigentümerhypothek mangels persönlicher Schuld.

§ 1163.

Ist die Forderung, für welche die Hypothek bestellt ist, nicht zur Entstehung gelangt, so steht die Hypothek dem Eigentümer zu. Erlischt die Forderung, so erwirbt der Eigentümer die Hypothek.

Eine Hypothek, für welche die Erteilung des Hypothekenbriefs nicht ausgeschlossen ist, steht bis zur Übergabe des Briefes an den Gläubiger dem Eigentümer zu.

β) Regreßhypothek des persönlichen Schuldners (§§ 1164—1167).

§ 1164.

Befriedigt der persönliche Schuldner den Gläubiger, so geht die Hypothek insoweit auf ihn über, als er von dem Eigentümer oder einem Rechtsvorgänger des Eigentümers Ersatz verlangen kann. Ist dem Schuldner nur teilweise Ersatz zu leisten, so kann der Eigentümer die Hypothek, soweit sie auf ihn übergegangen ist, nicht zum Nachteile der Hypothek des Schuldners geltend machen.

Der Befriedigung des Gläubigers steht es gleich, wenn sich Forderung und Schuld in einer Person vereinigen.

§ 1165.

Verzichtet der Gläubiger auf die Hypothek oder hebt er sie nach § 1183 auf oder räumt er einem anderen Rechte den Vorrang ein, so wird der persönliche Schuldner insoweit frei, als er ohne diese Verfügung nach § 1164 aus der Hypothek hätte Ersatz erlangen können.

§ 1166.

Ist der persönliche Schuldner berechtigt, von dem Eigentümer Ersatz zu verlangen, falls er den Gläubiger befriedigt, so kann er, wenn der Gläubiger die Zwangsversteigerung des Grundstücks betreibt, ohne ihn unverzüglich zu benachrichtigen, die Befriedigung des Gläubigers wegen eines Ausfalls bei der Zwangsversteigerung insoweit verweigern, als er infolge der Unterlassung der Benachrichtigung einen Schaden erleidet. Die Benachrichtigung darf unterbleiben, wenn sie untunlich ist.

§ 1167.

Erwirbt der persönliche Schuldner, falls er den Gläubiger befriedigt, die Hypothek oder hat er im Falle der Befriedigung ein sonstiges rechtliches Interesse an der Berichtigung des Grundbuchs, so stehen ihm die in den §§ 1144, 1145 bestimmten Rechte zu.

γ) Eigentümerhypothek infolge Verzichts (§§ 1168, 1169).

§ 1168.

Verzichtet der Gläubiger auf die Hypothek, so erwirbt sie der Eigentümer.

Der Verzicht ist dem Grundbuchamt oder dem Eigentümer gegenüber zu erklären und bedarf der Eintragung in das Grundbuch. Die Vorschriften des § 875 Abs. 2 und der §§ 876, 878 finden entsprechende Anwendung.

Verzichtet der Gläubiger für einen Teil der Forderung auf die Hypothek, so stehen dem Eigentümer die im § 1145 bestimmten Rechte zu.

§ 1169.

Steht dem Eigentümer eine Einrede zu, durch welche die Geltendmachung der Hypothek dauernd ausgeschlossen wird, so kann er verlangen, daß der Gläubiger auf die Hypothek verzichtet.

δ) Eigentümerhypothek infolge Ausschlußurteils (§§ 1170, 1171).

§ 1170.

Ist der Gläubiger unbekannt, so kann er im Wege des Aufgebotsverfahrens mit seinem Rechte ausgeschlossen werden, wenn seit der letzten sich auf die Hypothek beziehenden Eintragung in das Grundbuch zehn Jahre verstrichen sind und das Recht des Gläubigers nicht innerhalb dieser Frist von dem Eigentümer in einer nach § 208 zur Unterbrechung der Verjährung geeigneten Weise anerkannt worden ist. Besteht für die Forderung eine nach dem Kalender bestimmte Zahlungszeit, so beginnt die Frist nicht vor dem Ablaufe des Zahlungstags.

Mit der Erlassung des Ausschlußurteils erwirbt der Eigentümer die Hypothek. Der dem Gläubiger erteilte Hypothekenbrief wird kraftlos.

§ 1171.

Der unbekannte Gläubiger kann im Wege des Aufgebotsverfahrens mit seinem Rechte auch dann ausgeschlossen werden, wenn der Eigentümer zur Befriedigung des Gläubigers oder zur Kündigung berechtigt ist und den Betrag der Forderung für den Gläubiger unter Verzicht auf das Recht zur Rücknahme hinterlegt. Die Hinterlegung von Zinsen ist nur erforderlich, wenn der Zinssatz im Grundbuch eingetragen ist; Zinsen für eine frühere Zeit als das vierte Kalenderjahr vor der Erlassung des Ausschlußurteils sind nicht zu hinterlegen.

Mit der Erlassung des Ausschlußurteils gilt der Gläubiger als befriedigt, sofern nicht nach den Vorschriften über die Hinterlegung die Befriedigung schon vorher eingetreten ist. Der dem Gläubiger erteilte Hypothekenbrief wird kraftlos.

Das Recht des Gläubigers auf den hinterlegten Betrag erlischt mit dem Ablaufe von dreißig Jahren nach der Erlassung des Ausschlußurteils, wenn nicht der Gläubiger sich vorher bei der Hinterlegungsstelle meldet; der Hinterleger ist zur Rücknahme berechtigt, auch wenn er auf das Recht zur Rücknahme verzichtet hat.

b) Eigentümerhypothek und Regreßhypothek bei Gesamthypothek (§§ 1172—1175).

§ 1172.

Eine Gesamthypothek steht in den Fällen des § 1163 den Eigentümern der belasteten Grundstücke gemeinschaftlich zu.

Jeder Eigentümer kann, sofern nicht ein anderes vereinbart ist, verlangen, daß die Hypothek an seinem Grundstück auf den Teilbetrag, der dem Verhältnisse des Wertes seines Grundstücks zu dem Werte der sämtlichen Grundstücke entspricht, nach § 1132 Abs. 2 beschränkt und in dieser Beschränkung ihm zugeteilt wird. Der Wert wird unter Abzug der Belastungen berechnet, die der Gesamthypothek im Range vorgehen.

§ 1173.

Befriedigt der Eigentümer eines der mit einer Gesamthypothek belasteten Grundstücke den Gläubiger, so erwirbt er die Hypothek an seinem Grundstücke; die Hypothek an den übrigen Grundstücken erlischt. Der Befriedigung des Gläubigers durch den Eigentümer steht es gleich, wenn das Gläubigerrecht auf den Eigentümer übertragen wird oder wenn sich Forderung und Schuld in der Person des Eigentümers vereinigen.

Kann der Eigentümer, der den Gläubiger befriedigt, von dem Eigentümer eines der anderen Grundstücke oder einem Rechtsvorgänger dieses Eigentümers Ersatz verlangen, so geht in Höhe des Ersatzanspruchs auch die Hypothek an dem Grundstücke dieses Eigentümers auf ihn über; sie bleibt mit der Hypothek an seinem eigenen Grundstücke Gesamthypothek.

§ 1174.

Befriedigt der persönliche Schuldner den Gläubiger, dem eine Gesamthypothek zusteht, oder vereinigen sich bei einer Gesamthypothek Forderung und Schuld in einer Person, so geht, wenn der Schuldner nur von dem Eigentümer eines der Grundstücke oder von einem Rechtsvorgänger des Eigentümers Ersatz verlangen kann, die Hypothek an diesem Grundstück auf ihn über; die Hypothek an den übrigen Grundstücken erlischt.

Ist dem Schuldner nur teilweise Ersatz zu leisten und geht deshalb die Hypothek nur zu einem Teilbetrag auf ihn über, so hat sich der Eigentümer diesen Betrag auf den ihm nach § 1172 gebührenden Teil des übrigbleibenden Betrags der Gesamthypothek anrechnen zu lassen.

§ 1175.

Verzichtet der Gläubiger auf die Gesamthypothek, so fällt sie den Eigentümern der belasteten Grundstücke gemeinschaftlich zu; die Vorschriften des § 1172 Abs. 2 finden Anwendung. Verzichtet der Gläubiger auf die Hypothek an einem der Grundstücke, so erlischt die Hypothek an diesem.

Das gleiche gilt, wenn der Gläubiger nach § 1170 mit seinem Rechte ausgeschlossen wird.

c) Inhalt der Eigentümer- und Regreßhypothek (§§ 1176—1179).

α) Nemo subrogat contra se.

§ 1176.

Liegen die Voraussetzungen der §§ 1163, 1164, 1168, 1172 bis 1175 nur in Ansehung eines Teilbetrags der Hypothek vor, so kann die auf Grund dieser Vorschriften dem Eigentümer oder einem der Eigentümer oder dem persönlichen Schuldner zufallende Hypothek nicht zum Nachteile der dem Gläubiger verbleibenden Hypothek geltend gemacht werden.

β) Eigentümergrundschuld und (echte) Eigentümerhypothek.

§ 1177.

Vereinigt sich die Hypothek mit dem Eigentum in einer Person, ohne daß dem Eigentümer auch die Forderung zusteht, so verwandelt sich die Hypothek in eine Grundschuld. In Ansehung der Verzinslichkeit, des Zinssatzes, der Zahlungszeit, der Kündigung und des Zahlungsorts bleiben die für die Forderung getroffenen Bestimmungen maßgebend.

Steht dem Eigentümer auch die Forderung zu, so bestimmen sich seine Rechte aus der Hypothek, solange die Vereinigung besteht, nach den für eine Grundschuld des Eigentümers geltenden Vorschriften.

γ) Erlöschen der Hypothek für Nebenforderungen.

§ 1178.

Die Hypothek für Rückstände von Zinsen und anderen Nebenleistungen sowie für Kosten, die dem Gläubiger zu erstatten sind, erlischt, wenn sie sich mit dem Eigentum in einer Person vereinigt. Das Erlöschen tritt nicht ein, solange einem Dritten ein Recht an dem Anspruch auf eine solche Leistung zusteht.

Zum Verzicht auf die Hypothek für die im Abs. 1 bezeichneten Leistungen genügt die Erklärung des Gläubigers gegenüber dem Eigentümer. Solange einem Dritten ein Recht an dem Anspruch auf eine solche Leistung zusteht, ist die Zustimmung des Dritten erforderlich. Die Zustimmung ist demjenigen gegenüber zu erklären, zu dessen Gunsten sie erfolgt; sie ist unwiderruflich.

δ) **Pflicht zur Löschung der Eigentümerhypothek.**

§ 1179.

Verpflichtet sich der Eigentümer einem anderen gegenüber, die Hypothek löschen zu lassen, wenn sie sich mit dem Eigentum in einer Person vereinigt, so kann zur Sicherung des Anspruchs auf Löschung eine Vormerkung in das Grundbuch eingetragen werden.

18. **Forderungsauswechselung.**

§ 1180.

An die Stelle der Forderung, für welche die Hypothek besteht, kann eine andere Forderung gesetzt werden. Zu der Änderung ist die Einigung des Gläubigers und des Eigentümers sowie die Eintragung in das Grundbuch erforderlich; die Vorschriften des § 873 Abs. 2 und der §§ 876, 878 finden entsprechende Anwendung.

Steht die Forderung, die an die Stelle der bisherigen Forderung treten soll, nicht dem bisherigen Hypothekengläubiger zu, so ist dessen Zustimmung erforderlich; die Zustimmung ist dem Grundbuchamt oder demjenigen gegenüber zu erklären, zu dessen Gunsten sie erfolgt. Die Vorschriften des § 875 Abs. 2 und des § 876 finden entsprechende Anwendung.

19. **Erlöschen der Hypothek** (§§ 1181—1183).

a) **Befriedigung aus dem Grundstück** (§§ 1181, 1182).

§ 1181.

Wird der Gläubiger aus dem Grundstücke befriedigt, so erlischt die Hypothek.

Erfolgt die Befriedigung des Gläubigers aus einem der mit einer Gesamthypothek belasteten Grundstücke, so werden auch die übrigen Grundstücke frei.

Der Befriedigung aus dem Grundstücke steht die Befriedigung aus den Gegenständen gleich, auf die sich die Hypothek erstreckt.

§ 1182.

Soweit im Falle einer Gesamthypothek der Eigentümer des Grundstücks, aus dem der Gläubiger befriedigt wird, von dem Eigentümer eines der anderen Grundstücke oder einem Rechtsvorgänger dieses Eigentümers Ersatz verlangen kann, geht die Hypothek an dem Grundstücke dieses Eigentümers auf ihn über. Die Hypothek kann jedoch, wenn der Gläubiger nur teilweise befriedigt wird, nicht zum Nachteile der dem Gläubiger verbleibenden Hypothek und, wenn das Grundstück mit einem im Range gleich- oder nachstehenden Rechte belastet ist, nicht zum Nachteile dieses Rechtes geltend gemacht werden.

b) **Verzicht.**

§ 1183.

Zur Aufhebung der Hypothek durch Rechtsgeschäft ist die Zustimmung des Eigentümers erforderlich. Die Zustimmung ist dem Grundbuchamt oder dem Gläubiger gegenüber zu erklären; sie ist unwiderruflich.

II. **Sicherungshypothek** (§§ 1184—1190).

1. **Allgemeines** (§§ 1184 bis 1186).

a) **Begriff und Eintragung.**

§ 1184.

Eine Hypothek kann in der Weise bestellt werden, daß das Recht des Gläubigers aus der Hypothek sich nur nach der Forderung bestimmt und der Gläubiger sich zum Beweise der Forderung nicht auf die Eintragung berufen kann (Sicherungshypothek).

Die Hypothek muß im Grundbuch als Sicherungshypothek bezeichnet werden.

b) **Sonderrecht der Sicherungshypothek.**

§ 1185.

Bei der Sicherungshypothek ist die Erteilung des Hypothekenbriefs ausgeschlossen.

Die Vorschriften der §§ 1138, 1139, 1141, 1156 finden keine Anwendung.

c) **Umwandelung.**

§ 1186.

Eine Sicherungshypothek kann in eine gewöhnliche Hypothek, eine gewöhnliche Hypothek kann in eine Sicherungshypothek umgewandelt werden. Die Zustimmung der im Range gleich- oder nachstehenden Berechtigten ist nicht erforderlich.

2. **Besondere Arten der Sicherungshypothek** (§§ 1187—1190).

a) **Für Forderungen aus Inhaber- und Orderpapieren** (§§ 1187—1189).

§ 1187.

Für die Forderung aus einer Schuldverschreibung auf den Inhaber, aus einem Wechsel oder aus einem anderen Papiere, das durch Indossament übertragen werden kann, kann nur eine Sicherungshypothek bestellt werden. Die Hypothek gilt als Sicherungshypothek, auch wenn sie im Grundbuche nicht als solche bezeichnet ist. Die Vorschrift des § 1154 Abs. 3 findet keine Anwenoung.

§ 1188.

Zur Bestellung einer Hypothek für die Forderung aus einer Schuldverschreibung auf den Inhaber genügt die Erklärung des Eigentümers gegenüber dem Grundbuchamte, daß er die Hypothek bestelle, und die Eintragung in das Grundbuch; die Vorschrift des § 878 findet Anwendung.

Die Ausschließung des Gläubigers mit seinem Rechte nach § 1170 ist nur zulässig, wenn die im § 801 bezeichnete Vorlegungsfrist verstrichen ist. Ist innerhalb der Frist die Schuldverschreibung vorgelegt oder der Anspruch aus der Urkunde gerichtlich geltend gemacht worden, so kann die Ausschließung erst erfolgen, wenn die Verjährung eingetreten ist.

§ 1189.

Bei einer Hypothek der im § 1187 bezeichneten Art kann für den jeweiligen Gläubiger ein Vertreter mit der Befugnis bestellt werden, mit Wirkung für und gegen jeden späteren Gläubiger bestimmte Verfügungen über die Hypothek zu treffen und den Gläubiger bei der Geltendmachung der Hypothek zu vertreten. Zur Bestellung des Vertreters ist die Eintragung in das Grundbuch erforderlich.

Ist der Eigentümer berechtigt, von dem Gläubiger eine Verfügung zu verlangen, zu welcher der Vertreter befugt ist, so kann er die Vornahme der Verfügung von dem Vertreter verlangen.

b) Maximalhypothek.

§ 1190.

Eine Hypothek kann in der Weise bestellt werden, daß nur der Höchstbetrag, bis zu dem das Grundstück haften soll, bestimmt, im übrigen die Feststellung der Forderung vorbehalten wird. Der Höchstbetrag muß in das Grundbuch eingetragen werden.

Ist die Forderung verzinslich, so werden die Zinsen in den Höchstbetrag eingerechnet.

Die Hypothek gilt als Sicherungshypothek, auch wenn sie im Grundbuche nicht als solche bezeichnet ist.

Die Forderung kann nach den für die Übertragung von Forderungen geltenden allgemeinen Vorschriften übertragen werden. Wird sie nach diesen Vorschriften übertragen, so ist der Übergang der Hypothek ausgeschlossen.

Zweiter Titel. Grundschuld. Rentenschuld.

I. Grundschuld.

1. Begriff.

§ 1191.

Ein Grundstück kann in der Weise belastet werden, daß an denjenigen, zu dessen Gunsten die Belastung erfolgt, eine bestimmte Geldsumme aus dem Grundstücke zu zahlen ist (Grundschuld).

Die Belastung kann auch in der Weise erfolgen, daß Zinsen von der Geldsumme sowie andere Nebenleistungen aus dem Grundstücke zu entrichten sind.

2. Anwendbarkeit des Hypothekenrechts.

§ 1192.

Auf die Grundschuld finden die Vorschriften über die Hypothek entsprechende Anwendung, soweit sich nicht daraus ein anderes ergibt, daß die Grundschuld nicht eine Forderung voraussetzt.

Für Zinsen der Grundschuld gelten die Vorschriften über die Zinsen einer Hypothekenforderung.

3. Kündigung.

§ 1193.

Das Kapital der Grundschuld wird erst nach vorgängiger Kündigung fällig. Die Kündigung steht sowohl dem Eigentümer als dem Gläubiger zu. Die Kündigungsfrist beträgt sechs Monate.

Abweichende Bestimmungen sind zulässig.

4. Zahlungsort.

§ 1194.

Die Zahlung des Kapitals sowie der Zinsen und anderen Nebenleistungen hat, soweit nicht ein anderes bestimmt ist, an dem Orte zu erfolgen, an dem das Grundbuchamt seinen Sitz hat.

5. Inhaberbrief.

§ 1195.

Eine Grundschuld kann in der Weise bestellt werden, daß der Grundschuldbrief auf den Inhaber ausgestellt wird. Auf einen solchen Brief finden die Vorschriften über Schuldverschreibungen auf den Inhaber entsprechende Anwendung.

6. Eigentümergrundschuld (§§ 1196, 1197).

§ 1196.

Eine Grundschuld kann auch für den Eigentümer bestellt werden.

Zu der Bestellung ist die Erklärung des Eigentümers gegenüber dem Grundbuchamte, daß die Grundschuld für ihn in das Grundbuch eingetragen werden soll, und die Eintragung erforderlich; die Vorschrift des § 878 findet Anwendung.

§ 1197.

Ist der Eigentümer der Gläubiger, so kann er nicht die Zwangsvollstreckung zum Zwecke seiner Befriedigung betreiben.

Zinsen gebühren dem Eigentümer nur, wenn das Grundstück auf Antrag eines anderen zum Zwecke der Zwangsverwaltung in Beschlag genommen ist, und nur für die Dauer der Zwangsverwaltung.

7. Umwandelung.

§ 1198.

Eine Hypothek kann in eine Grundschuld, eine Grundschuld kann in eine Hypothek umgewandelt werden. Die Zustimmung der im Range gleich- oder nachstehenden Berechtigten ist nicht erforderlich.

II. Rentenschuld.

1. Begriff und Eintragung.

§ 1199.

Eine Grundschuld kann in der Weise bestellt werden, daß in regelmäßig wiederkehrenden Terminen eine bestimmte Geldsumme aus dem Grundstücke zu zahlen ist (Rentenschuld).

Bei der Bestellung der Rentenschuld muß der Betrag bestimmt werden, durch dessen Zahlung die Rentenschuld abgelöst werden kann. Die Ablösungssumme muß im Grundbuch angegeben werden.

2. Anwendung d. Hypotheken- und Grundschuldrechts.

§ 1200.

Auf die einzelnen Leistungen finden die für Hypothekenzinsen, auf die Ablösungssumme finden die für ein Grundschuldkapital geltenden Vorschriften entsprechende Anwendung.

Die Zahlung der Ablösungssumme an den Gläubiger hat die gleiche Wirkung wie die Zahlung des Kapitals einer Grundschuld.

3. Ablösung (§§ 1201, 1202).

§ 1201.

Das Recht zur Ablösung steht dem Eigentümer zu.

Dem Gläubiger kann das Recht, die Ablösung zu verlangen, nicht eingeräumt werden. Im Falle des § 1133 Satz 2 ist der Gläubiger berechtigt, die Zahlung der Ablösungssumme aus dem Grundstücke zu verlangen.

§ 1202.

Der Eigentümer kann das Ablösungsrecht erst nach vorgängiger Kündigung ausüben. Die Kündigungsfrist beträgt sechs Monate, wenn nicht ein anderes bestimmt ist.

Eine Beschränkung des Kündigungsrechts ist nur soweit zulässig, daß der Eigentümer nach dreißig Jahren unter Einhaltung der sechsmonatigen Frist kündigen kann.

Hat der Eigentümer gekündigt, so kann der Gläubiger nach dem Ablaufe der Kündigungsfrist die Zahlung der Ablösungssumme aus dem Grundstücke verlangen.

4. Umwandelung.

§ 1203.

Eine Rentenschuld kann in eine gewöhnliche Grundschuld, eine gewöhnliche Grundschuld kann in eine Rentenschuld umgewandelt werden. Die Zustimmung der im Range gleich- oder nachstehenden Berechtigten ist nicht erforderlich.

Neunter Abschnitt.

Pfandrecht an beweglichen Sachen und an Rechten.

Erster Titel. Pfandrecht an beweglichen Sachen.

I. Vertragspfand (§§ 1204—1256).

1. Begriff.

§ 1204.

Eine bewegliche Sache kann zur Sicherung einer Forderung in der Weise belastet werden, daß der Gläubiger berechtigt ist, Befriedigung aus der Sache zu suchen (Pfandrecht).

Das Pfandrecht kann auch für eine künftige oder eine bedingte Forderung bestellt werden.

2. Erwerb des Pfandrechts (§§ 1205—1208).

a) Erwerb vom Eigentümer (§§ 1205, 1206).

α) Einigung und Übergabe.

Traditio brevi manu.

§ 1205.

Zur Bestellung des Pfandrechts ist erforderlich, daß der Eigentümer die Sache dem Gläubiger übergibt und beide darüber einig sind, daß dem Gläubiger das Pfandrecht zustehen soll. Ist der Gläubiger im Besitze der Sache, so genügt die Einigung über die Entstehung des Pfandrechts.

Die Übergabe einer im mittelbaren Besitze des Eigentümers befindlichen Sache kann dadurch ersetzt werden, daß der Eigentümer den mittelbaren Besitz auf den Pfandgläubiger überträgt und die Verpfändung dem Besitzer anzeigt.

β) Übergabesurrogat.

§ 1206.

An Stelle der Übergabe der Sache genügt die Einräumung des Mitbesitzes, wenn sich die Sache unter dem Mitverschlusse des Gläubigers befindet oder, falls sie im Besitz eines Dritten ist, die Herausgabe nur an den Eigentümer und den Gläubiger gemeinschaftlich erfolgen kann.

b) Erwerb vom Nichteigentümer.

§ 1207.

Gehört die Sache nicht dem Verpfänder, so finden auf die Verpfändung die für den Erwerb des Eigentums geltenden Vorschriften der §§ 932, 934, 935 entsprechende Anwendung.

c) Belastungen der verpfändeten Sache.

§ 1208.

Ist die Sache mit dem Rechte eines Dritten belastet, so geht das Pfandrecht dem Rechte vor, es sei denn, daß der Pfandgläubiger zur Zeit des Erwerbes des Pfandrechts in Ansehung des Rechtes nicht in gutem Glauben ist. Die Vorschriften des § 932 Abs. 1 Satz 2, des § 935 und des § 936 Abs. 3 finden entsprechende Anwendung.

3. Rang.

§ 1209.

Für den Rang des Pfandrechts ist die Zeit der Bestellung auch dann maßgebend, wenn es für eine künftige oder eine bedingte Forderung bestellt ist.

4. Prinzip der Akzessorietät (§§ 1210, 1211).

a) Umfang der Forderung.

§ 1210.

Das Pfand haftet für die Forderung in deren jeweiligem Bestand, insbesondere auch für Zinsen und Vertragsstrafen. Ist der persönliche Schuldner nicht der Eigentümer des Pfandes, so wird durch ein Rechtsgeschäft, das der Schuldner nach der Verpfändung vornimmt, die Haftung nicht erweitert.

Das Pfand haftet für die Ansprüche des Pfandgläubigers auf Ersatz von Verwendungen, für die dem Pfandgläubiger zu ersetzenden Kosten der Kündigung und der Rechtsverfolgung sowie für die Kosten des Pfandverkaufs.

b) Abgeleitete Einreden des Verpfänders.

§ 1211.

Der Verpfänder kann dem Pfandgläubiger gegenüber die dem persönlichen Schuldner gegen die Forderung sowie die nach § 770 einem Bürgen zustehenden Einreden geltend machen.

Stirbt der persönliche Schuldner, so kann sich der Verpfänder nicht darauf berufen, daß der Erbe für die Schuld nur beschränkt haftet.

Ist der Verpfänder nicht der persönliche Schuldner, so verliert er eine Einrede nicht dadurch, daß dieser auf sie verzichtet.

5. Gegenstand des Pfandrechts.

§ 1212.

Das Pfandrecht erstreckt sich auf die Erzeugnisse, die von dem Pfande getrennt werden.

6. Nutzpfand (§§ 1213, 1214).

§ 1213.

Das Pfandrecht kann in der Weise bestellt werden, daß der Pfandgläubiger berechtigt ist, die Nutzungen des Pfandes zu ziehen.

Ist eine von Natur fruchttragende Sache dem Pfandgläubiger zum Alleinbesitz übergeben, so ist im Zweifel anzunehmen, daß der Pfandgläubiger zum Fruchtbezuge berechtigt sein soll.

§ 1214.

Steht dem Pfandgläubiger das Recht zu, die Nutzungen zu ziehen, so ist er verpflichtet, für die Gewinnung der Nutzungen zu sorgen und Rechenschaft abzulegen.

Der Reinertrag der Nutzungen wird auf die geschuldete Leistung und, wenn Kosten und Zinsen zu entrichten sind, zunächst auf diese angerechnet.

Abweichende Bestimmungen sind zulässig.

7. Rechtsverhältnis vor der Pfandreife (§§ 1215—1221).

a) Verwahrung.

§ 1215.

Der Pfandgläubiger ist zur Verwahrung des Pfandes verpflichtet.

b) Ersatz von Verwendungen.

§ 1216.

Macht der Pfandgläubiger Verwendungen auf das Pfand, so bestimmt sich die Ersatzpflicht des Verpfänders nach den Vorschriften über die Geschäftsführung ohne Auftrag. Der Pfandgläubiger ist berechtigt, eine Einrichtung, mit der er das Pfand versehen hat, wegzunehmen.

c) Schutz des Verpfänders gegen Verletzungen des Gläubigers.

§ 1217.

Verletzt der Pfandgläubiger die Rechte des Verpfänders in erheblichem Maße und setzt er das verletzende Verhalten ungeachtet einer Abmahnung des Verpfänders fort, so kann der Verpfänder verlangen, daß das Pfand auf Kosten des Pfandgläubigers hinterlegt oder, wenn es sich nicht zur Hinterlegung eignet, an einen gerichtlich zu bestellenden Verwahrer abgeliefert wird.

Statt der Hinterlegung oder der Ablieferung der Sache an einen Verwahrer kann der Verpfänder die Rückgabe des Pfandes gegen Befriedigung des Gläubigers verlangen. Ist die Forderung unverzinslich und noch nicht fällig, so gebührt dem Pfandgläubiger nur die Summe, welche mit Hinzurechnung der gesetzlichen Zinsen für die Zeit von der Zahlung bis zur Fälligkeit dem Betrage der Forderung gleichkommt.

d) Drohender Verderb oder Minderung (§§ 1218—1221).

§ 1218.

Ist der Verderb des Pfandes oder eine wesentliche Minderung des Wertes zu besorgen, so kann der Verpfänder die Rückgabe des Pfandes gegen anderweitige Sicherheitsleistung verlangen; die Sicherheitsleistung durch Bürgen ist ausgeschlossen.

Der Pfandgläubiger hat dem Verpfänder von dem drohenden Verderb unverzüglich Anzeige zu machen, sofern nicht die Anzeige untunlich ist.

§ 1219.

Wird durch den drohenden Verderb des Pfandes oder durch eine zu besorgende wesentliche Minderung des Wertes die Sicherheit des Pfandgläubigers gefährdet, so kann dieser das Pfand öffentlich versteigern lassen.

Der Erlös tritt an die Stelle des Pfandes. Auf Verlangen des Verpfänders ist der Erlös zu hinterlegen.

§ 1220.

Die Versteigerung des Pfandes ist erst zulässig, nachdem sie dem Verpfänder angedroht worden ist; die Androhung darf unterbleiben, wenn das Pfand dem Verderb ausgesetzt und mit dem Aufschube der Versteigerung Gefahr verbunden ist. Im Falle der Wertminderung ist außer der Androhung erforderlich, daß der Pfandgläubiger dem Verpfänder zur Leistung anderweitiger Sicherheit eine angemessene Frist bestimmt hat und diese verstrichen ist.

Der Pfandgläubiger hat den Verpfänder von der Versteigerung unverzüglich zu benachrichtigen; im Falle der Unterlassung ist er zum Schadensersatze verpflichtet.

Die Androhung, die Fristbestimmung und die Benachrichtigung dürfen unterbleiben, wenn sie untunlich sind.

§ 1221.

Hat das Pfand einen Börsen- oder Marktpreis, so kann der Pfandgläubiger den Verkauf aus freier Hand durch einen zu solchen Verkäufen öffentlich ermächtigten Handelsmäkler oder durch eine zur öffentlichen Versteigerung befugte Person zum laufenden Preise bewirken.

8. Gesamtpfandrecht.

§ 1222.

Besteht das Pfandrecht an mehreren Sachen, so haftet jede für die ganze Forderung.

9. Rückgabe nach Erlöschen.

§ 1223.

Der Pfandgläubiger ist verpflichtet, das Pfand nach dem Erlöschen des Pfandrechts dem Verpfänder zurückzugeben.

Der Verpfänder kann die Rückgabe des Pfandes gegen Befriedigung des Pfandgläubigers verlangen, sobald der Schuldner zur Leistung berechtigt ist.

10. Befriedigung durch Verpfänder (§§ 1224, 1225).

a) Arten.

§ 1224.

Die Befriedigung des Pfandgläubigers durch den Verpfänder kann auch durch Hinterlegung oder durch Aufrechnung erfolgen.

b) Regreß.

§ 1225.

Ist der Verpfänder nicht der persönliche Schuldner, so geht, soweit er den Pfandgläubiger befriedigt, die Forderung auf ihn über. Die für einen Bürgen geltenden Vorschriften des § 774 finden entsprechende Anwendung.

11. Verjährung.

§ 1226.

Die Ersatzansprüche des Verpfänders wegen Veränderungen oder Verschlechterungen des Pfandes sowie die Ansprüche des Pfandgläubigers auf Ersatz von Verwendungen oder auf Gestattung der Wegnahme einer Einrichtung verjähren in sechs Monaten. Die Vorschriften des § 558 Abs. 2, 3 finden entsprechende Anwendung.

12. Actio hypothecaria.

§ 1227.

Wird das Recht des Pfandgläubigers beeinträchtigt, so finden auf die Ansprüche des Pfandgläubigers die für die Ansprüche aus dem Eigentume geltenden Vorschriften entsprechende Anwendung.

13. Befriedigung aus dem Pfande (§§ 1228—1248).

a) Pfandverkauf. Pfandreife.

§ 1228.

Die Befriedigung des Pfandgläubigers aus dem Pfande erfolgt durch Verkauf.

Der Pfandgläubiger ist zum Verkaufe berechtigt, sobald die Forderung ganz oder zum Teil fällig ist. Besteht der geschuldete Gegenstand nicht in Geld, so ist der Verkauf erst zulässig, wenn die Forderung in eine Geldforderung übergegangen ist.

b) Lex commissoria.

§ 1229.

Eine vor dem Eintritte der Verkaufsberechtigung getroffene Vereinbarung, nach welcher dem Pfandgläubiger, falls er nicht oder nicht rechtzeitig befriedigt wird, das Eigentum an der Sache zufallen oder übertragen werden soll, ist nichtig.

c) Mehrere Pfänder.

§ 1230.

Unter mehreren Pfändern kann der Pfandgläubiger, soweit nicht ein anderes bestimmt ist, diejenigen auswählen, welche verkauft werden sollen. Er kann nur so viele Pfänder zum Verkaufe bringen, als zu seiner Befriedigung erforderlich sind.

d) Herausgabe zwecks Verkaufs (§§ 1231, 1232).

§ 1231.

Ist der Pfandgläubiger nicht im Alleinbesitze des Pfandes, so kann er nach dem Eintritte der Verkaufsberechtigung die Herausgabe des Pfandes zum Zwecke des Verkaufs fordern. Auf Verlangen des Verpfänders hat an Stelle der Herausgabe die Ablieferung an einen gemeinschaftlichen Verwahrer zu erfolgen, der Verwahrer hat sich bei der Ablieferung zu verpflichten, das Pfand zum Verkaufe bereitzustellen.

§ 1232.

Der Pfandgläubiger ist nicht verpflichtet, einem ihm im Range nachstehenden Pfandgläubiger das Pfand zum Zwecke des Verkaufs herauszugeben. Ist er nicht im Besitze des Pfandes, so kann er, sofern er nicht selbst den Verkauf betreibt, dem Verkaufe durch einen nachstehenden Pfandgläubiger nicht widersprechen.

e) Art des Pfandverkaufs (§§ 1234—1240).

α) Verkauf nach Vollstreckungsrecht.

§ 1233.

Der Verkauf des Pfandes ist nach den Vorschriften der §§ 1234 bis 1240 zu bewirken.

Hat der Pfandgläubiger für sein Recht zum Verkauf einen vollstreckbaren Titel gegen den Eigentümer erlangt, so kann er den Verkauf auch nach den für den Verkauf einer gepfändeten Sache geltenden Vorschriften bewirken lassen.

β) **Privatverkauf** (§§ 1234 bis 1240).

Androhung.

§ 1234.

Der Pfandgläubiger hat dem Eigentümer den Verkauf vorher anzudrohen und dabei den Geldbetrag zu bezeichnen, wegen dessen der Verkauf stattfinden soll. Die Androhung kann erst nach dem Eintritte der Verkaufsberechtigung erfolgen; sie darf unterbleiben, wenn sie untunlich ist.

Der Verkauf darf nicht vor dem Ablauf eines Monats nach der Androhung erfolgen. Ist die Androhung untunlich, so wird der Monat von dem Eintritte der Verkaufsberechtigung an berechnet.

Öffentl. Versteigerung und freihändiger Verkauf.

§ 1235.

Der Verkauf des Pfandes ist im Wege öffentlicher Versteigerung zu bewirken.

Hat das Pfand einen Börsen- oder Marktpreis, so findet die Vorschrift des § 1221 Anwendung.

Versteigerungsort und Zeit (§§ 1236, 1237).

§ 1236.

Die Versteigerung hat an dem Orte zu erfolgen, an dem das Pfand aufbewahrt wird. Ist von einer Versteigerung an dem Aufbewahrungsort ein angemessener Erfolg nicht zu erwarten, so ist das Pfand an einem geeigneten anderen Orte zu versteigern.

§ 1237.

Zeit und Ort der Versteigerung sind unter allgemeiner Bezeichnung des Pfandes öffentlich bekanntzumachen. Der Eigentümer und Dritte, denen Rechte an dem Pfande zustehen, sind besonders zu benachrichtigen; die Benachrichtigung darf unterbleiben, wenn sie untunlich ist.

Barverkauf.

§ 1238.

Das Pfand darf nur mit der Bestimmung verkauft werden, daß der Käufer den Kaufpreis sofort bar zu entrichten hat und seiner Rechte verlustig sein soll, wenn dies nicht geschieht.

Erfolgt der Verkauf ohne diese Bestimmung, so ist der Kauf-

18*

preis als von dem Pfandgläubiger empfangen anzusehen; die Rechte des Pfandgläubigers gegen den Ersteher bleiben unberührt. Unterbleibt die sofortige Entrichtung des Kaufpreises, so gilt das gleiche, wenn nicht vor dem Schlusse des Versteigerungstermins von dem Vorbehalte der Rechtsverwirkung Gebrauch gemacht wird.

Bieter.

§ 1239.

Der Pfandgläubiger und der Eigentümer können bei der Versteigerung mitbieten. Erhält der Pfandgläubiger den Zuschlag, so ist der Kaufpreis als von ihm empfangen anzusehen.

Das Gebot des Eigentümers darf zurückgewiesen werden, wenn nicht der Betrag bar erlegt wird. Das gleiche gilt von dem Gebote des Schuldners, wenn das Pfand für eine fremde Schuld haftet.

Gold- und Silbersachen.

§ 1240.

Gold- und Silbersachen dürfen nicht unter dem Gold- oder Silberwerte zugeschlagen werden.

Wird ein genügendes Gebot nicht abgegeben, so kann der Verkauf durch eine zur öffentlichen Versteigerung befugte Person aus freier Hand zu einem den Gold- oder Silberwert erreichenden Preise erfolgen.

f) Benachrichtigung des Eigentümers.

§ 1241.

Der Pfandgläubiger hat den Eigentümer von dem Verkaufe des Pfandes und dem Ergebnis unverzüglich zu benachrichtigen, sofern nicht die Benachrichtigung untunlich ist.

g) Wirkungen des Pfandverkaufs (§§ 1242—1244).

α) Rechtmäßige Veräußerung (§§ 1242, 1243).

§ 1242.

Durch die rechtmäßige Veräußerung des Pfandes erlangt der Erwerber die gleichen Rechte, wie wenn er die Sache von dem Eigentümer erworben hätte. Dies gilt auch dann, wenn dem Pfandgläubiger der Zuschlag erteilt wird.

Pfandrechte an der Sache erlöschen, auch wenn sie dem Erwerber bekannt waren. Das gleiche gilt von einem Nießbrauch, es sei denn, daß er allen Pfandrechten im Range vorgeht.

§ 1243.

Die Veräußerung des Pfandes ist nicht rechtmäßig, wenn gegen die Vorschriften des § 1228 Abs. 2, des § 1230 Satz 2, des § 1235, des § 1237 Satz 1 oder des § 1240 verstoßen wird.

Verletzt der Pfandgläubiger eine andere für den Verkauf geltende Vorschrift, so ist er zum Schadensersatze verpflichtet, wenn ihm ein Verschulden zur Last fällt.

β) Unrechtmäßige Veräußerung.

§ 1244.

Wird eine Sache als Pfand veräußert, ohne daß dem Veräußerer ein Pfandrecht zusteht oder den Erfordernissen genügt wird, von denen die Rechtmäßigkeit der Veräußerung abhängt, so finden die Vorschriften der §§ 932 bis 934, 936 entsprechende Anwendung, wenn die Veräußerung nach § 1233 Abs. 2 erfolgt ist oder die Vorschriften des § 1235 oder des § 1240 Abs. 2 beobachtet worden sind.

h) Abweichende Art des Pfandverkaufs (§§ 1245, 1246).

α) Vereinbarung.

§ 1245.

Der Eigentümer und der Pfandgläubiger können eine von den Vorschriften der §§ 1234 bis 1240 abweichende Art des Pfandverkaufs vereinbaren. Steht einem Dritten an dem Pfande ein Recht zu, das durch die Veräußerung erlischt, so ist die Zustimmung des Dritten erforderlich. Die Zustimmung ist demjenigen gegenüber zu erklären, zu dessen Gunsten sie erfolgt; sie ist unwiderruflich.

Auf die Beobachtung der Vorschriften des § 1235, des § 1237 Satz 1 und des § 1240 kann nicht vor dem Eintritte der Verkaufsberechtigung verzichtet werden.

β) Gerichtliche Anordnung.

§ 1246.

Entspricht eine von den Vorschriften der §§ 1235 bis 1240 abweichende Art des Pfandverkaufs nach billigem Ermessen den Interessen der Beteiligten, so kann jeder von ihnen verlangen, daß der Verkauf in dieser Art erfolgt.

Kommt eine Einigung nicht zustande, so entscheidet das Gericht.

i) Der Erlös.

§ 1247.

Soweit der Erlös aus dem Pfande dem Pfandgläubiger zu seiner Befriedigung gebührt, gilt die Forderung als von dem Eigentümer berichtigt. Im übrigen tritt der Erlös an die Stelle des Pfandes.

k) Legitimation des Eigentümers.

§ 1248.

Bei dem Verkaufe des Pfandes gilt zugunsten des Pfandgläubigers der Verpfänder als der Eigentümer, es sei denn, daß der Pfandgläubiger weiß, daß der Verpfänder nicht der Eigentümer ist.

14. Lösungsrecht Dritter.

§ 1249.

Wer durch die Veräußerung des Pfandes ein Recht an dem Pfande verlieren würde, kann den Pfandgläubiger befriedigen, sobald der Schuldner zur Leistung berechtigt ist. Die Vorschriften des § 268 Abs. 2, 3 finden entsprechende Anwendung.

15. Übertragung des Pfandrechts (§§ 1250, 1251).

§ 1250.

Mit der Übertragung der Forderung geht das Pfandrecht auf den neuen Gläubiger über. Das Pfandrecht kann nicht ohne die Forderung übertragen werden.

Wird bei der Übertragung der Forderung der Übergang des Pfandrechts ausgeschlossen, so erlischt das Pfandrecht.

§ 1251.

Der neue Pfandgläubiger kann von dem bisherigen Pfandgläubiger die Herausgabe des Pfandes verlangen.

Mit der Erlangung des Besitzes tritt der neue Pfandgläubiger an Stelle des bisherigen Pfandgläubigers in die mit dem Pfandrechte verbundenen Verpflichtungen gegen den Verpfänder ein. Erfüllt er die Verpflichtungen nicht, so haftet für den von ihm zu ersetzenden Schaden der bisherige Pfandgläubiger wie ein Bürge, der auf die Einrede der Vorausklage verzichtet hat. Die Haftung des bisherigen Pfandgläubigers tritt nicht ein, wenn die Forderung kraft Gesetzes auf den neuen Pfandgläubiger übergeht oder ihm auf Grund einer gesetzlichen Verpflichtung abgetreten wird.

16. Erlöschen des Pfandrechts (§§ 1252—1256).

a) Erlöschen der Forderung.

§ 1252.

Das Pfandrecht erlischt mit der Forderung, für die es besteht.

b) Rückgabe (§§ 1253, 1254).

§ 1253.

Das Pfandrecht erlischt, wenn der Pfandgläubiger das Pfand dem Verpfänder oder dem Eigentümer zurückgibt. Der Vorbehalt der Fortdauer des Pfandrechts ist unwirksam.

Ist das Pfand im Besitze des Verpfänders oder des Eigentümers, so wird vermutet, daß das Pfand ihm von dem Pfandgläubiger zurückgegeben worden sei. Diese Vermutung gilt auch dann, wenn sich das Pfand im Besitz eines Dritten befindet, der den Besitz nach der Entstehung des Pfandrechts von dem Verpfänder oder dem Eigentümer erlangt hat.

§ 1254.

Steht dem Pfandrecht eine Einrede entgegen, durch welche die Geltendmachung des Pfandrechts dauernd ausgeschlossen wird, so kann der Verpfänder die Rückgabe des Pfandes verlangen. Das gleiche Recht hat der Eigentümer.

c) Verzicht.

§ 1255.

Zur Aufhebung des Pfandrechts durch Rechtsgeschäft genügt die Erklärung des Pfandgläubigers gegenüber dem Verpfänder oder dem Eigentümer, daß er das Pfandrecht aufgebe.

Ist das Pfandrecht mit dem Rechte eines Dritten belastet, so ist die Zustimmung des Dritten erforderlich. Die Zustimmung ist demjenigen gegenüber zu erklären, zu dessen Gunsten sie erfolgt; sie ist unwiderruflich.

d) Konfusion.

§ 1256.

Das Pfandrecht erlischt, wenn es mit dem Eigentum in derselben Person zusammentrifft. Das Erlöschen tritt nicht ein, solange die Forderung, für welche das Pfandrecht besteht, mit dem Rechte eines Dritten belastet ist.

Das Pfandrecht gilt als nicht erloschen, soweit der Eigentümer ein rechtliches Interesse an dem Fortbestehen des Pfandrechts hat.

II. Gesetzliches Pfandrecht.

§ 1257.

Die Vorschriften über das durch Rechtsgeschäft bestellte Pfandrecht finden auf ein kraft Gesetzes entstandenes Pfandrecht entsprechende Anwendung.

III. Anteilspfandrecht.

§ 1258.

Besteht ein Pfandrecht an dem Anteil eines Miteigentümers, so übt der Pfandgläubiger die Rechte aus, die sich aus der Gemeinschaft der Miteigentümer in Ansehung der Verwaltung der Sache und der Art ihrer Benutzung ergeben.

Die Aufhebung der Gemeinschaft kann vor dem Eintritte der Verkaufsberechtigung des Pfandgläubigers nur von dem Miteigentümer und dem Pfandgläubiger gemeinschaftlich verlangt werden. Nach dem Eintritte der Verkaufsberechtigung kann der Pfandgläubiger die Aufhebung der Gemeinschaft verlangen, ohne daß es der Zustimmung des Miteigentümers bedarf; er ist nicht an eine Vereinbarung gebunden, durch welche die Miteigentümer das Recht, die Aufhebung der Gemeinschaft zu verlangen, für immer oder auf Zeit ausgeschlossen oder eine Kündigungsfrist bestimmt haben.

Wird die Gemeinschaft aufgehoben, so gebührt dem Pfandgläubiger das Pfandrecht an den Gegenständen, welche an die Stelle des Anteils treten.

Das Recht des Pfandgläubigers zum Verkaufe des Anteils bleibt unberührt.

IV. Schiffspfandrecht (§§ 1259—1272).

§ 1259.

Für das Pfandrecht an einem im Schiffsregister eingetragenen Schiffe gelten die besonderen Vorschriften der §§ 1260 bis 1271.

§ 1260.

Zur Bestellung des Pfandrechts ist die Einigung des Eigentümers des Schiffes und des Gläubigers darüber, daß dem Gläubiger das Pfandrecht zustehen soll, und die Eintragung des Pfandrechts in das Schiffsregister erforderlich. Die Vorschriften des § 873 Abs. 2 und des § 878 finden entsprechende Anwendung.

In der Eintragung müssen der Gläubiger, der Geldbetrag der Forderung und, wenn die Forderung verzinslich ist, der Zinssatz angegeben werden. Zur näheren Bezeichnung der Forderung kann auf die Eintragungsbewilligung Bezug genommen werden.

§ 1261.

Das Rangverhältnis der an dem Schiffe bestellten Pfandrechte bestimmt sich nach den Vorschriften der §§ 879 bis 881 und des § 1151.

§ 1262.

Solange das Pfandrecht im Schiffsregister eingetragen ist, behält es im Falle der Veräußerung oder Belastung des Schiffes seine Kraft, auch wenn der Erwerber in gutem Glauben ist.

Ist das Pfandrecht mit Unrecht gelöscht, so gelten im Falle der Veräußerung des Schiffes die Vorschriften des § 936 Abs. 1 Satz 1, Abs. 2 auch dann, wenn der Erwerber das Eigentum ohne Übergabe erlangt; die Vorschrift des § 936 Abs. 3 findet keine Anwendung. Wird ein Pfandrecht, welches dem mit Unrecht gelöschten Pfandrecht im Range nachsteht, auf einen Dritten übertragen, so findet die Vorschrift des § 1208 Satz 1 Anwendung.

§ 1263.

Steht der Inhalt des Schiffsregisters in Ansehung eines Pfandrechts mit der wirklichen Rechtslage nicht im Einklange, so kann die Berichtigung des Registers nach den für die Berichtigung des Grundbuchs geltenden Vorschriften der §§ 894, 895, 897, 898 verlangt werden.

Ist ein Pfandrecht mit Unrecht gelöscht worden, so kann ein Widerspruch gegen die Richtigkeit des Schiffsregisters nach § 899 Abs. 2 eingetragen werden. Solange der Widerspruch eingetragen ist, gilt im Falle der Veräußerung oder Belastung des Schiffes dem Erwerber gegenüber das gleiche, wie wenn das Pfandrecht eingetragen wäre.

§ 1264.

Die Haftung des Schiffes beschränkt sich auf den eingetragenen Betrag der Forderung und die Zinsen nach dem eingetragenen Zinssatze. Die Haftung für gesetzliche Zinsen und für Kosten bestimmt sich nach der für die Hypothek geltenden Vorschrift des § 1118.

Ist die Forderung unverzinslich oder ist der Zinssatz niedriger als fünf vom Hundert, so kann das Pfandrecht ohne Zustimmung der im Range gleich- oder nachstehenden Berechtigten dahin erweitert werden, daß das Schiff für Zinsen bis zu fünf vom Hundert haftet.

§ 1265.

Das Pfandrecht erstreckt sich auf das Zubehör des Schiffes mit Ausnahme der Zubehörstücke, die nicht in das Eigentum des Eigentümers des Schiffes gelangt sind.

Auf die Haftung der Zubehörstücke finden die für die Hypothek geltenden Vorschriften der §§ 1121, 1122 entsprechende Anwendung.

§ 1266.

Die Vorschriften der §§ 1205 bis 1257 finden insoweit keine Anwendung, als sich daraus, daß der Pfandgläubiger nicht den Besitz des Schiffes erlangt, Abweichungen ergeben. In dem Falle des § 1254 tritt an die Stelle des Anspruchs auf Rückgabe des Pfandes das Recht, die Aufhebung des Pfandrechts zu verlangen.

§ 1267.

Der Verpfänder kann gegen Befriedigung des Pfandgläubigers die Aushändigung der zur Löschung des Pfandrechts erforderlichen Urkunden verlangen. Das gleiche Recht steht dem persönlichen Schuldner zu, wenn er ein rechtliches Interesse an der Berichtigung des Schiffsregisters hat.

§ 1268.

Der Pfandgläubiger kann seine Befriedigung aus dem Schiffe und dem Zubehöre nur auf Grund eines vollstreckbaren Titels nach den für die Zwangsvollstreckung geltenden Vorschriften suchen.

§ 1269.

Ist der Gläubiger unbekannt, so kann er im Wege des Aufgebotsverfahrens mit seinem Pfandrecht ausgeschlossen werden, wenn die im § 1170 oder die im § 1171 für die Ausschließung eines Hypothekengläubigers bestimmten Voraussetzungen vorliegen. Mit der Erlassung des Ausschlußurteils erlischt das Pfandrecht. Die Vorschrift des § 1171 Abs. 3 findet Anwendung.

§ 1270.

Auf das Pfandrecht für die Forderung aus einer Schuldverschreibung auf den Inhaber, aus einem Wechsel oder aus einem anderen Papiere, das durch Indossament übertragen werden kann, finden die Vorschriften des § 1189, auf das Pfandrecht für die Forderung aus einer Schuldverschreibung auf den Inhaber finden auch die Vorschriften des § 1188 entsprechende Anwendung.

§ 1271.

Das Pfandrecht kann in der Weise bestellt werden, daß nur der Höchstbetrag, bis zu dem das Schiff haften soll, bestimmt, im übrigen die Feststellung der Forderung vorbehalten wird. Der Höchstbetrag muß in das Schiffsregister eingetragen werden.

Ist die Forderung verzinslich, so werden die Zinsen in den Höchstbetrag eingerechnet.

§ 1272.

Die Vorschriften der §§ 1260 bis 1271 gelten auch für das Pfandrecht an einer Schiffspart.

Zweiter Titel. Pfandrecht an Rechten.

I. Allgemeiner Teil.
(§§ 1273—1278).

1. Grundsatz.

§ 1273.

Gegenstand des Pfandrechts kann auch ein Recht sein.

Auf das Pfandrecht an Rechten finden die Vorschriften über

das Pfandrecht an beweglichen Sachen entsprechende Anwendung, soweit sich nicht aus den §§ 1274 bis 1296 ein anderes ergibt. Die Anwendung der Vorschriften des § 1208 und des § 1213 Abs. 2 ist ausgeschlossen.

2. Bestellung.

§ 1274.

Die Bestellung des Pfandrechts an einem Rechte erfolgt nach den für die Übertragung des Rechtes geltenden Vorschriften. Ist zur Übertragung des Rechtes die Übergabe einer Sache erforderlich, so finden die Vorschriften der §§ 1205, 1206 Anwendung.

Soweit ein Recht nicht übertragbar ist, kann ein Pfandrecht an dem Rechte nicht bestellt werden.

3. Verhältnis des Pfandgläubigers zum Drittschuldner.

§ 1275.

Ist ein Recht, kraft dessen eine Leistung gefordert werden kann, Gegenstand des Pfandrechts, so finden auf das Rechtsverhältnis zwischen dem Pfandgläubiger und dem Verpflichteten die Vorschriften, welche im Falle der Übertragung des Rechtes für das Rechtsverhältnis zwischen dem Erwerber und dem Verpflichteten gelten, und im Falle einer nach § 1217 Abs. 1 getroffenen gerichtlichen Anordnung die Vorschrift des § 1070 Abs. 2 entsprechende Anwendung.

4. Aufhebung und Änderung des belasteten Rechts.

§ 1276.

Ein verpfändetes Recht kann durch Rechtsgeschäft nur mit Zustimmung des Pfandgläubigers aufgehoben werden. Die Zustimmung ist demjenigen gegenüber zu erklären, zu dessen Gunsten sie erfolgt; sie ist unwiderruflich. Die Vorschrift des § 876 Satz 3 bleibt unberührt.

Das gleiche gilt im Falle einer Änderung des Rechtes, sofern sie das Pfandrecht beeinträchtigt.

5. Befriedigung aus dem Recht.

§ 1277.

Der Pfandgläubiger kann seine Befriedigung aus dem Rechte nur auf Grund eines vollstreckbaren Titels nach den für die Zwangsvollstreckung geltenden Vorschriften suchen, sofern nicht ein anderes bestimmt ist. Die Vorschriften des § 1229 und des § 1245 Abs. 2 bleiben unberührt.

6. Erlöschen durch Rückgabe. **§ 1278.**

Ist ein Recht, zu dessen Verpfändung die Übergabe einer Sache erforderlich ist, Gegenstand des Pfandrechts, so finden auf das Erlöschen des Pfandrechts durch die Rückgabe der Sache die Vorschriften des § 1253 entsprechende Anwendung.

II. Besonderer Teil (§§ 1279—1296).
1. Pfandrecht an Forderungen (§§ 1279—1290). **§ 1279.**

Für das Pfandrecht an einer Forderung gelten die besonderen Vorschriften der §§ 1280 bis 1290.

a) Begründung. Denuntiatio. **§ 1280.**

Die Verpfändung einer Forderung, zu deren Übertragung der Abtretungsvertrag genügt, ist nur wirksam, wenn der Gläubiger sie dem Schuldner anzeigt.

b) Rechtsverhältnis zum Drittschuldner (§§ 1281—1284).
α) Einziehung vor der Pfandreife. **§ 1281.**

Der Schuldner kann nur an den Pfandgläubiger und den Gläubiger gemeinschaftlich leisten. Jeder von beiden kann verlangen, daß an sie gemeinschaftlich geleistet wird; jeder kann statt der Leistung verlangen, daß die geschuldete Sache für beide hinterlegt oder, wenn sie sich nicht zur Hinterlegung eignet, an einen gerichtlich zu bestellenden Verwahrer abgeliefert wird.

β) Einziehung nach der Pfandreife. **§ 1282.**

Sind die Voraussetzungen des § 1228 Abs. 2 eingetreten, so ist der Pfandgläubiger zur Einziehung der Forderung berechtigt und kann der Schuldner nur an ihn leisten. Die Einziehung einer Geldforderung steht dem Pfandgläubiger nur insoweit zu, als sie zu seiner Befriedigung erforderlich ist. Soweit er zur Einziehung berechtigt ist, kann er auch verlangen, daß ihm die Geldforderung an Zahlungs Statt abgetreten wird.

Zu anderen Verfügungen über die Forderung ist der Pfandgläubiger nicht berechtigt; das Recht, die Befriedigung aus der Forderung nach § 1277 zu suchen, bleibt unberührt.

γ) Kündigung vor und nach der Pfandreife. **§ 1283.**

Hängt die Fälligkeit der verpfändeten Forderung von einer Kündigung ab, so bedarf der Gläubiger zur Kündigung der Zustimmung des Pfandgläubigers nur, wenn dieser berechtigt ist, die Nutzungen zu ziehen.

Die Kündigung des Schuldners ist nur wirksam, wenn sie dem Pfandgläubiger und dem Gläubiger erklärt wird.

Sind die Voraussetzungen des § 1228 Abs. 2 eingetreten, so ist auch der Pfandgläubiger zur Kündigung berechtigt; für die Kündigung des Schuldners genügt die Erklärung gegenüber dem Pfandgläubiger.

δ) **Dispositives Recht.**

§ 1284.

Die Vorschriften der §§ 1281 bis 1283 finden keine Anwendung, soweit der Pfandgläubiger und der Gläubiger ein anderes vereinbaren.

c) **Pflichtenverhältnis zwischen Pfandgläubiger u. Gläubiger bez. Einziehung u. Kündigung (§§ 1285, 1286).**

§ 1285.

Hat die Leistung an den Pfandgläubiger und den Gläubiger gemeinschaftlich zu erfolgen, so sind beide einander verpflichtet, zur Einziehung mitzuwirken, wenn die Forderung fällig ist.

Soweit der Pfandgläubiger berechtigt ist, die Forderung ohne Mitwirkung des Gläubigers einzuziehen, hat er für die ordnungsmäßige Einziehung zu sorgen. Von der Einziehung hat er den Gläubiger unverzüglich zu benachrichtigen, sofern nicht die Benachrichtigung untunlich ist.

§ 1286.

Hängt die Fälligkeit der verpfändeten Forderung von einer Kündigung ab, so kann der Pfandgläubiger, sofern nicht das Kündigungsrecht ihm zusteht, von dem Gläubiger die Kündigung verlangen, wenn die Einziehung der Forderung wegen Gefährdung ihrer Sicherheit nach den Regeln einer ordnungsmäßigen Vermögensverwaltung geboten ist. Unter der gleichen Voraussetzung kann der Gläubiger von dem Pfandgläubiger die Zustimmung zur Kündigung verlangen, sofern die Zustimmung erforderlich ist.

d) **Die eingezogene Leistung (§§ 1287, 1288).**

§ 1287.

Leistet der Schuldner in Gemäßheit der §§ 1281, 1282, so erwirbt mit der Leistung der Gläubiger den geleisteten Gegenstand und der Pfandgläubiger ein Pfandrecht an dem Gegenstande. Besteht die Leistung in der Übertragung des Eigentums an einem Grundstücke, so erwirbt der Pfandgläubiger eine Sicherungshypothek.

§ 1288.

Wird eine Geldforderung in Gemäßheit des § 1281 eingezogen, so sind der Pfandgläubiger und der Gläubiger einander verpflichtet, dazu mitzuwirken, daß der eingezogene Betrag, soweit es ohne Beeinträchtigung des Interesses des Pfandgläubigers tunlich ist, nach den für die Anlegung von Mündelgeld geltenden Vorschriften verzinslich angelegt und gleichzeitig dem Pfandgläubiger das Pfandrecht bestellt wird. Die Art der Anlegung bestimmt der Gläubiger.

Erfolgt die Einziehung in Gemäßheit des § 1282, so gilt die Forderung des Pfandgläubigers, soweit ihm der eingezogene Betrag zu seiner Befriedigung gebührt, als von dem Gläubiger berichtigt.

e) Pfandrecht an Nebenforderung.

§ 1289.

Das Pfandrecht an einer Forderung erstreckt sich auf die Zinsen der Forderung. Die Vorschriften des § 1123 Abs. 2 und der §§ 1124, 1125 finden entsprechende Anwendung; an die Stelle der Beschlagnahme tritt die Anzeige des Pfandgläubigers an den Schuldner, daß er von dem Einziehungsrechte Gebrauch mache.

f) Mehrere Pfandrechte.

§ 1290.

Bestehen mehrere Pfandrechte an einer Forderung, so ist zur Einziehung nur derjenige Pfandgläubiger berechtigt, dessen Pfandrecht den übrigen Pfandrechten vorgeht.

2. Pfandrecht an Grundschulden.

§ 1291.

Die Vorschriften über das Pfandrecht an einer Forderung gelten auch für das Pfandrecht an einer Grundschuld und an einer Rentenschuld.

3. Pfandrecht an Order- und Inhaberpapieren (§§ 1292—1296).

§ 1292.

Zur Verpfändung eines Wechsels oder eines anderen Papiers, das durch Indossament übertragen werden kann, genügt die Einigung des Gläubigers und des Pfandgläubigers und die Übergabe des indossierten Papiers.

§ 1293.

Für das Pfandrecht an einem Inhaberpapiere gelten die Vorschriften über das Pfandrecht an beweglichen Sachen.

§ 1294.

Ist ein Wechsel, ein anderes Papier, das durch Indossament übertragen werden kann, oder ein Inhaberpapier Gegenstand des Pfandrechts, so ist, auch wenn die Voraussetzungen des § 1228 Abs. 2 noch nicht eingetreten sind, der Pfandgläubiger zur Einziehung und, falls Kündigung erforderlich ist, zur Kündigung berechtigt und kann der Schuldner nur an ihn leisten.

§ 1295.

Hat ein verpfändetes Papier, das durch Indossament übertragen werden kann, einen Börsen- oder Marktpreis, so ist der Gläubiger nach dem Eintritte der Voraussetzungen des § 1228 Abs. 2 berechtigt, das Papier nach § 1221 verkaufen zu lassen.

§ 1296.

Das Pfandrecht an einem Wertpapier erstreckt sich auf die zu dem Papiere gehörenden Zins-, Renten- oder Gewinnanteilscheine nur dann, wenn sie dem Pfandgläubiger übergeben sind. Der Verpfänder kann, sofern nicht ein anderes bestimmt ist, die Herausgabe der Scheine verlangen, soweit sie vor dem Eintritte der Voraussetzungen des § 1228 Abs. 2 fällig werden.

Viertes Buch.

Familienrecht.

Erster Abschnitt. Bürgerliche Ehe.

Erster Titel. Verlöbnis.

1. Klage und Vertragsstrafe.

§ 1297.

Aus einem Verlöbnisse kann nicht auf Eingehung der Ehe geklagt werden.

Das Versprechen einer Strafe für den Fall, daß die Eingehung der Ehe unterbleibt, ist nichtig.

2. Ersatz des Vertrauensinteresses wegen Rücktritts.

§ 1298.

Tritt ein Verlobter von dem Verlöbnisse zurück, so hat er dem anderen Verlobten und dessen Eltern sowie dritten Personen, welche an Stelle der Eltern gehandelt haben, den Schaden zu ersetzen, der daraus entstanden ist, daß sie in Erwartung der Ehe Aufwendungen gemacht haben oder Verbindlichkeiten eingegangen sind. Dem anderen Verlobten hat er auch den Schaden zu ersetzen, den dieser dadurch erleidet, daß er in Erwartung der Ehe sonstige sein Vermögen oder seine Erwerbsstellung berührende Maßnahmen getroffen hat.

Der Schaden ist nur insoweit zu ersetzen, als die Aufwendungen, die Eingehung der Verbindlichkeiten und die sonstigen Maßnahmen den Umständen nach angemessen waren.

Die Ersatzpflicht tritt nicht ein, wenn ein wichtiger Grund für den Rücktritt vorliegt.

3. Ersatz des Vertrauensinteresses wegen Veranlassung zum Rücktritt.

§ 1299.

Veranlaßt ein Verlobter den Rücktritt des anderen durch ein Verschulden, das einen wichtigen Grund für den Rücktritt bildet, so ist er nach Maßgabe des § 1298 Abs. 1, 2 zum Schadensersatze verpflichtet.

4. Dommage moral.

§ 1300.

Hat eine unbescholtene Verlobte ihrem Verlobten die Beiwohnung gestattet, so kann sie, wenn die Voraussetzungen des § 1298 oder des § 1299 vorliegen, auch wegen des Schadens, der nicht Vermögensschaden ist, eine billige Entschädigung in Geld verlangen.

Der Anspruch ist nicht übertragbar und geht nicht auf die Erben über, es sei denn, daß er durch Vertrag anerkannt oder daß er rechtshängig geworden ist.

5. Verlobungsgaben.

§ 1301.

Unterbleibt die Eheschließung, so kann jeder Verlobte von dem anderen die Herausgabe desjenigen, was er ihm geschenkt oder zum Zeichen des Verlöbnisses gegeben hat, nach den Vorschriften über die Herausgabe einer ungerechtfertigten Bereicherung fordern. Im Zweifel ist anzunehmen, daß die Rückforderung ausgeschlossen sein soll, wenn das Verlöbnis durch den Tod eines der Verlobten aufgelöst wird.

6. Verjährung.

§ 1302.

Die in den §§ 1298 bis 1301 bestimmten Ansprüche verjähren in zwei Jahren von der Auflösung des Verlöbnisses an.

Zweiter Titel. Eingehung der Ehe.

I. Ehehindernisse (§§ 1303—1315).

1. Ehemündigkeit.

§ 1303.

Ein Mann darf nicht vor dem Eintritte der Volljährigkeit, eine Frau darf nicht vor der Vollendung des sechzehnten Lebensjahrs eine Ehe eingehen.

Einer Frau kann Befreiung von dieser Vorschrift bewilligt werden.

2. Einwilligung des gesetzlichen Vertreters.

§ 1304.

Wer in der Geschäftsfähigkeit beschränkt ist, bedarf zur Eingehung einer Ehe der Einwilligung seines gesetzlichen Vertreters.

Ist der gesetzliche Vertreter ein Vormund, so kann die Einwilligung, wenn sie von ihm verweigert wird, auf Antrag des Mündels durch das Vormundschaftsgericht ersetzt werden. Das Vormundschaftsgericht hat die Einwilligung zu ersetzen, wenn die Eingehung der Ehe im Interesse des Mündels liegt.

3. Elterliche Einwilligung (§§ 1305—1308).

a) Eheliche, uneheliche, legitimierte Kinder.

§ 1305.

Ein eheliches Kind bedarf bis zur Vollendung des einundzwanzigsten Lebensjahrs zur Eingehung einer Ehe der Einwilligung des Vaters, ein uneheliches Kind bedarf bis zum gleichen Lebensalter der Einwilligung der Mutter. An die Stelle des Vaters tritt die Mutter, wenn der Vater gestorben ist oder wenn ihm die sich aus der Vaterschaft ergebenden Rechte nach § 1701 nicht zustehen. Ein für ehelich erklärtes Kind bedarf der Einwilligung der Mutter auch dann nicht, wenn der Vater gestorben ist.

Dem Tode des Vaters oder der Mutter steht es gleich, wenn sie zur Abgabe einer Erklärung dauernd außerstande sind oder wenn ihr Aufenthalt dauernd unbekannt ist.

b) Adoptierte Kinder.

§ 1306.

Einem an Kindes Statt angenommenen Kinde gegenüber steht die Einwilligung zur Eingehung einer Ehe an Stelle der leiblichen Eltern demjenigen zu, welcher das Kind angenommen hat. Hat ein Ehepaar das Kind gemeinschaftlich oder hat ein Ehegatte das Kind des anderen Ehegatten angenommen, so finden die Vorschriften des § 1305 Abs. 1 Satz 1, 2, Abs. 2 Anwendung.

Die leiblichen Eltern erlangen das Recht zur Einwilligung auch dann nicht wieder, wenn das durch die Annahme an Kindes Statt begründete Rechtsverhältnis aufgehoben wird.

c) Höchstpersönliches Recht.

§ 1307.

Die elterliche Einwilligung kann nicht durch einen Vertreter erteilt werden. Ist der Vater oder die Mutter in der Geschäftsfähigkeit beschränkt, so ist die Zustimmung des gesetzlichen Vertreters nicht erforderlich.

d) Einwilligungsersatz.

§ 1308.

Wird die elterliche Einwilligung einem volljährigen Kinde verweigert, so kann sie auf dessen Antrag durch das Vormundschaftsgericht ersetzt werden. Das Vormundschaftsgericht hat die Einwilligung zu ersetzen, wenn sie ohne wichtigen Grund verweigert wird.

Vor der Entscheidung soll das Vormundschaftsgericht Verwandte oder Verschwägerte des Kindes hören, wenn es ohne erhebliche Verzögerung und ohne unverhältnismäßige Kosten geschehen kann. Für den Ersatz der Auslagen gilt die Vorschrift des § 1847 Abs. 2.

4. Doppelehe.

§ 1309.

Niemand darf eine Ehe eingehen, bevor seine frühere Ehe aufgelöst oder für nichtig erklärt worden ist. Wollen Ehegatten die Eheschließung wiederholen, so ist die vorgängige Nichtigkeitserklärung nicht erforderlich.

Wird gegen ein Urteil, durch das die frühere Ehe aufgelöst oder für nichtig erklärt worden ist, die Nichtigkeitsklage oder die Restitutionsklage erhoben, so dürfen die Ehegatten nicht vor der Erledigung des Rechtsstreits eine neue Ehe eingehen, es sei denn, daß die Klage erst nach dem Ablaufe der vorgeschriebenen fünfjährigen Frist erhoben worden ist.

5. Verwandtschaft. Schwägerschaft.

§ 1310.

Eine Ehe darf nicht geschlossen werden zwischen Verwandten in gerader Linie, zwischen vollbürtigen oder halbbürtigen Geschwistern sowie zwischen Verschwägerten in gerader Linie.

Eine Ehe darf nicht geschlossen werden zwischen Personen, von denen die eine mit Eltern, Voreltern oder Abkömmlingen der anderen Geschlechtsgemeinschaft gepflogen hat.

Verwandtschaft im Sinne dieser Vorschriften besteht auch zwischen einem unehelichen Kinde und dessen Abkömmlingen einerseits und dem Vater und dessen Verwandten andererseits.

6. Adoption.

§ 1311.

Wer einen anderen an Kindes Statt angenommen hat, darf mit ihm oder dessen Abkömmlingen eine Ehe nicht eingehen, solange das durch die Annahme begründete Rechtsverhältnis besteht.

7. Ehebruch.

§ 1312.

Eine Ehe darf nicht geschlossen werden zwischen einem wegen Ehebruchs geschiedenen Ehegatten und demjenigen, mit welchem der geschiedene Ehegatte den Ehebruch begangen hat, wenn dieser Ehebruch in dem Scheidungsurteil als Grund der Scheidung festgestellt ist.

Von dieser Vorschrift kann Befreiung bewilligt werden.

8. Wartezeit.

§ 1313.

Eine Frau darf erst zehn Monate nach der Auflösung oder Nichtigkeitserklärung ihrer früheren Ehe eine neue Ehe eingehen, es sei denn, daß sie inzwischen geboren hat.

Von dieser Vorschrift kann Befreiung bewilligt werden.

9. Auseinandersetzungszeugnis.

§ 1314.

Wer ein eheliches Kind hat, das minderjährig ist oder unter seiner Vormundschaft steht, darf eine Ehe erst eingehen, nachdem ihm das Vormundschaftsgericht ein Zeugnis darüber erteilt hat, daß er die im § 1669 bezeichneten Verpflichtungen erfüllt hat oder daß sie ihm nicht obliegen.

Ist im Falle der fortgesetzten Gütergemeinschaft ein anteilsberechtigter Abkömmling minderjährig oder bevormundet, so darf der überlebende Ehegatte eine Ehe erst eingehen, nachdem ihm das Vormundschaftsgericht ein Zeugnis darüber erteilt hat, daß er die im § 1493 Abs. 2 bezeichneten Verpflichtungen erfüllt hat oder daß sie ihm nicht obliegen.

10. Militärpersonen. Landesbeamte.

§ 1315.

Militärpersonen und solche Landesbeamte, für die nach den Landesgesetzen zur Eingehung einer Ehe eine besondere Erlaubnis erforderlich ist, dürfen nicht ohne die vorgeschriebene Erlaubnis eine Ehe eingehen.

Ausländer, für die nach den Landesgesetzen zur Eingehung einer Ehe eine Erlaubnis oder ein Zeugnis erforderlich ist, dürfen nicht ohne diese Erlaubnis oder ohne dieses Zeugnis eine Ehe eingehen.

II. Eheschließung
(§§ 1316—1321).

1. Aufgebot.

§ 1316.

Der Eheschließung soll ein Aufgebot vorhergehen. Das Aufgebot verliert seine Kraft, wenn die Ehe nicht binnen sechs Monaten nach der Vollziehung des Aufgebots geschlossen wird.

Das Aufgebot darf unterbleiben, wenn die lebensgefährliche Erkrankung eines der Verlobten den Aufschub der Eheschließung nicht gestattet.

Von dem Aufgebote kann Befreiung bewilligt werden.

2. Ziviltrauung
(§§ 1317, 1318).

a) Mußvorschriften.

§ 1317.

Die Ehe wird dadurch geschlossen, daß die Verlobten vor einem Standesbeamten persönlich und bei gleichzeitiger Anwesenheit erklären, die Ehe miteinander eingehen zu wollen. Der Standesbeamte muß zur Entgegennahme der Erklärungen bereit sein.

Die Erklärungen können nicht unter einer Bedingung oder einer Zeitbestimmung abgegeben werden.

b) Sollvorschriften.

§ 1318.

Der Standesbeamte soll bei der Eheschließung in Gegenwart von zwei Zeugen an die Verlobten einzeln und nacheinander die Frage richten, ob sie die Ehe miteinander eingehen wollen, und, nachdem die Verlobten die Frage bejaht haben, aussprechen, daß sie kraft dieses Gesetzes nunmehr rechtmäßig verbundene Eheleute seien.

Als Zeugen sollen Personen, die der bürgerlichen Ehrenrechte für verlustig erklärt sind, während der Zeit, für welche die Aberkennung der Ehrenrechte erfolgt ist, sowie Minderjährige nicht zugezogen werden. Personen, die mit einem der Verlobten, mit dem Standesbeamten oder miteinander verwandt oder verschwägert sind, dürfen als Zeugen zugezogen werden.

Der Standesbeamte soll die Eheschließung in das Heiratsregister eintragen.

3. Der Standesbeamte
(§§ 1319—1321).

a) Scheinbeamter.

§ 1319.

Als Standesbeamter im Sinne des § 1317 gilt auch derjenige, welcher, ohne Standesbeamter zu sein, das Amt eines

Standesbeamten öffentlich ausübt, es sei denn, daß die Verlobten den Mangel der amtlichen Befugnis bei der Eheschließung kennen.

b) Zuständigkeit (§§ 1320, 1321).

§ 1320.

Die Ehe soll vor dem zuständigen Standesbeamten geschlossen werden.

Zuständig ist der Standesbeamte, in dessen Bezirk einer der Verlobten seinen Wohnsitz oder seinen gewöhnlichen Aufenthalt hat.

Hat keiner der Verlobten seinen Wohnsitz oder seinen gewöhnlichen Aufenthalt im Inland und ist auch nur einer von ihnen ein Deutscher, so wird der zuständige Standesbeamte von der obersten Aufsichtsbehörde des Landes[1]), dem der Deutsche angehört, und, wenn dieser keinem Lande[1]) angehört, von dem Reichskanzler[2]) bestimmt.

Unter mehreren zuständigen Standesbeamten haben die Verlobten die Wahl.

§ 1321.

Auf Grund einer schriftlichen Ermächtigung des zuständigen Standesbeamten darf die Ehe auch vor dem Standesbeamten eines anderen Bezirkes geschlossen werden.

III. Dispens.

§ 1322.

Die Bewilligung einer nach den §§ 1303, 1313 zulässigen Befreiung steht dem Lande[1]) zu, dem die Frau, die Bewilligung einer nach § 1312 zulässigen Befreiung steht dem Lande[1]) zu, dem der geschiedene Ehegatte angehört. Für Deutsche, die keinem Land[1]) angehören, steht die Bewilligung dem Reichskanzler[2]) zu.

Die Bewilligung einer nach § 1316 zulässigen Befreiung steht dem Lande[1]) zu, in dessen Gebiete die Ehe geschlossen werden soll.

Über die Erteilung der einem Lande[1]) zustehenden Bewilligung hat die Landesregierung zu bestimmen.

---

[1]) Fassung auf Grund des Art. 179 der Reichsverfassung.

[2]) Heute nach § 5 des Übergangsgesetzes vom 4. März 1919, Art. 178, 56 der Reichsverfassung der zuständige Reichsminister (z. Zt. der Reichsjustizminister).

Dritter Titel. Nichtigkeit und Anfechtbarkeit der Ehe.

I. Nichtige Ehe (§§ 1323—1329).

1. Nichtigkeitsgründe (§§ 1323—1328).

§ 1323.

Eine Ehe ist nur in den Fällen der §§ 1324 bis 1328 nichtig.

a) Formmangel. Konvaleszenz.

§ 1324.

Eine Ehe ist nichtig, wenn bei der Eheschließung die im § 1317 vorgeschriebene Form nicht beobachtet worden ist.

Ist die Ehe in das Heiratsregister eingetragen worden und haben die Ehegatten nach der Eheschließung zehn Jahre oder, falls einer von ihnen vorher gestorben ist, bis zu dessen Tode, jedoch mindestens drei Jahre, als Ehegatten miteinander gelebt, so ist die Ehe als von Anfang an gültig anzusehen. Diese Vorschrift findet keine Anwendung, wenn bei dem Ablaufe der zehn Jahre oder zur Zeit des Todes des einen Ehegatten die Nichtigkeitsklage erhoben ist.

b) Erklärungsunfähigkeit. Bestätigung.

§ 1325.

Eine Ehe ist nichtig, wenn einer der Ehegatten zur Zeit der Eheschließung geschäftsunfähig war oder sich im Zustande der Bewußtlosigkeit oder vorübergehender Störung der Geistestätigkeit befand.

Die Ehe ist als von Anfang an gültig anzusehen, wenn der Ehegatte sie nach dem Wegfalle der Geschäftsunfähigkeit, der Bewußtlosigkeit oder der Störung der Geistestätigkeit bestätigt, bevor sie für nichtig erklärt oder aufgelöst worden ist. Die Bestätigung bedarf nicht der für die Eheschließung vorgeschriebenen Form.

c) Doppelehe.

§ 1326.

Eine Ehe ist nichtig, wenn einer der Ehegatten zur Zeit der Eheschließung mit einem Dritten in einer gültigen Ehe lebte.

d) Verwandtschaft. Schwägerschaft.

§ 1327.

Eine Ehe ist nichtig, wenn sie zwischen Verwandten oder Verschwägerten dem Verbote des § 1310 Abs. 1 zuwider geschlossen worden ist.

e) Ehebruch.

§ 1328.

Eine Ehe ist nichtig, wenn sie wegen Ehebruchs nach § 1312 verboten war.

Wird nachträglich Befreiung von der Vorschrift des § 1312 bewilligt, so ist die Ehe als von Anfang an gültig anzusehen.

2. **Bedeutung der Nichtigkeit. Matrimonium nullum und non existens.**

§ 1329.

Die Nichtigkeit einer nach den §§ 1325 bis 1328 nichtigen Ehe kann, solange nicht die Ehe für nichtig erklärt oder aufgelöst ist, nur im Wege der Nichtigkeitsklage geltend gemacht werden. Das gleiche gilt von einer nach § 1324 nichtigen Ehe, wenn sie in das Heiratsregister eingetragen worden ist.

II. Anfechtbare Ehe (§§ 1330—1343).

1. **Anfechtungsgründe (§§ 1330—1335).**

§ 1330.

Eine Ehe kann nur in den Fällen der §§ 1331 bis 1335 und des § 1350 angefochten werden.

a) Beschränkte Geschäftsfähigkeit.

§ 1331.

Eine Ehe kann von dem Ehegatten angefochten werden, der zur Zeit der Eheschließung oder im Falle des § 1325 zur Zeit der Bestätigung in der Geschäftsfähigkeit beschränkt war, wenn die Eheschließung oder die Bestätigung ohne Einwilligung seines gesetzlichen Vertreters erfolgt ist.

b) Irrtum (§§ 1332, 1333).

§ 1332.

Eine Ehe kann von dem Ehegatten angefochten werden, der bei der Eheschließung nicht gewußt hat, daß es sich um eine Eheschließung handle, oder dies zwar gewußt hat, aber eine Erklärung, die Ehe eingehen zu wollen, nicht hat abgeben wollen.

§ 1333.

Eine Ehe kann von dem Ehegatten angefochten werden, der sich bei der Eheschließung in der Person des anderen Ehegatten oder über solche persönliche Eigenschaften des anderen Ehegatten geirrt hat, die ihn bei Kenntnis der Sachlage und bei verständiger Würdigung des Wesens der Ehe von der Eingehung der Ehe abgehalten haben würden.

c) Täuschung.

§ 1334.

Eine Ehe kann von dem Ehegatten angefochten werden, der zur Eingehung der Ehe durch arglistige Täuschung über solche Umstände bestimmt worden ist, die ihn bei Kenntnis der Sachlage und bei verständiger Würdigung des Wesens der Ehe von der Eingehung der Ehe abgehalten haben würden. Ist die Täuschung nicht von dem anderen Ehegatten verübt worden, so ist die Ehe nur dann anfechtbar, wenn dieser die Täuschung bei der Eheschließung gekannt hat.

Auf Grund einer Täuschung über Vermögensverhältnisse findet die Anfechtung nicht statt.

d) **Drohung.**

§ 1335.

Eine Ehe kann von dem Ehegatten angefochten werden, der zur Eingehung der Ehe widerrechtlich durch Drohung bestimmt worden ist.

2. **Die Anfechtung** (§§ 1336—1342).

a) **Anfechtung durch Vertreter.**

§ 1336.

Die Anfechtung der Ehe kann nicht durch einen Vertreter erfolgen. Ist der anfechtungsberechtigte Ehegatte in der Geschäftsfähigkeit beschränkt, so bedarf er nicht der Zustimmung seines gesetzlichen Vertreters.

Für einen geschäftsunfähigen Ehegatten kann sein gesetzlicher Vertreter mit Genehmigung des Vormundschaftsgerichts die Ehe anfechten. In den Fällen des § 1331 kann, solange der anfechtungsberechtigte Ehegatte in der Geschäftsfähigkeit beschränkt ist, nur sein gesetzlicher Vertreter die Ehe anfechten.

b) **Erlöschen des Anfechtungsrechts** (§§ 1337—1340).

α) **Bestätigung und Genehmigung.**

§ 1337.

Die Anfechtung der Ehe ist in den Fällen des § 1331 ausgeschlossen, wenn der gesetzliche Vertreter die Ehe genehmigt oder der anfechtungsberechtigte Ehegatte, nachdem er unbeschränkt geschäftsfähig geworden ist, die Ehe bestätigt. Ist der gesetzliche Vertreter ein Vormund, so kann die Genehmigung, wenn sie von ihm verweigert wird, auf Antrag des Ehegatten durch das Vormundschaftsgericht ersetzt werden; das Vormundschaftsgericht hat die Genehmigung zu ersetzen, wenn die Aufrechterhaltung der Ehe im Interesse des Ehegatten liegt.

In den Fällen der §§ 1332 bis 1335 ist die Anfechtung ausgeschlossen, wenn der anfechtungsberechtigte Ehegatte nach der Entdeckung des Irrtums oder der Täuschung oder nach dem Aufhören der Zwangslage die Ehe bestätigt.

Die Vorschriften des § 1336 Abs. 1 gelten auch für die Bestätigung.

β) Eheauflösung.

§ 1338.

Die Anfechtung ist nach der Auflösung der Ehe ausgeschlossen, es sei denn, daß die Auflösung durch den Tod des zur Anfechtung nicht berechtigten Ehegatten herbeigeführt worden ist.

γ) Ausschlußfrist (§§ 1339, 1340).

§ 1339.

Die Anfechtung kann nur binnen sechs Monaten erfolgen.

Die Frist beginnt in den Fällen des § 1331 mit dem Zeitpunkt, in welchem die Eingehung oder die Bestätigung der Ehe dem gesetzlichen Vertreter bekannt wird oder der Ehegatte die unbeschränkte Geschäftsfähigkeit erlangt, in den Fällen der §§ 1332 bis 1334 mit dem Zeitpunkt, in welchem der Ehegatte den Irrtum oder die Täuschung entdeckt, in dem Falle des § 1335 mit dem Zeitpunkt, in welchem die Zwangslage aufhört.

Auf die Frist finden die für die Verjährung geltenden Vorschriften der §§ 203, 206 entsprechende Anwendung.

§ 1340.

Hat der gesetzliche Vertreter eines geschäftsunfähigen Ehegatten die Ehe nicht rechtzeitig angefochten, so kann nach dem Wegfalle der Geschäftsunfähigkeit der Ehegatte selbst die Ehe in gleicher Weise anfechten, wie wenn er ohne gesetzlichen Vertreter gewesen wäre.

c) Art der Anfechtung (§§ 1341, 1342).

α) Anfechtungsklage.

§ 1341.

Die Anfechtung erfolgt, solange nicht die Ehe aufgelöst ist, durch Erhebung der Anfechtungsklage.

Wird die Klage zurückgenommen, so ist die Anfechtung als nicht erfolgt anzusehen. Das gleiche gilt, wenn die angefochtene Ehe, bevor sie für nichtig erklärt oder aufgelöst worden ist, nach Maßgabe des § 1337 genehmigt oder bestätigt wird.

β) Anfechtungserklärung.

§ 1342.

Ist die Ehe durch den Tod des zur Anfechtung nicht berechtigten Ehegatten aufgelöst worden, so erfolgt die Anfechtung durch Erklärung gegenüber dem Nachlaßgerichte; die Erklärung ist in öffentlich beglaubigter Form abzugeben.

Das Nachlaßgericht soll die Erklärung sowohl demjenigen mitteilen, welcher im Falle der Gültigkeit der Ehe, als auch demjenigen, welcher im Falle der Nichtigkeit der Ehe Erbe des verstorbenen Ehegatten ist. Es hat die Einsicht der Erklärung jedem zu gestatten, der ein rechtliches Interesse glaubhaft macht.

3. **Bedeutung der angefochtenen und der anfechtbaren Ehe.**

§ 1343.

Wird eine anfechtbare Ehe angefochten, so ist sie als von Anfang an nichtig anzusehen. Die Vorschrift des § 142 Abs. 2 findet Anwendung.

Die Nichtigkeit einer anfechtbaren Ehe, die im Wege der Klage angefochten worden ist, kann, solange nicht die Ehe für nichtig erklärt oder aufgelöst ist, nicht anderweit geltend gemacht werden.

III. **Schutz redlicher Dritter.**

§ 1344.

Einem Dritten gegenüber können aus der Nichtigkeit der Ehe Einwendungen gegen ein zwischen ihm und einem der Ehegatten vorgenommenes Rechtsgeschäft oder gegen ein zwischen ihnen ergangenes rechtskräftiges Urteil nur hergeleitet werden, wenn zur Zeit der Vornahme des Rechtsgeschäfts oder zur Zeit des Eintritts der Rechtshängigkeit die Ehe für nichtig erklärt oder die Nichtigkeit dem Dritten bekannt war.

Die Nichtigkeit kann ohne diese Beschränkung geltend gemacht werden, wenn sie auf einem Formmangel beruht und die Ehe nicht in das Heiratsregister eingetragen worden ist.

IV. **Schutz des redlichen Ehegatten (§§ 1345—1347).**

§ 1345.

War dem einen Ehegatten die Nichtigkeit der Ehe bei der Eheschließung bekannt, so kann der andere Ehegatte, sofern nicht auch ihm die Nichtigkeit bekannt war, nach der Nichtigkeitserklärung oder der Auflösung der Ehe verlangen, daß ihr Verhältnis in vermögensrechtlicher Beziehung, insbesondere auch in Ansehung der Unterhaltspflicht, so behandelt wird, wie wenn die Ehe zur Zeit der Nichtigkeitserklärung oder der Auflösung geschieden und der Ehegatte, dem die Nichtigkeit bekannt war, für allein schuldig erklärt worden wäre.

Diese Vorschrift findet keine Anwendung, wenn die Nichtigkeit auf einem Formmangel beruht und die Ehe nicht in das Heiratsregister eingetragen worden ist.

§ 1346.

Wird eine wegen Drohung anfechtbare Ehe für nichtig erklärt, so steht das im § 1345 Abs. 1 bestimmte Recht dem anfechtungsberechtigten Ehegatten zu. Wird eine wegen Irrtums anfechtbare Ehe für nichtig erklärt, so steht dieses Recht dem zur Anfechtung nicht berechtigten Ehegatten zu, es sei denn, daß dieser den Irrtum bei der Eingehung der Ehe kannte oder kennen mußte.

§ 1347.

Erklärt der Ehegatte, dem das im § 1345 Abs. 1 bestimmte Recht zusteht, dem anderen Ehegatten, daß er von dem Rechte Gebrauch mache, so kann er die Folgen der Nichtigkeit der Ehe nicht mehr geltend machen; erklärt er dem anderen Ehegatten, daß es bei diesen Folgen bewenden solle, so erlischt das im § 1345 Abs. 1 bestimmte Recht.

Der andere Ehegatte kann den berechtigten Ehegatten unter Bestimmung einer angemessenen Frist zur Erklärung darüber auffordern, ob er von dem Rechte Gebrauch mache. Das Recht kann in diesem Falle nur bis zum Ablaufe der Frist ausgeübt werden.

Vierter Titel.

Wiederverheiratung im Falle der Todeserklärung.

1. Zulässigkeit u. Wirkung der Wiederverheiratung (§§ 1348, 1349).

§ 1348.

Geht ein Ehegatte, nachdem der andere Ehegatte für tot erklärt worden ist, eine neue Ehe ein, so ist die neue Ehe nicht deshalb nichtig, weil der für tot erklärte Ehegatte noch lebt, es sei denn, daß beide Ehegatten bei der Eheschließung wissen, daß er die Todeserklärung überlebt hat.

Mit der Schließung der neuen Ehe wird die frühere Ehe aufgelöst. Sie bleibt auch dann aufgelöst, wenn die Todeserklärung infolge einer Anfechtungsklage aufgehoben wird.

§ 1349.

Ist das Urteil, durch das einer der Ehegatten für tot erklärt worden ist, im Wege der Klage angefochten, so darf der andere Ehegatte nicht vor der Erledigung des Rechtsstreits eine neue Ehe eingehen, es sei denn, daß die Anfechtung erst zehn Jahre nach der Verkündung des Urteils erfolgt ist.

2. Anfechtung der neuen Ehe (§§ 1350, 1351).

§ 1350.

Jeder Ehegatte der neuen Ehe kann, wenn der für tot erklärte Ehegatte noch lebt, die neue Ehe anfechten, es sei denn, daß er bei der Eheschließung von dessen Leben Kenntnis hatte.

Die Anfechtung kann nur binnen sechs Monaten von dem Zeitpunkt an erfolgen, in welchem der anfechtende Ehegatte erfährt, daß der für tot erklärte Ehegatte noch lebt.

Die Anfechtung ist ausgeschlossen, wenn der anfechtungsberechtigte Ehegatte die Ehe bestätigt, nachdem er von dem Leben des für tot erklärten Ehegatten Kenntnis erlangt hat, oder wenn die neue Ehe durch den Tod eines der Ehegatten aufgelöst worden ist.

§ 1351.

Wird die Ehe nach § 1350 von dem Ehegatten der früheren Ehe angefochten, so hat dieser dem anderen Ehegatten nach den für die Scheidung geltenden Vorschriften der §§ 1578 bis 1582 Unterhalt zu gewähren, wenn nicht der andere Ehegatte bei der Eheschließung wußte, daß der für tot erklärte Ehegatte die Todeserklärung überlebt hat.

3. Unterhalt der Kinder erster Ehe.

§ 1352.

Wird die frühere Ehe nach § 1348 Abs. 2 aufgelöst, so bestimmt sich die Verpflichtung der Frau, dem Manne zur Bestreitung des Unterhalts eines gemeinschaftlichen Kindes einen Beitrag zu leisten, nach den für die Scheidung geltenden Vorschriften des § 1585.

Fünfter Titel. Wirkungen der Ehe im allgemeinen.

1. Lebensgemeinschaft.

§ 1353.

Die Ehegatten sind einander zur ehelichen Lebensgemeinschaft verpflichtet.

Stellt sich das Verlangen eines Ehegatten nach Herstellung der Gemeinschaft als Mißbrauch seines Rechtes dar, so ist der andere Ehegatte nicht verpflichtet, dem Verlangen Folge zu leisten. Das gleiche gilt, wenn der andere Ehegatte berechtigt ist, auf Scheidung zu klagen.

2. Entscheidungsrecht des Mannes, Folgepflicht der Frau.

§ 1354.

Dem Manne steht die Entscheidung in allen das gemeinschaftliche eheliche Leben betreffenden Angelegenheiten zu; er bestimmt insbesondere Wohnort und Wohnung.

Die Frau ist nicht verpflichtet, der Entscheidung des Mannes Folge zu leisten, wenn sich die Entscheidung als Mißbrauch seines Rechtes darstellt.

3. Name.

§ 1355.

Die Frau erhält den Familiennamen des Mannes.

4. Leitung des Hauswesens. Arbeitspflicht der Frau.

§ 1356.

Die Frau ist, unbeschadet der Vorschriften des § 1354, berechtigt und verpflichtet, das gemeinschaftliche Hauswesen zu leiten.

Zu Arbeiten im Hauswesen und im Geschäfte des Mannes ist die Frau verpflichtet, soweit eine solche Tätigkeit nach den Verhältnissen, in denen die Ehegatten leben, üblich ist.

5. Schlüsselgewalt.

§ 1357.

Die Frau ist berechtigt, innerhalb ihres häuslichen Wirkungskreises die Geschäfte des Mannes für ihn zu besorgen und ihn zu vertreten. Rechtsgeschäfte, die sie innerhalb dieses Wirkungskreises vornimmt, gelten als im Namen des Mannes vorgenommen, wenn nicht aus den Umständen sich ein anderes ergibt.

Der Mann kann das Recht der Frau beschränken oder ausschließen. Stellt sich die Beschränkung oder die Ausschließung als Mißbrauch des Rechtes des Mannes dar, so kann sie auf Antrag der Frau durch das Vormundschaftsgericht aufgehoben werden. Dritten gegenüber ist die Beschränkung oder die Ausschließung nur nach Maßgabe des § 1435 wirksam.

6. Ehewidrige Verpflichtungen der Frau.

§ 1358.

Hat sich die Frau einem Dritten gegenüber zu einer von ihr in Person zu bewirkenden Leistung verpflichtet, so kann der Mann das Rechtsverhältnis ohne Einhaltung einer Kündigungsfrist kündigen, wenn er auf seinen Antrag von dem Vormundschaftsgerichte dazu ermächtigt worden ist. Das Vormundschaftsgericht hat die Ermächtigung zu erteilen, wenn sich ergibt, daß die Tätigkeit der Frau die ehelichen Interessen beeinträchtigt.

Das Kündigungsrecht ist ausgeschlossen, wenn der Mann der Verpflichtung zugestimmt hat oder seine Zustimmung auf Antrag der Frau durch das Vormundschaftsgericht ersetzt worden ist. Das Vormundschaftsgericht kann die Zustimmung ersetzen, wenn der Mann durch Krankheit oder durch Abwesenheit an der Abgabe einer Erklärung verhindert und mit dem Aufschube Gefahr verbunden ist oder wenn sich die Verweigerung der Zustimmung als Mißbrauch seines Rechtes darstellt. Solange die häusliche Gemeinschaft aufgehoben ist, steht das Kündigungsrecht dem Manne nicht zu.

Die Zustimmung sowie die Kündigung kann nicht durch einen Vertreter des Mannes erfolgen; ist der Mann in der Geschäftsfähigkeit beschränkt, so bedarf er nicht der Zustimmung seines gesetzlichen Vertreters.

7. Haftung für diligentia quam suis.

§ 1359.

Die Ehegatten haben bei der Erfüllung der sich aus dem ehelichen Verhältnis ergebenden Verpflichtungen einander nur für diejenige Sorgfalt einzustehen, welche sie in eigenen Angelegenheiten anzuwenden pflegen.

8. Unterhaltspflicht (§§ 1360, 1361).

§ 1360.

Der Mann hat der Frau nach Maßgabe seiner Lebensstellung, seines Vermögens und seiner Erwerbsfähigkeit Unterhalt zu gewähren.

Die Frau hat dem Manne, wenn er außerstande ist, sich selbst zu unterhalten, den seiner Lebensstellung entsprechenden Unterhalt nach Maßgabe ihres Vermögens und ihrer Erwerbsfähigkeit zu gewähren.

Der Unterhalt ist in der durch die eheliche Lebensgemeinschaft gebotenen Weise zu gewähren. Die für die Unterhaltspflicht der Verwandten geltenden Vorschriften der §§ 1605, 1613 bis 1615 finden entsprechende Anwendung.

§ 1361.

Leben die Ehegatten getrennt, so ist, solange einer von ihnen die Herstellung des ehelichen Lebens verweigern darf und verweigert, der Unterhalt durch Entrichtung einer Geldrente zu gewähren; auf die Rente finden die Vorschriften des § 760 Anwendung. Der Mann hat der Frau auch die zur Führung eines abgesonderten Haushalts erforderlichen Sachen aus dem gemeinschaftlichen Haushalte zum Gebrauche herauszugeben, es sei denn, daß die Sachen für ihn unentbehrlich sind oder daß sich solche Sachen in dem der Verfügung der Frau unterliegenden Vermögen befinden.

Die Unterhaltspflicht des Mannes fällt weg oder beschränkt sich auf die Zahlung eines Beitrags, wenn der Wegfall oder die Beschränkung mit Rücksicht auf die Bedürfnisse sowie auf die Vermögens- und Erwerbsverhältnisse der Ehegatten der Billigkeit entspricht.

9. Eigentumsvermutung. **§ 1362.**

Zugunsten der Gläubiger des Mannes wird vermutet, daß die im Besitz eines der Ehegatten oder beider Ehegatten befindlichen beweglichen Sachen dem Manne gehören. Dies gilt insbesondere auch für Inhaberpapiere und für Orderpapiere, die mit Blankoindossament versehen sind.

Für die ausschließlich zum persönlichen Gebrauche der Frau bestimmten Sachen, insbesondere für Kleider, Schmucksachen und Arbeitsgeräte, gilt im Verhältnisse der Ehegatten zueinander und zu den Gläubigern die Vermutung, daß die Sachen der Frau gehören.

Sechster Titel. Eheliches Güterrecht.

I. Gesetzliches Güterrecht.

1. Allgemeine Vorschriften.

1. Grundsatz. Begriff des eingebrachten Guts. **§ 1363.**

Das Vermögen der Frau wird durch die Eheschließung der Verwaltung und Nutznießung des Mannes unterworfen (eingebrachtes Gut).

Zum eingebrachten Gute gehört auch das Vermögen, das die Frau während der Ehe erwirbt.

2. Ausnahme. **§ 1364.**

Die Verwaltung und Nutznießung des Mannes tritt nicht ein, wenn er die Ehe mit einer in der Geschäftsfähigkeit beschränkten Frau ohne Einwilligung ihres gesetzlichen Vertreters eingeht.

3. Das Vorbehaltsgut (§§ 1365—1371).
a) Begriff. **§ 1365.**

Die Verwaltung und Nutznießung des Mannes erstreckt sich nicht auf das Vorbehaltsgut der Frau.

b) Umfang (§§ 1366—1370).
α) Persönlicher Gebrauch der Frau. **§ 1366.**

Vorbehaltsgut sind die ausschließlich zum persönlichen Gebrauche der Frau bestimmten Sachen, insbesondere Kleider, Schmucksachen und Arbeitsgeräte.

β) Erwerb aus Arbeit oder Geschäftsbetrieb der Frau.

§ 1367.

Vorbehaltsgut ist, was die Frau durch ihre Arbeit oder durch den selbständigen Betrieb eines Erwerbsgeschäfts erwirbt.

γ) Bestimmung durch Ehevertrag.

§ 1368.

Vorbehaltsgut ist, was durch Ehevertrag für Vorbehaltsgut erklärt ist.

δ) Bestimmung Dritter.

§ 1369.

Vorbehaltsgut ist, was die Frau durch Erbfolge, durch Vermächtnis oder als Pflichtteil erwirbt (Erwerb von Todes wegen) oder was ihr unter Lebenden von einem Dritten unentgeltlich zugewendet wird, wenn der Erblasser durch letztwillige Verfügung, der Dritte bei der Zuwendung bestimmt hat, daß der Erwerb Vorbehaltsgut sein soll.

ε) Surrogation.

§ 1370.

Vorbehaltsgut ist, was die Frau auf Grund eines zu ihrem Vorbehaltsgute gehörenden Rechtes oder als Ersatz für die Zerstörung, Beschädigung oder Entziehung eines zu dem Vorbehaltsgute gehörenden Gegenstandes oder durch ein Rechtsgeschäft erwirbt, das sich auf das Vorbehaltsgut bezieht.

c) Rechtsstellung des Vorbehaltsguts.

§ 1371.

Auf das Vorbehaltsgut finden die bei der Gütertrennung für das Vermögen der Frau geltenden Vorschriften entsprechende Anwendung; die Frau hat jedoch einen Beitrag zur Bestreitung des ehelichen Aufwandes nur insoweit zu leisten, als der Mann nicht schon durch die Nutzungen des eingebrachten Gutes einen angemessenen Beitrag erhält.

4. Inventarisierung des eingebrachten Guts.

§ 1372.

Jeder Ehegatte kann verlangen, daß der Bestand des eingebrachten Gutes durch Aufnahme eines Verzeichnisses unter Mitwirkung des anderen Ehegatten festgestellt wird. Auf die Aufnahme des Verzeichnisses finden die für den Nießbrauch geltenden Vorschriften des § 1035 Anwendung.

Jeder Ehegatte kann den Zustand der zum eingebrachten Gute gehörenden Sachen auf seine Kosten durch Sachverständige feststellen lassen.

2. Verwaltung und Nutznießung.

I. Verwaltung (§§ 1373—1382).

1. Besitz.

§ 1373.

Der Mann ist berechtigt, die zum eingebrachten Gute gehörenden Sachen in Besitz zu nehmen.

2. Ordnungsmäßige Verwaltung.

§ 1374.

Der Mann hat das eingebrachte Gut ordnungsmäßig zu verwalten. Über den Stand der Verwaltung hat er der Frau auf Verlangen Auskunft zu erteilen.

3. Verpflichtungs- und Verfügungsgeschäfte des Mannes (§§ 1375—1379).

a) Grundsatz.

§ 1375.

Das Verwaltungsrecht des Mannes umfaßt nicht die Befugnis, die Frau durch Rechtsgeschäfte zu verpflichten oder über eingebrachtes Gut ohne ihre Zustimmung zu verfügen.

b) Verfügungsrecht des Mannes (§§ 1376—1378).

§ 1376.

Ohne Zustimmung der Frau kann der Mann:

1. über Geld und andere verbrauchbare Sachen der Frau verfügen;
2. Forderungen der Frau gegen solche Forderungen an die Frau, deren Berichtigung aus dem eingebrachten Gute verlangt werden kann, aufrechnen;
3. Verbindlichkeiten der Frau zur Leistung eines zum eingebrachten Gute gehörenden Gegenstandes durch Leistung des Gegenstandes erfüllen.

§ 1377.

Der Mann soll Verfügungen, zu denen er nach § 1376 ohne Zustimmung der Frau berechtigt ist, nur zum Zwecke ordnungsmäßiger Verwaltung des eingebrachten Gutes vornehmen.

Das zum eingebrachten Gute gehörende Geld hat der Mann nach den für die Anlegung von Mündelgeld geltenden Vorschriften für die Frau verzinslich anzulegen, soweit es nicht zur Bestreitung von Ausgaben bereit zu halten ist.

Andere verbrauchbare Sachen darf der Mann auch für sich veräußern oder verbrauchen. Macht er von dieser Befugnis Gebrauch, so hat er den Wert der Sachen nach der Beendigung der Verwaltung und Nutznießung zu ersetzen; der Ersatz ist schon vorher zu leisten, soweit die ordnungsmäßige Verwaltung des eingebrachten Gutes es erfordert.

§ 1378.

Gehört zum eingebrachten Gute ein Grundstück samt Inventar, so bestimmen sich die Rechte und die Pflichten des Mannes in Ansehung des Inventars nach den für den Nießbrauch geltenden Vorschriften des § 1048 Abs. 1.

c) Ersatz der Zustimmung der Frau.

§ 1379.

Ist zur ordnungsmäßigen Verwaltung des eingebrachten Gutes ein Rechtsgeschäft erforderlich, zu dem der Mann der Zustimmung der Frau bedarf, so kann die Zustimmung auf Antrag des Mannes durch das Vormundschaftsgericht ersetzt werden, wenn die Frau sie ohne ausreichenden Grund verweigert.

Das gleiche gilt, wenn die Frau durch Krankheit oder durch Abwesenheit an der Abgabe einer Erklärung verhindert und mit dem Aufschube Gefahr verbunden ist.

4. Prozeßstandschaft des Mannes.

§ 1380.

Der Mann kann ein zum eingebrachten Gute gehörendes Recht im eigenen Namen gerichtlich geltend machen. Ist er befugt, über das Recht ohne Zustimmung der Frau zu verfügen, so wirkt das Urteil auch für und gegen die Frau.

5. Erwerbsgeschäfte des Mannes mit Surrogationswirkung (§§ 1381, 1382).

§ 1381.

Erwirbt der Mann mit Mitteln des eingebrachten Gutes bewegliche Sachen, so geht mit dem Erwerbe das Eigentum auf die Frau über, es sei denn, daß der Mann nicht für Rechnung des eingebrachten Gutes erwerben will. Dies gilt insbesondere auch von Inhaberpapieren und von Orderpapieren, die mit Blankoindossament versehen sind.

Die Vorschriften des Abs. 1 finden entsprechende Anwendung, wenn der Mann mit Mitteln des eingebrachten Gutes ein Recht an Sachen der bezeichneten Art oder ein anderes Recht erwirbt, zu dessen Übertragung der Abtretungsvertrag genügt.

§ 1382.

Haushaltsgegenstände, die der Mann an Stelle der von der Frau eingebrachten, nicht mehr vorhandenen oder wertlos gewordenen Stücke anschafft, werden eingebrachtes Gut.

II. Nutzung (§§ 1383, 1384).

§ 1383.

Der Mann erwirbt die Nutzungen des eingebrachten Gutes in derselben Weise und in demselben Umfange wie ein Nießbraucher.

§ 1384.

Der Mann hat außer den Kosten, welche durch die Gewinnung der Nutzungen entstehen, die Kosten der Erhaltung der zum eingebrachten Gute gehörenden Gegenstände nach den für den Nießbrauch geltenden Vorschriften zu tragen.

III. Lasten des Mannes (§§ 1385—1389).

1. Lasten des eingebrachten Guts (§§ 1385—1388).

a) Verpflichtung gegenüber der Frau (§§ 1385—1387).

§ 1385.

Der Mann ist der Frau gegenüber verpflichtet, für die Dauer der Verwaltung und Nutznießung zu tragen:

1. die der Frau obliegenden öffentlichen Lasten mit Ausschluß der auf dem Vorbehaltsgute ruhenden Lasten und der außerordentlichen Lasten, die als auf den Stammwert des eingebrachten Gutes gelegt anzusehen sind;
2. die privatrechtlichen Lasten, die auf den zum eingebrachten Gute gehörenden Gegenständen ruhen;
3. die Zahlungen, die für die Versicherung der zum eingebrachten Gute gehörenden Gegenstände zu leisten sind.

§ 1386.

Der Mann ist der Frau gegenüber verpflichtet, für die Dauer der Verwaltung und Nutznießung die Zinsen derjenigen Verbindlichkeiten der Frau zu tragen, deren Berichtigung aus dem eingebrachten Gute verlangt werden kann. Das gleiche gilt von wiederkehrenden Leistungen anderer Art, einschließlich der von der Frau auf Grund ihrer gesetzlichen Unterhaltspflicht geschuldeten Leistungen, sofern sie bei ordnungsmäßiger Verwaltung aus den Einkünften des Vermögens bestritten werden.

Die Verpflichtung des Mannes tritt nicht ein, wenn die Verbindlichkeiten oder die Leistungen im Verhältnisse der Ehegatten zueinander dem Vorbehaltsgute der Frau zur Last fallen.

§ 1387.

Der Mann ist der Frau gegenüber verpflichtet, zu tragen:

1. die Kosten eines Rechtsstreits, in welchem er ein zum eingebrachten Gute gehörendes Recht geltend macht, sowie

die Kosten eines Rechtsstreits, den die Frau führt, sofern nicht die Kosten dem Vorbehaltsgute zur Last fallen;

2. die Kosten der Verteidigung der Frau in einem gegen sie gerichteten Strafverfahren, sofern die Aufwendung der Kosten den Umständen nach geboten ist oder mit Zustimmung des Mannes erfolgt, vorbehaltlich der Ersatzpflicht der Frau im Falle ihrer Verurteilung.

b) Verpflichtung gegenüber den Gläubigern.

§ 1388.

Soweit der Mann nach den §§ 1385 bis 1387 der Frau gegenüber deren Verbindlichkeiten zu tragen hat, haftet er den Gläubigern neben der Frau als Gesamtschuldner.

2. Ehelicher Aufwand.

§ 1389.

Der Mann hat den ehelichen Aufwand zu tragen.

Die Frau kann verlangen, daß der Mann den Reinertrag des eingebrachten Gutes, soweit dieser zur Bestreitung des eigenen und des der Frau und den gemeinschaftlichen Abkömmlingen zu gewährenden Unterhalts erforderlich ist, ohne Rücksicht auf seine sonstigen Verpflichtungen zu diesem Zwecke verwendet.

IV. Ersatz von Verwendungen.

§ 1390.

Macht der Mann zum Zwecke der Verwaltung des eingebrachten Gutes Aufwendungen, die er den Umständen nach für erforderlich halten darf, so kann er von der Frau Ersatz verlangen, sofern nicht die Aufwendungen ihm selbst zur Last fallen.

V. Ansprüche der Frau gegen den Mann aus der Verwaltung und Nutznießung (§§ 1391—1394).

1. Sicherheitsleistung.

§ 1391.

Wird durch das Verhalten des Mannes die Besorgnis begründet, daß die Rechte der Frau in einer das eingebrachte Gut erheblich gefährdenden Weise verletzt werden, so kann die Frau von dem Manne Sicherheitsleistung verlangen.

Das gleiche gilt, wenn die der Frau aus der Verwaltung und Nutznießung des Mannes zustehenden Ansprüche auf Ersatz des Wertes verbrauchbarer Sachen erheblich gefährdet sind.

2. Hinterlegung (§§ 1392, 1393).

§ 1392.

Liegen die Voraussetzungen vor, unter denen der Mann zur Sicherheitsleistung verpflichtet ist, so kann die Frau auch ver=

langen, daß der Mann die zum eingebrachten Gute gehörenden Inhaberpapiere nebst den Erneuerungsscheinen bei einer Hinterlegungsstelle oder bei der Reichsbank mit der Bestimmung hinterlegt, daß die Herausgabe von dem Manne nur mit Zustimmung der Frau verlangt werden kann. Die Hinterlegung von Inhaberpapieren, die nach § 92 zu den verbrauchbaren Sachen gehören, sowie von Zins-, Renten- oder Gewinnanteilscheinen kann nicht verlangt werden. Den Inhaberpapieren stehen Orderpapiere gleich, die mit Blankoindossament versehen sind.

Über die hinterlegten Papiere kann der Mann auch eine Verfügung, zu der er nach § 1376 berechtigt ist, nur mit Zustimmung der Frau treffen.

§ 1393.

Der Mann kann die Inhaberpapiere, statt sie nach § 1392 zu hinterlegen, auf den Namen der Frau umschreiben oder, wenn sie von dem Reiche oder einem Land[1]) ausgestellt sind, in Buchforderungen gegen das Reich oder das Land[1]) umwandeln lassen.

3. Klagbarkeit vor Beendigung des Güterstands.

§ 1394.

Die Frau kann Ansprüche, die ihr auf Grund der Verwaltung und Nutznießung gegen den Mann zustehen, erst nach der Beendigung der Verwaltung und Nutznießung gerichtlich geltend machen, es sei denn, daß die Voraussetzungen vorliegen, unter denen die Frau nach § 1391 Sicherheitsleistung verlangen kann. Der im § 1389 Abs. 2 bestimmte Anspruch unterliegt dieser Beschränkung nicht.

VI. Beschränkung der Frauenrechte durch die ehemännliche Verwaltung (§§ 1395—1407).

1. Verfügungsgeschäfte (§§ 1395—1398).

a) Grundsatz.

§ 1395.

Die Frau bedarf zur Verfügung über eingebrachtes Gut der Einwilligung des Mannes.

b) Konvaleszenz durch Genehmigung (§§ 1396, 1397).

§ 1396.

Verfügt die Frau durch Vertrag ohne Einwilligung des Mannes über eingebrachtes Gut, so hängt die Wirksamkeit des Vertrags von der Genehmigung des Mannes ab.

---

1) Fassung auf Grund des Art. 179 der Reichsverfassung.

Fordert der andere Teil den Mann zur Erklärung über die Genehmigung auf, so kann die Erklärung nur ihm gegenüber erfolgen; eine vor der Aufforderung der Frau gegenüber erklärte Genehmigung oder Verweigerung der Genehmigung wird unwirksam. Die Genehmigung kann nur bis zum Ablaufe von zwei Wochen nach dem Empfange der Aufforderung erklärt werden; wird sie nicht erklärt, so gilt sie als verweigert.

Verweigert der Mann die Genehmigung, so wird der Vertrag nicht dadurch wirksam, daß die Verwaltung und Nutznießung aufhört.

§ 1397.

Bis zur Genehmigung des Vertrags ist der andere Teil zum Widerrufe berechtigt. Der Widerruf kann auch der Frau gegenüber erklärt werden.

Hat der andere Teil gewußt, daß die Frau Ehefrau ist, so kann er nur widerrufen, wenn die Frau der Wahrheit zuwider die Einwilligung des Mannes behauptet hat; er kann auch in diesem Falle nicht widerrufen, wenn ihm das Fehlen der Einwilligung bei dem Abschlusse des Vertrags bekannt war.

c) **Einseitige Verfügungsgeschäfte.**

§ 1398.

Ein einseitiges Rechtsgeschäft, durch das die Frau ohne Einwilligung des Mannes über eingebrachtes Gut verfügt, ist unwirksam.

2. **Verpflichtungsgeschäfte der Frau.**

§ 1399.

Zu Rechtsgeschäften, durch die sich die Frau zu einer Leistung verpflichtet, ist die Zustimmung des Mannes nicht erforderlich.

Stimmt der Mann einem solchen Rechtsgeschäfte zu, so ist es in Ansehung des eingebrachten Gutes ihm gegenüber wirksam. Stimmt er nicht zu, so muß er das Rechtsgeschäft, soweit das eingebrachte Gut bereichert wird, nach den Vorschriften über die Herausgabe einer ungerechtfertigten Bereicherung gegen sich gelten lassen.

3. **Prozeßführung der Frau.**

§ 1400.

Führt die Frau einen Rechtsstreit ohne Zustimmung des Mannes, so ist das Urteil dem Manne gegenüber in Ansehung des eingebrachten Gutes unwirksam.

Ein zum eingebrachten Gute gehörendes Recht kann die Frau im Wege der Klage nur mit Zustimmung des Mannes geltend machen.

4. Eilfälle.

§ 1401.

Die Zustimmung des Mannes ist in den Fällen der §§ 1395 bis 1398, des § 1399 Abs. 2 und des § 1400 nicht erforderlich, wenn der Mann durch Krankheit oder durch Abwesenheit an der Abgabe einer Erklärung verhindert und mit dem Aufschube Gefahr verbunden ist.

5. Ersatz der ehemännlichen Zustimmung.

§ 1402.

Ist zur ordnungsmäßigen Besorgung der persönlichen Angelegenheiten der Frau ein Rechtsgeschäft erforderlich, zu dem die Frau der Zustimmung des Mannes bedarf, so kann die Zustimmung auf Antrag der Frau durch das Vormundschaftsgericht ersetzt werden, wenn der Mann sie ohne ausreichenden Grund verweigert.

6. Adressat für einseitige Rechtsgeschäfte.

§ 1403.

Ein einseitiges Rechtsgeschäft, das sich auf das eingebrachte Gut bezieht, ist dem Manne gegenüber vorzunehmen.

Ein einseitiges Rechtsgeschäft, das sich auf eine Verbindlichkeit der Frau bezieht, ist der Frau gegenüber vorzunehmen; das Rechtsgeschäft muß jedoch auch dem Manne gegenüber vorgenommen werden, wenn es in Ansehung des eingebrachten Gutes ihm gegenüber wirksam sein soll.

7. Kein Schutz des redlichen Dritten.

§ 1404.

Die Beschränkungen, denen die Frau nach den §§ 1395 bis 1403 unterliegt, muß ein Dritter auch dann gegen sich gelten lassen, wenn er nicht gewußt hat, daß die Frau eine Ehefrau ist.

8. Rechtsgeschäfte und Prozesse, die der ehemännlichen Zustimmung nicht bedürfen (§§ 1405—1407).

§ 1405.

Erteilt der Mann der Frau die Einwilligung zum selbständigen Betrieb eines Erwerbsgeschäfts, so ist seine Zustimmung zu solchen Rechtsgeschäften und Rechtsstreitigkeiten nicht erforderlich, die der Geschäftsbetrieb mit sich bringt. Einseitige Rechtsgeschäfte, die sich auf das Erwerbsgeschäft beziehen, sind der Frau gegenüber vorzunehmen.

Der Einwilligung des Mannes in den Geschäftsbetrieb steht es gleich, wenn die Frau mit Wissen und ohne Einspruch des Mannes das Erwerbsgeschäft betreibt.

Dritten gegenüber ist ein Einspruch und der Widerruf der Einwilligung nur nach Maßgabe des § 1435 wirksam.

§ 1406.

Die Frau bedarf nicht der Zustimmung des Mannes:
1. zur Annahme oder Ausschlagung einer Erbschaft oder eines Vermächtnisses, zum Verzicht auf den Pflichtteil sowie zur Errichtung des Inventars über eine angefallene Erbschaft;
2. zur Ablehnung eines Vertragsantrags oder einer Schenkung;
3. zur Vornahme eines Rechtsgeschäfts gegenüber dem Manne.

§ 1407.

Die Frau bedarf nicht der Zustimmung des Mannes:
1. zur Fortsetzung eines zur Zeit der Eheschließung anhängigen Rechtsstreits;
2. zur gerichtlichen Geltendmachung eines zum eingebrachten Gute gehörenden Rechtes gegen den Mann;
3. zur gerichtlichen Geltendmachung eines zum eingebrachten Gute gehörenden Rechtes gegen einen Dritten, wenn der Mann ohne die erforderliche Zustimmung der Frau über das Recht verfügt hat;
4. zur gerichtlichen Geltendmachung eines Widerspruchrechts gegenüber einer Zwangsvollstreckung.

VII. Verwaltungs- und Nutzungsrecht höchst persönlich (§§ 1408, 1409).

§ 1408.

Das Recht, das dem Manne an dem eingebrachten Gute kraft seiner Verwaltung und Nutznießung zusteht, ist nicht übertragbar.

§ 1409.

Steht der Mann unter Vormundschaft, so hat ihn der Vormund in den Rechten und Pflichten zu vertreten, die sich aus der Verwaltung und Nutznießung des eingebrachten Gutes ergeben. Dies gilt auch dann, wenn die Frau Vormund des Mannes ist.

3. Schuldenhaftung.

I. Rechtsverhältnis zu den Gläubigern (§§ 1410—1414).

1. Schulden des Mannes.

§ 1410.

Die Gläubiger des Mannes können nicht Befriedigung aus dem eingebrachten Gute verlangen.

2. **Vollschulden der Frau.**

§ 1411.

Die Gläubiger der Frau können ohne Rücksicht auf die Verwaltung und Nutznießung des Mannes Befriedigung aus dem eingebrachten Gute verlangen, soweit sich nicht aus den §§ 1412 bis 1414 ein anderes ergibt. Sie unterliegen bei der Geltendmachung der Ansprüche der Frau nicht der im § 1394 bestimmten Beschränkung.

Hat der Mann verbrauchbare Sachen nach § 1377 Abs. 3 veräußert oder verbraucht, so ist er den Gläubigern gegenüber zum sofortigen Ersatze verpflichtet.

3. **Vorbehaltsschulden der Frau (§§ 1412—1414).**

§ 1412.

Das eingebrachte Gut haftet für eine Verbindlichkeit der Frau, die aus einem nach der Eingehung der Ehe vorgenommenen Rechtsgeschäft entsteht, nur dann, wenn der Mann seine Zustimmung zu dem Rechtsgeschäft erteilt oder wenn das Rechtsgeschäft ohne seine Zustimmung ihm gegenüber wirksam ist.

Für die Kosten eines Rechtsstreits der Frau haftet das eingebrachte Gut auch dann, wenn das Urteil dem Manne gegenüber in Ansehung des eingebrachten Gutes nicht wirksam ist.

§ 1413.

Das eingebrachte Gut haftet nicht für eine Verbindlichkeit der Frau, die infolge des Erwerbes einer Erbschaft oder eines Vermächtnisses entsteht, wenn die Frau die Erbschaft oder das Vermächtnis nach der Eingehung der Ehe als Vorbehaltsgut erwirbt.

§ 1414.

Das eingebrachte Gut haftet nicht für eine Verbindlichkeit der Frau, die nach der Eingehung der Ehe infolge eines zu dem Vorbehaltsgute gehörenden Rechtes oder des Besitzes einer dazu gehörenden Sache entsteht, es sei denn, daß das Recht oder die Sache zu einem Erwerbsgeschäfte gehört, das die Frau mit Einwilligung des Mannes selbständig betreibt.

II. Rechtsverhältnis unter den Ehegatten (§§ 1415—1417).

1. **Vorbehaltslasten (§§ 1415, 1416).**

§ 1415.

Im Verhältnisse der Ehegatten zueinander fallen dem Vorbehaltsgute zur Last:

1. Die Verbindlichkeiten der Frau aus einer unerlaubten Handlung, die sie während der Ehe begeht, oder aus

einem Strafverfahren, das wegen einer solchen Handlung gegen sie gerichtet wird;
2. die Verbindlichkeiten der Frau aus einem sich auf das Vorbehaltsgut beziehenden Rechtsverhältnis, auch wenn sie vor der Eingehung der Ehe oder vor der Zeit entstanden sind, zu der das Gut Vorbehaltsgut geworden ist;
3. die Kosten eines Rechtsstreits, den die Frau über eine der in Nr. 1, 2 bezeichneten Verbindlichkeiten führt.

§ 1416.

Im Verhältnisse der Ehegatten zueinander fallen die Kosten eines Rechtsstreits zwischen ihnen dem Vorbehaltsgute zur Last, soweit nicht der Mann sie zu tragen hat.

Das gleiche gilt von den Kosten eines Rechtsstreits zwischen der Frau und einem Dritten, es sei denn, daß das Urteil dem Manne gegenüber in Ansehung des eingebrachten Gutes wirksam ist. Betrifft jedoch der Rechtsstreit eine persönliche Angelegenheit der Frau oder eine nicht unter die Vorschriften des § 1415 Nr. 1, 2 fallende Verbindlichkeit, für die das eingebrachte Gut haftet, so findet diese Vorschrift keine Anwendung, wenn die Aufwendung der Kosten den Umständen nach geboten ist.

2. Ausgleichungsansprüche.

§ 1417.

Wird eine Verbindlichkeit, die nach den §§ 1415, 1416 dem Vorbehaltsgute zur Last fällt, aus dem eingebrachten Gute berichtigt, so hat die Frau aus dem Vorbehaltsgute, soweit dieses reicht, zu dem eingebrachten Gute Ersatz zu leisten.

Wird eine Verbindlichkeit der Frau, die im Verhältnisse der Ehegatten zueinander nicht dem Vorbehaltsgute zur Last fällt, aus dem Vorbehaltsgute berichtigt, so hat der Mann aus dem eingebrachten Gute, soweit dieses reicht, zu dem Vorbehaltsgut Ersatz zu leisten.

4. Beendigung der Verwaltung und Nutznießung.

1. Beendigungsgründe (§§ 1418—1420).

a) Aufhebung durch Gestaltungsurteil.

§ 1418.

Die Frau kann auf Aufhebung der Verwaltung und Nutznießung klagen:
1. wenn die Voraussetzungen vorliegen, unter denen die Frau nach § 1391 Sicherheitsleistung verlangen kann;
2. wenn der Mann seine Verpflichtung, der Frau und den gemeinschaftlichen Abkömmlingen Unterhalt zu gewähren,

verletzt hat und für die Zukunft eine erhebliche Gefährdung des Unterhalts zu besorgen ist. Eine Verletzung der Unterhaltspflicht liegt schon dann vor, wenn der Frau und den gemeinschaftlichen Abkömmlingen nicht mindestens der Unterhalt gewährt wird, welcher ihnen bei ordnungsmäßiger Verwaltung und Nutznießung des eingebrachten Gutes zukommen würde;
3. wenn der Mann entmündigt ist;
4. wenn der Mann nach § 1910 zur Besorgung seiner Vermögensangelegenheiten einen Pfleger erhalten hat;
5. wenn für den Mann ein Abwesenheitspfleger bestellt und die baldige Aufhebung der Pflegschaft nicht zu erwarten ist.

Die Aufhebung der Verwaltung und Nutznießung tritt mit der Rechtskraft des Urteils ein.

b) Konkurs.

§ 1419.

Die Verwaltung und Nutznießung endigt mit der Rechtskraft des Beschlusses, durch den der Konkurs über das Vermögen des Mannes eröffnet wird.

c) Todeserklärung.

§ 1420.

Die Verwaltung und Nutznießung endigt, wenn der Mann für tot erklärt wird, mit dem Zeitpunkte, der als Zeitpunkt des Todes gilt.

2. Rechtslage nach Beendigung des Güterstandes (§§ 1421—1425).

a) Rückgabe des Eingebrachten (§§ 1421, 1422).

§ 1421.

Nach der Beendigung der Verwaltung und Nutznießung hat der Mann das eingebrachte Gut der Frau herauszugeben und ihr über die Verwaltung Rechenschaft abzulegen. Auf die Herausgabe eines landwirtschaftlichen Grundstücks findet die Vorschrift des § 592, auf die Herausgabe eines Landguts finden die Vorschriften der §§ 592, 593 entsprechende Anwendung.

§ 1422.

Wird die Verwaltung und Nutznießung auf Grund des § 1418 durch Urteil aufgehoben, so ist der Mann zur Herausgabe des eingebrachten Gutes so verpflichtet, wie wenn der Anspruch auf Herausgabe mit der Erhebung der Klage auf Aufhebung der Verwaltung und Nutznießung rechtshängig geworden wäre.

b) Beendigung d. Güterstands bricht nicht Miete.

§ 1423.

Hat der Mann ein zum eingebrachten Gute gehörendes Grundstück vermietet oder verpachtet, so finden, wenn das Miet-

oder Pachtverhältnis bei der Beendigung der Verwaltung und Nutznießung noch besteht, die Vorschriften des § 1056 entsprechende Anwendung.

c) Fortführung der Verwaltung.

§ 1424.

Der Mann ist auch nach der Beendigung der Verwaltung und Nutznießung zur Fortführung der Verwaltung berechtigt, bis er von der Beendigung Kenntnis erlangt oder sie kennen muß. Ein Dritter kann sich auf diese Berechtigung nicht berufen, wenn er bei der Vornahme eines Rechtsgeschäfts die Beendigung der Verwaltung und Nutznießung kennt oder kennen muß.

Endigt die Verwaltung und Nutznießung infolge des Todes der Frau, so hat der Mann diejenigen zur Verwaltung gehörenden Geschäfte, mit deren Aufschube Gefahr verbunden ist, zu besorgen, bis der Erbe anderweit Fürsorge treffen kann.

d) Klage auf Wiederherstellung d. Güterstands.

§ 1425.

Wird die Entmündigung oder Pflegschaft, wegen deren die Aufhebung der Verwaltung und Nutznießung erfolgt ist, wiederaufgehoben oder wird der die Entmündigung aussprechende Beschluß mit Erfolg angefochten, so kann der Mann auf Wiederherstellung seiner Rechte klagen. Das gleiche gilt, wenn der für tot erklärte Mann noch lebt.

Die Wiederherstellung der Rechte des Mannes tritt mit der Rechtskraft des Urteils ein. Die Vorschrift des § 1422 findet entsprechende Anwendung.

Im Falle der Wiederherstellung wird Vorbehaltsgut, was ohne die Aufhebung der Rechte des Mannes Vorbehaltsgut geblieben oder geworden sein würde.

5. Gütertrennung.

1. Eingreifen der Gütertrennung.

§ 1426.

Tritt nach § 1364 die Verwaltung und Nutznießung des Mannes nicht ein oder endigt sie auf Grund der §§ 1418 bis 1420, so tritt Gütertrennung ein.

Für die Gütertrennung gelten die Vorschriften der §§ 1427 bis 1431.

2. Ehelicher Aufwand. Beiträge der Frau (§§ 1427—1429).

§ 1427.

Der Mann hat den ehelichen Aufwand zu tragen.

Zur Bestreitung des ehelichen Aufwandes hat die Frau dem

Manne einen angemessenen Beitrag aus den Einkünften ihres Vermögens und dem Ertrag ihrer Arbeit oder eines von ihr selbständig betriebenen Erwerbsgeschäfts zu leisten. Für die Vergangenheit kann der Mann die Leistung nur insoweit verlangen, als die Frau ungeachtet seiner Aufforderung mit der Leistung im Rückstande geblieben ist. Der Anspruch des Mannes ist nicht übertragbar.

§ 1428.

Ist eine erhebliche Gefährdung des Unterhalts zu besorgen, den der Mann der Frau und den gemeinschaftlichen Abkömmlingen zu gewähren hat, so kann die Frau den Beitrag zu dem ehelichen Aufwand insoweit zur eigenen Verwendung zurückbehalten, als er zur Bestreitung des Unterhalts erforderlich ist.

Das gleiche gilt, wenn der Mann entmündigt ist oder wenn er nach § 1910 zur Besorgung seiner Vermögensangelegenheiten einen Pfleger erhalten hat oder wenn für ihn ein Abwesenheitspfleger bestellt ist.

§ 1429.

Macht die Frau zur Bestreitung des ehelichen Aufwandes aus ihrem Vermögen eine Aufwendung oder überläßt sie dem Manne zu diesem Zwecke etwas aus ihrem Vermögen, so ist im Zweifel anzunehmen, daß die Absicht fehlt, Ersatz zu verlangen.

3. Frauenvermögen in ehemännlicher Verwaltung.

§ 1430.

Überläßt die Frau ihr Vermögen ganz oder teilweise der Verwaltung des Mannes, so kann der Mann die Einkünfte, die er während seiner Verwaltung bezieht, nach freiem Ermessen verwenden, soweit nicht ihre Verwendung zur Bestreitung der Kosten der ordnungsmäßigen Verwaltung und zur Erfüllung solcher Verpflichtungen der Frau erforderlich ist, die bei ordnungsmäßiger Verwaltung aus den Einkünften des Vermögens bestritten werden. Die Frau kann eine abweichende Bestimmung treffen.

4. Wirkung gegenüber Dritten.

§ 1431.

Die Gütertrennung ist Dritten gegenüber nur nach Maßgabe des § 1435 wirksam.

Das gleiche gilt im Falle des § 1425 von der Wiederherstellung der Verwaltung und Nutznießung, wenn die Aufhebung in das Güterrechtsregister eingetragen worden ist.

II. Vertragsmäßiges Güterrecht.

1. Allgemeine Vorschriften.

1. Begriff und Inhalt des Ehevertrags.

§ 1432.

Die Ehegatten können ihre güterrechtlichen Verhältnisse durch Vertrag (Ehevertrag) regeln, insbesondere auch nach der Eingehung der Ehe den Güterstand aufheben oder ändern.

2. Verweisung auf ausländisches oder aufgehobenes Recht.

§ 1433.

Der Güterstand kann nicht durch Verweisung auf ein nicht mehr geltendes oder auf ein ausländisches Gesetz bestimmt werden.

Hat der Mann zur Zeit der Eingehung der Ehe oder, falls der Vertrag nach der Eingehung der Ehe geschlossen wird, zur Zeit des Vertragsabschlusses seinen Wohnsitz im Auslande, so ist die Verweisung auf ein an diesem Wohnsitze geltendes Güterrecht zulässig.

3. Form des Ehevertrags.

§ 1434.

Der Ehevertrag muß bei gleichzeitiger Anwesenheit beider Teile vor Gericht oder vor einem Notar geschlossen werden.

4. Wirkung des Ehevertrags gegenüber Dritten.

§ 1435.

Wird durch Ehevertrag die Verwaltung und Nutznießung des Mannes ausgeschlossen oder geändert, so können einem Dritten gegenüber aus der Ausschließung oder der Änderung Einwendungen gegen ein zwischen ihm und einem der Ehegatten vorgenommenes Rechtsgeschäft oder gegen ein zwischen ihnen ergangenes rechtskräftiges Urteil nur hergeleitet werden, wenn zur Zeit der Vornahme des Rechtsgeschäfts oder zur Zeit des Eintritts der Rechtshängigkeit die Ausschließung oder die Änderung in dem Güterrechtsregister des zuständigen Amtsgerichts eingetragen oder dem Dritten bekannt war.

Das gleiche gilt, wenn eine in dem Güterrechtsregister eingetragene Regelung der güterrechtlichen Verhältnisse durch Ehevertrag aufgehoben oder geändert wird.

5. Gütertrennung als subsidiärer gesetzl. Güterstand.

§ 1436.

Wird durch Ehevertrag die Verwaltung und Nutznießung des Mannes ausgeschlossen oder die allgemeine Gütergemeinschaft, die Errungenschaftsgemeinschaft oder die Fahrnisgemeinschaft aufgehoben, so tritt Gütertrennung ein, sofern sich nicht aus dem Vertrag ein anderes ergibt.

2. Allgemeine Gütergemeinschaft.

I. Während der Ehe (§§ 1437—1482).

1. Begründung.

§ 1437.

Ein Ehevertrag, durch den die allgemeine Gütergemeinschaft vereinbart oder aufgehoben wird, kann nicht durch einen gesetzlichen Vertreter geschlossen werden.

Ist einer der Vertragschließenden in der Geschäftsfähigkeit beschränkt, so bedarf er der Zustimmung seines gesetzlichen Vertreters. Ist der gesetzliche Vertreter ein Vormund, so ist die Genehmigung des Vormundschaftsgerichts erforderlich.

2. Gütermassen (§§ 1438—1440).

a) Gesamtgut.

§ 1438.

Das Vermögen des Mannes und das Vermögen der Frau werden durch die allgemeine Gütergemeinschaft gemeinschaftliches Vermögen beider Ehegatten (Gesamtgut). Zu dem Gesamtgute gehört auch das Vermögen, das der Mann oder die Frau während der Gütergemeinschaft erwirbt.

Die einzelnen Gegenstände werden gemeinschaftlich, ohne daß es einer Übertragung durch Rechtsgeschäft bedarf.

Wird ein Recht gemeinschaftlich, das im Grundbuch eingetragen ist oder in das Grundbuch eingetragen werden kann, so kann jeder Ehegatte von dem anderen die Mitwirkung zur Berichtigung des Grundbuchs verlangen.

b) Sondergut.

§ 1439.

Von dem Gesamtgut ausgeschlossen sind Gegenstände, die nicht durch Rechtsgeschäft übertragen werden können. Auf solche Gegenstände finden die bei der Errungenschaftsgemeinschaft für das eingebrachte Gut geltenden Vorschriften, mit Ausnahme des § 1524, entsprechende Anwendung.

c) Vorbehaltsgut (§§ 1440, 1441).

§ 1440.

Von dem Gesamtgut ausgeschlossen ist das Vorbehaltsgut.

Vorbehaltsgut ist, was durch Ehevertrag für Vorbehaltsgut eines der Ehegatten erklärt ist oder von einem der Ehegatten nach § 1369 oder § 1370 erworben wird.

§ 1441.

Auf das Vorbehaltsgut der Frau finden die bei der Gütertrennung für das Vermögen der Frau geltenden Vorschriften entsprechende Anwendung; die Frau hat jedoch dem Manne zur Bestreitung des ehelichen Aufwandes einen Beitrag nur insoweit zu leisten, als die in das Gesamtgut fallenden Einkünfte zur Bestreitung des Aufwandes nicht ausreichen.

3. Rechte der Ehegatten am Gesamtgut (§§ 1442—1457).

a) Gesamthandsprinzip.

§ 1442.

Ein Ehegatte kann nicht über seinen Anteil an dem Gesamtgut und an den einzelnen dazu gehörenden Gegenständen verfügen; er ist nicht berechtigt, Teilung zu verlangen.

Gegen eine Forderung, die zu dem Gesamtgute gehört, kann der Schuldner nur eine Forderung aufrechnen, deren Berichtigung aus dem Gesamtgute verlangt werden kann.

b) Verwaltung des Mannes (§§ 1443—1448).

α) Grundsatz.

§ 1443.

Das Gesamtgut unterliegt der Verwaltung des Mannes. Der Mann ist insbesondere berechtigt, die zu dem Gesamtgute gehörenden Sachen in Besitz zu nehmen, über das Gesamtgut zu verfügen sowie Rechtsstreitigkeiten, die sich auf das Gesamtgut beziehen, im eigenen Namen zu führen.

Die Frau wird durch die Verwaltungshandlungen des Mannes weder Dritten noch dem Manne gegenüber persönlich verpflichtet.

β) Verfügungen, die der Einwilligung der Frau bedürfen (§§ 1444—1446).

§ 1444.

Der Mann bedarf der Einwilligung der Frau zu einem Rechtsgeschäfte, durch das er sich zu einer Verfügung über das Gesamtgut im ganzen verpflichtet, sowie zu einer Verfügung über Gesamtgut, durch die eine ohne Zustimmung der Frau eingegangene Verpflichtung dieser Art erfüllt werden soll.

§ 1445.

Der Mann bedarf der Einwilligung der Frau zur Verfügung über ein zu dem Gesamtgute gehörendes Grundstück sowie zur Eingehung der Verpflichtung zu einer solchen Verfügung.

§ 1446.

Der Mann bedarf der Einwilligung der Frau zu einer Schenkung aus dem Gesamtgute sowie zu einer Verfügung über Gesamtgut, durch welche das ohne Zustimmung der Frau erteilte Versprechen einer solchen Schenkung erfüllt werden soll. Das gleiche gilt von einem Schenkungsversprechen, das sich nicht auf das Gesamtgut bezieht.

Ausgenommen sind Schenkungen, durch die einer sittlichen Pflicht oder einer auf den Anstand zu nehmenden Rücksicht entsprochen wird.

γ) Ersatz der Einwilligung der Frau.

§ 1447.

Ist zur ordnungsmäßigen Verwaltung des Gesamtguts ein Rechtsgeschäft der in den §§ 1444, 1445 bezeichneten Art erforderlich, so kann die Zustimmung der Frau auf Antrag des Mannes durch das Vormundschaftsgericht ersetzt werden, wenn die Frau sie ohne ausreichenden Grund verweigert.

Das gleiche gilt, wenn die Frau durch Krankheit oder durch Abwesenheit an der Abgabe einer Erklärung verhindert und mit dem Aufschube Gefahr verbunden ist.

δ) Einwilligungsbedürftige Geschäfte ohne Einwilligung.

§ 1448.

Nimmt der Mann ohne Einwilligung der Frau ein Rechtsgeschäft der in den §§ 1444 bis 1446 bezeichneten Art vor, so finden die für eine Verfügung der Frau über eingebrachtes Gut geltenden Vorschriften des § 1396 Abs. 1, 3 und der §§ 1397, 1398 entsprechende Anwendung.

Fordert bei einem Vertrage der andere Teil den Mann auf, die Genehmigung der Frau zu beschaffen, so kann die Erklärung über die Genehmigung nur ihm gegenüber erfolgen; eine vor der Aufforderung dem Manne gegenüber erklärte Genehmigung oder Verweigerung der Genehmigung wird unwirksam. Die Genehmigung kann nur bis zum Ablaufe von zwei Wochen nach dem Empfange der Aufforderung erklärt werden; wird sie nicht erklärt, so gilt sie als verweigert.

Wird die Genehmigung der Frau durch das Vormundschaftsgericht ersetzt, so ist im Falle einer Aufforderung nach Abs. 2 der Beschluß nur wirksam, wenn der Mann ihn dem anderen Teile mitteilt; die Vorschriften des Abs. 2 Satz 2 finden entsprechende Anwendung.

c) Verwaltung der Frau (§§ 1449—1454).

α) Revokationsrecht.

§ 1449.

Verfügt der Mann ohne die erforderliche Zustimmung der Frau über ein zu dem Gesamtgute gehörendes Recht, so kann die Frau das Recht ohne Mitwirkung des Mannes gegen Dritte gerichtlich geltend machen.

β) Eilfälle.

§ 1450.

Ist der Mann durch Krankheit oder durch Abwesenheit verhindert, ein sich auf das Gesamtgut beziehendes Rechtsgeschäft vorzunehmen oder einen sich auf das Gesamtgut beziehenden Rechtsstreit zu führen, so kann die Frau im eigenen Namen oder im Namen des Mannes das Rechtsgeschäft vornehmen oder den Rechtsstreit führen, wenn mit dem Aufschube Gefahr verbunden ist.

γ) Ersatz der ehemännlichen Zustimmung.

§ 1451.

Ist zur ordnungsmäßigen Besorgung der persönlichen Angelegenheiten der Frau ein Rechtsgeschäft erforderlich, das die Frau mit Wirkung für das Gesamtgut nicht ohne Zustimmung des Mannes vornehmen kann, so kann die Zustimmung auf Antrag der Frau durch das Vormundschaftsgericht ersetzt werden, wenn der Mann sie ohne ausreichenden Grund verweigert.

δ) Erwerbsgeschäft.

§ 1452.

Auf den selbständigen Betrieb eines Erwerbsgeschäfts durch die Frau finden die Vorschriften des § 1405 entsprechende Anwendung.

ε) Erbrechtliche Geschäfte.

§ 1453.

Zur Annahme oder Ausschlagung einer der Frau angefallenen Erbschaft oder eines ihr angefallenen Vermächtnisses ist nur die Frau berechtigt; die Zustimmung des Mannes ist nicht erforderlich. Das gleiche gilt von dem Verzicht auf den Pflichtteil sowie von der Ablehnung eines der Frau gemachten Vertragsantrags oder einer Schenkung.

Zur Errichtung des Inventars über eine der Frau angefallene Erbschaft bedarf die Frau nicht der Zustimmung des Mannes.

ζ) Führung anhängiger Prozesse.

§ 1454.

Zur Fortsetzung eines bei dem Eintritte der Gütergemeinschaft anhängigen Rechtsstreits bedarf die Frau nicht der Zustimmung des Mannes.

d) Bereicherungshaftung des Gesamtguts.

§ 1455.

Wird durch ein Rechtsgeschäft, das der Mann oder die Frau ohne die erforderliche Zustimmung des anderen Ehegatten vornimmt, das Gesamtgut bereichert, so kann die Herausgabe der Bereicherung aus dem Gesamtgute nach den Vorschriften über die Herausgabe einer ungerechtfertigten Bereicherung gefordert werden.

e) Haftung des Mannes.

§ 1456.

Der Mann ist der Frau für die Verwaltung des Gesamtguts nicht verantwortlich. Er hat jedoch für eine Verminderung des Gesamtguts zu diesem Ersatz zu leisten, wenn er die Verminderung in der Absicht, die Frau zu benachteiligen, oder durch ein Rechtsgeschäft herbeiführt, das er ohne die erforderliche Zustimmung der Frau vornimmt.

f) Vertretung des Mannes.

§ 1457.

Steht der Mann unter Vormundschaft, so hat ihn der Vormund in den Rechten und Pflichten zu vertreten, die sich aus der Verwaltung des Gesamtguts ergeben. Dies gilt auch dann, wenn die Frau Vormund des Mannes ist.

4. Ehelicher Aufwand.

§ 1458.

Der eheliche Aufwand fällt dem Gesamtgute zur Last.

5. Schuldenhaftung (§§ 1459—1465).

a) Verhältnis zu den Gläubigern (§§ 1459—1462).

α) Gesamtgutschulden.

§ 1459.

Aus dem Gesamtgute können die Gläubiger des Mannes und, soweit sich nicht aus den §§ 1460 bis 1462 ein anderes ergibt, auch die Gläubiger der Frau Befriedigung verlangen (Gesamtgutsverbindlichkeiten).

Für Verbindlichkeiten der Frau, die Gesamtgutsverbindlichkeiten sind, haftet der Mann auch persönlich als Gesamtschuldner. Die Haftung erlischt mit der Beendigung der Gütergemeinschaft, wenn die Verbindlichkeiten im Verhältnisse der Ehegatten zueinander nicht dem Gesamtgute zur Last fallen.

β) Frauenschulden, die nicht Gesamtgutschulden sind (§§ 1460—1462).

§ 1460.

Das Gesamtgut haftet für eine Verbindlichkeit der Frau, die aus einem nach dem Eintritte der Gütergemeinschaft vorgenom-

21*

menen Rechtsgeschäft entsteht, nur dann, wenn der Mann seine Zustimmung zu dem Rechtsgeschäft erteilt oder wenn das Rechtsgeschäft ohne seine Zustimmung für das Gesamtgut wirksam ist.

Für die Kosten eines Rechtsstreits der Frau haftet das Gesamtgut auch dann, wenn das Urteil dem Gesamtgute gegenüber nicht wirksam ist.

§ 1461.

Das Gesamtgut haftet nicht für Verbindlichkeiten der Frau, die infolge des Erwerbes einer Erbschaft oder eines Vermächtnisses entstehen, wenn die Frau die Erbschaft oder das Vermächtnis nach dem Eintritte der Gütergemeinschaft als Vorbehaltsgut erwirbt.

§ 1462.

Das Gesamtgut haftet nicht für eine Verbindlichkeit der Frau, die nach dem Eintritte der Gütergemeinschaft infolge eines zu dem Vorbehaltsgute gehörenden Rechtes oder des Besitzes einer dazu gehörenden Sache entsteht, es sei denn, daß das Recht oder die Sache zu einem Erwerbsgeschäfte gehört, das die Frau mit Einwilligung des Mannes selbständig betreibt.

b) Verhältnis der Ehegatten zueinander (§§ 1463—1465).

§ 1463.

Im Verhältnisse der Ehegatten zueinander fallen folgende Gesamtgutsverbindlichkeiten dem Ehegatten zur Last, in dessen Person sie entstehen:

1. die Verbindlichkeiten aus einer unerlaubten Handlung, die er nach dem Eintritte der Gütergemeinschaft begeht, oder aus einem Strafverfahren, das wegen einer solchen Handlung gegen ihn gerichtet wird;
2. die Verbindlichkeiten aus einem sich auf sein Vorbehaltsgut beziehenden Rechtsverhältnis, auch wenn sie vor dem Eintritte der Gütergemeinschaft oder vor der Zeit entstanden sind, zu der das Gut Vorbehaltsgut geworden ist;
3. die Kosten eines Rechtsstreits über eine der in Nr. 1, 2 bezeichneten Verbindlichkeiten.

§ 1464.

Im Verhältnisse der Ehegatten zueinander fallen die Kosten eines Rechtsstreits zwischen ihnen der Frau zur Last, soweit nicht der Mann sie zu tragen hat.

Das gleiche gilt von den Kosten eines Rechtsstreits zwischen der Frau und einem Dritten, es sei denn, daß das Urteil dem Gesamtgute gegenüber wirksam ist. Betrifft jedoch der Rechtsstreit eine persönliche Angelegenheit der Frau oder eine nicht unter die Vorschriften des § 1463 Nr. 1, 2 fallende Gesamtgutsverbindlichkeit der Frau, so findet diese Vorschrift keine Anwendung, wenn die Aufwendung der Kosten den Umständen nach geboten ist.

§ 1465.

Im Verhältnisse der Ehegatten zueinander fällt eine Ausstattung, die der Mann einem gemeinschaftlichen Kinde aus dem Gesamtgute verspricht oder gewährt, dem Manne insoweit zur Last, als sie das dem Gesamtgut entsprechende Maß übersteigt.

Verspricht oder gewährt der Mann einem nicht gemeinschaftlichen Kinde eine Ausstattung aus dem Gesamtgute, so fällt sie im Verhältnisse der Ehegatten zueinander dem Vater oder der Mutter des Kindes zur Last, der Mutter jedoch nur insoweit, als sie zustimmt oder die Ausstattung nicht das dem Gesamtgut entsprechende Maß übersteigt.

6. Ausgleichungsansprüche (§§ 1466, 1467).

§ 1466.

Verwendet der Mann Gesamtgut in sein Vorbehaltsgut, so hat er den Wert des Verwendeten zu dem Gesamtgute zu ersetzen.

Verwendet der Mann Vorbehaltsgut in das Gesamtgut, so kann er Ersatz aus dem Gesamtgute verlangen.

§ 1467.

Was ein Ehegatte zu dem Gesamtgut oder die Frau zu dem Vorbehaltsgute des Mannes schuldet, ist erst nach der Beendigung der Gütergemeinschaft zu leisten; soweit jedoch zur Berichtigung einer Schuld der Frau deren Vorbehaltsgut ausreicht, hat sie die Schuld schon vorher zu berichtigen.

Was der Mann aus dem Gesamtgute zu fordern hat, kann er erst nach der Beendigung der Gütergemeinschaft fordern.

7. Ende der allgemeinen Gütergemeinschaft (§§ 1468—1482).

a) Beendigung durch Gestaltungsurteil (§§ 1468—1470).

§ 1468.

Die Frau kann auf Aufhebung der Gütergemeinschaft klagen:

1. wenn der Mann ein Rechtsgeschäft der in den §§ 1444 bis 1446 bezeichneten Art ohne Zustimmung der Frau vorgenommen hat und für die Zukunft eine erhebliche Gefährdung der Frau zu besorgen ist;

2. wenn der Mann das Gesamtgut in der Absicht, die Frau zu benachteiligen, vermindert hat;
3. wenn der Mann seine Verpflichtung, der Frau und den gemeinschaftlichen Abkömmlingen Unterhalt zu gewähren, verletzt hat und für die Zukunft eine erhebliche Gefährdung des Unterhalts zu besorgen ist;
4. wenn der Mann wegen Verschwendung entmündigt ist oder wenn er das Gesamtgut durch Verschwendung erheblich gefährdet;
5. wenn das Gesamtgut infolge von Verbindlichkeiten, die in der Person des Mannes entstanden sind, in solchem Maße überschuldet ist, daß ein späterer Erwerb der Frau erheblich gefährdet wird.

§ 1469.

Der Mann kann auf Aufhebung der Gütergemeinschaft klagen, wenn das Gesamtgut infolge von Verbindlichkeiten der Frau, die im Verhältnisse der Ehegatten zueinander nicht dem Gesamtgute zur Last fallen, in solchem Maße überschuldet ist, daß ein späterer Erwerb des Mannes erheblich gefährdet wird.

§ 1470.

Die Aufhebung der Gütergemeinschaft tritt in den Fällen der §§ 1468, 1469 mit der Rechtskraft des Urteils ein. Für die Zukunft gilt Gütertrennung.

Dritten gegenüber ist die Aufhebung der Gütergemeinschaft nur nach Maßgabe des § 1435 wirksam.

b) Rechtslage bis zur Auseinandersetzung (§§ 1471—1473).

§ 1471.

Nach der Beendigung der Gütergemeinschaft findet in Ansehung des Gesamtguts die Auseinandersetzung statt.

Bis zur Auseinandersetzung gelten für das Gesamtgut die Vorschriften des § 1442.

§ 1472.

Die Verwaltung des Gesamtguts steht bis zur Auseinandersetzung beiden Ehegatten gemeinschaftlich zu. Die Vorschriften des § 1424 finden entsprechende Anwendung.

Jeder Ehegatte ist dem anderen gegenüber verpflichtet, zu Maßregeln mitzuwirken, die zur ordnungsmäßigen Verwaltung erforderlich sind; die zur Erhaltung notwendigen Maßregeln kann jeder Ehegatte ohne Mitwirkung des anderen treffen.

§ 1473.

Was auf Grund eines zu dem Gesamtgute gehörenden Rechtes oder als Ersatz für die Zerstörung, Beschädigung oder Entziehung eines zu dem Gesamtgute gehörenden Gegenstandes oder durch ein Rechtsgeschäft erworben wird, das sich auf das Gesamtgut bezieht, wird Gesamtgut.

Die Zugehörigkeit einer durch Rechtsgeschäft erworbenen Forderung zum Gesamtgute hat der Schuldner erst dann gegen sich gelten zu lassen, wenn er von der Zugehörigkeit Kenntnis erlangt; die Vorschriften der §§ 406 bis 408 finden entsprechende Anwendung.

c) **Auseinandersetzung (§§ 1477—1481).**

§ 1474.

Die Auseinandersetzung erfolgt, soweit nicht eine andere Vereinbarung getroffen wird, nach den §§ 1475 bis 1481.

α) **Schuldentilgung.**

§ 1475.

Aus dem Gesamtgute sind zunächst die Gesamtgutsverbindlichkeiten zu berichtigen. Ist eine Gesamtgutsverbindlichkeit noch nicht fällig oder ist sie streitig, so ist das zur Berichtigung Erforderliche zurückzubehalten.

Fällt eine Gesamtgutsverbindlichkeit im Verhältnisse der Ehegatten zueinander einem der Ehegatten allein zur Last, so kann dieser die Berichtigung aus dem Gesamtgute nicht verlangen.

Zur Berichtigung der Gesamtgutsverbindlichkeiten ist das Gesamtgut, soweit erforderlich, in Geld umzusetzen.

β) **Teilung des Überschusses (§§ 1476, 1477).**

§ 1476.

Der nach der Berichtigung der Gesamtgutsverbindlichkeiten verbleibende Überschuß gebührt den Ehegatten zu gleichen Teilen.

Was einer der Ehegatten zu dem Gesamtgute zu ersetzen verpflichtet ist, muß er sich auf seinen Teil anrechnen lassen. Soweit die Ersatzleistung nicht durch Anrechnung erfolgt, bleibt er dem anderen Ehegatten verpflichtet.

§ 1477.

Die Teilung des Überschusses erfolgt nach den Vorschriften über die Gemeinschaft.

Jeder Ehegatte kann gegen Ersatz des Wertes die ausschließlich zu seinem persönlichen Gebrauche bestimmten Sachen, insbesondere Kleider, Schmucksachen und Arbeitsgeräte, sowie diejenigen Gegenstände übernehmen, welche er in die Gütergemeinschaft eingebracht oder während der Gütergemeinschaft durch Erbfolge, durch Vermächtnis oder mit Rücksicht auf ein künftiges Erbrecht, durch Schenkung oder als Ausstattung erworben hat.

γ) **Recht auf Illatenersatz.**

§ 1478.

Sind die Ehegatten geschieden und ist einer von ihnen allein für schuldig erklärt, so kann der andere verlangen, daß jedem von ihnen der Wert desjenigen zurückerstattet wird, was er in die Gütergemeinschaft eingebracht hat; reicht der Wert des Gesamtguts zur Rückerstattung nicht aus, so hat jeder Ehegatte die Hälfte des Fehlbetrags zu tragen.

Als eingebracht ist anzusehen, was eingebrachtes Gut gewesen sein würde, wenn Errungenschaftsgemeinschaft bestanden hätte. Der Wert des Eingebrachten bestimmt sich nach der Zeit der Einbringung.

Das im Abs. 1 bestimmte Recht steht auch dem Ehegatten zu, dessen Ehe wegen seiner Geisteskrankheit geschieden worden ist.

δ) **Rückwirkung des Gestaltungsurteils.**

§ 1479.

Wird die Gütergemeinschaft auf Grund des § 1468 oder des § 1469 durch Urteil aufgehoben, so kann der Ehegatte, welcher das Urteil erwirkt hat, verlangen, daß die Auseinandersetzung so erfolgt, wie wenn der Anspruch auf Auseinandersetzung mit der Erhebung der Klage auf Aufhebung der Gütergemeinschaft rechtshängig geworden wäre.

ε) **Ungetilgt gebliebene Gesamtschulden (§§ 1480, 1481).**

§ 1480.

Wird eine Gesamtgutsverbindlichkeit nicht vor der Teilung des Gesamtguts berichtigt, so haftet dem Gläubiger auch der Ehegatte persönlich als Gesamtschuldner, für den zur Zeit der Teilung eine solche Haftung nicht besteht. Seine Haftung beschränkt sich auf die ihm zugeteilten Gegenstände; die für die Haftung des Erben geltenden Vorschriften der §§ 1990, 1991 finden entsprechende Anwendung.

§ 1481.

Unterbleibt bei der Auseinandersetzung die Berichtigung einer Gesamtgutsverbindlichkeit, die im Verhältnisse der Ehegatten zueinander dem Gesamtgut oder dem Manne zur Last fällt, so hat der Mann dafür einzustehen, daß die Frau von dem Gläubiger nicht in Anspruch genommen wird. Die gleiche Verpflichtung hat die Frau dem Manne gegenüber, wenn die Berichtigung einer Gesamtgutsverbindlichkeit unterbleibt, die im Verhältnisse der Ehegatten zueinander der Frau zur Last fällt.

d) Auflösung der Gütergemeinschaft durch Tod.

§ 1482.

Wird die Ehe durch den Tod eines der Ehegatten aufgelöst und ist ein gemeinschaftlicher Abkömmling nicht vorhanden, so gehört der Anteil des verstorbenen Ehegatten am Gesamtgute zum Nachlasse. Die Beerbung des Ehegatten erfolgt nach den allgemeinen Vorschriften.

II. Fortgesetzte Gütergemeinschaft (§§ 1483—1518).

1. Eintritt.

§ 1483.

Sind bei dem Tode eines Ehegatten gemeinschaftliche Abkömmlinge vorhanden, so wird zwischen dem überlebenden Ehegatten und den gemeinschaftlichen Abkömmlingen, die im Falle der gesetzlichen Erbfolge als Erben berufen sind, die Gütergemeinschaft fortgesetzt. Der Anteil des verstorbenen Ehegatten am Gesamtgute gehört in diesem Falle nicht zum Nachlasse; im übrigen erfolgt die Beerbung des Ehegatten nach den allgemeinen Vorschriften.

Sind neben den gemeinschaftlichen Abkömmlingen andere Abkömmlinge vorhanden, so bestimmen sich ihr Erbrecht und ihre Erbteile so, wie wenn fortgesetzte Gütergemeinschaft nicht eingetreten wäre.

2. Ablehnung.

§ 1484.

Der überlebende Ehegatte kann die Fortsetzung der Gütergemeinschaft ablehnen.

Auf die Ablehnung finden die für die Ausschlagung einer Erbschaft geltenden Vorschriften der §§ 1943 bis 1947, 1950, 1952, 1954 bis 1957, 1959 entsprechende Anwendung. Steht der überlebende Ehegatte unter elterlicher Gewalt oder unter Vormundschaft, so ist zur Ablehnung die Genehmigung des Vormundschaftsgerichts erforderlich.

Lehnt der Ehegatte die Fortsetzung der Gütergemeinschaft ab, so gilt das gleiche wie im Falle des § 1482.

3. Gütermassen (§§ 1485, 1486).

a) Gesamtgut.

§ 1485.

Das Gesamtgut der fortgesetzten Gütergemeinschaft besteht aus dem ehelichen Gesamtgute, soweit es nicht nach § 1483

Abs. 2 einem nicht anteilsberechtigten Abkömmlinge zufällt, und aus dem Vermögen, das der überlebende Ehegatte aus dem Nachlasse des verstorbenen Ehegatten oder nach dem Eintritte der fortgesetzten Gütergemeinschaft erwirbt.

Das Vermögen, das ein gemeinschaftlicher Abkömmling zur Zeit des Eintritts der fortgesetzten Gütergemeinschaft hat oder später erwirbt, gehört nicht zu dem Gesamtgute.

Auf das Gesamtgut finden die für die eheliche Gütergemeinschaft geltenden Vorschriften des § 1438 Abs. 2, 3 entsprechende Anwendung.

b) Vorbehalts- und Sondergut.

§ 1486.

Vorbehaltsgut des überlebenden Ehegatten ist, was er bisher als Vorbehaltsgut gehabt hat oder nach § 1369 oder § 1370 erwirbt.

Gehören zu dem Vermögen des überlebenden Ehegatten Gegenstände, die nicht durch Rechtsgeschäft übertragen werden können, so finden auf sie die bei der Errungenschaftsgemeinschaft für das eingebrachte Gut des Mannes geltenden Vorschriften, mit Ausnahme des § 1524, entsprechende Anwendung.

c) Rechtsstellung der Gemeinschafter zum Gesamtgut.

§ 1487.

Die Rechte und Verbindlichkeiten des überlebenden Ehegatten sowie der anteilsberechtigten Abkömmlinge in Ansehung des Gesamtguts der fortgesetzten Gütergemeinschaft bestimmen sich nach den für die eheliche Gütergemeinschaft geltenden Vorschriften der §§ 1442 bis 1449, 1455 bis 1457, 1466; der überlebende Ehegatte hat die rechtliche Stellung des Mannes, die anteilsberechtigten Abkömmlinge haben die rechtliche Stellung der Frau.

Was der überlebende Ehegatte zu dem Gesamtgute schuldet oder aus dem Gesamtgute zu fordern hat, ist erst nach der Beendigung der fortgesetzten Gütergemeinschaft zu leisten.

4. Gesamtgutsschulden (§§ 1488, 1489).

§ 1488.

Gesamtgutsverbindlichkeiten der fortgesetzten Gütergemeinschaft sind die Verbindlichkeiten des überlebenden Ehegatten sowie solche Verbindlichkeiten des verstorbenen Ehegatten, die Gesamtgutsverbindlichkeiten der ehelichen Gütergemeinschaft waren.

§ 1489.

Für die Gesamtgutsverbindlichkeiten der fortgesetzten Gütergemeinschaft haftet der überlebende Ehegatte persönlich.

Soweit die persönliche Haftung den überlebenden Ehegatten nur infolge des Eintritts der fortgesetzten Gütergemeinschaft trifft, finden die für die Haftung des Erben für die Nachlaßverbindlichkeiten geltenden Vorschriften entsprechende Anwendung; an die Stelle des Nachlasses tritt das Gesamtgut in dem Bestande, den es zur Zeit des Eintritts der fortgesetzten Gütergemeinschaft hat.

Eine persönliche Haftung der anteilsberechtigten Abkömmlinge für die Verbindlichkeiten des verstorbenen oder des überlebenden Ehegatten wird durch die fortgesetzte Gütergemeinschaft nicht begründet.

5. Wegfall eines Abkömmlings (§§ 1490, 1491).

a) Tod.

§ 1490.

Stirbt ein anteilsberechtigter Abkömmling, so gehört sein Anteil an dem Gesamtgute nicht zu seinem Nachlasse. Hinterläßt er Abkömmlinge, die anteilsberechtigt sein würden, wenn er den verstorbenen Ehegatten nicht überlebt hätte, so treten die Abkömmlinge an seine Stelle. Hinterläßt er solche Abkömmlinge nicht, so wächst sein Anteil den übrigen anteilsberechtigten Abkömmlingen und, wenn solche nicht vorhanden sind, dem überlebenden Ehegatten an.

b) Verzicht.

§ 1491.

Ein anteilsberechtigter Abkömmling kann auf seinen Anteil an dem Gesamtgute verzichten. Der Verzicht erfolgt durch Erklärung gegenüber dem für den Nachlaß des verstorbenen Ehegatten zuständigen Gerichte; die Erklärung ist in öffentlich beglaubigter Form abzugeben. Das Nachlaßgericht soll die Erklärung dem überlebenden Ehegatten und den übrigen anteilsberechtigten Abkömmlingen mitteilen.

Der Verzicht kann auch durch Vertrag mit dem überlebenden Ehegatten und den übrigen anteilsberechtigten Abkömmlingen erfolgen. Der Vertrag bedarf der gerichtlichen oder notariellen Beurkundung.

Steht der Abkömmling unter elterlicher Gewalt oder unter Vormundschaft, so ist zu dem Verzichte die Genehmigung des Vormundschaftsgerichts erforderlich.

Der Verzicht hat die gleichen Wirkungen, wie wenn der Verzichtende zur Zeit des Verzichts ohne Hinterlassung von Abkömmlingen gestorben wäre.

6. Beendigung der fortgesetzten Gütergemeinschaft (§§ 1492—1496).

a) Aufhebungsgeschäft des Ehegatten.

§ 1492.

Der überlebende Ehegatte kann die fortgesetzte Gütergemeinschaft jederzeit aufheben. Die Aufhebung erfolgt durch Erklärung gegenüber dem für den Nachlaß des verstorbenen Ehegatten zuständigen Gerichte; die Erklärung ist in öffentlich beglaubigter Form abzugeben. Das Nachlaßgericht soll die Erklärung den anteilsberechtigten Abkömmlingen und, wenn der überlebende Ehegatte gesetzlicher Vertreter eines der Abkömmlinge ist, dem Vormundschaftsgerichte mitteilen.

Die Aufhebung kann auch durch Vertrag zwischen dem überlebenden Ehegatten und den anteilsberechtigten Abkömmlingen erfolgen. Der Vertrag bedarf der gerichtlichen oder notariellen Beurkundung.

Steht der überlebende Ehegatte unter elterlicher Gewalt oder unter Vormundschaft, so ist zu der Aufhebung die Genehmigung des Vormundschaftsgerichts erforderlich.

b) Wiederverheiratung.

§ 1493.

Die fortgesetzte Gütergemeinschaft endigt mit der Wiederverheiratung des überlebenden Ehegatten.

Der überlebende Ehegatte hat, wenn ein anteilsberechtigter Abkömmling minderjährig ist oder bevormundet wird, die Absicht der Wiederverheiratung dem Vormundschaftsgericht anzuzeigen, ein Verzeichnis des Gesamtguts einzureichen, die Gütergemeinschaft aufzuheben und die Auseinandersetzung herbeizuführen. Das Vormundschaftsgericht kann gestatten, daß die Aufhebung der Gütergemeinschaft bis zur Eheschließung unterbleibt und daß die Auseinandersetzung erst später erfolgt.

c) Tod des Ehegatten.

§ 1494.

Die fortgesetzte Gütergemeinschaft endigt mit dem Tode des überlebenden Ehegatten.

Wird der überlebende Ehegatte für tot erklärt, so endigt die fortgesetzte Gütergemeinschaft mit dem Zeitpunkte, der als Zeitpunkt des Todes gilt.

d) Gestaltungsurteil auf Klage eines Abkömmlings (§§ 1495, 1496).

§ 1495.

Ein anteilsberechtigter Abkömmling kann gegen den überlebenden Ehegatten auf Aufhebung der fortgesetzten Gütergemeinschaft klagen:

1. wenn der überlebende Ehegatte ein Rechtsgeschäft der in den §§ 1444 bis 1446 bezeichneten Art ohne Zustimmung des Abkömmlinges vorgenommen hat und für die Zukunft eine erhebliche Gefährdung des Abkömmlinges zu besorgen ist;
2. wenn der überlebende Ehegatte das Gesamtgut in der Absicht, den Abkömmling zu benachteiligen, vermindert hat;
3. wenn der überlebende Ehegatte seine Verpflichtung, dem Abkömmling Unterhalt zu gewähren, verletzt hat und für die Zukunft eine erhebliche Gefährdung des Unterhalts zu besorgen ist;
4. wenn der überlebende Ehegatte wegen Verschwendung entmündigt ist oder wenn er das Gesamtgut durch Verschwendung erheblich gefährdet;
5. wenn der überlebende Ehegatte die elterliche Gewalt über den Abkömmling verwirkt hat oder, falls sie ihm zugestanden hätte, verwirkt haben würde.

§ 1496.

Die Aufhebung der fortgesetzten Gütergemeinschaft tritt in den Fällen des § 1495 mit der Rechtskraft des Urteils ein. Sie tritt für alle Abkömmlinge ein, auch wenn das Urteil auf die Klage eines der Abkömmlinge ergangen ist.

7. Rechtsverhältnis bis zur Auseinandersetzung.

§ 1497.

Nach der Beendigung der fortgesetzten Gütergemeinschaft findet in Ansehung des Gesamtguts die Auseinandersetzung statt.

Bis zur Auseinandersetzung bestimmt sich das Rechtsverhältnis der Teilhaber am Gesamtgute nach den §§ 1442, 1472, 1473.

8. Auseinandersetzung (§§ 1498—1506).

§ 1498.

Auf die Auseinandersetzung finden die Vorschriften der §§ 1475, 1476, des § 1477 Abs. 1 und der §§ 1479 bis 1481 Anwendung; an die Stelle des Mannes tritt der überlebende Ehegatte, an die Stelle der Frau treten die anteilsberechtigten Abkömmlinge. Die im § 1476 Abs. 2 Satz 2 bezeichnete Verpflichtung besteht nur für den überlebenden Ehegatten.

§ 1499.

Bei der Auseinandersetzung fallen dem überlebenden Ehegatten zur Last:

1. die ihm bei dem Eintritte der fortgesetzten Gütergemein-

schaft obliegenden Gesamtgutsverbindlichkeiten, für die das eheliche Gesamtgut nicht haftete oder die im Verhältnisse der Ehegatten zueinander ihm zur Last fielen;
2. die nach dem Eintritte der fortgesetzten Gütergemeinschaft entstandenen Gesamtgutsverbindlichkeiten, die, wenn sie während der ehelichen Gütergemeinschaft in seiner Person entstanden wären, im Verhältnisse der Ehegatten zueinander ihm zur Last gefallen sein würden;
3. eine Ausstattung, die er einem anteilsberechtigten Abkömmling über das dem Gesamtgut entsprechende Maß hinaus oder die er einem nicht anteilsberechtigten Abkömmlinge versprochen oder gewährt hat.

§ 1500.

Die anteilsberechtigten Abkömmlinge müssen sich Verbindlichkeiten des verstorbenen Ehegatten, die diesem im Verhältnisse der Ehegatten zueinander zur Last fielen, bei der Auseinandersetzung auf ihren Anteil insoweit anrechnen lassen, als der überlebende Ehegatte nicht von dem Erben des verstorbenen Ehegatten Deckung hat erlangen können.

In gleicher Weise haben sich die anteilsberechtigten Abkömmlinge anrechnen zu lassen, was der verstorbene Ehegatte zu dem Gesamtgute zu ersetzen hatte.

§ 1501.

Ist einem anteilsberechtigten Abkömmlinge für den Verzicht auf seinen Anteil eine Abfindung aus dem Gesamtgute gewährt worden, so wird sie bei der Auseinandersetzung in das Gesamtgut eingerechnet und auf die den Abkömmlingen gebührende Hälfte angerechnet.

Der überlebende Ehegatte kann mit den übrigen anteilsberechtigten Abkömmlingen schon vor der Aufhebung der fortgesetzten Gütergemeinschaft eine abweichende Vereinbarung treffen. Die Vereinbarung bedarf der gerichtlichen oder notariellen Beurkundung; sie ist auch denjenigen Abkömmlingen gegenüber wirksam, welche erst später in die fortgesetzte Gütergemeinschaft eintreten.

§ 1502.

Der überlebende Ehegatte ist berechtigt, das Gesamtgut oder einzelne dazu gehörende Gegenstände gegen Ersatz des Wertes zu übernehmen. Das Recht geht nicht auf den Erben über.

Wird die fortgesetzte Gütergemeinschaft auf Grund des § 1495 durch Urteil aufgehoben, so steht dem überlebenden Ehegatten das im Abs. 1 bestimmte Recht nicht zu. Die anteilsberechtigten Abkömmlinge können in diesem Falle diejenigen Gegenstände gegen Ersatz des Wertes übernehmen, welche der verstorbene Ehegatte nach § 1477 Abs. 2 zu übernehmen berechtigt sein würde. Das Recht kann von ihnen nur gemeinschaftlich ausgeübt werden.

§ 1503.

Mehrere anteilsberechtigte Abkömmlinge teilen die ihnen zufallende Hälfte des Gesamtguts nach dem Verhältnisse der Anteile, zu denen sie im Falle der gesetzlichen Erbfolge als Erben des verstorbenen Ehegatten berufen sein würden, wenn dieser erst zur Zeit der Beendigung der fortgesetzten Gütergemeinschaft gestorben wäre.

Das Vorempfangene kommt nach den für die Ausgleichung unter Abkömmlingen geltenden Vorschriften zur Ausgleichung, soweit nicht eine solche bereits bei der Teilung des Nachlasses des verstorbenen Ehegatten erfolgt ist.

Ist einem Abkömmlinge, der auf seinen Anteil verzichtet hat, eine Abfindung aus dem Gesamtgute gewährt worden, so fällt sie den Abkömmlingen zur Last, denen der Verzicht zustatten kommt.

§ 1504.

Soweit die anteilsberechtigten Abkömmlinge nach § 1480 den Gesamtgutsgläubigern haften, sind sie im Verhältnisse zueinander nach der Größe ihres Anteils an dem Gesamtgute verpflichtet. Die Verpflichtung beschränkt sich auf die ihnen zugeteilten Gegenstände; die für die Haftung des Erben geltenden Vorschriften der §§ 1990, 1991 finden entsprechende Anwendung.

§ 1505.

Die Vorschriften über das Recht auf Ergänzung des Pflichtteils finden zugunsten eines anteilsberechtigten Abkömmlinges entsprechende Anwendung; an die Stelle des Erbfalls tritt die Beendigung der fortgesetzten Gütergemeinschaft, als gesetzlicher Erbteil gilt der dem Abkömmlinge zur Zeit der Beendigung gebührende Anteil an dem Gesamtgut, als Pflichtteil gilt die Hälfte des Wertes dieses Anteils.

§ 1506.

Ist ein gemeinschaftlicher Abkömmling erbunwürdig, so ist er auch des Anteils an dem Gesamtgut unwürdig. Die Vorschriften über die Erbunwürdigkeit finden entsprechende Anwendung.

9. **Zeugnis des Nachlaßgerichts.**

§ 1507.

Das Nachlaßgericht hat dem überlebenden Ehegatten auf Antrag ein Zeugnis über die Fortsetzung der Gütergemeinschaft zu erteilen. Die Vorschriften über den Erbschein finden entsprechende Anwendung.

10. **Ausschließung der fortgesetzten Gütergemeinschaft** (§§ 1508—1510).

a) **Ehevertrag.**

§ 1508.

Die Ehegatten können die Fortsetzung der Gütergemeinschaft durch Ehevertrag ausschließen.

Auf einen Ehevertrag, durch welchen die Fortsetzung der Gütergemeinschaft ausgeschlossen oder die Ausschließung aufgehoben wird, finden die Vorschriften des § 1437 Anwendung.

b) **Testament.**

§ 1509.

Jeder Ehegatte kann für den Fall, daß die Ehe durch seinen Tod aufgelöst wird, die Fortsetzung der Gütergemeinschaft durch letztwillige Verfügung ausschließen, wenn er berechtigt ist, dem anderen Ehegatten den Pflichtteil zu entziehen oder auf Aufhebung der Gütergemeinschaft zu klagen. Auf die Ausschließung finden die Vorschriften über die Entziehung des Pflichtteils entsprechende Anwendung.

c) **Wirkung des Ausschlusses.**

§ 1510.

Wird die Fortsetzung der Gütergemeinschaft ausgeschlossen, so gilt das gleiche wie im Falle des § 1482.

11. **Verfügungen des vorverstorbenen Ehegatten über Ausschluß eines Abkömmlings und Auseinandersetzung** (§§ 1511—1516).

§ 1511.

Jeder Ehegatte kann für den Fall, daß die Ehe durch seinen Tod aufgelöst wird, einen gemeinschaftlichen Abkömmling von der fortgesetzten Gütergemeinschaft durch letztwillige Verfügung ausschließen.

Der ausgeschlossene Abkömmling kann, unbeschadet seines Erbrechts, aus dem Gesamtgute der fortgesetzten Gütergemeinschaft die Zahlung des Betrags verlangen, der ihm von dem Gesamtgute der ehelichen Gütergemeinschaft als Pflichtteil gebühren würde, wenn die fortgesetzte Gütergemeinschaft nicht eingetreten wäre. Die für den Pflichtteilsanspruch geltenden Vorschriften finden entsprechende Anwendung.

Der dem ausgeschlossenen Abkömmlinge gezahlte Betrag wird bei der Auseinandersetzung den anteilsberechtigten Abkömmlingen nach Maßgabe des § 1500 angerechnet. Im Verhältnisse der Abkömmlinge zueinander fällt er den Abkömmlingen zur Last, denen die Ausschließung zustatten kommt.

§ 1512.

Jeder Ehegatte kann für den Fall, daß mit seinem Tode die fortgesetzte Gütergemeinschaft eintritt, den einem anteilsberechtigten Abkömmlinge nach der Beendigung der fortgesetzten Gütergemeinschaft gebührenden Anteil an dem Gesamtgute durch letztwillige Verfügung bis auf die Hälfte herabsetzen.

§ 1513.

Jeder Ehegatte kann für den Fall, daß mit seinem Tode die fortgesetzte Gütergemeinschaft eintritt, einem anteilsberechtigten Abkömmlinge den diesem nach der Beendigung der fortgesetzten Gütergemeinschaft gebührenden Anteil an dem Gesamtgute durch letztwillige Verfügung entziehen, wenn er berechtigt ist, dem Abkömmlinge den Pflichtteil zu entziehen. Die Vorschriften des § 2336 Abs. 2 bis 4 finden entsprechende Anwendung.

Der Ehegatte kann, wenn er nach § 2338 berechtigt ist, das Pflichtteilsrecht des Abkömmlinges zu beschränken, den Anteil des Abkömmlinges am Gesamtgut einer entsprechenden Beschränkung unterwerfen.

§ 1514.

Jeder Ehegatte kann den Betrag, den er nach § 1512 oder nach § 1513 Abs. 1 einem Abkömmling entzieht, auch einem Dritten durch letztwillige Verfügung zuwenden.

§ 1515.

Jeder Ehegatte kann für den Fall, daß mit seinem Tode die fortgesetzte Gütergemeinschaft eintritt, durch letztwillige Verfügung anordnen, daß ein anteilsberechtigter Abkömmling das Recht haben soll, bei der Teilung das Gesamtgut oder einzelne dazu gehörende Gegenstände gegen Ersatz des Wertes zu übernehmen.

Gehört zu dem Gesamtgut ein Landgut, so kann angeordnet werden, daß das Landgut mit dem Ertragswert oder mit einem Preise, der den Ertragswert mindestens erreicht, angesetzt werden soll. Die für die Erbfolge geltenden Vorschriften des § 2049 finden Anwendung.

Das Recht, das Landgut zu dem im Abs. 2 bezeichneten Werte oder Preise zu übernehmen, kann auch dem überlebenden Ehegatten eingeräumt werden.

§ 1516.

Zur Wirksamkeit der in den §§ 1511 bis 1515 bezeichneten Verfügungen eines Ehegatten ist die Zustimmung des anderen Ehegatten erforderlich.

Die Zustimmung kann nicht durch einen Vertreter erteilt werden. Ist der Ehegatte in der Geschäftsfähigkeit beschränkt, so ist die Zustimmung seines gesetzlichen Vertreters nicht erforderlich. Die Zustimmungserklärung bedarf der gerichtlichen oder notariellen Beurkundung. Die Zustimmung ist unwiderruflich.

Die Ehegatten können die in den §§ 1511 bis 1515 bezeichneten Verfügungen auch in einem gemeinschaftlichen Testamente treffen.

12. Verzicht auf den künftigen Anteil.

§ 1517.

Zur Wirksamkeit eines Vertrags, durch den ein gemeinschaftlicher Abkömmling einem der Ehegatten gegenüber für den Fall, daß die Ehe durch dessen Tod aufgelöst wird, auf seinen Anteil am Gesamtgute der fortgesetzten Gütergemeinschaft verzichtet oder durch den ein solcher Verzicht aufgehoben wird, ist die Zustimmung des anderen Ehegatten erforderlich. Für die Zustimmung gelten die Vorschriften des § 1516 Abs. 2 Satz 3, 4.

Die für den Erbverzicht geltenden Vorschriften finden entsprechende Anwendung.

13. Ius cogens.

§ 1518.

Anordnungen, die mit den Vorschriften der §§ 1483 bis 1517 in Widerspruch stehen, können von den Ehegatten weder durch letztwillige Verfügung noch durch Vertrag getroffen werden.

3. Errungenschaftsgemeinschaft

1. Gütermassen (§§ 1519—1528).

a) Gesamtgut.

§ 1519.

Was der Mann oder die Frau während der Errungenschaftsgemeinschaft erwirbt, wird gemeinschaftliches Vermögen beider Ehegatten (Gesamtgut).

Auf das Gesamtgut finden die für die allgemeine Gütergemeinschaft geltenden Vorschriften des § 1438 Abs. 2, 3 und der §§ 1442 bis 1453, 1455 bis 1457 Anwendung.

b) Eingebrachtes Gut (§§ 1520—1525).

§ 1520.

Eingebrachtes Gut eines Ehegatten ist, was ihm bei dem Eintritte der Errungenschaftsgemeinschaft gehört.

§ 1521.

Eingebrachtes Gut eines Ehegatten ist, was er von Todes wegen oder mit Rücksicht auf ein künftiges Erbrecht, durch Schenkung oder als Ausstattung erwirbt. Ausgenommen ist ein Erwerb, der den Umständen nach zu den Einkünften zu rechnen ist.

§ 1522.

Eingebrachtes Gut eines Ehegatten sind Gegenstände, die nicht durch Rechtsgeschäft übertragen werden können, sowie Rechte, die mit seinem Tode erlöschen oder deren Erwerb durch den Tod eines der Ehegatten bedingt ist.

§ 1523.

Eingebrachtes Gut eines Ehegatten ist, was durch Ehevertrag für eingebrachtes Gut erklärt ist.

§ 1524.

Eingebrachtes Gut eines Ehegatten ist, was er auf Grund eines zu seinem eingebrachten Gute gehörenden Rechtes oder als Ersatz für die Zerstörung, Beschädigung oder Entziehung eines zum eingebrachten Gute gehörenden Gegenstandes oder durch ein Rechtsgeschäft erwirbt, das sich auf das eingebrachte Gut bezieht. Ausgenommen ist der Erwerb aus dem Betrieb eines Erwerbsgeschäfts.

Die Zugehörigkeit einer durch Rechtsgeschäft erworbenen Forderung zum eingebrachten Gute hat der Schuldner erst dann gegen sich gelten zu lassen, wenn er von der Zugehörigkeit Kenntnis erlangt; die Vorschriften der §§ 406 bis 408 finden entsprechende Anwendung.

§ 1525.

Das eingebrachte Gut wird für Rechnung des Gesamtguts in der Weise verwaltet, daß die Nutzungen, welche nach den für den Güterstand der Verwaltung und Nutznießung geltenden Vorschriften dem Manne zufallen, zu dem Gesamtgute gehören.

Auf das eingebrachte Gut der Frau finden im übrigen die Vorschriften der §§ 1373 bis 1383, 1390 bis 1417 entsprechende Anwendung.

22*

c) **Vorbehaltsgut.**

§ 1526.

Vorbehaltsgut der Frau ist, was durch Ehevertrag für Vorbehaltsgut erklärt ist oder von der Frau nach § 1369 oder § 1370 erworben wird.

Vorbehaltsgut des Mannes ist ausgeschlossen.

Für das Vorbehaltsgut der Frau gilt das gleiche wie für das Vorbehaltsgut bei der allgemeinen Gütergemeinschaft.

d) **Vermutung.**

§ 1527.

Es wird vermutet, daß das vorhandene Vermögen Gesamtgut sei.

e) **Inventarisierung des Eingebrachten.**

§ 1528.

Jeder Ehegatte kann verlangen, daß der Bestand seines eigenen und des dem anderen Ehegatten gehörenden eingebrachten Gutes durch Aufnahme eines Verzeichnisses unter Mitwirkung des anderen Ehegatten festgestellt wird. Auf die Aufnahme des Verzeichnisses finden die für den Nießbrauch geltenden Vorschriften des § 1035 Anwendung.

Jeder Ehegatte kann den Zustand der zum eingebrachten Gute gehörenden Sachen auf seine Kosten durch Sachverständige feststellen lassen.

2. **Lasten des Gesamtguts.**

§ 1529.

Der eheliche Aufwand fällt dem Gesamtgute zur Last.

Das Gesamtgut trägt auch die Lasten des eingebrachten Gutes beider Ehegatten; der Umfang der Lasten bestimmt sich nach den bei dem Güterstande der Verwaltung und Nutznießung für das eingebrachte Gut der Frau geltenden Vorschriften der §§ 1384 bis 1387.

3. **Schuldenhaftung (§§ 1530—1538).**

a) **Verhältnis zu den Gläubigern. Gesamtgutsverbindlichkeiten (§§ 1530—1534).**

§ 1530.

Das Gesamtgut haftet für die Verbindlichkeiten des Mannes und für die in den §§ 1531 bis 1534 bezeichneten Verbindlichkeiten der Frau (Gesamtgutsverbindlichkeiten).

Für Verbindlichkeiten der Frau, die Gesamtgutsverbindlichkeiten sind, haftet der Mann auch persönlich als Gesamtschuldner. Die Haftung erlischt mit der Beendigung der Errungenschaftsgemeinschaft, wenn die Verbindlichkeiten im Verhältnisse der Ehegatten zueinander nicht dem Gesamtgute zur Last fallen.

§ 1531.

Das Gesamtgut haftet für Verbindlichkeiten der Frau, die zu den im § 1529 Abs. 2 bezeichneten Lasten des eingebrachten Gutes gehören.

§ 1532.

Das Gesamtgut haftet für eine Verbindlichkeit der Frau, die aus einem nach dem Eintritte der Errungenschaftsgemeinschaft vorgenommenen Rechtsgeschäft entsteht, sowie für die Kosten eines Rechtsstreits, den die Frau nach dem Eintritte der Errungenschaftsgemeinschaft führt, wenn die Vornahme des Rechtsgeschäfts oder die Führung des Rechtsstreits mit Zustimmung des Mannes erfolgt oder ohne seine Zustimmung für das Gesamtgut wirksam ist.

§ 1533.

Das Gesamtgut haftet für eine Verbindlichkeit der Frau, die nach dem Eintritte der Errungenschaftsgemeinschaft infolge eines ihr zustehenden Rechtes oder des Besitzes einer ihr gehörenden Sache entsteht, wenn das Recht oder die Sache zu einem Erwerbsgeschäfte gehört, das die Frau mit Einwilligung des Mannes selbständig betreibt.

§ 1534.

Das Gesamtgut haftet für Verbindlichkeiten der Frau, die ihr auf Grund der gesetzlichen Unterhaltspflicht obliegen.

b) Verhältnis der Ehegatten zueinander (§§ 1535—1538).

§ 1535.

Im Verhältnisse der Ehegatten zueinander fallen folgende Gesamtgutsverbindlichkeiten dem Ehegatten zur Last, in dessen Person sie entstehen:

1. die Verbindlichkeiten aus einem sich auf sein eingebrachtes Gut oder sein Vorbehaltsgut beziehenden Rechtsverhältnis, auch wenn sie vor dem Eintritte der Errungenschaftsgemeinschaft oder vor der Zeit entstanden sind, zu der das Gut eingebrachtes Gut oder Vorbehaltsgut geworden ist;
2. die Kosten eines Rechtsstreits, den der Ehegatte über eine der in Nr. 1 bezeichneten Verbindlichkeiten führt.

§ 1536.

Im Verhältnisse der Ehegatten zueinander fallen dem Manne zu Last:

1. die vor dem Eintritte der Errungenschaftsgemeinschaft entstandenen Verbindlichkeiten des Mannes;
2. die Verbindlichkeiten des Mannes, die der Frau gegenüber aus der Verwaltung ihres eingebrachten Gutes entstehen, soweit nicht das Gesamtgut zur Zeit der Beendigung der Errungenschaftsgemeinschaft bereichert ist;
3. die Verbindlichkeiten des Mannes aus einer unerlaubten Handlung, die er nach dem Eintritte der Errungenschaftsgemeinschaft begeht, oder aus einem Strafverfahren, das wegen einer unerlaubten Handlung gegen ihn gerichtet wird;
4. die Kosten eines Rechtsstreits, den der Mann über eine der in Nr. 1 bis 3 bezeichneten Verbindlichkeiten führt.

§ 1537.

Die Vorschriften des § 1535 und des § 1536 Nr. 1, 4 finden insoweit keine Anwendung, als die Verbindlichkeiten nach § 1529 Abs. 2 von dem Gesamtgute zu tragen sind.

Das gleiche gilt von den Vorschriften des § 1535 insoweit, als die Verbindlichkeiten durch den Betrieb eines Erwerbsgeschäfts, der für Rechnung des Gesamtguts geführt wird, oder infolge eines zu einem solchen Erwerbsgeschäfte gehörenden Rechtes oder des Besitzes einer dazu gehörenden Sache entstehen.

§ 1538.

Verspricht oder gewährt der Mann einem Kinde eine Ausstattung, so finden die Vorschriften des § 1465 Anwendung.

4. Ausgleichungsansprüche (§§ 1539—1541).

§ 1539.

Soweit das eingebrachte Gut eines Ehegatten auf Kosten des Gesamtguts oder das Gesamtgut auf Kosten des eingebrachten Gutes eines Ehegatten zur Zeit der Beendigung der Errungenschaftsgemeinschaft bereichert ist, muß aus dem bereicherten Gute zu dem anderen Gute Ersatz geleistet werden. Weitergehende, auf besonderen Gründen beruhende Ansprüche bleiben unberührt.

§ 1540.

Sind verbrauchbare Sachen, die zum eingebrachten Gute eines Ehegatten gehört haben, nicht mehr vorhanden, so wird zugunsten des Ehegatten vermutet, daß die Sachen in das Gesamtgut verwendet worden seien und dieses um den Wert der Sachen bereichert sei.

§ 1541.

Was ein Ehegatte zu dem Gesamtgut oder die Frau zu dem eingebrachten Gute des Mannes schuldet, ist erst nach der Beendigung der Errungenschaftsgemeinschaft zu leisten; soweit jedoch zur Berichtigung einer Schuld der Frau ihr eingebrachtes Gut und ihr Vorbehaltsgut ausreichen, hat sie die Schuld schon vorher zu berichtigen.

Was der Mann aus dem Gesamtgute zu fordern hat, kann er erst nach der Beendigung der Errungenschaftsgemeinschaft fordern.

5. Beendigung (§§ 1542 bis 1544).

a) Gestaltungsurteil.

§ 1542.

Die Frau kann unter den Voraussetzungen des § 1418 Nr. 1, 3 bis 5 und des § 1468, der Mann kann unter den Voraussetzungen des § 1469 auf Aufhebung der Errungenschaftsgemeinschaft klagen.

Die Aufhebung tritt mit der Rechtskraft des Urteils ein.

b) Konkurs.

§ 1543.

Die Errungenschaftsgemeinschaft endigt mit der Rechtskraft des Beschlusses, durch den der Konkurs über das Vermögen des Mannes eröffnet wird.

c) Tod.

§ 1544.

Die Errungenschaftsgemeinschaft endigt, wenn ein Ehegatte für tot erklärt wird, mit dem Zeitpunkte, der als Zeitpunkt des Todes gilt.

6. Folgen der Beendigung (§§ 1545, 1546).

a) Gütertrennung.

§ 1545.

Endigt die Errungenschaftsgemeinschaft nach den §§ 1542 bis 1544, so gilt für die Zukunft Gütertrennung.

Dritten gegenüber ist die Beendigung der Gemeinschaft nur nach Maßgabe des § 1435 wirksam.

b) Auseinandersetzung.

§ 1546.

Nach der Beendigung der Errungenschaftsgemeinschaft findet in Ansehung des Gesamtguts die Auseinandersetzung statt. Bis zur Auseinandersetzung bestimmt sich das Rechtsverhältnis der Ehegatten nach den §§ 1442, 1472, 1473.

Die Auseinandersetzung erfolgt, soweit nicht eine andere Vereinbarung getroffen wird, nach den für die allgemeine

Gütergemeinschaft geltenden Vorschriften der §§ 1475 bis 1477, 1479 bis 1481.

Auf das eingebrachte Gut der Frau finden die für den Güterstand der Verwaltung und Nutznießung geltenden Vorschriften der §§ 1421 bis 1424 Anwendung.

7. Wiederherstellung der Gemeinschaft durch Gestaltungsurteil
(§§ 1547, 1548).

§ 1547.

Endigt die Errungenschaftsgemeinschaft durch die Eröffnung des Konkurses über das Vermögen des Mannes, so kann die Frau auf Wiederherstellung der Gemeinschaft klagen. Das gleiche Recht steht, wenn die Gemeinschaft infolge einer Todeserklärung endigt, dem für tot erklärten Ehegatten zu, falls er noch lebt.

Wird die Gemeinschaft auf Grund des § 1418 Nr. 3 bis 5 aufgehoben, so kann der Mann unter den Voraussetzungen des § 1425 Abs. 1 auf Wiederherstellung der Gemeinschaft klagen.

§ 1548.

Die Wiederherstellung der Errungenschaftsgemeinschaft tritt in den Fällen des § 1547 mit der Rechtskraft des Urteils ein. Die Vorschrift des § 1422 findet entsprechende Anwendung.

Dritten gegenüber ist die Wiederherstellung, wenn die Beendigung in das Güterrechtsregister eingetragen worden ist, nur nach Maßgabe des § 1435 wirksam.

Im Falle der Wiederherstellung wird Vorbehaltsgut der Frau, was ohne die Beendigung der Gemeinschaft Vorbehaltsgut geblieben oder geworden sein würde.

4. Fahrnisgemeinschaft.

1. Gütermassen
(§§ 1549—1555).

a) Gesamtgut.

§ 1549.

Auf die Gemeinschaft des beweglichen Vermögens und der Errungenschaft (Fahrnisgemeinschaft) finden die für die allgemeine Gütergemeinschaft geltenden Vorschriften Anwendung, soweit sich nicht aus den §§ 1550 bis 1557 ein anderes ergibt.

b) Eingebrachtes Gut
(§§ 1550—1554).

§ 1550.

Von dem Gesamtgut ausgeschlossen ist das eingebrachte Gut eines Ehegatten.

Auf das eingebrachte Gut finden die bei der Errungenschaftsgemeinschaft für das eingebrachte Gut geltenden Vorschriften Anwendung.

§ 1551.

Eingebrachtes Gut eines Ehegatten ist das unbewegliche Vermögen, das er bei dem Eintritte der Fahrnisgemeinschaft hat oder während der Gemeinschaft durch Erbfolge, durch Vermächtnis oder mit Rücksicht auf ein künftiges Erbrecht, durch Schenkung oder als Ausstattung erwirbt.

Zum unbeweglichen Vermögen im Sinne dieser Vorschrift gehören Grundstücke nebst Zubehör, Rechte an Grundstücken, mit Ausnahme der Hypotheken, Grundschulden und Rentenschulden, sowie Forderungen, die auf die Übertragung des Eigentums an Grundstücken oder auf die Begründung oder Übertragung eines der bezeichneten Rechte oder auf die Befreiung eines Grundstücks von einem solchen Rechte gerichtet sind.

§ 1552.

Eingebrachtes Gut eines Ehegatten sind Gegenstände, die nicht durch Rechtsgeschäft übertragen werden können.

§ 1553.

Eingebrachtes Gut eines Ehegatten ist:

1. was durch Ehevertrag für eingebrachtes Gut erklärt ist;
2. was er nach § 1369 erwirbt, sofern die Bestimmung dahin getroffen ist, daß der Erwerb eingebrachtes Gut sein soll.

§ 1554.

Eingebrachtes Gut eines Ehegatten ist, was er in der im § 1524 bezeichneten Weise erwirbt. Ausgenommen ist, was an Stelle von Gegenständen erworben wird, die nur deshalb eingebrachtes Gut sind, weil sie nicht durch Rechtsgeschäft übertragen werden können.

c) Vorbehaltsgut.

§ 1555.

Vorbehaltsgut des Mannes ist ausgeschlossen.

2. Schulden im Verhältnis der Ehegatten zueinander.

§ 1556.

Erwirbt ein Ehegatte während der Fahrnisgemeinschaft durch Erbfolge, durch Vermächtnis oder mit Rücksicht auf ein künftiges Erbrecht, durch Schenkung oder als Ausstattung Gegenstände, die teils Gesamtgut, teils eingebrachtes Gut werden, so fallen die infolge des Erwerbes entstehenden Verbindlichkeiten im Verhältnisse der Ehegatten zueinander dem Gesamtgut und dem Ehegatten, der den Erwerb macht, verhältnismäßig zur Last.

3. **Eintritt.**

§ 1557.

Fortgesetzte Gütergemeinschaft tritt nur ein, wenn sie durch Ehevertrag vereinbart ist.

III. Güterrechtsregister.

1. **Zuständigkeit.**

§ 1558.

Die Eintragungen in das Güterrechtsregister haben bei dem Amtsgerichte zu geschehen, in dessen Bezirke der Mann seinen Wohnsitz hat.

Durch Anordnung der Landesjustizverwaltung kann die Führung des Registers für mehrere Amtsgerichtsbezirke einem Amtsgericht übertragen werden.

2. **Wiederholung der Eintragung.**

§ 1559.

Verlegt der Mann nach der Eintragung seinen Wohnsitz in einen anderen Bezirk, so muß die Eintragung im Register dieses Bezirkes wiederholt werden. Die frühere Eintragung gilt als von neuem erfolgt, wenn der Mann den Wohnsitz in den früheren Bezirk zurückverlegt.

3. **Antrag (§§ 1560, 1561).**

§ 1560.

Eine Eintragung in das Register soll nur auf Antrag und nur insoweit erfolgen, als sie beantragt ist. Der Antrag ist in öffentlich beglaubigter Form zu stellen.

§ 1561.

Die Eintragung erfolgt in den Fällen des § 1357 Abs. 2 und des § 1405 Abs. 3 auf Antrag des Mannes.

In den anderen Fällen ist der Antrag beider Ehegatten erforderlich; jeder Ehegatte ist dem anderen gegenüber zur Mitwirkung verpflichtet.

Der Antrag eines der Ehegatten genügt:

1. zur Eintragung eines Ehevertrags oder einer auf gerichtlicher Entscheidung beruhenden Änderung der güterrechtlichen Verhältnisse der Ehegatten, wenn mit dem Antrage der Ehevertrag oder die mit dem Zeugnisse der Rechtskraft versehene Entscheidung vorgelegt wird;

2. zur Wiederholung einer Eintragung in dem Register eines anderen Bezirkes, wenn mit dem Antrag eine nach der Aufhebung des bisherigen Wohnsitzes erteilte, öffentlich beglaubigte Abschrift der früheren Eintragung vorgelegt wird.

4. Veröffentlichung.

§ 1562.

Das Amtsgericht hat die Eintragung durch das für seine Bekanntmachungen bestimmte Blatt zu veröffentlichen.

Wird eine Änderung des Güterstandes eingetragen, so hat sich die Bekanntmachung auf die Bezeichnung des Güterstandes und, wenn dieser abweichend von dem Gesetze geregelt ist, auf eine allgemeine Bezeichnung der Abweichung zu beschränken.

5. Öffentlichkeit des Registers.

§ 1563.

Die Einsicht des Registers ist jedem gestattet. Von den Eintragungen kann eine Abschrift gefordert werden; die Abschrift ist auf Verlangen zu beglaubigen.

Siebenter Titel. Scheidung der Ehe.

1. Grundsatz.

§ 1564.

Die Ehe kann aus den in den §§ 1565 bis 1569 bestimmten Gründen geschieden werden. Die Scheidung erfolgt durch Urteil. Die Auflösung der Ehe tritt mit der Rechtskraft des Urteils ein.

2. Scheidungsgründe (§§ 1565—1569).

a) Ehebruch, Doppelehe, widernatürliche Unzucht.

§ 1565.

Ein Ehegatte kann auf Scheidung klagen, wenn der andere Ehegatte sich des Ehebruchs oder einer nach den §§ 171, 175 des Strafgesetzbuchs strafbaren Handlung schuldig macht.

Das Recht des Ehegatten auf Scheidung ist ausgeschlossen, wenn er dem Ehebruch oder der strafbaren Handlung zustimmt oder sich der Teilnahme schuldig macht.

b) Lebensnachstellung.

§ 1566.

Ein Ehegatte kann auf Scheidung klagen, wenn der andere Ehegatte ihm nach dem Leben trachtet.

c) Malitiosa desertio, quasidesertio.

§ 1567.

Ein Ehegatte kann auf Scheidung klagen, wenn der andere Ehegatte ihn böslich verlassen hat.

Bösliche Verlassung liegt nur vor:

1. wenn ein Ehegatte, nachdem er zur Herstellung der häuslichen Gemeinschaft rechtskräftig verurteilt worden ist, ein Jahr lang gegen den Willen des anderen Ehegatten in böslicher Absicht dem Urteile nicht Folge geleistet hat;
2. wenn ein Ehegatte sich ein Jahr lang gegen den Willen des anderen Ehegatten in böslicher Absicht von der häuslichen Gemeinschaft ferngehalten hat und die Voraussetzungen für die öffentliche Zustellung seit Jahresfrist gegen ihn bestanden haben.

Die Scheidung ist im Falle des Abs. 2 Nr. 2 unzulässig, wenn die Voraussetzungen für die öffentliche Zustellung am Schlusse der mündlichen Verhandlung, auf die das Urteil ergeht, nicht mehr bestehen.

d) Ehezerrüttung.

§ 1568.

Ein Ehegatte kann auf Scheidung klagen, wenn der andere Ehegatte durch schwere Verletzung der durch die Ehe begründeten Pflichten oder durch ehrloses oder unsittliches Verhalten eine so tiefe Zerrüttung des ehelichen Verhältnisses verschuldet hat, daß dem Ehegatten die Fortsetzung der Ehe nicht zugemutet werden kann. Als schwere Verletzung der Pflichten gilt auch grobe Mißhandlung.

e) Geisteskrankheit.

§ 1569.

Ein Ehegatte kann auf Scheidung klagen, wenn der andere Ehegatte in Geisteskrankheit verfallen ist, die Krankheit während der Ehe mindestens drei Jahre gedauert und einen solchen Grad erreicht hat, daß die geistige Gemeinschaft zwischen den Ehegatten aufgehoben, auch jede Aussicht auf Wiederherstellung dieser Gemeinschaft ausgeschlossen ist.

3. Erlöschen des Scheidungsrechts (§§ 1570—1573).

a) Verzeihung.

§ 1570.

Das Recht auf Scheidung erlischt in den Fällen der §§ 1565 bis 1568 durch Verzeihung.

b) Zeitablauf (§§ 1571—1573).

§ 1571.

Die Scheidungsklage muß in den Fällen der §§ 1565 bis 1568 binnen sechs Monaten von dem Zeitpunkt an erhoben werden, in dem der Ehegatte von dem Scheidungsgrunde Kenntnis erlangt. Die Klage ist ausgeschlossen, wenn seit dem Eintritte des Scheidungsgrundes zehn Jahre verstrichen sind.

Die Frist läuft nicht, solange die häusliche Gemeinschaft der Ehegatten aufgehoben ist. Wird der zur Klage berechtigte Ehegatte von dem anderen Ehegatten aufgefordert, entweder die häusliche Gemeinschaft herzustellen oder die Klage zu erheben, so läuft die Frist von dem Empfange der Aufforderung an.

Der Erhebung der Klage steht die Ladung zum Sühnetermine gleich. Die Ladung verliert ihre Wirkung, wenn der zur Klage berechtigte Ehegatte im Sühnetermine nicht erscheint oder wenn drei Monate nach der Beendigung des Sühneverfahrens verstrichen sind und nicht vorher die Klage erhoben worden ist.

Auf den Lauf der sechsmonatigen und der dreimonatigen Frist finden die für die Verjährung geltenden Vorschriften der §§ 203, 206 entsprechende Anwendung.

§ 1572.

Ein Scheidungsgrund kann, auch wenn die für seine Geltendmachung im § 1571 bestimmte Frist verstrichen ist, im Laufe des Rechtsstreits geltend gemacht werden, sofern die Frist zur Zeit der Erhebung der Klage noch nicht verstrichen war.

§ 1573.

Tatsachen, auf die eine Scheidungsklage nicht mehr gegründet werden kann, dürfen zur Unterstützung einer auf andere Tatsachen gegründeten Scheidungsklage geltend gemacht werden.

4. Schuldfrage.

§ 1574.

Wird die Ehe aus einem der in den §§ 1565 bis 1568 bestimmten Gründe geschieden, so ist in dem Urteil auszusprechen, daß der Beklagte die Schuld an der Scheidung trägt.

Hat der Beklagte Widerklage erhoben und wird auch diese für begründet erkannt, so sind beide Ehegatten für schuldig zu erklären.

Ohne Erhebung einer Widerklage ist auf Antrag des Beklagten auch der Kläger für schuldig zu erklären, wenn Tatsachen vorliegen, wegen deren der Beklagte auf Scheidung klagen könnte oder, falls sein Recht auf Scheidung durch Verzeihung oder durch Zeitablauf ausgeschlossen ist, zur Zeit des Eintritts des von dem Kläger geltend gemachten Scheidungsgrundes berechtigt war, auf Scheidung zu klagen.

5. Aufhebung der ehelichen Gemeinschaft (§§ 1575, 1576).

§ 1575.

Der Ehegatte, der auf Scheidung zu klagen berechtigt ist, kann statt auf Scheidung auf Aufhebung der ehelichen Gemeinschaft klagen. Beantragt der andere Ehegatte, daß die Ehe, falls die Klage begründet ist, geschieden wird, so ist auf Scheidung zu erkennen.

Für die Klage auf Aufhebung der ehelichen Gemeinschaft gelten die Vorschriften der §§ 1573, 1574.

§ 1576.

Ist auf Aufhebung der ehelichen Gemeinschaft erkannt, so kann jeder der Ehegatten auf Grund des Urteils die Scheidung beantragen, es sei denn, daß nach der Erlassung des Urteils die eheliche Gemeinschaft wiederhergestellt worden ist.

Die Vorschriften der §§ 1570 bis 1574 finden keine Anwendung; wird die Ehe geschieden, so ist der für schuldig erklärte Ehegatte auch im Scheidungsurteile für schuldig zu erklären.

6. Wirkungen der Ehescheidung (§§ 1577—1585).

a) Name.

§ 1577.

Die geschiedene Frau behält den Familiennamen des Mannes.

Die Frau kann ihren Familiennamen wieder annehmen. War sie vor der Eingehung der geschiedenen Ehe verheiratet, so kann sie auch den Namen wieder annehmen, den sie zur Zeit der Eingehung dieser Ehe hatte, es sei denn, daß sie allein für schuldig erklärt ist. Die Wiederannahme des Namens erfolgt durch Erklärung gegenüber der zuständigen Behörde; die Erklärung ist in öffentlich beglaubigter Form abzugeben.

Ist die Frau allein für schuldig erklärt, so kann der Mann ihr die Führung seines Namens untersagen. Die Untersagung erfolgt durch Erklärung gegenüber der zuständigen Behörde; die Erklärung ist in öffentlich beglaubigter Form abzugeben. Die Behörde soll der Frau die Erklärung mitteilen. Mit dem Verluste des Namens des Mannes erhält die Frau ihren Familiennamen wieder.

b) Unterhalt der Ehegatten (§§ 1578—1583).

α) Voraussetzung und Umfang der Unterhaltspflicht (§§ 1578, 1579).

§ 1578.

Der allein für schuldig erklärte Mann hat der geschiedenen Frau den standesmäßigen Unterhalt insoweit zu gewähren, als sie ihn nicht aus den Einkünften ihres Vermögens und, sofern nach den Verhältnissen, in denen die Ehegatten gelebt haben, Erwerb durch Arbeit der Frau üblich ist, aus dem Ertrag ihrer Arbeit bestreiten kann.

Die allein für schuldig erklärte Frau hat dem geschiedenen Manne den standesmäßigen Unterhalt insoweit zu gewähren, als er außerstande ist, sich selbst zu unterhalten.

§ 1579.

Soweit der allein für schuldig erklärte Ehegatte bei Berücksichtigung seiner sonstigen Verpflichtungen außerstande ist, ohne Gefährdung seines standesmäßigen Unterhalts dem anderen Ehegatten Unterhalt zu gewähren, ist er berechtigt, von den zu seinem Unterhalte verfügbaren Einkünften zwei Dritteile oder, wenn diese zu seinem notdürftigen Unterhalte nicht ausreichen, so viel zurückzubehalten, als zu dessen Bestreitung erforderlich ist. Hat er einem minderjährigen unverheirateten Kinde oder infolge seiner Wiederverheiratung dem neuen Ehegatten Unterhalt zu gewähren, so beschränkt sich seine Verpflichtung dem geschiedenen Ehegatten gegenüber auf dasjenige, was mit Rücksicht auf die Bedürfnisse sowie auf die Vermögens- und Erwerbsverhältnisse der Beteiligten der Billigkeit entspricht.

Der Mann ist der Frau gegenüber unter den Voraussetzungen des Abs. 1 von der Unterhaltspflicht ganz befreit, wenn die Frau den Unterhalt aus dem Stamme ihres Vermögens bestreiten kann.

β) Art der Unterhaltsgewährung.

§ 1580.

Der Unterhalt ist durch Entrichtung einer Geldrente nach Maßgabe des § 760 zu gewähren. Ob, in welcher Art und für welchen Betrag der Unterhaltspflichtige Sicherheit zu leisten hat, bestimmt sich nach den Umständen.

Statt der Rente kann der Berechtigte eine Abfindung in Kapital verlangen, wenn ein wichtiger Grund vorliegt.

Im übrigen finden die für die Unterhaltspflicht der Verwandten geltenden Vorschriften der §§ 1607, 1610, des § 1611 Abs. 1, des § 1613 und für den Fall des Todes des Berechtigten die Vorschriften des § 1615 entsprechende Anwendung.

γ) Erlöschen der Unterhaltspflicht (§§ 1581, 1582).
Wiederverheiratung.

§ 1581.

Die Unterhaltspflicht erlischt mit der Wiederverheiratung des Berechtigten.

Im Falle der Wiederverheiratung des Verpflichteten finden die Vorschriften des § 1604 entsprechende Anwendung.

Tod.

§ 1582.

Die Unterhaltspflicht erlischt nicht mit dem Tode des Verpflichteten.

Die Verpflichtung des Erben unterliegt nicht den Beschränkungen des § 1579. Der Berechtigte muß sich jedoch die Herabsetzung der Rente bis auf die Hälfte der Einkünfte gefallen lassen, die der Verpflichtete zur Zeit des Todes aus seinem Vermögen bezogen hat. Einkünfte aus einem Rechte, das mit dem Eintritt eines bestimmten Zeitpunkts oder Ereignisses erlischt, bleiben von dem Eintritte des Zeitpunkts oder des Ereignisses an außer Betracht.

Sind mehrere Berechtigte vorhanden, so kann der Erbe die Renten nach dem Verhältnis ihrer Höhe soweit herabsetzen, daß sie zusammen der Hälfte der Einkünfte gleichkommen.

δ) Unterhaltshaftung ohne Verschulden.

§ 1583.

Ist die Ehe wegen Geisteskrankheit eines Ehegatten geschieden, so hat ihm der andere Ehegatte Unterhalt in gleicher Weise zu gewähren wie ein allein für schuldig erklärter Ehegatte.

c) Schenkungswiderruf.

§ 1584.

Ist ein Ehegatte allein für schuldig erklärt, so kann der andere Ehegatte Schenkungen, die er ihm während des Brautstandes oder während der Ehe gemacht hat, widerrufen. Die Vorschriften des § 531 finden Anwendung.

Der Widerruf ist ausgeschlossen, wenn seit der Rechtskraft des Scheidungsurteils ein Jahr verstrichen oder wenn der Schenker oder der Beschenkte gestorben ist.

d) Unterhalt der Kinder.

§ 1585.

Hat der Mann einem gemeinschaftlichen Kinde Unterhalt zu gewähren, so ist die Frau verpflichtet, ihm aus den Einkünften ihres Vermögens und dem Ertrag ihrer Arbeit oder eines von ihr selbständig betriebenen Erwerbsgeschäfts einen angemessenen Beitrag zu den Kosten des Unterhalts zu leisten, soweit nicht diese durch die dem Manne an dem Vermögen des Kindes zustehende Nutznießung gedeckt werden. Der Anspruch des Mannes ist nicht übertragbar.

Steht der Frau die Sorge für die Person des Kindes zu und ist eine erhebliche Gefährdung des Unterhalts des Kindes zu besorgen, so kann die Frau den Beitrag zur eigenen Verwendung für den Unterhalt des Kindes zurückbehalten.

7. **Wirkungen der Aufhebung und Wiederherstellung der ehelichen Gemeinschaft** (§§ 1586, 1587).

§ 1586.

Wird nach § 1575 die eheliche Gemeinschaft aufgehoben, so treten die mit der Scheidung verbundenen Wirkungen ein; die Eingehung einer neuen Ehe ist jedoch ausgeschlossen. Die Vorschriften über die Nichtigkeit und Anfechtbarkeit der Ehe finden Anwendung, wie wenn das Urteil nicht ergangen wäre.

§ 1587.

Wird die eheliche Gemeinschaft nach der Aufhebung wiederhergestellt, so fallen die mit der Aufhebung verbundenen Wirkungen weg und tritt Gütertrennung ein.

Achter Titel. Kirchliche Verpflichtungen.

§ 1588.

Die kirchlichen Verpflichtungen in Ansehung der Ehe werden durch die Vorschriften dieses Abschnitts nicht berührt.

Zweiter Abschnitt. Verwandtschaft.

Erster Titel. Allgemeine Vorschriften.

1. **Verwandtschaft.**

§ 1589.

Personen, deren eine von der anderen abstammt, sind in gerader Linie verwandt. Personen, die nicht in gerader Linie verwandt sind, aber von derselben dritten Person abstammen, sind in der Seitenlinie verwandt. Der Grad der Verwandtschaft bestimmt sich nach der Zahl der sie vermittelnden Geburten.

Ein uneheliches Kind und dessen Vater gelten nicht als verwandt.

2. **Schwägerschaft.**

§ 1590.

Die Verwandten eines Ehegatten sind mit dem anderen Ehegatten verschwägert. Die Linie und der Grad der Schwägerschaft bestimmen sich nach der Linie und dem Grade der sie vermittelnden Verwandtschaft.

Die Schwägerschaft dauert fort, auch wenn die Ehe, durch die sie begründet wurde, aufgelöst ist.

Zweiter Titel. Eheliche Abstammung.

1. Begriff der Ehelichkeit. Pater is est, quem nuptiae demonstrant.

§ 1591.

Ein Kind, das nach der Eingehung der Ehe geboren wird, ist ehelich, wenn die Frau es vor oder während der Ehe empfangen und der Mann innerhalb der Empfängniszeit der Frau beigewohnt hat. Das Kind ist nicht ehelich, wenn es den Umständen nach offenbar unmöglich ist, daß die Frau das Kind von dem Manne empfangen hat.

Es wird vermutet, daß der Mann innerhalb der Empfängniszeit der Frau beigewohnt habe. Soweit die Empfängniszeit in die Zeit vor der Ehe fällt, gilt die Vermutung nur, wenn der Mann gestorben ist, ohne die Ehelichkeit des Kindes angefochten zu haben.

2. Empfängniszeit.

§ 1592.

Als Empfängniszeit gilt die Zeit von dem einhunderteinundachtzigsten bis zu dem dreihundertundzweiten Tage vor dem Tage der Geburt des Kindes, mit Einschluß sowohl des einhunderteinundachtzigsten als des dreihundertundzweiten Tages.

Steht fest, daß das Kind innerhalb eines Zeitraums empfangen worden ist, der weiter als dreihundertundzwei Tage vor dem Tage der Geburt zurückliegt, so gilt zugunsten der Ehelichkeit des Kindes dieser Zeitraum als Empfängniszeit.

3. Geltendmachung der Unehelichkeit (§§ 1593—1599).

a) Grundsatz.

§ 1593.

Die Unehelichkeit eines Kindes, das während der Ehe oder innerhalb dreihundertundzwei Tagen nach der Auflösung der Ehe geboren ist, kann nur geltend gemacht werden, wenn der Mann die Ehelichkeit angefochten hat oder, ohne das Anfechtungsrecht verloren zu haben, gestorben ist.

b) Anfechtungsfrist.

§ 1594.

Die Anfechtung der Ehelichkeit kann nur binnen Jahresfrist erfolgen.

Die Frist beginnt mit dem Zeitpunkt, in welchem der Mann die Geburt des Kindes erfährt.

Auf den Lauf der Frist finden die für die Verjährung geltenden Vorschriften der §§ 203, 206 entsprechende Anwendung.

c) Anfechtung durch Vertreter.

§ 1595.

Die Anfechtung der Ehelichkeit kann nicht durch einen Vertreter erfolgen. Ist der Mann in der Geschäftsfähigkeit beschränkt, so bedarf er nicht der Zustimmung seines gesetzlichen Vertreters.

Für einen geschäftsunfähigen Mann kann sein gesetzlicher Vertreter mit Genehmigung des Vormundschaftsgerichts die Ehelichkeit anfechten. Hat der gesetzliche Vertreter die Ehelichkeit nicht rechtzeitig angefochten, so kann nach dem Wegfalle der Geschäftsunfähigkeit der Mann selbst die Ehelichkeit in gleicher Weise anfechten, wie wenn er ohne gesetzlichen Vertreter gewesen wäre.

d) Anfechtung durch Klage.

§ 1596.

Die Anfechtung der Ehelichkeit erfolgt bei Lebzeiten des Kindes durch Erhebung der Anfechtungsklage. Die Klage ist gegen das Kind zu richten.

Wird die Klage zurückgenommen, so ist die Anfechtung als nicht erfolgt anzusehen. Das gleiche gilt, wenn der Mann vor der Erledigung des Rechtsstreits das Kind als das seinige anerkennt.

Vor der Erledigung des Rechtsstreits kann die Unehelichkeit nicht anderweit geltend gemacht werden.

e) Anfechtung durch Erklärung.

§ 1597.

Nach dem Tode des Kindes erfolgt die Anfechtung der Ehelichkeit durch Erklärung gegenüber dem Nachlaßgerichte; die Erklärung ist in öffentlich beglaubigter Form abzugeben.

Das Nachlaßgericht soll die Erklärung sowohl demjenigen mitteilen, welcher im Falle der Ehelichkeit, als auch demjenigen, welcher im Falle der Unehelichkeit Erbe des Kindes ist. Es hat die Einsicht der Erklärung jedem zu gestatten, der ein rechtliches Interesse glaubhaft macht.

f) Erlöschen des Anfechtungsrechts durch Anerkennung (§§ 1598, 1599).

§ 1598.

Die Anfechtung der Ehelichkeit ist ausgeschlossen, wenn der Mann das Kind nach der Geburt als das seinige anerkennt.

Die Anerkennung kann nicht unter einer Bedingung oder einer Zeitbestimmung erfolgen.

Für die Anerkennung gelten die Vorschriften des § 1595 Abs. 1. Die Anerkennung kann auch in einer Verfügung von Todes wegen erfolgen.

23*

§ 1599.

Ist die Anerkennung der Ehelichkeit anfechtbar, so finden die Vorschriften der §§ 1595 bis 1597 und, wenn die Anfechtbarkeit ihren Grund in arglistiger Täuschung oder in Drohung hat, neben den Vorschriften des § 203 Abs. 2 und des § 206 auch die Vorschrift des § 203 Abs. 1 entsprechende Anwendung.

4. Ausschluß doppelter Ehelichkeit.

§ 1600.

Wird von einer Frau, die sich nach der Auflösung ihrer Ehe wiederverheiratet hat, ein Kind geboren, das nach den §§ 1591 bis 1599 ein eheliches Kind sowohl des ersten als des zweiten Mannes sein würde, so gilt das Kind, wenn es innerhalb zweihundertundsiebzig Tagen nach der Auflösung der früheren Ehe geboren wird, als Kind des ersten Mannes, wenn es später geboren wird, als Kind des zweiten Mannes.

Dritter Titel. Unterhaltspflicht.

1. Voraussetzungen der Pflicht (§§ 1601—1605).

a) Verwandtschaft in gerader Linie.

§ 1601.

Verwandte in gerader Linie sind verpflichtet, einander Unterhalt zu gewähren.

b) Bedürftigkeit.

§ 1602.

Unterhaltsberechtigt ist nur, wer außerstande ist, sich selbst zu unterhalten.

Ein minderjähriges unverheiratetes Kind kann von seinen Eltern, auch wenn es Vermögen hat, die Gewährung des Unterhalts insoweit verlangen, als die Einkünfte seines Vermögens und der Ertrag seiner Arbeit zum Unterhalte nicht ausreichen.

c) Leistungsfähigkeit (§§ 1603—1605).

α) Grundsatz.

§ 1603.

Unterhaltspflichtig ist nicht, wer bei Berücksichtigung seiner sonstigen Verpflichtungen außerstande ist, ohne Gefährdung seines standesmäßigen Unterhalts den Unterhalt zu gewähren.

Befinden sich Eltern in dieser Lage, so sind sie ihren minderjährigen unverheirateten Kindern gegenüber verpflichtet, alle verfügbaren Mittel zu ihrem und der Kinder Unterhalte gleichmäßig zu verwenden. Diese Verpflichtung tritt nicht ein, wenn ein anderer unterhaltspflichtiger Verwandter vorhanden ist; sie tritt auch nicht ein gegenüber einem Kinde, dessen Unterhalt aus dem Stamme seines Vermögens bestritten werden kann.

β) Ehefrau insbesondere.

§ 1604.

Soweit die Unterhaltspflicht einer Frau ihren Verwandten gegenüber davon abhängt, daß sie zur Gewährung des Unterhalts imstande ist, kommt die dem Manne an dem eingebrachten Gute zustehende Verwaltung und Nutznießung nicht in Betracht.

Besteht allgemeine Gütergemeinschaft, Errungenschaftsgemeinschaft oder Fahrnisgemeinschaft, so bestimmt sich die Unterhaltspflicht des Mannes oder der Frau Verwandten gegenüber so, wie wenn das Gesamtgut dem unterhaltspflichtigen Ehegatten gehörte. Sind bedürftige Verwandte beider Ehegatten vorhanden, so ist der Unterhalt aus dem Gesamtgute so zu gewähren, wie wenn die Bedürftigen zu beiden Ehegatten in dem Verwandtschaftsverhältnisse ständen, auf dem die Unterhaltspflicht des verpflichteten Ehegatten beruht.

γ) Kinder in elterlicher Gewalt insbesondere.

§ 1605.

Soweit die Unterhaltspflicht eines minderjährigen Kindes seinen Verwandten gegenüber davon abhängt, daß es zur Gewährung des Unterhalts imstande ist, kommt die elterliche Nutznießung an dem Vermögen des Kindes nicht in Betracht.

2. Reihenfolge der Unterhaltspflichtigen (§§ 1606—1608).

§ 1606.

Die Abkömmlinge sind vor den Verwandten der aufsteigenden Linie unterhaltspflichtig. Die Unterhaltspflicht der Abkömmlinge bestimmt sich nach der gesetzlichen Erbfolgeordnung und dem Verhältnisse der Erbteile.

Unter den Verwandten der aufsteigenden Linie haften die näheren vor den entfernteren, mehrere gleichnahe zu gleichen Teilen. Der Vater haftet jedoch vor der Mutter; steht die Nutznießung an dem Vermögen des Kindes der Mutter zu, so haftet die Mutter vor dem Vater.

§ 1607.

Soweit ein Verwandter auf Grund des § 1603 nicht unterhaltspflichtig ist, hat der nach ihm haftende Verwandte den Unterhalt zu gewähren.

Das gleiche gilt, wenn die Rechtsverfolgung gegen einen Verwandten im Inland ausgeschlossen oder erheblich erschwert ist. Der Anspruch gegen einen solchen Verwandten geht, soweit ein anderer Verwandter den Unterhalt gewährt, auf diesen über. Der Übergang kann nicht zum Nachteile des Unterhaltsberechtigten geltend gemacht werden.

§ 1608.

Der Ehegatte des Bedürftigen haftet vor dessen Verwandten. Soweit jedoch der Ehegatte bei Berücksichtigung seiner sonstigen Verpflichtungen außerstande ist, ohne Gefährdung seines standesmäßigen Unterhalts den Unterhalt zu gewähren, haften die Verwandten vor dem Ehegatten. Die Vorschriften des § 1607 Abs. 2 finden entsprechende Anwendung.

Das gleiche gilt von einem geschiedenen unterhaltspflichtigen Ehegatten sowie von einem Ehegatten, der nach § 1351 unterhaltspflichtig ist.

3. Reihenfolge der Unterhaltsberechtigten.

§ 1609.

Sind mehrere Bedürftige vorhanden und ist der Unterhaltspflichtige außerstande, allen Unterhalt zu gewähren, so gehen unter ihnen die Abkömmlinge den Verwandten der aufsteigenden Linie, unter den Abkömmlingen diejenigen, welche im Falle der gesetzlichen Erbfolge als Erben berufen sein würden, den übrigen Abkömmlingen, unter den Verwandten der aufsteigenden Linie die näheren den entfernteren vor.

Der Ehegatte steht den minderjährigen unverheirateten Kindern gleich; er geht anderen Kindern und den übrigen Verwandten vor. Ein geschiedener Ehegatte sowie ein Ehegatte, der nach § 1351 unterhaltsberechtigt ist, geht den volljährigen oder verheirateten Kindern und den übrigen Verwandten vor.

4. Maß des Unterhalts (§§ 1610, 1611).

a) Standesgemäßer Unterhalt.

§ 1610.

Das Maß des zu gewährenden Unterhalts bestimmt sich nach der Lebensstellung des Bedürftigen (standesmäßiger Unterhalt).

Der Unterhalt umfaßt den gesamten Lebensbedarf, bei einer der Erziehung bedürftigen Person auch die Kosten der Erziehung und der Vorbildung zu einem Berufe.

b) Notdürftiger Unterhalt.

§ 1611.

Wer durch sein sittliches Verschulden bedürftig geworden ist, kann nur den notdürftigen Unterhalt verlangen.

Der gleichen Beschränkung unterliegt der Unterhaltsanspruch der Abkömmlinge, der Eltern und des Ehegatten, wenn sie sich einer Verfehlung schuldig machen, die den Unterhaltspflichtigen berechtigt, ihnen den Pflichtteil zu entziehen, sowie der Unterhaltsanspruch der Großeltern und der weiteren Voreltern, wenn ihnen gegenüber die Voraussetzungen vorliegen, unter denen Kinder berechtigt sind, ihren Eltern den Pflichtteil zu entziehen.

Der Bedürftige kann wegen einer nach diesen Vorschriften eintretenden Beschränkung seines Anspruchs nicht andere Unterhaltspflichtige in Anspruch nehmen.

5. Art des Unterhalts.

§ 1612.

Der Unterhalt ist durch Entrichtung einer Geldrente zu gewähren. Der Verpflichtete kann verlangen, daß ihm die Gewährung des Unterhalts in anderer Art gestattet wird, wenn besondere Gründe es rechtfertigen.

Haben Eltern einem unverheirateten Kinde Unterhalt zu gewähren, so können sie bestimmen, in welcher Art und für welche Zeit im voraus der Unterhalt gewährt werden soll. Aus besonderen Gründen kann das Vormundschaftsgericht auf Antrag des Kindes die Bestimmung der Eltern ändern.

Im übrigen finden die Vorschriften des § 760 Anwendung.

6. In praeteritum non vivitur.

§ 1613.

Für die Vergangenheit kann der Berechtigte Erfüllung oder Schadensersatz wegen Nichterfüllung nur von der Zeit an fordern, zu welcher der Verpflichtete in Verzug gekommen oder der Unterhaltsanspruch rechtshängig geworden ist.

7. Verzicht. Vorausleistung.

§ 1614.

Für die Zukunft kann auf den Unterhalt nicht verzichtet werden.

Durch eine Vorausleistung wird der Verpflichtete bei erneuter Bedürftigkeit des Berechtigten nur für den im § 760 Abs. 2 bestimmten Zeitabschnitt oder, wenn er selbst den Zeitabschnitt zu bestimmen hatte, für einen den Umständen nach angemessenen Zeitabschnitt befreit.

8. Erlöschen des Anspruchs.

§ 1615.

Der Unterhaltsanspruch erlischt mit dem Tode des Berechtigten oder des Verpflichteten, soweit er nicht auf Erfüllung oder Schadensersatz wegen Nichterfüllung für die Vergangenheit oder auf solche im voraus zu bewirkende Leistungen gerichtet ist, die zur Zeit des Todes des Berechtigten oder des Verpflichteten fällig sind.

Im Falle des Todes des Berechtigten hat der Verpflichtere die Kosten der Beerdigung zu tragen, soweit ihre Bezahlung nicht von dem Erben zu erlangen ist.

Vierter Titel. Rechtliche Stellung der ehelichen Kinder.

I. Rechtsverhältnis zwischen den Eltern und dem Kinde im allgemeinen.

1. Name.

§ 1616.

Das Kind erhält den Familiennamen des Vaters.

2. Dienstpflicht.

§ 1617.

Das Kind ist, solange es dem elterlichen Hausstand angehört und von den Eltern erzogen oder unterhalten wird, verpflichtet, in einer seinen Kräften und seiner Lebensstellung entsprechenden Weise den Eltern in ihrem Hauswesen und Geschäfte Dienste zu leisten.

3. Beitrag zu den Haushaltskosten.

§ 1618.

Macht ein dem elterlichen Hausstand angehörendes volljähriges Kind zur Bestreitung der Kosten des Haushalts aus seinem Vermögen eine Aufwendung oder überläßt es den Eltern zu diesem Zwecke etwas aus seinem Vermögen, so ist im Zweifel anzunehmen, daß die Absicht fehlt, Ersatz zu verlangen.

4. Überlassung der Vermögensverwaltung.

§ 1619.

Überläßt ein dem elterlichen Hausstand angehörendes volljähriges Kind sein Vermögen ganz oder teilweise der Verwaltung des Vaters, so kann der Vater die Einkünfte, die er während seiner Verwaltung bezieht, nach freiem Ermessen verwenden, soweit nicht ihre Verwendung zur Bestreitung der Kosten der ordnungsmäßigen Verwaltung und zur Erfüllung solcher Verpflichtungen des Kindes erforderlich ist, die bei ordnungsmäßiger Verwaltung aus den Einkünften des Vermögens bestritten werden. Das Kind kann eine abweichende Bestimmung treffen.

Das gleiche Recht steht der Mutter zu, wenn das Kind ihr die Verwaltung seines Vermögens überläßt.

5. Aussteuer der Tochter (§§ 1620—1623).

a) Aussteuerpflicht.

§ 1620.

Der Vater ist verpflichtet, einer Tochter im Falle ihrer Verheiratung zur Einrichtung des Haushalts eine angemessene Aussteuer zu gewähren, soweit er bei Berücksichtigung seiner sonstigen Verpflichtungen ohne Gefährdung seines standesmäßigen Unterhalts dazu imstande ist und nicht die Tochter ein zur

Beschaffung der Aussteuer ausreichendes Vermögen hat. Die gleiche Verpflichtung trifft die Mutter, wenn der Vater zur Gewährung der Aussteuer außerstande oder wenn er gestorben ist.

Die Vorschriften des § 1604 und des § 1607 Abs. 2 finden entsprechende Anwendung.

b) Einrede.

§ 1621.

Der Vater und die Mutter können die Aussteuer verweigern, wenn sich die Tochter ohne die erforderliche elterliche Einwilligung verheiratet.

Das gleiche gilt, wenn sich die Tochter einer Verfehlung schuldig gemacht hat, die den Verpflichteten berechtigt, ihr den Pflichtteil zu entziehen.

c) Ausschluß des Anspruchs.

§ 1622.

Die Tochter kann eine Aussteuer nicht verlangen, wenn sie für eine frühere Ehe von dem Vater oder der Mutter eine Aussteuer erhalten hat.

d) Unübertragbarkeit. Verjährung.

§ 1623.

Der Anspruch auf die Aussteuer ist nicht übertragbar. Er verjährt in einem Jahre von der Eingehung der Ehe an.

6. Ausstattung (§§ 1624, 1625).

§ 1624.

Was einem Kinde mit Rücksicht auf seine Verheiratung oder auf die Erlangung einer selbständigen Lebensstellung zur Begründung oder zur Erhaltung der Wirtschaft oder der Lebensstellung von dem Vater oder der Mutter zugewendet wird (Ausstattung), gilt, auch wenn eine Verpflichtung nicht besteht, nur insoweit als Schenkung, als die Ausstattung das den Umständen, insbesondere den Vermögensverhältnissen des Vaters oder der Mutter, entsprechende Maß übersteigt.

Die Verpflichtung des Ausstattenden zur Gewährleistung wegen eines Mangels im Rechte oder wegen eines Fehlers der Sache bestimmt sich, auch soweit die Ausstattung nicht als Schenkung gilt, nach den für die Gewährleistungspflicht des Schenkers geltenden Vorschriften.

§ 1625.

Gewährt der Vater einem Kinde, dessen Vermögen seiner elterlichen oder vormundschaftlichen Verwaltung unterliegt, eine Ausstattung, so ist im Zweifel anzunehmen, daß er sie aus diesem Vermögen gewährt. Diese Vorschrift findet auf die Mutter entsprechende Anwendung.

II. Elterliche Gewalt.

Dauer.

§ 1626.

Das Kind steht, solange es minderjährig ist, unter elterlicher Gewalt.

1. Elterliche Gewalt des Vaters.

I. Allgemeines (§§ 1627—1630).

1. Inhalt der Gewalt im allgemeinen.

§ 1627.

Der Vater hat kraft der elterlichen Gewalt das Recht und die Pflicht, für die Person und das Vermögen des Kindes zu sorgen.

2. Inhalt bei Vorhandensein eines Pflegers (§§ 1628, 1629).

§ 1628.

Das Recht und die Pflicht, für die Person und das Vermögen des Kindes zu sorgen, erstreckt sich nicht auf Angelegenheiten des Kindes, für die ein Pfleger bestellt ist.

§ 1629.

Steht die Sorge für die Person oder die Sorge für das Vermögen des Kindes einem Pfleger zu, so entscheidet bei einer Meinungsverschiedenheit zwischen dem Vater und dem Pfleger über die Vornahme einer sowohl die Person als das Vermögen des Kindes betreffenden Handlung das Vormundschaftsgericht.

3. Vertretung des Kindes.

§ 1630.

Die Sorge für die Person und das Vermögen umfaßt die Vertretung des Kindes.

Die Vertretung steht dem Vater insoweit nicht zu, als nach § 1795 ein Vormund von der Vertretung des Mündels ausgeschlossen ist. Das Vormundschaftsgericht kann dem Vater nach § 1796 die Vertretung entziehen.

II. Sorge für die Person (§§ 1631—1637).

a) Inhalt (§§ 1631—1633).

§ 1631.

Die Sorge für die Person des Kindes umfaßt das Recht und die Pflicht, das Kind zu erziehen, zu beaufsichtigen und seinen Aufenthalt zu bestimmen.

Der Vater kann kraft des Erziehungsrechts angemessene Zuchtmittel gegen das Kind anwenden. Auf seinen Antrag hat das Vormundschaftsgericht ihn durch Anwendung geeigneter Zuchtmittel zu unterstützen.

§ 1632.

Die Sorge für die Person des Kindes umfaßt das Recht, die Herausgabe des Kindes von jedem zu verlangen, der es dem Vater widerrechtlich vorenthält.

§ 1633.

Ist eine Tochter verheiratet, so beschränkt sich die Sorge für ihre Person auf die Vertretung in den die Person betreffenden Angelegenheiten.

b) Recht der Mutter.

§ 1634.

Neben dem Vater hat während der Dauer der Ehe die Mutter das Recht und die Pflicht, für die Person des Kindes zu sorgen; zur Vertretung des Kindes ist sie nicht berechtigt, unbeschadet der Vorschrift des § 1685 Abs. 1. Bei einer Meinungsverschiedenheit zwischen den Eltern geht die Meinung des Vaters vor.

c) Aufgelöste Ehe (§§ 1635—1637).

§ 1635.

Ist die Ehe aus einem der in den §§ 1565 bis 1568 bestimmten Gründe geschieden, so steht, solange die geschiedenen Ehegatten leben, die Sorge für die Person des Kindes, wenn ein Ehegatte allein für schuldig erklärt ist, dem anderen Ehegatten zu; sind beide Ehegatten für schuldig erklärt, so steht die Sorge für einen Sohn unter sechs Jahren oder für eine Tochter der Mutter, für einen Sohn, der über sechs Jahre alt ist, dem Vater zu. Das Vormundschaftsgericht kann eine abweichende Anordnung treffen, wenn eine solche aus besonderen Gründen im Interesse des Kindes geboten ist; es kann die Anordnung aufheben, wenn sie nicht mehr erforderlich ist.

Das Recht des Vaters zur Vertretung des Kindes bleibt unberührt.

§ 1636.

Der Ehegatte, dem nach § 1635 die Sorge für die Person des Kindes nicht zusteht, behält die Befugnis, mit dem Kinde persönlich zu verkehren. Das Vormundschaftsgericht kann den Verkehr näher regeln.

§ 1637.

Ist die Ehe nach § 1348 Abs. 2 aufgelöst, so gilt in Ansehung der Sorge für die Person des Kindes das gleiche, wie wenn die Ehe geschieden ist und beide Ehegatten für schuldig erklärt sind.

III. Sorge für das Vermögen (§§ 1638—1647).

1. Verwaltungsfreies Kindesvermögen.

§ 1638.

Das Recht und die Pflicht, für das Vermögen des Kindes zu sorgen (Vermögensverwaltung), erstreckt sich nicht auf das Vermögen, welches das Kind von Todes wegen erwirbt oder welches ihm unter Lebenden von einem Dritten unentgeltlich zugewendet wird, wenn der Erblasser durch letztwillige Verfügung, der Dritte bei der Zuwendung bestimmt hat, daß der Erwerb der Verwaltung des Vaters entzogen sein soll.

Was das Kind auf Grund eines zu einem solchen Vermögen gehörenden Rechtes oder als Ersatz für die Zerstörung, Beschädigung oder Entziehung eines zu dem Vermögen gehörenden Gegenstandes oder durch ein Rechtsgeschäft erwirbt, das sich auf das Vermögen bezieht, ist gleichfalls der Verwaltung des Vaters entzogen.

2. Anordnungen des Zuwendenden.

§ 1639.

Was das Kind von Todes wegen erwirbt oder was ihm unter Lebenden von einem Dritten unentgeltlich zugewendet wird, hat der Vater nach den Anordnungen des Erblassers oder des Dritten zu verwalten, wenn die Anordnungen von dem Erblasser durch letztwillige Verfügung, von dem Dritten bei der Zuwendung getroffen worden sind. Kommt der Vater den Anordnungen nicht nach, so hat das Vormundschaftsgericht die zu ihrer Durchführung erforderlichen Maßregeln zu treffen.

Der Vater darf von den Anordnungen insoweit abweichen, als es nach § 1803 Abs. 2, 3 einem Vormunde gestattet ist.

3. Inventar.

§ 1640.

Der Vater hat das seiner Verwaltung unterliegende Vermögen des Kindes, welches bei dem Tode der Mutter vorhanden ist oder dem Kinde später zufällt, zu verzeichnen und das Verzeichnis, nachdem er es mit der Versicherung der Richtigkeit und Vollständigkeit versehen hat, dem Vormundschaftsgericht einzureichen. Bei Haushaltsgegenständen genügt die Angabe des Gesamtwerts.

Ist das eingereichte Verzeichnis ungenügend, so kann das Vormundschaftsgericht anordnen, daß das Verzeichnis durch eine zuständige Behörde oder durch einen zuständigen Beamten oder Notar aufgenommen wird. Die Anordnung ist für das infolge des Todes der Mutter dem Kinde zufallende Vermögen unzulässig, wenn die Mutter sie durch letztwillige Verfügung ausgeschlossen hat.

4. Schenkungen.

§ 1641.

Der Vater kann nicht in Vertretung des Kindes Schenkungen machen. Ausgenommen sind Schenkungen, durch die einer sittlichen Pflicht oder einer auf den Anstand zu nehmenden Rücksicht entsprochen wird.

5. Anlage von Geld.

§ 1642.

Der Vater hat das seiner Verwaltung unterliegende Geld des Kindes, unbeschadet der Vorschrift des § 1653, nach den für die Anlegung von Mündelgeld geltenden Vorschriften der §§ 1807, 1808 verzinslich anzulegen, soweit es nicht zur Bestreitung von Ausgaben bereit zu halten ist.

[1]) Das Vormundschaftsgericht kann dem Vater eine andere Anlegung gestatten. Die Erlaubnis soll nur verweigert werden, wenn die beabsichtigte Art der Anlegung nach Lage des Falles den Grundsätzen einer wirtschaftlichen Vermögensverwaltung zuwiderlaufen würde.

6. Genehmigung des Vormundschaftsgerichts (§§ 1643—1645).

§ 1643.

Zu Rechtsgeschäften für das Kind bedarf der Vater der Genehmigung des Vormundschaftsgerichts in den Fällen, in denen nach § 1821 Abs. 1 Nr. 1 bis 3, Abs. 2 und nach § 1822 Nr. 1, 3, 5, 8 bis 11 ein Vormund der Genehmigung bedarf.

Das gleiche gilt für die Ausschlagung einer Erbschaft oder eines Vermächtnisses sowie für den Verzicht auf einen Pflichtteil. Tritt der Anfall an das Kind erst infolge der Ausschlagung des Vaters ein, so ist die Genehmigung nur erforderlich, wenn der Vater neben dem Kinde berufen war.

Die Vorschriften der §§ 1825, 1828 bis 1831 finden entsprechende Anwendung.

§ 1644.

Der Vater kann Gegenstände, zu deren Veräußerung die Genehmigung des Vormundschaftsgerichts erforderlich ist, dem Kinde nicht ohne diese Genehmigung zur Erfüllung eines von dem Kinde geschlossenen Vertrags oder zu freier Verfügung überlassen.

---

1) Fassung des Gesetzes über die Anlegung von Mündelgeld vom 23. Juni 1923 Art. II (RGBl. I S. 411).

§ 1645.

Der Vater soll nicht ohne Genehmigung des Vormundschaftsgerichts ein neues Erwerbsgeschäft im Namen des Kindes beginnen.

7. Dingliche Surrogation.

§ 1646.

Erwirbt der Vater mit Mitteln des Kindes bewegliche Sachen, so geht mit dem Erwerbe das Eigentum auf das Kind über, es sei denn, daß der Vater nicht für Rechnung des Kindes erwerben will. Dies gilt insbesondere auch von Inhaberpapieren und von Orderpapieren, die mit Blankoindossament versehen sind.

Die Vorschriften des Abs. 1 finden entsprechende Anwendung, wenn der Vater mit Mitteln des Kindes ein Recht an Sachen der bezeichneten Art oder ein anderes Recht erwirbt, zu dessen Übertragung der Abtretungsvertrag genügt.

8. Ende der Vermögensverwaltung.

§ 1647.

Die Vermögensverwaltung des Vaters endigt mit der Rechtskraft des Beschlusses, durch den der Konkurs über das Vermögen des Vaters eröffnet wird.

Nach der Aufhebung des Konkurses kann das Vormundschaftsgericht die Verwaltung dem Vater wiederübertragen.

IV. Ersatz von Aufwendungen.

§ 1648.

Macht der Vater bei der Sorge für die Person oder das Vermögen des Kindes Aufwendungen, die er den Umständen nach für erforderlich halten darf, so kann er von dem Kinde Ersatz verlangen, sofern nicht die Aufwendungen ihm selbst zur Last fallen.

V. Nutznießung (§§ 1649—1663).

1. Grundsatz.

§ 1649.

Dem Vater steht kraft der elterlichen Gewalt die Nutznießung an dem Vermögen des Kindes zu.

2. (Nutzungs)freies Vermögen (§§ 1650, 1651).

§ 1650.

Von der Nutznießung ausgeschlossen (freies Vermögen) sind die ausschließlich zum persönlichen Gebrauche des Kindes bestimmten Sachen, insbesondere Kleider, Schmucksachen und Arbeitsgeräte.

§ 1651.

Freies Vermögen ist:
1. was das Kind durch seine Arbeit oder durch den ihm nach § 112 gestatteten selbständigen Betrieb eines Erwerbsgeschäfts erwirbt;
2. was das Kind von Todes wegen erwirbt oder was ihm unter Lebenden von einem Dritten unentgeltlich zugewendet wird, wenn der Erblasser durch letztwillige Verfügung, der Dritte bei der Zuwendung bestimmt hat, daß das Vermögen der Nutznießung entzogen sein soll.

Die Vorschriften des § 1638 Abs. 2 finden entsprechende Anwendung.

3. Inhalt des Nutznießungsrechts (§§ 1652—1657).

a) Nutzungen.

§ 1652.

Der Vater erwirbt die Nutzungen des seiner Nutznießung unterliegenden Vermögens in derselben Weise und in demselben Umfange wie ein Nießbraucher.

b) Dispositionsnutznießung.

§ 1653.

Der Vater darf verbrauchbare Sachen, die zu dem seiner Nutznießung unterliegenden Vermögen gehören, für sich veräußern oder verbrauchen, Geld jedoch nur mit Genehmigung des Vormundschaftsgerichts. Macht der Vater von dieser Befugnis Gebrauch, so hat er den Wert der Sachen nach der Beendigung der Nutznießung zu ersetzen; der Ersatz ist schon vorher zu leisten, wenn die ordnungsmäßige Verwaltung des Vermögens es erfordert.

c) Lasten.

§ 1654.

Der Vater hat die Lasten des seiner Nutznießung unterliegenden Vermögens zu tragen. Seine Haftung bestimmt sich nach den für den Güterstand der Verwaltung und Nutznießung geltenden Vorschriften der §§ 1384 bis 1386, 1388. Zu den Lasten gehören auch die Kosten eines Rechtsstreits, der für das Kind geführt wird, sofern sie nicht dem freien Vermögen zur Last fallen, sowie die Kosten der Verteidigung des Kindes in einem gegen das Kind gerichteten Strafverfahren, vorbehaltlich der Ersatzpflicht des Kindes im Falle seiner Verurteilung.

d) Erwerbsgeschäft.

§ 1655.

Gehört zu dem der Nutznießung unterliegenden Vermögen ein Erwerbsgeschäft, das von dem Vater im Namen des Kindes betrieben wird, so gebührt dem Vater nur der sich aus dem Betrieb ergebende jährliche Reingewinn. Ergibt sich in einem Jahre ein Verlust, so verbleibt der Gewinn späterer Jahre bis zur Ausgleichung des Verlustes dem Kinde.

e) Nutznießung bei fehlendem Verwaltungsrecht (§§ 1656, 1657).

§ 1656.

Steht dem Vater die Verwaltung des seiner Nutznießung unterliegenden Vermögens nicht zu, so kann er auch die Nutznießung nicht ausüben; er kann jedoch die Herausgabe der Nutzungen verlangen, soweit nicht ihre Verwendung zur ordnungsmäßigen Verwaltung des Vermögens und zur Bestreitung der Lasten der Nutznießung erforderlich ist.

Ruht die elterliche Gewalt des Vaters oder ist dem Vater die Sorge für die Person und das Vermögen des Kindes durch das Vormundschaftsgericht entzogen, so können die Kosten des Unterhalts des Kindes aus den Nutzungen insoweit vorweg entnommen werden, als sie dem Vater zur Last fallen.

§ 1657.

Ist der Vater von der Ausübung der Nutznießung ausgeschlossen, so hat er eine ihm dem Kinde gegenüber obliegende Verbindlichkeit, die infolge der Nutznießung erst nach deren Beendigung zu erfüllen sein würde, sofort zu erfüllen. Diese Vorschrift findet keine Anwendung, wenn die elterliche Gewalt ruht.

4. Übertragung der Nutzungsrechte.

§ 1658.

Das Recht, das dem Vater kraft seiner Nutznießung an dem Vermögen des Kindes zusteht, ist nicht übertragbar.

Das gleiche gilt von den nach den §§ 1655, 1656 dem Vater zustehenden Ansprüchen, solange sie nicht fällig sind.

5. Schulden des Kindes (§§ 1659, 1660).

a) Verhältnis zu den Gläubigern.

§ 1659.

Die Gläubiger des Kindes können ohne Rücksicht auf die elterliche Nutznießung Befriedigung aus dem Vermögen des Kindes verlangen.

Hat der Vater verbrauchbare Sachen nach § 1653 veräußert oder verbraucht, so ist er den Gläubigern gegenüber zum sofortigen Ersatze verpflichtet.

b) Verhältnis zwischen Vater und Kind.

§ 1660.

Im Verhältnisse des Vaters und des Kindes zueinander finden in Ansehung der Verbindlichkeiten des Kindes die für den Güterstand der Verwaltung und Nutznießung geltenden Vorschriften des § 1415, des § 1416 Abs. 1 und des § 1417 entsprechende Anwendung.

6. Ende der Nutznießung (§§ 1661—1663).

a) Heirat.

§ 1661.

Die Nutznießung endigt, wenn sich das Kind verheiratet. Die Nutznießung verbleibt jedoch dem Vater, wenn die Ehe ohne die erforderliche elterliche Einwilligung geschlossen wird.

b) Verzicht.

§ 1662.

Der Vater kann auf die Nutznießung verzichten. Der Verzicht erfolgt durch Erklärung gegenüber dem Vormundschaftsgerichte; die Erklärung ist in öffentlich beglaubigter Form abzugeben.

c) Nutznießungsende bricht nicht Miete.

§ 1663.

Hat der Vater kraft seiner Nutznießung ein zu dem Vermögen des Kindes gehörendes Grundstück vermietet oder verpachtet, so finden, wenn das Miet- oder Pachtverhältnis bei der Beendigung der Nutznießung noch besteht, die Vorschriften des § 1056 entsprechende Anwendung.

Gehört zu dem der Nutznießung unterliegenden Vermögen ein landwirtschaftliches Grundstück, so findet die Vorschrift des § 592, gehört zu dem Vermögen ein Landgut, so finden die Vorschriften der §§ 592, 593 entsprechende Anwendung.

VI. Haftung des Vaters.

§ 1664.

Der Vater hat bei der Ausübung der elterlichen Gewalt dem Kinde gegenüber nur für diejenige Sorgfalt einzustehen, welche er in eigenen Angelegenheiten anzuwenden pflegt.

VII. Eingreifen des Vormundschaftsgerichts (§§ 1665—1675).

1. Verhinderung des Vaters.

§ 1665.

Ist der Vater verhindert, die elterliche Gewalt auszuüben, so hat das Vormundschaftsgericht, sofern nicht die elterliche Gewalt nach § 1685 von der Mutter ausgeübt wird, die im Interesse des Kindes erforderlichen Maßregeln zu treffen.

2. Gefährdung der Person des Kindes.

§ 1666.

Wird das geistige oder leibliche Wohl des Kindes dadurch gefährdet, daß der Vater das Recht der Sorge für die Person des Kindes mißbraucht, das Kind vernachlässigt oder sich eines ehrlosen oder unsittlichen Verhaltens schuldig macht, so hat das Vormundschaftsgericht die zur Abwendung der Gefahr erforderlichen Maßregeln zu treffen. Das Vormundschaftsgericht kann insbesondere anordnen, daß das Kind zum Zwecke der Erziehung in einer geeigneten Familie oder in einer Erziehungsanstalt oder einer Besserungsanstalt untergebracht wird.

Hat der Vater das Recht des Kindes auf Gewährung des Unterhalts verletzt und ist für die Zukunft eine erhebliche Gefährdung des Unterhalts zu besorgen, so kann dem Vater auch die Vermögensverwaltung sowie die Nutznießung entzogen werden.

3. Gefährdung des Kindesvermögens (§§ 1667, 1668).

§ 1667.

Wird das Vermögen des Kindes dadurch gefährdet, daß der Vater die mit der Vermögensverwaltung oder die mit der Nutznießung verbundenen Pflichten verletzt oder daß er in Vermögensverfall gerät, so hat das Vormundschaftsgericht die zur Abwendung der Gefahr erforderlichen Maßregeln zu treffen.

Das Vormundschaftsgericht kann insbesondere anordnen, daß der Vater ein Verzeichnis des Vermögens einreicht und über seine Verwaltung Rechnung legt. Der Vater hat das Verzeichnis mit der Versicherung der Richtigkeit und Vollständigkeit zu versehen. Ist das eingereichte Verzeichnis ungenügend, so findet die Vorschrift des § 1640 Abs. 2 Satz 1 Anwendung. Das Vormundschaftsgericht kann auch, wenn Wertpapiere, Kostbarkeiten oder Buchforderungen gegen das Reich oder ein Land[1]) zu dem Vermögen des Kindes gehören, dem Vater die gleichen Verpflichtungen auferlegen, welche nach den §§ 1814 bis 1816, 1818 einem Vormund obliegen; die Vorschriften der §§ 1819, 1820 finden entsprechende Anwendung.

Die Kosten der angeordneten Maßregeln fallen dem Vater zur Last.

§ 1668.

Sind die nach § 1667 Abs. 2 zulässigen Maßregeln nicht ausreichend, so kann das Vormundschaftsgericht dem Vater Sicherheitsleistung für das seiner Verwaltung unterliegende

---

[1]) Fassung auf Grund Art. 179 der Reichsverfassung.

Vermögen auferlegen. Die Art und den Umfang der Sicherheitsleistung bestimmt das Vormundschaftsgericht nach seinem Ermessen.

4. Neue Ehe.

§ 1669.

Will der Vater eine neue Ehe eingehen, so hat er seine Absicht dem Vormundschaftsgericht anzuzeigen, auf seine Kosten ein Verzeichnis des seiner Verwaltung unterliegenden Vermögens einzureichen und, soweit in Ansehung dieses Vermögens eine Gemeinschaft zwischen ihm und dem Kinde besteht, die Auseinandersetzung herbeizuführen. Das Vormundschaftsgericht kann gestatten, daß die Auseinandersetzung erst nach der Eheschließung erfolgt.

5. Entziehung der Verwaltung.

§ 1670.

Kommt der Vater den nach den §§ 1667, 1668 getroffenen Anordnungen nicht nach oder erfüllt er die ihm nach den §§ 1640, 1669 obliegenden Verpflichtungen nicht, so kann ihm das Vormundschaftsgericht die Vermögensverwaltung entziehen. Zur Erzwingung der Sicherheitsleistung sind andere Maßregeln nicht zulässig.

6. Änderung der Anordnungen.

§ 1671.

Das Vormundschaftsgericht kann während der Dauer der elterlichen Gewalt die von ihm getroffenen Anordnungen jederzeit ändern, insbesondere die Erhöhung, Minderung oder Aufhebung der geleisteten Sicherheit anordnen.

7. Sicherheitsleistung insbesondere.

§ 1672.

Bei der Bestellung und Aufhebung der Sicherheit wird die Mitwirkung des Kindes durch die Anordnung des Vormundschaftsgerichts ersetzt.

Die Kosten der Bestellung und Aufhebung der Sicherheit fallen dem Vater zur Last.

8. Anhören der Angehörigen.

§ 1673.

Das Vormundschaftsgericht soll vor einer Entscheidung, durch welche die Sorge für die Person oder das Vermögen des Kindes oder die Nutznießung dem Vater entzogen oder beschränkt wird, den Vater hören, es sei denn, daß die Anhörung untunlich ist.

Vor der Entscheidung sollen auch Verwandte, insbesondere die Mutter, oder Verschwägerte des Kindes gehört werden,

24*

wenn es ohne erhebliche Verzögerung und ohne unverhältnismäßige Kosten geschehen kann. Für den Ersatz der Auslagen gilt die Vorschrift des § 1847 Abs. 2.

9. Haftung des Vormundschaftsrichters.

§ 1674.

Verletzt der Vormundschaftsrichter vorsätzlich oder fahrlässig die ihm obliegenden Pflichten, so ist er dem Kinde nach § 839 Abs. 1, 3 verantwortlich.

10. Gemeindewaisenrat.

§ 1675.

Der Gemeindewaisenrat hat dem Vormundschaftsgericht Anzeige zu machen, wenn ein Fall zu seiner Kenntnis gelangt, in welchem das Vormundschaftsgericht zum Einschreiten berufen ist.

VIII. Ruhen und Beendigung der elterlichen Gewalt (§§ 1676—1683).

1. Gründe des Ruhens (§§ 1676, 1677).

§ 1676.

Die elterliche Gewalt des Vaters ruht, wenn er geschäftsunfähig ist.

Das gleiche gilt, wenn der Vater in der Geschäftsfähigkeit beschränkt ist oder wenn er nach § 1910 Abs. 1 einen Pfleger für seine Person und sein Vermögen erhalten hat. Die Sorge für die Person des Kindes steht ihm neben dem gesetzlichen Vertreter des Kindes zu; zur Vertretung des Kindes ist er nicht berechtigt. Bei einer Meinungsverschiedenheit zwischen dem Vater und dem gesetzlichen Vertreter geht die Meinung des gesetzlichen Vertreters vor.

§ 1677.

Die elterliche Gewalt des Vaters ruht, wenn von dem Vormundschaftsgerichte festgestellt wird, daß der Vater auf längere Zeit an der Ausübung der elterlichen Gewalt tatsächlich verhindert ist.

Das Ruhen endigt, wenn von dem Vormundschaftsgerichte festgestellt wird, daß der Grund nicht mehr besteht.

2. Nutznießung trotz Ruhens.

§ 1678.

Solange die elterliche Gewalt des Vaters ruht, ist der Vater nicht berechtigt, sie auszuüben; es verbleibt ihm jedoch die Nutznießung an dem Vermögen des Kindes, unbeschadet der Vorschrift des § 1685 Abs. 2.

3. **Beendigungsgründe (§§ 1679, 1680).**

a) **Todeserklärung.**

§ 1679.

Die elterliche Gewalt des Vaters endigt, wenn er für tot erklärt wird, mit dem Zeitpunkte, der als Zeitpunkt des Todes gilt.

Lebt der Vater noch, so erlangt er die elterliche Gewalt dadurch wieder, daß er dem Vormundschaftsgerichte gegenüber seinen hierauf gerichteten Willen erklärt.

b) **Verwirkung.**

§ 1680.

Der Vater verwirkt die elterliche Gewalt, wenn er wegen eines an dem Kinde verübten Verbrechens oder vorsätzlich verübten Vergehens zu Zuchthausstrafe oder zu einer Gefängnisstrafe von mindestens sechs Monaten verurteilt wird. Wird wegen des Zusammentreffens mit einer anderen strafbaren Handlung auf eine Gesamtstrafe erkannt, so entscheidet die Einzelstrafe, welche für das an dem Kinde verübte Verbrechen oder Vergehen verwirkt ist.

Die Verwirkung der elterlichen Gewalt tritt mit der Rechtskraft des Urteils ein.

4. **Rechtsfolgen des Ruhens und der Beendigung (§§ 1681—1683).**

a) **Herausgabe des Vermögens.**

§ 1681.

Endigt oder ruht die elterliche Gewalt des Vaters oder hört aus einem anderen Grunde seine Vermögensverwaltung auf, so hat er dem Kinde das Vermögen herauszugeben und über die Verwaltung Rechenschaft abzulegen.

b) **Fortführung der Geschäfte (§§ 1682, 1683).**

§ 1682.

Der Vater ist auch nach der Beendigung seiner elterlichen Gewalt zur Fortführung der mit der Sorge für die Person und das Vermögen des Kindes verbundenen Geschäfte berechtigt, bis er von der Beendigung Kenntnis erlangt oder sie kennen muß. Ein Dritter kann sich auf diese Berechtigung nicht berufen, wenn er bei der Vornahme eines Rechtsgeschäfts die Beendigung der elterlichen Gewalt kennt oder kennen muß.

Diese Vorschriften finden entsprechende Anwendung, wenn die elterliche Gewalt des Vaters ruht oder aus einem anderen Grunde seine Vermögensverwaltung aufhört.

§ 1683.

Endigt die elterliche Gewalt infolge des Todes des Kindes, so hat der Vater diejenigen Geschäfte, mit deren Aufschube Gefahr verbunden ist, zu besorgen, bis der Erbe anderweit Fürsorge treffen kann.

2. Elterliche Gewalt der Mutter.

1. Mütterliche Gewalt.

§ 1684.

Der Mutter steht die elterliche Gewalt zu:

1. wenn der Vater gestorben oder für tot erklärt ist;
2. wenn der Vater die elterliche Gewalt verwirkt hat und die Ehe aufgelöst ist.

Im Falle der Todeserklärung beginnt die elterliche Gewalt der Mutter mit dem Zeitpunkte, der als Zeitpunkt des Todes des Vaters gilt.

2. Ausübung der väterlichen Gewalt durch die Mutter.

§ 1685.

Ist der Vater an der Ausübung der elterlichen Gewalt tatsächlich verhindert oder ruht seine elterliche Gewalt, so übt während der Dauer der Ehe die Mutter die elterliche Gewalt mit Ausnahme der Nutznießung aus.

Ist die Ehe aufgelöst, so hat das Vormundschaftsgericht der Mutter auf ihren Antrag die Ausübung zu übertragen, wenn die elterliche Gewalt des Vaters ruht und keine Aussicht besteht, daß der Grund des Ruhens wegfallen werde. Die Mutter erlangt in diesem Falle auch die Nutznießung an dem Vermögen des Kindes.

3. Rechtsordnung.

§ 1686.

Auf die elterliche Gewalt der Mutter finden die für die elterliche Gewalt des Vaters geltenden Vorschriften Anwendung, soweit sich nicht aus den §§ 1687 bis 1697 ein anderes ergibt.

4. Beistand (§§ 1687—1695).
a) Bestellungsgründe.

§ 1687.

Das Vormundschaftsgericht hat der Mutter einen Beistand zu bestellen:

1. wenn der Vater die Bestellung nach Maßgabe des § 1777 angeordnet hat;
2. wenn die Mutter die Bestellung beantragt;
3. wenn das Vormundschaftsgericht aus besonderen Gründen, insbesondere wegen des Umfanges oder der Schwierigkeit der Vermögensverwaltung, oder in den Fällen der

§§ 1666, 1667 die Bestellung im Interesse des Kindes für nötig erachtet.

b) Umfang des Wirkungskreises.

§ 1688.

Der Beistand kann für alle Angelegenheiten, für gewisse Arten von Angelegenheiten oder für einzelne Angelegenheiten bestellt werden.

Über den Umfang seines Wirkungskreises entscheidet die Bestellung. Ist der Umfang nicht bestimmt, so fallen alle Angelegenheiten in seinen Wirkungskreis.

Hat der Vater die Bestellung angeordnet, so hat das Vormundschaftsgericht Bestimmungen, die er nach Maßgabe des § 1777 über den Umfang des Wirkungskreises getroffen hat, bei der Bestellung zu befolgen.

c) Funktionen (§§ 1689—1693).

α) Unterstützung und Überwachung.

§ 1689.

Der Beistand hat innerhalb seines Wirkungskreises die Mutter bei der Ausübung der elterlichen Gewalt zu unterstützen und zu überwachen; er hat dem Vormundschaftsgerichte jeden Fall, in welchem es zum Einschreiten berufen ist, unverzüglich anzuzeigen.

β) Genehmigung (§§ 1690, 1691).

§ 1690.

Die Genehmigung des Beistandes ist innerhalb seines Wirkungskreises zu jedem Rechtsgeschäft erforderlich, zu dem ein Vormund der Genehmigung des Vormundschaftsgerichts oder des Gegenvormundes bedarf. Ausgenommen sind Rechtsgeschäfte, welche die Mutter nicht ohne die Genehmigung des Vormundschaftsgerichts vornehmen kann. Die Vorschriften der §§ 1828 bis 1831 finden entsprechende Anwendung.

Die Genehmigung des Beistandes wird durch die Genehmigung des Vormundschaftsgerichts ersetzt.

Das Vormundschaftsgericht soll vor der Entscheidung über die Genehmigung in allen Fällen, in denen das Rechtsgeschäft zu dem Wirkungskreise des Beistandes gehört, den Beistand hören, sofern ein solcher vorhanden und die Anhörung tunlich ist.

§ 1691.

Soweit die Anlegung des zu dem Vermögen des Kindes gehörenden Geldes in den Wirkungskreis des Beistandes fällt, finden die für die Anlegung von Mündelgeld geltenden Vorschriften der §§ 1809, 1810 entsprechende Anwendung.

γ) Inventarerrichtung.

§ 1692.

Hat die Mutter ein Vermögensverzeichnis einzureichen, so ist bei der Aufnahme des Verzeichnisses der Beistand zuzuziehen; das Verzeichnis ist auch von dem Beistande mit der Versicherung der Richtigkeit und Vollständigkeit zu versehen. Ist das Verzeichnis ungenügend, so finden, sofern nicht die Voraussetzungen des § 1667 vorliegen, die Vorschriften des § 1640 Abs. 2 entsprechende Anwendung.

δ) Vermögensverwaltung.

§ 1693.

Das Vormundschaftsgericht kann auf Antrag der Mutter dem Beistande die Vermögensverwaltung ganz oder teilweise übertragen; soweit dies geschieht, hat der Beistand die Rechte und Pflichten eines Pflegers.

d) Berufung, Bestellung, Beaufsichtigung, Haftung, Ansprüche, Ende.

§ 1694.

Für die Berufung, Bestellung und Beaufsichtigung des Beistandes, für seine Haftung und seine Ansprüche, für die ihm zu bewilligende Vergütung und für die Beendigung seines Amtes gelten die gleichen Vorschriften wie bei dem Gegenvormunde.

Das Amt des Beistandes endigt auch dann, wenn die elterliche Gewalt der Mutter ruht.

e) Aufhebung.

§ 1695.

Das Vormundschaftsgericht kann in den Fällen des § 1687 Nr. 2, 3 die Bestellung des Beistandes und im Falle des § 1693 die Übertragung der Vermögensverwaltung auf den Beistand jederzeit aufheben.

Ist die Bestellung des Beistandes nach § 1687 Nr. 2 erfolgt, so soll sie nur mit Zustimmung der Mutter aufgehoben werden. Das gleiche gilt für die Übertragung der Vermögensverwaltung auf den Beistand.

5. Ruhen der Gewalt wegen Minderjährigkeit.

§ 1696.

Ruht die elterliche Gewalt der Mutter wegen Minderjährigkeit, so hat die Mutter das Recht und die Pflicht, für die Person des Kindes zu sorgen; zur Vertretung des Kindes ist sie nicht berechtigt. Der Vormund des Kindes hat, soweit der

Mutter die Sorge zusteht, die rechtliche Stellung eines Beistandes.

6. Verlust der Gewalt durch neue Ehe.

§ 1697.

Die Mutter verliert die elterliche Gewalt, wenn sie eine neue Ehe eingeht. Sie behält jedoch unter den im § 1696 bestimmten Beschränkungen das Recht und die Pflicht, für die Person des Kindes zu sorgen.

7. Mutter neben Vormund und Pfleger.

§ 1698.

Wird für das Kind ein Vormund bestellt, weil die elterliche Gewalt des Vaters ruht oder verwirkt ist oder weil die Vertretung des Kindes dem Vater entzogen ist, oder wird für die Erziehung des Kindes an Stelle des Vaters ein Pfleger bestellt, so steht der Mutter die Sorge für die Person des Kindes neben dem Vormund oder dem Pfleger in gleicher Weise zu wie nach § 1634 neben dem Vater.

Fünfter Titel.

Rechtliche Stellung der Kinder aus nichtigen Ehen.

1. Ehelichkeit (§§ 1699—1702).

a) Voraussetzungen.

§ 1699.

Ein Kind aus einer nichtigen Ehe, das im Falle der Gültigkeit der Ehe ehelich sein würde, gilt als ehelich, sofern nicht beide Ehegatten die Nichtigkeit der Ehe bei der Eheschließung gekannt haben.

Diese Vorschrift findet keine Anwendung, wenn die Nichtigkeit der Ehe auf einem Formmangel beruht und die Ehe nicht in das Heiratsregister eingetragen worden ist.

b) Rechtsverhältnis (§§ 1700—1702).

α) Grundsatz.

§ 1700.

Das Rechtsverhältnis zwischen den Eltern und einem Kinde, das nach § 1699 als ehelich gilt, bestimmt sich, soweit sich nicht aus den §§ 1701, 1702 ein anderes ergibt, nach den Vorschriften, die für ein Kind aus einer geschiedenen Ehe gelten, wenn beide Ehegatten für schuldig erklärt sind.

β) Unredlicher Vater.

§ 1701.

War dem Vater die Nichtigkeit der Ehe bei der Eheschließung bekannt, so hat er nicht die sich aus der Vaterschaft ergebenden Rechte. Die elterliche Gewalt steht der Mutter zu.

γ) Unredliche Mutter.

§ 1702.

War der Mutter die Nichtigkeit der Ehe bei der Eheschließung bekannt, so hat sie in Ansehung des Kindes nur diejenigen Rechte, welche im Falle der Scheidung der allein für schuldig erklärten Frau zustehen.

Stirbt der Vater oder endigt seine elterliche Gewalt aus einem anderen Grunde, so hat die Mutter nur das Recht und die Pflicht, für die Person des Kindes zu sorgen; zur Vertretung des Kindes ist sie nicht berechtigt. Der Vormund des Kindes hat, soweit der Mutter die Sorge zusteht, die rechtliche Stellung eines Beistandes.

Die Vorschriften des Abs. 2 finden auch dann Anwendung, wenn die elterliche Gewalt des Vaters wegen seiner Geschäftsunfähigkeit oder nach § 1677 ruht.

2. Unehelichkeit.

§ 1703.

Gilt das Kind nicht als ehelich, weil beiden Ehegatten die Nichtigkeit der Ehe bei der Eheschließung bekannt war, so kann es gleichwohl von dem Vater, solange er lebt, Unterhalt wie ein eheliches Kind verlangen. Das im § 1612 Abs. 2 bestimmte Recht steht dem Vater nicht zu.

3. Redlichkeit des bedrohten Gatten.

§ 1704.

Ist die Ehe wegen Drohung anfechtbar und angefochten, so steht der anfechtungsberechtigte Ehegatte einem Ehegatten gleich, dem die Nichtigkeit der Ehe bei der Eheschließung unbekannt war.

Sechster Titel.

Rechtliche Stellung der unehelichen Kinder.

1. Verhältnis des Kindes zur Mutter und den mütterlichen Verwandten (§§ 1705—1707).

a) Grundsatz.

§ 1705.

Das uneheliche Kind hat im Verhältnisse zu der Mutter und zu den Verwandten der Mutter die rechtliche Stellung eines ehelichen Kindes.

b) Name.

§ 1706.

Das uneheliche Kind erhält den Familiennamen der Mutter.

Führt die Mutter infolge ihrer Verheiratung einen anderen Namen, so erhält das Kind den Familiennamen, den die Mutter vor der Verheiratung geführt hat. Der Ehemann der Mutter kann durch Erklärung gegenüber der zuständigen Behörde dem

Kinde mit Einwilligung des Kindes und der Mutter seinen Namen erteilen; die Erklärung des Ehemanns sowie die Einwilligungserklärungen des Kindes und der Mutter sind in öffentlich beglaubigter Form abzugeben.

c) Elterliche Gewalt. Fürsorge für die Person.

§ 1707.

Der Mutter steht nicht die elterliche Gewalt über das uneheliche Kind zu. Sie hat das Recht und die Pflicht, für die Person des Kindes zu sorgen; zur Vertretung des Kindes ist sie nicht berechtigt. Der Vormund des Kindes hat, soweit der Mutter die Sorge zusteht, die rechtliche Stellung eines Beistandes.

2. Unterhaltsanspruch des Kindes gegen den Vater (§§ 1708—1714).

a) Inhalt.

§ 1708.

Der Vater des unehelichen Kindes ist verpflichtet, dem Kinde bis zur Vollendung des sechzehnten Lebensjahrs den der Lebensstellung der Mutter entsprechenden Unterhalt zu gewähren. Der Unterhalt umfaßt den gesamten Lebensbedarf sowie die Kosten der Erziehung und der Vorbildung zu einem Berufe.

Ist das Kind zur Zeit der Vollendung des sechzehnten Lebensjahrs infolge körperlicher oder geistiger Gebrechen außerstande, sich selbst zu unterhalten, so hat ihm der Vater auch über diese Zeit hinaus Unterhalt zu gewähren; die Vorschrift des § 1603 Abs. 1 findet Anwendung.

b) Haftung vor der Mutter.

§ 1709.

Der Vater ist vor der Mutter und den mütterlichen Verwandten des Kindes unterhaltspflichtig.

Soweit die Mutter oder ein unterhaltspflichtiger mütterlicher Verwandter dem Kinde den Unterhalt gewährt, geht der Unterhaltsanspruch des Kindes gegen den Vater auf die Mutter oder den Verwandten über. Der Übergang kann nicht zum Nachteile des Kindes geltend gemacht werden.

c) Art des Unterhalts.

§ 1710.

Der Unterhalt ist durch Entrichtung einer Geldrente zu gewähren.

Die Rente ist für drei Monate vorauszuzahlen. Durch eine Vorausleistung für eine spätere Zeit wird der Vater nicht befreit.

Hat das Kind den Beginn des Vierteljahrs erlebt, so gebührt ihm der volle auf das Vierteljahr entfallende Betrag.

d) Vivitur in praeteritum.

§ 1711.

Der Unterhalt kann auch für die Vergangenheit verlangt werden.

e) Erlöschen des Anspruchs (§§ 1712, 1713).

§ 1712.

Der Unterhaltsanspruch erlischt nicht mit dem Tode des Vaters; er steht dem Kinde auch dann zu, wenn der Vater vor der Geburt des Kindes gestorben ist.

Der Erbe des Vaters ist berechtigt, das Kind mit dem Betrag abzufinden, der dem Kinde als Pflichtteil gebühren würde, wenn es ehelich wäre. Sind mehrere uneheliche Kinder vorhanden, so wird die Abfindung so berechnet, wie wenn sie alle ehelich wären.

§ 1713.

Der Unterhaltsanspruch erlischt mit dem Tode des Kindes, soweit er nicht auf Erfüllung oder Schadensersatz wegen Nichterfüllung für die Vergangenheit oder auf solche im voraus zu bewirkende Leistungen gerichtet ist, die zur Zeit des Todes des Kindes fällig sind.

Die Kosten der Beerdigung hat der Vater zu tragen, soweit ihre Bezahlung nicht von dem Erben des Kindes zu erlangen ist.

f) Vereinbarungen.

§ 1714.

Eine Vereinbarung zwischen dem Vater und dem Kinde über den Unterhalt für die Zukunft oder über eine an Stelle des Unterhalts zu gewährende Abfindung bedarf der Genehmigung des Vormundschaftsgerichts.

Ein unentgeltlicher Verzicht auf den Unterhalt für die Zukunft ist nichtig.

3. Anspruch der Mutter gegen den Vater.

§ 1715.

Der Vater ist verpflichtet, der Mutter die Kosten der Entbindung sowie die Kosten des Unterhalts für die ersten sechs Wochen nach der Entbindung und, falls infolge der Schwangerschaft oder der Entbindung weitere Aufwendungen notwendig werden, auch die dadurch entstehenden Kosten zu ersetzen. Den gewöhnlichen Betrag der zu ersetzenden Kosten kann die Mutter ohne Rücksicht auf den wirklichen Aufwand verlangen.

Der Anspruch steht der Mutter auch dann zu, wenn der Vater vor der Geburt des Kindes gestorben oder wenn das Kind tot geboren ist.

Der Anspruch verjährt in vier Jahren. Die Verjährung beginnt mit dem Ablaufe von sechs Wochen nach der Geburt des Kindes.

4. Sicherung der Ansprüche gegen den Vater.

§ 1716.

Schon vor der Geburt des Kindes kann auf Antrag der Mutter durch einstweilige Verfügung angeordnet werden, daß der Vater den für die ersten drei Monate dem Kinde zu gewährenden Unterhalt alsbald nach der Geburt an die Mutter oder an den Vormund zu zahlen und den erforderlichen Betrag angemessene Zeit vor der Geburt zu hinterlegen hat. In gleicher Weise kann auf Antrag der Mutter die Zahlung des gewöhnlichen Betrags der nach § 1715 Abs. 1 zu ersetzenden Kosten an die Mutter und die Hinterlegung des erforderlichen Betrags angeordnet werden.

Zur Erlassung der einstweiligen Verfügung ist nicht erforderlich, daß eine Gefährdung des Anspruchs glaubhaft gemacht wird.

5. Uneheliche Vaterschaft. Exceptio plurium (§§ 1717, 1718).

§ 1717.

Als Vater des unehelichen Kindes im Sinne der §§ 1708 bis 1716 gilt, wer der Mutter innerhalb der Empfängniszeit beigewohnt hat, es sei denn, daß auch ein anderer ihr innerhalb dieser Zeit beigewohnt hat. Eine Beiwohnung bleibt jedoch außer Betracht, wenn es den Umständen nach offenbar unmöglich ist, daß die Mutter das Kind aus dieser Beiwohnung empfangen hat.

Als Empfängniszeit gilt die Zeit von dem einhunderteinundachtzigsten bis zu dem dreihundertundzweiten Tage vor dem Tage der Geburt des Kindes, mit Einschluß sowohl des einhunderteinundachtzigsten als des dreihundertundzweiten Tages.

§ 1718.

Wer seine Vaterschaft nach der Geburt des Kindes in einer öffentlichen Urkunde anerkennt, kann sich nicht darauf berufen, daß ein anderer der Mutter innerhalb der Empfängniszeit beigewohnt habe.

Siebenter Titel. Legitimation unehelicher Kinder.

I. Legitimation durch nachfolgende Ehe.

1. Begriff.

§ 1719.

Ein uneheliches Kind erlangt dadurch, daß sich der Vater mit der Mutter verheiratet, mit der Eheschließung die rechtliche Stellung eines ehelichen Kindes.

2. Vaterschaft. Ausschluß der exceptio plurium. Vermutung.

§ 1720.

Der Ehemann der Mutter gilt als Vater des Kindes, wenn er ihr innerhalb der im § 1717 Abs. 2 bestimmten Empfängniszeit beigewohnt hat, es sei denn, daß es den Umständen nach offenbar unmöglich ist, daß die Mutter das Kind aus dieser Beiwohnung empfangen hat.

Erkennt der Ehemann seine Vaterschaft nach der Geburt des Kindes in einer öffentlichen Urkunde an, so wird vermutet, daß er der Mutter innerhalb der Empfängniszeit beigewohnt habe.

3. Legitimation durch nichtige Ehe.

§ 1721.

Ist die Ehe der Eltern nichtig, so finden die Vorschriften der §§ 1699 bis 1704 entsprechende Anwendung.

4. Wirkung für die Abkömmlinge des Kindes.

§ 1722.

Die Eheschließung zwischen den Eltern hat für die Abkömmlinge des unehelichen Kindes die Wirkungen der Legitimation auch dann, wenn das Kind vor der Eheschließung gestorben ist.

II. Ehelichkeitserklärung.

1. Beteiligte.

§ 1723.

Ein uneheliches Kind kann auf Antrag seines Vaters durch eine Verfügung der Staatsgewalt für ehelich erklärt werden.

Die Ehelichkeitserklärung steht dem Lande[1]) zu, dem der Vater angehört; ist der Vater ein Deutscher, der keinem Land[1]) angehört, so steht sie dem Reichskanzler[2]) zu.

Über die Erteilung der einem Lande[1]) zustehenden Ehelichkeitserklärung hat die Landesregierung zu bestimmen.

---

[1]) Fassung auf Grund von Art. 179 der Reichsverfassung.

[2]) Nach § 5 des Übergangsgesetzes vom 4. März 1919 in Verbindung mit Art. 178 Abs. 2, Art. 56 der Reichsverfassung entscheidet der zuständige Reichsminister, zurzeit der Reichsjustizminister.

2. **Bedingungs- und Befristungsfeindschaft.**

§ 1724.

Die Ehelichkeitserklärung kann nicht unter einer Bedingung oder einer Zeitbestimmung erfolgen.

3. **Antrag und Einwilligung (§§ 1725—1731).**

a) **Inhalt des Antrags.**

§ 1725.

Der Antrag muß die Erklärung des Vaters enthalten, daß er das Kind als das seinige anerkenne.

b) **Personen, deren Einwilligung erforderlich ist. Adressat.**

§ 1726.

Zur Ehelichkeitserklärung ist die Einwilligung des Kindes und, wenn das Kind nicht das einundzwanzigste Lebensjahr vollendet hat, die Einwilligung der Mutter erforderlich. Ist der Vater verheiratet, so bedarf er auch der Einwilligung seiner Frau.

Die Einwilligung hat dem Vater oder der Behörde gegenüber zu erfolgen, bei welcher der Antrag einzureichen ist; sie ist unwiderruflich.

Die Einwilligung der Mutter ist nicht erforderlich, wenn die Mutter zur Abgabe einer Erklärung dauernd außerstande oder ihr Aufenthalt dauernd unbekannt ist. Das gleiche gilt von der Einwilligung der Frau des Vaters.

c) **Ersatz der mütterlichen Einwilligung.**

§ 1727.

Wird die Einwilligung von der Mutter verweigert, so kann sie auf Antrag des Kindes durch das Vormundschaftsgericht ersetzt werden, wenn das Unterbleiben der Ehelichkeitserklärung dem Kinde zu unverhältnismäßigem Nachteile gereichen würde.

d) **Erklärung durch Vertreter.**

§ 1728.

Der Antrag auf Ehelichkeitserklärung sowie die Einwilligung der im § 1726 bezeichneten Personen kann nicht durch einen Vertreter erfolgen.

Ist das Kind geschäftsunfähig oder hat es nicht das vierzehnte Lebensjahr vollendet, so kann sein gesetzlicher Vertreter die Einwilligung mit Genehmigung des Vormundschaftsgerichts erteilen.

e) Zustimmung des Vormundschaftsgerichts und des gesetzlichen Vertreters.

§ 1729.

Ist der Vater in der Geschäftsfähigkeit beschränkt, so bedarf er zu dem Antrag, außer der Zustimmung seines gesetzlichen Vertreters, der Genehmigung des Vormundschaftsgerichts.

Ist das Kind in der Geschäftsfähigkeit beschränkt, so gilt das gleiche für die Erteilung seiner Einwilligung.

Ist die Mutter des Kindes oder die Frau des Vaters in der Geschäftsfähigkeit beschränkt, so ist zur Erteilung ihrer Einwilligung die Zustimmung des gesetzlichen Vertreters nicht erforderlich.

f) Form der Erklärungen.

§ 1730.

Der Antrag sowie die Einwilligungserklärung der im § 1726 bezeichneten Personen bedarf der gerichtlichen oder notariellen Beurkundung.

g) Anfechtung der Erklärungen.

§ 1731.

Ist der Antrag oder die Einwilligung einer der im § 1726 bezeichneten Personen anfechtbar, so gelten für die Anfechtung und für die Bestätigung der anfechtbaren Erklärung die Vorschriften der §§ 1728, 1729.

4. Unzulässigkeit der Ehelichkeitserklärung (§§ 1732, 1733).

a) Verwandtschaft, Schwägerschaft.

§ 1732.

Die Ehelichkeitserklärung ist nicht zulässig, wenn zur Zeit der Erzeugung des Kindes die Ehe zwischen den Eltern nach § 1310 Abs. 1 wegen Verwandtschaft oder Schwägerschaft verboten war.

b) Tod des Kindes oder Vaters.

§ 1733.

Die Ehelichkeitserklärung kann nicht nach dem Tode des Kindes erfolgen.

Nach dem Tode des Vaters ist die Ehelichkeitserklärung nur zulässig, wenn der Vater den Antrag bei der zuständigen Behörde eingereicht oder bei oder nach der gerichtlichen oder notariellen Beurkundung des Antrags das Gericht oder den Notar mit der Einreichung betraut hat.

Die nach dem Tode des Vaters erfolgte Ehelichkeitserklärung hat die gleiche Wirkung, wie wenn sie vor dem Tode des Vaters erfolgt wäre.

5. Versagung.

§ 1734.

Die Ehelichkeitserklärung kann versagt werden, auch wenn ihr ein gesetzliches Hindernis nicht entgegensteht.

6. Wirkungen der Ehelichkeitserklärung (§§ 1735—1740).

a) Irrtum.

§ 1735.

Auf die Wirksamkeit der Ehelichkeitserklärung ist es ohne Einfluß, wenn der Antragsteller nicht der Vater des Kindes ist oder wenn mit Unrecht angenommen worden ist, daß die Mutter des Kindes oder die Frau des Vaters zur Abgabe einer Erklärung dauernd außerstande oder ihr Aufenthalt dauernd unbekannt sei.

b) Ehelichkeit.

§ 1736.

Durch die Ehelichkeitserklärung erlangt das Kind die rechtliche Stellung eines ehelichen Kindes.

c) Wirkung für die Angehörigen.

§ 1737.

Die Wirkungen der Ehelichkeitserklärung erstrecken sich auf die Abkömmlinge des Kindes; sie erstrecken sich nicht auf die Verwandten des Vaters. Die Frau des Vaters wird nicht mit dem Kinde, der Ehegatte des Kindes wird nicht mit dem Vater verschwägert.

Die Rechte und Pflichten, die sich aus dem Verwandtschaftsverhältnisse zwischen dem Kinde und seinen Verwandten ergeben, bleiben unberührt, soweit nicht das Gesetz ein anderes vorschreibt.

d) Stellung der Mutter.

§ 1738.

Mit der Ehelichkeitserklärung verliert die Mutter das Recht und die Pflicht, für die Person des Kindes zu sorgen. Hat sie dem Kinde Unterhalt zu gewähren, so treten Recht und Pflicht wieder ein, wenn die elterliche Gewalt des Vaters endigt oder wenn sie wegen Geschäftsunfähigkeit des Vaters oder nach § 1677 ruht.

e) Unterhaltshaftung des Vaters vor der Mutter.

§ 1739.

Der Vater ist dem Kinde und dessen Abkömmlingen vor der Mutter und den mütterlichen Verwandten zur Gewährung des Unterhalts verpflichtet.

f) Eheschluß des Vaters. **§ 1740.**

Will der Vater eine Ehe eingehen, während er die elterliche Gewalt über das Kind hat, so finden die Vorschriften der §§ 1669 bis 1671 Anwendung.

Achter Titel. Annahme an Kindes Statt.

I. Grundsatz. **§ 1741.**

Wer keine ehelichen Abkömmlinge hat, kann durch Vertrag mit einem anderen diesen an Kindes Statt annehmen. Der Vertrag bedarf der Bestätigung durch das zuständige Gericht.

II. Die erforderlichen Erklärungen (§§ 1742—1755).
1. Annahmevertrag und Einwilligung (§§ 1742—1752).
a) Bedingungs- und Befristungsfeindschaft. **§ 1742.**

Die Annahme an Kindes Statt kann nicht unter einer Bedingung oder einer Zeitbestimmung erfolgen.

b) Mehrfache Annahme. **§ 1743.**

Das Vorhandensein eines angenommenen Kindes steht einer weiteren Annahme an Kindes Statt nicht entgegen.

c) Alter und Altersunterschied. **§ 1744.**

Der Annehmende muß das fünfzigste Lebensjahr vollendet haben und mindestens achtzehn Jahre älter sein als das Kind.

d) Befreiung. **§ 1745.**

Von den Erfordernissen des § 1744 kann Befreiung bewilligt werden, von der Vollendung des fünfzigsten Lebensjahrs jedoch nur, wenn der Annehmende volljährig ist.

Die Bewilligung steht dem Lande[1]) zu, dem der Annehmende angehört; ist der Annehmende ein Deutscher, der keinem Land[1]) angehört, so steht die Bewilligung dem Reichskanzler[2]) zu.

Über die Erteilung der einem Lande[1]) zustehenden Bewilligung hat die Landesregierung zu bestimmen.

---

[1]) Fassung auf Grund von Art. 179 der Reichsverfassung.
[2]) Siehe oben zu § 1723.

e) Einwilligung des Ehegatten.

§ 1746.

Wer verheiratet ist, kann nur mit Einwilligung seines Ehegatten an Kindes Statt annehmen oder angenommen werden.

Die Einwilligung ist nicht erforderlich, wenn der Ehegatte zur Abgabe einer Erklärung dauernd außerstande oder sein Aufenthalt dauernd unbekannt ist.

f) Einwilligung der Eltern.

§ 1747.

Ein eheliches Kind kann bis zur Vollendung des einundzwanzigsten Lebensjahrs nur mit Einwilligung der Eltern, ein uneheliches Kind kann bis zum gleichen Lebensalter nur mit Einwilligung der Mutter an Kindes Statt angenommen werden. Die Vorschrift des § 1746 Abs. 2 findet entsprechende Anwendung.

g) Einwilligungserklärung.

§ 1748.

Die Einwilligung der in den §§ 1746, 1747 bezeichneten Personen hat dem Annehmenden oder dem Kinde oder dem für die Bestätigung des Annahmevertrags zuständigen Gerichte gegenüber zu erfolgen; sie ist unwiderruflich.

Die Einwilligung kann nicht durch einen Vertreter erteilt werden. Ist der Einwilligende in der Geschäftsfähigkeit beschränkt, so bedarf er nicht der Zustimmung seines gesetzlichen Vertreters.

Die Einwilligungserklärung bedarf der gerichtlichen oder notariellen Beurkundung.

h) Gemeinschaftliche Adoption.

§ 1749.

Als gemeinschaftliches Kind kann ein Kind nur von einem Ehepaar angenommen werden.

Ein angenommenes Kind kann, solange das durch die Annahme begründete Rechtsverhältnis besteht, nur von dem Ehegatten des Annehmenden an Kindes Statt angenommen werden.

i) Vertragsschluß durch Vertreter. Form des Vertrags.

§ 1750.

Der Annahmevertrag kann nicht durch einen Vertreter geschlossen werden. Hat das Kind nicht das vierzehnte Lebensjahr vollendet, so kann sein gesetzlicher Vertreter den Vertrag mit Genehmigung des Vormundschaftsgerichts schließen.

Der Annahmevertrag muß bei gleichzeitiger Anwesenheit beider Teile vor Gericht oder vor einem Notar geschlossen werden.

k) Genehmigung des Vormundschaftsgerichts (§§ 1751, 1752).

§ 1751.

Ist der Annehmende in der Geschäftsfähigkeit beschränkt, so bedarf er zur Eingehung des Vertrags, außer der Zustimmung seines gesetzlichen Vertreters, der Genehmigung des Vormundschaftsgerichts.

Das gleiche gilt für das Kind, wenn es in der Geschäftsfähigkeit beschränkt ist.

§ 1752.

Will ein Vormund seinen Mündel an Kindes Statt annehmen, so soll das Vormundschaftsgericht die Genehmigung nicht erteilen, solange der Vormund im Amte ist. Will jemand seinen früheren Mündel an Kindes Statt annehmen, so soll das Vormundschaftsgericht die Genehmigung nicht erteilen, bevor er über seine Verwaltung Rechnung gelegt und das Vorhandensein des Mündelvermögens nachgewiesen hat.

Das gleiche gilt, wenn ein zur Vermögensverwaltung bestellter Pfleger seinen Pflegling oder seinen früheren Pflegling an Kindes Statt annehmen will.

2. Gerichtliche Bestätigung (§§ 1753, 1754).

a) Nach dem Tode der Vertragsparteien.

§ 1753.

Die Bestätigung des Annahmevertrags kann nicht nach dem Tode des Kindes erfolgen.

Nach dem Tode des Annehmenden ist die Bestätigung nur zulässig, wenn der Annehmende oder das Kind den Antrag auf Bestätigung bei dem zuständigen Gericht eingereicht oder bei oder nach der gerichtlichen oder notariellen Beurkundung des Vertrags das Gericht oder den Notar mit der Einreichung betraut hat.

Die nach dem Tode des Annehmenden erfolgte Bestätigung hat die gleiche Wirkung, wie wenn sie vor dem Tode erfolgt wäre.

b) Wirkung und Versagung der Bestätigung.

§ 1754.

Die Annahme an Kindes Statt tritt mit der Bestätigung in Kraft. Die Vertragschließenden sind schon vor der Bestätigung gebunden.

Die Bestätigung ist nur zu versagen, wenn ein gesetzliches Erfordernis der Annahme an Kindes Statt fehlt. Wird die Bestätigung endgültig versagt, so verliert der Vertrag seine Kraft.

3. Anfechtbarkeit der erforderlichen Privaterklärungen.

§ 1755.

Ist der Annahmevertrag oder die Einwilligung einer der in den §§ 1746, 1747 bezeichneten Personen anfechtbar, so gelten für die Anfechtung und für die Bestätigung des anfechtbaren Rechtsgeschäfts die Vorschriften des § 1748 Abs. 2, des § 1750 Abs. 1 und des § 1751.

III. Wirkungen der Adoption (§§ 1756—1767).

a) Irrtum bei der Bestätigung.

§ 1756.

Auf die Wirksamkeit der Annahme an Kindes Statt ist es ohne Einfluß, wenn bei der Bestätigung des Annahmevertrags mit Unrecht angenommen worden ist, daß eine der in den §§ 1746, 1747 bezeichneten Personen zur Abgabe einer Erklärung dauernd außerstande oder ihr Aufenthalt dauernd unbekannt sei.

b) Ehelichkeit.

§ 1757.

Durch die Annahme an Kindes Statt erlangt das Kind die rechtliche Stellung eines ehelichen Kindes des Annehmenden.

Wird von einem Ehepaare gemeinschaftlich ein Kind angenommen oder nimmt ein Ehegatte ein Kind des anderen Ehegatten an, so erlangt das Kind die rechtliche Stellung eines gemeinschaftlichen ehelichen Kindes der Ehegatten.

c) Name.

§ 1758.

Das Kind erhält den Familiennamen des Annehmenden. Wird das Kind von einer Frau angenommen, die infolge ihrer Verheiratung einen anderen Namen führt, so erhält es den Familiennamen, den die Frau vor der Verheiratung geführt hat. In den Fällen des § 1757 Abs. 2 erhält das Kind den Familiennamen des Mannes.

Das Kind darf dem neuen Namen seinen früheren Familiennamen hinzufügen, sofern nicht in dem Annahmevertrag ein anderes bestimmt ist.

d) Erbrecht.

§ 1759.

Durch die Annahme an Kindes Statt wird ein Erbrecht für den Annehmenden nicht begründet.

e) Inventarpflicht.

§ 1760.

Der Annehmende hat über das Vermögen des Kindes, soweit es auf Grund der elterlichen Gewalt seiner Verwaltung unterliegt, auf seine Kosten ein Verzeichnis aufzunehmen und dem Vormundschaftsgericht einzureichen; er hat das Verzeichnis mit der Versicherung der Richtigkeit und Vollständigkeit zu versehen. Ist das eingereichte Verzeichnis ungenügend, so findet die Vorschrift des § 1640 Abs. 2 Satz 1 Anwendung.

Erfüllt der Annehmende die ihm nach Abs. 1 obliegende Verpflichtung nicht, so kann ihm das Vormundschaftsgericht die Vermögensverwaltung entziehen. Die Entziehung kann jederzeit wieder aufgehoben werden.

f) **Eheschluß des Adoptans.**

§ 1761.

Will der Annehmende eine Ehe eingehen, während er die elterliche Gewalt über das Kind hat, so finden die Vorschriften der §§ 1669 bis 1671 Anwendung.

g) **Wirkungen für die Angehörigen** (§§ 1762—1765).

α) **Abkömmlinge des Kindes.**

§ 1762.

Die Wirkungen der Annahme an Kindes Statt erstrecken sich auf die Abkömmlinge des Kindes. Auf einen zur Zeit des Vertragsabschlusses schon vorhandenen Abkömmling und dessen später geborene Abkömmlinge erstrecken sich die Wirkungen nur, wenn der Vertrag auch mit dem schon vorhandenen Abkömmlinge geschlossen wird.

β) **Verwandte des Adoptans. Ehegatte des Adoptans und des Kindes.**

§ 1763.

Die Wirkungen der Annahme an Kindes Statt erstrecken sich nicht auf die Verwandten des Annehmenden. Der Ehegatte des Annehmenden wird nicht mit dem Kinde, der Ehegatte des Kindes wird nicht mit dem Annehmenden verschwägert.

γ) **Verwandte des Kindes** (§§ 1764, 1765).

§ 1764.

Die Rechte und Pflichten, die sich aus dem Verwandtschaftsverhältnisse zwischen dem Kinde und seinen Verwandten ergeben, werden durch die Annahme an Kindes Statt nicht berührt, soweit nicht das Gesetz ein anderes vorschreibt.

§ 1765.

Mit der Annahme an Kindes Statt verlieren die leiblichen Eltern die elterliche Gewalt über das Kind, die uneheliche Mutter das Recht und die Pflicht, für die Person des Kindes zu sorgen.

Hat der Vater oder die Mutter dem Kinde Unterhalt zu gewähren, so treten das Recht und die Pflicht, für die Person des Kindes zu sorgen, wieder ein, wenn die elterliche Gewalt des Annehmenden endigt oder wenn sie wegen Geschäftsunfähigkeit des Annehmenden oder nach § 1677 ruht. Das Recht zur Vertretung des Kindes tritt nicht wieder ein.

h) Unterhaltspflicht.

§ 1766.

Der Annehmende ist dem Kinde und denjenigen Abkömmlingen des Kindes, auf welche sich die Wirkungen der Annahme erstrecken, vor den leiblichen Verwandten des Kindes zur Gewährung des Unterhalts verpflichtet.

Der Annehmende steht im Falle des § 1611 Abs. 2 den leiblichen Verwandten der aufsteigenden Linie gleich.

i) Keine Vertragsfreiheit.

§ 1767.

In dem Annahmevertrage kann die Nutznießung des Annehmenden an dem Vermögen des Kindes sowie das Erbrecht des Kindes dem Annehmenden gegenüber ausgeschlossen werden.

Im übrigen können die Wirkungen der Annahme an Kindes Statt in dem Annahmevertrage nicht geändert werden.

IV. Aufhebung der Adoption (§§ 1768—1772).

1. Aufhebung durch Aufhebungsvertrag (§§ 1768—1770).

§ 1768.

Das durch die Annahme an Kindes Statt begründete Rechtsverhältnis kann wiederaufgehoben werden. Die Aufhebung kann nicht unter einer Bedingung oder einer Zeitbestimmung erfolgen.

Die Aufhebung erfolgt durch Vertrag zwischen dem Annehmenden, dem Kinde und denjenigen Abkömmlingen des Kindes, auf welche sich die Wirkungen der Annahme erstrecken.

Hat ein Ehepaar gemeinschaftlich ein Kind angenommen oder hat ein Ehegatte ein Kind des anderen Ehegatten angenommen, so ist zu der Aufhebung die Mitwirkung beider Ehegatten erforderlich.

§ 1769.

Nach dem Tode des Kindes können die übrigen Beteiligten das zwischen ihnen bestehende Rechtsverhältnis durch Vertrag aufheben. Das gleiche gilt in den Fällen des § 1757 Abs. 2 nach dem Tode eines der Ehegatten.

§ 1770.

Die für die Annahme an Kindes Statt geltenden Vorschriften des § 1741 Satz 2 und der §§ 1750, 1751, 1753 bis 1755 gelten auch für die Aufhebung.

2. **Aufhebung durch Eheschluß.**

§ 1771.

Schließen Personen, die durch Annahme an Kindes Statt verbunden sind, der Vorschrift des § 1311 zuwider eine Ehe, so tritt mit der Eheschließung die Aufhebung des durch die Annahme zwischen ihnen begründeten Rechtsverhältnisses ein.

Ist die Ehe nichtig, so wird, wenn dem einen Ehegatten die elterliche Gewalt über den anderen zusteht, diese mit der Eheschließung verwirkt. Die Verwirkung tritt nicht ein, wenn die Nichtigkeit der Ehe auf einem Formmangel beruht und die Ehe nicht in das Heiratsregister eingetragen worden ist.

3. **Wirkung der Aufhebung.**

§ 1772.

Mit der Aufhebung der Annahme an Kindes Statt verlieren das Kind und diejenigen Abkömmlinge des Kindes, auf welche sich die Aufhebung erstreckt, das Recht, den Familiennamen des Annehmenden zu führen. Diese Vorschrift findet in den Fällen des § 1757 Abs. 2 keine Anwendung, wenn die Aufhebung nach dem Tode eines der Ehegatten erfolgt.

Dritter Abschnitt. Vormundschaft.

Erster Titel. Vormundschaft über Minderjährige.

I. Anordnung der Vormundschaft.

1. **Fürsorgebedürftigkeit.**

§ 1773.

Ein Minderjähriger erhält einen Vormund, wenn er nicht unter elterlicher Gewalt steht oder wenn die Eltern weder in den die Person noch in den das Vermögen betreffenden Angelegenheiten zur Vertretung des Minderjährigen berechtigt sind.

Ein Minderjähriger erhält einen Vormund auch dann, wenn sein Familienstand nicht zu ermitteln ist.

2. **Anordnung ohne Antrag.**

§ 1774.

Das Vormundschaftsgericht hat die Vormundschaft von Amts wegen anzuordnen.

3. **Mitvormund. Gemeinschaftlicher Vormund.**

§ 1775.

Das Vormundschaftsgericht soll, sofern nicht besondere Gründe für die Bestellung mehrerer Vormünder vorliegen, für den Mündel und, wenn mehrere Geschwister zu bevormunden sind, für alle Mündel nur einen Vormund bestellen.

4. Berufung zum Vormund (§§ 1776—1778).

a) Berufene Personen.

§ 1776.

Als Vormünder sind in nachstehender Reihenfolge berufen:

1. wer von dem Vater des Mündels als Vormund benannt ist;
2. wer von der ehelichen Mutter des Mündels als Vormund benannt ist;
3. der Großvater des Mündels von väterlicher Seite;
4. der Großvater des Mündels von mütterlicher Seite.

Die Großväter sind nicht berufen, wenn der Mündel von einem anderen als dem Ehegatten seines Vaters oder seiner Mutter an Kindes Statt angenommen ist. Das gleiche gilt, wenn derjenige, von welchem der Mündel abstammt, von einem anderen als dem Ehegatten seines Vaters oder seiner Mutter an Kindes Statt angenommen ist und die Wirkungen der Annahme sich auf den Mündel erstrecken.

b) Berufung durch Benennung insbesondere.

§ 1777.

Der Vater kann einen Vormund nur benennen, wenn ihm zur Zeit seines Todes die elterliche Gewalt über das Kind zusteht; er hat dieses Recht nicht, wenn er in den die Person oder in den das Vermögen betreffenden Angelegenheiten nicht zur Vertretung des Kindes berechtigt ist. Das gleiche gilt für die Mutter.

Der Vater kann für ein Kind, das erst nach seinem Tode geboren wird, einen Vormund benennen, wenn er dazu berechtigt sein würde, falls das Kind vor seinem Tode geboren wäre.

Die Benennung des Vormundes erfolgt durch letztwillige Verfügung.

c) Bedeutung der Berufung.

§ 1778.

Wer nach § 1776 als Vormund berufen ist, darf ohne seine Zustimmung nur übergangen werden, wenn er nach den §§ 1780 bis 1784 nicht zum Vormunde bestellt werden kann oder soll oder wenn er an der Übernahme der Vormundschaft verhindert ist oder die Übernahme verzögert oder wenn seine Bestellung das Interesse des Mündels gefährden würde.

Ist der Berufene nur vorübergehend verhindert, so hat ihn das Vormundschaftsgericht nach dem Wegfalle des Hindernisses auf seinen Antrag an Stelle des bisherigen Vormundes zum Vormunde zu bestellen.

Für eine Ehefrau darf der Mann vor den nach § 1776 Berufenen, für ein uneheliches Kind darf die Mutter vor dem Großvater zum Vormunde bestellt werden.

Neben dem Berufenen darf nur mit dessen Zustimmung ein Mitvormund bestellt werden.

5. Auswahl durch das Gericht.

§ 1779.

Ist die Vormundschaft nicht einem nach § 1776 Berufenen zu übertragen, so hat das Vormundschaftsgericht nach Anhörung des Gemeindewaisenrats den Vormund auszuwählen.

Das Vormundschaftsgericht soll eine Person auswählen, die nach ihren persönlichen Verhältnissen und ihrer Vermögenslage sowie nach den sonstigen Umständen zur Führung der Vormundschaft geeignet ist. Bei der Auswahl ist auf das religiöse Bekenntnis des Mündels Rücksicht zu nehmen. Verwandte und Verschwägerte des Mündels sind zunächst zu berücksichtigen.

6. Unfähigkeit und Untauglichkeit (§§ 1780—1784).

a) Unfähigkeit.

§ 1780.

Zum Vormunde kann nicht bestellt werden, wer geschäftsunfähig oder wegen Geistesschwäche, Verschwendung oder Trunksucht entmündigt ist.

b) Untauglichkeit (§§ 1781—1784).

§ 1781.

Zum Vormunde soll nicht bestellt werden:

1. wer minderjährig oder nach § 1906 unter vorläufige Vormundschaft gestellt ist;
2. wer nach § 1910 zur Besorgung seiner Vermögensangelegenheiten einen Pfleger erhalten hat;
3. wer in Konkurs geraten ist, während der Dauer des Konkurses;
4. wer der bürgerlichen Ehrenrechte für verlustig erklärt ist, soweit sich nicht aus den Vorschriften des Strafgesetzbuchs ein anderes ergibt.

§ 1782.

Zum Vormunde soll nicht bestellt werden, wer durch Anordnung des Vaters oder der ehelichen Mutter des Mündels von der Vormundschaft ausgeschlossen ist. Die Mutter kann den von dem Vater als Vormund Benannten nicht ausschließen.

Auf die Ausschließung finden die Vorschriften des § 1777 Anwendung.

§ 1783[1]).

Eine Frau, die mit einem anderen als dem Vater des Mündels verheiratet ist, soll nur mit Zustimmung ihres Mannes zum Vormunde bestellt werden.

§ 1784.

Ein Beamter oder Religionsdiener, der nach den Landesgesetzen einer besonderen Erlaubnis zur Übernahme einer Vormundschaft bedarf, soll nicht ohne die vorgeschriebene Erlaubnis zum Vormunde bestellt werden.

[2]) Diese Erlaubnis darf nur versagt werden, wenn ein wichtiger dienstlicher Grund vorliegt.

7. Pflicht zur Übernahme der Vormundschaft.

a) Grundsatz.

§ 1785.

Jeder Deutsche hat die Vormundschaft, für die er von dem Vormundschaftsgericht ausgewählt wird, zu übernehmen, sofern nicht seiner Bestellung zum Vormund einer der in den §§ 1780 bis 1784 bestimmten Gründe entgegensteht.

b) Exkusationsrecht.

§ 1786.

Die Übernahme der Vormundschaft kann ablehnen:

1. eine Frau[3]), welche zwei und mehr noch nicht schulpflichtige Kinder besitzt oder glaubhaft macht, daß die ihr obliegende Fürsorge für ihre Familie die Ausübung des Amtes dauernd besonders erschwert;
2. wer das sechzigste Lebensjahr vollendet hat;
3. wer mehr als vier minderjährige eheliche Kinder hat; ein von einem anderen an Kindes Statt angenommenes Kind wird nicht gerechnet;
4. wer durch Krankheit oder durch Gebrechen verhindert ist, die Vormundschaft ordnungsmäßig zu führen;
5. wer wegen Entfernung seines Wohnsitzes von dem Sitze des Vormundschaftsgerichts die Vormundschaft nicht ohne besondere Belästigung führen kann;
6. wer nach § 1844 zur Sicherheitsleistung angehalten wird;
7. wer mit einem anderen zur gemeinschaftlichen Führung der Vormundschaft bestellt werden soll;

---

[1]) Aufgehoben durch das Jugendwohlfahrtsgesetz vom 9. Juli 1922 § 48.

[2]) Abs. 2 zugefügt durch das Jugendwohlfahrtsgesetz § 48.

[3]) Die folgenden Worte der Nr. 1 sind zugefügt worden durch das Jugendwohlfahrtsgesetz § 48.

8. wer mehr als eine Vormundschaft oder Pflegschaft führt; die Vormundschaft oder Pflegschaft über mehrere Geschwister gilt nur als eine; die Führung von zwei Gegenvormundschaften steht der Führung einer Vormundschaft gleich.

Das Ablehnungsrecht erlischt, wenn es nicht vor der Bestellung bei dem Vormundschaftsgerichte geltend gemacht wird.

c) Schadensersatzhaftung. Pflicht zur vorläufigen Übernahme.

§ 1787.

Wer die Übernahme der Vormundschaft ohne Grund ablehnt, ist, wenn ihm ein Verschulden zur Last fällt, für den Schaden verantwortlich, der dem Mündel dadurch entsteht, daß sich die Bestellung des Vormundes verzögert.

Erklärt das Vormundschaftsgericht die Ablehnung für unbegründet, so hat der Ablehnende, unbeschadet der ihm zustehenden Rechtsmittel, die Vormundschaft auf Erfordern des Vormundschaftsgerichts vorläufig zu übernehmen.

d) Ordnungsstrafen.

§ 1788.

Das Vormundschaftsgericht kann den zum Vormund Ausgewählten durch Ordnungsstrafen zur Übernahme der Vormundschaft anhalten.

Die einzelne Strafe darf den Betrag von dreihundert Mark nicht übersteigen[1]). Die Strafen dürfen nur in Zwischenräumen von mindestens einer Woche verhängt werden. Mehr als drei Strafen dürfen nicht verhängt werden.

8. Bestellung zum Vormund (§§ 1789—1791).

a) Verpflichtung.

§ 1789.

Der Vormund wird von dem Vormundschaftsgerichte durch Verpflichtung zu treuer und gewissenhafter Führung der Vormundschaft bestellt. Die Verpflichtung soll mittels Handschlags an Eides Statt erfolgen.

b) Vorbehalt der Entlassung.

§ 1790.

Bei der Bestellung des Vormundes kann die Entlassung für

---

1) Aufgehoben durch Art. XIV der VO. vom 6. Februar 1924 (RGBl. I S. 47). Gemäß Art. II dieser VO. (RGBl. I S. 45) in Verbindung mit § 2 der VO. vom 12. Dezember 1924 (RGBl. I S. 775) beträgt die Strafe 1—1000 *RM*.

den Fall vorbehalten werden, daß ein bestimmtes Ereignis eintritt oder nicht eintritt.

c) Bestallung.

§ 1791.

Der Vormund erhält eine Bestallung.

Die Bestallung soll enthalten den Namen und die Zeit der Geburt des Mündels, die Namen des Vormundes, des Gegenvormundes und der Mitvormünder sowie im Falle der Teilung der Vormundschaft die Art der Teilung. Ist ein Familienrat eingesetzt, so ist auch dies anzugeben.

9. Bestellung eines Gegenvormunds.

§ 1792.

Neben dem Vormunde kann ein Gegenvormund bestellt werden.

Ein Gegenvormund soll bestellt werden, wenn mit der Vormundschaft eine Vermögensverwaltung verbunden ist, es sei denn, daß die Verwaltung nicht erheblich oder daß die Vormundschaft von mehreren Vormündern gemeinschaftlich zu führen ist.

Ist die Vormundschaft von mehreren Vormündern nicht gemeinschaftlich zu führen, so kann der eine Vormund zum Gegenvormunde des anderen bestellt werden.

Auf die Berufung und Bestellung des Gegenvormundes finden die für die Berufung und Bestellung des Vormundes geltenden Vorschriften Anwendung.

II. Führung der Vormundschaft.

1. Wirkungskreis des Vormunds und Gegenvormunds (§§ 1793—1799).

a) Grundsatz.

§ 1793.

Der Vormund hat das Recht und die Pflicht, für die Person und das Vermögen des Mündels zu sorgen, insbesondere den Mündel zu vertreten.

b) Neben einem Pfleger.

§ 1794.

Das Recht und die Pflicht des Vormundes, für die Person und das Vermögen des Mündels zu sorgen, erstreckt sich nicht auf Angelegenheiten des Mündels, für die ein Pfleger bestellt ist.

c) Ausschluß des Vertretungsrechts.

§ 1795.

Der Vormund kann den Mündel nicht vertreten:

1. bei einem Rechtsgeschäfte zwischen seinem Ehegatten oder

einem seiner Verwandten in gerader Linie einerseits und dem Mündel andererseits, es sei denn, daß das Rechtsgeschäft ausschließlich in der Erfüllung einer Verbindlichkeit besteht;

2. bei einem Rechtsgeschäfte, das die Übertragung oder Belastung einer durch Pfandrecht, Hypothek oder Bürgschaft gesicherten Forderung des Mündels gegen den Vormund oder die Aufhebung oder Minderung dieser Sicherheit zum Gegenstande hat oder die Verpflichtung des Mündels zu einer solchen Übertragung, Belastung, Aufhebung oder Minderung begründet;
3. bei einem Rechtsstreite zwischen den in Nr. 1 bezeichneten Personen sowie bei einem Rechtsstreit über eine Angelegenheit der in Nr. 2 bezeichneten Art.

Die Vorschrift des § 181 bleibt unberührt.

d) Entziehung des Vertretungsrechts.

§ 1796.

Das Vormundschaftsgericht kann dem Vormunde die Vertretung für einzelne Angelegenheiten oder für einen bestimmten Kreis von Angelegenheiten entziehen.

Die Entziehung soll nur erfolgen, wenn das Interesse des Mündels zu dem Interesse des Vormundes oder eines von diesem vertretenen Dritten oder einer der im § 1795 Nr. 1 bezeichneten Personen in erheblichem Gegensatze steht.

e) Mitvormünder (§§ 1797, 1798).

§ 1797.

Mehrere Vormünder führen die Vormundschaft gemeinschaftlich. Bei einer Meinungsverschiedenheit entscheidet das Vormundschaftsgericht, sofern nicht bei der Bestellung ein anderes bestimmt wird.

Das Vormundschaftsgericht kann die Führung der Vormundschaft unter mehrere Vormünder nach bestimmten Wirkungskreisen verteilen. Innerhalb des ihm überwiesenen Wirkungskreises führt jeder Vormund die Vormundschaft selbständig.

Bestimmungen, die der Vater oder die Mutter für die Entscheidung von Meinungsverschiedenheiten zwischen den von ihnen benannten Vormündern und für die Verteilung der Geschäfte unter diese nach Maßgabe des § 1777 getroffen hat, sind von dem Vormundschaftsgerichte zu befolgen, sofern nicht ihre Befolgung das Interesse des Mündels gefährden würde.

§ 1798.

Steht die Sorge für die Person und die Sorge für das Vermögen des Mündels verschiedenen Vormündern zu, so entscheidet bei einer Meinungsverschiedenheit über die Vornahme einer sowohl die Person als das Vermögen des Mündels betreffenden Handlung das Vormundschaftsgericht.

f) Gegenvormund.

§ 1799.

Der Gegenvormund hat darauf zu achten, daß der Vormund die Vormundschaft pflichtmäßig führt. Er hat dem Vormundschaftsgerichte Pflichtwidrigkeiten des Vormundes sowie jeden Fall unverzüglich anzuzeigen, in welchem das Vormundschaftsgericht zum Einschreiten berufen ist, insbesondere den Tod des Vormundes oder den Eintritt eines anderen Umstandes, infolgedessen das Amt des Vormundes endigt oder die Entlassung des Vormundes erforderlich wird.

Der Vormund hat dem Gegenvormund auf Verlangen über die Führung der Vormundschaft Auskunft zu erteilen und die Einsicht der sich auf die Vormundschaft beziehenden Papiere zu gestatten.

2. Sorge für die Person (§§ 1800, 1801).

§ 1800.

Das Recht und die Pflicht des Vormundes, für die Person des Mündels zu sorgen, bestimmt sich nach den für die elterliche Gewalt geltenden Vorschriften der §§ 1631 bis 1633.

§ 1801.

Die Sorge für die religiöse Erziehung des Mündels kann dem Vormunde von dem Vormundschaftsgericht entzogen werden, wenn der Vormund nicht dem Bekenntnis angehört, in dem der Mündel zu erziehen ist.

3. Sorge für das Vermögen (§§ 1802—1832).

a) Inventar.

§ 1802.

Der Vormund hat das Vermögen, das bei der Anordnung der Vormundschaft vorhanden ist oder später dem Mündel zufällt, zu verzeichnen und das Verzeichnis, nachdem er es mit der Versicherung der Richtigkeit und Vollständigkeit versehen hat, dem Vormundschaftsgericht einzureichen. Ist ein Gegenvormund vorhanden, so hat ihn der Vormund bei der Aufnahme des Verzeichnisses zuzuziehen; das Verzeichnis ist auch von dem Gegenvormunde mit der Versicherung der Richtigkeit und Vollständigkeit zu versehen.

Der Vormund kann sich bei der Aufnahme des Verzeichnisses der Hilfe eines Beamten, eines Notars oder eines anderen Sachverständigen bedienen.

Ist das eingereichte Verzeichnis ungenügend, so kann das Vormundschaftsgericht anordnen, daß das Verzeichnis durch eine zuständige Behörde oder durch einen zuständigen Beamten oder Notar aufgenommen wird.

b) **Anordnungen des Zuwendenden.**

§ 1803.

Was der Mündel von Todes wegen erwirbt oder was ihm unter Lebenden von einem Dritten unentgeltlich zugewendet wird, hat der Vormund nach den Anordnungen des Erblassers oder des Dritten zu verwalten, wenn die Anordnungen von dem Erblasser durch letztwillige Verfügung, von dem Dritten bei der Zuwendung getroffen worden sind.

Der Vormund darf mit Genehmigung des Vormundschaftsgerichts von den Anordnungen abweichen, wenn ihre Befolgung das Interesse des Mündels gefährden würde.

Zu einer Abweichung von den Anordnungen, die ein Dritter bei einer Zuwendung unter Lebenden getroffen hat, ist, solange er lebt, seine Zustimmung erforderlich und genügend. Die Zustimmung des Dritten kann durch das Vormundschaftsgericht ersetzt werden, wenn der Dritte zur Abgabe einer Erklärung dauernd außerstande oder sein Aufenthalt dauernd unbekannt ist.

c) **Schenkungen.**

§ 1804.

Der Vormund kann nicht in Vertretung des Mündels Schenkungen machen. Ausgenommen sind Schenkungen, durch die einer sittlichen Pflicht oder einer auf den Anstand zu nehmenden Rücksicht entsprochen wird.

d) **Verwendungen für sich.**

§ 1805.

Der Vormund darf Vermögen des Mündels nicht für sich verwenden.

e) **Anlegung von Geld** (§§ 1806—1811).

§ 1806.

Der Vormund hat das zum Vermögen des Mündels gehörende Geld verzinslich anzulegen, soweit es nicht zur Bestreitung von Ausgaben bereit zu halten ist.

§ 1807.

Die im § 1806 vorgeschriebene Anlegung von Mündelgeld soll nur erfolgen:

1. in Forderungen, für die eine sichere Hypothek an einem inländischen Grundstücke besteht, oder in sicheren Grundschulden oder Rentenschulden an inländischen Grundstücken;
2. in verbrieften Forderungen gegen das Reich oder ein Land[1]) sowie in Forderungen, die in das Reichsschuldbuch oder in das Staatsschuldbuch eines Landes[1]) eingetragen sind;
3. in verbrieften Forderungen, deren Verzinsung von dem Reiche oder einem Lande[1]) gewährleistet ist;
4. in Wertpapieren, insbesondere Pfandbriefen, sowie in verbrieften Forderungen jeder Art gegen eine inländische kommunale Körperschaft oder die Kreditanstalt einer solchen Körperschaft, sofern die Wertpapiere oder die Forderungen von dem Reichsrate[2]) zur Anlegung von Mündelgeld für geeignet erklärt sind;
5. bei einer inländischen öffentlichen Sparkasse, wenn sie von der zuständigen Behörde des Landes[1]), in welchem sie ihren Sitz hat, zur Anlegung von Mündelgeld für geeignet erklärt ist.

Die Landesgesetze können für die innerhalb ihres Geltungsbereichs belegenen Grundstücke die Grundsätze bestimmen, nach denen die Sicherheit einer Hypothek, einer Grundschuld oder einer Rentenschuld festzustellen ist.

§ 1808.

Kann die Anlegung den Umständen nach nicht in der im § 1807 bezeichneten Weise erfolgen, so ist das Geld bei der Reichsbank, bei einer Staatsbank oder bei einer anderen durch Landesgesetz dazu für geeignet erklärten inländischen Bank oder bei einer Hinterlegungsstelle anzulegen.

§ 1809.

Der Vormund soll Mündelgeld nach § 1807 Abs. 1 Nr. 5 oder nach § 1808 nur mit der Bestimmung anlegen, daß zur Erhebung des Geldes die Genehmigung des Gegenvormundes oder des Vormundschaftsgerichts erforderlich ist.

§ 1810.

Der Vormund soll die in den §§ 1806 bis 1808 vorgeschriebene Anlegung nur mit Genehmigung des Gegenvor-

---

[1]) Fassung auf Grund Art. 179 der Reichsverfassung.

[2]) Fassung auf Grund § 3 des Übergangsgesetzes vom 4. März 1919 und Art. 179 der Reichsverfassung.

mundes bewirken; die Genehmigung des Gegenvormundes wird durch die Genehmigung des Vormundschaftsgerichts ersetzt. Ist ein Gegenvormund nicht vorhanden, so soll die Anlegung nur mit Genehmigung des Vormundschaftsgerichts erfolgen, sofern nicht die Vormundschaft von mehreren Vormündern gemeinschaftlich geführt wird.

§ 1811[1]).

Das Vormundschaftsgericht kann dem Vormund eine andere Anlegung als die in den §§ 1807, 1808 vorgeschriebene gestatten. Die Erlaubnis soll nur verweigert werden, wenn die beabsichtigte Art der Anlegung nach Lage des Falles den Grundsätzen einer wirtschaftlichen Vermögensverwaltung zuwiderlaufen würde.

f) Genehmigung des Gegenvormunds (§§ 1812, 1813).

§ 1812.

Der Vormund kann über eine Forderung oder über ein anderes Recht, kraft dessen der Mündel eine Leistung verlangen kann, sowie über ein Wertpapier des Mündels nur mit Genehmigung des Gegenvormundes verfügen, sofern nicht nach den §§ 1819 bis 1822 die Genehmigung des Vormundschaftsgerichts erforderlich ist. Das gleiche gilt von der Eingehung der Verpflichtung zu einer solchen Verfügung.

Die Genehmigung des Gegenvormundes wird durch die Genehmigung des Vormundschaftsgerichts ersetzt.

Ist ein Gegenvormund nicht vorhanden, so tritt an die Stelle der Genehmigung des Gegenvormundes die Genehmigung des Vormundschaftsgerichts, sofern nicht die Vormundschaft von mehreren Vormündern gemeinschaftlich geführt wird.

§ 1813.

Der Vormund bedarf nicht der Genehmigung des Gegenvormundes zur Annahme einer geschuldeten Leistung:
1. wenn der Gegenstand der Leistung nicht in Geld oder Wertpapieren besteht;
2. wenn der Anspruch nicht mehr als dreihundert Reichsmark[2]) beträgt;
3. wenn Geld zurückgezahlt wird, das der Vormund angelegt hat;

---

[1]) Fassung des Gesetzes über die Anlegung von Mündelgeld vom 23. Juni 1923 Art. I (RGBl. I S. 411).

[2]) Fassung der VO. vom 12. Dezember 1924 § 1 (RGBl. I S. 775).

4. wenn der Anspruch zu den Nutzungen des Mündelvermögens gehört;
5. wenn der Anspruch auf Erstattung von Kosten der Kündigung oder der Rechtsverfolgung oder auf sonstige Nebenleistungen gerichtet ist.

Die Befreiung nach Abs. 1 Nr. 2, 3 erstreckt sich nicht auf die Erhebung von Geld, bei dessen Anlegung ein anderes bestimmt worden ist. Die Befreiung nach Abs. 1 Nr. 3 gilt auch nicht für die Erhebung von Geld, das nach § 1807 Abs. 1 Nr. 1 bis 4 angelegt ist.

g) Wertpapiere, Buchforderungen, Kostbarkeiten (§§ 1814—1820).

§ 1814.

Der Vormund hat die zu dem Vermögen des Mündels gehörenden Inhaberpapiere nebst den Erneuerungsscheinen bei einer Hinterlegungsstelle oder bei der Reichsbank mit der Bestimmung zu hinterlegen, daß die Herausgabe der Papiere nur mit Genehmigung des Vormundschaftsgerichts verlangt werden kann. Die Hinterlegung von Inhaberpapieren, die nach § 92 zu den verbrauchbaren Sachen gehören, sowie von Zins-, Renten- oder Gewinnanteilscheinen ist nicht erforderlich. Den Inhaberpapieren stehen Orderpapiere gleich, die mit Blankoindossament versehen sind.

§ 1815.

Der Vormund kann die Inhaberpapiere, statt sie nach § 1814 zu hinterlegen, auf den Namen des Mündels mit der Bestimmung umschreiben lassen, daß er über sie nur mit Genehmigung des Vormundschaftsgerichts verfügen kann. Sind die Papiere von dem Reiche oder einem Lande[1]) ausgestellt, so kann er sie mit der gleichen Bestimmung in Buchforderungen gegen das Reich oder das Land[1]) umwandeln lassen.

Sind Inhaberpapiere zu hinterlegen, die in Buchforderungen gegen das Reich oder ein Land[1]) umgewandelt werden können, so kann das Vormundschaftsgericht anordnen, daß sie nach Abs. 1 in Buchforderungen umgewandelt werden.

§ 1816.

Gehören Buchforderungen gegen das Reich oder gegen ein Land[1]) bei der Anordnung der Vormundschaft zu dem Vermögen des Mündels oder erwirbt der Mündel später solche Forderungen, so hat der Vormund in das Schuldbuch den Vermerk

---

[1]) Fassung auf Grund von Art. 179 der Reichsverfassung.

eintragen zu lassen, daß er über die Forderungen nur mit Genehmigung des Vormundschaftsgerichts verfügen kann.

§ 1817.

Das Vormundschaftsgericht kann aus besonderen Gründen den Vormund von den ihm nach den §§ 1814, 1816 obliegenden Verpflichtungen entbinden.

§ 1818.

Das Vormundschaftsgericht kann aus besonderen Gründen anordnen, daß der Vormund auch solche zu dem Vermögen des Mündels gehörende Wertpapiere, zu deren Hinterlegung er nach § 1814 nicht verpflichtet ist, sowie Kostbarkeiten des Mündels in der im § 1814 bezeichneten Weise zu hinterlegen hat; auf Antrag des Vormundes kann die Hinterlegung von Zins-, Renten- und Gewinnanteilscheinen angeordnet werden, auch wenn ein besonderer Grund nicht vorliegt.

§ 1819.

Solange die nach § 1814 oder nach § 1818 hinterlegten Wertpapiere oder Kostbarkeiten nicht zurückgenommen sind, bedarf der Vormund zu einer Verfügung über sie und, wenn Hypotheken-, Grundschuld- oder Rentenschuldbriefe hinterlegt sind, zu einer Verfügung über die Hypothekenforderung, die Grundschuld oder die Rentenschuld der Genehmigung des Vormundschaftsgerichts. Das gleiche gilt von der Eingehung der Verpflichtung zu einer solchen Verfügung

§ 1820.

Sind Inhaberpapiere nach § 1815 auf den Namen des Mündels umgeschrieben oder in Buchforderungen umgewandelt, so bedarf der Vormund auch zur Eingehung der Verpflichtung zu einer Verfügung über die sich aus der Umschreibung oder der Umwandlung ergebenden Stammforderungen der Genehmigung des Vormundschaftsgerichts.

Das gleiche gilt, wenn bei einer Buchforderung des Mündels der im § 1816 bezeichnete Vermerk eingetragen ist.

b) Genehmigung des Vormundschaftsgerichts (§§ 1821—1831).

α) Genehmigungsbedürftige Handlungen (§§ 1821—1824).

§ 1821.

Der Vormund bedarf der Genehmigung des Vormundschaftsgerichts:

1. zur Verfügung über ein Grundstück oder über ein Recht an einem Grundstücke;
2. zur Verfügung über eine Forderung, die auf Übertragung des Eigentums an einem Grundstück oder auf Begründung oder Übertragung eines Rechtes an einem Grundstück oder auf Befreiung eines Grundstücks von einem solchen Rechte gerichtet ist;
3. zur Eingehung der Verpflichtung zu einer der in Nr. 1, 2 bezeichneten Verfügungen;
4. zu einem Vertrage, der auf den entgeltlichen Erwerb eines Grundstücks oder eines Rechtes an einem Grundstücke gerichtet ist.

Zu den Rechten an einem Grundstück im Sinne dieser Vorschriften gehören nicht Hypotheken, Grundschulden und Rentenschulden.

§ 1822.

Der Vormund bedarf der Genehmigung des Vormundschaftsgerichts:

1. zu einem Rechtsgeschäfte, durch das der Mündel zu einer Verfügung über sein Vermögen im ganzen oder über eine ihm angefallene Erbschaft oder über seinen künftigen gesetzlichen Erbteil oder seinen künftigen Pflichtteil verpflichtet wird, sowie zu einer Verfügung über den Anteil des Mündels an einer Erbschaft;
2. zur Ausschlagung einer Erbschaft oder eines Vermächtnisses, zum Verzicht auf einen Pflichtteil sowie zu einem Erbteilungsvertrage;
3. zu einem Vertrage, der auf den entgeltlichen Erwerb oder die Veräußerung eines Erwerbsgeschäfts gerichtet ist, sowie zu einem Gesellschaftsvertrage, der zum Betrieb eines Erwerbsgeschäfts eingegangen wird;
4. zu einem Pachtvertrag über ein Landgut oder einen gewerblichen Betrieb;
5. zu einem Miet- oder Pachtvertrag oder einem anderen Vertrage, durch den der Mündel zu wiederkehrenden Leistungen verpflichtet wird, wenn das Vertragsverhältnis länger als ein Jahr nach der Vollendung des einundzwanzigsten Lebensjahrs des Mündels fortdauern soll;
6. zu einem Lehrvertrage, der für längere Zeit als ein Jahr geschlossen wird;
7. zu einem auf die Eingehung eines Dienst- oder Arbeitsverhältnisses gerichteten Vertrage, wenn der Mündel zu persönlichen Leistungen für längere Zeit als ein Jahr verpflichtet werden soll;

8. zur Aufnahme von Geld auf den Kredit des Mündels;
9. zur Ausstellung einer Schuldverschreibung auf den Inhaber oder zur Eingehung einer Verbindlichkeit aus einem Wechsel oder einem anderen Papiere, das durch Indossament übertragen werden kann;
10. zur Übernahme einer fremden Verbindlichkeit, insbesondere zur Eingehung einer Bürgschaft;
11. zur Erteilung einer Prokura;
12. zu einem Vergleich oder einem Schiedsvertrag, es sei denn, daß der Gegenstand des Streites oder der Ungewißheit in Geld schätzbar ist und den Wert von dreihundert Reichsmark[1]) nicht übersteigt;
13. zu einem Rechtsgeschäfte, durch das die für eine Forderung des Mündels bestehende Sicherheit aufgehoben oder gemindert oder die Verpflichtung dazu begründet wird.

§ 1823.

Der Vormund soll nicht ohne Genehmigung des Vormundschaftsgerichts ein neues Erwerbsgeschäft im Namen des Mündels beginnen oder ein bestehendes Erwerbsgeschäft des Mündels auflösen.

§ 1824.

Der Vormund kann Gegenstände, zu deren Veräußerung die Genehmigung des Gegenvormundes oder des Vormundschaftsgerichts erforderlich ist, dem Mündel nicht ohne diese Genehmigung zur Erfüllung eines von diesem geschlossenen Vertrags oder zu freier Verfügung überlassen.

β) Erteilung der Genehmigung (§§ 1825—1828).

Generalermächtigung.

§ 1825.

Das Vormundschaftsgericht kann dem Vormunde zu Rechtsgeschäften, zu denen nach § 1812 die Genehmigung des Gegenvormundes erforderlich ist, sowie zu den im § 1822 Nr. 8 bis 10 bezeichneten Rechtsgeschäften eine allgemeine Ermächtigung erteilen.

Die Ermächtigung soll nur erteilt werden, wenn sie zum Zwecke der Vermögensverwaltung, insbesondere zum Betrieb eines Erwerbsgeschäfts, erforderlich ist.

---

[1]) Fassung der VO. vom 12. Dezember 1924 § 1 (RGBl. I S. 775).

Anhörung des Gegenvormunds.

§ 1826.

Das Vormundschaftsgericht soll vor der Entscheidung über die zu einer Handlung des Vormundes erforderliche Genehmigung den Gegenvormund hören, sofern ein solcher vorhanden und die Anhörung tunlich ist.

Anhörung des Mündels.

§ 1827.

Das Vormundschaftsgericht soll den Mündel hören vor der Entscheidung über die Genehmigung eines Lehrvertrags oder eines auf die Eingehung eines Dienst- oder Arbeitsverhältnisses gerichteten Vertrags und, wenn der Mündel das vierzehnte Lebensjahr vollendet hat, über die Entlassung aus dem Staatsverbande.

Hat der Mündel das achtzehnte Lebensjahr vollendet, so soll ihn das Vormundschaftsgericht, soweit tunlich, auch hören vor der Entscheidung über die Genehmigung eines der im § 1821 und im § 1822 Nr. 3 bezeichneten Rechtsgeschäfte sowie vor der Entscheidung über die Genehmigung des Beginns oder der Auflösung eines Erwerbsgeschäfts.

Adressat.

§ 1828.

Das Vormundschaftsgericht kann die Genehmigung zu einem Rechtsgeschäfte nur dem Vormunde gegenüber erklären.

γ) Genehmigungsbedürftige Rechtsgeschäfte ohne Genehmigung (§§ 1829—1831).

§ 1829.

Schließt der Vormund einen Vertrag ohne die erforderliche Genehmigung des Vormundschaftsgerichts, so hängt die Wirksamkeit des Vertrags von der nachträglichen Genehmigung des Vormundschaftsgerichts ab. Die Genehmigung sowie deren Verweigerung wird dem anderen Teile gegenüber erst wirksam, wenn sie ihm durch den Vormund mitgeteilt wird.

Fordert der andere Teil den Vormund zur Mitteilung darüber auf, ob die Genehmigung erteilt sei, so kann die Mitteilung der Genehmigung nur bis zum Ablaufe von zwei Wochen nach dem Empfange der Aufforderung erfolgen; erfolgt sie nicht, so gilt die Genehmigung als verweigert.

Ist der Mündel volljährig geworden, so tritt seine Genehmigung an die Stelle der Genehmigung des Vormundschaftsgerichts.

§ 1830.

Hat der Vormund dem anderen Teile gegenüber der Wahrheit zuwider die Genehmigung des Vormundschaftsgerichts behauptet, so ist der andere Teil bis zur Mitteilung der nachträglichen Genehmigung des Vormundschaftsgerichts zum Widerrufe berechtigt, es sei denn, daß ihm das Fehlen der Genehmigung bei dem Abschlusse des Vertrags bekannt war.

§ 1831.

Ein einseitiges Rechtsgeschäft, das der Vormund ohne die erforderliche Genehmigung des Vormundschaftsgerichts vornimmt, ist unwirksam. Nimmt der Vormund mit dieser Genehmigung ein solches Rechtsgeschäft einem anderen gegenüber vor, so ist das Rechtsgeschäft unwirksam, wenn der Vormund die Genehmigung nicht in schriftlicher Form vorlegt und der andere das Rechtsgeschäft aus diesem Grunde unverzüglich zurückweist.

i) Genehmigung des Gegenvormunds.

§ 1832.

Soweit der Vormund zu einem Rechtsgeschäfte der Genehmigung des Gegenvormundes bedarf, finden die Vorschriften der §§ 1828 bis 1831 entsprechende Anwendung.

4. Haftung des Vormunds und Gegenvormunds (§§ 1833, 1834).

§ 1833.

Der Vormund ist dem Mündel für den aus einer Pflichtverletzung entstehenden Schaden verantwortlich, wenn ihm ein Verschulden zur Last fällt. Das gleiche gilt von dem Gegenvormunde.

Sind für den Schaden mehrere nebeneinander verantwortlich, so haften sie als Gesamtschuldner. Ist neben dem Vormunde für den von diesem verursachten Schaden der Gegenvormund oder ein Mitvormund nur wegen Verletzung seiner Aufsichtspflicht verantwortlich, so ist in ihrem Verhältnisse zueinander der Vormund allein verpflichtet.

§ 1834.

Verwendet der Vormund Geld des Mündels für sich, so hat er es von der Zeit der Verwendung an zu verzinsen.

5. Actio tutelae contraria (§§ 1835, 1836).

a) Aufwendungen.

§ 1835.

Macht der Vormund zum Zwecke der Führung der Vormundschaft Aufwendungen, so kann er nach den für den Auftrag geltenden Vorschriften der §§ 669, 670 von dem Mündel Vorschuß oder Ersatz verlangen. Das gleiche Recht steht dem Gegenvormunde zu.

Als Aufwendungen gelten auch solche Dienste des Vormundes oder des Gegenvormundes, die zu seinem Gewerbe oder seinem Berufe gehören.

b) Vergütung.

§ 1836.

Die Vormundschaft wird unentgeltlich geführt. Das Vormundschaftsgericht kann jedoch dem Vormund und aus besonderen Gründen auch dem Gegenvormund eine angemessene Vergütung bewilligen. Die Bewilligung soll nur erfolgen, wenn das Vermögen des Mündels sowie der Umfang und die Bedeutung der vormundschaftlichen Geschäfte es rechtfertigen. Die Vergütung kann jederzeit für die Zukunft geändert oder entzogen werden.

Vor der Bewilligung, Änderung oder Entziehung soll der Vormund und, wenn ein Gegenvormund vorhanden oder zu bestellen ist, auch dieser gehört werden.

III. Fürsorge und Aufsicht des Vormundschaftsgerichts.

1. Grundsatz.

§ 1837.

Das Vormundschaftsgericht hat über die gesamte Tätigkeit des Vormundes und des Gegenvormundes die Aufsicht zu führen und gegen Pflichtwidrigkeiten durch geeignete Gebote und Verbote einzuschreiten.

Das Vormundschaftsgericht kann den Vormund und den Gegenvormund zur Befolgung seiner Anordnungen durch Ordnungsstrafen anhalten. Die einzelne Strafe darf den Betrag von dreihundert Mark nicht übersteigen[1]).

2. Unterbringung in einer Anstalt.

§ 1838.

Das Vormundschaftsgericht kann anordnen, daß der Mündel zum Zwecke der Erziehung in einer geeigneten Familie oder in einer Erziehungsanstalt oder einer Besserungsanstalt unterge-

---

[1]) Siehe Anm. zu § 1788.

bracht wird. Steht dem Vater oder der Mutter die Sorge für die Person des Mündels zu, so ist eine solche Anordnung nur unter den Voraussetzungen des § 1666 zulässig.

3. Auskunft.

§ 1839.

Der Vormund sowie der Gegenvormund hat dem Vormundschaftsgericht auf Verlangen jederzeit über die Führung der Vormundschaft und über die persönlichen Verhältnisse des Mündels Auskunft zu erteilen.

4. Rechnungslegung (§§ 1840—1843).

§ 1840.

Der Vormund hat über seine Vermögensverwaltung dem Vormundschaftsgerichte Rechnung zu legen.

Die Rechnung ist jährlich zu legen. Das Rechnungsjahr wird von dem Vormundschaftsgerichte bestimmt.

Ist die Verwaltung von geringem Umfange, so kann das Vormundschaftsgericht, nachdem die Rechnung für das erste Jahr gelegt worden ist, anordnen, daß die Rechnung für längere, höchstens dreijährige Zeitabschnitte zu legen ist.

§ 1841.

Die Rechnung soll eine geordnete Zusammenstellung der Einnahmen und Ausgaben enthalten, über den Ab- und Zugang des Vermögens Auskunft geben und, soweit Belege erteilt zu werden pflegen, mit Belegen versehen sein.

Wird ein Erwerbsgeschäft mit kaufmännischer Buchführung betrieben, so genügt als Rechnung eine aus den Büchern gezogene Bilanz. Das Vormundschaftsgericht kann jedoch die Vorlegung der Bücher und sonstigen Belege verlangen.

§ 1842.

Ist ein Gegenvormund vorhanden oder zu bestellen, so hat ihm der Vormund die Rechnung unter Nachweisung des Vermögensbestandes vorzulegen. Der Gegenvormund hat die Rechnung mit den Bemerkungen zu versehen, zu denen die Prüfung ihm Anlaß gibt.

§ 1843.

Das Vormundschaftsgericht hat die Rechnung rechnungsmäßig und sachlich zu prüfen und, soweit erforderlich, ihre Berichtigung und Ergänzung herbeizuführen.

Ansprüche, die zwischen dem Vormund und dem Mündel

streitig bleiben, können schon vor der Beendigung des Vormundschaftsverhältnisses im Rechtswege geltend gemacht werden.

5. Sicherheitsleistung.

§ 1844.

Das Vormundschaftsgericht kann aus besonderen Gründen den Vormund anhalten, für das seiner Verwaltung unterliegende Vermögen Sicherheit zu leisten. Die Art und den Umfang der Sicherheitsleistung bestimmt das Vormundschaftsgericht nach seinem Ermessen. Das Vormundschaftsgericht kann, solange das Amt des Vormundes dauert, jederzeit die Erhöhung, Minderung oder Aufhebung der Sicherheit anordnen.

Bei der Bestellung, Änderung oder Aufhebung der Sicherheit wird die Mitwirkung des Mündels durch die Anordnung des Vormundschaftsgerichts ersetzt.

Die Kosten der Sicherheitsleistung sowie der Änderung oder der Aufhebung fallen dem Mündel zur Last.

6. Inventar und Auseinandersetzung.

§ 1845.

Will der zum Vormunde bestellte Vater oder die zum Vormunde bestellte eheliche Mutter des Mündels eine Ehe eingehen, so liegen ihnen die im § 1669 bestimmten Verpflichtungen ob.

7. Vorläufige Maßregeln.

§ 1846.

Ist ein Vormund noch nicht bestellt oder ist der Vormund an der Erfüllung seiner Pflichten verhindert, so hat das Vormundschaftsgericht die im Interesse des Mündels erforderlichen Maßregeln zu treffen.

8. Anhörung von Angehörigen.

§ 1847.

Das Vormundschaftsgericht soll vor einer von ihm zu treffenden Entscheidung auf Antrag des Vormundes oder des Gegenvormundes Verwandte oder Verschwägerte des Mündels hören, wenn es ohne erhebliche Verzögerung und ohne unverhältnismäßige Kosten geschehen kann. In wichtigen Angelegenheiten soll die Anhörung auch ohne Antrag erfolgen; wichtige Angelegenheiten sind insbesondere die Volljährigkeitserklärung, die Ersetzung der Einwilligung zur Eheschließung im Falle des § 1304, die Ersetzung der Genehmigung im Falle des § 1337, die Entlassung aus dem Staatsverband und die Todeserklärung.

Die Verwandten und Verschwägerten können von dem Mündel Ersatz ihrer Auslagen verlangen; der Betrag der Auslagen wird von dem Vormundschaftsgerichte festgesetzt.

9. **Haftung des Richters.**

§ 1848.

Verletzt der Vormundschaftsrichter vorsätzlich oder fahrlässig die ihm obliegenden Pflichten, so ist er dem Mündel nach § 839 Abs. 1, 3 verantwortlich.

IV. Mitwirkung des Gemeindewaisenrats.

1. **Vorschlag.**

§ 1849.

Der Gemeindewaisenrat hat dem Vormundschaftsgerichte die Personen vorzuschlagen, die sich im einzelnen Falle zum Vormunde, Gegenvormund oder Mitglied eines Familienrats eignen.

2. **Überwachung durch den Waisenrat.**

§ 1850.

Der Gemeindewaisenrat hat in Unterstützung des Vormundschaftsgerichts darüber zu wachen, daß die Vormünder der sich in seinem Bezirk aufhaltenden Mündel für die Person der Mündel, insbesondere für ihre Erziehung und ihre körperliche Pflege, pflichtmäßig Sorge tragen. Er hat dem Vormundschaftsgerichte Mängel und Pflichtwidrigkeiten, die er in dieser Hinsicht wahrnimmt, anzuzeigen und auf Erfordern über das persönliche Ergehen und das Verhalten eines Mündels Auskunft zu erteilen.

Erlangt der Gemeindewaisenrat Kenntnis von einer Gefährdung des Vermögens eines Mündels, so hat er dem Vormundschaftsgericht Anzeige zu machen.

3. **Benachrichtigung des Waisenrats.**

§ 1851.

Das Vormundschaftsgericht hat dem Gemeindewaisenrate die Anordnung der Vormundschaft über einen sich in dessen Bezirk aufhaltenden Mündel unter Bezeichnung des Vormundes und des Gegenvormundes sowie einen in der Person des Vormundes oder des Gegenvormundes eintretenden Wechsel mitzuteilen.

Wird der Aufenthalt eines Mündels in den Bezirk eines anderen Gemeindewaisenrats verlegt, so hat der Vormund dem Gemeindewaisenrate des bisherigen Aufenthaltsorts und dieser dem Gemeindewaisenrate des neuen Aufenthaltsorts die Verlegung mitzuteilen.

V. Befreite Vormundschaft.

1. **Zulässige Befreiungen (§§ 1852—1855).**

§ 1852.

Der Vater kann, wenn er einen Vormund benennt, die Bestellung eines Gegenvormundes ausschließen.

Der Vater kann anordnen, daß der von ihm benannte Vormund bei der Anlegung von Geld den in den §§ 1809, 1810 bestimmten Beschränkungen nicht unterliegen und zu den im § 1812 bezeichneten Rechtsgeschäften der Genehmigung des Gegenvormundes oder des Vormundschaftsgerichts nicht bedürfen soll. Diese Anordnungen sind als getroffen anzusehen, wenn der Vater die Bestellung eines Gegenvormundes ausgeschlossen hat.

§ 1853.

Der Vater kann den von ihm benannten Vormund von der Verpflichtung entbinden, Inhaber- und Orderpapiere zu hinterlegen und den im § 1816 bezeichneten Vermerk in das Reichsschuldbuch oder das Staatsschuldbuch eintragen zu lassen.

§ 1854.

Der Vater kann den von ihm benannten Vormund von der Verpflichtung entbinden, während der Dauer seines Amtes Rechnung zu legen.

Der Vormund hat in einem solchen Falle nach dem Ablaufe von je zwei Jahren eine Übersicht über den Bestand des seiner Verwaltung unterliegenden Vermögens dem Vormundschaftsgericht einzureichen. Das Vormundschaftsgericht kann anordnen, daß die Übersicht in längeren, höchstens fünfjährigen Zwischenräumen einzureichen ist.

Ist ein Gegenvormund vorhanden oder zu bestellen, so hat ihm der Vormund die Übersicht unter Nachweisung des Vermögensbestandes vorzulegen. Der Gegenvormund hat die Übersicht mit den Bemerkungen zu versehen, zu denen die Prüfung ihm Anlaß gibt.

§ 1855.

Benennt die eheliche Mutter einen Vormund, so kann sie die gleichen Anordnungen treffen wie nach den §§ 1852 bis 1854 der Vater.

2. Voraussetzungen und Ausübung des Befreiungsrechts.

§ 1856.

Auf die nach den §§ 1852 bis 1855 zulässigen Anordnungen finden die Vorschriften des § 1777 Anwendung.

3. Außerkraftsetzung.

§ 1857.

Die Anordnungen des Vaters oder der Mutter können von dem Vormundschaftsgericht außer Kraft gesetzt werden, wenn ihre Befolgung das Interesse des Mündels gefährden würde.

VI. Familienrat.

1. **Einsetzung** (§§ 1858, 1859).

§ 1858.

Ein Familienrat soll von dem Vormundschaftsgericht eingesetzt werden, wenn der Vater oder die eheliche Mutter des Mündels die Einsetzung angeordnet hat.

Der Vater oder die Mutter kann die Einsetzung des Familienrats von dem Eintritt oder Nichteintritt eines bestimmten Ereignisses abhängig machen.

Die Einsetzung unterbleibt, wenn die erforderliche Zahl geeigneter Personen nicht vorhanden ist.

§ 1859.

Ein Familienrat soll von dem Vormundschaftsgericht eingesetzt werden, wenn ein Verwandter oder Verschwägerter des Mündels oder der Vormund oder der Gegenvormund die Einsetzung beantragt und das Vormundschaftsgericht sie im Interesse des Mündels für angemessen erachtet.

Die Einsetzung unterbleibt, wenn der Vater oder die eheliche Mutter des Mündels sie untersagt hat.

2. **Zusammensetzung** (§§ 1860—1871).

a) **Grundsatz.**

§ 1860.

Der Familienrat besteht aus dem Vormundschaftsrichter als Vorsitzendem und aus mindestens zwei, höchstens sechs Mitgliedern.

b) **Berufung zum Mitglied.**

§ 1861.

Als Mitglied des Familienrats ist berufen, wer von dem Vater oder der ehelichen Mutter des Mündels als Mitglied benannt ist. Die Vorschriften des § 1778 Abs. 1, 2 finden entsprechende Anwendung.

c) **Auswahl durch Gericht oder Familienrat.**

§ 1862.

Soweit eine Berufung nach § 1861 nicht vorliegt oder die Berufenen die Übernahme des Amtes ablehnen, hat das Vormundschaftsgericht die zur Beschlußfähigkeit des Familienrats erforderlichen Mitglieder auszuwählen. Vor der Auswahl sollen der Gemeindewaisenrat und nach Maßgabe des § 1847 Verwandte oder Verschwägerte des Mündels gehört werden.

Die Bestimmung der Zahl weiterer Mitglieder und ihre Auswahl steht dem Familienrate zu.

d) Ersatzmitglieder (§§ 1863, 1864).

§ 1863.

Sind neben dem Vorsitzenden nur die zur Beschlußfähigkeit des Familienrats erforderlichen Mitglieder vorhanden, so sind ein oder zwei Ersatzmitglieder zu bestellen.

Der Familienrat wählt die Ersatzmitglieder aus und bestimmt die Reihenfolge, in der sie bei der Verhinderung oder dem Wegfall eines Mitglieds in den Familienrat einzutreten haben.

Hat der Vater oder die eheliche Mutter Ersatzmitglieder benannt und die Reihenfolge ihres Eintritts bestimmt, so ist diese Anordnung zu befolgen.

§ 1864.

Wird der Familienrat durch vorübergehende Verhinderung eines Mitglieds beschlußunfähig und ist ein Ersatzmitglied nicht vorhanden, so ist für die Dauer der Verhinderung ein Ersatzmitglied zu bestellen. Die Auswahl steht dem Vorsitzenden zu.

e) Unfähigkeit.

§ 1865.

Zum Mitgliede des Familienrats kann nicht bestellt werden, wer geschäftsunfähig oder wegen Geistesschwäche, Verschwendung oder Trunksucht entmündigt ist.

f) Untauglichkeit (§§ 1866, 1867).

§ 1866.

Zum Mitgliede des Familienrats soll nicht bestellt werden:

1. der Vormund des Mündels;
2. wer nach § 1781 oder nach § 1782 nicht zum Vormunde bestellt werden soll;
3. wer durch Anordnung des Vaters oder der ehelichen Mutter des Mündels von der Mitgliedschaft ausgeschlossen ist.

§ 1867.

Zum Mitgliede des Familienrats soll nicht bestellt werden, wer mit dem Mündel weder verwandt noch verschwägert ist, es sei denn, daß er von dem Vater oder der ehelichen Mutter des Mündels benannt oder von dem Familienrat oder nach § 1864 von dem Vorsitzenden ausgewählt worden ist.

g) **Voraussetzungen und Ausübung des elterlichen Anordnungsrechts.**

§ 1868.

Für die nach den §§ 1858, 1859, 1861, 1863, 1866 zulässigen Anordnungen des Vaters oder der Mutter gelten die Vorschriften des § 1777.

Die Anordnungen des Vaters gehen den Anordnungen der Mutter vor.

h) **Keine Übernahmepflicht.**

§ 1869.

Niemand ist verpflichtet, das Amt eines Mitglieds des Familienrats zu übernehmen.

i) **Bestellung zum Mitglied** (§§ 1870, 1871).

§ 1870.

Die Mitglieder des Familienrats werden von dem Vorsitzenden durch Verpflichtung zu treuer und gewissenhafter Führung des Amtes bestellt. Die Verpflichtung soll mittels Handschlags an Eides Statt erfolgen.

§ 1871.

Bei der Bestellung eines Mitglieds des Familienrats kann die Entlassung für den Fall vorbehalten werden, daß ein bestimmtes Ereignis eintritt oder nicht eintritt.

3. **Tätigkeit des Familienrats** (§§ 1872—1874).

a) **Grundsatz.**

§ 1872.

Der Familienrat hat die Rechte und Pflichten des Vormundschaftsgerichts. Die Leitung der Geschäfte liegt dem Vorsitzenden ob.

Die Mitglieder des Familienrats können ihr Amt nur persönlich ausüben. Sie sind in gleicher Weise verantwortlich wie der Vormundschaftsrichter.

b) **Einberufung.**

§ 1873.

Der Familienrat wird von dem Vorsitzenden einberufen. Die Einberufung hat zu erfolgen, wenn zwei Mitglieder, der Vormund oder der Gegenvormund sie beantragen oder wenn das Interesse des Mündels sie erfordert. Die Mitglieder können mündlich oder schriftlich eingeladen werden.

c) **Beschlüsse.**

§ 1874.

Zur Beschlußfähigkeit des Familienrats ist die Anwesenheit des Vorsitzenden und mindestens zweier Mitglieder erforderlich.

Der Familienrat faßt seine Beschlüsse nach der Mehrheit der Stimmen der Anwesenden. Bei Stimmengleichheit entscheidet die Stimme des Vorsitzenden.

Steht in einer Angelegenheit das Interesse des Mündels zu dem Interesse eines Mitglieds in erheblichem Gegensatze, so ist das Mitglied von der Teilnahme an der Beschlußfassung ausgeschlossen. Über die Ausschließung entscheidet der Vorsitzende.

4. Verfügungen des Vorsitzenden (§§ 1875, 1876).

a) Ordnungsstrafen.

§ 1875.

Ein Mitglied des Familienrats, das ohne genügende Entschuldigung der Einberufung nicht Folge leistet oder die rechtzeitige Anzeige seiner Verhinderung unterläßt oder sich der Teilnahme an der Beschlußfassung enthält, ist von dem Vorsitzenden in die dadurch verursachten Kosten zu verurteilen.

Der Vorsitzende kann gegen das Mitglied eine Ordnungsstrafe bis zu einhundert Mark[1]) verhängen.

Erfolgt nachträglich genügende Entschuldigung, so sind die getroffenen Verfügungen aufzuheben.

b) Eilfälle.

§ 1876.

Wird ein sofortiges Einschreiten nötig, so hat der Vorsitzende die erforderlichen Anordnungen zu treffen, den Familienrat einzuberufen, ihn von den Anordnungen in Kenntnis zu setzen und einen Beschluß über die etwa weiter erforderlichen Maßregeln herbeizuführen.

5. Auslagenersatz.

§ 1877.

Die Mitglieder des Familienrats können von dem Mündel Ersatz ihrer Auslagen verlangen; der Betrag der Auslagen wird von dem Vorsitzenden festgesetzt.

6. Ende des Amtes eines Mitglieds.

§ 1878.

Das Amt eines Mitglieds des Familienrats endigt aus denselben Gründen, aus denen nach den §§ 1885, 1886, 1889 das Amt eines Vormundes endigt.

Ein Mitglied kann gegen seinen Willen nur durch das dem Vormundschaftsgericht im Instanzenzuge vorgeordnete Gericht entlassen werden.

---

1) Siehe Anm. zu § 1788.

7. Aufhebung des Familienrats (§§ 1879—1881).

§ 1879.

Das Vormundschaftsgericht hat den Familienrat aufzuheben, wenn es an der zur Beschlußfähigkeit erforderlichen Zahl von Mitgliedern fehlt und geeignete Personen zur Ergänzung nicht vorhanden sind.

§ 1880.

Der Vater des Mündels kann die Aufhebung des von ihm angeordneten Familienrats für den Fall des Eintritts oder Nichteintritts eines künftigen Ereignisses nach Maßgabe des § 1777 anordnen. Das gleiche Recht steht der ehelichen Mutter des Mündels für den von ihr angeordneten Familienrat zu.

Tritt der Fall ein, so hat das Vormundschaftsgericht den Familienrat aufzuheben.

§ 1881.

Von der Aufhebung des Familienrats hat das Vormundschaftsgericht die bisherigen Mitglieder, den Vormund und den Gegenvormund in Kenntnis zu setzen.

Der Vormund und der Gegenvormund erhalten neue Bestallungen. Die früheren Bestallungen sind dem Vormundschaftsgerichte zurückzugeben.

VII. Beendigung der Vormundschaft.

1. Beendigung überhaupt (§§ 1882—1884).

a) Cessante causa.

§ 1882.

Die Vormundschaft endigt mit dem Wegfalle der im § 1773 für die Anordnung der Vormundschaft bestimmten Voraussetzungen.

b) Legitimation durch nachfolgende Ehe.

§ 1883.

Wird der Mündel durch nachfolgende Ehe legitimiert, so endigt die Vormundschaft erst dann, wenn die Vaterschaft des Ehemanns durch ein zwischen ihm und dem Mündel ergangenes Urteil rechtskräftig festgestellt ist oder die Aufhebung der Vormundschaft von dem Vormundschaftsgericht angeordnet wird.

Das Vormundschaftsgericht hat die Aufhebung anzuordnen, wenn es die Voraussetzungen der Legitimation für vorhanden erachtet. Solange der Ehemann lebt, soll die Aufhebung nur angeordnet werden, wenn er die Vaterschaft anerkannt hat oder wenn er an der Abgabe einer Erklärung dauernd verhindert oder sein Aufenthalt dauernd unbekannt ist.

c) Verschollenheit des Mündels.

§ 1884.

Ist der Mündel verschollen, so endigt die Vormundschaft erst mit der Aufhebung durch das Vormundschaftsgericht. Das Vormundschaftsgericht hat die Vormundschaft aufzuheben, wenn ihm der Tod des Mündels bekannt wird.

Wird der Mündel für tot erklärt, so endigt die Vormundschaft mit der Erlassung des die Todeserklärung aussprechenden Urteils.

2. Beendigung des Amtes des Vormunds (§§ 1885—1889).

a) Entmündigung und Todeserklärung des Vormunds.

§ 1885.

Das Amt des Vormundes endigt mit seiner Entmündigung.

Wird der Vormund für tot erklärt, so endigt sein Amt mit der Erlassung des die Todeserklärung aussprechenden Urteils.

b) Entlassung des Vormunds (§§ 1886—1889).

§ 1886.

Das Vormundschaftsgericht hat den Vormund zu entlassen, wenn die Fortführung des Amtes, insbesondere wegen pflichtwidrigen Verhaltens des Vormundes, das Interesse des Mündels gefährden würde oder wenn in der Person des Vormundes einer der im § 1781 bestimmten Gründe vorliegt.

§ 1887[1]).

Das Vormundschaftsgericht kann eine Frau, die zum Vormunde bestellt ist, entlassen, wenn sie sich verheiratet.

Das Vormundschaftsgericht hat eine verheiratete Frau, die zum Vormunde bestellt ist, zu entlassen, wenn der Mann seine Zustimmung zur Übernahme oder zur Fortführung der Vormundschaft versagt oder die Zustimmung widerruft. Diese Vorschrift findet keine Anwendung, wenn der Mann der Vater des Mündels ist.

§ 1888.

Ist ein Beamter oder ein Religionsdiener zum Vormunde bestellt, so hat ihn das Vormundschaftsgericht zu entlassen, wenn die Erlaubnis, die nach den Landesgesetzen zur Übernahme der Vormundschaft oder zur Fortführung der vor dem Eintritt in das Amts- oder Dienstverhältnis übernommenen Vormundschaft erforderlich ist, versagt oder zurückgenommen wird oder wenn

---

1) Aufgehoben durch das Jugendwohlfahrtsgesetz vom 9. Juli 1922 § 48.

27*

die nach den Landesgesetzen zulässige Untersagung der Fortführung der Vormundschaft erfolgt.

§ 1889.

Das Vormundschaftsgericht hat den Vormund auf seinen Antrag zu entlassen, wenn ein wichtiger Grund vorliegt; ein wichtiger Grund ist insbesondere der Eintritt eines Umstandes, der den Vormund nach § 1786 Abs. 1 Nr. 2 bis 7 berechtigen würde, die Übernahme der Vormundschaft abzulehnen.

3. Rechtslage nach Beendigung der Vormundschaft (§§ 1890—1894).

a) Herausgabe und Rechenschaftsablage (§§ 1890—1892).

§ 1890.

Der Vormund hat nach der Beendigung seines Amtes dem Mündel das verwaltete Vermögen herauszugeben und über die Verwaltung Rechenschaft abzulegen. Soweit er dem Vormundschaftsgerichte Rechnung gelegt hat, genügt die Bezugnahme auf diese Rechnung.

§ 1891.

Ist ein Gegenvormund vorhanden, so hat ihm der Vormund die Rechnung vorzulegen. Der Gegenvormund hat die Rechnung mit den Bemerkungen zu versehen, zu denen die Prüfung ihm Anlaß gibt.

Der Gegenvormund hat über die Führung der Gegenvormundschaft und, soweit er dazu imstande ist, über das von dem Vormunde verwaltete Vermögen auf Verlangen Auskunft zu erteilen.

§ 1892.

Der Vormund hat die Rechnung, nachdem er sie dem Gegenvormunde vorgelegt hat, dem Vormundschaftsgericht einzureichen.

Das Vormundschaftsgericht hat die Rechnung rechnungsmäßig und sachlich zu prüfen und deren Abnahme durch Verhandlung mit den Beteiligten unter Zuziehung des Gegenvormundes zu vermitteln. Soweit die Rechnung als richtig anerkannt wird, hat das Vormundschaftsgericht das Anerkenntnis zu beurkunden.

b) Fortführung der Geschäfte.

§ 1893.

Im Falle der Beendigung der Vormundschaft oder des vormundschaftlichen Amtes finden die Vorschriften der §§ 1682, 1683 entsprechende Anwendung.

Der Vormund hat nach der Beendigung seines Amtes die Bestallung dem Vormundschaftsgerichte zurückzugeben.

c) Anzeigepflicht.

§ 1894.

Den Tod des Vormundes hat dessen Erbe dem Vormundschaftsgericht unverzüglich anzuzeigen.

Den Tod des Gegenvormundes oder eines Mitvormundes hat der Vormund unverzüglich anzuzeigen.

4. Ende der Gegenvormundschaft.

§ 1895.

Die Vorschriften der §§ 1885 bis 1889, 1893, 1894 finden auf den Gegenvormund entsprechende Anwendung.

Zweiter Titel. Vormundschaft über Volljährige.

I. Endgültige Vormundschaft (§§ 1896—1905).

1. Voraussetzungen.

§ 1896.

Ein Volljähriger erhält einen Vormund, wenn er entmündigt ist.

2. Rechtsordnung.

§ 1897.

Auf die Vormundschaft über einen Volljährigen finden die für die Vormundschaft über einen Minderjährigen geltenden Vorschriften Anwendung, soweit sich nicht aus den §§ 1898 bis 1908 ein anderes ergibt.

3. Berufung (§§ 1898—1900).

§ 1898.

Der Vater und die Mutter des Mündels sind nicht berechtigt, einen Vormund zu benennen oder jemand von der Vormundschaft auszuschließen.

§ 1899.

Vor den Großvätern ist der Vater und nach ihm die eheliche Mutter des Mündels als Vormund berufen.

Die Eltern sind nicht berufen, wenn der Mündel von einem anderen als dem Ehegatten seines Vaters oder seiner Mutter an Kindes Statt angenommen ist.

Stammt der Mündel aus einer nichtigen Ehe, so ist der Vater im Falle des § 1701, die Mutter im Falle des § 1702 nicht berufen.

§ 1900.

Eine Ehefrau darf zum Vormund ihres Mannes auch ohne dessen Zustimmung bestellt werden[1]).

Der Ehegatte des Mündels darf vor den Eltern und den Großvätern, die eheliche Mutter darf im Falle des § 1702 vor den Großvätern zum Vormunde bestellt werden.

Die uneheliche Mutter darf vor dem Großvater zum Vormunde bestellt werden.

4. Sorge für die Person.

§ 1901.

Der Vormund hat für die Person des Mündels nur insoweit zu sorgen, als der Zweck der Vormundschaft es erfordert.

Steht eine Ehefrau unter Vormundschaft, so tritt die im § 1633 bestimmte Beschränkung nicht ein.

5. Vermögensverwaltung.

§ 1902.

Der Vormund kann eine Ausstattung aus dem Vermögen des Mündels nur mit Genehmigung des Vormundschaftsgerichts versprechen oder gewähren.

Zu einem Miet- oder Pachtvertrage sowie zu einem anderen Vertrage, durch den der Mündel zu wiederkehrenden Leistungen verpflichtet wird, bedarf der Vormund der Genehmigung des Vormundschaftsgerichts, wenn das Vertragsverhältnis länger als vier Jahre dauern soll. Die Vorschrift des § 1822 Nr. 4 bleibt unberührt.

6. Befreite Vormundschaft (§§ 1903, 1904).

§ 1903.

Wird der Vater des Mündels zum Vormunde bestellt, so unterbleibt die Bestellung eines Gegenvormundes. Dem Vater stehen die Befreiungen zu, die nach den §§ 1852 bis 1854 angeordnet werden können. Das Vormundschaftsgericht kann die Befreiungen außer Kraft setzen, wenn sie das Interesse des Mündels gefährden.

Diese Vorschriften finden keine Anwendung, wenn der Vater im Falle der Minderjährigkeit des Mündels zur Vermögensverwaltung nicht berechtigt sein würde.

§ 1904.

Ist die eheliche Mutter des Mündels zum Vormunde bestellt, so gilt für sie das gleiche wie nach § 1903 für den Vater.

---

[1]) Dieser Absatz hätte bei Aufhebung des § 1783 beseitigt werden sollen.

Der Mutter ist jedoch ein Gegenvormund zu bestellen, wenn sie die Bestellung beantragt oder wenn die Voraussetzungen vorliegen, unter denen ihr nach § 1687 Nr. 3 ein Beistand zu bestellen sein würde. Wird ein Gegenvormund bestellt, so stehen der Mutter die im § 1852 bezeichneten Befreiungen nicht zu.

7. Familienrat.

§ 1905.

Ein Familienrat kann nur nach § 1859 Abs. 1 eingesetzt werden.

Der Vater und die Mutter des Mündels sind nicht berechtigt, Anordnungen über die Einsetzung und Aufhebung eines Familienrats oder über die Mitgliedschaft zu treffen.

II. Vorläufige Vormundschaft (§§ 1906—1908).

a) Voraussetzungen.

§ 1906.

Ein Volljähriger, dessen Entmündigung beantragt ist, kann unter vorläufige Vormundschaft gestellt werden, wenn das Vormundschaftsgericht es zur Abwendung einer erheblichen Gefährdung der Person oder des Vermögens des Volljährigen für erforderlich erachtet.

b) Rechtsordnung.

§ 1907.

Die Vorschriften über die Berufung zur Vormundschaft gelten nicht für die vorläufige Vormundschaft.

c) Ende.

§ 1908.

Die vorläufige Vormundschaft endigt mit der Rücknahme oder der rechtskräftigen Abweisung des Antrags auf Entmündigung.

Erfolgt die Entmündigung, so endigt die vorläufige Vormundschaft, wenn auf Grund der Entmündigung ein Vormund bestellt wird.

Die vorläufige Vormundschaft ist von dem Vormundschaftsgericht aufzuheben, wenn der Mündel des vorläufigen vormundschaftlichen Schutzes nicht mehr bedürftig ist.

Dritter Titel. Pflegschaft.

I. Pflegschaftsfälle (§§ 1909—1914).

1. Pflegschaft neben elterlicher Gewalt und Vormundschaft.

§ 1909.

Wer unter elterlicher Gewalt oder unter Vormundschaft steht, erhält für Angelegenheiten, an deren Besorgung der Gewalthaber oder der Vormund verhindert ist, einen Pfleger. Er erhält insbesondere einen Pfleger zur Verwaltung des Vermögens, das er von Todes wegen erwirbt oder das ihm unter Lebenden von einem Dritten unentgeltlich zugewendet wird, wenn der Erblasser durch letztwillige Verfügung, der Dritte bei der Zuwendung bestimmt hat, daß dem Gewalthaber oder dem Vormunde die Verwaltung nicht zustehen soll.

Tritt das Bedürfnis einer Pflegschaft ein, so hat der Gewalthaber oder der Vormund dem Vormundschaftsgericht unverzüglich Anzeige zu machen.

Die Pflegschaft ist auch dann anzuordnen, wenn die Voraussetzungen für die Anordnung einer Vormundschaft vorliegen, ein Vormund aber noch nicht bestellt ist.

2. Cura debilium.

§ 1910.

Ein Volljähriger, der nicht unter Vormundschaft steht, kann einen Pfleger für seine Person und sein Vermögen erhalten, wenn er infolge körperlicher Gebrechen, insbesondere weil er taub, blind oder stumm ist, seine Angelegenheiten nicht zu besorgen vermag.

Vermag ein Volljähriger, der nicht unter Vormundschaft steht, infolge geistiger oder körperlicher Gebrechen einzelne seiner Angelegenheiten oder einen bestimmten Kreis seiner Angelegenheiten, insbesondere seine Vermögensangelegenheiten, nicht zu besorgen, so kann er für diese Angelegenheiten einen Pfleger erhalten.

Die Pflegschaft darf nur mit Einwilligung des Gebrechlichen angeordnet werden, es sei denn, daß eine Verständigung mit ihm nicht möglich ist.

3. Cura absentis.

§ 1911.

Ein abwesender Volljähriger, dessen Aufenthalt unbekannt ist, erhält für seine Vermögensangelegenheiten, soweit sie der Fürsorge bedürfen, einen Abwesenheitspfleger. Ein solcher Pfleger ist ihm insbesondere auch dann zu bestellen, wenn er durch Erteilung eines Auftrags oder einer Vollmacht Fürsorge getroffen hat, aber Umstände eingetreten sind, die zum Widerrufe des Auftrags oder der Vollmacht Anlaß geben.

Das gleiche gilt von einem Abwesenden, dessen Aufenthalt bekannt, der aber an der Rückkehr und der Besorgung seiner Vermögensangelegenheiten verhindert ist.

4. Cura ventris.

§ 1912.

Eine Leibesfrucht erhält zur Wahrung ihrer künftigen Rechte, soweit diese einer Fürsorge bedürfen, einen Pfleger. Die

Fürsorge steht jedoch dem Vater oder der Mutter zu, wenn das Kind, falls es bereits geboren wäre, unter elterlicher Gewalt stehen würde.

5. Unbekannte Beteiligte.

§ 1913.

Ist unbekannt oder ungewiß, wer bei einer Angelegenheit der Beteiligte ist, so kann dem Beteiligten für diese Angelegenheit, soweit eine Fürsorge erforderlich ist, ein Pfleger bestellt werden. Insbesondere kann einem Nacherben, der noch nicht erzeugt ist oder dessen Persönlichkeit erst durch ein künftiges Ereignis bestimmt wird, für die Zeit bis zum Eintritte der Nacherbfolge ein Pfleger bestellt werden.

6. Sammelvermögen.

§ 1914.

Ist durch öffentliche Sammlung Vermögen für einen vorübergehenden Zweck zusammengebracht worden, so kann zum Zwecke der Verwaltung und Verwendung des Vermögens ein Pfleger bestellt werden, wenn die zu der Verwaltung und Verwendung berufenen Personen weggefallen sind.

II. Rechtsordnung (§§ 1915—1917).

§ 1915.

Auf die Pflegschaft finden die für die Vormundschaft geltenden Vorschriften entsprechende Anwendung, soweit sich nicht aus dem Gesetz ein anderes ergibt.

Die Bestellung eines Gegenvormundes ist nicht erforderlich.

§ 1916.

Für die nach § 1909 anzuordnende Pflegschaft gelten die Vorschriften über die Berufung zur Vormundschaft nicht.

§ 1917.

Wird die Anordnung einer Pflegschaft nach § 1909 Abs. 1 Satz 2 erforderlich, so ist als Pfleger berufen, wer als solcher von dem Erblasser durch letztwillige Verfügung, von dem Dritten bei der Zuwendung benannt worden ist; die Vorschriften des § 1778 finden entsprechende Anwendung.

Für den benannten Pfleger kann der Erblasser durch letztwillige Verfügung, der Dritte bei der Zuwendung die in den §§ 1852 bis 1854 bezeichneten Befreiungen anordnen. Das Vormundschaftsgericht kann die Anordnungen außer Kraft setzen, wenn sie das Interesse des Pflegebefohlenen gefährden.

Zu einer Abweichung von den Anordnungen des Dritten ist, solange er lebt, seine Zustimmung erforderlich und genügend. Die Zustimmung des Dritten kann durch das Vormundschaftsgericht ersetzt werden, wenn der Dritte zur Abgabe einer Erklärung dauernd außerstande oder sein Aufenthalt dauernd unbekannt ist.

III. Beendigung (§§ 1918—1921).

1. Kraft Gesetzes.

§ 1918.

Die Pflegschaft für eine unter elterlicher Gewalt oder unter Vormundschaft stehende Person endigt mit der Beendigung der elterlichen Gewalt oder der Vormundschaft.

Die Pflegschaft für eine Leibesfrucht endigt mit der Geburt des Kindes.

Die Pflegschaft zur Besorgung einer einzelnen Angelegenheit endigt mit deren Erledigung.

2. Aufhebung (§§ 1919—1921).

§ 1919.

Die Pflegschaft ist von dem Vormundschaftsgericht aufzuheben, wenn der Grund für die Anordnung der Pflegschaft weggefallen ist.

§ 1920.

Eine nach § 1910 angeordnete Pflegschaft ist von dem Vormundschaftsgericht aufzuheben, wenn der Pflegebefohlene die Aufhebung beantragt.

§ 1921.

Die Pflegschaft für einen Abwesenden ist von dem Vormundschaftsgericht aufzuheben, wenn der Abwesende an der Besorgung seiner Vermögensangelegenheiten nicht mehr verhindert ist.

Stirbt der Abwesende, so endigt die Pflegschaft erst mit der Aufhebung durch das Vormundschaftsgericht. Das Vormundschaftsgericht hat die Pflegschaft aufzuheben, wenn ihm der Tod des Abwesenden bekannt wird.

Wird der Abwesende für tot erklärt, so endigt die Pflegschaft mit der Erlassung des die Todeserklärung aussprechenden Urteils.

Fünftes Buch.

Erbrecht.

Erster Abschnitt. Erbfolge.

I. Allgemeines (§§ 1922, 1923).

1. Universalsukzession.

§ 1922.

Mit dem Tode einer Person (Erbfall) geht deren Vermögen (Erbschaft) als Ganzes auf eine oder mehrere andere Personen (Erben) über.

Auf den Anteil eines Miterben (Erbteil) finden die sich auf die Erbschaft beziehenden Vorschriften Anwendung.

2. Erbfähigkeit.

§ 1923.

Erbe kann nur werden, wer zur Zeit des Erbfalls lebt.

Wer zur Zeit des Erbfalls noch nicht lebte, aber bereits erzeugt war, gilt als vor dem Erbfalle geboren.

II. Gesetzliche Erbfolge (§§ 1924—1936).

1. Verwandtenerbfolge (§§ 1924—1930).

a) 1. Parentel.

§ 1924.

Gesetzliche Erben der ersten Ordnung sind die Abkömmlinge des Erblassers.

Ein zur Zeit des Erbfalls lebender Abkömmling schließt die durch ihn mit dem Erblasser verwandten Abkömmlinge von der Erbfolge aus.

An die Stelle eines zur Zeit des Erbfalls nicht mehr lebenden Abkömmlinges treten die durch ihn mit dem Erblasser verwandten Abkömmlinge (Erbfolge nach Stämmen).

Kinder erben zu gleichen Teilen.

b) 2. Parentel.

§ 1925.

Gesetzliche Erben der zweiten Ordnung sind die Eltern des Erblassers und deren Abkömmlinge.

Leben zur Zeit des Erbfalls die Eltern, so erben sie allein und zu gleichen Teilen.

Lebt zur Zeit des Erbfalls der Vater oder die Mutter nicht mehr, so treten an die Stelle des Verstorbenen dessen Abkömmlinge nach den für die Beerbung in der ersten Ordnung geltenden Vorschriften. Sind Abkömmlinge nicht vorhanden, so erbt der überlebende Teil allein.

c) 3. Parentel.

§ 1926.

Gesetzliche Erben der dritten Ordnung sind die Großeltern des Erblassers und deren Abkömmlinge.

Leben zur Zeit des Erbfalls die Großeltern, so erben sie allein und zu gleichen Teilen.

Lebt zur Zeit des Erbfalls von den väterlichen oder von den mütterlichen Großeltern der Großvater oder die Großmutter nicht mehr, so treten an die Stelle des Verstorbenen dessen Abkömmlinge. Sind Abkömmlinge nicht vorhanden, so fällt der Anteil des Verstorbenen dem anderen Teile des Großelternpaars und, wenn dieser nicht mehr lebt, dessen Abkömmlingen zu.

Leben zur Zeit des Erbfalls die väterlichen oder die mütterlichen Großeltern nicht mehr und sind Abkömmlinge der Verstorbenen nicht vorhanden, so erben die anderen Großeltern oder ihre Abkömmlinge allein.

Soweit Abkömmlinge an die Stelle ihrer Eltern oder ihrer Voreltern treten, finden die für die Beerbung in der ersten Ordnung geltenden Vorschriften Anwendung.

d) Mehrere Anteile eines Erben.

§ 1927.

Wer in der ersten, der zweiten oder der dritten Ordnung verschiedenen Stämmen angehört, erhält den in jedem dieser Stämme ihm zufallenden Anteil. Jeder Anteil gilt als besonderer Erbteil.

e) 4. Parentel.

§ 1928.

Gesetzliche Erben der vierten Ordnung sind die Urgroßeltern des Erblassers und deren Abkömmlinge.

Leben zur Zeit des Erbfalls Urgroßeltern, so erben sie allein; mehrere erben zu gleichen Teilen, ohne Unterschied, ob sie derselben Linie oder verschiedenen Linien angehören.

Leben zur Zeit des Erbfalls Urgroßeltern nicht mehr, so erbt von ihren Abkömmlingen derjenige, welcher mit dem Erblasser dem Grade nach am nächsten verwandt ist; mehrere gleichnahe Verwandte erben zu gleichen Teilen.

f) 5. und fernere Parentel.

§ 1929.

Gesetzliche Erben der fünften Ordnung und der ferneren Ordnungen sind die entfernteren Voreltern des Erblassers und deren Abkömmlinge.

Die Vorschriften des § 1928 Abs. 2, 3 finden entsprechende Anwendung.

g) Parentelenordnung.

§ 1930.

Ein Verwandter ist nicht zur Erbfolge berufen, solange ein Verwandter einer vorhergehenden Ordnung vorhanden ist.

2. Ehegattenrecht (§§ 1931—1934).

a) Erbrecht.

§ 1931.

Der überlebende Ehegatte des Erblassers ist neben Verwandten der ersten Ordnung zu einem Vierteile, neben Verwandten der zweiten Ordnung oder neben Großeltern zur Hälfte der Erbschaft als gesetzlicher Erbe berufen. Treffen mit Großeltern Abkömmlinge von Großeltern zusammen, so erhält der Ehegatte auch von der anderen Hälfte den Anteil, der nach § 1926 den Abkömmlingen zufallen würde.

Sind weder Verwandte der ersten oder der zweiten Ordnung noch Großeltern vorhanden, so erhält der überlebende Ehegatte die ganze Erbschaft.

b) Voraus.

§ 1932.

Ist der überlebende Ehegatte neben Verwandten der zweiten Ordnung oder neben Großeltern gesetzlicher Erbe, so gebühren ihm außer dem Erbteile die zum ehelichen Haushalte gehörenden Gegenstände, soweit sie nicht Zubehör eines Grundstücks sind, und die Hochzeitsgeschenke als Voraus. Auf den Voraus finden die für Vermächtnisse geltenden Vorschriften Anwendung.

c) Ausschluß des Erbrechts und des Rechts auf den Voraus.

§ 1933.

Das Erbrecht des überlebenden Ehegatten sowie das Recht auf den Voraus ist ausgeschlossen, wenn der Erblasser zur Zeit seines Todes auf Scheidung wegen Verschuldens des Ehegatten zu klagen berechtigt war und die Klage auf Scheidung oder auf Aufhebung der ehelichen Gemeinschaft erhoben hatte.

d) Kumulierung des Ehegatten- und Verwandtenerbrechts.

§ 1934.

Gehört der überlebende Ehegatte zu den erbberechtigten Verwandten, so erbt er zugleich als Verwandter. Der Erbteil, der ihm auf Grund der Verwandtschaft zufällt, gilt als besonderer Erbteil.

3. **Erhöhung des Erbteils.**

§ 1935.

Fällt ein gesetzlicher Erbe vor oder nach dem Erbfalle weg und erhöht sich infolgedessen der Erbteil eines anderen gesetzlichen Erben, so gilt der Teil, um welchen sich der Erbteil erhöht, in Ansehung der Vermächtnisse und Auflagen, mit denen dieser Erbe oder der wegfallende Erbe beschwert ist, sowie in Ansehung der Ausgleichungspflicht als besonderer Erbteil.

4. **Fiskalerbrecht.**

§ 1936.

Ist zur Zeit des Erbfalls weder ein Verwandter noch ein Ehegatte des Erblassers vorhanden, so ist der Fiskus des Landes[1]), dem der Erblasser zur Zeit des Todes angehört hat, gesetzlicher Erbe. Hat der Erblasser mehreren Ländern[1]) angehört, so ist der Fiskus eines jeden dieser Länder[1]) zu gleichem Anteile zur Erbfolge berufen.

War der Erblasser ein Deutscher, der keinem Land[1]) angehörte, so ist der Reichsfiskus gesetzlicher Erbe.

III. Verfügungen von Todes wegen (§§ 1937—1941).
1. Testament (§§ 1937—1940).
a) **Erbeinsetzung.**

§ 1937.

Der Erblasser kann durch einseitige Verfügung von Todes wegen (Testament, letztwillige Verfügung) den Erben bestimmen.

b) **Erbausschluß.**

§ 1938.

Der Erblasser kann durch Testament einen Verwandten oder den Ehegatten von der gesetzlichen Erbfolge ausschließen, ohne einen Erben einzusetzen.

c) **Vermächtnis.**

§ 1939.

Der Erblasser kann durch Testament einem anderen, ohne ihn als Erben einzusetzen, einen Vermögensvorteil zuwenden (Vermächtnis).

d) **Auflage.**

§ 1940.

Der Erblasser kann durch Testament den Erben oder einen Vermächtnisnehmer zu einer Leistung verpflichten, ohne einem anderen ein Recht auf die Leistung zuzuwenden (Auflage).

2. **Erbvertrag.**

§ 1941.

Der Erblasser kann durch Vertrag einen Erben einsetzen sowie Vermächtnisse und Auflagen anordnen (Erbvertrag).

---

[1]) Fassung auf Grund von Art. 179 der Reichsverfassung.

Als Erbe (Vertragserbe) oder als Vermächtnisnehmer kann sowohl der andere Vertragschließende als ein Dritter bedacht werden.

Zweiter Abschnitt. Rechtliche Stellung des Erben.

Erster Titel.

Annahme und Ausschlagung der Erbschaft. Fürsorge des Nachlaßgerichts.

I. Annahme und Ausschlagung (§§ 1942—1957).

1. Ipso jure-Anfall.

§ 1942.

Die Erbschaft geht auf den berufenen Erben unbeschadet des Rechtes über, sie auszuschlagen (Anfall der Erbschaft).

Der Fiskus kann die ihm als gesetzlichem Erben angefallene Erbschaft nicht ausschlagen.

2. Ausschlagung (§§ 1943—1945).

a) Erlöschen des Ausschlagungsrechts (§§ 1943, 1944).

§ 1943.

Der Erbe kann die Erbschaft nicht mehr ausschlagen, wenn er sie angenommen hat oder wenn die für die Ausschlagung vorgeschriebene Frist verstrichen ist; mit dem Ablaufe der Frist gilt die Erbschaft als angenommen.

§ 1944.

Die Ausschlagung kann nur binnen sechs Wochen erfolgen.

Die Frist beginnt mit dem Zeitpunkt, in welchem der Erbe von dem Anfall und dem Grunde der Berufung Kenntnis erlangt. Ist der Erbe durch Verfügung von Todes wegen berufen, so beginnt die Frist nicht vor der Verkündung der Verfügung. Auf den Lauf der Frist finden die für die Verjährung geltenden Vorschriften der §§ 203, 206 entsprechende Anwendung.

Die Frist beträgt sechs Monate, wenn der Erblasser seinen letzten Wohnsitz nur im Auslande gehabt hat oder wenn sich der Erbe bei dem Beginne der Frist im Ausland aufhält.

b) Adressat und Form der Ausschlagungserklärung.

§ 1945.

Die Ausschlagung erfolgt durch Erklärung gegenüber dem Nachlaßgerichte; die Erklärung ist in öffentlich beglaubigter Form abzugeben.

Ein Bevollmächtigter bedarf einer öffentlich beglaubigten Vollmacht. Die Vollmacht muß der Erklärung beigefügt oder innerhalb der Ausschlagungsfrist nachgebracht werden.

3. Gemeinsames für Annahme und Ausschlagung (§§ 1946—1951).

a) Nach Erbanfall.

§ 1946.

Der Erbe kann die Erbschaft annehmen oder ausschlagen, sobald der Erbfall eingetreten ist.

b) Bedingungs- und Befristungsfeindschaft.

§ 1947.

Die Annahme und die Ausschlagung können nicht unter einer Bedingung oder einer Zeitbestimmung erfolgen.

c) Mehrfache Berufung (§§ 1948, 1949).

§ 1948.

Wer durch Verfügung von Todes wegen als Erbe berufen ist, kann, wenn er ohne die Verfügung als gesetzlicher Erbe berufen sein würde, die Erbschaft als eingesetzter Erbe ausschlagen und als gesetzlicher Erbe annehmen.

Wer durch Testament und durch Erbvertrag als Erbe berufen ist, kann die Erbschaft aus dem einen Berufungsgrund annehmen und aus dem anderen ausschlagen.

§ 1949.

Die Annahme gilt als nicht erfolgt, wenn der Erbe über den Berufungsgrund im Irrtume war.

Die Ausschlagung erstreckt sich im Zweifel auf alle Berufungsgründe, die dem Erben zur Zeit der Erklärung bekannt sind.

d) Teilbarkeit und Unteilbarkeit der Annahme und Ausschlagung (§§ 1950, 1951).

§ 1950.

Die Annahme und die Ausschlagung können nicht auf einen Teil der Erbschaft beschränkt werden. Die Annahme oder Ausschlagung eines Teiles ist unwirksam.

§ 1951.

Wer zu mehreren Erbteilen berufen ist, kann, wenn die Berufung auf verschiedenen Gründen beruht, den einen Erbteil annehmen und den anderen ausschlagen.

Beruht die Berufung auf demselben Grunde, so gilt die Annahme oder Ausschlagung des einen Erbteils auch für den anderen, selbst wenn der andere erst später anfällt. Die Berufung beruht auf demselben Grunde auch dann, wenn sie in verschiedenen Testamenten oder vertragsmäßig in verschiedenen zwischen denselben Personen geschlossenen Erbverträgen angeordnet ist.

Setzt der Erblasser einen Erben auf mehrere Erbteile ein, so kann er ihm durch Verfügung von Todes wegen gestatten, den einen Erbteil anzunehmen und den anderen auszuschlagen.

4. Vererbung des Ausschlagungsrechts.

§ 1952.

Das Recht des Erben, die Erbschaft auszuschlagen, ist vererblich.

Stirbt der Erbe vor dem Ablaufe der Ausschlagungsfrist, so endigt die Frist nicht vor dem Ablaufe der für die Erbschaft des Erben vorgeschriebenen Ausschlagungsfrist.

Von mehreren Erben des Erben kann jeder den seinem Erbteil entsprechenden Teil der Erbschaft ausschlagen.

5. Wirkung der Ausschlagung.

§ 1953.

Wird die Erbschaft ausgeschlagen, so gilt der Anfall an den Ausschlagenden als nicht erfolgt.

Die Erbschaft fällt demjenigen an, welcher berufen sein würde, wenn der Ausschlagende zur Zeit des Erbfalls nicht gelebt hätte; der Anfall gilt als mit dem Erbfall erfolgt.

Das Nachlaßgericht soll die Ausschlagung demjenigen mitteilen, welchem die Erbschaft infolge der Ausschlagung angefallen ist. Es hat die Einsicht der Erklärung jedem zu gestatten, der ein rechtliches Interesse glaubhaft macht.

6. Anfechtung von Annahme, Ausschlagung und Fristversäumung (§§ 1954—1957).

a) Anfechtungsfrist.

§ 1954.

Ist die Annahme oder die Ausschlagung anfechtbar, so kann die Anfechtung nur binnen sechs Wochen erfolgen.

Die Frist beginnt im Falle der Anfechtbarkeit wegen Drohung mit dem Zeitpunkt, in welchem die Zwangslage aufhört, in den übrigen Fällen mit dem Zeitpunkt, in welchem der Anfechtungsberechtigte von dem Anfechtungsgrunde Kenntnis erlangt. Auf den Lauf der Frist finden die für die Verjährung geltenden Vorschriften der §§ 203, 206, 207 entsprechende Anwendung.

Die Frist beträgt sechs Monate, wenn der Erblasser seinen

letzten Wohnsitz nur im Auslande gehabt hat oder wenn sich der Erbe bei dem Beginne der Frist im Ausland aufhält.

Die Anfechtung ist ausgeschlossen, wenn seit der Annahme oder der Ausschlagung dreißig Jahre verstrichen sind.

b) Adressat und Form der Anfechtungserklärung.

§ 1955.

Die Anfechtung der Annahme oder der Ausschlagung erfolgt durch Erklärung gegenüber dem Nachlaßgerichte. Für die Erklärung gelten die Vorschriften des § 1945.

c) Versäumung der Ausschlagungsfrist.

§ 1956.

Die Versäumung der Ausschlagungsfrist kann in gleicher Weise wie die Annahme angefochten werden.

d) Wirkung der Anfechtung.

§ 1957.

Die Anfechtung der Annahme gilt als Ausschlagung, die Anfechtung der Ausschlagung gilt als Annahme.

Das Nachlaßgericht soll die Anfechtung der Ausschlagung demjenigen mitteilen, welchem die Erbschaft infolge der Ausschlagung angefallen war. Die Vorschrift des § 1953 Abs. 3 Satz 2 findet Anwendung.

II. Der vorläufige Erbe (§§ 1958, 1959).

§ 1958.

Vor der Annahme der Erbschaft kann ein Anspruch, der sich gegen den Nachlaß richtet, nicht gegen den Erben gerichtlich geltend gemacht werden.

§ 1959.

Besorgt der Erbe vor der Ausschlagung erbschaftliche Geschäfte, so ist er demjenigen gegenüber, welcher Erbe wird, wie ein Geschäftsführer ohne Auftrag berechtigt und verpflichtet.

Verfügt der Erbe vor der Ausschlagung über einen Nachlaßgegenstand, so wird die Wirksamkeit der Verfügung durch die Ausschlagung nicht berührt, wenn die Verfügung nicht ohne Nachteil für den Nachlaß verschoben werden konnte.

Ein Rechtsgeschäft, das gegenüber dem Erben als solchem vorgenommen werden muß, bleibt, wenn es vor der Ausschlagung dem Ausschlagenden gegenüber vorgenommen wird, auch nach der Ausschlagung wirksam.

III. Fürsorge des Nachlaßgerichts (§§ 1959—1962).

§ 1960.

Bis zur Annahme der Erbschaft hat das Nachlaßgericht für die Sicherung des Nachlasses zu sorgen, soweit ein Bedürfnis besteht. Das gleiche gilt, wenn der Erbe unbekannt oder wenn ungewiß ist, ob er die Erbschaft angenommen hat.

Das Nachlaßgericht kann insbesondere die Anlegung von Siegeln, die Hinterlegung von Geld, Wertpapieren und Kostbarkeiten sowie die Aufnahme eines Nachlaßverzeichnisses anordnen und für denjenigen, welcher Erbe wird, einen Pfleger (Nachlaßpfleger) bestellen.

Die Vorschrift des § 1958 findet auf den Nachlaßpfleger keine Anwendung.

§ 1961.

Das Nachlaßgericht hat in den Fällen des § 1960 Abs. 1 einen Nachlaßpfleger zu bestellen, wenn die Bestellung zum Zwecke der gerichtlichen Geltendmachung eines Anspruchs, der sich gegen den Nachlaß richtet, von dem Berechtigten beantragt wird.

§ 1962.

Für die Nachlaßpflegschaft tritt an die Stelle des Vormundschaftsgerichts das Nachlaßgericht.

IV. Fürsorge für den nasciturus.

§ 1963.

Ist zur Zeit des Erbfalls die Geburt eines Erben zu erwarten, so kann die Mutter, falls sie außerstande ist, sich selbst zu unterhalten, bis zur Entbindung standesmäßigen Unterhalt aus dem Nachlaß oder, wenn noch andere Personen als Erben berufen sind, aus dem Erbteile des Kindes verlangen. Bei der Bemessung des Erbteils ist anzunehmen, daß nur ein Kind geboren wird.

V. Feststellung des Fiskalerbrechts (§§ 1964—1966).

§ 1964.

Wird der Erbe nicht innerhalb einer den Umständen entsprechenden Frist ermittelt, so hat das Nachlaßgericht festzustellen, daß ein anderer Erbe als der Fiskus nicht vorhanden ist.

Die Feststellung begründet die Vermutung, daß der Fiskus gesetzlicher Erbe sei.

§ 1965.

Der Feststellung hat eine öffentliche Aufforderung zur Anmeldung der Erbrechte unter Bestimmung einer Anmeldungsfrist vorauszugehen; die Art der Bekanntmachung und die Dauer der Anmeldungsfrist bestimmen sich nach den für das Aufgebotsverfahren geltenden Vorschriften. Die Aufforderung darf unterbleiben, wenn die Kosten dem Bestande des Nachlasses gegenüber unverhältnismäßig groß sind.

Ein Erbrecht bleibt unberücksichtigt, wenn nicht dem Nachlaßgerichte binnen drei Monaten nach dem Ablaufe der Anmeldungsfrist nachgewiesen wird, daß das Erbrecht besteht oder daß es gegen den Fiskus im Wege der Klage geltend gemacht ist. Ist eine öffentliche Aufforderung nicht ergangen, so beginnt die dreimonatige Frist mit der gerichtlichen Aufforderung, das Erbrecht oder die Erhebung der Klage nachzuweisen.

§ 1966.

Von dem Fiskus als gesetzlichem Erben und gegen den Fiskus als gesetzlichen Erben kann ein Recht erst geltend gemacht werden, nachdem von dem Nachlaßgerichte festgestellt worden ist, daß ein anderer Erbe nicht vorhanden ist.

Zweiter Titel.

Haftung des Erben für die Nachlaßverbindlichkeiten.

I. Nachlaßverbindlichkeiten.

1. Grundsatz. Erblasserschulden und Erbfallschulden.

§ 1967.

Der Erbe haftet für die Nachlaßverbindlichkeiten.

Zu den Nachlaßverbindlichkeiten gehören außer den vom Erblasser herrührenden Schulden die den Erben als solchen treffenden Verbindlichkeiten, insbesondere die Verbindlichkeiten aus Pflichtteilsrechten, Vermächtnissen und Auflagen.

2. Beerdigungskosten.

§ 1968.

Der Erbe trägt die Kosten der standesmäßigen Beerdigung des Erblassers.

3. Dreißigste.

§ 1969.

Der Erbe ist verpflichtet, Familienangehörigen des Erblassers, die zur Zeit des Todes des Erblassers zu dessen Hausstande gehört und von ihm Unterhalt bezogen haben, in den ersten dreißig Tagen nach dem Eintritte des Erbfalls in demselben Umfange, wie der Erblasser es getan hat, Unterhalt zu gewähren und die Benutzung der Wohnung und der Haushaltsgegenstände zu gestatten. Der Erblasser kann durch letztwillige Verfügung eine abweichende Anordnung treffen.

Die Vorschriften über Vermächtnisse finden entsprechende Anwendung.

II. Aufgebot der Nachlaßgläubiger.

1. Aufgebot (§§ 1970—1973).

a) Die betroffenen Gläubiger (§§ 1970—1972).

§ 1970.

Die Nachlaßgläubiger können im Wege des Aufgebotsverfahrens zur Anmeldung ihrer Forderungen aufgefordert werden.

§ 1971.

Pfandgläubiger und Gläubiger, die im Konkurse den Pfandgläubigern gleichstehen, sowie Gläubiger, die bei der Zwangsvollstreckung in das unbewegliche Vermögen ein Recht auf Befriedigung aus diesem Vermögen haben, werden, soweit es sich um die Befriedigung aus den ihnen haftenden Gegenständen handelt, durch das Aufgebot nicht betroffen. Das gleiche gilt von Gläubigern, deren Ansprüche durch eine Vormerkung gesichert sind oder denen im Konkurs ein Aussonderungsrecht zusteht, in Ansehung des Gegenstandes ihres Rechtes.

§ 1972.

Pflichtteilsrechte, Vermächtnisse und Auflagen werden durch das Aufgebot nicht betroffen, unbeschadet der Vorschrift des § 2060 Nr. 1.

b) Wirkung des Ausschlusses.

§ 1973.

Der Erbe kann die Befriedigung eines im Aufgebotsverfahren ausgeschlossenen Nachlaßgläubigers insoweit verweigern, als der Nachlaß durch die Befriedigung der nicht ausgeschlossenen Gläubiger erschöpft wird. Der Erbe hat jedoch den ausgeschlossenen Gläubiger vor den Verbindlichkeiten aus Pflichtteilsrechten, Vermächtnissen und Auflagen zu befriedigen, es sei denn, daß der Gläubiger seine Forderung erst nach der Berichtigung dieser Verbindlichkeiten geltend macht.

Einen Überschuß hat der Erbe zum Zwecke der Befriedigung des Gläubigers im Wege der Zwangsvollstreckung nach den Vorschriften über die Herausgabe einer ungerechtfertigten Bereicherung herauszugeben. Er kann die Herausgabe der noch vorhandenen Nachlaßgegenstände durch Zahlung des Wertes abwenden. Die rechtskräftige Verurteilung des Erben zur Befriedigung eines ausgeschlossenen Gläubigers wirkt einem anderen Gläubiger gegenüber wie die Befriedigung.

2. Die fünfjährige Säumnis. **§ 1974.**

Ein Nachlaßgläubiger, der seine Forderung später als fünf Jahre nach dem Erbfalle dem Erben gegenüber geltend macht, steht einem ausgeschlossenen Gläubiger gleich, es sei denn, daß die Forderung dem Erben vor dem Ablaufe der fünf Jahre bekannt geworden oder im Aufgebotsverfahren angemeldet worden ist. Wird der Erblasser für tot erklärt, so beginnt die Frist nicht vor der Erlassung des die Todeserklärung aussprechenden Urteils.

Die dem Erben nach § 1973 Abs. 1 Satz 2 obliegende Verpflichtung tritt im Verhältnisse von Verbindlichkeiten aus Pflichtteilsrechten, Vermächtnissen und Auflagen zueinander nur insoweit ein, als der Gläubiger im Falle des Nachlaßkonkurses im Range vorgehen würde.

Soweit ein Gläubiger nach § 1971 von dem Aufgebote nicht betroffen wird, finden die Vorschriften des Abs. 1 auf ihn keine Anwendung.

III. Beschränkung der Haftung des Erben.

I. Nachlaßverwaltung und Nachlaßkonkurs (§§ 1975—1989).

1. Haftungsbeschränkung und rückwirkende Separation (§§ 1975—1977).

a) Haftungsbeschränkung. **§ 1975.**

Die Haftung des Erben für die Nachlaßverbindlichkeiten beschränkt sich auf den Nachlaß, wenn eine Nachlaßpflegschaft zum Zwecke der Befriedigung der Nachlaßgläubiger (Nachlaßverwaltung) angeordnet oder der Nachlaßkonkurs eröffnet ist.

b) Annullierung der Konfusion. **§ 1976.**

Ist die Nachlaßverwaltung angeordnet oder der Nachlaßkonkurs eröffnet, so gelten die infolge des Erbfalls durch Vereinigung von Recht und Verbindlichkeit oder von Recht und Belastung erloschenen Rechtsverhältnisse als nicht erloschen.

c) Annullierung der Aufrechnung. **§ 1977.**

Hat ein Nachlaßgläubiger vor der Anordnung der Nachlaßverwaltung oder vor der Eröffnung des Nachlaßkonkurses seine Forderung gegen eine nicht zum Nachlasse gehörende Forderung des Erben ohne dessen Zustimmung aufgerechnet, so ist nach der

Anordnung der Nachlaßverwaltung oder der Eröffnung des Nachlaßkonkurses die Aufrechnung als nicht erfolgt anzusehen.

Das gleiche gilt, wenn ein Gläubiger, der nicht Nachlaßgläubiger ist, die ihm gegen den Erben zustehende Forderung gegen eine zum Nachlasse gehörende Forderung aufgerechnet hat.

2. Rechte und Pflichten des Erben aus seiner Verwaltung (§§ 1978—1980).

§ 1978.

Ist die Nachlaßverwaltung angeordnet oder der Nachlaßkonkurs eröffnet, so ist der Erbe den Nachlaßgläubigern für die bisherige Verwaltung des Nachlasses so verantwortlich, wie wenn er von der Annahme der Erbschaft an die Verwaltung für sie als Beauftragter zu führen gehabt hätte. Auf die vor der Annahme der Erbschaft von dem Erben besorgten erbschaftlichen Geschäfte finden die Vorschriften über die Geschäftsführung ohne Auftrag entsprechende Anwendung.

Die den Nachlaßgläubigern nach Abs. 1 zustehenden Ansprüche gelten als zum Nachlasse gehörend.

Aufwendungen sind dem Erben aus dem Nachlasse zu ersetzen, soweit er nach den Vorschriften über den Auftrag oder über die Geschäftsführung ohne Auftrag Ersatz verlangen könnte.

§ 1979.

Die Berichtigung einer Nachlaßverbindlichkeit durch den Erben müssen die Nachlaßgläubiger als für Rechnung des Nachlasses erfolgt gelten lassen, wenn der Erbe den Umständen nach annehmen durfte, daß der Nachlaß zur Berichtigung aller Nachlaßverbindlichkeiten ausreiche.

§ 1980.

Hat der Erbe von der Überschuldung des Nachlasses Kenntnis erlangt, so hat er unverzüglich die Eröffnung des Konkursverfahrens oder, sofern nach § 92 der Vergleichsordnung ein solcher Antrag zulässig ist, die Eröffnung des gerichtlichen Vergleichsverfahrens über den Nachlaß zu beantragen. Verletzt er diese Pflicht, so ist er den Gläubigern für den daraus entstehenden Schaden verantwortlich[1]). Bei der Bemessung der Zulänglichkeit des Nachlasses bleiben die Verbindlichkeiten aus Vermächtnissen und Auflagen außer Betracht.

Der Kenntnis der Überschuldung steht die auf Fahrlässigkeit beruhende Unkenntnis gleich. Als Fahrlässigkeit gilt es insbe-

[1]) Fassung des Gesetzes vom 25. März 1930 (RGBl. I S. 93) Art. II.

sondere, wenn der Erbe das Aufgebot der Nachlaßgläubiger nicht beantragt, obwohl er Grund hat, das Vorhandensein unbekannter Nachlaßverbindlichkeiten anzunehmen; das Aufgebot ist nicht erforderlich, wenn die Kosten des Verfahrens dem Bestande des Nachlasses gegenüber unverhältnismäßig groß sind.

3. Anordnung der Nachlaßverwaltung (§§ 1981—1983).

a) Antrag.

§ 1981.

Die Nachlaßverwaltung ist von dem Nachlaßgericht anzuordnen, wenn der Erbe die Anordnung beantragt.

Auf Antrag eines Nachlaßgläubigers ist die Nachlaßverwaltung anzuordnen, wenn Grund zu der Annahme besteht, daß die Befriedigung der Nachlaßgläubiger aus dem Nachlasse durch das Verhalten oder die Vermögenslage des Erben gefährdet wird. Der Antrag kann nicht mehr gestellt werden, wenn seit der Annahme der Erbschaft zwei Jahre verstrichen sind.

Die Vorschriften des § 1785 finden keine Anwendung.

b) Unzulängliche Masse.

§ 1982.

Die Anordnung der Nachlaßverwaltung kann abgelehnt werden, wenn eine den Kosten entsprechende Masse nicht vorhanden ist.

c) Veröffentlichung.

§ 1983.

Das Nachlaßgericht hat die Anordnung der Nachlaßverwaltung durch das für seine Bekanntmachungen bestimmte Blatt zu veröffentlichen.

4. Wirkungen der Nachlaßverwaltung (§§ 1984—1987).

a) Stellung des Erben und der Erbengläubiger (Separation).

§ 1984.

Mit der Anordnung der Nachlaßverwaltung verliert der Erbe die Befugnis, den Nachlaß zu verwalten und über ihn zu verfügen. Die Vorschriften der §§ 7, 8 der Konkursordnung[1]) finden entsprechende Anwendung. Ein Anspruch, der sich gegen den Nachlaß richtet, kann nur gegen den Nachlaßverwalter geltend gemacht werden.

Zwangsvollstreckungen und Arreste in den Nachlaß zugunsten eines Gläubigers, der nicht Nachlaßgläubiger ist, sind ausgeschlossen.

---

[1]) Fassung d. Gesetzes vom 17. Mai 1898 § 1 (RGBl. S. 343).

b) Rechte und Pflichten des Verwalters (§§ 1985—1987).

§ 1985.

Der Nachlaßverwalter hat den Nachlaß zu verwalten und die Nachlaßverbindlichkeiten aus dem Nachlasse zu berichtigen.

Der Nachlaßverwalter ist für die Verwaltung des Nachlasses auch den Nachlaßgläubigern verantwortlich. Die Vorschriften des § 1978 Abs. 2 und der §§ 1979, 1980 finden entsprechende Anwendung.

§ 1986.

Der Nachlaßverwalter darf den Nachlaß dem Erben erst ausantworten, wenn die bekannten Nachlaßverbindlichkeiten berichtigt sind.

Ist die Berichtigung einer Verbindlichkeit zur Zeit nicht ausführbar oder ist eine Verbindlichkeit streitig, so darf die Ausantwortung des Nachlasses nur erfolgen, wenn dem Gläubiger Sicherheit geleistet wird. Für eine bedingte Forderung ist Sicherheitsleistung nicht erforderlich, wenn die Möglichkeit des Eintritts der Bedingung eine so entfernte ist, daß die Forderung einen gegenwärtigen Vermögenswert nicht hat.

§ 1987.

Der Nachlaßverwalter kann für die Führung seines Amtes eine angemessene Vergütung verlangen.

5. Ende der Nachlaßverwaltung.

§ 1988.

Die Nachlaßverwaltung endigt mit der Eröffnung des Nachlaßkonkurses.

Die Nachlaßverwaltung kann aufgehoben werden, wenn sich ergibt, daß eine den Kosten entsprechende Masse nicht vorhanden ist.

6. Wirkung der Konkursbeendigung.

§ 1989.

Ist der Nachlaßkonkurs durch Verteilung der Masse oder durch Zwangsvergleich beendigt, so finden auf die Haftung des Erben die Vorschriften des § 1973 entsprechende Anwendung.

II. Einrede der Unzulänglichkeit des Nachlasses (§§ 1990—1992).

1. Normale Voraussetzungen.

§ 1990.

Ist die Anordnung der Nachlaßverwaltung oder die Eröffnung des Nachlaßkonkurses wegen Mangels einer den Kosten entsprechenden Masse nicht tunlich oder wird aus diesem Grunde die Nachlaßverwaltung aufgehoben oder das Konkursverfahren eingestellt, so kann der Erbe die Befriedigung eines Nachlaßgläubigers insoweit verweigern, als der Nachlaß nicht ausreicht. Der Erbe ist in diesem Falle verpflichtet, den Nachlaß zum Zwecke der Befriedigung des Gläubigers im Wege der Zwangsvollstreckung herauszugeben.

Das Recht des Erben wird nicht dadurch ausgeschlossen, daß der Gläubiger nach dem Eintritte des Erbfalls im Wege der Zwangsvollstreckung oder der Arrestvollziehung ein Pfandrecht oder eine Hypothek oder im Wege der einstweiligen Verfügung eine Vormerkung erlangt hat.

2. Wirkungen der Geltendmachung.

§ 1991.

Macht der Erbe von dem ihm nach § 1990 zustehenden Rechte Gebrauch, so finden auf seine Verantwortlichkeit und den Ersatz seiner Aufwendungen die Vorschriften der §§ 1978, 1979 Anwendung.

Die infolge des Erbfalls durch Vereinigung von Recht und Verbindlichkeit oder von Recht und Belastung erloschenen Rechtsverhältnisse gelten im Verhältnisse zwischen dem Gläubiger und dem Erben als nicht erloschen.

Die rechtskräftige Verurteilung des Erben zur Befriedigung eines Gläubigers wirkt einem anderen Gläubiger gegenüber wie die Befriedigung.

Die Verbindlichkeiten aus Pflichtteilsrechten, Vermächtnissen und Auflagen hat der Erbe so zu berichtigen, wie sie im Falle des Konkurses zur Berichtigung kommen würden.

3. Überschuldung durch Vermächtnisse und Auflagen.

§ 1992.

Beruht die Überschuldung des Nachlasses auf Vermächtnissen und Auflagen, so ist der Erbe, auch wenn die Voraussetzungen des § 1990 nicht vorliegen, berechtigt, die Berichtigung dieser Verbindlichkeiten nach den Vorschriften der §§ 1990, 1991 zu bewirken. Er kann die Herausgabe der noch vorhandenen Nachlaßgegenstände durch Zahlung des Wertes abwenden.

IV. Inventarerrichtung. Unbeschränkte Haftung des Erben.

1. Inventarrecht.

§ 1993.

Der Erbe ist berechtigt, ein Verzeichnis des Nachlasses (Inventar) bei dem Nachlaßgericht einzureichen (Inventarerrichtung).

2. Inventarpflicht (§§ 1994—2000).
a) Antrag. Unbeschränkbare Haftung bei Pflichtverletzung.

§ 1994.

Das Nachlaßgericht hat dem Erben auf Antrag eines Nachlaßgläubigers zur Errichtung des Inventars eine Frist (Inventarfrist) zu bestimmen. Nach dem Ablaufe der Frist haftet der Erbe für die Nachlaßverbindlichkeiten unbeschränkt, wenn nicht vorher das Inventar errichtet wird.

Der Antragsteller hat seine Forderung glaubhaft zu machen. Auf die Wirksamkeit der Fristbestimmung ist es ohne Einfluß, wenn die Forderung nicht besteht.

b) Inventarfrist (§§ 1995—2000).
α) Dauer.

§ 1995.

Die Inventarfrist soll mindestens einen Monat, höchstens drei Monate betragen. Sie beginnt mit der Zustellung des Beschlusses, durch den die Frist bestimmt wird.

Wird die Frist vor der Annahme der Erbschaft bestimmt, so beginnt sie erst mit der Annahme der Erbschaft.

Auf Antrag des Erben kann das Nachlaßgericht die Frist nach seinem Ermessen verlängern.

β) Neue Frist.

§ 1996.

Ist der Erbe durch höhere Gewalt verhindert worden, das Inventar rechtzeitig zu errichten oder die nach den Umständen gerechtfertigte Verlängerung der Inventarfrist zu beantragen, so hat ihm auf seinen Antrag das Nachlaßgericht eine neue Inventarfrist zu bestimmen. Das gleiche gilt, wenn der Erbe von der Zustellung des Beschlusses, durch den die Inventarfrist bestimmt worden ist, ohne sein Verschulden Kenntnis nicht erlangt hat.

Der Antrag muß binnen zwei Wochen nach der Beseitigung des Hindernisses und spätestens vor dem Ablauf eines Jahres nach dem Ende der zuerst bestimmten Frist gestellt werden.

Vor der Entscheidung soll der Nachlaßgläubiger, auf dessen Antrag die erste Frist bestimmt worden ist, wenn tunlich gehört werden.

γ) Hemmung.

§ 1997.

Auf den Lauf der Inventarfrist und der im § 1996 Abs. 2 bestimmten Frist von zwei Wochen finden die für die Verjährung geltenden Vorschriften des § 203 Abs. 1 und des § 206 entsprechende Anwendung.

δ) Ablaufshemmung.

§ 1998.

Stirbt der Erbe vor dem Ablaufe der Inventarfrist oder der im § 1996 Abs. 2 bestimmten Frist von zwei Wochen, so endigt die Frist nicht vor dem Ablaufe der für die Erbschaft des Erben vorgeschriebenen Ausschlagungsfrist.

ε) Benachrichtigung des Vormundschaftsgerichts.

§ 1999.

Steht der Erbe unter elterlicher Gewalt oder unter Vormundschaft, so soll das Nachlaßgericht dem Vormundschaftsgerichte von der Bestimmung der Inventarfrist Mitteilung machen.

ζ) Unwirksamkeit der Fristsetzung.

§ 2000.

Die Bestimmung einer Inventarfrist wird unwirksam, wenn eine Nachlaßverwaltung angeordnet oder der Nachlaßkonkurs eröffnet wird. Während der Dauer der Nachlaßverwaltung oder des Nachlaßkonkurses kann eine Inventarfrist nicht bestimmt werden. Ist der Nachlaßkonkurs durch Verteilung der Masse oder durch Zwangsvergleich beendigt, so bedarf es zur Abwendung der unbeschränkten Haftung der Inventarerrichtung nicht.

3. Inventarerrichtung (§§ 2001—2004).

a) Inhalt.

§ 2001.

In dem Inventar sollen die bei dem Eintritte des Erbfalls vorhandenen Nachlaßgegenstände und die Nachlaßverbindlichkeiten vollständig angegeben werden.

Das Inventar soll außerdem eine Beschreibung der Nachlaßgegenstände, soweit eine solche zur Bestimmung des Wertes erforderlich ist, und die Angabe des Wertes enthalten.

b) Aufnahme durch den Erben.

§ 2002.

Der Erbe muß zu der Aufnahme des Inventars eine zuständige Behörde oder einen zuständigen Beamten oder Notar zuziehen.

c) Aufnahme durch das Gericht.

§ 2003.

Auf Antrag des Erben hat das Nachlaßgericht entweder das Inventar selbst aufzunehmen oder die Aufnahme einer zuständigen Behörde oder einem zuständigen Beamten oder Notar zu übertragen. Durch die Stellung des Antrags wird die Inventarfrist gewahrt.

Der Erbe ist verpflichtet, die zur Aufnahme des Inventars erforderliche Auskunft zu erteilen.

Das Inventar ist von der Behörde, dem Beamten oder dem Notar bei dem Nachlaßgericht einzureichen.

d) Bezugnahme.

§ 2004.

Befindet sich bei dem Nachlaßgerichte schon ein den Vorschriften der §§ 2002, 2003 entsprechendes Inventar, so genügt es, wenn der Erbe vor dem Ablaufe der Inventarfrist dem Nachlaßgerichte gegenüber erklärt, daß das Inventar als von ihm eingereicht gelten soll.

4. Unbeschränkbare Haftung und Offenbarungseid (§§ 2005, 2006).

§ 2005.

Führt der Erbe absichtlich eine erhebliche Unvollständigkeit der im Inventar enthaltenen Angabe der Nachlaßgegenstände herbei oder bewirkt er in der Absicht, die Nachlaßgläubiger zu benachteiligen, die Aufnahme einer nicht bestehenden Nachlaßverbindlichkeit, so haftet er für die Nachlaßverbindlichkeiten unbeschränkt. Das gleiche gilt, wenn er im Falle des § 2003 die Erteilung der Auskunft verweigert oder absichtlich in erheblichem Maße verzögert.

Ist die Angabe der Nachlaßgegenstände unvollständig, ohne daß ein Fall des Abs. 1 vorliegt, so kann dem Erben zur Ergänzung eine neue Inventarfrist bestimmt werden.

§ 2006.

Der Erbe hat auf Verlangen eines Nachlaßgläubigers vor dem Nachlaßgerichte den Offenbarungseid dahin zu leisten:

daß er nach bestem Wissen die Nachlaßgegenstände so vollständig angegeben habe, als er dazu imstande sei.

Der Erbe kann vor der Leistung des Eides das Inventar vervollständigen.

Verweigert der Erbe die Leistung des Eides, so haftet er dem Gläubiger, der den Antrag gestellt hat, unbeschränkt. Das gleiche gilt, wenn er weder in dem Termine noch in einem auf Antrag des Gläubigers bestimmten neuen Termin erscheint, es sei denn, daß ein Grund vorliegt, durch den das Nichterscheinen in diesem Termine genügend entschuldigt wird.

Eine wiederholte Leistung des Eides kann derselbe Gläubiger oder ein anderer Gläubiger nur verlangen, wenn Grund zu der Annahme besteht, daß dem Erben nach der Eidesleistung weitere Nachlaßgegenstände bekannt geworden sind.

5. Berufung zu mehreren Erbteilen.

§ 2007.

Ist ein Erbe zu mehreren Erbteilen berufen, so bestimmt sich seine Haftung für die Nachlaßverbindlichkeiten in Ansehung eines jeden der Erbteile so, wie wenn die Erbteile verschiedenen Erben gehörten. In den Fällen der Anwachsung und des § 1935 gilt dies nur dann, wenn die Erbteile verschieden beschwert sind.

6. Ehefrau als Erbin.

§ 2008.

Ist eine Ehefrau die Erbin und gehört die Erbschaft zum eingebrachten Gute oder zum Gesamtgute, so ist die Bestimmung der Inventarfrist nur wirksam, wenn sie auch dem Manne gegenüber erfolgt. Solange nicht die Frist dem Manne gegenüber verstrichen ist, endigt sie auch nicht der Frau gegenüber. Die Errichtung des Inventars durch den Mann kommt der Frau zustatten.

Gehört die Erbschaft zum Gesamtgute, so gelten diese Vorschriften auch nach der Beendigung der Gütergemeinschaft.

7. Vermutung.

§ 2009.

Ist das Inventar rechtzeitig errichtet worden, so wird im Verhältnisse zwischen dem Erben und den Nachlaßgläubigern vermutet, daß zur Zeit des Erbfalls weitere Nachlaßgegenstände als die angegebenen nicht vorhanden gewesen seien.

8. Einsicht.

§ 2010.

Das Nachlaßgericht hat die Einsicht des Inventars jedem zu gestatten, der ein rechtliches Interesse glaubhaft macht.

9. Von der Inventarpflicht befreite Personen (§§ 2011, 2012).

§ 2011.

Dem Fiskus als gesetzlichem Erben kann eine Inventarfrist nicht bestimmt werden. Der Fiskus ist den Nachlaßgläubigern gegenüber verpflichtet, über den Bestand des Nachlasses Auskunft zu erteilen.

§ 2012.

Einem nach den §§ 1960, 1961 bestellten Nachlaßpfleger kann eine Inventarfrist nicht bestimmt werden. Der Nachlaßpfleger ist den Nachlaßgläubigern gegenüber verpflichtet, über den Bestand des Nachlasses Auskunft zu erteilen. Der Nachlaßpfleger kann nicht auf die Beschränkung der Haftung des Erben verzichten.

Diese Vorschriften gelten auch für den Nachlaßverwalter.

10. Unbeschränkbar haftender Erbe.

§ 2013.

Haftet der Erbe für die Nachlaßverbindlichkeiten unbeschränkt, so finden die Vorschriften der §§ 1973 bis 1975, 1977 bis 1980, 1989 bis 1992 keine Anwendung; der Erbe ist nicht berechtigt, die Anordnung einer Nachlaßverwaltung zu beantragen. Auf eine nach § 1973 oder nach § 1974 eingetretene Beschränkung der Haftung kann sich der Erbe jedoch berufen, wenn später der Fall des § 1994 Abs. 1 Satz 2 oder des § 2005 Abs. 1 eintritt.

Die Vorschriften der §§ 1977 bis 1980 und das Recht des Erben, die Anordnung einer Nachlaßverwaltung zu beantragen, werden nicht dadurch ausgeschlossen, daß der Erbe einzelnen Nachlaßgläubigern gegenüber unbeschränkt haftet.

V. Aufschiebende Einreden.

1. Dreimonatseinrede.

§ 2014.

Der Erbe ist berechtigt, die Berichtigung einer Nachlaßverbindlichkeit bis zum Ablaufe der ersten drei Monate nach der Annahme der Erbschaft, jedoch nicht über die Errichtung des Inventars hinaus, zu verweigern.

2. Einrede des schwebenden Aufgebotsverfahrens.

§ 2015.

Hat der Erbe den Antrag auf Erlassung des Aufgebots der Nachlaßgläubiger innerhalb eines Jahres nach der Annahme der Erbschaft gestellt und ist der Antrag zugelassen, so ist der Erbe berechtigt, die Berichtigung einer Nachlaßverbindlichkeit bis zur Beendigung des Aufgebotsverfahrens zu verweigern.

Der Beendigung des Aufgebotsverfahrens steht es gleich, wenn der Erbe in dem Aufgebotstermine nicht erschienen ist und nicht binnen zwei Wochen die Bestimmung eines neuen Termins beantragt oder wenn er auch in dem neuen Termine nicht erscheint.

Wird das Ausschlußurteil erlassen oder der Antrag auf Erlassung des Urteils zurückgewiesen, so ist das Verfahren nicht vor dem Ablauf einer mit der Verkündung der Entscheidung beginnenden Frist von zwei Wochen und nicht vor der Erledigung einer rechtzeitig eingelegten Beschwerde als beendigt anzusehen.

3. Ausnahmen.

§ 2016.

Die Vorschriften der §§ 2014, 2015 finden keine Anwendung, wenn der Erbe unbeschränkt haftet.

Das gleiche gilt, soweit ein Gläubiger nach § 1971 von dem Aufgebote der Nachlaßgläubiger nicht betroffen wird, mit der Maßgabe, daß ein erst nach dem Eintritte des Erbfalls im Wege der Zwangsvollstreckung oder der Arrestvollziehung erlangtes Recht sowie eine erst nach diesem Zeitpunkt im Wege der einstweiligen Verfügung erlangte Vormerkung außer Betracht bleibt.

4. **Besonderer Fristbeginn.**

§ 2017.

Wird vor der Annahme der Erbschaft zur Verwaltung des Nachlasses ein Nachlaßpfleger bestellt, so beginnen die im § 2014 und im § 2015 Abs. 1 bestimmten Fristen mit der Bestellung.

Dritter Titel. Erbschaftsanspruch.

1. **Hereditatis petitio (§§ 2018—2026).**

a) **Parteien und Gegenstand im allgemeinen.**

§ 2018.

Der Erbe kann von jedem, der auf Grund eines ihm in Wirklichkeit nicht zustehenden Erbrechts etwas aus der Erbschaft erlangt hat (Erbschaftsbesitzer), die Herausgabe des Erlangten verlangen.

b) **Dingliche Surrogation.**

§ 2019.

Als aus der Erbschaft erlangt gilt auch, was der Erbschaftsbesitzer durch Rechtsgeschäft mit Mitteln der Erbschaft erwirbt.

Die Zugehörigkeit einer in solcher Weise erworbenen Forderung zur Erbschaft hat der Schuldner erst dann gegen sich gelten zu lassen, wenn er von der Zugehörigkeit Kenntnis erlangt; die Vorschriften der §§ 406 bis 408 finden entsprechende Anwendung.

c) **Nutzungen.**

§ 2020.

Der Erbschaftsbesitzer hat dem Erben die gezogenen Nutzungen herauszugeben; die Verpflichtung zur Herausgabe erstreckt sich auch auf Früchte, an denen er das Eigentum erworben hat.

d) **Bereicherungshaftung.**

§ 2021.

Soweit der Erbschaftsbesitzer zur Herausgabe außerstande ist, bestimmt sich seine Verpflichtung nach den Vorschriften über die Herausgabe einer ungerechtfertigten Bereicherung.

e) **Ersatz von Verwendungen.**

§ 2022.

Der Erbschaftsbesitzer ist zur Herausgabe der zur Erbschaft gehörenden Sachen nur gegen Ersatz aller Verwendungen verpflichtet, soweit nicht die Verwendungen durch Anrechnung auf die nach § 2021 herauszugebende Bereicherung gedeckt werden. Die für den Eigentumsanspruch geltenden Vorschriften der §§ 1000 bis 1003 finden Anwendung.

Zu den Verwendungen gehören auch die Aufwendungen, die der Erbschaftsbesitzer zur Bestreitung von Lasten der Erbschaft oder zur Berichtigung von Nachlaßverbindlichkeiten macht.

Soweit der Erbe für Aufwendungen, die nicht auf einzelne Sachen gemacht worden sind, insbesondere für die im Abs. 2 bezeichneten Aufwendungen, nach den allgemeinen Vorschriften in weiterem Umfang Ersatz zu leisten hat, bleibt der Anspruch des Erbschaftsbesitzers unberührt.

f) Verschärfte Haftung.

α) Nach der Klagerhebung.

§ 2023.

Hat der Erbschaftsbesitzer zur Erbschaft gehörende Sachen herauszugeben, so bestimmt sich von dem Eintritte der Rechtshängigkeit an der Anspruch des Erben auf Schadensersatz wegen Verschlechterung, Unterganges oder einer aus einem anderen Grunde eintretenden Unmöglichkeit der Herausgabe nach den Vorschriften, die für das Verhältnis zwischen dem Eigentümer und dem Besitzer von dem Eintritte der Rechtshängigkeit des Eigentumsanspruchs an gelten.

Das gleiche gilt von dem Anspruche des Erben auf Herausgabe oder Vergütung von Nutzungen und von dem Anspruche des Erbschaftsbesitzers auf Ersatz von Verwendungen.

β) Böser Glaube.

§ 2024.

Ist der Erbschaftsbesitzer bei dem Beginne des Erbschaftsbesitzes nicht in gutem Glauben, so haftet er so, wie wenn der Anspruch des Erben zu dieser Zeit rechtshängig geworden wäre. Erfährt der Erbschaftsbesitzer später, daß er nicht Erbe ist, so haftet er in gleicher Weise von der Erlangung der Kenntnis an. Eine weitergehende Haftung wegen Verzugs bleibt unberührt.

γ) Voraussetzungen deliktischer Haftung.

§ 2025.

Hat der Erbschaftsbesitzer einen Erbschaftsgegenstand durch eine strafbare Handlung oder eine zur Erbschaft gehörende Sache durch verbotene Eigenmacht erlangt, so haftet er nach den Vorschriften über den Schadensersatz wegen unerlaubter Handlungen. Ein gutgläubiger Erbschaftsbesitzer haftet jedoch wegen verbotener Eigenmacht nach diesen Vorschriften nur, wenn der Erbe den Besitz der Sache bereits tatsächlich ergriffen hatte.

g) Ersitzung von Nachlaßsachen.

§ 2026.

Der Erbschaftsbesitzer kann sich dem Erben gegenüber, solange nicht der Erbschaftsanspruch verjährt ist, nicht auf die Ersitzung einer Sache berufen, die er als zur Erbschaft gehörend im Besitze hat.

2. Anspruch auf Auskunft (§§ 2027, 2028).

§ 2027.

Der Erbschaftsbesitzer ist verpflichtet, dem Erben über den Bestand der Erbschaft und über den Verbleib der Erbschaftsgegenstände Auskunft zu erteilen.

Die gleiche Verpflichtung hat, wer, ohne Erbschaftsbesitzer zu sein, eine Sache aus dem Nachlaß in Besitz nimmt, bevor der Erbe den Besitz tatsächlich ergriffen hat.

§ 2028.

Wer sich zur Zeit des Erbfalls mit dem Erblasser in häuslicher Gemeinschaft befunden hat, ist verpflichtet, dem Erben auf Verlangen Auskunft darüber zu erteilen, welche erbschaftliche Geschäfte er geführt hat und was ihm über den Verbleib der Erbschaftsgegenstände bekannt ist.

Besteht Grund zu der Annahme, daß die Auskunft nicht mit der erforderlichen Sorgfalt erteilt worden ist, so hat der Verpflichtete auf Verlangen des Erben den Offenbarungseid dahin zu leisten:

daß er seine Angaben nach bestem Wissen so vollständig gemacht habe, als er dazu imstande sei.

Die Vorschriften des § 259 Abs. 3 und des § 261 finden Anwendung.

3. Singularansprüche.

§ 2029.

Die Haftung des Erbschaftsbesitzers bestimmt sich auch gegenüber den Ansprüchen, die dem Erben in Ansehung der einzelnen Erbschaftsgegenstände zustehen, nach den Vorschriften über den Erbschaftsanspruch.

4. Anspruch gegen den Erbschaftserwerber.

§ 2030.

Wer die Erbschaft durch Vertrag von einem Erbschaftsbesitzer erwirbt, steht im Verhältnisse zu dem Erben einem Erbschaftsbesitzer gleich.

5. Anspruch des für tot Erklärten.

§ 2031.

Überlebt eine für tot erklärte Person den Zeitpunkt, der als Zeitpunkt ihres Todes gilt, so kann sie die Herausgabe ihres Vermögens nach den für den Erbschaftsanspruch geltenden Vorschriften verlangen. Solange der für tot Erklärte noch lebt, wird die Verjährung seines Anspruchs nicht vor dem Ablauf eines Jahres nach dem Zeitpunkte vollendet, in welchem er von der Todeserklärung Kenntnis erlangt.

Das gleiche gilt, wenn der Tod einer Person ohne Todeserklärung mit Unrecht angenommen worden ist.

Vierter Titel. Mehrheit von Erben.

I. Rechtsverhältnis der Erben untereinander.

I. Vor der Auseinandersetzung (§§ 2032—2041).

1. Erbengemeinschaft.

§ 2032.

Hinterläßt der Erblasser mehrere Erben, so wird der Nachlaß gemeinschaftliches Vermögen der Erben.

Bis zur Auseinandersetzung gelten die Vorschriften der §§ 2033 bis 2041.

2. Gesamthandsprinzip.

§ 2033.

Jeder Miterbe kann über seinen Anteil an dem Nachlasse verfügen. Der Vertrag, durch den ein Miterbe über seinen Anteil verfügt, bedarf der gerichtlichen oder notariellen Beurkundung.

Über seinen Anteil an den einzelnen Nachlaßgegenständen kann ein Miterbe nicht verfügen.

3. Vorkaufsrecht der Miterben (§§ 2034—2037).

§ 2034.

Verkauft ein Miterbe seinen Anteil an einen Dritten, so sind die übrigen Miterben zum Vorkaufe berechtigt.

Die Frist für die Ausübung des Vorkaufsrechts beträgt zwei Monate. Das Vorkaufsrecht ist vererblich.

§ 2035.

Ist der verkaufte Anteil auf den Käufer übertragen, so können die Miterben das ihnen nach § 2034 dem Verkäufer gegenüber zustehende Vorkaufsrecht dem Käufer gegenüber ausüben. Dem Verkäufer gegenüber erlischt das Vorkaufsrecht mit der Übertragung des Anteils.

29*

Der Verkäufer hat die Miterben von der Übertragung unverzüglich zu benachrichtigen.

§ 2036.

Mit der Übertragung des Anteils auf die Miterben wird der Käufer von der Haftung für die Nachlaßverbindlichkeiten frei. Seine Haftung bleibt jedoch bestehen, soweit er den Nachlaßgläubigern nach den §§ 1978 bis 1980 verantwortlich ist; die Vorschriften der §§ 1990, 1991 finden entsprechende Anwendung.

§ 2037.

Überträgt der Käufer den Anteil auf einen anderen, so finden die Vorschriften der §§ 2033, 2035, 2036 entsprechende Anwendung.

4. Verwaltung des Nachlasses.
Gemeinschaftsrecht.

§ 2038.

Die Verwaltung des Nachlasses steht den Erben gemeinschaftlich zu. Jeder Miterbe ist den anderen gegenüber verpflichtet, zu Maßregeln mitzuwirken, die zur ordnungsmäßigen Verwaltung erforderlich sind; die zur Erhaltung notwendigen Maßregeln kann jeder Miterbe ohne Mitwirkung der anderen treffen.

Die Vorschriften der §§ 743, 745, 746, 748 finden Anwendung. Die Teilung der Früchte erfolgt erst bei der Auseinandersetzung. Ist die Auseinandersetzung auf längere Zeit als ein Jahr ausgeschlossen, so kann jeder Miterbe am Schlusse jedes Jahres die Teilung des Reinertrags verlangen.

5. Verfügung über Nachlaßgegenstände (§§ 2039, 2040).
a) Einziehung von Nachlaßforderungen.

§ 2039.

Gehört ein Anspruch zum Nachlasse, so kann der Verpflichtete nur an alle Erben gemeinschaftlich leisten und jeder Miterbe nur die Leistung an alle Erben fordern. Jeder Miterbe kann verlangen, daß der Verpflichtete die zu leistende Sache für alle Erben hinterlegt oder, wenn sie sich nicht zur Hinterlegung eignet, an einen gerichtlich zu bestellenden Verwahrer abliefert.

b) Sonstige Verfügungen.

§ 2040.

Die Erben können über einen Nachlaßgegenstand nur gemeinschaftlich verfügen.

Gegen eine zum Nachlasse gehörende Forderung kann der Schuldner nicht eine ihm gegen einen einzelnen Miterben zustehende Forderung aufrechnen.

6. Dingliche Surrogation.

§ 2041.

Was auf Grund eines zum Nachlasse gehörenden Rechtes oder als Ersatz für die Zerstörung, Beschädigung oder Entziehung eines Nachlaßgegenstandes oder durch ein Rechtsgeschäft erworben wird, das sich auf den Nachlaß bezieht, gehört zum Nachlasse. Auf eine durch ein solches Rechtsgeschäft erworbene Forderung findet die Vorschrift des § 2019 Abs. 2 Anwendung.

II. Auseinandersetzung (§§ 2042—2057).

1. Recht auf Auseinandersetzung (§§ 2042—2045).

a) Grundsatz.

§ 2042.

Jeder Miterbe kann jederzeit die Auseinandersetzung verlangen, soweit sich nicht aus den §§ 2043 bis 2045 ein anderes ergibt.

Die Vorschriften des § 749 Abs. 2, 3 und der §§ 750 bis 758 finden Anwendung.

b) Ausschluß (§§ 2043, 2044).

α) Unbestimmtheit der Erbteile.

§ 2043.

Soweit die Erbteile wegen der zu erwartenden Geburt eines Miterben noch unbestimmt sind, ist die Auseinandersetzung bis zur Hebung der Unbestimmtheit ausgeschlossen.

Das gleiche gilt, soweit die Erbteile deshalb noch unbestimmt sind, weil die Entscheidung über eine Ehelichkeitserklärung, über die Bestätigung einer Annahme an Kindes Statt oder über die Genehmigung einer vom Erblasser errichteten Stiftung noch aussteht.

β) Verfügung des Erblassers.

§ 2044.

Der Erblasser kann durch letztwillige Verfügung die Auseinandersetzung in Ansehung des Nachlasses oder einzelner Nachlaßgegenstände ausschließen oder von der Einhaltung einer Kündigungsfrist abhängig machen. Die Vorschriften des § 749 Abs. 2, 3, der §§ 750, 751 und des § 1010 Abs. 1 finden entsprechende Anwendung.

Die Verfügung wird unwirksam, wenn dreißig Jahre seit dem Eintritte des Erbfalls verstrichen sind. Der Erblasser kann jedoch anordnen, daß die Verfügung bis zum Eintritt eines bestimmten Ereignisses in der Person eines Miterben oder, falls er eine Nacherbfolge oder ein Vermächtnis anordnet, bis zum Eintritte der Nacherbfolge oder bis zum Anfalle des Vermächtnisses gelten soll. Ist der Miterbe, in dessen Person das Ereignis eintreten soll, eine juristische Person, so bewendet es bei der dreißigjährigen Frist.

c) Aufschiebung.

§ 2045.

Jeder Miterbe kann verlangen, daß die Auseinandersetzung bis zur Beendigung des nach § 1970 zulässigen Aufgebotsverfahrens oder bis zum Ablaufe der im § 2061 bestimmten Anmeldungsfrist aufgeschoben wird. Ist das Aufgebot noch nicht beantragt oder die öffentliche Aufforderung nach § 2061 noch nicht erlassen, so kann der Aufschub nur verlangt werden, wenn unverzüglich der Antrag gestellt oder die Aufforderung erlassen wird.

2. Art der Auseinandersetzung (§§ 2046—2049).

a) Schuldentilgung.

§ 2046.

Aus dem Nachlasse sind zunächst die Nachlaßverbindlichkeiten zu berichtigen. Ist eine Nachlaßverbindlichkeit noch nicht fällig oder ist sie streitig, so ist das zur Berichtigung Erforderliche zurückzubehalten.

Fällt eine Nachlaßverbindlichkeit nur einigen Miterben zur Last, so können diese die Berichtigung nur aus dem verlangen, was ihnen bei der Auseinandersetzung zukommt.

Zur Berichtigung ist der Nachlaß, soweit erforderlich, in Geld umzusetzen.

b) Teilung des Überschusses.

§ 2047.

Der nach der Berichtigung der Nachlaßverbindlichkeiten verbleibende Überschuß gebührt den Erben nach dem Verhältnisse der Erbteile.

Schriftstücke, die sich auf die persönlichen Verhältnisse des Erblassers, auf dessen Familie oder auf den ganzen Nachlaß beziehen, bleiben gemeinschaftlich.

c) Anordnungen des Erblassers (§§ 2048, 2049).

§ 2048.

Der Erblasser kann durch letztwillige Verfügung Anordnungen für die Auseinandersetzung treffen. Er kann insbesondere anordnen, daß die Auseinandersetzung nach dem billigen Ermessen eines Dritten erfolgen soll. Die von dem Dritten auf Grund der Anordnung getroffene Bestimmung ist für die Erben nicht verbindlich, wenn sie offenbar unbillig ist; die Bestimmung erfolgt in diesem Falle durch Urteil.

§ 2049.

Hat der Erblasser angeordnet, daß einer der Miterben das Recht haben soll, ein zum Nachlasse gehörendes Landgut zu übernehmen, so ist im Zweifel anzunehmen, daß das Landgut zu dem Ertragswert angesetzt werden soll.

Der Ertragswert bestimmt sich nach dem Reinertrage, den das Landgut nach seiner bisherigen wirtschaftlichen Bestimmung bei ordnungsmäßiger Bewirtschaftung nachhaltig gewähren kann.

3. Kollation (§§ 2050—2057).

a) Voraussetzungen der Kollationspflicht (§§ 2050—2054).

α) Gesetzliche Erben (§§ 2050, 2051).

§ 2050.

Abkömmlinge, die als gesetzliche Erben zur Erbfolge gelangen, sind verpflichtet, dasjenige, was sie von dem Erblasser bei dessen Lebzeiten als Ausstattung erhalten haben, bei der Auseinandersetzung untereinander zur Ausgleichung zu bringen, soweit nicht der Erblasser bei der Zuwendung ein anderes angeordnet hat.

Zuschüsse, die zu dem Zwecke gegeben worden sind, als Einkünfte verwendet zu werden, sowie Aufwendungen für die Vorbildung zu einem Berufe sind insoweit zur Ausgleichung zu bringen, als sie das den Vermögensverhältnissen des Erblassers entsprechende Maß überstiegen haben.

Andere Zuwendungen unter Lebenden sind zur Ausgleichung zu bringen, wenn der Erblasser bei der Zuwendung die Ausgleichung angeordnet hat.

§ 2051.

Fällt ein Abkömmling, der als Erbe zur Ausgleichung verpflichtet sein würde, vor oder nach dem Erbfalle weg, so ist wegen der ihm gemachten Zuwendungen der an seine Stelle tretende Abkömmling zur Ausgleichung verpflichtet.

Hat der Erblasser für den wegfallenden Abkömmling einen Ersatzerben eingesetzt, so ist im Zweifel anzunehmen, daß dieser nicht mehr erhalten soll, als der Abkömmling unter Berücksichtigung der Ausgleichungspflicht erhalten würde.

β) Testamentserben.

§ 2052.

Hat der Erblasser die Abkömmlinge auf dasjenige als Erben eingesetzt, was sie als gesetzliche Erben erhalten würden, oder hat er ihre Erbteile so bestimmt, daß sie zueinander in demselben Verhältnisse stehen wie die gesetzlichen Erbteile, so ist im

Zweifel anzunehmen, daß die Abkömmlinge nach den §§ 2050, 2051 zur Ausgleichung verpflichtet sein sollen.

γ) **Besondere Fälle (§§ 2053, 2054).**

§ 2053.

Eine Zuwendung, die ein entfernterer Abkömmling vor dem Wegfalle des ihn von der Erbfolge ausschließenden näheren Abkömmlinges oder ein an die Stelle eines Abkömmlinges als Ersatzerbe tretender Abkömmling von dem Erblasser erhalten hat, ist nicht zur Ausgleichung zu bringen, es sei denn, daß der Erblasser bei der Zuwendung die Ausgleichung angeordnet hat.

Das gleiche gilt, wenn ein Abkömmling, bevor er die rechtliche Stellung eines solchen erlangt hatte, eine Zuwendung von dem Erblasser erhalten hat.

§ 2054.

Eine Zuwendung, die aus dem Gesamtgute der allgemeinen Gütergemeinschaft, der Errungenschaftsgemeinschaft oder der Fahrnisgemeinschaft erfolgt, gilt als von jedem der Ehegatten zur Hälfte gemacht. Die Zuwendung gilt jedoch, wenn sie an einen Abkömmling erfolgt, der nur von einem der Ehegatten abstammt, oder wenn einer der Ehegatten wegen der Zuwendung zu dem Gesamtgut Ersatz zu leisten hat, als von diesem Ehegatten gemacht.

Diese Vorschriften finden auf eine Zuwendung aus dem Gesamtgute der fortgesetzten Gütergemeinschaft entsprechende Anwendung.

b) **Durchführung der Kollation (§§ 2055—2057).**

α) **Ausgleichung durch Abrechnung.**

§ 2055.

Bei der Auseinandersetzung wird jedem Miterben der Wert der Zuwendung, die er zur Ausgleichung zu bringen hat, auf seinen Erbteil angerechnet. Der Wert der sämtlichen Zuwendungen, die zur Ausgleichung zu bringen sind, wird dem Nachlasse hinzugerechnet, soweit dieser den Miterben zukommt, unter denen die Ausgleichung stattfindet.

Der Wert bestimmt sich nach der Zeit, zu der die Zuwendung erfolgt ist.

β) **Keine Nachschußpflicht.**

§ 2056.

Hat ein Miterbe durch die Zuwendung mehr erhalten, als ihm bei der Auseinandersetzung zukommen würde, so ist er zur Herauszahlung des Mehrbetrags nicht verpflichtet. Der Nachlaß wird in einem solchen Falle unter die übrigen Erben in der

Weise geteilt, daß der Wert der Zuwendung und der Erbteil des Miterben außer Ansatz bleiben.

γ) **Auskunftspflicht.** **§ 2057.**

Jeder Miterbe ist verpflichtet, den übrigen Erben auf Verlangen Auskunft über die Zuwendungen zu erteilen, die er nach den §§ 2050 bis 2053 zur Ausgleichung zu bringen hat. Die Vorschriften der §§ 260, 261 über die Verpflichtung zur Leistung des Offenbarungseids finden entsprechende Anwendung.

II. Rechtsverhältnis zwischen den Erben und den Nachlaßgläubigern.

1. **Gesamtschuldner.** **§ 2058.**

Die Erben haften für die gemeinschaftlichen Nachlaßverbindlichkeiten als Gesamtschuldner.

2. **Vor der Teilung: Einrede.** **§ 2059.**

Bis zur Teilung des Nachlasses kann jeder Miterbe die Berichtigung der Nachlaßverbindlichkeiten aus dem Vermögen, das er außer seinem Anteil an dem Nachlasse hat, verweigern. Haftet er für eine Nachlaßverbindlichkeit unbeschränkt, so steht ihm dieses Recht in Ansehung des seinem Erbteil entsprechenden Teiles der Verbindlichkeit nicht zu.

Das Recht der Nachlaßgläubiger, die Befriedigung aus dem ungeteilten Nachlasse von sämtlichen Miterben zu verlangen, bleibt unberührt.

3. **Nach der Teilung: ausnahmsweise Teilschulden.** **§ 2060.**

Nach der Teilung des Nachlasses haftet jeder Miterbe nur für den seinem Erbteil entsprechenden Teil einer Nachlaßverbindlichkeit:

1. wenn der Gläubiger im Aufgebotsverfahren ausgeschlossen ist; das Aufgebot erstreckt sich insoweit auch auf die im § 1972 bezeichneten Gläubiger sowie auf die Gläubiger, denen der Miterbe unbeschränkt haftet;
2. wenn der Gläubiger seine Forderung später als fünf Jahre nach dem im § 1974 Abs. 1 bestimmten Zeitpunkte geltend macht, es sei denn, daß die Forderung vor dem Ablaufe der fünf Jahre dem Miterben bekannt geworden oder im Aufgebotsverfahren angemeldet worden ist; die Vorschrift findet keine Anwendung, soweit der Gläubiger nach § 1971 von dem Aufgebote nicht betroffen wird;
3. wenn der Nachlaßkonkurs eröffnet und durch Verteilung der Masse oder durch Zwangsvergleich beendigt worden ist.

4. Aufforderung an die Gläubiger.

§ 2061.

Jeder Miterbe kann die Nachlaßgläubiger öffentlich auffordern, ihre Forderungen binnen sechs Monaten bei ihm oder bei dem Nachlaßgericht anzumelden. Ist die Aufforderung erfolgt, so haftet nach der Teilung jeder Miterbe nur für den seinem Erbteil entsprechenden Teil einer Forderung, soweit nicht vor dem Ablaufe der Frist die Anmeldung erfolgt oder die Forderung ihm zur Zeit der Teilung bekannt ist.

Die Aufforderung ist durch den Deutschen Reichsanzeiger und durch das für die Bekanntmachungen des Nachlaßgerichts bestimmte Blatt zu veröffentlichen. Die Frist beginnt mit der letzten Einrückung. Die Kosten fallen dem Erben zur Last, der die Aufforderung erläßt.

5. Nachlaßverwaltung.

§ 2062.

Die Anordnung einer Nachlaßverwaltung kann von den Erben nur gemeinschaftlich beantragt werden; sie ist ausgeschlossen, wenn der Nachlaß geteilt ist.

6. Inventar.

§ 2063.

Die Errichtung des Inventars durch einen Miterben kommt auch den übrigen Erben zustatten, soweit nicht ihre Haftung für die Nachlaßverbindlichkeiten unbeschränkt ist.

Ein Miterbe kann sich den übrigen Erben gegenüber auf die Beschränkung seiner Haftung auch dann berufen, wenn er den anderen Nachlaßgläubigern gegenüber unbeschränkt haftet.

Dritter Abschnitt. Testament.

Erster Titel. Allgemeine Vorschriften.

1. Höchstpersönliche Natur letztwilliger Verfügungen (§§ 2064, 2065).

§ 2064.

Der Erblasser kann ein Testament nur persönlich errichten.

§ 2065.

Der Erblasser kann eine letztwillige Verfügung nicht in der Weise treffen, daß ein anderer zu bestimmen hat, ob sie gelten oder nicht gelten soll.

Der Erblasser kann die Bestimmung der Person, die eine Zuwendung erhalten soll, sowie die Bestimmung des Gegenstandes der Zuwendung nicht einem anderen überlassen.

2. Unbestimmtheit des Bedachten. Auslegungsregeln (§§ 2066—2073).

a) Gesetzliche Erben.

§ 2066.

Hat der Erblasser seine gesetzlichen Erben ohne nähere Bestimmung bedacht, so sind diejenigen, welche zur Zeit des Erbfalls seine gesetzlichen Erben sein würden, nach dem Verhältnis ihrer gesetzlichen Erbteile bedacht. Ist die Zuwendung unter einer aufschiebenden Bedingung oder unter Bestimmung eines Anfangstermins gemacht und tritt die Bedingung oder der Termin erst nach dem Erbfall ein, so sind im Zweifel diejenigen als bedacht anzusehen, welche die gesetzlichen Erben sein würden, wenn der Erblasser zur Zeit des Eintritts der Bedingung oder des Termins gestorben wäre.

b) Verwandte.

§ 2067.

Hat der Erblasser seine Verwandten oder seine nächsten Verwandten ohne nähere Bestimmung bedacht, so sind im Zweifel diejenigen Verwandten, welche zur Zeit des Erbfalls seine gesetzlichen Erben sein würden, als nach dem Verhältnis ihrer gesetzlichen Erbteile bedacht anzusehen. Die Vorschrift des § 2066 Satz 2 findet Anwendung.

c) Kinder.

§ 2068.

Hat der Erblasser seine Kinder ohne nähere Bestimmung bedacht und ist ein Kind vor der Errichtung des Testaments mit Hinterlassung von Abkömmlingen gestorben, so ist im Zweifel anzunehmen, daß die Abkömmlinge insoweit bedacht sind, als sie bei der gesetzlichen Erbfolge an die Stelle des Kindes treten würden.

d) Eigene Abkömmlinge.

§ 2069.

Hat der Erblasser einen seiner Abkömmlinge bedacht und fällt dieser nach der Errichtung des Testaments weg, so ist im Zweifel anzunehmen, daß dessen Abkömmlinge insoweit bedacht sind, als sie bei der gesetzlichen Erbfolge an dessen Stelle treten würden.

e) Fremde Abkömmlinge.

§ 2070.

Hat der Erblasser die Abkömmlinge eines Dritten ohne nähere Bestimmung bedacht, so ist im Zweifel anzunehmen, daß diejenigen Abkömmlinge nicht bedacht sind, welche zur Zeit des Erbfalls oder, wenn die Zuwendung unter einer aufschiebenden Bedingung oder unter Bestimmung eines Anfangstermins gemacht ist und die Bedingung oder der Termin erst nach dem Erbfall eintritt, zur Zeit des Eintritts der Bedingung oder des Termins noch nicht erzeugt sind.

f) Personen in Dienst- und Geschäftsverhältnissen.

§ 2071.

Hat der Erblasser ohne nähere Bestimmung eine Klasse von Personen oder Personen bedacht, die zu ihm in einem Dienst- oder Geschäftsverhältnisse stehen, so ist im Zweifel anzunehmen, daß diejenigen bedacht sind, welche zur Zeit des Erbfalls der bezeichneten Klasse angehören oder in dem bezeichneten Verhältnisse stehen.

g) Arme.

§ 2072.

Hat der Erblasser die Armen ohne nähere Bestimmung bedacht, so ist im Zweifel anzunehmen, daß die öffentliche Armenkasse der Gemeinde, in deren Bezirk er seinen letzten Wohnsitz gehabt hat, unter der Auflage bedacht ist, das Zugewendete unter Arme zu verteilen.

h) Mangelnde Individualisierung.

§ 2073.

Hat der Erblasser den Bedachten in einer Weise bezeichnet, die auf mehrere Personen paßt, und läßt sich nicht ermitteln, wer von ihnen bedacht werden sollte, so gelten sie als zu gleichen Teilen bedacht.

3. Bedingung (§§ 2074—2077).

a) Unvererblichkeit der Anwartschaft.

§ 2074.

Hat der Erblasser eine letztwillige Zuwendung unter einer aufschiebenden Bedingung gemacht, so ist im Zweifel anzunehmen, daß die Zuwendung nur gelten soll, wenn der Bedachte den Eintritt der Bedingung erlebt.

b) Umdeutung der Suspensivbedingung (Cautio Muciana).

§ 2075.

Hat der Erblasser eine letztwillige Zuwendung unter der Bedingung gemacht, daß der Bedachte während eines Zeitraums von unbestimmter Dauer etwas unterläßt oder fortgesetzt tut, so ist, wenn das Unterlassen oder das Tun lediglich in der Willkür des Bedachten liegt, im Zweifel anzunehmen, daß die Zuwendung von der auflösenden Bedingung abhängig sein soll, daß der Bedachte die Handlung vornimmt oder das Tun unterläßt.

c) Fiktion des Bedingungseintritts.

§ 2076.

Bezweckt die Bedingung, unter der eine letztwillige Zuwendung gemacht ist, den Vorteil eines Dritten, so gilt sie im

Zweifel als eingetreten, wenn der Dritte die zum Eintritte der Bedingung erforderliche Mitwirkung verweigert.

d) **Bedingung kraft Auslegungsregel.**

§ 2077.

Eine letztwillige Verfügung, durch die der Erblasser seinen Ehegatten bedacht hat, ist unwirksam, wenn die Ehe nichtig oder wenn sie vor dem Tode des Erblassers aufgelöst worden ist. Der Auflösung der Ehe steht es gleich, wenn der Erblasser zur Zeit seines Todes auf Scheidung wegen Verschuldens des Ehegatten zu klagen berechtigt war und die Klage auf Scheidung oder auf Aufhebung der ehelichen Gemeinschaft erhoben hatte.

Eine letztwillige Verfügung, durch die der Erblasser seinen Verlobten bedacht hat, ist unwirksam, wenn das Verlöbnis vor dem Tode des Erblassers aufgelöst worden ist.

Die Verfügung ist nicht unwirksam, wenn anzunehmen ist, daß der Erblasser sie auch für einen solchen Fall getroffen haben würde.

4. **Anfechtbare Verfügungen** (§§ 2078—2083).

a) **Anfechtbarkeit** (§§ 2078, 2079).

α) **Irrtum. Zwang.**

§ 2078.

Eine letztwillige Verfügung kann angefochten werden, soweit der Erblasser über den Inhalt seiner Erklärung im Irrtume war oder eine Erklärung dieses Inhalts überhaupt nicht abgeben wollte und anzunehmen ist, daß er die Erklärung bei Kenntnis der Sachlage nicht abgegeben haben würde.

Das gleiche gilt, soweit der Erblasser zu der Verfügung durch die irrige Annahme oder Erwartung des Eintritts oder Nichteintritts eines Umstandes oder widerrechtlich durch Drohung bestimmt worden ist.

Die Vorschriften des § 122 finden keine Anwendung.

β) **Umkehrung der Beweislast.**

§ 2079.

Eine letztwillige Verfügung kann angefochten werden, wenn der Erblasser einen zur Zeit des Erbfalls vorhandenen Pflichtteilsberechtigten übergangen hat, dessen Vorhandensein ihm bei der Errichtung der Verfügung nicht bekannt war oder der erst nach der Errichtung geboren oder pflichtteilsberechtigt geworden ist. Die Anfechtung ist ausgeschlossen, soweit anzunehmen ist, daß der Erblasser auch bei Kenntnis der Sachlage die Verfügung getroffen haben würde.

b) **Anfechtungsberechtigte.** **§ 2080.**

Zur Anfechtung ist derjenige berechtigt, welchem die Aufhebung der letztwilligen Verfügung unmittelbar zustatten kommen würde.

Bezieht sich in den Fällen des § 2078 der Irrtum nur auf eine bestimmte Person und ist diese anfechtungsberechtigt oder würde sie anfechtungsberechtigt sein, wenn sie zur Zeit des Erbfalls gelebt hätte, so ist ein anderer zur Anfechtung nicht berechtigt.

Im Falle des § 2079 steht das Anfechtungsrecht nur dem Pflichtteilsberechtigten zu.

c) **Adressat der Anfechtungserklärung.** **§ 2081.**

Die Anfechtung einer letztwilligen Verfügung, durch die ein Erbe eingesetzt, ein gesetzlicher Erbe von der Erbfolge ausgeschlossen, ein Testamentsvollstrecker ernannt oder eine Verfügung solcher Art aufgehoben wird, erfolgt durch Erklärung gegenüber dem Nachlaßgerichte.

Das Nachlaßgericht soll die Anfechtungserklärung demjenigen mitteilen, welchem die angefochtene Verfügung unmittelbar zustatten kommt. Es hat die Einsicht der Erklärung jedem zu gestatten, der ein rechtliches Interesse glaubhaft macht.

Die Vorschrift des Abs. 1 gilt auch für die Anfechtung einer letztwilligen Verfügung, durch die ein Recht für einen anderen nicht begründet wird, insbesondere für die Anfechtung einer Auflage.

d) **Anfechtungsfrist.** **§ 2082.**

Die Anfechtung kann nur binnen Jahresfrist erfolgen.

Die Frist beginnt mit dem Zeitpunkt, in welchem der Anfechtungsberechtigte von dem Anfechtungsgrunde Kenntnis erlangt. Auf den Lauf der Frist finden die für die Verjährung geltenden Vorschriften der §§ 203, 206, 207 entsprechende Anwendung.

Die Anfechtung ist ausgeschlossen, wenn seit dem Erbfalle dreißig Jahre verstrichen sind.

e) **Einrede nach Fristablauf.** **§ 2083.**

Ist eine letztwillige Verfügung, durch die eine Verpflichtung zu einer Leistung begründet wird, anfechtbar, so kann der Beschwerte die Leistung verweigern, auch wenn die Anfechtung nach § 2082 ausgeschlossen ist.

5. **Auslegung.**

§ 2084.

Läßt der Inhalt einer letztwilligen Verfügung verschiedene Auslegungen zu, so ist im Zweifel diejenige Auslegung vorzuziehen, bei welcher die Verfügung Erfolg haben kann.

6. **Teilnichtigkeit.**

§ 2085.

Die Unwirksamkeit einer von mehreren in einem Testament enthaltenen Verfügungen hat die Unwirksamkeit der übrigen Verfügungen nur zur Folge, wenn anzunehmen ist, daß der Erblasser diese ohne die unwirksame Verfügung nicht getroffen haben würde.

7. **Vorbehalt der Ergänzung.**

§ 2086.

Ist einer letztwilligen Verfügung der Vorbehalt einer Ergänzung beigefügt, die Ergänzung aber unterblieben, so ist die Verfügung wirksam, sofern nicht anzunehmen ist, daß die Wirksamkeit von der Ergänzung abhängig sein sollte.

Zweiter Titel. **Erbeinsetzung.**

1. **Erbeinsetzung oder Vermächtnis? Auslegungsregel.**

§ 2087.

Hat der Erblasser sein Vermögen oder einen Bruchteil seines Vermögens dem Bedachten zugewendet, so ist die Verfügung als Erbeinsetzung anzusehen, auch wenn der Bedachte nicht als Erbe bezeichnet ist.

Sind dem Bedachten nur einzelne Gegenstände zugewendet, so ist im Zweifel nicht anzunehmen, daß er Erbe sein soll, auch wenn er als Erbe bezeichnet ist.

2. **Bestimmung der Erbteile (§§ 2088—2095).**
a) **Ablehnung der Regel:**
nemo pro parte testatus pro parte intestatus decedere potest.

§ 2088.

Hat der Erblasser nur einen Erben eingesetzt und die Einsetzung auf einen Bruchteil der Erbschaft beschränkt, so tritt in Ansehung des übrigen Teiles die gesetzliche Erbfolge ein.

Das gleiche gilt, wenn der Erblasser mehrere Erben unter Beschränkung eines jeden auf einen Bruchteil eingesetzt hat und die Bruchteile das Ganze nicht erschöpfen.

b) Erhöhung der Erbteile.

§ 2089.

Sollen die eingesetzten Erben nach dem Willen des Erblassers die alleinigen Erben sein, so tritt, wenn jeder von ihnen auf einen Bruchteil der Erbschaft eingesetzt ist und die Bruchteile das Ganze nicht erschöpfen, eine verhältnismäßige Erhöhung der Bruchteile ein.

c) Minderung der Erbteile.

§ 2090.

Ist jeder der eingesetzten Erben auf einen Bruchteil der Erbschaft eingesetzt und übersteigen die Bruchteile das Ganze, so tritt eine verhältnismäßige Minderung der Bruchteile ein.

d) Einsetzung ohne Quotenbenennung.

§ 2091.

Sind mehrere Erben eingesetzt, ohne daß die Erbteile bestimmt sind, so sind sie zu gleichen Teilen eingesetzt, soweit sich nicht aus den §§ 2066 bis 2069 ein anderes ergibt.

e) Einsetzung mit und ohne Quotenbenennung.

§ 2092.

Sind von mehreren Erben die einen auf Bruchteile, die anderen ohne Bruchteile eingesetzt, so erhalten die letzteren den freigebliebenen Teil der Erbschaft.

Erschöpfen die bestimmten Bruchteile die Erbschaft, so tritt eine verhältnismäßige Minderung der Bruchteile in der Weise ein, daß jeder der ohne Bruchteile eingesetzten Erben so viel erhält wie der mit dem geringsten Bruchteile bedachte Erbe.

f) Gemeinschaftlicher Erbteil.

§ 2093.

Sind einige von mehreren Erben auf einen und denselben Bruchteil der Erbschaft eingesetzt (gemeinschaftlicher Erbteil), so finden in Ansehung des gemeinschaftlichen Erbteils die Vorschriften der §§ 2089 bis 2092 entsprechende Anwendung.

g) Akkreszenz (§§ 2094, 2095).

§ 2094.

Sind mehrere Erben in der Weise eingesetzt, daß sie die gesetzliche Erbfolge ausschließen, und fällt einer der Erben vor oder nach dem Eintritte des Erbfalls weg, so wächst dessen Erbteil den übrigen Erben nach dem Verhältnis ihrer Erbteile an. Sind einige der Erben auf einen gemeinschaftlichen Erbteil eingesetzt, so tritt die Anwachsung zunächst unter ihnen ein.

Ist durch die Erbeinsetzung nur über einen Teil der Erbschaft verfügt und findet in Ansehung des übrigen Teiles die gesetzliche Erbfolge statt, so tritt die Anwachsung unter den eingesetzten Erben nur ein, soweit sie auf einen gemeinschaftlichen Erbteil eingesetzt sind.

Der Erblasser kann die Anwachsung ausschließen.

§ 2095.

Der durch Anwachsung einem Erben anfallende Erbteil gilt in Ansehung der Vermächtnisse und Auflagen, mit denen dieser Erbe oder der wegfallende Erbe beschwert ist, sowie in Ansehung der Ausgleichungspflicht als besonderer Erbteil.

3. Vulgarsubstitution (§§ 2096—2099).

a) Begriff.

§ 2096.

Der Erblasser kann für den Fall, daß ein Erbe vor oder nach dem Eintritte des Erbfalls wegfällt, einen anderen als Erben einsetzen (Ersatzerbe).

b) Casus noluntatis complectitur casum impotentiae et vice versa.

§ 2097.

Ist jemand für den Fall, daß der zunächst berufene Erbe nicht Erbe sein kann, oder für den Fall, daß er nicht Erbe sein will, als Ersatzerbe eingesetzt, so ist im Zweifel anzunehmen, daß er für beide Fälle eingesetzt ist.

c) Erben als Substituten. Substitutio reciproca.

§ 2098.

Sind die Erben gegenseitig oder sind für einen von ihnen die übrigen als Ersatzerben eingesetzt, so ist im Zweifel anzunehmen, daß sie nach dem Verhältnis ihrer Erbteile als Ersatzerben eingesetzt sind.

Sind die Erben gegenseitig als Ersatzerben eingesetzt, so gehen Erben, die auf einen gemeinschaftlichen Erbteil eingesetzt sind, im Zweifel als Ersatzerben für diesen Erbteil den anderen vor.

d) Verhältnis zur Akkreszenz.

§ 2099.

Das Recht des Ersatzerben geht dem Anwachsungsrechte vor.

Dritter Titel. Einsetzung eines Nacherben.

1. Begriff.

§ 2100.

Der Erblasser kann einen Erben in der Weise einsetzen, daß dieser erst Erbe wird, nachdem zunächst ein anderer Erbe geworden ist (Nacherbe).

2. Einsetzung. Auslegungsregeln (§§ 2101—2107).

a) Nasciturus.

§ 2101.

Ist eine zur Zeit des Erbfalls noch nicht erzeugte Person als Erbe eingesetzt, so ist im Zweifel anzunehmen, daß sie als Nacherbe eingesetzt ist. Entspricht es nicht dem Willen des Erblassers, daß der Eingesetzte Nacherbe werden soll, so ist die Einsetzung unwirksam.

Das gleiche gilt von der Einsetzung einer juristischen Person, die erst nach dem Erbfalle zur Entstehung gelangt; die Vorschrift des § 84 bleibt unberührt.

b) Nacherbe und Ersatzerbe.

§ 2102.

Die Einsetzung als Nacherbe enthält im Zweifel auch die Einsetzung als Ersatzerbe.

Ist zweifelhaft, ob jemand als Ersatzerbe oder als Nacherbe eingesetzt ist, so gilt er als Ersatzerbe.

c) Fideikommissarische Substitution.

§ 2103.

Hat der Erblasser angeordnet, daß der Erbe mit dem Eintritt eines bestimmten Zeitpunkts oder Ereignisses die Erbschaft einem anderen herausgeben soll, so ist anzunehmen, daß der andere als Nacherbe eingesetzt ist.

d) Erbeinsetzung in diem.

§ 2104.

Hat der Erblasser angeordnet, daß der Erbe nur bis zu dem Eintritt eines bestimmten Zeitpunkts oder Ereignisses Erbe sein soll, ohne zu bestimmen, wer alsdann die Erbschaft erhalten soll, so ist anzunehmen, daß als Nacherben diejenigen eingesetzt sind, welche die gesetzlichen Erben des Erblassers sein würden, wenn er zur Zeit des Eintritts des Zeitpunkts oder des Ereignisses gestorben wäre. Der Fiskus gehört nicht zu den gesetzlichen Erben im Sinne dieser Vorschrift.

e) Erbeinsetzung ex die.

§ 2105.

Hat der Erblasser angeordnet, daß der eingesetzte Erbe die Erbschaft erst mit dem Eintritt eines bestimmten Zeitpunkts oder Ereignisses erhalten soll, ohne zu bestimmen, wer bis dahin Erbe sein soll, so sind die gesetzlichen Erben des Erblassers die Vorerben.

Das gleiche gilt, wenn die Persönlichkeit des Erben durch ein erst nach dem Erbfall eintretendes Ereignis bestimmt werden soll oder wenn die Einsetzung einer zur Zeit des Erbfalls noch nicht erzeugten Person oder einer zu dieser Zeit noch nicht entstandenen juristischen Person als Erbe nach § 2101 als Nacherbeinsetzung anzusehen ist.

f) Unbestimmtheit des Nacherbfalls.

§ 2106.

Hat der Erblasser einen Nacherben eingesetzt, ohne den Zeitpunkt oder das Ereignis zu bestimmen, mit dem die Nacherbfolge eintreten soll, so fällt die Erbschaft dem Nacherben mit dem Tode des Vorerben an.

Ist die Einsetzung einer noch nicht erzeugten Person als Erbe nach § 2101 Abs. 1 als Nacherbeinsetzung anzusehen, so fällt die Erbschaft dem Nacherben mit dessen Geburt an. Im Falle des § 2101 Abs. 2 tritt der Anfall mit der Entstehung der juristischen Person ein.

g) Bedingte Nacherbeinsetzung kraft Auslegungsregel.

§ 2107.

Hat der Erblasser einem Abkömmlinge, der zur Zeit der Errichtung der letztwilligen Verfügung keinen Abkömmling hat oder von dem der Erblasser zu dieser Zeit nicht weiß, daß er einen Abkömmling hat, für die Zeit nach dessen Tode einen Nacherben bestimmt, so ist anzunehmen, daß der Nacherbe nur für den Fall eingesetzt ist, daß der Abkömmling ohne Nachkommenschaft stirbt.

3. Erbfähigkeit. Vererblichkeit der Anwartschaft.

§ 2108.

Die Vorschriften des § 1923 finden auf die Nacherbfolge entsprechende Anwendung.

Stirbt der eingesetzte Nacherbe vor dem Eintritte des Falles der Nacherbfolge, aber nach dem Eintritte des Erbfalls, so geht sein Recht auf seine Erben über, sofern nicht ein anderer Wille des Erblassers anzunehmen ist. Ist der Nacherbe unter einer aufschiebenden Bedingung eingesetzt, so bewendet es bei der Vorschrift des § 2074.

4. Zeitliche Grenzen.

§ 2109.

Die Einsetzung eines Nacherben wird mit dem Ablaufe von dreißig Jahren nach dem Erbfall unwirksam, wenn nicht vorher der Fall der Nacherbfolge eingetreten ist. Sie bleibt auch nach dieser Zeit wirksam:

1. wenn die Nacherbfolge für den Fall angeordnet ist, daß in der Person des Vorerben oder des Nacherben ein be-

30*

stimmtes Ereignis eintritt, und derjenige, in dessen Person das Ereignis eintreten soll, zur Zeit des Erbfalls lebt;
2. wenn dem Vorerben oder einem Nacherben für den Fall, daß ihm ein Bruder oder eine Schwester geboren wird, der Bruder oder die Schwester als Nacherbe bestimmt ist.

Ist der Vorerbe oder der Nacherbe, in dessen Person das Ereignis eintreten soll, eine juristische Person, so bewendet es bei der dreißigjährigen Frist.

5. Gegenstand des Nacherbrechts (§§ 2110, 2111).

a) Anwachsung.

§ 2110.

Das Recht des Nacherben erstreckt sich im Zweifel auf einen Erbteil, der dem Vorerben infolge des Wegfalls eines Miterben anfällt.

Das Recht des Nacherben erstreckt sich im Zweifel nicht auf ein dem Vorerben zugewendetes Vorausvermächtnis.

b) Surrogation.

§ 2111.

Zur Erbschaft gehört, was der Vorerbe auf Grund eines zur Erbschaft gehörenden Rechtes oder als Ersatz für die Zerstörung, Beschädigung oder Entziehung eines Erbschaftsgegenstandes oder durch Rechtsgeschäft mit Mitteln der Erbschaft erwirbt, sofern nicht der Erwerb ihm als Nutzung gebührt. Die Zugehörigkeit einer durch Rechtsgeschäft erworbenen Forderung zur Erbschaft hat der Schuldner erst dann gegen sich gelten zu lassen, wenn er von der Zugehörigkeit Kenntnis erlangt; die Vorschriften der §§ 406 bis 408 finden entsprechende Anwendung.

Zur Erbschaft gehört auch, was der Vorerbe dem Inventar eines erbschaftlichen Grundstücks einverleibt.

6. Rechtslage vor und nach dem Nacherbfall (§§ 2112—2146).

a) Verfügungen (§§ 2112—2115).

α) Verfügungsfreiheit.

§ 2112.

Der Vorerbe kann über die zur Erbschaft gehörenden Gegenstände verfügen, soweit sich nicht aus den Vorschriften der §§ 2113 bis 2115 ein anderes ergibt.

β) Ausnahmen.

Schwebende Unwirksamkeit.

§ 2113.

Die Verfügung des Vorerben über ein zur Erbschaft gehörendes Grundstück oder über ein zur Erbschaft gehörendes Recht an einem Grundstück ist im Falle des Eintritts der Nacherbfolge insoweit unwirksam, als sie das Recht des Nacherben vereiteln oder beeinträchtigen würde.

Das gleiche gilt von der Verfügung über einen Erbschaftsgegenstand, die unentgeltlich oder zum Zwecke der Erfüllung eines von dem Vorerben erteilten Schenkungsversprechens erfolgt. Ausgenommen sind Schenkungen, durch die einer sittlichen Pflicht oder einer auf den Anstand zu nehmenden Rücksicht entsprochen wird.

Die Vorschriften zugunsten derjenigen, welche Rechte von einem Nichtberechtigten herleiten, finden entsprechende Anwendung.

γ) **Einziehung der Grundpfandforderung.**

§ 2114.

Gehört zur Erbschaft eine Hypothekenforderung, eine Grundschuld oder eine Rentenschuld, so steht die Kündigung und die Einziehung dem Vorerben zu. Der Vorerbe kann jedoch nur verlangen, daß das Kapital an ihn nach Beibringung der Einwilligung des Nacherben gezahlt oder daß es für ihn und den Nacherben hinterlegt wird. Auf andere Verfügungen über die Hypothekenforderung, die Grundschuld oder die Rentenschuld finden die Vorschriften des § 2113 Anwendung.

δ) **Zwangsverfügungen.**

§ 2115.

Eine Verfügung über einen Erbschaftsgegenstand, die im Wege der Zwangsvollstreckung oder der Arrestvollziehung oder durch den Konkursverwalter erfolgt, ist im Falle des Eintritts der Nacherbfolge insoweit unwirksam, als sie das Recht des Nacherben vereiteln oder beeinträchtigen würde. Die Verfügung ist unbeschränkt wirksam, wenn der Anspruch eines Nachlaßgläubigers oder ein an einem Erbschaftsgegenstande bestehendes Recht geltend gemacht wird, das im Falle des Eintritts der Nacherbfolge dem Nacherben gegenüber wirksam ist.

b) **Hinterlegung, Umschreibung, Sperrvermerk** (§§ 2116—2118).

§ 2116.

Der Vorerbe hat auf Verlangen des Nacherben die zur Erbschaft gehörenden Inhaberpapiere nebst den Erneuerungsscheinen bei einer Hinterlegungsstelle oder bei der Reichsbank mit der Bestimmung zu hinterlegen, daß die Herausgabe nur mit Zustimmung des Nacherben verlangt werden kann. Die Hinterlegung von Inhaberpapieren, die nach § 92 zu den verbrauchbaren Sachen gehören, sowie von Zins-, Renten- oder

Gewinnanteilscheinen kann nicht verlangt werden. Den Inhaberpapieren stehen Orderpapiere gleich, die mit Blankoindossament versehen sind.

Über die hinterlegten Papiere kann der Vorerbe nur mit Zustimmung des Nacherben verfügen.

§ 2117.

Der Vorerbe kann die Inhaberpapiere, statt sie nach § 2116 zu hinterlegen, auf seinen Namen mit der Bestimmung umschreiben lassen, daß er über sie nur mit Zustimmung des Nacherben verfügen kann. Sind die Papiere von dem Reiche oder einem Lande[1]) ausgestellt, so kann er sie mit der gleichen Bestimmung in Buchforderungen gegen das Reich oder das Land[1]) umwandeln lassen.

§ 2118.

Gehören zur Erbschaft Buchforderungen gegen das Reich oder ein Land[1]), so ist der Vorerbe auf Verlangen des Nacherben verpflichtet, in das Schuldbuch den Vermerk eintragen zu lassen, daß er über die Forderungen nur mit Zustimmung des Nacherben verfügen kann.

c) **Anlegung von Geld.**

§ 2119.

Geld, das nach den Regeln einer ordnungsmäßigen Wirtschaft dauernd anzulegen ist, darf der Vorerbe nur nach den für die Anlegung von Mündelgeld geltenden Vorschriften anlegen.

d) **Einwilligungspflicht des Erben.**

§ 2120.

Ist zur ordnungsmäßigen Verwaltung, insbesondere zur Berichtigung von Nachlaßverbindlichkeiten, eine Verfügung erforderlich, die der Vorerbe nicht mit Wirkung gegen den Nacherben vornehmen kann, so ist der Nacherbe dem Vorerben gegenüber verpflichtet, seine Einwilligung zu der Verfügung zu erteilen. Die Einwilligung ist auf Verlangen in öffentlich beglaubigter Form zu erklären. Die Kosten der Beglaubigung fallen dem Vorerben zur Last.

e) **Inventar.**

§ 2121.

Der Vorerbe hat dem Nacherben auf Verlangen ein Verzeichnis der zur Erbschaft gehörenden Gegenstände mitzuteilen. Das Verzeichnis ist mit der Angabe des Tages der Aufnahme

---

1) Fassung auf Grund von Art. 179 der Reichsverfassung.

zu versehen und von dem Vorerben zu unterzeichnen; der Vorerbe hat auf Verlangen die Unterzeichnung öffentlich beglaubigen zu lassen.

Der Nacherbe kann verlangen, daß er bei der Aufnahme des Verzeichnisses zugezogen wird.

Der Vorerbe ist berechtigt und auf Verlangen des Nacherben verpflichtet, das Verzeichnis durch die zuständige Behörde oder durch einen zuständigen Beamten oder Notar aufnehmen zu lassen.

Die Kosten der Aufnahme und der Beglaubigung fallen der Erbschaft zur Last.

f) **Zustandsfeststellung.**

§ 2122.

Der Vorerbe kann den Zustand der zur Erbschaft gehörenden Sachen auf seine Kosten durch Sachverständige feststellen lassen. Das gleiche Recht steht dem Nacherben zu.

g) **Planwirtschaft.**

§ 2123.

Gehört ein Wald zur Erbschaft, so kann sowohl der Vorerbe als der Nacherbe verlangen, daß das Maß der Nutzung und die Art der wirtschaftlichen Behandlung durch einen Wirtschaftsplan festgestellt werden. Tritt eine erhebliche Änderung der Umstände ein, so kann jeder Teil eine entsprechende Änderung des Wirtschaftsplans verlangen. Die Kosten fallen der Erbschaft zur Last.

Das gleiche gilt, wenn ein Bergwerk oder eine andere auf Gewinnung von Bodenbestandteilen gerichtete Anlage zur Erbschaft gehört.

h) **Aufwendungen und Lasten (§§ 2124—2126).**

§ 2124.

Der Vorerbe trägt dem Nacherben gegenüber die gewöhnlichen Erhaltungskosten.

Andere Aufwendungen, die der Vorerbe zum Zwecke der Erhaltung von Erbschaftsgegenständen den Umständen nach für erforderlich halten darf, kann er aus der Erbschaft bestreiten. Bestreitet er sie aus seinem Vermögen, so ist der Nacherbe im Falle des Eintritts der Nacherbfolge zum Ersatze verpflichtet.

§ 2125.

Macht der Vorerbe Verwendungen auf die Erbschaft, die nicht unter die Vorschrift des § 2124 fallen, so ist der Nacherbe im Falle des Eintritts der Nacherbfolge nach den Vorschriften über die Geschäftsführung ohne Auftrag zum Ersatze verpflichtet.

Der Vorerbe ist berechtigt, eine Einrichtung, mit der er eine zur Erbschaft gehörende Sache versehen hat, wegzunehmen.

§ 2126.

Der Vorerbe hat im Verhältnisse zu dem Nacherben nicht die außerordentlichen Lasten zu tragen, die als auf den Stammwert der Erbschaftsgegenstände gelegt anzusehen sind. Auf diese Lasten finden die Vorschriften des § 2124 Abs. 2 Anwendung.

i) Gefährdung des Nacherben (§§ 2127—2129).

α) Auskunft.

§ 2127.

Der Nacherbe ist berechtigt, von dem Vorerben Auskunft über den Bestand der Erbschaft zu verlangen, wenn Grund zu der Annahme besteht, daß der Vorerbe durch seine Verwaltung die Rechte des Nacherben erheblich verletzt.

β) Sicherheitsleistung und Entziehung der Verwaltung (§§ 2128, 2129).

§ 2128.

Wird durch das Verhalten des Vorerben oder durch seine ungünstige Vermögenslage die Besorgnis einer erheblichen Verletzung der Rechte des Nacherben begründet, so kann der Nacherbe Sicherheitsleistung verlangen.

Die für die Verpflichtung des Nießbrauchers zur Sicherheitsleistung geltenden Vorschriften des § 1052 finden entsprechende Anwendung.

§ 2129.

Wird dem Vorerben die Verwaltung nach den Vorschriften des § 1052 entzogen, so verliert er das Recht, über Erbschaftsgegenstände zu verfügen.

Die Vorschriften zugunsten derjenigen, welche Rechte von einem Nichtberechtigten herleiten, finden entsprechende Anwendung. Für die zur Erbschaft gehörenden Forderungen ist die Entziehung der Verwaltung dem Schuldner gegenüber erst wirksam, wenn er von der getroffenen Anordnung Kenntnis erlangt oder wenn ihm eine Mitteilung von der Anordnung zugestellt wird. Das gleiche gilt von der Aufhebung der Entziehung.

k) Herausgabepflicht.

§ 2130.

Der Vorerbe ist nach dem Eintritte der Nacherbfolge verpflichtet, dem Nacherben die Erbschaft in dem Zustande herauszugeben, der sich bei einer bis zur Herausgabe fortgesetzten ordnungsmäßigen Verwaltung ergibt. Auf die Herausgabe eines landwirtschaftlichen Grundstücks findet die Vorschrift des § 592, auf die Herausgabe eines Landguts finden die Vorschriften der §§ 592, 593 entsprechende Anwendung.

Der Vorerbe hat auf Verlangen Rechenschaft abzulegen.

l) Haftung für diligentia quam suis.

§ 2131.

Der Vorerbe hat dem Nacherben gegenüber in Ansehung der Verwaltung nur für diejenige Sorgfalt einzustehen, welche er in eigenen Angelegenheiten anzuwenden pflegt.

m) Normale Abnutzung.

§ 2132.

Veränderungen oder Verschlechterungen von Erbschaftssachen, die durch ordnungsmäßige Benutzung herbeigeführt werden, hat der Vorerbe nicht zu vertreten.

n) Übermaßfrüchte.

§ 2133.

Zieht der Vorerbe Früchte den Regeln einer ordnungsmäßigen Wirtschaft zuwider oder zieht er Früchte deshalb im Übermaße, weil dies infolge eines besonderen Ereignisses notwendig geworden ist, so gebührt ihm der Wert der Früchte nur insoweit, als durch den ordnungswidrigen oder den übermäßigen Fruchtbezug die ihm gebührenden Nutzungen beeinträchtigt werden und nicht der Wert der Früchte nach den Regeln einer ordnungsmäßigen Wirtschaft zur Wiederherstellung der Sache zu verwenden ist.

o) Wertersatz.

§ 2134.

Hat der Vorerbe einen Erbschaftsgegenstand für sich verwendet, so ist er nach dem Eintritte der Nacherbfolge dem Nacherben gegenüber zum Ersatze des Wertes verpflichtet. Eine weitergehende Haftung wegen Verschuldens bleibt unberührt.

p) Nacherbfall bricht nicht Miete. Kündigungsrecht des Nacherben.

§ 2135.

Hat der Vorerbe ein zur Erbschaft gehörendes Grundstück vermietet oder verpachtet, so finden, wenn das Miet- oder Pachtverhältnis bei dem Eintritte der Nacherbfolge noch besteht, die Vorschriften des § 1056 entsprechende Anwendung.

q) **Befreite Vorerbschaft (§§ 2136—2138).**

α) **Grenzen.**

§ 2136.

Der Erblasser kann den Vorerben von den Beschränkungen und Verpflichtungen des § 2113 Abs. 1 und der §§ 2114, 2116 bis 2119, 2123, 2127 bis 2131, 2133, 2134 befreien.

β) **Nacherbeinsetzung auf den Überrest (§§ 2137, 2138).**

§ 2137.

Hat der Erblasser den Nacherben auf dasjenige eingesetzt, was von der Erbschaft bei dem Eintritte der Nacherbfolge übrig sein wird, so gilt die Befreiung von allen im § 2136 bezeichneten Beschränkungen und Verpflichtungen als angeordnet.

Das gleiche ist im Zweifel anzunehmen, wenn der Erblasser bestimmt hat, daß der Vorerbe zur freien Verfügung über die Erbschaft berechtigt sein soll.

§ 2138.

Die Herausgabepflicht des Vorerben beschränkt sich in den Fällen des § 2137 auf die bei ihm noch vorhandenen Erbschaftsgegenstände. Für Verwendungen auf Gegenstände, die er infolge dieser Beschränkung nicht herauszugeben hat, kann er nicht Ersatz verlangen.

Hat der Vorerbe der Vorschrift des § 2113 Abs. 2 zuwider über einen Erbschaftsgegenstand verfügt oder hat er die Erbschaft in der Absicht, den Nacherben zu benachteiligen, vermindert, so ist er dem Nacherben zum Schadensersatze verpflichtet.

r) **Ipso iure-Anfall an den Nacherben.**

§ 2139.

Mit dem Eintritte des Falles der Nacherbfolge hört der Vorerbe auf, Erbe zu sein, und fällt die Erbschaft dem Nacherben an.

s) **Schutz des redlichen Vorerben und Dritten.**

§ 2140.

Der Vorerbe ist auch nach dem Eintritte des Falles der Nacherbfolge zur Verfügung über Nachlaßgegenstände in dem gleichen Umfange wie vorher berechtigt, bis er von dem Eintritte Kenntnis erlangt oder ihn kennen muß. Ein Dritter kann sich auf diese Berechtigung nicht berufen, wenn er bei der Vornahme eines Rechtsgeschäfts den Eintritt kennt oder kennen muß.

t) **Sorge für den nasciturus.**

§ 2141.

Ist bei dem Eintritte des Falles der Nacherbfolge die Geburt eines Nacherben zu erwarten, so finden auf den Unterhaltsanspruch der Mutter die Vorschriften des § 1963 entsprechende Anwendung.

u) **Ausschlagung der Nacherbschaft.**

§ 2142.

Der Nacherbe kann die Erbschaft ausschlagen, sobald der Erbfall eingetreten ist.

Schlägt der Nacherbe die Erbschaft aus, so verbleibt sie dem Vorerben, soweit nicht der Erblasser ein anderes bestimmt hat.

v) **Konfusion.**

§ 2143.

Tritt die Nacherbfolge ein, so gelten die infolge des Erbfalls durch Vereinigung von Recht und Verbindlichkeit oder von Recht und Belastung erloschenen Rechtsverhältnisse als nicht erloschen.

w) **Haftung für die Nachlaßverbindlichkeiten (§§ 2144—2146).**

α) **Haftung des Nacherben.**

§ 2144.

Die Vorschriften über die Beschränkung der Haftung des Erben für die Nachlaßverbindlichkeiten gelten auch für den Nacherben; an die Stelle des Nachlasses tritt dasjenige, was der Nacherbe aus der Erbschaft erlangt, mit Einschluß der ihm gegen den Vorerben als solchen zustehenden Ansprüche.

Das von dem Vorerben errichtete Inventar kommt auch dem Nacherben zustatten.

Der Nacherbe kann sich dem Vorerben gegenüber auf die Beschränkung seiner Haftung auch dann berufen, wenn er den übrigen Nachlaßgläubigern gegenüber unbeschränkt haftet.

β) **Haftung des Vorerben.**

§ 2145.

Der Vorerbe haftet nach dem Eintritte der Nacherbfolge für die Nachlaßverbindlichkeiten noch insoweit, als der Nacherbe nicht haftet. Die Haftung bleibt auch für diejenigen Nachlaßverbindlichkeiten bestehen, welche im Verhältnisse zwischen dem Vorerben und dem Nacherben dem Vorerben zur Last fallen.

Der Vorerbe kann nach dem Eintritte der Nacherbfolge die Berichtigung der Nachlaßverbindlichkeiten, sofern nicht seine Haftung unbeschränkt ist, insoweit verweigern, als dasjenige nicht ausreicht, was ihm von der Erbschaft gebührt. Die Vorschriften der §§ 1990, 1991 finden entsprechende Anwendung.

γ) Anzeigepflicht des Vorerben.

§ 2146.

Der Vorerbe ist den Nachlaßgläubigern gegenüber verpflichtet, den Eintritt der Nacherbfolge unverzüglich dem Nachlaßgericht anzuzeigen. Die Anzeige des Vorerben wird durch die Anzeige des Nacherben ersetzt.

Das Nachlaßgericht hat die Einsicht der Anzeige jedem zu gestatten, der ein rechtliches Interesse glaubhaft macht.

Vierter Titel. Vermächtnis.

1. Der Beschwerte (§§ 2147, 2148).

§ 2147.

Mit einem Vermächtnisse kann der Erbe oder ein Vermächtnisnehmer beschwert werden. Soweit nicht der Erblasser ein anderes bestimmt hat, ist der Erbe beschwert.

§ 2148.

Sind mehrere Erben oder mehrere Vermächtnisnehmer mit demselben Vermächtnisse beschwert, so sind im Zweifel die Erben nach dem Verhältnisse der Erbteile, die Vermächtnisnehmer nach dem Verhältnisse des Wertes der Vermächtnisse beschwert.

2. Der Bedachte (§§ 2149—2152).

a) Die gesetzlichen Erben.

§ 1249.

Hat der Erblasser bestimmt, daß dem eingesetzten Erben ein Erbschaftsgegenstand nicht zufallen soll, so gilt der Gegenstand als den gesetzlichen Erben vermacht. Der Fiskus gehört nicht zu den gesetzlichen Erben im Sinne dieser Vorschrift.

b) Prälegat.

§ 2150.

Das einem Erben zugewendete Vermächtnis (Vorausvermächtnis) gilt als Vermächtnis auch insoweit, als der Erbe selbst beschwert ist.

c) Bestimmung des Bedachten durch die Beschwerten oder Dritte (§§ 2151, 2152).

§ 2151.

Der Erblasser kann mehrere mit einem Vermächtnis in der Weise bedenken, daß der Beschwerte oder ein Dritter zu bestimmen hat, wer von den mehreren das Vermächtnis erhalten soll.

Die Bestimmung des Beschwerten erfolgt durch Erklärung gegenüber demjenigen, welcher das Vermächtnis erhalten soll;

die Bestimmung des Dritten erfolgt durch Erklärung gegenüber dem Beschwerten.

Kann der Beschwerte oder der Dritte die Bestimmung nicht treffen, so sind die Bedachten Gesamtgläubiger. Das gleiche gilt, wenn das Nachlaßgericht dem Beschwerten oder dem Dritten auf Antrag eines der Beteiligten eine Frist zur Abgabe der Erklärung bestimmt hat und die Frist verstrichen ist, sofern nicht vorher die Erklärung erfolgt. Der Bedachte, der das Vermächtnis erhält, ist im Zweifel nicht zur Teilung verpflichtet.

§ 2152.

Hat der Erblasser mehrere mit einem Vermächtnis in der Weise bedacht, daß nur der eine oder der andere das Vermächtnis erhalten soll, so ist anzunehmen, daß der Beschwerte bestimmen soll, wer von ihnen das Vermächtnis erhält.

3. Unbestimmtheit des Gegenstands (§§ 2153—2156).

a) Unbestimmter Anteil.

§ 2153.

Der Erblasser kann mehrere mit einem Vermächtnis in der Weise bedenken, daß der Beschwerte oder ein Dritter zu bestimmen hat, was jeder von dem vermachten Gegenstand erhalten soll. Die Bestimmung erfolgt nach § 2151 Abs. 2.

Kann der Beschwerte oder der Dritte die Bestimmung nicht treffen, so sind die Bedachten zu gleichen Teilen berechtigt. Die Vorschrift des § 2151 Abs. 3 Satz 2 findet entsprechende Anwendung.

b) Wahl- (Alternativ-) Vermächtnis.

§ 2154.

Der Erblasser kann ein Vermächtnis in der Art anordnen, daß der Bedachte von mehreren Gegenständen nur den einen oder den anderen erhalten soll. Ist in einem solchen Falle die Wahl einem Dritten übertragen, so erfolgt sie durch Erklärung gegenüber dem Beschwerten.

Kann der Dritte die Wahl nicht treffen, so geht das Wahlrecht auf den Beschwerten über. Die Vorschrift des § 2151 Abs. 3 Satz 2 findet entsprechende Anwendung.

c) Gattungsvermächtnis.

§ 2155.

Hat der Erblasser die vermachte Sache nur der Gattung nach bestimmt, so ist eine den Verhältnissen des Bedachten entsprechende Sache zu leisten.

Ist die Bestimmung der Sache dem Bedachten oder einem

Dritten übertragen, so finden die nach § 2154 für die Wahl des Dritten geltenden Vorschriften Anwendung.

Entspricht die von dem Bedachten oder dem Dritten getroffene Bestimmung den Verhältnissen des Bedachten offenbar nicht, so hat der Beschwerte so zu leisten, wie wenn der Erblasser über die Bestimmung der Sache keine Anordnung getroffen hätte.

d) Leistung nach billigem Ermessen des Beschwerten oder Dritten.

§ 2156.

Der Erblasser kann bei der Anordnung eines Vermächtnisses, dessen Zweck er bestimmt hat, die Bestimmung der Leistung dem billigen Ermessen des Beschwerten oder eines Dritten überlassen. Auf ein solches Vermächtnis finden die Vorschriften der §§ 315 bis 319 entsprechende Anwendung.

4. Coniunctio (§§ 2157—2159).

a) Quoten.

§ 2157.

Ist mehreren derselbe Gegenstand vermacht, so finden die Vorschriften der §§ 2089 bis 2093 entsprechende Anwendung.

b) Akkreszenz (§§ 2158, 2159).

§ 2158.

Ist mehreren derselbe Gegenstand vermacht, so wächst, wenn einer von ihnen vor oder nach dem Erbfalle wegfällt, dessen Anteil den übrigen Bedachten nach dem Verhältnis ihrer Anteile an. Dies gilt auch dann, wenn der Erblasser die Anteile der Bedachten bestimmt hat. Sind einige der Bedachten zu demselben Anteile berufen, so tritt die Anwachsung zunächst unter ihnen ein.

Der Erblasser kann die Anwachsung ausschließen.

§ 2159.

Der durch Anwachsung einem Vermächtnisnehmer anfallende Anteil gilt in Ansehung der Vermächtnisse und Auflagen, mit denen dieser oder der wegfallende Vermächtnisnehmer beschwert ist, als besonderes Vermächtnis.

5. Unwirksamwerden der Vermächtnisanordnung (§§ 2160—2163).

a) Tod des Bedachten.

§ 2160.

Ein Vermächtnis ist unwirksam, wenn der Bedachte zur Zeit des Erbfalls nicht mehr lebt.

b) **Wegfall des Beschwerten.**

§ 2161.

Ein Vermächtnis bleibt, sofern nicht ein anderer Wille des Erblassers anzunehmen ist, wirksam, wenn der Beschwerte nicht Erbe oder Vermächtnisnehmer wird. Beschwert ist in diesem Falle derjenige, welchem der Wegfall des zunächst Beschwerten unmittelbar zustatten kommt.

c) **Zeitablauf** (§§ 2162, 2163).

§ 2162.

Ein Vermächtnis, das unter einer aufschiebenden Bedingung oder unter Bestimmung eines Anfangstermins angeordnet ist, wird mit dem Ablaufe von dreißig Jahren nach dem Erbfall unwirksam, wenn nicht vorher die Bedingung oder der Termin eingetreten ist.

Ist der Bedachte zur Zeit des Erbfalls noch nicht erzeugt oder wird seine Persönlichkeit durch ein erst nach dem Erbfall eintretendes Ereignis bestimmt, so wird das Vermächtnis mit dem Ablaufe von dreißig Jahren nach dem Erbfall unwirksam, wenn nicht vorher der Bedachte erzeugt oder das Ereignis eingetreten ist, durch das seine Persönlichkeit bestimmt wird.

§ 2163.

Das Vermächtnis bleibt in den Fällen des § 2162 auch nach dem Ablaufe von dreißig Jahren wirksam:

1. wenn es für den Fall angeordnet ist, daß in der Person des Beschwerten oder des Bedachten ein bestimmtes Ereignis eintritt, und derjenige, in dessen Person das Ereignis eintreten soll, zur Zeit des Erbfalls lebt;
2. wenn ein Erbe, ein Nacherbe oder ein Vermächtnisnehmer für den Fall, daß ihm ein Bruder oder eine Schwester geboren wird, mit einem Vermächtnisse zugunsten des Bruders oder der Schwester beschwert ist.

Ist der Beschwerte oder der Bedachte, in dessen Person das Ereignis eintreten soll, eine juristische Person, so bewendet es bei der dreißigjährigen Frist.

6. **Auslegungsregeln über den Gegenstand der Vermächtnisanordnung** (§§ 2164—2170).

a) **Zubehör.**

§ 2164.

Das Vermächtnis einer Sache erstreckt sich im Zweifel auf das zur Zeit des Erbfalls vorhandene Zubehör.

Hat der Erblasser wegen einer nach der Anordnung des Vermächtnisses erfolgten Beschädigung der Sache einen Anspruch auf Ersatz der Minderung des Wertes, so erstreckt sich im Zweifel das Vermächtnis auf diesen Anspruch.

b) Belastungen des vermachten Gegenstands (§§ 2165—2168).

§ 2165.

Ist ein zur Erbschaft gehörender Gegenstand vermacht, so kann der Vermächtnisnehmer im Zweifel nicht die Beseitigung der Rechte verlangen, mit denen der Gegenstand belastet ist. Steht dem Erblasser ein Anspruch auf die Beseitigung zu, so erstreckt sich im Zweifel das Vermächtnis auf diesen Anspruch.

Ruht auf einem vermachten Grundstück eine Hypothek, Grundschuld oder Rentenschuld, die dem Erblasser selbst zusteht, so ist aus den Umständen zu entnehmen, ob die Hypothek, Grundschuld oder Rentenschuld als mitvermacht zu gelten hat.

§ 2166.

Ist ein vermachtes Grundstück, das zur Erbschaft gehört, mit einer Hypothek für eine Schuld des Erblassers oder für eine Schuld belastet, zu deren Berichtigung der Erblasser dem Schuldner gegenüber verpflichtet ist, so ist der Vermächtnisnehmer im Zweifel dem Erben gegenüber zur rechtzeitigen Befriedigung des Gläubigers insoweit verpflichtet, als die Schuld durch den Wert des Grundstücks gedeckt wird. Der Wert bestimmt sich nach der Zeit, zu welcher das Eigentum auf den Vermächtnisnehmer übergeht; er wird unter Abzug der Belastungen berechnet, die der Hypothek im Range vorgehen.

Ist dem Erblasser gegenüber ein Dritter zur Berichtigung der Schuld verpflichtet, so besteht die Verpflichtung des Vermächtnisnehmers im Zweifel nur insoweit, als der Erbe die Berichtigung nicht von dem Dritten erlangen kann.

Auf eine Hypothek der im § 1190 bezeichneten Art finden diese Vorschriften keine Anwendung.

§ 2167.

Sind neben dem vermachten Grundstück andere zur Erbschaft gehörende Grundstücke mit der Hypothek belastet, so beschränkt sich die im § 2166 bestimmte Verpflichtung des Vermächtnisnehmers im Zweifel auf den Teil der Schuld, der dem Verhältnisse des Wertes des vermachten Grundstücks zu dem Werte der sämtlichen Grundstücke entspricht. Der Wert wird nach § 2166 Abs. 1 Satz 2 berechnet.

§ 2168.

Besteht an mehreren zur Erbschaft gehörenden Grundstücken eine Gesamtgrundschuld oder eine Gesamtrentenschuld und ist eines dieser Grundstücke vermacht, so ist der Vermächtnisnehmer im Zweifel dem Erben gegenüber zur Befriedigung des Gläubigers in Höhe des Teiles der Grundschuld oder der Rentenschuld verpflichtet, der dem Verhältnisse des Wertes des vermachten Grundstücks zu dem Werte der sämtlichen Grundstücke entspricht. Der Wert wird nach § 2166 Abs. 1 Satz 2 berechnet.

Ist neben dem vermachten Grundstück ein nicht zur Erbschaft gehörendes Grundstück mit einer Gesamtgrundschuld oder einer Gesamtrentenschuld belastet, so finden, wenn der Erblasser zur Zeit des Erbfalls gegenüber dem Eigentümer des anderen Grundstücks oder einem Rechtsvorgänger des Eigentümers zur Befriedigung des Gläubigers verpflichtet ist, die Vorschriften des § 2166 Abs. 1 und des § 2167 entsprechende Anwendung.

c) **Vermächtnis nachlaßfremder Sachen. Verschaffungsvermächtnis (§§ 2169, 2170).**

§ 2169.

Das Vermächtnis eines bestimmten Gegenstandes ist unwirksam, soweit der Gegenstand zur Zeit des Erbfalls nicht zur Erbschaft gehört, es sei denn, daß der Gegenstand dem Bedachten auch für den Fall zugewendet sein soll, daß er nicht zur Erbschaft gehört.

Hat der Erblasser nur den Besitz der vermachten Sache, so gilt im Zweifel der Besitz als vermacht, es sei denn, daß er dem Bedachten keinen rechtlichen Vorteil gewährt.

Steht dem Erblasser ein Anspruch auf Leistung des vermachten Gegenstandes oder, falls der Gegenstand nach der Anordnung des Vermächtnisses untergegangen oder dem Erblasser entzogen worden ist, ein Anspruch auf Ersatz des Wertes zu, so gilt im Zweifel der Anspruch als vermacht.

Zur Erbschaft gehört im Sinne des Abs. 1 ein Gegenstand nicht, wenn der Erblasser zu dessen Veräußerung verpflichtet ist.

§ 2170.

Ist das Vermächtnis eines Gegenstandes, der zur Zeit des Erbfalls nicht zur Erbschaft gehört, nach § 2169 Abs. 1 wirksam, so hat der Beschwerte den Gegenstand dem Bedachten zu verschaffen.

Ist der Beschwerte zur Verschaffung außerstande, so hat er den Wert zu entrichten. Ist die Verschaffung nur mit unverhältnismäßigen Aufwendungen möglich, so kann sich der Beschwerte durch Entrichtung des Wertes befreien.

7. Unmöglichkeit der Leistung (§§ 2171—2173).

a) Im allgemeinen.

§ 2171.

Ein Vermächtnis, das auf eine zur Zeit des Erbfalls unmögliche Leistung gerichtet ist oder gegen ein zu dieser Zeit bestehendes gesetzliches Verbot verstößt, ist unwirksam. Die Vorschriften des § 308 finden entsprechende Anwendung.

b) Verbindung und Verarbeitung.

§ 2172.

Die Leistung einer vermachten Sache gilt auch dann als unmöglich, wenn die Sache mit einer anderen Sache in solcher Weise verbunden, vermischt oder vermengt worden ist, daß nach den §§ 946 bis 948 das Eigentum an der anderen Sache sich auf sie erstreckt oder Miteigentum eingetreten ist, oder wenn sie in solcher Weise verarbeitet oder umgebildet worden ist, daß nach § 950 derjenige, welcher die neue Sache hergestellt hat, Eigentümer geworden ist.

Ist die Verbindung, Vermischung oder Vermengung durch einen anderen als den Erblasser erfolgt und hat der Erblasser dadurch Miteigentum erworben, so gilt im Zweifel das Miteigentum als vermacht; steht dem Erblasser ein Recht zur Wegnahme der verbundenen Sache zu, so gilt im Zweifel dieses Recht als vermacht. Im Falle der Verarbeitung oder Umbildung durch einen anderen als den Erblasser bewendet es bei der Vorschrift des § 2169 Abs. 3.

c) Forderungsvermächtnis.

§ 2173.

Hat der Erblasser eine ihm zustehende Forderung vermacht, so ist, wenn vor dem Erbfalle die Leistung erfolgt und der geleistete Gegenstand noch in der Erbschaft vorhanden ist, im Zweifel anzunehmen, daß dem Bedachten dieser Gegenstand zugewendet sein soll. War die Forderung auf die Zahlung einer Geldsumme gerichtet, so gilt im Zweifel die entsprechende Geldsumme als vermacht, auch wenn sich eine solche in der Erbschaft nicht vorfindet.

8. Wirkungen der Vermächtnisanordnung (§§ 2174—2185).

a) Vermächtnisforderung, Ausschluß des Vindikationslegats.

§ 2174.

Durch das Vermächtnis wird für den Bedachten das Recht begründet, von dem Beschwerten die Leistung des vermachten Gegenstandes zu fordern.

b) **Beseitigung der Konfusionswirkungen.**

§ 2175.

Hat der Erblasser eine ihm gegen den Erben zustehende Forderung oder hat er ein Recht vermacht, mit dem eine Sache oder ein Recht des Erben belastet ist, so gelten die infolge des Erbfalls durch Vereinigung von Recht und Verbindlichkeit oder von Recht und Belastung erloschenen Rechtsverhältnisse in Ansehung des Vermächtnisses als nicht erloschen.

c) **Anfall und Ausschlagung (§§ 2176—2180).**

α) **Grundsatz.**

§ 2176.

Die Forderung des Vermächtnisnehmers kommt, unbeschadet des Rechtes, das Vermächtnis auszuschlagen, zur Entstehung (Anfall des Vermächtnisses) mit dem Erbfalle.

β) **Suspensivbedingung und Anfangstermin.**

§ 2177.

Ist das Vermächtnis unter einer aufschiebenden Bedingung oder unter Bestimmung eines Anfangstermins angeordnet und tritt die Bedingung oder der Termin erst nach dem Erbfall ein, so erfolgt der Anfall des Vermächtnisses mit dem Eintritte der Bedingung oder des Termins.

γ) **Nasciturus.**

§ 2178.

Ist der Bedachte zur Zeit des Erbfalls noch nicht erzeugt oder wird seine Persönlichkeit durch ein erst nach dem Erbfall eintretendes Ereignis bestimmt, so erfolgt der Anfall des Vermächtnisses im ersteren Falle mit der Geburt, im letzteren Falle mit dem Eintritte des Ereignisses.

δ) **Rechtslage während der Schwebezeit.**

§ 2179.

Für die Zeit zwischen dem Erbfall und dem Anfalle des Vermächtnisses finden in den Fällen der §§ 2177, 2178 die Vorschriften Anwendung, die für den Fall gelten, daß eine Leistung unter einer aufschiebenden Bedingung geschuldet wird.

ε) **Annahme- und Ausschlagungserklärung.**

§ 2180.

Der Vermächtnisnehmer kann das Vermächtnis nicht mehr ausschlagen, wenn er es angenommen hat.

Die Annahme sowie die Ausschlagung des Vermächtnisses erfolgt durch Erklärung gegenüber dem Beschwerten. Die Erklärung kann erst nach dem Eintritte des Erbfalls abgegeben

31*

werden; sie ist unwirksam, wenn sie unter einer Bedingung oder einer Zeitbestimmung abgegeben wird.

Die für die Annahme und die Ausschlagung einer Erbschaft geltenden Vorschriften des § 1950, des § 1952 Abs. 1, 3 und des § 1953 Abs. 1, 2 finden entsprechende Anwendung.

d) Erfüllungszeit.

§ 2181.

Ist die Zeit der Erfüllung eines Vermächtnisses dem freien Belieben des Beschwerten überlassen, so wird die Leistung im Zweifel mit dem Tode des Beschwerten fällig.

e) Mängelhaftung beim Gattungsvermächtnis (§§ 2182, 2183).

α) Rechtsmängel.

§ 2182.

Ist eine nur der Gattung nach bestimmte Sache vermacht, so hat der Beschwerte die gleichen Verpflichtungen wie ein Verkäufer nach den Vorschriften des § 433 Abs. 1, der §§ 434 bis 437, des § 440 Abs. 2 bis 4 und der §§ 441 bis 444.

Dasselbe gilt im Zweifel, wenn ein bestimmter nicht zur Erbschaft gehörender Gegenstand vermacht ist, unbeschadet der sich aus dem § 2170 ergebenden Beschränkung der Haftung.

Ist ein Grundstück Gegenstand des Vermächtnisses, so haftet der Beschwerte im Zweifel nicht für die Freiheit des Grundstücks von Grunddienstbarkeiten, beschränkten persönlichen Dienstbarkeiten und Reallasten.

β) Sachmängel.

§ 2183.

Ist eine nur der Gattung nach bestimmte Sache vermacht, so kann der Vermächtnisnehmer, wenn die geleistete Sache mangelhaft ist, verlangen, daß ihm an Stelle der mangelhaften Sache eine mangelfreie geliefert wird. Hat der Beschwerte einen Fehler arglistig verschwiegen, so kann der Vermächtnisnehmer statt der Lieferung einer mangelfreien Sache Schadensersatz wegen Nichterfüllung verlangen. Auf diese Ansprüche finden die für die Gewährleistung wegen Mängel einer verkauften Sache geltenden Vorschriften entsprechende Anwendung.

f) Nutzungen.

§ 2184.

Ist ein bestimmter zur Erbschaft gehörender Gegenstand vermacht, so hat der Beschwerte dem Vermächtnisnehmer auch die seit dem Anfalle des Vermächtnisses gezogenen Früchte sowie das sonst auf Grund des vermachten Rechtes Erlangte herauszugeben. Für Nutzungen, die nicht zu den Früchten gehören, hat der Beschwerte nicht Ersatz zu leisten.

g) **Verwendungsansprüche des Beschwerten.**

§ 2185.

Ist eine bestimmte zur Erbschaft gehörende Sache vermacht, so kann der Beschwerte für die nach dem Erbfall auf die Sache gemachten Verwendungen sowie für Aufwendungen, die er nach dem Erbfalle zur Bestreitung von Lasten der Sache gemacht hat, Ersatz nach den Vorschriften verlangen, die für das Verhältnis zwischen dem Besitzer und dem Eigentümer gelten.

9. **Belastungen des Bedachten mit Vermächtnis (Untervermächtnis) und Auflage (§§ 2186—2189).**

a) **Erfüllungszeit.**

§ 2186.

Ist ein Vermächtnisnehmer mit einem Vermächtnis oder einer Auflage beschwert, so ist er zur Erfüllung erst dann verpflichtet, wenn er die Erfüllung des ihm zugewendeten Vermächtnisses zu verlangen berechtigt ist.

b) **Haftungsbeschränkung durch Einrede.**

§ 2187.

Ein Vermächtnisnehmer, der mit einem Vermächtnis oder einer Auflage beschwert ist, kann die Erfüllung auch nach der Annahme des ihm zugewendeten Vermächtnisses insoweit verweigern, als dasjenige, was er aus dem Vermächtnis erhält, zur Erfüllung nicht ausreicht.

Tritt nach § 2161 ein anderer an die Stelle des beschwerten Vermächtnisnehmers, so haftet er nicht weiter, als der Vermächtnisnehmer haften würde.

Die für die Haftung des Erben geltenden Vorschriften des § 1992 finden entsprechende Anwendung.

c) **Kürzung der Belastungen.**

§ 2188.

Wird die einem Vermächtnisnehmer gebührende Leistung auf Grund der Beschränkung der Haftung des Erben, wegen eines Pflichtteilsanspruchs oder in Gemäßheit des § 2187 gekürzt, so kann der Vermächtnisnehmer, sofern nicht ein anderer Wille des Erblassers anzunehmen ist, die ihm auferlegten Beschwerungen verhältnismäßig kürzen.

d) **Reihenfolge der zu kürzenden Belastungen.**

§ 2189.

Der Erblasser kann für den Fall, daß die dem Erben oder einem Vermächtnisnehmer auferlegten Vermächtnisse und Auflagen auf Grund der Beschränkung der Haftung des Erben, wegen eines Pflichtteilsanspruchs oder in Gemäßheit der §§ 2187, 2188 gekürzt werden, durch Verfügung von Todes wegen anordnen, daß ein Vermächtnis oder eine Auflage den Vorrang vor den übrigen Beschwerungen haben soll.

10. Ersatzvermächtnis.

§ 2190.

Hat der Erblasser für den Fall, daß der zunächst Bedachte das Vermächtnis nicht erwirbt, den Gegenstand des Vermächtnisses einem anderen zugewendet, so finden die für die Einsetzung eines Ersatzerben geltenden Vorschriften der §§ 2097 bis 2099 entsprechende Anwendung.

11. Nachvermächtnis.

§ 2191.

Hat der Erblasser den vermachten Gegenstand von einem nach dem Anfalle des Vermächtnisses eintretenden bestimmten Zeitpunkt oder Ereignis an einem Dritten zugewendet, so gilt der erste Vermächtnisnehmer als beschwert.

Auf das Vermächtnis finden die für die Einsetzung eines Nacherben geltenden Vorschriften des § 2102, des § 2106 Abs. 1, des § 2107 und des § 2110 Abs. 1 entsprechende Anwendung.

Fünfter Titel. Auflage.

1. Übertragung von Normen über letztwillige Zuwendungen.

§ 2192.

Auf eine Auflage finden die für letztwillige Zuwendungen geltenden Vorschriften der §§ 2065, 2147, 2148, 2154 bis 2156, 2161, 2171, 2181 entsprechende Anwendung.

2. Bestimmung des Leistungsempfängers.

§ 2193.

Der Erblasser kann bei der Anordnung einer Auflage, deren Zweck er bestimmt hat, die Bestimmung der Person, an welche die Leistung erfolgen soll, dem Beschwerten oder einem Dritten überlassen.

Steht die Bestimmung dem Beschwerten zu, so kann ihm, wenn er zur Vollziehung der Auflage rechtskräftig verurteilt ist, von dem Kläger eine angemessene Frist zur Vollziehung bestimmt werden; nach dem Ablaufe der Frist ist der Kläger berechtigt, die Bestimmung zu treffen, wenn nicht die Vollziehung rechtzeitig erfolgt.

Steht die Bestimmung einem Dritten zu, so erfolgt sie durch Erklärung gegenüber dem Beschwerten. Kann der Dritte die Bestimmung nicht treffen, so geht das Bestimmungsrecht auf den

Beschwerten über. Die Vorschrift des § 2151 Abs. 3 Satz 2 findet entsprechende Anwendung; zu den Beteiligten im Sinne dieser Vorschrift gehören der Beschwerte und diejenigen, welche die Vollziehung der Auflage zu verlangen berechtigt sind.

3. **Forderungsberechtigte.**

§ 2194.

Die Vollziehung einer Auflage können der Erbe, der Miterbe und derjenige verlangen, welchem der Wegfall des mit der Auflage zunächst Beschwerten unmittelbar zustatten kommen würde. Liegt die Vollziehung im öffentlichen Interesse, so kann auch die zuständige Behörde die Vollziehung verlangen.

4. **Unwirksamkeit der Auflage.**

§ 2195.

Die Unwirksamkeit einer Auflage hat die Unwirksamkeit der unter der Auflage gemachten Zuwendung nur zur Folge, wenn anzunehmen ist, daß der Erblasser die Zuwendung nicht ohne die Auflage gemacht haben würde.

5. **Unmöglichwerden der Erfüllung.**

§ 2196.

Wird die Vollziehung einer Auflage infolge eines von dem Beschwerten zu vertretenden Umstandes unmöglich, so kann derjenige, welchem der Wegfall des zunächst Beschwerten unmittelbar zustatten kommen würde, die Herausgabe der Zuwendung nach den Vorschriften über die Herausgabe einer ungerechtfertigten Bereicherung insoweit fordern, als die Zuwendung zur Vollziehung der Auflage hätte verwendet werden müssen.

Das gleiche gilt, wenn der Beschwerte zur Vollziehung einer Auflage, die nicht durch einen Dritten vollzogen werden kann, rechtskräftig verurteilt ist und die zulässigen Zwangsmittel erfolglos gegen ihn angewendet worden sind.

Sechster Titel. Testamentsvollstrecker.

1. **Begründung des Amtes (§§ 2197—2202).**
a) **Ernennung durch den Erblasser.**

§ 2197.

Der Erblasser kann durch Testament einen oder mehrere Testamentsvollstrecker ernennen.

Der Erblasser kann für den Fall, daß der ernannte Testamentsvollstrecker vor oder nach der Annahme des Amtes wegfällt, einen anderen Testamentsvollstrecker ernennen.

b) **Bestimmung der Person durch Dritte.**

§ 2198.

Der Erblasser kann die Bestimmung der Person des Testamentsvollstreckers einem Dritten überlassen. Die Bestimmung erfolgt durch Erklärung gegenüber dem Nachlaßgerichte; die Erklärung ist in öffentlich beglaubigter Form abzugeben.

Das Bestimmungsrecht des Dritten erlischt mit dem Ablauf einer ihm auf Antrag eines der Beteiligten von dem Nachlaßgerichte bestimmten Frist.

c) **Bestimmung durch den Testamentsvollstrecker.**

§ 2199.

Der Erblasser kann den Testamentsvollstrecker ermächtigen, einen oder mehrere Mitvollstrecker zu ernennen.

Der Erblasser kann den Testamentsvollstrecker ermächtigen, einen Nachfolger zu ernennen.

Die Ernennung erfolgt nach § 2198 Abs. 1 Satz 2.

d) **Bestimmung durch das Gericht.**

§ 2200.

Hat der Erblasser in dem Testamente das Nachlaßgericht ersucht, einen Testamentsvollstrecker zu ernennen, so kann das Nachlaßgericht die Ernennung vornehmen.

Das Nachlaßgericht soll vor der Ernennung die Beteiligten hören, wenn es ohne erhebliche Verzögerung und ohne unverhältnismäßige Kosten geschehen kann.

e) **Unfähigkeit.**

§ 2201.

Die Ernennung des Testamentsvollstreckers ist unwirksam, wenn er zu der Zeit, zu welcher er das Amt anzutreten hat, geschäftsunfähig oder in der Geschäftsfähigkeit beschränkt ist oder nach § 1910 zur Besorgung seiner Vermögensangelegenheiten einen Pfleger erhalten hat.

f) **Annahme.**

§ 2202.

Das Amt des Testamentsvollstreckers beginnt mit dem Zeitpunkt, in welchem der Ernannte das Amt annimmt.

Die Annahme sowie die Ablehnung des Amtes erfolgt durch Erklärung gegenüber dem Nachlaßgerichte. Die Erklärung kann erst nach dem Eintritte des Erbfalls abgegeben werden; sie ist unwirksam, wenn sie unter einer Bedingung oder einer Zeitbestimmung abgegeben wird.

Das Nachlaßgericht kann dem Ernannten auf Antrag eines der Beteiligten eine Frist zur Erklärung über die Annahme bestimmen. Mit dem Ablaufe der Frist gilt das Amt als abgelehnt, wenn nicht die Annahme vorher erklärt wird.

2. Funktionen des Testamentsvollstreckers (§§ 2203—2214).

a) Ausführung letztwilliger Verfügungen.

§ 2203.

Der Testamentsvollstrecker hat die letztwilligen Verfügungen des Erblassers zur Ausführung zu bringen.

b) Auseinandersetzung.

§ 2204.

Der Testamentsvollstrecker hat, wenn mehrere Erben vorhanden sind, die Auseinandersetzung unter ihnen nach Maßgabe der §§ 2042 bis 2056 zu bewirken.

Der Testamentsvollstrecker hat die Erben über den Auseinandersetzungsplan vor der Ausführung zu hören.

c) Verwaltung, Verfügungsgeschäfte.

§ 2205.

Der Testamentsvollstrecker hat den Nachlaß zu verwalten. Er ist insbesondere berechtigt, den Nachlaß in Besitz zu nehmen und über die Nachlaßgegenstände zu verfügen. Zu unentgeltlichen Verfügungen ist er nur berechtigt, soweit sie einer sittlichen Pflicht oder einer auf den Anstand zu nehmenden Rücksicht entsprechen.

d) Verpflichtungsgeschäfte.

§ 2206.

Der Testamentsvollstrecker ist berechtigt, Verbindlichkeiten für den Nachlaß einzugehen, soweit die Eingehung zur ordnungsmäßigen Verwaltung erforderlich ist. Die Verbindlichkeit zu einer Verfügung über einen Nachlaßgegenstand kann der Testamentsvollstrecker für den Nachlaß auch dann eingehen, wenn er zu der Verfügung berechtigt ist.

Der Erbe ist verpflichtet, zur Eingehung solcher Verbindlichkeiten seine Einwilligung zu erteilen, unbeschadet des Rechtes, die Beschränkung seiner Haftung für die Nachlaßverbindlichkeiten geltend zu machen.

e) Erweiterungen und Einschränkungen (§§ 2207—2210).

α) Verpflichtungsgeschäfte.

§ 2207.

Der Erblasser kann anordnen, daß der Testamentsvollstrecker in der Eingehung von Verbindlichkeiten für den Nachlaß nicht beschränkt sein soll. Der Testamentsvollstrecker ist auch in einem solchen Falle zu einem Schenkungsversprechen nur nach Maßgabe des § 2205 Satz 3 berechtigt.

β) Einschränkungen.

§ 2208.

Der Testamentsvollstrecker hat die in den §§ 2203 bis 2206 bestimmten Rechte nicht, soweit anzunehmen ist, daß sie ihm nach dem Willen des Erblassers nicht zustehen sollen. Unterliegen der Verwaltung des Testamentsvollstreckers nur einzelne Nachlaßgegenstände, so stehen ihm die im § 2205 Satz 2 bestimmten Befugnisse nur in Ansehung dieser Gegenstände zu.

Hat der Testamentsvollstrecker Verfügungen des Erblassers nicht selbst zur Ausführung zu bringen, so kann er die Ausführung von dem Erben verlangen, sofern nicht ein anderer Wille des Erblassers anzunehmen ist.

γ) Der bloß verwaltende Testamentsvollstrecker (§§ 2209, 2210).

§ 2209.

Der Erblasser kann einem Testamentsvollstrecker die Verwaltung des Nachlasses übertragen, ohne ihm andere Aufgaben als die Verwaltung zuzuweisen; er kann auch anordnen, daß der Testamentsvollstrecker die Verwaltung nach der Erledigung der ihm sonst zugewiesenen Aufgaben fortzuführen hat. Im Zweifel ist anzunehmen, daß einem solchen Testamentsvollstrecker die im § 2207 bezeichnete Ermächtigung erteilt ist.

§ 2210.

Eine nach § 2209 getroffene Anordnung wird unwirksam, wenn seit dem Erbfalle dreißig Jahre verstrichen sind. Der Erblasser kann jedoch anordnen, daß die Verwaltung bis zum Tode des Erben oder des Testamentsvollstreckers oder bis zum Eintritt eines anderen Ereignisses in der Person des einen oder des anderen fortdauern soll. Die Vorschrift des § 2163 Abs. 2 findet entsprechende Anwendung.

f) Verfügungen des Erben.

§ 2211.

Über einen der Verwaltung des Testamentsvollstreckers unterliegenden Nachlaßgegenstand kann der Erbe nicht verfügen.

Die Vorschriften zugunsten derjenigen, welche Rechte von einem Nichtberechtigten herleiten, finden entsprechende Anwendung.

g) Aktivprozesse.

§ 2212.

Ein der Verwaltung des Testamentsvollstreckers unterliegendes Recht kann nur von dem Testamentsvollstrecker gerichtlich geltend gemacht werden.

h) Passivprozesse.

§ 2213.

Ein Anspruch, der sich gegen den Nachlaß richtet, kann sowohl gegen den Erben als gegen den Testamentsvollstrecker gerichtlich geltend gemacht werden. Steht dem Testamentsvollstrecker nicht die Verwaltung des Nachlasses zu, so ist die Geltendmachung nur gegen den Erben zulässig. Ein Pflichtteilsanspruch kann, auch wenn dem Testamentsvollstrecker die Verwaltung des Nachlasses zusteht, nur gegen den Erben geltend gemacht werden.

Die Vorschrift des § 1958 findet auf den Testamentsvollstrecker keine Anwendung.

Ein Nachlaßgläubiger, der seinen Anspruch gegen den Erben geltend macht, kann den Anspruch auch gegen den Testamentsvollstrecker dahin geltend machen, daß dieser die Zwangsvollstreckung in die seiner Verwaltung unterliegenden Nachlaßgegenstände dulde.

i) Ausschluß der Erbengläubiger.

§ 2214.

Gläubiger des Erben, die nicht zu den Nachlaßgläubigern gehören, können sich nicht an die der Verwaltung des Testamentsvollstreckers unterliegenden Nachlaßgegenstände halten.

3. Pflichtenverhältnis zwischen Testamentsvollstrecker und Erben (§§ 2215—2221).

a) Inventar.

§ 2215.

Der Testamentsvollstrecker hat dem Erben unverzüglich nach der Annahme des Amtes ein Verzeichnis der seiner Verwaltung unterliegenden Nachlaßgegenstände und der bekannten Nachlaßverbindlichkeiten mitzuteilen und ihm die zur Aufnahme des Inventars sonst erforderliche Beihilfe zu leisten.

Das Verzeichnis ist mit der Angabe des Tages der Aufnahme zu versehen und von dem Testamentsvollstrecker zu unterzeichnen; der Testamentsvollstrecker hat auf Verlangen die Unterzeichnung öffentlich beglaubigen zu lassen.

Der Erbe kann verlangen, daß er bei der Aufnahme des Verzeichnisses zugezogen wird.

Der Testamentsvollstrecker ist berechtigt und auf Verlangen des Erben verpflichtet, das Verzeichnis durch die zuständige Behörde oder durch einen zuständigen Beamten oder Notar aufnehmen zu lassen.

Die Kosten der Aufnahme und der Beglaubigung fallen dem Nachlasse zur Last.

b) Ordnungsmäßige Verwaltung.

§ 2216.

Der Testamentsvollstrecker ist zur ordnungsmäßigen Verwaltung des Nachlasses verpflichtet.

Anordnungen, die der Erblasser für die Verwaltung durch letztwillige Verfügung getroffen hat, sind von dem Testamentsvollstrecker zu befolgen. Sie können jedoch auf Antrag des Testamentsvollstreckers oder eines anderen Beteiligten von dem Nachlaßgericht außer Kraft gesetzt werden, wenn ihre Befolgung den Nachlaß erheblich gefährden würde. Das Gericht soll vor der Entscheidung soweit tunlich die Beteiligten hören.

c) Überlassung von Nachlaßgegenständen an den Erben.

§ 2217.

Der Testamentsvollstrecker hat Nachlaßgegenstände, deren er zur Erfüllung seiner Obliegenheiten offenbar nicht bedarf, dem Erben auf Verlangen zur freien Verfügung zu überlassen. Mit der Überlassung erlischt sein Recht zur Verwaltung der Gegenstände.

Wegen Nachlaßverbindlichkeiten, die nicht auf einem Vermächtnis oder einer Auflage beruhen, sowie wegen bedingter und betagter Vermächtnisse oder Auflagen kann der Testamentsvollstrecker die Überlassung der Gegenstände nicht verweigern, wenn der Erbe für die Berichtigung der Verbindlichkeiten oder für die Vollziehung der Vermächtnisse oder Auflagen Sicherheit leistet.

d) Auftragsrecht. Jährliche Rechnungslegung.

§ 2218.

Auf das Rechtsverhältnis zwischen dem Testamentsvollstrecker und dem Erben finden die für den Auftrag geltenden Vorschriften der §§ 664, 666 bis 668, 670, des § 673 Satz 2 und des § 674 entsprechende Anwendung.

Bei einer länger dauernden Verwaltung kann der Erbe jährlich Rechnungslegung verlangen.

e) Schadensersatzhaftung des Vollstreckers.

§ 2219.

Verletzt der Testamentsvollstrecker die ihm obliegenden Verpflichtungen, so ist er, wenn ihm ein Verschulden zur Last fällt, für den daraus entstehenden Schaden dem Erben und, soweit ein Vermächtnis zu vollziehen ist, auch dem Vermächtnisnehmer verantwortlich.

Mehrere Testamentsvollstrecker, denen ein Verschulden zur Last fällt, haften als Gesamtschuldner.

f) Keine Befreiung durch den Erblasser.

§ 2220.

Der Erblasser kann den Testamentsvollstrecker nicht von den ihm nach den §§ 2215, 2216, 2218, 2219 obliegenden Verpflichtungen befreien.

g) Anspruch auf Vergütung.

§ 2221.

Der Testamentsvollstrecker kann für die Führung seines Amtes eine angemessene Vergütung verlangen, sofern nicht der Erblasser ein anderes bestimmt hat.

4. Besondere Fälle (§§ 2222—2224).

a) Zur Beschränkung des Nacherben.

§ 2222.

Der Erblasser kann einen Testamentsvollstrecker auch zu dem Zwecke ernennen, daß dieser bis zu dem Eintritt einer angeordneten Nacherbfolge die Rechte des Nacherben ausübt und dessen Pflichten erfüllt.

b) Zur Ausführung von Untervermächtnissen und Vermächtnisauflagen.

§ 2223.

Der Erblasser kann einen Testamentsvollstrecker auch zu dem Zwecke ernennen, daß dieser für die Ausführung der einem Vermächtnisnehmer auferlegten Beschwerungen sorgt.

c) Mehrheit von Vollstreckern.

§ 2224.

Mehrere Testamentsvollstrecker führen das Amt gemeinschaftlich; bei einer Meinungsverschiedenheit entscheidet das Nachlaßgericht. Fällt einer von ihnen weg, so führen die übrigen das Amt allein. Der Erblasser kann abweichende Anordnungen treffen.

Jeder Testamentsvollstrecker ist berechtigt, ohne Zustimmung der anderen Testamentsvollstrecker diejenigen Maßregeln zu treffen, welche zur Erhaltung eines der gemeinschaftlichen Verwaltung unterliegenden Nachlaßgegenstandes notwendig sind.

5. Erlöschen des Amtes (§§ 2225—2227).

a) Tod und Unfähigwerden.

§ 2225.

Das Amt des Testamentsvollstreckers erlischt, wenn er stirbt oder wenn ein Fall eintritt, in welchem die Ernennung nach § 2201 unwirksam sein würde.

b) Kündigung des Vollstreckers.

§ 2226.

Der Testamentsvollstrecker kann das Amt jederzeit kündigen. Die Kündigung erfolgt durch Erklärung gegenüber dem Nachlaßgerichte. Die Vorschriften des § 671 Abs. 2, 3 finden entsprechende Anwendung.

c) Entlassung durch das Gericht.

§ 2227.

Das Nachlaßgericht kann den Testamentsvollstrecker auf Antrag eines der Beteiligten entlassen, wenn ein wichtiger Grund vorliegt; ein solcher Grund ist insbesondere grobe Pflichtverletzung oder Unfähigkeit zur ordnungsmäßigen Geschäftsführung.

Der Testamentsvollstrecker soll vor der Entlassung wenn tunlich gehört werden.

6. Einsicht in Erklärungen.

§ 2228.

Das Nachlaßgericht hat die Einsicht der nach § 2198 Abs. 1 Satz 2, § 2199 Abs. 3, § 2202 Abs. 2, § 2226 Satz 2 abgegebenen Erklärungen jedem zu gestatten, der ein rechtliches Interesse glaubhaft macht.

Siebenter Titel.

Errichtung und Aufhebung eines Testaments.

I. Testierfähigkeit (§§ 2229, 2230).

§ 2229.

Wer in der Geschäftsfähigkeit beschränkt ist, bedarf zur Errichtung eines Testaments nicht der Zustimmung seines gesetzlichen Vertreters.

Ein Minderjähriger kann ein Testament erst errichten, wenn er das sechzehnte Lebensjahr vollendet hat.

Wer wegen Geistesschwäche, Verschwendung oder Trunksucht entmündigt ist, kann ein Testament nicht errichten. Die Unfähigkeit tritt schon mit der Stellung des Antrags ein, auf Grund dessen die Entmündigung erfolgt.

§ 2230.

Hat ein Entmündigter ein Testament errichtet, bevor der die Entmündigung aussprechende Beschluß unanfechtbar geworden ist, so steht die Entmündigung der Gültigkeit des Testaments nicht entgegen, wenn der Entmündigte noch vor dem Eintritte der Unanfechtbarkeit stirbt.

Das gleiche gilt, wenn der Entmündigte nach der Stellung

des Antrags auf Wiederaufhebung der Entmündigung ein Testament errichtet und die Entmündigung dem Antrage gemäß wieder aufgehoben wird.

II. Testamentsformen (§§ 2231—2252).

1. Ordentliche Testamente (§§ 2231—2248).

a) Übersicht: Öffentliches und Privattestament.

§ 2231.

Ein Testament kann in ordentlicher Form errichtet werden:
1. vor einem Richter oder vor einem Notar;
2. durch eine von dem Erblasser unter Angabe des Ortes und Tages eigenhändig geschriebene und unterschriebene Erklärung.

b) Öffentliches Testament (§§ 2232—2246).

§ 2232.

Für die Errichtung eines Testaments vor einem Richter oder vor einem Notar gelten die Vorschriften der §§ 2233 bis 2246.

α) Mitwirkende Personen außer dem Erblasser.

aa) Übersicht.

§ 2233.

Zur Errichtung des Testaments muß der Richter einen Urkundsbeamten der Geschäftsstelle[1]) oder zwei Zeugen, der Notar einen zweiten Notar oder zwei Zeugen zuziehen.

bb) Unfähigkeit (§§ 2234—2236).

§ 2234.

Als Richter, Notar, Urkundsbeamter der Geschäftsstelle[1]) oder Zeuge kann bei der Errichtung des Testaments nicht mitwirken:
1. der Ehegatte des Erblassers, auch wenn die Ehe nicht mehr besteht;
2. wer mit dem Erblasser in gerader Linie oder im zweiten Grade der Seitenlinie verwandt oder verschwägert ist.

§ 2235.

Als Richter, Notar, Urkundsbeamter der Geschäftsstelle[1]) oder Zeuge kann bei der Errichtung des Testaments nicht mitwirken, wer in dem Testamente bedacht wird oder wer zu einem Bedachten in einem Verhältnisse der im § 2234 bezeichneten Art steht.

Die Mitwirkung einer hiernach ausgeschlossenen Person hat nur zur Folge, daß die Zuwendung an den Bedachten nichtig ist.

---

[1]) Fassung des Gesetzes vom 9. Juli 1927 Art. 2 (RGBl. I S. 175).

§ 2236.

Als Urkundsbeamter der Geschäftsstelle[1]) oder zweiter Notar oder Zeuge kann bei der Errichtung des Testaments nicht mitwirken, wer zu dem Richter oder dem beurkundenden Notar in einem Verhältnisse der im § 2234 bezeichneten Art steht.

cc) **Untauglichkeit.**

§ 2237.

Als Zeuge soll bei der Errichtung des Testaments nicht mitwirken:

1. ein Minderjähriger;
2. wer der bürgerlichen Ehrenrechte für verlustig erklärt ist, während der Zeit, für welche die Aberkennung der Ehrenrechte erfolgt ist;
3. wer nach den Vorschriften der Strafgesetze unfähig ist, als Zeuge eidlich vernommen zu werden;
4. wer als Gesinde oder Gehilfe im Dienste des Richters oder des beurkundenden Notars steht.

β) **Arten des öffentlichen Testaments: testamentum iudici oblatum u. apud acta conditum.**

§ 2238.

Die Errichtung des Testaments erfolgt in der Weise, daß der Erblasser dem Richter oder dem Notar seinen letzten Willen mündlich erklärt oder eine Schrift mit der mündlichen Erklärung übergibt, daß die Schrift seinen letzten Willen enthalte. Die Schrift kann offen oder verschlossen übergeben werden. Sie kann von dem Erblasser oder von einer anderen Person geschrieben sein.

Wer minderjährig ist oder Geschriebenes nicht zu lesen vermag, kann das Testament nur durch mündliche Erklärung errichten.

γ) **Anwesenheit der mitwirkenden Personen.**

§ 2239.

Die bei der Errichtung des Testaments mitwirkenden Personen müssen während der ganzen Verhandlung zugegen sein.

δ) **Protokoll (§§ 2240—2242).**
aa) **Protokoll obligatorisch. Sprache.**

§ 2240.

Über die Errichtung des Testaments muß ein Protokoll in deutscher Sprache aufgenommen werden.

---

[1]) Fassung des Gesetzes vom 9. Juli 1927 Art. 2 (RGBl. I S. 175).

bb) Inhalt.

§ 2241.

Das Protokoll muß enthalten:

1. Ort und Tag der Verhandlung;
2. die Bezeichnung des Erblassers und der bei der Verhandlung mitwirkenden Personen;
3. die nach § 2238 erforderlichen Erklärungen des Erblassers und im Falle der Übergabe einer Schrift die Feststellung der Übergabe.

cc) Verlesung u. Unterschrift.

§ 2242.

Das Protokoll muß vorgelesen, von dem Erblasser genehmigt und von ihm eigenhändig unterschrieben werden. Im Protokolle muß festgestellt werden, daß dies geschehen ist. Das Protokoll soll dem Erblasser auf Verlangen auch zur Durchsicht vorgelegt werden.

Erklärt der Erblasser, daß er nicht schreiben könne, so wird seine Unterschrift durch die Feststellung dieser Erklärung im Protokoll ersetzt.

Das Protokoll muß von den mitwirkenden Personen unterschrieben werden.

ε) Am Sprechen verhinderter Testator.

§ 2243.

Wer nach der Überzeugung des Richters oder des Notars stumm oder sonst am Sprechen verhindert ist, kann das Testament nur durch Übergabe einer Schrift errichten. Er muß die Erklärung, daß die Schrift seinen letzten Willen enthalte, bei der Verhandlung eigenhändig in das Protokoll oder auf ein besonderes Blatt schreiben, das dem Protokoll als Anlage beigefügt werden muß.

Das eigenhändige Niederschreiben der Erklärung sowie die Überzeugung des Richters oder des Notars, daß der Erblasser am Sprechen verhindert ist, muß im Protokolle festgestellt werden. Das Protokoll braucht von dem Erblasser nicht besonders genehmigt zu werden.

ζ) Unkenntnis der deutschen Sprache (§§ 2244, 2245).

§ 2244.

Erklärt der Erblasser, daß er der deutschen Sprache nicht mächtig sei, so muß bei der Errichtung des Testaments ein vereideter Dolmetscher zugezogen werden. Auf den Dolmetscher finden die nach den §§ 2234 bis 2237 für einen Zeugen geltenden Vorschriften entsprechende Anwendung.

Das Protokoll muß in die Sprache, in der sich der Erblasser erklärt, übersetzt werden. Die Übersetzung muß von dem Dolmetscher angefertigt oder beglaubigt und vorgelesen werden; die Übersetzung muß dem Protokoll als Anlage beigefügt werden.

Das Protokoll muß die Erklärung des Erblassers, daß er der deutschen Sprache nicht mächtig sei, sowie den Namen des Dolmetschers und die Feststellung enthalten, daß der Dolmetscher die Übersetzung angefertigt oder beglaubigt und sie vorgelesen hat. Der Dolmetscher muß das Protokoll unterschreiben.

§ 2245.

Sind sämtliche mitwirkende Personen ihrer Versicherung nach der Sprache, in der sich der Erblasser erklärt, mächtig, so ist die Zuziehung eines Dolmetschers nicht erforderlich.

Unterbleibt die Zuziehung eines Dolmetschers, so muß das Protokoll in der fremden Sprache aufgenommen werden und die Erklärung des Erblassers, daß er der deutschen Sprache nicht mächtig sei, sowie die Versicherung der mitwirkenden Personen, daß sie der fremden Sprache mächtig seien, enthalten. Eine deutsche Übersetzung soll als Anlage beigefügt werden.

η) Siegelung. Besondere amtliche Verwahrung.

§ 2246.

Das über die Errichtung des Testaments aufgenommene Protokoll soll nebst Anlagen, insbesondere im Falle der Errichtung durch Übergabe einer Schrift nebst dieser Schrift, von dem Richter oder dem Notar in Gegenwart der übrigen mitwirkenden Personen und des Erblassers mit dem Amtssiegel verschlossen, mit einer das Testament näher bezeichnenden Aufschrift, die von dem Richter oder dem Notar zu unterschreiben ist, versehen und in besondere amtliche Verwahrung gebracht werden.

Dem Erblasser soll über das in amtliche Verwahrung genommene Testament ein Hinterlegungsschein erteilt werden.

c) Das ordentliche Privattestament (§§ 2247, 2248).

α) Testierfähigkeit.

§ 2247.

Wer minderjährig ist oder Geschriebenes nicht zu lesen vermag, kann ein Testament nicht nach § 2231 Nr. 2 errichten.

β) Verwahrung.

§ 2248.

Ein nach § 2231 Nr. 2 errichtetes Testament ist auf Verlangen des Erblassers in amtliche Verwahrung zu nehmen. Die Vorschrift des § 2246 Abs. 2 findet Anwendung.

2. Außerordentliche Testamentsformen (§§ 2249—2252).

a) Dorftestament (testamentum ruri conditum).

§ 2249.

Ist zu besorgen, daß der Erblasser früher sterben werde, als die Errichtung eines Testaments vor einem Richter oder vor einem Notar möglich ist, so kann er das Testament vor dem Vorsteher der Gemeinde, in der er sich aufhält, oder, falls er sich in dem Bereich eines durch Landesgesetz einer Gemeinde gleichgestellten Verbandes oder Gutsbezirkes aufhält, vor dem Vorsteher dieses Verbandes oder Bezirkes errichten. Der Vorsteher muß zwei Zeugen zuziehen. Die Vorschriften der §§ 2234 bis 2246 finden Anwendung; der Vorsteher tritt an die Stelle des Richters oder des Notars.

Die Besorgnis, daß die Errichtung eines Testaments vor einem Richter oder vor einem Notar nicht mehr möglich sein werde, muß im Protokolle festgestellt werden. Der Gültigkeit des Testaments steht nicht entgegen, daß die Besorgnis nicht begründet war.

b) Testament in abgesperrten Orten (testamentum pestis tempore conditum).

§ 2250.

Wer sich an einem Orte aufhält, der infolge des Ausbruchs einer Krankheit oder infolge sonstiger außerordentlicher Umstände dergestalt abgesperrt ist, daß die Errichtung eines Testaments vor einem Richter oder vor einem Notar nicht möglich oder erheblich erschwert ist, kann das Testament in der durch den § 2249 Abs. 1 bestimmten Form oder durch mündliche Erklärung vor drei Zeugen errichten.

Wird die mündliche Erklärung vor drei Zeugen gewählt, so muß über die Errichtung des Testaments ein Protokoll aufgenommen werden. Auf die Zeugen finden die Vorschriften der §§ 2234, 2235 und des § 2237 Nr. 1 bis 3, auf das Protokoll finden die Vorschriften der §§ 2240 bis 2242, 2245 Anwendung. Unter Zuziehung eines Dolmetschers kann ein Testament in dieser Form nicht errichtet werden.

c) Seetestament.

§ 2251.

Wer sich während einer Seereise an Bord eines deutschen, nicht zur Reichsmarine[1]) gehörenden Fahrzeugs außerhalb eines

---

[1]) Fassung auf Grund der Art. 179 und 79 der Reichsverfassung in Verbindung mit § 1 des Wehrgesetzes vom 23. März 1921 (RGBl. S. 329).

32*

inländischen Hafens befindet, kann ein Testament durch mündliche Erklärung vor drei Zeugen nach § 2250 errichten.

d) Befristung.

§ 2252.

Ein nach § 2249, § 2250 oder § 2251 errichtetes Testament gilt als nicht errichtet, wenn seit der Errichtung drei Monate verstrichen sind und der Erblasser noch lebt.

Beginn und Lauf der Frist sind gehemmt, solange der Erblasser außerstande ist, ein Testament vor einem Richter oder vor einem Notar zu errichten.

Tritt im Falle des § 2251 der Erblasser vor dem Ablaufe der Frist eine neue Seereise an, so wird die Frist dergestalt unterbrochen, daß nach der Beendigung der neuen Reise die volle Frist von neuem zu laufen beginnt.

Wird der Erblasser nach dem Ablaufe der Frist für tot erklärt, so behält das Testament seine Kraft, wenn die Frist zu der Zeit, zu welcher der Erblasser den vorhandenen Nachrichten zufolge noch gelebt hat, noch nicht verstrichen war.

III. Widerruf testamentarischer Verfügungen (§§ 2253—2257).

1. Widerrufsfähigkeit.

§ 2253.

Ein Testament sowie eine einzelne in einem Testament enthaltene Verfügung kann von dem Erblasser jederzeit widerrufen werden.

Die Entmündigung des Erblassers wegen Geistesschwäche, Verschwendung oder Trunksucht steht dem Widerruf eines vor der Entmündigung errichteten Testaments nicht entgegen.

2. Widerrufserklärung (§§ 2254—2257).

a) Testament.

§ 2254.

Der Widerruf erfolgt durch Testament.

b) Handlungen an der Testamentsurkunde.

§ 2255.

Ein Testament kann auch dadurch widerrufen werden, daß der Erblasser in der Absicht, es aufzuheben, die Testamentsurkunde vernichtet oder an ihr Veränderungen vornimmt, durch die der Wille, eine schriftliche Willenserklärung aufzuheben, ausgedrückt zu werden pflegt.

Hat der Erblasser die Testamentsurkunde vernichtet oder in der bezeichneten Weise verändert, so wird vermutet, daß er die Aufhebung des Testaments beabsichtigt habe.

c) Rücknahme aus der amtl. Verwahrung.

§ 2256.

Ein vor einem Richter oder vor einem Notar oder nach § 2249 errichtetes Testament gilt als widerrufen, wenn die in amtliche Verwahrung genommene Urkunde dem Erblasser zurückgegeben wird.

Der Erblasser kann die Rückgabe jederzeit verlangen. Die Rückgabe darf nur an den Erblasser persönlich erfolgen.

Die Vorschriften des Abs. 2 gelten auch für ein nach § 2248 hinterlegtes Testament; die Rückgabe ist auf die Wirksamkeit des Testaments ohne Einfluß.

d) Widerruf des Widerrufs.

§ 2257.

Wird der durch Testament erfolgte Widerruf einer letztwilligen Verfügung widerrufen, so ist die Verfügung wirksam, wie wenn sie nicht widerrufen worden wäre.

IV. Verhältnis mehrerer Testamente. Ablehnung der Regel: nemo cum duobus testamentis decedere potest.

§ 2258.

Durch die Errichtung eines Testaments wird ein früheres Testament insoweit aufgehoben, als das spätere Testament mit dem früheren in Widerspruch steht.

Wird das spätere Testament widerrufen, so ist das frühere Testament in gleicher Weise wirksam, wie wenn es nicht aufgehoben worden wäre.

V. Testamentseröffnung (§§ 2259—2264).

1. Ablieferung an das Nachlaßgericht.

§ 2259.

Wer ein Testament, das nicht in amtliche Verwahrung gebracht ist, im Besitze hat, ist verpflichtet, es unverzüglich, nachdem er von dem Tode des Erblassers Kenntnis erlangt hat, an das Nachlaßgericht abzuliefern.

Befindet sich ein Testament bei einer anderen Behörde als einem Gericht oder befindet es sich bei einem Notar in amtlicher Verwahrung, so ist es nach dem Tode des Erblassers an das Nachlaßgericht abzuliefern. Das Nachlaßgericht hat, wenn es von dem Testamente Kenntnis erlangt, die Ablieferung zu veranlassen.

2. Eröffnung durch das Nachlaßgericht.

§ 2260.

Das Nachlaßgericht hat, sobald es von dem Tode des Erblassers Kenntnis erlangt, zur Eröffnung eines in seiner Verwahrung befindlichen Testaments einen Termin zu bestimmen. Zu dem Termine sollen die gesetzlichen Erben des Erblassers und die sonstigen Beteiligten soweit tunlich geladen werden.

In dem Termin ist das Testament zu öffnen, den Beteiligten zu verkünden und ihnen auf Verlangen vorzulegen. Die Verkündung darf im Falle der Vorlegung unterbleiben.

Über die Eröffnung ist ein Protokoll aufzunehmen. War das Testament verschlossen, so ist in dem Protokolle festzustellen, ob der Verschluß unversehrt war.

3. **Eröffnung durch ein anderes Gericht.**

§ 2261.

Hat ein anderes Gericht als das Nachlaßgericht das Testament in amtlicher Verwahrung, so liegt dem anderen Gerichte die Eröffnung des Testaments ob. Das Testament ist nebst einer beglaubigten Abschrift des über die Eröffnung aufgenommenen Protokolls dem Nachlaßgerichte zu übersenden; eine beglaubigte Abschrift des Testaments ist zurückzubehalten.

4. **Benachrichtigung der Beteiligten.**

§ 2262.

Das Nachlaßgericht hat die Beteiligten, welche bei der Eröffnung des Testaments nicht zugegen gewesen sind, von dem sie betreffenden Inhalte des Testaments in Kenntnis zu setzen.

5. **Testamentseröffnung ius cogens.**

§ 2263.

Eine Anordnung des Erblassers, durch die er verbietet, das Testament alsbald nach seinem Tode zu eröffnen, ist nichtig.

6. **Einsicht. Abschriften.**

§ 2264.

Wer ein rechtliches Interesse glaubhaft macht, ist berechtigt, von einem eröffneten Testament Einsicht zu nehmen sowie eine Abschrift des Testaments oder einzelner Teile zu fordern; die Abschrift ist auf Verlangen zu beglaubigen.

Achter Titel. Gemeinschaftliches Testament.

1. **Testierfähigkeit (§§ 2265, 2266).**

§ 2265.

Ein gemeinschaftliches Testament kann nur von Ehegatten errichtet werden.

§ 2266.

Ein gemeinschaftliches Testament kann nach § 2249 auch dann errichtet werden, wenn die Voraussetzung des § 2249 nur auf seiten eines der Ehegatten vorliegt.

2. Form.

§ 2267.

Zur Errichtung eines gemeinschaftlichen Testaments nach § 2231 Nr. 2 genügt es, wenn einer der Ehegatten das Testament in der dort vorgeschriebenen Form errichtet und der andere Ehegatte die Erklärung beifügt, daß das Testament auch als sein Testament gelten solle. Die Erklärung muß unter Angabe des Ortes und Tages eigenhändig geschrieben und unterschrieben werden.

3. Bestand und Fortbestand der Ehe als Gültigkeitsvoraussetzung.

§ 2268.

Ein gemeinschaftliches Testament ist in den Fällen des § 2077 seinem ganzen Inhalte nach unwirksam.

Wird die Ehe vor dem Tode eines der Ehegatten aufgelöst oder liegen die Voraussetzungen des § 2077 Abs. 1 Satz 2 vor, so bleiben die Verfügungen insoweit wirksam, als anzunehmen ist, daß sie auch für diesen Fall getroffen sein würden.

4. Reziproke Verfügungen. Einheitsprinzip.

§ 2269.

Haben die Ehegatten in einem gemeinschaftlichen Testamente, durch das sie sich gegenseitig als Erben einsetzen, bestimmt, daß nach dem Tode des Überlebenden der beiderseitige Nachlaß an einen Dritten fallen soll, so ist im Zweifel anzunehmen, daß der Dritte für den gesamten Nachlaß als Erbe des zuletzt versterbenden Ehegatten eingesetzt ist.

Haben die Ehegatten in einem solchen Testament ein Vermächtnis angeordnet, das nach dem Tode des Überlebenden erfüllt werden soll, so ist im Zweifel anzunehmen, daß das Vermächtnis dem Bedachten erst mit dem Tode des Überlebenden anfallen soll.

5. Korrespektive Verfügungen (§§ 2270, 2271).

a) Vorliegen und Bedeutung der Korrespektivität.

§ 2270.

Haben die Ehegatten in einem gemeinschaftlichen Testamente Verfügungen getroffen, von denen anzunehmen ist, daß die Verfügung des einen nicht ohne die Verfügung des anderen getroffen sein würde, so hat die Nichtigkeit oder der Widerruf der einen Verfügung die Unwirksamkeit der anderen zur Folge.

Ein solches Verhältnis der Verfügungen zueinander ist im Zweifel anzunehmen, wenn sich die Ehegatten gegenseitig bedenken oder wenn dem einen Ehegatten von dem anderen eine

Zuwendung gemacht und für den Fall des Überlebens des Bedachten eine Verfügung zugunsten einer Person getroffen wird, die mit dem anderen Ehegatten verwandt ist oder ihm sonst nahesteht.

Auf andere Verfügungen als Erbeinsetzungen, Vermächtnisse oder Auflagen findet die Vorschrift des Abs. 1 keine Anwendung.

b) Widerruf korrespektiver Verfügungen.

§ 2271.

Der Widerruf einer Verfügung, die mit einer Verfügung des anderen Ehegatten in dem im § 2270 bezeichneten Verhältnisse steht, erfolgt bei Lebzeiten der Ehegatten nach den für den Rücktritt von einem Erbvertrage geltenden Vorschriften des § 2296. Durch eine neue Verfügung von Todes wegen kann ein Ehegatte bei Lebzeiten des anderen seine Verfügung nicht einseitig aufheben.

Das Recht zum Widerruf erlischt mit dem Tode des anderen Ehegatten; der Überlebende kann jedoch seine Verfügung aufheben, wenn er das ihm Zugewendete ausschlägt. Auch nach der Annahme der Zuwendung ist der Überlebende zur Aufhebung nach Maßgabe des § 2294 und des § 2336 berechtigt.

Ist ein pflichtteilsberechtigter Abkömmling der Ehegatten oder eines der Ehegatten bedacht, so findet die Vorschrift des § 2289 Abs. 2 entsprechende Anwendung.

6. Rücknahme aus der amtlichen Verwahrung.

§ 2272.

Ein gemeinschaftliches Testament kann nach § 2256 nur von beiden Ehegatten zurückgenommen werden.

7. Eröffnung.

§ 2273.

Bei der Eröffnung eines gemeinschaftlichen Testaments sind die Verfügungen des überlebenden Ehegatten, soweit sie sich sondern lassen, weder zu verkünden noch sonst zur Kenntnis der Beteiligten zu bringen. Von den Verfügungen des verstorbenen Ehegatten ist eine beglaubigte Abschrift anzufertigen. Das Testament ist wieder zu verschließen und in die besondere amtliche Verwahrung zurückzubringen.

Vierter Abschnitt. Erbvertrag.

1. Vertragsschluß (§§ 2274—2277).

a) Ausschluß der Stellvertretung.

§ 2274.

Der Erblasser kann einen Erbvertrag nur persönlich schließen.

b) Fähigkeit.

§ 2275.

Einen Erbvertrag kann als Erblasser nur schließen, wer unbeschränkt geschäftsfähig ist.

Ein Ehegatte kann als Erblasser mit seinem Ehegatten einen Erbvertrag schließen, auch wenn er in der Geschäftsfähigkeit beschränkt ist. Er bedarf in diesem Falle der Zustimmung seines gesetzlichen Vertreters; ist der gesetzliche Vertreter ein Vormund, so ist auch die Genehmigung des Vormundschaftsgerichts erforderlich.

Die Vorschriften des Abs. 2 gelten auch für Verlobte.

c) Form.

§ 2276.

Ein Erbvertrag kann nur vor einem Richter oder vor einem Notar bei gleichzeitiger Anwesenheit beider Teile geschlossen werden. Die Vorschriften der §§ 2233 bis 2245 finden Anwendung; was nach diesen Vorschriften für den Erblasser gilt, gilt für jeden der Vertragschließenden.

Für einen Erbvertrag zwischen Ehegatten oder zwischen Verlobten, der mit einem Ehevertrag in derselben Urkunde verbunden wird, genügt die für den Ehevertrag vorgeschriebene Form.

d) Siegelung und Verwahrung.

§ 2277.

Die über einen Erbvertrag aufgenommene Urkunde soll nach Maßgabe des § 2246 verschlossen, mit einer Aufschrift versehen und in besondere amtliche Verwahrung gebracht werden, sofern nicht die Parteien das Gegenteil verlangen. Das Gegenteil gilt im Zweifel als verlangt, wenn der Erbvertrag mit einem anderen Vertrag in derselben Urkunde verbunden wird.

Über einen in besondere amtliche Verwahrung genommenen Erbvertrag soll jedem der Vertragschließenden ein Hinterlegungsschein erteilt werden.

2. Vertragsmäßige Verfügungen.

§ 2278.

In einem Erbvertrage kann jeder der Vertragschließenden vertragsmäßige Verfügungen von Todes wegen treffen.

Andere Verfügungen als Erbeinsetzungen, Vermächtnisse und Auflagen können vertragsmäßig nicht getroffen werden.

3. Anwendbarkeit des Testamentsrechts (§§ 2279, 2280).

§ 2279.

Auf vertragsmäßige Zuwendungen und Auflagen finden die für letztwillige Zuwendungen und Auflagen geltenden Vorschriften entsprechende Anwendung.

Die Vorschriften des § 2077 gelten für einen Erbvertrag zwischen Ehegatten oder Verlobten auch insoweit, als ein Dritter bedacht ist.

§ 2280.

Haben Ehegatten in einem Erbvertrage, durch den sie sich gegenseitig als Erben einsetzen, bestimmt, daß nach dem Tode des Überlebenden der beiderseitige Nachlaß an einen Dritten fallen soll, oder ein Vermächtnis angeordnet, das nach dem Tode des Überlebenden zu erfüllen ist, so finden die Vorschriften des § 2269 entsprechende Anwendung.

4. Anfechtbare Verfügungen (§§ 2281—2285).

a) Anfechtungsgründe, Anfechtungsberechtigte, Erklärungsadressat.

§ 2281.

Der Erbvertrag kann auf Grund der §§ 2078, 2079 auch von dem Erblasser angefochten werden; zur Anfechtung auf Grund des § 2079 ist erforderlich, daß der Pflichtteilsberechtigte zur Zeit der Anfechtung vorhanden ist.

Soll nach dem Tode des anderen Vertragschließenden eine zugunsten eines Dritten getroffene Verfügung von dem Erblasser angefochten werden, so ist die Anfechtung dem Nachlaßgerichte gegenüber zu erklären. Das Nachlaßgericht soll die Erklärung dem Dritten mitteilen.

b) Anfechtungserklärung.

§ 2282.

Die Anfechtung kann nicht durch einen Vertreter des Erblassers erfolgen. Ist der Erblasser in der Geschäftsfähigkeit beschränkt, so bedarf er zur Anfechtung nicht der Zustimmung seines gesetzlichen Vertreters.

Für einen geschäftsunfähigen Erblasser kann sein gesetzlicher Vertreter mit Genehmigung des Vormundschaftsgerichts den Erbvertrag anfechten.

Die Anfechtungserklärung bedarf der gerichtlichen oder notariellen Beurkundung.

c) Anfechtungsfrist.

§ 2283.

Die Anfechtung durch den Erblasser kann nur binnen Jahresfrist erfolgen.

Die Frist beginnt im Falle der Anfechtbarkeit wegen Drohung mit dem Zeitpunkt, in welchem die Zwangslage aufhört, in den übrigen Fällen mit dem Zeitpunkt, in welchem der Erblasser von dem Anfechtungsgrunde Kenntnis erlangt. Auf den Lauf der Frist finden die für die Verjährung geltenden Vorschriften der §§ 203, 206 entsprechende Anwendung.

Hat im Falle des § 2282 Abs. 2 der gesetzliche Vertreter den Erbvertrag nicht rechtzeitig angefochten, so kann nach dem Wegfalle der Geschäftsunfähigkeit der Erblasser selbst den Erbvertrag in gleicher Weise anfechten, wie wenn er ohne gesetzlichen Vertreter gewesen wäre.

d) Bestätigung.

§ 2284.

Die Bestätigung eines anfechtbaren Erbvertrags kann nur durch den Erblasser persönlich erfolgen. Ist der Erblasser in der Geschäftsfähigkeit beschränkt, so ist die Bestätigung ausgeschlossen.

e) Akzessorietät des Anfechtungsrechts Dritter.

§ 2285.

Die im § 2080 bezeichneten Personen können den Erbvertrag auf Grund der §§ 2078, 2079 nicht mehr anfechten, wenn das Anfechtungsrecht des Erblassers zur Zeit des Erbfalls erloschen ist.

5. Gebundenheit des Erblassers (§§ 2286—2289).

a) Verfügungen unter Lebenden (§§ 2286—2288).

α) Verfügungsfreiheit.

§ 2286.

Durch den Erbvertrag wird das Recht des Erblassers, über sein Vermögen durch Rechtsgeschäft unter Lebenden zu verfügen, nicht beschränkt.

β) Böswillige Schenkungen.

§ 2287.

Hat der Erblasser in der Absicht, den Vertragserben zu beeinträchtigen, eine Schenkung gemacht, so kann der Vertragserbe, nachdem ihm die Erbschaft angefallen ist, von dem Beschenkten die Herausgabe des Geschenkes nach den Vorschriften über die Herausgabe einer ungerechtfertigten Bereicherung fordern.

Der Anspruch verjährt in drei Jahren von dem Anfalle der Erbschaft an.

γ) Böswillige tatsächliche und rechtliche Verfügungen.

§ 2288.

Hat der Erblasser den Gegenstand eines vertragsmäßig angeordneten Vermächtnisses in der Absicht, den Bedachten zu beeinträchtigen, zerstört, beiseite geschafft oder beschädigt, so tritt, soweit der Erbe dadurch außerstand gesetzt ist, die Leistung zu bewirken, an die Stelle des Gegenstandes der Wert.

Hat der Erblasser den Gegenstand in der Absicht, den Bedachten zu beeinträchtigen, veräußert oder belastet, so ist der Erbe verpflichtet, dem Bedachten den Gegenstand zu verschaffen oder die Belastung zu beseitigen; auf diese Verpflichtung finden die Vorschriften des § 2170 Abs. 2 entsprechende Anwendung. Ist die Veräußerung oder die Belastung schenkweise erfolgt, so steht dem Bedachten, soweit er Ersatz nicht von dem Erben erlangen kann, der im § 2287 bestimmte Anspruch gegen den Beschenkten zu.

b) Verfügungen von Todes wegen.

§ 2289.

Durch den Erbvertrag wird eine frühere letztwillige Verfügung des Erblassers aufgehoben, soweit sie das Recht des vertragsmäßig Bedachten beeinträchtigen würde. In dem gleichen Umfang ist eine spätere Verfügung von Todes wegen unwirksam, unbeschadet der Vorschrift des § 2297.

Ist der Bedachte ein pflichtteilsberechtigter Abkömmling des Erblassers, so kann der Erblasser durch eine spätere letztwillige Verfügung die nach § 2338 zulässigen Anordnungen treffen.

6. Aufhebung (§§ 2290—2297).

a) Gemeinschaftliche Aufhebung (§§ 2290—2292).

α) **Vertrag.**

§ 2290.

Ein Erbvertrag sowie eine einzelne vertragsmäßige Verfügung kann durch Vertrag von den Personen aufgehoben werden, die den Erbvertrag geschlossen haben. Nach dem Tode einer dieser Personen kann die Aufhebung nicht mehr erfolgen.

Der Erblasser kann den Vertrag nur persönlich schließen. Ist er in der Geschäftsfähigkeit beschränkt, so bedarf er nicht der Zustimmung seines gesetzlichen Vertreters.

Steht der andere Teil unter Vormundschaft, so ist die Genehmigung des Vormundschaftsgerichts erforderlich. Das gleiche gilt, wenn er unter elterlicher Gewalt steht, es sei denn, daß der Vertrag unter Ehegatten oder unter Verlobten geschlossen wird.

Der Vertrag bedarf der im § 2276 für den Erbvertrag vorgeschriebenen Form.

β) **Testament mit Zustimmung des andern Vertragschließenden.**

§ 2291.

Eine vertragsmäßige Verfügung, durch die ein Vermächtnis oder eine Auflage angeordnet ist, kann von dem Erblasser durch Testament aufgehoben werden. Zur Wirksamkeit der Aufhebung ist die Zustimmung des anderen Vertragschließenden erforderlich; die Vorschriften des § 2290 Abs. 3 finden Anwendung.

Die Zustimmungserklärung bedarf der gerichtlichen oder notariellen Beurkundung; die Zustimmung ist unwiderruflich.

γ) **Gemeinschaftliches Testament.**

§ 2292.

Ein zwischen Ehegatten geschlossener Erbvertrag kann auch durch ein gemeinschaftliches Testament der Ehegatten aufgehoben werden; die Vorschriften des § 2290 Abs. 3 finden Anwendung.

b) Einseitige Aufhebung: Rücktritt (§§ 2293—2297).

α) **Voraussetzungen des Rücktrittsrechts (§§ 2293—2295).**

Vorbehalt.

§ 2293.

Der Erblasser kann von dem Erbvertrage zurücktreten, wenn er sich den Rücktritt im Vertrage vorbehalten hat.

Verfehlungen des Bedachten.

§ 2294.

Der Erblasser kann von einer vertragsmäßigen Verfügung zurücktreten, wenn sich der Bedachte einer Verfehlung schuldig macht, die den Erblasser zur Entziehung des Pflichtteils berechtigt oder, falls der Bedachte nicht zu den Pflichtteilsberechtigten gehört, zu der Entziehung berechtigen würde, wenn der Bedachte ein Abkömmling des Erblassers wäre.

Wegfall der Gegenleistung.

§ 2295.

Der Erblasser kann von einer vertragsmäßigen Verfügung zurücktreten, wenn die Verfügung mit Rücksicht auf eine rechtsgeschäftliche Verpflichtung des Bedachten, dem Erblasser für dessen Lebenszeit wiederkehrende Leistungen zu entrichten, insbesondere Unterhalt zu gewähren, getroffen ist und die Verpflichtung vor dem Tode des Erblassers aufgehoben wird.

β) **Rücktrittserklärung.**

§ 2296.

Der Rücktritt kann nicht durch einen Vertreter erfolgen. Ist der Erblasser in der Geschäftsfähigkeit beschränkt, so bedarf er nicht der Zustimmung seines gesetzlichen Vertreters.

Der Rücktritt erfolgt durch Erklärung gegenüber dem anderen Vertragschließenden. Die Erklärung bedarf der gerichtlichen oder notariellen Beurkundung.

γ) **Aufhebung durch Testament.**

§ 2297.

Soweit der Erblasser zum Rücktritte berechtigt ist, kann er nach dem Tode des anderen Vertragschließenden die vertragsmäßige Verfügung durch Testament aufheben. In den Fällen des § 2294 finden die Vorschriften des § 2336 Abs. 2 bis 4 entsprechende Anwendung.

7. Reziproke Verfügungen.

§ 2298.

Sind in einem Erbvertrage von beiden Teilen vertragsmäßige Verfügungen getroffen, so hat die Nichtigkeit einer dieser Verfügungen die Unwirksamkeit des ganzen Vertrags zur Folge.

Ist in einem solchen Vertrage der Rücktritt vorbehalten, so wird durch den Rücktritt eines der Vertragschließenden der ganze Vertrag aufgehoben. Das Rücktrittsrecht erlischt mit dem Tode des anderen Vertragschließenden. Der Überlebende kann jedoch, wenn er das ihm durch den Vertrag Zugewendete ausschlägt, seine Verfügung durch Testament aufheben.

Die Vorschriften des Abs. 1 und des Abs. 2 Satz 1, 2 finden keine Anwendung, wenn ein anderer Wille der Vertragschließenden anzunehmen ist.

8. Letztwillige Verfügungen im Erbvertrag.

§ 2299.

Jeder der Vertragschließenden kann in dem Erbvertrag einseitig jede Verfügung treffen, die durch Testament getroffen werden kann.

Für eine Verfügung dieser Art gilt das gleiche, wie wenn sie durch Testament getroffen worden wäre. Die Verfügung kann auch in einem Vertrag aufgehoben werden, durch den eine vertragsmäßige Verfügung aufgehoben wird.

Wird der Erbvertrag durch Ausübung des Rücktrittsrechts oder durch Vertrag aufgehoben, so tritt die Verfügung außer Kraft, sofern nicht ein anderer Wille des Erblassers anzunehmen ist.

9. Eröffnung.

§ 2300.

Die für die Eröffnung eines Testaments geltenden Vorschriften der §§ 2259 bis 2263, 2273 finden auf den Erbvertrag entsprechende Anwendung, die Vorschriften des § 2273 Satz 2, 3 jedoch nur dann, wenn sich der Erbvertrag in besonderer amtlicher Verwahrung befindet.

10. Donatio mortis causa.

§ 2301.

Auf ein Schenkungsversprechen, welches unter der Bedingung erteilt wird, daß der Beschenkte den Schenker überlebt, finden die Vorschriften über Verfügungen von Todes wegen Anwendung. Das gleiche gilt für ein schenkweise unter dieser Bedingung erteiltes Schuldversprechen oder Schuldanerkenntnis der in den §§ 780, 781 bezeichneten Art.

Vollzieht der Schenker die Schenkung durch Leistung des zugewendeten Gegenstandes, so finden die Vorschriften über Schenkungen unter Lebenden Anwendung.

11. Verpflichtungsverträge in bezug auf Verfügungen von Todes wegen.

§ 2302.

Ein Vertrag, durch den sich jemand verpflichtet, eine Verfügung von Todes wegen zu errichten oder nicht zu errichten, aufzuheben oder nicht aufzuheben, ist nichtig.

Fünfter Abschnitt. Pflichtteil.

1. Begriff. Allgemeine Voraussetzungen.

§ 2303.

Ist ein Abkömmling des Erblassers durch Verfügung von Todes wegen von der Erbfolge ausgeschlossen, so kann er von dem Erben den Pflichtteil verlangen. Der Pflichtteil besteht in der Hälfte des Wertes des gesetzlichen Erbteils.

Das gleiche Recht steht den Eltern und dem Ehegatten des Erblassers zu, wenn sie durch Verfügung von Todes wegen von der Erbfolge ausgeschlossen sind.

2. Zuwendungen von Todes wegen an den Pflichtteilsberechtigten (§§ 2304—2308).

a) Zuwendung d. Pflichtteils.

§ 2304.

Die Zuwendung des Pflichtteils ist im Zweifel nicht als Erbeinsetzung anzusehen.

b) Zuwendungen eines Erbteils; actio ad supplendam legitimam.

§ 2305.

Ist einem Pflichtteilsberechtigten ein Erbteil hinterlassen, der geringer ist als die Hälfte des gesetzlichen Erbteils, so kann der Pflichtteilsberechtigte von den Miterben als Pflichtteil den Wert des an der Hälfte fehlenden Teiles verlangen.

c) Zuwendung eines belasteten oder beschränkten Erbteils (cautela Socini).

§ 2306.

Ist ein als Erbe berufener Pflichtteilsberechtigter durch die Einsetzung eines Nacherben, die Ernennung eines Testamentsvollstreckers oder eine Teilungsanordnung beschränkt oder ist er mit einem Vermächtnis oder einer Auflage beschwert, so gilt die Beschränkung oder die Beschwerung als nicht angeordnet, wenn der ihm hinterlassene Erbteil die Hälfte des gesetzlichen Erbteils nicht übersteigt. Ist der hinterlassene Erbteil größer, so kann der Pflichtteilsberechtigte den Pflichtteil verlangen, wenn er den Erbteil ausschlägt; die Ausschlagungsfrist beginnt erst, wenn der Pflichtteilsberechtigte von der Beschränkung oder der Beschwerung Kenntnis erlangt.

Einer Beschränkung der Erbeinsetzung steht es gleich, wenn der Pflichtteilsberechtigte als Nacherbe eingesetzt ist.

d) Zuwendung eines Vermächtnisses (cautela Socini).

§ 2307.

Ist ein Pflichtteilsberechtigter mit einem Vermächtnisse bedacht, so kann er den Pflichtteil verlangen, wenn er das Vermächtnis ausschlägt. Schlägt er nicht aus, so steht ihm ein Recht auf den Pflichtteil nicht zu, soweit der Wert des Vermächtnisses reicht; bei der Berechnung des Wertes bleiben Beschränkungen und Beschwerungen der im § 2306 bezeichneten Art außer Betracht.

Der mit dem Vermächtnisse beschwerte Erbe kann den Pflichtteilsberechtigten unter Bestimmung einer angemessenen Frist zur Erklärung über die Annahme des Vermächtnisses auffordern. Mit dem Ablaufe der Frist gilt das Vermächtnis als ausgeschlagen, wenn nicht vorher die Annahme erklärt wird.

e) Anfechtung der Ausschlagung wegen Motivirrtum.

§ 2308.

Hat ein Pflichtteilsberechtigter, der als Erbe oder als Vermächtnisnehmer in der im § 2306 bezeichneten Art beschränkt oder beschwert ist, die Erbschaft oder das Vermächtnis ausgeschlagen, so kann er die Ausschlagung anfechten, wenn die Beschränkung oder die Beschwerung zur Zeit der Ausschlagung weggefallen und der Wegfall ihm nicht bekannt war.

Auf die Anfechtung der Ausschlagung eines Vermächtnisses finden die für die Anfechtung der Ausschlagung einer Erbschaft geltenden Vorschriften entsprechende Anwendung. Die Anfechtung erfolgt durch Erklärung gegenüber dem Beschwerten.

3. Entferntere Abkömmlinge und Eltern.

§ 2309.

Entferntere Abkömmlinge und die Eltern des Erblassers sind insoweit nicht pflichtteilsberechtigt, als ein Abkömmling, der sie im Falle der gesetzlichen Erbfolge ausschließen würde, den Pflichtteil verlangen kann oder das ihm Hinterlassene annimmt.

4. Berechnung des Pflichtteils (§§ 2310—2316).

a) Feststellung des gesetzlichen Erbteils.

§ 2310.

Bei der Feststellung des für die Berechnung des Pflichtteils maßgebenden Erbteils werden diejenigen mitgezählt, welche durch letztwillige Verfügung von der Erbfolge ausgeschlossen sind oder die Erbschaft ausgeschlagen haben oder für erbunwürdig erklärt sind. Wer durch Erbverzicht von der gesetzlichen Erbfolge ausgeschlossen ist, wird nicht mitgezählt.

b) Feststellung des Wertes des Nachlasses (§§ 2311—2314).

§ 2311.

Der Berechnung des Pflichtteils wird der Bestand und der Wert des Nachlasses zur Zeit des Erbfalls zugrunde gelegt. Bei der Berechnung des Pflichtteils der Eltern des Erblassers bleibt der dem überlebenden Ehegatten gebührende Voraus außer Ansatz.

Der Wert ist, soweit erforderlich, durch Schätzung zu ermitteln. Eine vom Erblasser getroffene Wertbestimmung ist nicht maßgebend.

§ 2312.

Hat der Erblasser angeordnet oder ist nach § 2049 anzunehmen, daß einer von mehreren Erben das Recht haben soll, ein zum Nachlasse gehörendes Landgut zu dem Ertragswerte zu übernehmen, so ist, wenn von dem Rechte Gebrauch gemacht wird, der Ertragswert auch für die Berechnung des Pflichtteils maßgebend. Hat der Erblasser einen anderen Übernahmepreis bestimmt, so ist dieser maßgebend, wenn er den Ertragswert erreicht und den Schätzungswert nicht übersteigt.

Hinterläßt der Erblasser nur einen Erben, so kann er anordnen, daß der Berechnung des Pflichtteils der Ertragswert oder ein nach Abs. 1 Satz 2 bestimmter Wert zugrunde gelegt werden soll.

Diese Vorschriften finden nur Anwendung, wenn der Erbe, der das Landgut erwirbt, zu den im § 2303 bezeichneten pflichtteilsberechtigten Personen gehört.

§ 2313.

Bei der Feststellung des Wertes des Nachlasses bleiben Rechte und Verbindlichkeiten, die von einer aufschiebenden Bedingung abhängig sind, außer Ansatz. Rechte und Verbindlichkeiten, die von einer auflösenden Bedingung abhängig sind, kommen als unbedingte in Ansatz. Tritt die Bedingung ein, so hat die der veränderten Rechtslage entsprechende Ausgleichung zu erfolgen.

Für ungewisse oder unsichere Rechte sowie für zweifelhafte Verbindlichkeiten gilt das gleiche wie für Rechte und Verbindlichkeiten, die von einer aufschiebenden Bedingung abhängig sind. Der Erbe ist dem Pflichtteilsberechtigten gegenüber verpflichtet, für die Feststellung eines ungewissen und für die Verfolgung eines unsicheren Rechtes zu sorgen, soweit es einer ordnungsmäßigen Verwaltung entspricht.

§ 2314.

Ist der Pflichtteilsberechtigte nicht Erbe, so hat ihm der Erbe auf Verlangen über den Bestand des Nachlasses Auskunft zu erteilen. Der Pflichtteilsberechtigte kann verlangen, daß er bei der Aufnahme des ihm nach § 260 vorzulegenden Verzeichnisses der Nachlaßgegenstände zugezogen und daß der Wert der Nachlaßgegenstände ermittelt wird. Er kann auch verlangen, daß das Verzeichnis durch die zuständige Behörde oder durch einen zuständigen Beamten oder Notar aufgenommen wird.

Die Kosten fallen dem Nachlasse zur Last.

c) Anrechnung von Zuwendungen unter Lebenden (§§ 2315, 2316).

α) Im allgemeinen.

§ 2315.

Der Pflichtteilsberechtigte hat sich auf den Pflichtteil anrechnen zu lassen, was ihm von dem Erblasser durch Rechtsgeschäft unter Lebenden mit der Bestimmung zugewendet worden ist, daß es auf den Pflichtteil angerechnet werden soll.

Der Wert der Zuwendung wird bei der Bestimmung des Pflichtteils dem Nachlasse hinzugerechnet. Der Wert bestimmt sich nach der Zeit, zu welcher die Zuwendung erfolgt ist.

Ist der Pflichtteilsberechtigte ein Abkömmling des Erblassers, so findet die Vorschrift des § 2051 Abs. 1 entsprechende Anwendung.

β) Pflichtteil des Abkömmlings.

§ 2316.

Der Pflichtteil eines Abkömmlinges bestimmt sich, wenn mehrere Abkömmlinge vorhanden sind und unter ihnen im Falle der gesetzlichen Erbfolge eine Zuwendung des Erblassers zur Ausgleichung zu bringen sein würde, nach demjenigen, was auf den gesetzlichen Erbteil unter Berücksichtigung der Ausgleichungspflicht bei der Teilung entfallen würde. Ein Abkömmling, der durch Erbverzicht von der gesetzlichen Erbfolge ausgeschlossen ist, bleibt bei der Berechnung außer Betracht.

Ist der Pflichtteilsberechtigte Erbe und beträgt der Pflichtteil nach Abs. 1 mehr als der Wert des hinterlassenen Erbteils, so kann der Pflichtteilsberechtigte von den Miterben den Mehrbetrag als Pflichtteil verlangen, auch wenn der hinterlassene Erbteil die Hälfte des gesetzlichen Erbteils erreicht oder übersteigt.

Eine Zuwendung der im § 2050 Abs. 1 bezeichneten Art kann der Erblasser nicht zum Nachteil eines Pflichtteilsberechtigten von der Berücksichtigung ausschließen.

Ist eine nach Abs. 1 zu berücksichtigende Zuwendung zugleich nach § 2315 auf den Pflichtteil anzurechnen, so kommt sie auf diesen nur mit der Hälfte des Wertes zur Anrechnung.

5. Pflichtteilsanspruch.

§ 2317.

Der Anspruch auf den Pflichtteil entsteht mit dem Erbfalle.

Der Anspruch ist vererblich und übertragbar.

6. Träger der Pflichtteilslast (§§ 2318—2324).

a) Abwälzung auf Vermächtnis und Auflage.

§ 2318.

Der Erbe kann die Erfüllung eines ihm auferlegten Vermächtnisses soweit verweigern, daß die Pflichtteilslast von ihm und dem Vermächtnisnehmer verhältnismäßig getragen wird. Das gleiche gilt von einer Auflage.

Einem pflichtteilsberechtigten Vermächtnisnehmer gegenüber ist die Kürzung nur soweit zulässig, daß ihm der Pflichtteil verbleibt.

Ist der Erbe selbst pflichtteilsberechtigt, so kann er wegen der Pflichtteilslast das Vermächtnis und die Auflage soweit kürzen, daß ihm sein eigener Pflichtteil verbleibt.

b) Abwälzung auf Miterben (§§ 2319, 2320).

§ 2319.

Ist einer von mehreren Erben selbst pflichtteilsberechtigt, so kann er nach der Teilung die Befriedigung eines anderen Pflichtteilsberechtigten soweit verweigern, daß ihm sein eigener Pflichtteil verbleibt. Für den Ausfall haften die übrigen Erben.

§ 2320.

Wer an Stelle des Pflichtteilsberechtigten gesetzlicher Erbe wird, hat im Verhältnisse zu Miterben die Pflichtteilslast und, wenn der Pflichtteilsberechtigte ein ihm zugewendetes Ver=

mächtnis annimmt, das Vermächtnis in Höhe des erlangten Vorteils zu tragen.

Das gleiche gilt im Zweifel von demjenigen, welchem der Erblasser den Erbteil des Pflichtteilsberechtigten durch Verfügung von Todes wegen zugewendet hat.

c) Abwälzung auf den Vermächtnisbeschwerten.

§ 2321.

Schlägt der Pflichtteilsberechtigte ein ihm zugewendetes Vermächtnis aus, so hat im Verhältnisse der Erben und der Vermächtnisnehmer zueinander derjenige, welchem die Ausschlagung zustatten kommt, die Pflichtteilslast in Höhe des erlangten Vorteils zu tragen.

d) Besonderes über Abwälzung auf Vermächtnis u. Auflage (§§ 2322, 2323).

§ 2322.

Ist eine von dem Pflichtteilsberechtigten ausgeschlagene Erbschaft oder ein von ihm ausgeschlagenes Vermächtnis mit einem Vermächtnis oder einer Auflage beschwert, so kann derjenige, welchem die Ausschlagung zustatten kommt, das Vermächtnis oder die Auflage soweit kürzen, daß ihm der zur Deckung der Pflichtteilslast erforderliche Betrag verbleibt.

§ 2323.

Der Erbe kann die Erfüllung eines Vermächtnisses oder einer Auflage auf Grund des § 2318 Abs. 1 insoweit nicht verweigern, als er die Pflichtteilslast nach den §§ 2320 bis 2322 nicht zu tragen hat.

e) Anordnungen des Erblassers.

§ 2324.

Der Erblasser kann durch Verfügung von Todes wegen die Pflichtteilslast im Verhältnisse der Erben zueinander einzelnen Erben auferlegen und von den Vorschriften des § 2318 Abs. 1 und der §§ 2320 bis 2323 abweichende Anordnungen treffen.

7. Pflichtteilsergänzung (§§ 2325—2331).

a) Anspruch gegen den Erben (§§ 2325—2328).

α) Allgemeines.

§ 2325.

Hat der Erblasser einem Dritten eine Schenkung gemacht, so kann der Pflichtteilsberechtigte als Ergänzung des Pflichtteils den Betrag verlangen, um den sich der Pflichtteil erhöht, wenn der verschenkte Gegenstand dem Nachlasse hinzugerechnet wird.

Eine verbrauchbare Sache kommt mit dem Werte in Ansatz, den sie zur Zeit der Schenkung hatte. Ein anderer Gegenstand kommt mit dem Werte in Ansatz, den er zur Zeit des Erbfalls hat; hatte er zur Zeit der Schenkung einen geringeren Wert, so wird nur dieser in Ansatz gebracht.

Die Schenkung bleibt unberücksichtigt, wenn zur Zeit des Erbfalls zehn Jahre seit der Leistung des verschenkten Gegenstandes verstrichen sind; ist die Schenkung an den Ehegatten des Erblassers erfolgt, so beginnt die Frist nicht vor der Auflösung der Ehe.

β) Zuwendung des Pflichtteils.

§ 2326.

Der Pflichtteilsberechtigte kann die Ergänzung des Pflichtteils auch dann verlangen, wenn ihm die Hälfte des gesetzlichen Erbteils hinterlassen ist. Ist dem Pflichtteilsberechtigten mehr als die Hälfte hinterlassen, so ist der Anspruch ausgeschlossen, soweit der Wert des mehr Hinterlassenen reicht.

γ) Geschenke an den Pflichtteilsberechtigten.

§ 2327.

Hat der Pflichtteilsberechtigte selbst ein Geschenk von dem Erblasser erhalten, so ist das Geschenk in gleicher Weise wie das dem Dritten gemachte Geschenk dem Nachlasse hinzuzurechnen und zugleich dem Pflichtteilsberechtigten auf die Ergänzung anzurechnen. Ein nach § 2315 anzurechnendes Geschenk ist auf den Gesamtbetrag des Pflichtteils und der Ergänzung anzurechnen.

Ist der Pflichtteilsberechtigte ein Abkömmling des Erblassers, so findet die Vorschrift des § 2051 Abs. 1 entsprechende Anwendung.

δ) Einrede des pflichtteilsberechtigten Erben.

§ 2328.

Ist der Erbe selbst pflichtteilsberechtigt, so kann er die Ergänzung des Pflichtteils soweit verweigern, daß ihm sein eigener Pflichtteil mit Einschluß dessen verbleibt, was ihm zur Ergänzung des Pflichtteils gebühren würde.

b) Querella inofficiosae donationis.

§ 2329.

Soweit der Erbe zur Ergänzung des Pflichtteils nicht verpflichtet ist, kann der Pflichtteilsberechtigte von dem Beschenkten die Herausgabe des Geschenkes zum Zwecke der Befriedigung wegen des fehlenden Betrags nach den Vorschriften über die Herausgabe einer ungerechtfertigten Bereicherung fordern. Ist der Pflichtteilsberechtigte der alleinige Erbe, so steht ihm das gleiche Recht zu.

Der Beschenkte kann die Herausgabe durch Zahlung des fehlenden Betrags abwenden.

Unter mehreren Beschenkten haftet der früher Beschenkte nur insoweit, als der später Beschenkte nicht verpflichtet ist.

c) Besondere Schenkungen (§§ 2330, 2331).

§ 2330.

Die Vorschriften der §§ 2325 bis 2329 finden keine Anwendung auf Schenkungen, durch die einer sittlichen Pflicht oder einer auf den Anstand zu nehmenden Rücksicht entsprochen wird.

§ 2331.

Eine Zuwendung, die aus dem Gesamtgute der allgemeinen Gütergemeinschaft, der Errungenschaftsgemeinschaft oder der Fahrnisgemeinschaft erfolgt, gilt als von jedem der Ehegatten zur Hälfte gemacht. Die Zuwendung gilt jedoch, wenn sie an einen Abkömmling, der nur von einem der Ehegatten abstammt, oder an eine Person, von der nur einer der Ehegatten abstammt, erfolgt oder wenn einer der Ehegatten wegen der Zuwendung zu dem Gesamtgut Ersatz zu leisten hat, als von diesem Ehegatten gemacht.

Diese Vorschriften finden auf eine Zuwendung aus dem Gesamtgute der fortgesetzten Gütergemeinschaft entsprechende Anwendung.

8. Verjährung.

§ 2332.

Der Pflichtteilsanspruch verjährt in drei Jahren von dem Zeitpunkt an, in welchem der Pflichtteilsberechtigte von dem Eintritte des Erbfalls und von der ihn beeinträchtigenden Verfügung Kenntnis erlangt, ohne Rücksicht auf diese Kenntnis in dreißig Jahren von dem Eintritte des Erbfalls an.

Der nach § 2329 dem Pflichtteilsberechtigten gegen den Beschenkten zustehende Anspruch verjährt in drei Jahren von dem Eintritte des Erbfalls an.

Die Verjährung wird nicht dadurch gehemmt, daß die Ansprüche erst nach der Ausschlagung der Erbschaft oder eines Vermächtnisses geltend gemacht werden können.

9. Entziehung des Pflichtteils (§§ 2333—2337).

a) Gründe (§§ 2333—2335).

α) **Pflichtteilsrecht der Abkömmlinge.**

§ 2333.

Der Erblasser kann einem Abkömmlinge den Pflichtteil entziehen:

1. wenn der Abkömmling dem Erblasser, dem Ehegatten oder einem anderen Abkömmlinge des Erblassers nach dem Leben trachtet;
2. wenn der Abkömmling sich einer vorsätzlichen körperlichen Mißhandlung des Erblassers oder des Ehegatten des Erblassers schuldig macht, im Falle der Mißhandlung des Ehegatten jedoch nur, wenn der Abkömmling von diesem abstammt;
3. wenn der Abkömmling sich eines Verbrechens oder eines schweren vorsätzlichen Vergehens gegen den Erblasser oder dessen Ehegatten schuldig macht;
4. wenn der Abkömmling die ihm dem Erblasser gegenüber gesetzlich obliegende Unterhaltspflicht böswillig verletzt;
5. wenn der Abkömmling einen ehrlosen oder unsittlichen Lebenswandel wider den Willen des Erblassers führt.

β) **Pflichtteilsrecht der Eltern.**

§ 2334.

Der Erblasser kann dem Vater den Pflichtteil entziehen, wenn dieser sich einer der im § 2333 Nr. 1, 3, 4 bezeichneten Verfehlungen schuldig macht. Das gleiche Recht steht dem Erblasser der Mutter gegenüber zu, wenn diese sich einer solchen Verfehlung schuldig macht.

γ) **Pflichtteilsrecht des Ehegatten.**

§ 2335.

Der Erblasser kann dem Ehegatten den Pflichtteil entziehen, wenn der Ehegatte sich einer Verfehlung schuldig macht, auf Grund deren der Erblasser nach den §§ 1565 bis 1568 auf Scheidung zu klagen berechtigt ist.

Das Recht zur Entziehung erlischt nicht durch den Ablauf der für die Geltendmachung des Scheidungsgrundes im § 1571 bestimmten Frist.

b) Entziehung.

§ 2336.

Die Entziehung des Pflichtteils erfolgt durch letztwillige Verfügung.

Der Grund der Entziehung muß zur Zeit der Errichtung bestehen und in der Verfügung angegeben werden.

Der Beweis des Grundes liegt demjenigen ob, welcher die Entziehung geltend macht.

Im Falle des § 2333 Nr. 5 ist die Entziehung unwirksam, wenn sich der Abkömmling zur Zeit des Erbfalls von dem ehrlosen oder unsittlichen Lebenswandel dauernd abgewendet hat.

c) **Verzeihung.**

§ 2337.

Das Recht zur Entziehung des Pflichtteils erlischt durch Verzeihung. Eine Verfügung, durch die der Erblasser die Entziehung angeordnet hat, wird durch die Verzeihung unwirksam.

10. **Sog. exheredatio bona mente.**

§ 2338.

Hat sich ein Abkömmling in solchem Maße der Verschwendung ergeben oder ist er in solchem Maße überschuldet, daß sein späterer Erwerb erheblich gefährdet wird, so kann der Erblasser das Pflichtteilsrecht des Abkömmlinges durch die Anordnung beschränken, daß nach dem Tode des Abkömmlinges dessen gesetzliche Erben das ihm Hinterlassene oder den ihm gebührenden Pflichtteil als Nacherben oder als Nachvermächtnisnehmer nach dem Verhältnis ihrer gesetzlichen Erbteile erhalten sollen. Der Erblasser kann auch für die Lebenszeit des Abkömmlinges die Verwaltung einem Testamentsvollstrecker übertragen; der Abkömmling hat in einem solchen Falle Anspruch auf den jährlichen Reinertrag.

Auf Anordnungen dieser Art finden die Vorschriften des § 2336 Abs. 1 bis 3 entsprechende Anwendung. Die Anordnungen sind unwirksam, wenn zur Zeit des Erbfalls der Abkömmling sich dauernd von dem verschwenderischen Leben abgewendet hat oder die den Grund der Anordnung bildende Überschuldung nicht mehr besteht.

Sechster Abschnitt. **Erbunwürdigkeit.**

1. **Indignität des Erben (§§ 2339—2344).**

a) **Gründe.**

§ 2339.

Erbunwürdig ist:

1. wer den Erblasser vorsätzlich und widerrechtlich getötet oder zu töten versucht oder in einen Zustand versetzt hat, infolgedessen der Erblasser bis zu seinem Tode unfähig war, eine Verfügung von Todes wegen zu errichten oder aufzuheben;
2. wer den Erblasser vorsätzlich und widerrechtlich verhindert

hat, eine Verfügung von Todes wegen zu errichten oder aufzuheben;
3. wer den Erblasser durch arglistige Täuschung oder widerrechtlich durch Drohung bestimmt hat, eine Verfügung von Todes wegen zu errichten oder aufzuheben;
4. wer sich in Ansehung einer Verfügung des Erblassers von Todes wegen einer nach den Vorschriften der §§ 267 bis 274 des Strafgesetzbuchs strafbaren Handlung schuldig gemacht hat.

Die Erbunwürdigkeit tritt in den Fällen des Abs. 1 Nr. 3, 4 nicht ein, wenn vor dem Eintritte des Erbfalls die Verfügung, zu deren Errichtung der Erblasser bestimmt oder in Ansehung deren die strafbare Handlung begangen worden ist, unwirksam geworden ist, oder die Verfügung, zu deren Aufhebung er bestimmt worden ist, unwirksam geworden sein würde.

b) Anfechtungsrecht.

§ 2340.

Die Erbunwürdigkeit wird durch Anfechtung des Erbschaftserwerbes geltend gemacht.

Die Anfechtung ist erst nach dem Anfalle der Erbschaft zulässig. Einem Nacherben gegenüber kann die Anfechtung erfolgen, sobald die Erbschaft dem Vorerben angefallen ist.

Die Anfechtung kann nur innerhalb der im § 2082 bestimmten Fristen erfolgen.

c) Anfechtungsberechtigte.

§ 2341.

Anfechtungsberechtigt ist jeder, dem der Wegfall des Erbunwürdigen, sei es auch nur bei dem Wegfall eines anderen, zustatten kommt.

d) Anfechtung.

§ 2342.

Die Anfechtung erfolgt durch Erhebung der Anfechtungsklage. Die Klage ist darauf zu richten, daß der Erbe für erbunwürdig erklärt wird.

Die Wirkung der Anfechtung tritt erst mit der Rechtskraft des Urteils ein.

e) Verzeihung.

§ 2343.

Die Anfechtung ist ausgeschlossen, wenn der Erblasser dem Erbunwürdigen verziehen hat.

f) Wirkung der Anfechtung.

§ 2344.

Ist ein Erbe für erbunwürdig erklärt, so gilt der Anfall an ihn als nicht erfolgt.

Die Erbschaft fällt demjenigen an, welcher berufen sein würde, wenn der Erbunwürdige zur Zeit des Erbfalls nicht gelebt hätte; der Anfall gilt als mit dem Eintritte des Erbfalls erfolgt.

2. Indignität von Vermächtnisnehmern und Pflichtteilsberechtigten.

§ 2345.

Hat sich ein Vermächtnisnehmer einer der im § 2339 Abs. 1 bezeichneten Verfehlungen schuldig gemacht, so ist der Anspruch aus dem Vermächtnis anfechtbar. Die Vorschriften der §§ 2082, 2083, des § 2339 Abs. 2 und der §§ 2341, 2343 finden Anwendung.

Das gleiche gilt für einen Pflichtteilsanspruch, wenn der Pflichtteilsberechtigte sich einer solchen Verfehlung schuldig gemacht hat.

Siebenter Abschnitt. Erbverzicht.

1. Verzicht auf das gesetzliche Erbrecht und Pflichtteilsrecht (§§ 2346—2351).

a) Wirkung.

§ 2346.

Verwandte sowie der Ehegatte des Erblassers können durch Vertrag mit dem Erblasser auf ihr gesetzliches Erbrecht verzichten. Der Verzichtende ist von der gesetzlichen Erbfolge ausgeschlossen, wie wenn er zur Zeit des Erbfalls nicht mehr lebte; er hat kein Pflichtteilsrecht.

Der Verzicht kann auf das Pflichtteilsrecht beschränkt werden.

b) Fähigkeit.

§ 2347.

Zu dem Erbverzicht ist, wenn der Verzichtende unter Vormundschaft steht, die Genehmigung des Vormundschaftsgerichts erforderlich; steht er unter elterlicher Gewalt, so gilt das gleiche, sofern nicht der Vertrag unter Ehegatten oder unter Verlobten geschlossen wird.

Der Erblasser kann den Vertrag nur persönlich schließen; ist er in der Geschäftsfähigkeit beschränkt, so bedarf er nicht der Zustimmung seines gesetzlichen Vertreters. Ist der Erblasser geschäftsunfähig, so kann der Vertrag durch den gesetzlichen Vertreter geschlossen werden; die Genehmigung des Vormundschaftsgerichts ist in gleichem Umfange wie nach Abs. 1 erforderlich.

c) Form.

§ 2348.

Der Erbverzichtsvertrag bedarf der gerichtlichen oder notariellen Beurkundung.

d) Wirkung auf Abkömmlinge. **§ 2349.**

Verzichtet ein Abkömmling oder ein Seitenverwandter des Erblassers auf das gesetzliche Erbrecht, so erstreckt sich die Wirkung des Verzichts auf seine Abkömmlinge, sofern nicht ein anderes bestimmt wird.

e) Bedingter Verzicht kraft Auslegungsregel. **§ 2350.**

Verzichtet jemand zugunsten eines anderen auf das gesetzliche Erbrecht, so ist im Zweifel anzunehmen, daß der Verzicht nur für den Fall gelten soll, daß der andere Erbe wird.

Verzichtet ein Abkömmling des Erblassers auf das gesetzliche Erbrecht, so ist im Zweifel anzunehmen, daß der Verzicht nur zugunsten der anderen Abkömmlinge und des Ehegatten des Erblassers gelten soll.

f) Aufhebung. **§ 2351.**

Auf einen Vertrag, durch den ein Erbverzicht aufgehoben wird, findet die Vorschrift des § 2348 und in Ansehung des Erblassers auch die Vorschrift des § 2347 Abs. 2 Anwendung.

2. Verzicht auf Zuwendungen von Todes wegen. **§ 2352.**

Wer durch Testament als Erbe eingesetzt oder mit einem Vermächtnisse bedacht ist, kann durch Vertrag mit dem Erblasser auf die Zuwendung verzichten. Das gleiche gilt für eine Zuwendung, die in einem Erbvertrag einem Dritten gemacht ist. Die Vorschriften der §§ 2347, 2348 finden Anwendung.

Achter Abschnitt. **Erbschein.**

1. Begriff. **§ 2353.**

Das Nachlaßgericht hat dem Erben auf Antrag ein Zeugnis über sein Erbrecht und, wenn er nur zu einem Teile der Erbschaft berufen ist, über die Größe des Erbteils zu erteilen (Erbschein).

2. Antrag (§§ 2354—2357).

a) Antrag des gesetzlichen Erben. **§ 2354.**

Wer die Erteilung des Erbscheins als gesetzlicher Erbe beantragt, hat anzugeben:
1. die Zeit des Todes des Erblassers;
2. das Verhältnis, auf dem sein Erbrecht beruht;
3. ob und welche Personen vorhanden sind oder vorhanden

waren, durch die er von der Erbfolge ausgeschlossen oder sein Erbteil gemindert werden würde;
4. ob und welche Verfügungen des Erblassers von Todes wegen vorhanden sind;
5. ob ein Rechtsstreit über sein Erbrecht anhängig ist.

Ist eine Person weggefallen, durch die der Antragsteller von der Erbfolge ausgeschlossen oder sein Erbteil gemindert werden würde, so hat der Antragsteller anzugeben, in welcher Weise die Person weggefallen ist.

b) Antrag des Erben kraft Verfügung v. Todes wegen.

§ 2355.

Wer die Erteilung des Erbscheins auf Grund einer Verfügung von Todes wegen beantragt, hat die Verfügung zu bezeichnen, auf der sein Erbrecht beruht, anzugeben, ob und welche sonstigen Verfügungen des Erblassers von Todes wegen vorhanden sind, und die im § 2354 Abs. 1 Nr. 1, 5, Abs. 2 vorgeschriebenen Angaben zu machen.

c) Nachweis.

§ 2356.

Der Antragsteller hat die Richtigkeit der in Gemäßheit des § 2354 Abs. 1 Nr. 1, 2, Abs. 2 gemachten Angaben durch öffentliche Urkunden nachzuweisen und im Falle des § 2355 die Urkunde vorzulegen, auf der sein Erbrecht beruht. Sind die Urkunden nicht oder nur mit unverhältnismäßigen Schwierigkeiten zu beschaffen, so genügt die Angabe anderer Beweismittel.

In Ansehung der übrigen nach den §§ 2354, 2355 erforderlichen Angaben hat der Antragsteller vor Gericht oder vor einem Notar an Eides Statt zu versichern, daß ihm nichts bekannt sei, was der Richtigkeit seiner Angaben entgegensteht. Das Nachlaßgericht kann die Versicherung erlassen, wenn es sie für nicht erforderlich erachtet.

Diese Vorschriften finden keine Anwendung, soweit die Tatsachen bei dem Nachlaßgericht offenkundig sind.

d) Gemeinschaftlicher Erbschein.

§ 2357.

Sind mehrere Erben vorhanden, so ist auf Antrag ein gemeinschaftlicher Erbschein zu erteilen. Der Antrag kann von jedem der Erben gestellt werden.

In dem Antrage sind die Erben und ihre Erbteile anzugeben.

Wird der Antrag nicht von allen Erben gestellt, so hat er die Angabe zu enthalten, daß die übrigen Erben die Erbschaft angenommen haben. Die Vorschriften des § 2356 gelten auch für die sich auf die übrigen Erben beziehenden Angaben des Antragstellers.

Die Versicherung an Eides Statt ist von allen Erben abzugeben, sofern nicht das Nachlaßgericht die Versicherung eines oder einiger von ihnen für ausreichend erachtet.

3. Gerichtliches Ermittelungsverfahren.

§ 2358.

Das Nachlaßgericht hat unter Benutzung der von dem Antragsteller angegebenen Beweismittel von Amts wegen die zur Feststellung der Tatsachen erforderlichen Ermittelungen zu veranstalten und die geeignet erscheinenden Beweise aufzunehmen.

Das Nachlaßgericht kann eine öffentliche Aufforderung zur Anmeldung der anderen Personen zustehenden Erbrechte erlassen; die Art der Bekanntmachung und die Dauer der Anmeldungsfrist bestimmen sich nach den für das Aufgebotsverfahren geltenden Vorschriften.

4. Erteilung und Einziehung des Erbscheins (§§ 2359—2364).

a) Grundsatz.

§ 2359.

Der Erbschein ist nur zu erteilen, wenn das Nachlaßgericht die zur Begründung des Antrags erforderlichen Tatsachen für festgestellt erachtet.

b) Anhörung.

§ 2360.

Ist ein Rechtsstreit über das Erbrecht anhängig, so soll vor der Erteilung des Erbscheins der Gegner des Antragstellers gehört werden.

Ist die Verfügung, auf der das Erbrecht beruht, nicht in einer dem Nachlaßgerichte vorliegenden öffentlichen Urkunde enthalten, so soll vor der Erteilung des Erbscheins derjenige über die Gültigkeit der Verfügung gehört werden, welcher im Falle der Unwirksamkeit der Verfügung Erbe sein würde.

Die Anhörung ist nicht erforderlich, wenn sie untunlich ist.

c) Einziehung durch das Gericht u. Kraftloserklärung.

§ 2361.

Ergibt sich, daß der erteilte Erbschein unrichtig ist, so hat ihn das Nachlaßgericht einzuziehen. Mit der Einziehung wird der Erbschein kraftlos.

Kann der Erbschein nicht sofort erlangt werden, so hat ihn das Nachlaßgericht durch Beschluß für kraftlos zu erklären. Der Beschluß ist nach den für die öffentliche Zustellung einer Ladung geltenden Vorschriften der Zivilprozeßordnung bekanntzumachen. Mit dem Ablauf eines Monats nach der letzten Einrückung des Beschlusses in die öffentlichen Blätter wird die Kraftloserklärung wirksam.

Das Nachlaßgericht kann von Amts wegen über die Richtigkeit eines erteilten Erbscheins Ermittelungen veranstalten.

d) Einziehung durch den Erben.

§ 2362.

Der wirkliche Erbe kann von dem Besitzer eines unrichtigen Erbscheins die Herausgabe an das Nachlaßgericht verlangen.

Derjenige, welchem ein unrichtiger Erbschein erteilt worden ist, hat dem wirklichen Erben über den Bestand der Erbschaft und über den Verbleib der Erbschaftsgegenstände Auskunft zu erteilen.

e) Erbschein des Vorerben.

§ 2363.

In dem Erbscheine, der einem Vorerben erteilt wird, ist anzugeben, daß eine Nacherbfolge angeordnet ist, unter welchen Voraussetzungen sie eintritt und wer der Nacherbe ist. Hat der Erblasser den Nacherben auf dasjenige eingesetzt, was von der Erbschaft bei dem Eintritte der Nacherbfolge übrig sein wird, oder hat er bestimmt, daß der Vorerbe zur freien Verfügung über die Erbschaft berechtigt sein soll, so ist auch dies anzugeben.

Dem Nacherben steht das im § 2362 Abs. 1 bestimmte Recht zu.

f) Angabe des Testamentsvollstreckers.

§ 2364.

Hat der Erblasser einen Testamentsvollstrecker ernannt, so ist die Ernennung in dem Erbschein anzugeben.

Dem Testamentsvollstrecker steht das im § 2362 Abs. 1 bestimmte Recht zu.

5. Wirkungen des Erbscheins (§§ 2365—2367).

a) Vermutung.

§ 2365.

Es wird vermutet, daß demjenigen, welcher in dem Erbschein als Erbe bezeichnet ist, das in dem Erbschein angegebene Erbrecht zustehe und daß er nicht durch andere als die angegebenen Anordnungen beschränkt sei.

b) Öffentlicher Glaube (§§ 2366, 2367).

§ 2366.

Erwirbt jemand von demjenigen, welcher in einem Erbschein als Erbe bezeichnet ist, durch Rechtsgeschäft einen Erbschaftsgegenstand, ein Recht an einem solchen Gegenstand oder die Befreiung von einem zur Erbschaft gehörenden Rechte, so gilt zu seinen Gunsten der Inhalt des Erbscheins, soweit die Vermutung des § 2365 reicht, als richtig, es sei denn, daß er die Unrichtigkeit kennt oder weiß, daß das Nachlaßgericht die Rückgabe des Erbscheins wegen Unrichtigkeit verlangt hat.

§ 2367.

Die Vorschriften des § 2366 finden entsprechende Anwendung, wenn an denjenigen, welcher in einem Erbschein als Erbe bezeichnet ist, auf Grund eines zur Erbschaft gehörenden Rechtes eine Leistung bewirkt oder wenn zwischen ihm und einem anderen in Ansehung eines solchen Rechtes ein nicht unter die Vorschrift des § 2366 fallendes Rechtsgeschäft vorgenommen wird, das eine Verfügung über das Recht enthält.

6. Zeugnis für Testamentsvollstrecker.

§ 2368.

Einem Testamentsvollstrecker hat das Nachlaßgericht auf Antrag ein Zeugnis über die Ernennung zu erteilen. Ist der Testamentsvollstrecker in der Verwaltung des Nachlasses beschränkt oder hat der Erblasser angeordnet, daß der Testamentsvollstrecker in der Eingehung von Verbindlichkeiten für den Nachlaß nicht beschränkt sein soll, so ist dies in dem Zeugnis anzugeben.

Ist die Ernennung nicht in einer dem Nachlaßgerichte vorliegenden öffentlichen Urkunde enthalten, so soll vor der Erteilung des Zeugnisses der Erbe wenn tunlich über die Gültigkeit der Ernennung gehört werden.

Die Vorschriften über den Erbschein finden auf das Zeugnis entsprechende Anwendung; mit der Beendigung des Amtes des Testamentsvollstreckers wird das Zeugnis kraftlos.

7. Beschränkter Erbschein.

§ 2369.

Gehören zu einer Erbschaft, für die es an einem zur Erteilung des Erbscheins zuständigen deutschen Nachlaßgerichte fehlt, Gegenstände, die sich im Inlande befinden, so kann die Erteilung eines Erbscheins für diese Gegenstände verlangt werden.

Ein Gegenstand, für den von einer deutschen Behörde ein zur Eintragung des Berechtigten bestimmtes Buch oder Register geführt wird, gilt als im Inlande befindlich. Ein Anspruch gilt als im Inlande befindlich, wenn für die Klage ein deutsches Gericht zuständig ist.

8. Erbscheinsähnliche Wirkungen der Todeserklärung.

§ 2370.

Hat eine für tot erklärte Person den Zeitpunkt überlebt, der als Zeitpunkt ihres Todes gilt, oder ist sie vor diesem Zeitpunkte gestorben, so gilt derjenige, welcher auf Grund der Todeserklärung Erbe sein würde, in Ansehung der in den §§ 2366, 2367 bezeichneten Rechtsgeschäfte zugunsten des Dritten auch ohne Erteilung eines Erbscheins als Erbe, es sei denn, daß der Dritte die Unrichtigkeit der Todeserklärung kennt oder weiß, daß die Todeserklärung infolge einer Anfechtungsklage aufgehoben worden ist.

Ist ein Erbschein erteilt worden, so stehen dem für tot Erklärten, wenn er noch lebt, die im § 2362 bestimmten Rechte zu. Die gleichen Rechte hat eine Person, deren Tod ohne Todeserklärung mit Unrecht angenommen worden ist.

Neunter Abschnitt. Erbschaftskauf.

1. Begriff und Form.

§ 2371.

Ein Vertrag, durch den der Erbe die ihm angefallene Erbschaft verkauft, bedarf der gerichtlichen oder notariellen Beurkundung.

2. Pflichten des Verkäufers gegenüber dem Käufer (§§ 2372—2377).

a) Umfang der Herausgabepflicht, Surrogation (§§ 2372—2374).

§ 2372.

Die Vorteile, welche sich aus dem Wegfall eines Vermächtnisses oder einer Auflage oder aus der Ausgleichungspflicht eines Miterben ergeben, gebühren dem Käufer.

§ 2373.

Ein Erbteil, der dem Verkäufer nach dem Abschlusse des Kaufes durch Nacherbfolge oder infolge des Wegfalls eines Miterben anfällt, sowie ein dem Verkäufer zugewendetes Vorausvermächtnis ist im Zweifel nicht als mitverkauft anzusehen. Das gleiche gilt von Familienpapieren und Familienbildern.

§ 2374.

Der Verkäufer ist verpflichtet, dem Käufer die zur Zeit des Verkaufs vorhandenen Erbschaftsgegenstände mit Einschluß dessen herauszugeben, was er vor dem Verkauf auf Grund eines zur Erbschaft gehörenden Rechtes oder als Ersatz für die Zerstörung, Beschädigung oder Entziehung eines Erbschaftsgegenstandes oder durch ein Rechtsgeschäft erlangt hat, das sich auf die Erbschaft bezog.

b) Wertersatz.

§ 2375.

Hat der Verkäufer vor dem Verkauf einen Erbschaftsgegenstand verbraucht, unentgeltlich veräußert oder unentgeltlich belastet, so ist er verpflichtet, dem Käufer den Wert des verbrauchten oder veräußerten Gegenstandes, im Falle der Belastung die Wertminderung zu ersetzen. Die Ersatzpflicht tritt nicht ein, wenn der Käufer den Verbrauch oder die unentgeltliche Verfügung bei dem Abschlusse des Kaufes kennt.

Im übrigen kann der Käufer wegen Verschlechterung, Unterganges oder einer aus einem anderen Grunde eingetretenen Unmöglichkeit der Herausgabe eines Erbschaftsgegenstandes nicht Ersatz verlangen.

c) Mängelhaftung.

§ 2376.

Die Verpflichtung des Verkäufers zur Gewährleistung wegen eines Mangels im Rechte beschränkt sich auf die Haftung dafür, daß ihm das Erbrecht zusteht, daß es nicht durch das Recht eines Nacherben oder durch die Ernennung eines Testamentsvollstreckers beschränkt ist, daß nicht Vermächtnisse, Auflagen, Pflichtteilslasten, Ausgleichungspflichten oder Teilungsanordnungen bestehen, und daß nicht unbeschränkte Haftung gegenüber den Nachlaßgläubigern oder einzelnen von ihnen eingetreten ist.

Fehler einer zur Erbschaft gehörenden Sache hat der Verkäufer nicht zu vertreten.

d) Konfusion.

§ 2377.

Die infolge des Erbfalls durch Vereinigung von Recht und Verbindlichkeit oder von Recht und Belastung erloschenen Rechtsverhältnisse gelten im Verhältnisse zwischen dem Käufer und dem Verkäufer als nicht erloschen. Erforderlichenfalls ist ein solches Rechtsverhältnis wieder herzustellen.

3. Pflichten des Käufers gegenüber dem Verkäufer (§§ 2378—2381).

a) Nachlaßschulden.

§ 2378.

Der Käufer ist dem Verkäufer gegenüber verpflichtet, die Nachlaßverbindlichkeiten zu erfüllen, soweit nicht der Verkäufer nach § 2376 dafür haftet, daß sie nicht bestehen.

Hat der Verkäufer vor dem Verkauf eine Nachlaßverbindlichkeit erfüllt, so kann er von dem Käufer Ersatz verlangen.

b) Nutzungen. Lasten.

§ 2379.

Dem Verkäufer verbleiben die auf die Zeit vor dem Verkaufe fallenden Nutzungen. Er trägt für diese Zeit die Lasten, mit Einschluß der Zinsen der Nachlaßverbindlichkeiten. Den Käufer treffen jedoch die von der Erbschaft zu entrichtenden Abgaben sowie die außerordentlichen Lasten, welche als auf den Stammwert der Erbschaftsgegenstände gelegt anzusehen sind.

c) Periculum est emptoris. Cuius periculum, eius commodum.

§ 2380.

Der Käufer trägt von dem Abschlusse des Kaufes an die Gefahr des zufälligen Unterganges und einer zufälligen Verschlechterung der Erbschaftsgegenstände. Von diesem Zeitpunkt an gebühren ihm die Nutzungen und trägt er die Lasten.

d) Verwendungen.

§ 2381.

Der Käufer hat dem Verkäufer die notwendigen Verwendungen zu ersetzen, die der Verkäufer vor dem Verkauf auf die Erbschaft gemacht hat.

Für andere vor dem Verkaufe gemachte Aufwendungen hat der Käufer insoweit Ersatz zu leisten, als durch sie der Wert der Erbschaft zur Zeit des Verkaufs erhöht ist.

4. Haftung des Käufers gegenüber den Nachlaßgläubigern (§§ 2382, 2383).

§ 2382.

Der Käufer haftet von dem Abschlusse des Kaufes an den Nachlaßgläubigern, unbeschadet der Fortdauer der Haftung des Verkäufers. Dies gilt auch von den Verbindlichkeiten, zu deren Erfüllung der Käufer dem Verkäufer gegenüber nach den §§ 2378, 2379 nicht verpflichtet ist.

Die Haftung des Käufers den Gläubigern gegenüber kann nicht durch Vereinbarung zwischen dem Käufer und dem Verkäufer ausgeschlossen oder beschränkt werden.

§ 2383.

Für die Haftung des Käufers gelten die Vorschriften über die Beschränkung der Haftung des Erben. Er haftet unbeschränkt, soweit der Verkäufer zur Zeit des Verkaufs unbeschränkt haftet. Beschränkt sich die Haftung des Käufers auf die Erbschaft, so gelten seine Ansprüche aus dem Kaufe als zur Erbschaft gehörend.

Die Errichtung des Inventars durch den Verkäufer oder den Käufer kommt auch dem anderen Teile zustatten, es sei denn, daß dieser unbeschränkt haftet.

5. Anzeigepflicht des Verkäufers gegenüber den Nachlaßgläubigern.

§ 2384.

Der Verkäufer ist den Nachlaßgläubigern gegenüber verpflichtet, den Verkauf der Erbschaft und den Namen des Käufers unverzüglich dem Nachlaßgericht anzuzeigen. Die Anzeige des Verkäufers wird durch die Anzeige des Käufers ersetzt.

Das Nachlaßgericht hat die Einsicht der Anzeige jedem zu gestatten, der ein rechtliches Interesse glaubhaft macht.

6. Andere Schuldverträge über Erbschaftsveräußerung.

§ 2385.

Die Vorschriften über den Erbschaftskauf finden entsprechende Anwendung auf den Kauf einer von dem Verkäufer durch Vertrag erworbenen Erbschaft sowie auf andere Verträge, die auf die Veräußerung einer dem Veräußerer angefallenen oder anderweit von ihm erworbenen Erbschaft gerichtet sind.

Im Falle einer Schenkung ist der Schenker nicht verpflichtet, für die vor der Schenkung verbrauchten oder unentgeltlich veräußerten Erbschaftsgegenstände oder für eine vor der Schenkung unentgeltlich vorgenommene Belastung dieser Gegenstände Ersatz zu leisten. Die im § 2376 bestimmte Verpflichtung zur Gewährleistung wegen eines Mangels im Rechte trifft den Schenker nicht; hat der Schenker den Mangel arglistig verschwiegen, so ist er verpflichtet, dem Beschenkten den daraus entstehenden Schaden zu ersetzen.

Einführungsgesetz zum Bürgerlichen Gesetzbuche.

Vom 18. August 1896 (RGBl. 1896 S. 604).

Erster Abschnitt. Allgemeine Vorschriften.

I. Allgemeines (Art. 1—6).

1. Inkrafttreten. Nebengesetze. **Art. 1.**

Das Bürgerliche Gesetzbuch tritt am 1. Januar 1900 gleichzeitig mit einem Gesetze, betreffend Änderungen des Gerichtsverfassungsgesetzes, der Zivilprozeßordnung und der Konkursordnung, einem Gesetz über die Zwangsversteigerung und die Zwangsverwaltung, einer Grundbuchordnung und einem Gesetz über die Angelegenheiten der freiwilligen Gerichtsbarkeit in Kraft.

2. Gesetz. **Art. 2.**

Gesetz im Sinne des Bürgerlichen Gesetzbuchs und dieses Gesetzes ist jede Rechtsnorm.

3. Landesrechtliche Vorbehalte. **Art. 3.**

Soweit in dem Bürgerlichen Gesetzbuch oder in diesem Gesetze die Regelung den Landesgesetzen vorbehalten oder bestimmt ist, daß landesgesetzliche Vorschriften unberührt bleiben oder erlassen werden können, bleiben die bestehenden landesgesetzlichen Vorschriften in Kraft und können neue landesgesetzliche Vorschriften erlassen werden.

4. Verweisungen. **Art. 4.**

Soweit in Reichsgesetzen oder in Landesgesetzen auf Vorschriften verwiesen ist, welche durch das Bürgerliche Gesetzbuch oder durch dieses Gesetz außer Kraft gesetzt werden, treten an deren Stelle die entsprechenden Vorschriften des Bürgerlichen Gesetzbuchs oder dieses Gesetzes.

Art. 5[1]**).**

[Betr. Elsaß-Lothringen.]

---

[1]) Gegenstandslos geworden durch den Vertrag von Versailles vom 28. Juni 1919 Art. 51 (RGBl. S. 687).

5. **Revisionsgericht.** **Art. 6.**

In bürgerlichen Rechtsstreitigkeiten, in welchen durch Klage oder Widerklage ein Anspruch auf Grund des Bürgerlichen Gesetzbuchs geltend gemacht ist, wird die Verhandlung und Entscheidung letzter Instanz im Sinne des § 8 des Einführungsgesetzes zum Gerichtsverfassungsgesetze dem Reichsgerichte zugewiesen.

II. Sog. Internationales Privatrecht (Art. 7—31).

1. Personenrecht (Art. 7—10).

a) **Geschäftsfähigkeit.** **Art. 7.**

Die Geschäftsfähigkeit einer Person wird nach den Gesetzen des Staates beurteilt, dem die Person angehört.

Erwirbt ein Ausländer, der volljährig ist oder die rechtliche Stellung eines Volljährigen hat, die Reichsangehörigkeit, so behält er die rechtliche Stellung eines Volljährigen, auch wenn er nach den deutschen Gesetzen nicht volljährig ist.

Nimmt ein Ausländer im Inland ein Rechtsgeschäft vor, für das er geschäftsunfähig oder in der Geschäftsfähigkeit beschränkt ist, so gilt er für dieses Rechtsgeschäft insoweit als geschäftsfähig, als er nach den deutschen Gesetzen geschäftsfähig sein würde. Auf familienrechtliche und erbrechtliche Rechtsgeschäfte sowie auf Rechtsgeschäfte, durch die über ein ausländisches Grundstück verfügt wird, findet diese Vorschrift keine Anwendung.

b) **Entmündigung.** **Art. 8.**

Ein Ausländer kann im Inlande nach den deutschen Gesetzen entmündigt werden, wenn er seinen Wohnsitz oder, falls er keinen Wohnsitz hat, seinen Aufenthalt im Inlande hat.

c) **Todeserklärung.** **Art. 9.**

Ein Verschollener kann im Inlande nach den deutschen Gesetzen für tot erklärt werden, wenn er bei dem Beginne der Verschollenheit ein Deutscher war.

Gehörte der Verschollene bei dem Beginne der Verschollenheit einem fremden Staate an, so kann er im Inlande nach den deutschen Gesetzen mit Wirkung für diejenigen Rechtsverhältnisse, welche sich nach den deutschen Gesetzen bestimmen, sowie mit Wirkung für das im Inlande befindliche Vermögen für tot erklärt werden; die Vorschriften des § 2369 Abs. 2 des Bürgerlichen Gesetzbuchs finden entsprechende Anwendung.

Hatte ein verschollener ausländischer Ehemann seinen letzten Wohnsitz im Inland und ist die im Inlande zurückgebliebene oder dahin zurückgekehrte Ehefrau Deutsche oder bis zu ihrer Verheiratung mit dem Verschollenen Deutsche gewesen, so kann auf ihren Antrag der Verschollene im Inlande nach den deutschen Gesetzen ohne die im Abs. 2 bestimmte Beschränkung für tot erklärt werden.

d) **Vereine.** **Art. 10.**

Ein einem fremden Staate angehörender und nach dessen Gesetzen rechtsfähiger Verein, der die Rechtsfähigkeit im Inlande nur nach den Vorschriften der §§ 21, 22 des Bürgerlichen Gesetzbuchs erlangen könnte, gilt als rechtsfähig, wenn seine Rechtsfähigkeit durch Beschluß des Reichsrats[1]) anerkannt ist. Auf nicht anerkannte ausländische Vereine der bezeichneten Art finden die Vorschriften über die Gesellschaft sowie die Vorschrift des § 54 Satz 2 des Bürgerlichen Gesetzbuchs Anwendung.

2. **Form des Rechtsgeschäfts.** **Art. 11.**

Die Form eines Rechtsgeschäfts bestimmt sich nach den Gesetzen, welche für das den Gegenstand des Rechtsgeschäfts bildende Rechtsverhältnis maßgebend sind. Es genügt jedoch die Beobachtung der Gesetze des Ortes, an dem das Rechtsgeschäft vorgenommen wird.

Die Vorschrift des Abs. 1 Satz 2 findet keine Anwendung auf ein Rechtsgeschäft, durch das ein Recht an einer Sache begründet oder über ein solches Recht verfügt wird.

3. **Deliktsobligationen.** **Art. 12.**

Aus einer im Auslande begangenen unerlaubten Handlung können gegen einen Deutschen nicht weitergehende Ansprüche geltend gemacht werden, als nach den deutschen Gesetzen begründet sind.

4. **Familienrecht (Art. 13—23).**
a) **Eherecht (Art. 13—17).**
α) **Ehebegründung.** **Art. 13.**

Die Eingehung der Ehe wird, sofern auch nur einer der Verlobten ein Deutscher ist, in Ansehung eines jeden der Verlobten nach den Gesetzen des Staates beurteilt, dem er angehört. Das gleiche gilt für Ausländer, die im Inland eine Ehe eingehen.

In Ansehung der Ehefrau eines nach Artikel 9 Abs. 3 für

[1]) Fassung auf Grund § 3 des Übergangsgesetzes vom 4. März 1919 in Verbindung mit Art. 179 der Reichsverfassung.

tot erklärten Ausländers wird die Eingehung der Ehe nach den deutschen Gesetzen beurteilt.

Die Form einer Ehe, die im Inlande geschlossen wird, bestimmt sich ausschließlich nach den deutschen Gesetzen.

β) **Persönliche Rechtsbeziehungen der Ehegatten.**

Art. 14.

Die persönlichen Rechtsbeziehungen deutscher Ehegatten zueinander werden nach den deutschen Gesetzen beurteilt, auch wenn die Ehegatten ihren Wohnsitz im Auslande haben.

Die deutschen Gesetze finden auch Anwendung, wenn der Mann die Reichsangehörigkeit verloren, die Frau sie aber behalten hat.

γ) **Eheliches Güterrecht (Art. 15, 16).**

Art. 15.

Das eheliche Güterrecht wird nach den deutschen Gesetzen beurteilt, wenn der Ehemann zur Zeit der Eheschließung ein Deutscher war.

Erwirbt der Ehemann nach der Eingehung der Ehe die Reichsangehörigkeit oder haben ausländische Ehegatten ihren Wohnsitz im Inlande, so sind für das eheliche Güterrecht die Gesetze des Staates maßgebend, dem der Mann zur Zeit der Eingehung der Ehe angehörte; die Ehegatten können jedoch einen Ehevertrag schließen, auch wenn er nach diesen Gesetzen unzulässig sein würde.

Art. 16.

Haben ausländische Ehegatten oder Ehegatten, die nach der Eingehung der Ehe die Reichsangehörigkeit erwerben, den Wohnsitz im Inlande, so finden die Vorschriften des § 1435 des Bürgerlichen Gesetzbuchs entsprechende Anwendung; der ausländische gesetzliche Güterstand steht einem vertragsmäßigen gleich.

Die Vorschriften der §§ 1357, 1362, 1405 des Bürgerlichen Gesetzbuchs finden Anwendung, soweit sie Dritten günstiger sind als die ausländischen Gesetze.

δ) **Ehescheidung.**

Art. 17.

Für die Scheidung der Ehe sind die Gesetze des Staates maßgebend, dem der Ehemann zur Zeit der Erhebung der Klage angehört.

Eine Tatsache, die sich ereignet hat, während der Mann einem anderen Staate angehörte, kann als Scheidungsgrund nur geltend gemacht werden, wenn die Tatsache auch nach den Gesetzen dieses Staates ein Scheidungsgrund oder ein Trennungsgrund ist.

Ist zur Zeit der Erhebung der Klage die Reichsangehörigkeit des Mannes erloschen, die Frau aber Deutsche, so finden die deutschen Gesetze Anwendung.

Auf Scheidung sowie auf Aufhebung der ehelichen Gemeinschaft kann auf Grund eines ausländischen Gesetzes im Inlande nur erkannt werden, wenn sowohl nach dem ausländischen Gesetze als nach den deutschen Gesetzen die Scheidung zulässig sein würde.

b) Kinderrecht (Art. 18—22).

α) Eheliche Abstammung.

Art. 18.

Die eheliche Abstammung eines Kindes wird nach den deutschen Gesetzen beurteilt, wenn der Ehemann der Mutter zur Zeit der Geburt des Kindes Deutscher ist oder, falls er vor der Geburt des Kindes gestorben ist, zuletzt Deutscher war.

β) Rechtsverhältnis zwischen Eltern u. ehelichen Kindern.

Art. 19.

Das Rechtsverhältnis zwischen den Eltern und einem ehelichen Kinde wird nach den deutschen Gesetzen beurteilt, wenn der Vater und, falls der Vater gestorben ist, die Mutter die Reichsangehörigkeit besitzt. Das gleiche gilt, wenn die Reichsangehörigkeit des Vaters oder der Mutter erloschen, die Reichsangehörigkeit des Kindes aber bestehen geblieben ist.

γ) Rechtsverhältnis zwischen Eltern und unehelichen Kindern (Art. 20, 21).

Art. 20.

Das Rechtsverhältnis zwischen einem unehelichen Kinde und dessen Mutter wird nach den deutschen Gesetzen beurteilt, wenn die Mutter eine Deutsche ist. Das gleiche gilt, wenn die Reichsangehörigkeit der Mutter erloschen, die Reichsangehörigkeit des Kindes aber bestehen geblieben ist.

Art. 21.

Die Unterhaltspflicht des Vaters gegenüber dem unehelichen Kinde und seine Verpflichtung, der Mutter die Kosten der Schwangerschaft, der Entbindung und des Unterhalts zu ersetzen, wird nach den Gesetzen des Staates beurteilt, dem die Mutter zur Zeit der Geburt des Kindes angehört; es können jedoch nicht weitergehende Ansprüche geltend gemacht werden, als nach den deutschen Gesetzen begründet sind.

δ) **Legitimation und Adoption.** **Art. 22.**

Die Legitimation eines unehelichen Kindes sowie die Annahme an Kindes Statt bestimmt sich, wenn der Vater zur Zeit der Legitimation oder der Annehmende zur Zeit der Annahme die Reichsangehörigkeit besitzt, nach den deutschen Gesetzen.

Gehört der Vater oder der Annehmende einem fremden Staate an, während das Kind die Reichsangehörigkeit besitzt, so ist die Legitimation oder die Annahme unwirksam, wenn die nach den deutschen Gesetzen erforderliche Einwilligung des Kindes oder eines Dritten, zu dem das Kind in einem familienrechtlichen Verhältnisse steht, nicht erfolgt ist.

c) **Vormundschaft und Pflegschaft.** **Art. 23.**

Eine Vormundschaft oder eine Pflegschaft kann im Inland auch über einen Ausländer, sofern der Staat, dem er angehört, die Fürsorge nicht übernimmt, angeordnet werden, wenn der Ausländer nach den Gesetzen dieses Staates der Fürsorge bedarf oder im Inland entmündigt ist.

Das deutsche Vormundschaftsgericht kann vorläufige Maßregeln treffen, solange eine Vormundschaft oder Pflegschaft nicht angeordnet ist.

5. **Erbrecht (Art. 24—26).** **Art. 24.**

Ein Deutscher wird, auch wenn er seinen Wohnsitz im Auslande hatte, nach den deutschen Gesetzen beerbt.

Hat ein Deutscher zur Zeit seines Todes seinen Wohnsitz im Auslande gehabt, so können die Erben sich in Ansehung der Haftung für die Nachlaßverbindlichkeiten auch auf die an dem Wohnsitze des Erblassers geltenden Gesetze berufen.

Erwirbt ein Ausländer, der eine Verfügung von Todes wegen errichtet oder aufgehoben hat, die Reichsangehörigkeit, so wird die Gültigkeit der Errichtung oder der Aufhebung nach den Gesetzen des Staates beurteilt, dem er zur Zeit der Errichtung oder der Aufhebung angehörte; auch behält er die Fähigkeit zur Errichtung einer Verfügung von Todes wegen, selbst wenn er das nach den deutschen Gesetzen erforderliche Alter noch nicht erreicht hat. Die Vorschrift des Artikel 11 Abs. 1 Satz 2 bleibt unberührt.

Art. 25.

Ein Ausländer, der zur Zeit seines Todes seinen Wohnsitz im Inlande hatte, wird nach den Gesetzen des Staates beerbt, dem er zur Zeit seines Todes angehörte. Ein Deutscher kann jedoch erbrechtliche Ansprüche auch dann geltend machen, wenn sie nur nach den deutschen Gesetzen begründet sind, es sei denn, daß nach dem Rechte des Staates, dem der Erblasser angehörte, für die Beerbung eines Deutschen, welcher seinen Wohnsitz in diesem Staate hatte, die deutschen Gesetze ausschließlich maßgebend sind.

Art. 26.

Gelangt aus einem im Ausland eröffneten Nachlasse für die nach den dortigen Gesetzen berechtigten Erben oder Vermächtnisnehmer durch Vermittelung deutscher Behörden Vermögen ins Inland, so kann ein anderer der Herausgabe nicht aus dem Grunde widersprechen, daß er als Erbe oder Vermächtnisnehmer einen Anspruch auf das Vermögen habe.

6. **Allgemeines** (Art. 27—31).

a) **Rückverweisung.**

Art. 27.

Sind nach dem Rechte eines fremden Staates, dessen Gesetze in dem Artikel 7 Abs. 1, dem Artikel 13 Abs. 1, dem Artikel 15 Abs. 2, dem Artikel 17 Abs. 1 und dem Artikel 25 für maßgebend erklärt sind, die deutschen Gesetze anzuwenden, so finden diese Gesetze Anwendung.

b) **Lex rei sitae.**

Art. 28.

Die Vorschriften der Artikel 15, 19, des Artikel 24 Abs. 1 und der Artikel 25, 27 finden keine Anwendung auf Gegenstände, die sich nicht in dem Gebiete des Staates befinden, dessen Gesetze nach jenen Vorschriften maßgebend sind, und die nach den Gesetzen des Staates, in dessen Gebiete sie sich befinden, besonderen Vorschriften unterliegen.

c) **Staatenlose.**

Art. 29.

Gehört eine Person keinem Staate an, so werden ihre Rechtsverhältnisse, soweit die Gesetze des Staates, dem eine Person angehört, für maßgebend erklärt sind, nach den Gesetzen des Staates beurteilt, dem die Person zuletzt angehört hat, und, wenn sie auch früher einem Staate nicht angehört hat, nach den Gesetzen des Staates, in welchem sie ihren Wohnsitz und in Ermangelung eines Wohnsitzes ihren Aufenthalt hat oder zu der maßgebenden Zeit gehabt hat.

d) **Ordre public.**

Art. 30.

Die Anwendung eines ausländischen Gesetzes ist ausgeschlossen, wenn die Anwendung gegen die guten Sitten oder gegen den Zweck eines deutschen Gesetzes verstoßen würde.

e) Retorsion.

Art. 31.

Unter Zustimmung des Reichsrats[1]) kann durch Anordnung des Reichskanzlers[2]) bestimmt werden, daß gegen einen ausländischen Staat sowie dessen Angehörige und ihre Rechtsnachfolger ein Vergeltungsrecht zur Anwendung gebracht wird.

Zweiter Abschnitt.

Verhältnis des Bürgerlichen Gesetzbuchs zu den Reichsgesetzen.

Art. 32.

Die Vorschriften der Reichsgesetze bleiben in Kraft. Sie treten jedoch insoweit außer Kraft, als sich aus dem Bürgerlichen Gesetzbuch oder aus diesem Gesetze die Aufhebung ergibt.

Art. 33.

Soweit in dem Gerichtsverfassungsgesetze, der Zivilprozeßordnung, der Strafprozeßordnung, der Konkursordnung und in dem Gesetze, betreffend die Anfechtung von Rechtshandlungen eines Schuldners außerhalb des Konkursverfahrens, vom 21. Juli 1879 (Reichsgesetzbl. S. 277) an die Verwandtschaft oder die Schwägerschaft rechtliche Folgen geknüpft sind, finden die Vorschriften des Bürgerlichen Gesetzbuchs über Verwandtschaft oder Schwägerschaft Anwendung.

Art. 34—51[3]).

Art. 52.

Ist auf Grund eines Reichsgesetzes dem Eigentümer einer Sache wegen der im öffentlichen Interesse erfolgenden Entziehung, Beschädigung oder Benutzung der Sache oder wegen Beschränkung des Eigentums eine Entschädigung zu gewähren und steht einem Dritten ein Recht an der Sache zu, für welches nicht eine besondere Entschädigung gewährt wird, so hat der Dritte, soweit sein Recht beeinträchtigt wird, an dem Entschädigungsanspruche dieselben Rechte, die ihm im Falle des Erlöschens seines Rechtes durch Zwangsversteigerung an dem Erlöse zustehen.

Art. 53.

Ist in einem Falle des Artikel 52 die Entschädigung dem Eigentümer eines Grundstücks zu gewähren, so finden auf den

---

[1]) Siehe oben S. 534 Note 1.

[2]) Heute nach § 5 des Übergangsgesetzes vom 4. März 1919 in Verbindung mit Art. 179, 178^2, 56 der Reichsverfassung der zuständige Reichsminister.

[3]) Diese Bestimmungen werden hier nicht mehr wiedergegeben.

Entschädigungsanspruch die Vorschriften des § 1128 des Bürgerlichen Gesetzbuchs entsprechende Anwendung. Erhebt ein Berechtigter innerhalb der im § 1128 bestimmten Frist Widerspruch gegen die Zahlung der Entschädigung an den Eigentümer, so kann der Eigentümer und jeder Berechtigte die Eröffnung eines Verteilungsverfahrens nach den für die Verteilung des Erlöses im Falle der Zwangsversteigerung geltenden Vorschriften beantragen. Die Zahlung hat in diesem Falle an das für das Verteilungsverfahren zuständige Gericht zu erfolgen.

Ist das Recht des Dritten eine Reallast, eine Hypothek, eine Grundschuld oder eine Rentenschuld, so erlischt die Haftung des Entschädigungsanspruchs, wenn der beschädigte Gegenstand wiederhergestellt oder für die entzogene bewegliche Sache Ersatz beschafft ist. Ist die Entschädigung wegen Benutzung des Grundstücks oder wegen Entziehung oder Beschädigung von Früchten oder von Zubehörstücken zu gewähren, so finden die Vorschriften des § 1123 Abs. 2 Satz 1 und des § 1124 Abs. 1, 3 des Bürgerlichen Gesetzbuchs entsprechende Anwendung.

Art. 54.

Die Vorschrift des § 36 Abs. 4 des Gesetzes, betreffend die Beschränkungen des Grundeigentums in der Umgebung von Festungen, vom 21. Dezember 1871 (Reichsgesetzbl. S. 459) wird durch die Vorschriften der Artikel 52, 53 nicht berührt. Findet nach diesen Vorschriften ein Verteilungsverfahren statt, so ist die Entschädigung auf Ersuchen des für das Verfahren zuständigen Gerichts an dieses zu leisten, soweit sie zur Zeit der Stellung des Ersuchens noch aussteht.

Die Vorschrift des § 37 desselben Gesetzes wird dahin geändert:

> Ist das Grundstück mit einem Rechte belastet, welches durch die Beschränkung des Eigentums beeinträchtigt wird, so kann der Berechtigte bis zum Ablauf eines Monats, nachdem ihm der Eigentümer die Beschränkung des Eigentums mitgeteilt hat, die Eröffnung des Verteilungsverfahrens beantragen.

Dritter Abschnitt.

Verhältnis des Bürgerlichen Gesetzbuchs zu den Landesgesetzen.

Art. 55.

Die privatrechtlichen Vorschriften der Landesgesetze treten außer Kraft, soweit nicht in dem Bürgerlichen Gesetzbuch oder in diesem Gesetz ein anderes bestimmt ist.

Art. 56.

Unberührt bleiben die Bestimmungen der Staatsverträge, die ein Bundesstaat mit einem ausländischen Staate vor dem Inkrafttreten des Bürgerlichen Gesetzbuchs geschlossen hat.

Art. 57.

In Ansehung der Landesherren und der Mitglieder der landesherrlichen Familien sowie der Mitglieder der Fürstlichen Familie Hohenzollern finden die Vorschriften des Bürgerlichen Gesetzbuchs nur insoweit Anwendung, als nicht besondere Vorschriften der Hausverfassungen oder der Landesgesetze abweichende Bestimmungen enthalten.

Das gleiche gilt in Ansehung der Mitglieder des vormaligen Hannoverschen Königshauses, des vormaligen Kurhessischen und des vormaligen Herzoglich Nassauischen Fürstenhauses.

Art. 58.

In Ansehung der Familienverhältnisse und der Güter derjenigen Häuser, welche vormals reichsständisch gewesen und seit 1806 mittelbar geworden sind oder welche diesen Häusern bezüglich der Familienverhältnisse und der Güter durch Beschluß der vormaligen deutschen Bundesversammlung oder vor dem Inkrafttreten des Bürgerlichen Gesetzbuchs durch Landesgesetz gleichgestellt worden sind, bleiben die Vorschriften der Landesgesetze und nach Maßgabe der Landesgesetze die Vorschriften der Hausverfassungen unberührt.

Das gleiche gilt zugunsten des vormaligen Reichsadels und derjenigen Familien des landsässigen Adels, welche vor dem Inkrafttreten des Bürgerlichen Gesetzbuchs dem vormaligen Reichsadel durch Landesgesetz gleichgestellt worden sind.

Art. 59.

Unberührt bleiben die landesgesetzlichen Vorschriften über Familienfideikommisse und Lehen, mit Einschluß der allodifizierten Lehen, sowie über Stammgüter.

Art. 60.

Unberührt bleiben die landesgesetzlichen Vorschriften, welche die Bestellung einer Hypothek, Grundschuld oder Rentenschuld an einem Grundstücke, dessen Belastung nach den in den Artikeln 57 bis 59 bezeichneten Vorschriften nur beschränkt zulässig ist, dahin gestatten, daß der Gläubiger Befriedigung aus dem Grundstücke lediglich im Wege der Zwangsverwaltung suchen kann.

Art. 61.

Ist die Veräußerung oder Belastung eines Gegenstandes nach den in den Artikeln 57 bis 59 bezeichneten Vorschriften unzulässig oder nur beschränkt zulässig, so finden auf einen Erwerb, dem diese Vorschriften entgegenstehen, die Vorschriften des Bürgerlichen Gesetzbuchs zugunsten derjenigen, welche Rechte von einem Nichtberechtigten herleiten, entsprechende Anwendung.

Art. 62.

Unberührt bleiben die landesgesetzlichen Vorschriften über Rentengüter.

Art. 63.

Unberührt bleiben die landesgesetzlichen Vorschriften über das Erbpachtrecht, mit Einschluß des Büdnerrechts und des Häuslerrechts, in denjenigen Ländern[1]), in welchen solche Rechte bestehen. Die Vorschriften des § 1017 des Bürgerlichen Gesetzbuchs finden auf diese Rechte entsprechende Anwendung[2]).

Art. 64.

Unberührt bleiben die landesgesetzlichen Vorschriften über das Anerbenrecht in Ansehung landwirtschaftlicher und forstwirtschaftlicher Grundstücke nebst deren Zubehör.

Die Landesgesetze können das Recht des Erblassers, über das dem Anerbenrecht unterliegende Grundstück von Todes wegen zu verfügen, nicht beschränken.

Art. 65.

Unberührt bleiben die landesgesetzlichen Vorschriften, welche dem Wasserrecht angehören, mit Einschluß des Mühlenrechts, des Flötzrechts und des Flößereirechts sowie der Vorschriften zur Beförderung der Bewässerung und Entwässerung der Grundstücke und der Vorschriften über Anlandungen, entstehende Inseln und verlassene Flußbetten.

Art. 66.

Unberührt bleiben die landesgesetzlichen Vorschriften, welche dem Deich- und Sielrecht angehören.

Art. 67.

Unberührt bleiben die landesgesetzlichen Vorschriften, welche dem Bergrecht angehören.

---

[1]) Fassung auf Grund des Art. 179 der Reichsverfassung.

[2]) Heute gemäß § 36 der VO. über das Erbbaurecht vom 15. Januar 1919 der § 11 dieser VO.

Ist nach landesgesetzlicher Vorschrift wegen Beschädigung eines Grundstücks durch Bergbau eine Entschädigung zu gewähren, so finden die Vorschriften der Artikel 52, 53 Anwendung, soweit nicht die Landesgesetze ein anderes bestimmen.

Art. 68.

Unberührt bleiben die landesgesetzlichen Vorschriften, welche die Belastung eines Grundstücks mit dem vererblichen und veräußerlichen Rechte zur Gewinnung eines den bergrechtlichen Vorschriften nicht unterliegenden Minerals gestatten und den Inhalt dieses Rechtes näher bestimmen. Die Vorschriften der §§ 874, 875, 876, 1015, 1017 des Bürgerlichen Gesetzbuchs finden entsprechende Anwendung.

Art. 69.

Unberührt bleiben die landesgesetzlichen Vorschriften über Jagd und Fischerei, unbeschadet der Vorschrift des § 958 Abs. 2 des Bürgerlichen Gesetzbuchs und der Vorschriften des Bürgerlichen Gesetzbuchs über den Ersatz des Wildschadens.

Art. 70.

Unberührt bleiben die landesgesetzlichen Vorschriften über die Grundsätze, nach welchen der Wildschaden festzustellen ist, sowie die landesgesetzlichen Vorschriften, nach welchen der Anspruch auf Ersatz des Wildschadens innerhalb einer bestimmten Frist bei der zuständigen Behörde geltend gemacht werden muß.

Art. 71.

Unberührt bleiben die landesgesetzlichen Vorschriften, nach welchen

1. die Verpflichtung zum Ersatze des Wildschadens auch dann eintritt, wenn der Schaden durch jagdbare Tiere anderer als der im § 835 des Bürgerlichen Gesetzbuchs bezeichneten Gattungen angerichtet wird;
2. für den Wildschaden, der durch ein aus einem Gehege ausgetretenes jagdbares Tier angerichtet wird, der Eigentümer oder der Besitzer des Geheges verantwortlich ist;
3. der Eigentümer eines Grundstücks, wenn das Jagdrecht auf einem anderen Grundstücke nur gemeinschaftlich mit dem Jagdrecht auf seinem Grundstück ausgeübt werden darf, für den auf dem anderen Grundstück angerichteten Wildschaden auch dann haftet, wenn er die ihm angebotene Pachtung der Jagd abgelehnt hat;
4. der Wildschaden, der an Gärten, Obstgärten, Weinbergen, Baumschulen und einzelstehenden Bäumen angerichtet

wird, dann nicht zu ersetzen ist, wenn die Herstellung von Schutzvorrichtungen unterblieben ist, die unter gewöhnlichen Umständen zur Abwendung des Schadens ausreichen;

5. die Verpflichtung zum Schadensersatz im Falle des § 835 Abs. 3 des Bürgerlichen Gesetzbuchs abweichend bestimmt wird;
6. die Gemeinde an Stelle der Eigentümer der zu einem Jagdbezirke vereinigten Grundstücke zum Ersatze des Wildschadens verpflichtet und zum Rückgriff auf die Eigentümer berechtigt ist oder an Stelle der Eigentümer oder des Verbandes der Eigentümer oder der Gemeinde oder neben ihnen der Jagdpächter zum Ersatze des Schadens verpflichtet ist;
7. der zum Ersatze des Wildschadens Verpflichtete Erstattung des geleisteten Ersatzes von demjenigen verlangen kann, welcher in einem anderen Bezirke zur Ausübung der Jagd berechtigt ist.

Art. 72.

Besteht in Ansehung eines Grundstücks ein zeitlich nicht begrenztes Nutzungsrecht, so finden die Vorschriften des § 835 des Bürgerlichen Gesetzbuchs über die Verpflichtung zum Ersatze des Wildschadens mit der Maßgabe Anwendung, daß an die Stelle des Eigentümers der Nutzungsberechtigte tritt.

Art. 73.

Unberührt bleiben die landesgesetzlichen Vorschriften über Regalien.

Art. 74.

Unberührt bleiben die landesgesetzlichen Vorschriften über Zwangsrechte, Bannrechte und Realgewerbeberechtigungen.

Art. 75[1]).

[Versicherungsrecht.]

Art. 76.

Unberührt bleiben die landesgesetzlichen Vorschriften, welche dem Verlagsrecht angehören.

---

[1]) Erledigt durch Gesetz über die privaten Versicherungsunternehmungen v. 12. Mai 1901 (RGBl. S. 139) und Gesetz über den Versicherungsvertrag v. 30. Mai 1908 (RGBl. S. 263).

Art. 77.

Unberührt bleiben die landesgesetzlichen Vorschriften über die Haftung des Staates, der Gemeinden und anderer Kommunalverbände (Provinzial-, Kreis-, Amtsverbände) für den von ihren Beamten in Ausübung der diesen anvertrauten öffentlichen Gewalt zugefügten Schaden sowie die landesgesetzlichen Vorschriften, welche das Recht des Beschädigten, von dem Beamten den Ersatz eines solchen Schadens zu verlangen, insoweit ausschließen, als der Staat oder der Kommunalverband haftet.

Art. 78.

Unberührt bleiben die landesgesetzlichen Vorschriften, nach welchen die Beamten für die von ihnen angenommenen Stellvertreter und Gehilfen in weiterem Umfange als nach dem Bürgerlichen Gesetzbuche haften.

Art. 79.

Unberührt bleiben die landesgesetzlichen Vorschriften, nach welchen die zur amtlichen Feststellung des Wertes von Grundstücken bestellten Sachverständigen für den aus einer Verletzung ihrer Berufspflicht entstandenen Schaden in weiterem Umfange als nach dem Bürgerlichen Gesetzbuche haften.

Art. 80.

Unberührt bleiben, soweit nicht in dem Bürgerlichen Gesetzbuch eine besondere Bestimmung getroffen ist, die landesgesetzlichen Vorschriften über die vermögensrechtlichen Ansprüche und Verbindlichkeiten der Beamten, der Geistlichen und der Lehrer an öffentlichen Unterrichtsanstalten aus dem Amts- oder Dienstverhältnisse, mit Einschluß der Ansprüche der Hinterbliebenen.
Unberührt bleiben die landesgesetzlichen Vorschriften über das Pfründenrecht.

Art. 81.

Unberührt bleiben die landesgesetzlichen Vorschriften, welche die Übertragbarkeit der Ansprüche der im Artikel 80 Abs. 1 bezeichneten Personen auf Besoldung, Wartegeld, Ruhegehalt, Witwen- und Waisengeld beschränken, sowie die landesgesetzlichen Vorschriften, welche die Aufrechnung gegen solche Ansprüche abweichend von der Vorschrift des § 394 des Bürgerlichen Gesetzbuchs zulassen.

Art. 82.

Unberührt bleiben die Vorschriften der Landesgesetze über die Verfassung solcher Vereine, deren Rechtsfähigkeit auf staatlicher Verleihung beruht.

Art. 83.

Unberührt bleiben die landesgesetzlichen Vorschriften über Waldgenossenschaften.

Art. 84[1]).

Unberührt bleiben die landesgesetzlichen Vorschriften, nach welchen eine Religionsgesellschaft oder eine geistliche Gesellschaft Rechtsfähigkeit nur im Wege der Gesetzgebung erlangen kann.

Art. 85.

Unberührt bleiben die landesgesetzlichen Vorschriften, nach welchen im Falle des § 45 Abs. 3 des Bürgerlichen Gesetzbuchs das Vermögen des aufgelösten Vereins an Stelle des Fiskus einer Körperschaft, Stiftung oder Anstalt des öffentlichen Rechtes anfällt.

Art. 86.

Unberührt bleiben die landesgesetzlichen Vorschriften, welche den Erwerb von Rechten durch juristische Personen beschränken oder von staatlicher Genehmigung abhängig machen, soweit diese Vorschriften Gegenstände im Werte von mehr als fünftausend Reichsmark[2]) betreffen. Wird die nach dem Landesgesetze zu einem Erwerbe von Todes wegen erforderliche Genehmigung erteilt, so gilt sie als vor dem Erbfall erteilt; wird sie verweigert, so gilt die juristische Person in Ansehung des Anfalls als nicht vorhanden; die Vorschrift des § 2043 des Bürgerlichen Gesetzbuchs findet entsprechende Anwendung.

Art. 87.

Unberührt bleiben die landesgesetzlichen Vorschriften, welche die Wirksamkeit von Schenkungen an Mitglieder religiöser Orden oder ordensähnlicher Kongregationen von staatlicher Genehmigung abhängig machen.

Unberührt bleiben die landesgesetzlichen Vorschriften, nach welchen Mitglieder religiöser Orden oder ordensähnlicher Kongregationen nur mit staatlicher Genehmigung von Todes wegen erwerben können. Die Vorschriften des Artikel 86 Satz 2 finden entsprechende Anwendung.

Mitglieder solcher religiöser Orden oder ordensähnlicher Kongregationen, bei denen Gelübde auf Lebenszeit oder auf unbestimmte Zeit nicht abgelegt werden, unterliegen nicht den in den Abs. 1, 2 bezeichneten Vorschriften.

---

[1]) Aufgehoben durch Art. 137 [4], 124 der Reichsverfassung.

[2]) Fassung auf Grund von § 1 der VO. v. 12. Dezember 1924 (RGBl. I S. 775).

Art. 88.

Unberührt bleiben die landesgesetzlichen Vorschriften, welche den Erwerb von Grundstücken durch Ausländer von staatlicher Genehmigung abhängig machen.

Art. 89.

Unberührt bleiben die landesgesetzlichen Vorschriften über die zum Schutze der Grundstücke und der Erzeugnisse von Grundstücken gestattete Pfändung von Sachen, mit Einschluß der Vorschriften über die Entrichtung von Pfandgeld oder Ersatzgeld.

Art. 90.

Unberührt bleiben die landesgesetzlichen Vorschriften über die Rechtsverhältnisse, welche sich aus einer auf Grund des öffentlichen Rechtes wegen der Führung eines Amtes oder wegen eines Gewerbebetriebs erfolgten Sicherheitsleistung ergeben.

Art. 91.

Unberührt bleiben die landesgesetzlichen Vorschriften, nach welchen der Fistus, eine Körperschaft, Stiftung oder Anstalt des öffentlichen Rechtes oder eine unter der Verwaltung einer öffentlichen Behörde stehende Stiftung berechtigt ist, zur Sicherung gewisser Forderungen die Eintragung einer Hypothek an Grundstücken des Schuldners zu verlangen, und nach welchen die Eintragung der Hypothek auf Ersuchen einer bestimmten Behörde zu erfolgen hat. Die Hypothek kann nur als Sicherungshypothek eingetragen werden; sie entsteht mit der Eintragung.

Art. 92.

Unberührt bleiben die landesgesetzlichen Vorschriften, nach welchen Zahlungen aus öffentlichen Kassen an der Kasse in Empfang zu nehmen sind.

Art. 93.

Unberührt bleiben die landesgesetzlichen Vorschriften über die Fristen, bis zu deren Ablaufe gemietete Räume bei Beendigung des Mietverhältnisses zu räumen sind.

Art. 94.

Unberührt bleiben die landesgesetzlichen Vorschriften, welche den Geschäftsbetrieb der gewerblichen Pfandleiher und der Pfandleihanstalten betreffen.

35*

Unberührt bleiben die landesgesetzlichen Vorschriften, nach welchen öffentlichen Pfandleihanstalten das Recht zusteht, die ihnen verpfändeten Sachen dem Berechtigten nur gegen Bezahlung des auf die Sache gewährten Darlehens herauszugeben.

Art. 95[1]).

[Gesinderecht.]

Art. 96.

Unberührt bleiben die landesgesetzlichen Vorschriften über einen mit der Überlassung eines Grundstücks in Verbindung stehenden Leibgedings-, Leibzuchts-, Altenteils- oder Auszugsvertrag, soweit sie das sich aus dem Vertrag ergebende Schuldverhältnis für den Fall regeln, daß nicht besondere Vereinbarungen getroffen werden.

Art. 97.

Unberührt bleiben die landesgesetzlichen Vorschriften, welche die Eintragung von Gläubigern des Landes[2]) in ein Staatsschuldbuch und die aus der Eintragung sich ergebenden Rechtsverhältnisse, insbesondere die Übertragung und Belastung einer Buchforderung, regeln.

Soweit nach diesen Vorschriften eine Ehefrau berechtigt ist, selbständig Anträge zu stellen, ist dieses Recht ausgeschlossen, wenn ein Vermerk zugunsten des Ehemanns im Schuldbuch eingetragen ist. Ein solcher Vermerk ist einzutragen, wenn die Ehefrau oder mit ihrer Zustimmung der Ehemann die Eintragung beantragt. Die Ehefrau ist dem Ehemanne gegenüber zur Erteilung der Zustimmung verpflichtet, wenn sie nach dem unter ihnen bestehenden Güterstand über die Buchforderung nur mit Zustimmung des Ehemanns verfügen kann.

Art. 98.

Unberührt bleiben die landesgesetzlichen Vorschriften über die Rückzahlung oder Umwandlung verzinslicher Staatsschulden, für die Inhaberpapiere ausgegeben oder die im Staatsschuldbuch eingetragen sind.

Art. 99.

Unberührt bleiben die landesgesetzlichen Vorschriften über die öffentlichen Sparkassen, unbeschadet der Vorschriften des § 808 des Bürgerlichen Gesetzbuchs und der Vorschriften des Bürgerlichen Gesetzbuchs über die Anlegung von Mündelgeld.

---

[1]) Aufgehoben durch den Aufruf des Rates der Volksbeauftragten v. 12. November 1918 Nr. 8 (RGBl. S. 1303).

[2]) Fassung auf Grund von Art. 179 der Reichsverfassung.

Art. 100.

Unberührt bleiben die landesgesetzlichen Vorschriften, nach welchem bei Schuldverschreibungen auf den Inhaber, die das Land[1]) oder eine ihm angehörende Körperschaft, Stiftung oder Anstalt des öffentlichen Rechtes ausstellt:

1. die Gültigkeit der Unterzeichnung von der Beobachtung einer besonderen Form abhängt, auch wenn eine solche Bestimmung in die Urkunde nicht aufgenommen ist;
2. der im § 804 Abs. 1 des Bürgerlichen Gesetzbuchs bezeichnete Anspruch ausgeschlossen ist, auch wenn die Ausschließung in dem Zins- oder Rentenscheine nicht bestimmt ist.

Art. 101.

Unberührt bleiben die landesgesetzlichen Vorschriften, welche das Land[1]) oder ihm angehörende Körperschaften, Stiftungen und Anstalten des öffentlichen Rechtes abweichend von der Vorschrift des § 806 Satz 2 des Bürgerlichen Gesetzbuchs verpflichten, die von ihnen ausgestellten, auf den Inhaber lautenden Schuldverschreibungen auf den Namen eines bestimmten Berechtigten umzuschreiben, sowie die landesgesetzlichen Vorschriften, welche die sich aus der Umschreibung einer solchen Schuldverschreibung ergebenden Rechtsverhältnisse, mit Einschluß der Kraftloserklärung, regeln.

Art. 102.

Unberührt bleiben die landesgesetzlichen Vorschriften über die Kraftloserklärung und die Zahlungssperre in Ansehung der im § 807 des Bürgerlichen Gesetzbuchs bezeichneten Urkunden.

Unberührt bleiben die landesgesetzlichen Vorschriften, welche für die Kraftloserklärung der im § 808 des Bürgerlichen Gesetzbuchs bezeichneten Urkunden ein anderes Verfahren als das Aufgebotsverfahren bestimmen.

Art. 103.

Unberührt bleiben die landesgesetzlichen Vorschriften, nach welchen der Staat sowie Verbände und Anstalten, die auf Grund des öffentlichen Rechtes zur Gewährung von Unterhalt verpflichtet sind, Ersatz der für den Unterhalt gemachten Aufwendungen von der Person, welcher sie den Unterhalt gewährt haben, sowie von denjenigen verlangen können, welche nach den Vorschriften des Bürgerlichen Gesetzbuchs unterhaltspflichtig waren.

---

[1]) Siehe oben S. 542 Note 1.

Art. 104.

Unberührt bleiben die landesgesetzlichen Vorschriften über den Anspruch auf Rückerstattung mit Unrecht erhobener öffentlicher Abgaben oder Kosten eines Verfahrens.

Art. 105.

Unberührt bleiben die landesgesetzlichen Vorschriften, nach welchen der Unternehmer eines Eisenbahnbetriebs oder eines anderen mit gemeiner Gefahr verbundenen Betriebs für den aus dem Betrieb entstehenden Schaden in weiterem Umfang als nach den Vorschriften des Bürgerlichen Gesetzbuchs verantwortlich ist.

Art. 106.

Unberührt bleiben die landesgesetzlichen Vorschriften, nach welchen, wenn ein dem öffentlichen Gebrauche dienendes Grundstück zu einer Anlage oder zu einem Betriebe benutzt werden darf, der Unternehmer der Anlage oder des Betriebs für den Schaden verantwortlich ist, der bei dem öffentlichen Gebrauche des Grundstücks durch die Anlage oder den Betrieb verursacht wird.

Art. 107.

Unberührt bleiben die landesgesetzlichen Vorschriften über die Verpflichtung zum Ersatze des Schadens, der durch das Zuwiderhandeln gegen ein zum Schutze von Grundstücken erlassenes Strafgesetz verursacht wird.

Art. 108[1]).

[Tumultschaden.]

Art. 109.

Unberührt bleiben die landesgesetzlichen Vorschriften über die im öffentlichen Interesse erfolgende Entziehung, Beschädigung oder Benutzung einer Sache, Beschränkung des Eigentums und Entziehung oder Beschränkung von Rechten. Auf die nach landesgesetzlicher Vorschrift wegen eines solchen Eingriffs zu gewährende Entschädigung finden die Vorschriften der Artikel 52, 53 Anwendung, soweit nicht die Landesgesetze ein anderes bestimmen.

Art. 110.

Unberührt bleiben die landesgesetzlichen Vorschriften, welche für den Fall, daß zerstörte Gebäude in anderer Lage wiederhergestellt werden, die Rechte an den beteiligten Grundstücken regeln.

---

[1]) Aufgehoben durch Reichsges. v. 12. Mai 1920 (RGBl. S. 941) und 15. Juli 1922 (RGBl. I S. 620).

Art. 111.

Unberührt bleiben die landesgesetzlichen Vorschriften, welche im öffentlichen Interesse das Eigentum in Ansehung tatsächlicher Verfügungen beschränken.

Art. 112.

Unberührt bleiben die landesgesetzlichen Vorschriften über die Behandlung der einem Eisenbahn- oder Kleinbahnunternehmen gewidmeten Grundstücke und sonstiger Vermögensgegenstände als Einheit (Bahneinheit), über die Veräußerung und Belastung einer solchen Bahneinheit oder ihrer Bestandteile, insbesondere die Belastung im Falle der Ausstellung von Teilschuldverschreibungen auf den Inhaber, und die sich dabei ergebenden Rechtsverhältnisse sowie über die Liquidation zum Zwecke der Befriedigung der Gläubiger, denen ein Recht auf abgesonderte Befriedigung aus den Bestandteilen der Bahneinheit zusteht.

Art. 113.

Unberührt bleiben die landesgesetzlichen Vorschriften über die Zusammenlegung von Grundstücken, über die Gemeinheitsteilung, die Regulierung der Wege, die Ordnung der gutsherrlich-bäuerlichen Verhältnisse sowie über die Ablösung, Umwandlung oder Einschränkung von Dienstbarkeiten und Reallasten. Dies gilt insbesondere auch von den Vorschriften, welche die durch ein Verfahren dieser Art begründeten gemeinschaftlichen Angelegenheiten zum Gegenstande haben oder welche sich auf den Erwerb des Eigentums, auf die Begründung, Änderung und Aufhebung von anderen Rechten an Grundstücken und auf die Berichtigung des Grundbuchs beziehen.

Art. 114.

Unberührt bleiben die landesgesetzlichen Vorschriften, nach welchen die dem Staate oder einer öffentlichen Anstalt infolge der Ordnung der gutsherrlich-bäuerlichen Verhältnisse oder der Ablösung von Dienstbarkeiten, Reallasten oder der Oberlehnsherrlichkeit zustehenden Ablösungsrenten und sonstigen Reallasten zu ihrer Begründung und zur Wirksamkeit gegenüber dem öffentlichen Glauben des Grundbuchs nicht der Eintragung bedürfen.

Art. 115.

Unberührt bleiben die landesgesetzlichen Vorschriften, welche die Belastung eines Grundstücks mit gewissen Grunddienstbarkeiten oder beschränkten persönlichen Dienstbarkeiten oder mit Reallasten untersagen oder beschränken, sowie die landesgesetzlichen Vorschriften, welche den Inhalt und das Maß solcher Rechte näher bestimmen.

Art. 116.

Die in den Artikeln 113 bis 115 bezeichneten landesgesetzlichen Vorschriften finden keine Anwendung auf die nach den §§ 912, 916, 917 des Bürgerlichen Gesetzbuchs zu entrichtenden Geldrenten und auf die in den §§ 1021, 1022 des Bürgerlichen Gesetzbuchs bestimmten Unterhaltungspflichten.

Art. 117.

Unberührt bleiben die landesgesetzlichen Vorschriften, welche die Belastung eines Grundstücks über eine bestimmte Wertgrenze hinaus untersagen.

Unberührt bleiben die landesgesetzlichen Vorschriften, welche die Belastung eines Grundstücks mit einer unkündbaren Hypothek oder Grundschuld untersagen oder die Ausschließung des Kündigungsrechts des Eigentümers bei Hypothekenforderungen und Grundschulden zeitlich beschränken und bei Rentenschulden nur für eine kürzere als die im § 1202 Abs. 2 des Bürgerlichen Gesetzbuchs bestimmte Zeit zulassen.

Art. 118.

Unberührt bleiben die landesgesetzlichen Vorschriften, welche einer Geldrente, Hypothek, Grundschuld oder Rentenschuld, die dem Staate oder einer öffentlichen Anstalt wegen eines zur Verbesserung des belasteten Grundstücks gewährten Darlehens zusteht, den Vorrang vor anderen Belastungen des Grundstücks einräumen. Zugunsten eines Dritten finden die Vorschriften der §§ 892, 893 des Bürgerlichen Gesetzbuchs Anwendung.

Art. 119.

Unberührt bleiben die landesgesetzlichen Vorschriften, welche

1. die Veräußerung eines Grundstücks beschränken;
2. die Teilung eines Grundstücks oder die getrennte Veräußerung von Grundstücken, die bisher zusammen bewirtschaftet worden sind, untersagen oder beschränken;
3. die nach § 890 Abs. 1 des Bürgerlichen Gesetzbuchs zulässige Vereinigung mehrerer Grundstücke oder die nach § 890 Abs. 2 des Bürgerlichen Gesetzbuchs zulässige Zuschreibung eines Grundstücks zu einem anderen Grundstück untersagen oder beschränken.

Art. 120.

Unberührt bleiben die landesgesetzlichen Vorschriften, nach welchen im Falle der Veräußerung eines Teiles eines Grundstücks dieser Teil von den Belastungen des Grundstücks befreit wird, wenn von der zuständigen Behörde festgestellt wird, daß die Rechtsänderung für die Berechtigten unschädlich ist.

Unberührt bleiben die landesgesetzlichen Vorschriften, nach welchen unter der gleichen Voraussetzung:

1. im Falle der Teilung eines mit einer Reallast belasteten Grundstücks die Reallast auf die einzelnen Teile des Grundstücks verteilt wird;
2. im Falle der Aufhebung eines dem jeweiligen Eigentümer eines Grundstücks an einem anderen Grundstücke zustehenden Rechtes die Zustimmung derjenigen nicht erforderlich ist, zu deren Gunsten das Grundstück des Berechtigten belastet ist;
3. in den Fällen des § 1128 des Bürgerlichen Gesetzbuchs und des Artikel 52 dieses Gesetzes der dem Eigentümer zustehende Entschädigungsanspruch von dem einem Dritten an dem Anspruche zustehenden Rechte befreit wird.

Art. 121.

Unberührt bleiben die landesgesetzlichen Vorschriften, nach welchen im Falle der Teilung eines für den Staat oder eine öffentliche Anstalt mit einer Reallast belasteten Grundstücks nur ein Teil des Grundstücks mit der Reallast belastet bleibt und dafür zugunsten des jeweiligen Eigentümers dieses Teiles die übrigen Teile mit gleichartigen Reallasten belastet werden.

Art. 122.

Unberührt bleiben die landesgesetzlichen Vorschriften, welche die Rechte des Eigentümers eines Grundstücks in Ansehung der auf der Grenze oder auf dem Nachbargrundstücke stehenden Obstbäume abweichend von den Vorschriften des § 910 und des § 923 Abs. 2 des Bürgerlichen Gesetzbuchs bestimmen.

Art. 123.

Unberührt bleiben die landesgesetzlichen Vorschriften, welche das Recht des Notwegs zum Zwecke der Verbindung eines Grundstücks mit einer Wasserstraße oder einer Eisenbahn gewähren.

Art. 124.

Unberührt bleiben die landesgesetzlichen Vorschriften, welche das Eigentum an Grundstücken zugunsten der Nachbarn noch anderen als den im Bürgerlichen Gesetzbuche bestimmten Beschränkungen unterwerfen. Dies gilt insbesondere auch von den

Vorschriften, nach welchen Anlagen sowie Bäume und Sträucher nur in einem bestimmten Abstande von der Grenze gehalten werden dürfen.

Art. 125.

Unberührt bleiben die landesgesetzlichen Vorschriften, welche die Vorschrift des § 26 der Gewerbeordnung auf Eisenbahn-, Dampfschiffahrts- und ähnliche Verkehrsunternehmungen erstrecken.

Art. 126.

Durch Landesgesetz kann das dem Staate an einem Grundstücke zustehende Eigentum auf einen Kommunalverband und das einem Kommunalverband an einem Grundstücke zustehende Eigentum auf einen anderen Kommunalverband oder auf den Staat übertragen werden.

Art. 127.

Unberührt bleiben die landesgesetzlichen Vorschriften über die Übertragung des Eigentums an einem Grundstücke, das im Grundbuche nicht eingetragen ist und nach den Vorschriften der Grundbuchordnung auch nach der Übertragung nicht eingetragen zu werden braucht.

Art. 128.

Unberührt bleiben die landesgesetzlichen Vorschriften über die Begründung und Aufhebung einer Dienstbarkeit an einem Grundstücke, das im Grundbuche nicht eingetragen ist und nach den Vorschriften der Grundbuchordnung nicht eingetragen zu werden braucht.

Art. 129.

Unberührt bleiben die landesgesetzlichen Vorschriften, nach welchen das Recht zur Aneignung eines nach § 928 des Bürgerlichen Gesetzbuchs aufgegebenen Grundstücks an Stelle des Fiskus einer bestimmten anderen Person zusteht.

Art. 130.

Unberührt bleiben die landesgesetzlichen Vorschriften über das Recht zur Aneignung der einem anderen gehörenden, im Freien betroffenen Tauben.

Art. 131.

Unberührt bleiben die landesgesetzlichen Vorschriften, welche für den Fall, daß jedem der Miteigentümer eines mit einem Gebäude versehenen Grundstücks die ausschließliche Benutzung eines Teiles des Gebäudes eingeräumt ist, das Gemeinschaftsverhältnis näher bestimmen, die Anwendung der §§ 749 bis 751 des Bürgerlichen Gesetzbuchs ausschließen und für den Fall des Konkurses über das Vermögen eines Miteigentümers dem Konkursverwalter das Recht, die Aufhebung der Gemeinschaft zu verlangen, versagen.

Art. 132.

Unberührt bleiben die landesgesetzlichen Vorschriften über die Kirchenbaulast und die Schulbaulast.

Art. 133.

Unberührt bleiben die landesgesetzlichen Vorschriften über das Recht zur Benutzung eines Platzes in einem dem öffentlichen Gottesdienste gewidmeten Gebäude oder auf einer öffentlichen Begräbnisstätte.

Art. 134[1]).

Unberührt bleiben die landesgesetzlichen Vorschriften über die religiöse Erziehung der Kinder.

Art. 135[2]).

[Zwangserziehung.]

Art. 136[3]).

[Berufsvormund.]

Art. 137.

Unberührt bleiben die landesgesetzlichen Vorschriften über die Grundsätze, nach denen in den Fällen des § 1515 Abs. 2, 3 und der §§ 2049, 2312 des Bürgerlichen Gesetzbuchs der Ertragswert eines Landguts festzustellen ist.

Art. 138.

Unberührt bleiben die landesgesetzlichen Vorschriften, nach welchen im Falle des § 1936 des Bürgerlichen Gesetzbuchs an Stelle des Fiskus eine Körperschaft, Stiftung oder Anstalt des öffentlichen Rechtes gesetzlicher Erbe ist.

Art. 139.

Unberührt bleiben die landesgesetzlichen Vorschriften, nach welchen dem Fiskus oder einer anderen juristischen Person in Ansehung des Nachlasses einer verpflegten oder unterstützten

---

[1]) Aufgehoben durch das Reichsgesetz über die religiöse Kindererziehung vom 15. Juli 1921 (RGBl. S. 939).

[2]) Aufgehoben durch § 64 Jugendwohlfahrtsgesetz vom 9. Juli 1922 (RGBl. S. 633).

[3]) Aufgehoben durch § 48 Jugendwohlfahrtsgesetz vom 9. Juli 1922 (RGBl. S. 633).

Person ein Erbrecht, ein Pflichtteilsanspruch oder ein Recht auf bestimmte Sachen zusteht.

Art. 140.

Unberührt bleiben die landesgesetzlichen Vorschriften, nach welchen das Nachlaßgericht auch unter anderen als den im § 1960 Abs. 1 des Bürgerlichen Gesetzbuchs bezeichneten Voraussetzungen die Anfertigung eines Nachlaßverzeichnisses sowie bis zu dessen Vollendung die erforderlichen Sicherungsmaßregeln, insbesondere die Anlegung von Siegeln, von Amts wegen anordnen kann oder soll.

Art. 141.

Die Landesgesetze können bestimmen, daß für die Beurkundung von Rechtsgeschäften, die nach den Vorschriften des Bürgerlichen Gesetzbuchs gerichtlicher oder notarieller Beurkundung bedürfen, entweder nur die Gerichte oder nur die Notare zuständig sind.

Art. 142.

Unberührt bleiben die landesgesetzlichen Vorschriften, welche in Ansehung der in dem Gebiete des Landes[1]) liegenden Grundstücke bestimmen, daß für die Beurkundung des im § 313 des Bürgerlichen Gesetzbuchs bezeichneten Vertrags sowie für die nach § 873 Abs. 2 des Bürgerlichen Gesetzbuchs zur Bindung der Beteiligten erforderliche Beurkundung der Erklärungen außer den Gerichten und Notaren auch andere Behörden und Beamte zuständig sind.

Art. 143.

Unberührt bleiben die landesgesetzlichen Vorschriften, welche in Ansehung der in dem Gebiete des Landes[1]) liegenden Grundstücke bestimmen, daß die Einigung der Parteien in den Fällen der §§ 925, 1015 des Bürgerlichen Gesetzbuchs außer vor dem Grundbuchamt auch vor Gericht, vor einem Notar, vor einer anderen Behörde oder vor einem anderen Beamten erklärt werden kann.

Unberührt bleiben die landesgesetzlichen Vorschriften, nach welchen es bei der Auflassung eines Grundstücks der gleichzeitigen Anwesenheit beider Teile nicht bedarf, wenn das Grundstück durch ein Gericht oder einen Notar versteigert worden ist und die Auflassung noch in dem Versteigerungstermine stattfindet.

Art. 144.

Unberührt bleiben die landesgesetzlichen Vorschriften über die sachliche und örtliche Zuständigkeit der Hinterlegungsstellen.

---

[1]) Siehe oben S. 542 Note 1.

Die Landesgesetze können bestimmen, daß die Anlegung von Mündelgeld nach § 1808 des Bürgerlichen Gesetzbuchs bei den Hinterlegungsstellen des Landes[1]) nicht stattfindet.

Art. 145.

Die Landesgesetze können über die Hinterlegung nähere Bestimmungen treffen, insbesondere den Nachweis der Empfangsberechtigung regeln und vorschreiben, daß die hinterlegten Gelder und Wertpapiere gegen die Verpflichtung zur Rückerstattung in das Eigentum des Fiskus oder der als Hinterlegungsstelle bestimmten Anstalt übergehen, daß der Verkauf der hinterlegten Sachen von Amts wegen angeordnet werden kann sowie daß der Anspruch auf Rückerstattung mit dem Ablauf einer gewissen Zeit oder unter sonstigen Voraussetzungen zugunsten des Fiskus oder der Hinterlegungsanstalt erlischt. In den Fällen des § 382, des § 1171 Abs. 3 und des § 1269 Satz 3 des Bürgerlichen Gesetzbuchs muß dem Hinterleger die Rücknahme des hinterlegten Betrags mindestens während eines Jahres von dem Zeitpunkt an gestattet werden, mit welchem das Recht des Gläubigers auf den hinterlegten Betrag erlischt.

Von einer gerichtlichen Anordnung kann die Hinterlegung nicht abhängig gemacht werden.

Art. 146.

Ist durch Landesgesetz bestimmt, daß die Hinterlegungsstellen auch andere Sachen als Geld, Wertpapiere und sonstige Urkunden sowie Kostbarkeiten anzunehmen haben, so finden auf Schuldverhältnisse, die auf Leistung derartiger Sachen gerichtet sind, die Vorschriften der §§ 372 bis 382 des Bürgerlichen Gesetzbuchs Anwendung.

Art. 147.

Unberührt bleiben die landesgesetzlichen Vorschriften, nach welchen für die dem Vormundschaftsgericht oder dem Nachlaßgericht obliegenden Verrichtungen andere als gerichtliche Behörden zuständig sind.

Sind durch Landesgesetz die Verrichtungen des Nachlaßgerichts einer anderen Behörde als einem Gericht übertragen, so ist für die Abnahme des im § 2006 des Bürgerlichen Gesetzbuchs vorgeschriebenen Offenbarungseids das Amtsgericht zuständig, in dessen Bezirke die Nachlaßbehörde ihren Sitz hat.

---

[1]) Siehe oben S. 542 Note 1.

Art. 148.

Die Landesgesetze können die Zuständigkeit des Nachlaßgerichts zur Aufnahme des Inventars ausschließen.

Art. 149.

Unberührt bleiben die landesgesetzlichen Vorschriften, nach welchen bei der Errichtung einer Verfügung von Todes wegen der Richter an Stelle des Urkundsbeamten der Geschäftsstelle[1]) oder der zwei Zeugen eine besonders dazu bestellte Urkundsperson zuziehen kann.

Auf die Urkundsperson finden die Vorschriften der §§ 2234 bis 2236 des Bürgerlichen Gesetzbuchs Anwendung.

Art. 150.

Unberührt bleiben die landesgesetzlichen Vorschriften, nach welchen im Falle des § 2249 des Bürgerlichen Gesetzbuchs an Stelle des Vorstehers oder neben dem Vorsteher eine andere amtlich bestellte Person zuständig ist.

Art. 151.

Durch die Vorschriften der §§ 2234 bis 2245, 2276 des Bürgerlichen Gesetzbuchs und des Artikel 149 dieses Gesetzes werden die allgemeinen Vorschriften der Landesgesetze über die Errichtung gerichtlicher oder notarieller Urkunden nicht berührt. Ein Verstoß gegen eine solche Vorschrift ist, unbeschadet der Vorschriften über die Folgen des Mangels der sachlichen Zuständigkeit, ohne Einfluß auf die Gültigkeit der Verfügung von Todes wegen.

Art. 152.

Unberührt bleiben die landesgesetzlichen Vorschriften, welche für die nicht nach den Vorschriften der Zivilprozeßordnung zu erledigenden Rechtsstreitigkeiten die Vorgänge bestimmen, mit denen die nach den Vorschriften des Bürgerlichen Gesetzbuchs an die Klagerhebung und an die Rechtshängigkeit geknüpften Wirkungen eintreten. Soweit solche Vorschriften fehlen, finden die Vorschriften der Zivilprozeßordnung entsprechende Anwendung.

Vierter Abschnitt. **Übergangsvorschriften.**

Art. 153.

Wer zur Zeit des Inkrafttretens des Bürgerlichen Gesetzbuchs nicht das einundzwanzigste Lebensjahr vollendet hat, aber

[1]) Fassung des Gesetzes vom 9. Juli 1927 (RGBl. I S. 175).

für volljährig erklärt ist oder sonst die rechtliche Stellung eines Volljährigen erlangt hat, steht von dieser Zeit an einem Volljährigen gleich.

Art. 154.

Wer nach den französischen oder den badischen Gesetzen emanzipiert oder aus der Gewalt entlassen ist, steht von dem Inkrafttreten des Bürgerlichen Gesetzbuchs an, wenn er zu dieser Zeit das achtzehnte Lebensjahr vollendet hat, einem Volljährigen, anderenfalls einem Minderjährigen gleich.

Art. 155.

Wer zur Zeit des Inkrafttretens des Bürgerlichen Gesetzbuchs wegen Geisteskrankheit entmündigt ist, steht von dieser Zeit an einem nach den Vorschriften des Bürgerlichen Gesetzbuchs wegen Geisteskrankheit Entmündigten gleich.

Art. 156.

Wer zur Zeit des Inkrafttretens des Bürgerlichen Gesetzbuchs wegen Verschwendung entmündigt ist, steht von dieser Zeit an einem nach den Vorschriften des Bürgerlichen Gesetzbuchs wegen Verschwendung Entmündigten gleich.

Dasselbe gilt von demjenigen, für welchen nach den französischen oder den badischen Gesetzen wegen Verschwendung die Bestellung eines Beistandes angeordnet ist.

Art. 157.

Die Vorschriften der französischen und der badischen Gesetze über den erwählten Wohnsitz bleiben für Rechtsverhältnisse, die sich nach diesen Gesetzen bestimmen, in Kraft, sofern der Wohnsitz vor dem Inkrafttreten des Bürgerlichen Gesetzbuchs erwählt worden ist.

Art. 158.

Die Wirkungen einer vor dem Inkrafttreten des Bürgerlichen Gesetzbuchs erfolgten Todeserklärung bestimmen sich nach den bisherigen Gesetzen, soweit sich nicht aus den Artikeln 159, 160 ein anderes ergibt.

Art. 159.

Der Ehegatte einer vor dem Inkrafttreten des Bürgerlichen Gesetzbuchs für tot erklärten Person kann nach dem Inkrafttreten des Bürgerlichen Gesetzbuchs eine neue Ehe eingehen, auch wenn die Wiederverheiratung nach den bisherigen Gesetzen nicht zulässig sein würde. Die Vorschriften der §§ 1348 bis 1352 des Bürgerlichen Gesetzbuchs finden entsprechende Anwendung.

Art. 160.

Soweit nach den Vorschriften des Bürgerlichen Gesetzbuchs infolge einer Todeserklärung die elterliche Gewalt des Verschollenen, die Vormundschaft, die Pflegschaft sowie das Amt als Vormund, Gegenvormund, Pfleger, Beistand oder Mitglied eines Familienrats endigt, gelten diese Vorschriften von dem Inkrafttreten des Bürgerlichen Gesetzbuchs an auch für eine vorher erfolgte Todeserklärung.

Art. 161.

Ein zur Zeit des Inkrafttretens des Bürgerlichen Gesetzbuchs anhängiges Verfahren, das eine Todeserklärung, eine Verschollenheitserklärung oder die Einweisung des mutmaßlichen Erben in den Besitz oder Genuß des Vermögens eines Verschollenen zum Gegenstande hat, ist nach den bisherigen Gesetzen zu erledigen.

Ist vor dem Inkrafttreten des Bürgerlichen Gesetzbuchs eine Verschollenheitserklärung oder die vorläufige Einweisung des mutmaßlichen Erben in den Besitz oder Genuß des Vermögens eines Verschollenen erfolgt, so sind die bisherigen Gesetze auch für die Todeserklärung sowie für die endgültige Einweisung maßgebend.

Nach den bisherigen Gesetzen bestimmen sich auch die Wirkungen der nach Abs. 1, 2 ergehenden Entscheidungen. Im Falle der Todeserklärung finden die Vorschriften der Artikel 159, 160 Anwendung.

Art. 162.

Soweit eine nach den bisherigen Gesetzen erfolgte oder nach Artikel 161 Abs. 2 zulässige endgültige Einweisung des mutmaßlichen Erben in den Besitz oder Genuß des Vermögens des Verschollenen ohne Einfluß auf Rechtsverhältnisse ist, auf die sich die Wirkungen der Todeserklärung nach dem Bürgerlichen Gesetzbuch erstrecken, ist nach dem Inkrafttreten des Bürgerlichen Gesetzbuchs eine Todeserklärung nach dessen Vorschriften zulässig; die Wirkungen beschränken sich auf diese Rechtsverhältnisse.

Art. 163.

Auf die zur Zeit des Inkrafttretens des Bürgerlichen Gesetzbuchs bestehenden juristischen Personen finden von dieser Zeit an die Vorschriften der §§ 25 bis 53, 85 bis 89 des Bürgerlichen Gesetzbuchs Anwendung, soweit sich nicht aus den Artikeln 164 bis 166 ein anderes ergibt.

Art. 164.

In Kraft bleiben die landesgesetzlichen Vorschriften über die zur Zeit des Inkrafttretens des Bürgerlichen Gesetzbuchs bestehenden Realgemeinden und ähnlichen Verbände, deren Mitglieder als solche zu Nutzungen an land- und forstwirtschaftlichen Grundstücken, an Mühlen, Brauhäusern und ähnlichen Anlagen berechtigt sind. Es macht keinen Unterschied, ob die Realgemeinden oder sonstigen Verbände juristische Personen sind oder nicht und ob die Berechtigung der Mitglieder an Grundbesitz geknüpft ist oder nicht.

Art. 165.

In Kraft bleiben die Vorschriften der bayerischen Gesetze, betreffend die privatrechtliche Stellung der Vereine sowie der Erwerbs- und Wirtschaftsgesellschaften, vom 29. April 1869 in Ansehung derjenigen Vereine und registrierten Gesellschaften, welche auf Grund dieser Gesetze zur Zeit des Inkrafttretens des Bürgerlichen Gesetzbuchs bestehen.

Art. 166.

In Kraft bleiben die Vorschriften des sächsischen Gesetzes vom 15. Juni 1868, betreffend die juristischen Personen, in Ansehung derjenigen Personenvereine, welche zur Zeit des Inkrafttretens des Bürgerlichen Gesetzbuchs die Rechtsfähigkeit durch Eintragung in das Genossenschaftsregister erlangt haben.

Art. 167.

In Kraft bleiben die landesgesetzlichen Vorschriften, welche die zur Zeit des Inkrafttretens des Bürgerlichen Gesetzbuchs bestehenden landschaftlichen oder ritterschaftlichen Kreditanstalten betreffen.

Art. 168.

Eine zur Zeit des Inkrafttretens des Bürgerlichen Gesetzbuchs bestehende Verfügungsbeschränkung bleibt wirksam, unbeschadet der Vorschriften des Bürgerlichen Gesetzbuchs zugunsten derjenigen, welche Rechte von einem Nichtberechtigten herleiten.

Art. 169.

Die Vorschriften des Bürgerlichen Gesetzbuchs über die Verjährung finden auf die vor dem Inkrafttreten des Bürgerlichen Gesetzbuchs entstandenen, noch nicht verjährten Ansprüche Anwendung. Der Beginn sowie die Hemmung und Unterbrechung der Verjährung bestimmen sich jedoch für die Zeit vor dem Inkrafttreten des Bürgerlichen Gesetzbuchs nach den bisherigen Gesetzen.

Ist die Verjährungsfrist nach dem Bürgerlichen Gesetzbuche kürzer als nach den bisherigen Gesetzen, so wird die kürzere Frist von dem Inkrafttreten des Bürgerlichen Gesetzbuchs an berechnet. Läuft jedoch die in den bisherigen Gesetzen bestimmte längere Frist früher als die im Bürgerlichen Gesetzbuche bestimmte kürzere Frist ab, so ist die Verjährung mit dem Ablaufe der längeren Frist vollendet.

Art. 170.

Für ein Schuldverhältnis, das vor dem Inkrafttreten des Bürgerlichen Gesetzbuchs entstanden ist, bleiben die bisherigen Gesetze maßgebend.

Art. 171.

Ein zur Zeit des Inkrafttretens des Bürgerlichen Gesetzbuchs bestehendes Miet-, Pacht- oder Dienstverhältnis bestimmt sich, wenn nicht die Kündigung nach dem Inkrafttreten des Bürgerlichen Gesetzbuchs für den ersten Termin erfolgt, für den sie nach den bisherigen Gesetzen zulässig ist, von diesem Termin an nach den Vorschriften des Bürgerlichen Gesetzbuchs.

Art. 172.

Wird eine Sache, die zur Zeit des Inkrafttretens des Bürgerlichen Gesetzbuchs vermietet oder verpachtet war, nach dieser Zeit veräußert oder mit einem Rechte belastet, so hat der Mieter oder Pächter dem Erwerber der Sache oder des Rechtes gegenüber die im Bürgerlichen Gesetzbuche bestimmten Rechte. Weitergehende Rechte des Mieters oder Pächters, die sich aus den bisherigen Gesetzen ergeben, bleiben unberührt, unbeschadet der Vorschrift des Artikel 171.

Art. 173.

Auf eine zur Zeit des Inkrafttretens des Bürgerlichen Gesetzbuchs bestehende Gemeinschaft nach Bruchteilen finden von dieser Zeit an die Vorschriften des Bürgerlichen Gesetzbuchs Anwendung.

Art. 174.

Von dem Inkrafttreten des Bürgerlichen Gesetzbuchs an gelten für die vorher ausgestellten Schuldverschreibungen auf den Inhaber die Vorschriften der §§ 798 bis 800, 802, 804 und des § 806 Satz 1 des Bürgerlichen Gesetzbuchs. Bei den auf Sicht zahlbaren unverzinslichen Schuldverschreibungen sowie bei Zins-, Renten- und Gewinnanteilscheinen bleiben jedoch für die Kraftloserklärung und die Zahlungssperre die bisherigen Gesetze maßgebend.

Die Verjährung der Ansprüche aus den vor dem Inkrafttreten des Bürgerlichen Gesetzbuchs ausgestellten Schuldverschreibungen auf den Inhaber bestimmt sich, unbeschadet der Vorschriften des § 802 des Bürgerlichen Gesetzbuchs, nach den bisherigen Gesetzen.

Art. 175.

Für Zins-, Renten- und Gewinnanteilscheine, die nach dem Inkrafttreten des Bürgerlichen Gesetzbuchs für ein vor dieser Zeit ausgestelltes Inhaberpapier ausgegeben werden, sind die Gesetze maßgebend, welche für die vor dem Inkrafttreten des Bürgerlichen Gesetzbuchs ausgegebenen Scheine gleicher Art gelten.

Art. 176.

Die Außerkurssetzung von Schuldverschreibungen auf den Inhaber findet nach dem Inkrafttreten des Bürgerlichen Gesetzbuchs nicht mehr statt. Eine vorher erfolgte Außerkurssetzung verliert mit dem Inkrafttreten des Bürgerlichen Gesetzbuchs ihre Wirkung.

Art. 177.

Von dem Inkrafttreten des Bürgerlichen Gesetzbuchs an gelten für vorher ausgegebene Urkunden der im § 808 des Bürgerlichen Gesetzbuchs bezeichneten Art, sofern der Schuldner nur gegen Aushändigung der Urkunde zur Leistung verpflichtet ist, die Vorschriften des § 808 Abs. 2 Satz 2, 3 des Bürgerlichen Gesetzbuchs und des Artikel 102 Abs. 2 dieses Gesetzes.

Art. 178.

Ein zur Zeit des Inkrafttretens des Bürgerlichen Gesetzbuchs anhängiges Verfahren, das die Kraftloserklärung einer Schuldverschreibung auf den Inhaber oder einer Urkunde der im § 808 des Bürgerlichen Gesetzbuchs bezeichneten Art oder die Zahlungssperre für ein solches Papier zum Gegenstande hat, ist nach den bisherigen Gesetzen zu erledigen. Nach diesen Gesetzen bestimmen sich auch die Wirkungen des Verfahrens und der Entscheidung.

Art. 179.

Hat ein Anspruch aus einem Schuldverhältnisse nach den bisherigen Gesetzen durch Eintragung in ein öffentliches Buch Wirksamkeit gegen Dritte erlangt, so behält er diese Wirksamkeit auch nach dem Inkrafttreten des Bürgerlichen Gesetzbuchs.

Art. 180.

Auf ein zur Zeit des Inkrafttretens des Bürgerlichen Gesetzbuchs bestehendes Besitzverhältnis finden von dieser Zeit an, unbeschadet des Artikel 191, die Vorschriften des Bürgerlichen Gesetzbuchs Anwendung.

Art. 181.

Auf das zur Zeit des Inkrafttretens des Bürgerlichen Gesetzbuchs bestehende Eigentum finden von dieser Zeit an die Vorschriften des Bürgerlichen Gesetzbuchs Anwendung.

Steht zur Zeit des Inkrafttretens des Bürgerlichen Gesetzbuchs das Eigentum an einer Sache mehreren nicht nach Bruchteilen zu oder ist zu dieser Zeit ein Sondereigentum an stehenden Erzeugnissen eines Grundstücks, insbesondere an Bäumen, begründet, so bleiben diese Rechte bestehen.

Art. 182.

Das zur Zeit des Inkrafttretens des Bürgerlichen Gesetzbuchs bestehende Stockwerkseigentum bleibt bestehen. Das Rechtsverhältnis der Beteiligten untereinander bestimmt sich nach den bisherigen Gesetzen.

Art. 183.

Zugunsten eines Grundstücks, das zur Zeit des Inkrafttretens des Bürgerlichen Gesetzbuchs mit Wald bestanden ist, bleiben die landesgesetzlichen Vorschriften, welche die Rechte des Eigentümers eines Nachbargrundstücks in Ansehung der auf der Grenze oder auf dem Waldgrundstücke stehenden Bäume und Sträucher abweichend von den Vorschriften des § 910 und des § 923 Abs. 2, 3 des Bürgerlichen Gesetzbuchs bestimmen, bis zur nächsten Verjüngung des Waldes in Kraft.

Art. 184.

Rechte, mit denen eine Sache oder ein Recht zur Zeit des Inkrafttretens des Bürgerlichen Gesetzbuchs belastet ist, bleiben mit dem sich aus den bisherigen Gesetzen ergebenden Inhalt und Range bestehen, soweit sich nicht aus den Artikeln 192 bis 195 ein anderes ergibt. Von dem Inkrafttreten des Bürgerlichen Gesetzbuchs an gelten jedoch für ein Erbbaurecht die Vorschriften des § 1017,[1] für eine Grunddienstbarkeit die Vorschriften der §§ 1020 bis 1028 des Bürgerlichen Gesetzbuchs.

Art. 185.

Ist zur Zeit des Inkrafttretens des Bürgerlichen Gesetzbuchs die Ersitzung des Eigentums oder Nießbrauchs an einer beweglichen Sache noch nicht vollendet, so finden auf die Ersitzung die Vorschriften des Artikel 169 entsprechende Anwendung.

---

[1]) Siehe oben S. 227 Note 1.

Art. 186.

Das Verfahren, in welchem die Anlegung der Grundbücher erfolgt, sowie der Zeitpunkt, in welchem das Grundbuch für einen Bezirk als angelegt anzusehen ist, werden für jeden Bundesstaat durch landesherrliche Verordnung bestimmt.

Ist das Grundbuch für einen Bezirk als angelegt anzusehen, so ist die Anlegung auch für solche zu dem Bezirke gehörende Grundstücke, die noch kein Blatt im Grundbuche haben, als erfolgt anzusehen, soweit nicht bestimmte Grundstücke durch besondere Anordnung ausgenommen sind.

Art. 187.

Eine Grunddienstbarkeit, die zu der Zeit besteht, zu welcher das Grundbuch als angelegt anzusehen ist, bedarf zur Erhaltung der Wirksamkeit gegenüber dem öffentlichen Glauben des Grundbuchs nicht der Eintragung. Die Eintragung hat jedoch zu erfolgen, wenn sie von dem Berechtigten oder von dem Eigentümer des belasteten Grundstücks verlangt wird; die Kosten sind von demjenigen zu tragen und vorzuschießen, welcher die Eintragng verlangt.

Durch Landesgesetz kann bestimmt werden, daß die bestehenden Grunddienstbarkeiten oder einzelne Arten zur Erhaltung der Wirksamkeit gegenüber dem öffentlichen Glauben des Grundbuchs bei der Anlegung des Grundbuchs oder später in das Grundbuch eingetragen werden müssen. Die Bestimmung kann auf einzelne Grundbuchbezirke beschränkt werden.

Art. 188.

Durch landesherrliche Verordnung kann bestimmt werden, daß gesetzliche Pfandrechte, die zu der Zeit bestehen, zu welcher das Grundbuch als angelegt anzusehen ist, zur Erhaltung der Wirksamkeit gegenüber dem öffentlichen Glauben des Grundbuchs während einer zehn Jahre nicht übersteigenden, von dem Inkrafttreten des Bürgerlichen Gesetzbuchs an zu berechnenden Frist nicht der Eintragung bedürfen.

Durch landesherrliche Verordnung kann bestimmt werden, daß Mietrechte und Pachtrechte, welche zu der im Abs. 1 bezeichneten Zeit als Rechte an einem Grundstücke bestehen, zur Erhaltung der Wirksamkeit gegenüber dem öffentlichen Glauben des Grundbuchs nicht der Eintragung bedürfen.

Art. 189.

Der Erwerb und Verlust des Eigentums sowie die Begründung, Übertragung, Belastung und Aufhebung eines anderen

Rechtes an einem Grundstück oder eines Rechtes an einem solchen Rechte erfolgen auch nach dem Inkrafttreten des Bürgerlichen Gesetzbuchs nach den bisherigen Gesetzen, bis das Grundbuch als angelegt anzusehen ist. Das gleiche gilt von der Änderung des Inhalts und des Ranges der Rechte. Ein nach den Vorschriften des Bürgerlichen Gesetzbuchs unzulässiges Recht kann nach dem Inkrafttreten des Bürgerlichen Gesetzbuchs nicht mehr begründet werden.

Ist zu der Zeit, zu welcher das Grundbuch als angelegt anzusehen ist, der Besitzer als der Berechtigte im Grundbuch eingetragen, so finden auf eine zu dieser Zeit noch nicht vollendete, nach § 900 des Bürgerlichen Gesetzbuchs zulässige Ersitzung die Vorschriften des Artikel 169 entsprechende Anwendung.

Die Aufhebung eines Rechtes, mit dem ein Grundstück oder ein Recht an einem Grundstücke zu der Zeit belastet ist, zu welcher das Grundbuch als angelegt anzusehen ist, erfolgt auch nach dieser Zeit nach den bisherigen Gesetzen, bis das Recht in das Grundbuch eingetragen wird.

Art. 190.

Das nach § 928 Abs. 2 des Bürgerlichen Gesetzbuchs dem Fiskus zustehende Aneignungsrecht erstreckt sich auf alle Grundstücke, die zu der Zeit herrenlos sind, zu welcher das Grundbuch als angelegt anzusehen ist. Die Vorschrift des Artikel 129 findet entsprechende Anwendung.

Art. 191.

Die bisherigen Gesetze über den Schutz im Besitz einer Grunddienstbarkeit oder einer beschränkten persönlichen Dienstbarkeit finden auch nach dem Inkrafttreten des Bürgerlichen Gesetzbuchs Anwendung, bis das Grundbuch für das belastete Grundstück als angelegt anzusehen ist.

Von der Zeit an, zu welcher das Grundbuch als angelegt anzusehen ist, finden zum Schutze der Ausübung einer Grunddienstbarkeit, mit welcher das Halten einer dauernden Anlage verbunden ist, die für den Besitzschutz geltenden Vorschriften des Bürgerlichen Gesetzbuchs entsprechende Anwendung, solange Dienstbarkeiten dieser Art nach Artikel 128 oder Artikel 187 zur Erhaltung der Wirksamkeit gegenüber dem öffentlichen Glauben des Grundbuchs nicht der Eintragung bedürfen. Das gleiche gilt für Grunddienstbarkeiten anderer Art mit der Maßgabe, daß der Besitzschutz nur gewährt wird, wenn die Dienstbarkeit in jedem der drei letzten Jahre vor der Störung mindestens einmal ausgeübt worden ist.

Art. 192.

Ein zu der Zeit, zu welcher das Grundbuch als angelegt anzusehen ist, an einem Grundstücke bestehendes Pfandrecht gilt von dieser Zeit an als eine Hypothek, für welche die Erteilung des Hypothekenbriefs ausgeschlossen ist. Ist der Betrag der Forderung, für die das Pfandrecht besteht, nicht bestimmt, so gilt das Pfandrecht als Sicherungshypothek.

Ist das Pfandrecht dahin beschränkt, daß der Gläubiger Befriedigung aus dem Grundstücke nur im Wege der Zwangsverwaltung suchen kann, so bleibt diese Beschränkung bestehen.

Art. 193.

Durch Landesgesetz kann bestimmt werden, daß ein Pfandrecht, welches nach Artikel 192 nicht als Sicherungshypothek gilt, als Sicherungshypothek oder als eine Hypothek gelten soll, für welche die Erteilung des Hypothekenbriefs nicht ausgeschlossen ist, und daß eine über das Pfandrecht erteilte Urkunde als Hypothekenbrief gelten soll.

Art. 194.

Durch Landesgesetz kann bestimmt werden, daß ein Gläubiger, dessen Pfandrecht zu der im Artikel 192 bezeichneten Zeit besteht, die Löschung eines im Range vorgehenden oder gleichstehenden Pfandrechts, falls dieses sich mit dem Eigentum in einer Person vereinigt, in gleicher Weise zu verlangen berechtigt ist, wie wenn zur Sicherung des Rechtes auf Löschung eine Vormerkung im Grundbuch eingetragen wäre.

Art. 195.

Eine zu der Zeit, zu welcher das Grundbuch als angelegt anzusehen ist, bestehende Grundschuld gilt von dieser Zeit an als Grundschuld im Sinne des Bürgerlichen Gesetzbuchs und eine über die Grundschuld erteilte Urkunde als Grundschuldbrief. Die Vorschrift des Artikel 192 Abs. 2 findet entsprechende Anwendung.

Durch Landesgesetz kann bestimmt werden, daß eine zu der im Abs. 1 bezeichneten Zeit bestehende Grundschuld als eine Hypothek, für welche die Erteilung des Hypothekenbriefs nicht ausgeschlossen ist, oder als Sicherungshypothek gelten soll und daß eine über die Grundschuld erteilte Urkunde als Hypothekenbrief gelten soll.

Art. 196.

Durch Landesgesetz kann bestimmt werden, daß auf ein an einem Grundstücke bestehendes vererbliches und übertragbares

Nutzungsrecht die sich auf Grundstücke beziehenden Vorschriften und auf den Erwerb eines solchen Rechtes die für den Erwerb des Eigentums an einem Grundstücke geltenden Vorschriften des Bürgerlichen Gesetzbuchs Anwendung finden.

Art. 197.

In Kraft bleiben die landesgesetzlichen Vorschriften, nach welchen in Ansehung solcher Grundstücke, bezüglich deren zur Zeit des Inkrafttretens des Bürgerlichen Gesetzbuchs ein nicht unter den Artikel 63 fallendes bäuerliches Nutzungsrecht besteht, nach der Beendigung des Nutzungsrechts ein Recht gleicher Art neu begründet werden kann und der Gutsherr zu der Begründung verpflichtet ist.

Art. 198.

Die Gültigkeit einer vor dem Inkrafttreten des Bürgerlichen Gesetzbuchs geschlossenen Ehe bestimmt sich nach den bisherigen Gesetzen.

Eine nach den bisherigen Gesetzen nichtige oder ungültige Ehe ist als von Anfang an gültig anzusehen, wenn die Ehegatten zur Zeit des Inkrafttretens des Bürgerlichen Gesetzbuchs noch als Ehegatten miteinander leben und der Grund, auf dem die Nichtigkeit oder die Ungültigkeit beruht, nach den Vorschriften des Bürgerlichen Gesetzbuchs die Nichtigkeit oder die Anfechtbarkeit der Ehe nicht zur Folge haben oder diese Wirkung verloren haben würde. Die für die Anfechtung im Bürgerlichen Gesetzbuche bestimmte Frist beginnt nicht vor dem Inkrafttreten des Bürgerlichen Gesetzbuchs.

Die nach den bisherigen Gesetzen erfolgte Ungültigkeitserklärung einer Ehe steht der Nichtigkeitserklärung nach dem Bürgerlichen Gesetzbuche gleich.

Art. 199.

Die persönlichen Rechtsbeziehungen der Ehegatten zueinander, insbesondere die gegenseitige Unterhaltspflicht, bestimmen sich auch für die zur Zeit des Inkrafttretens des Bürgerlichen Gesetzbuchs bestehenden Ehen nach dessen Vorschriften.

Art. 200.

Für den Güterstand einer zur Zeit des Inkrafttretens des Bürgerlichen Gesetzbuchs bestehenden Ehe bleiben die bisherigen Gesetze maßgebend. Dies gilt insbesondere auch von den Vorschriften über die erbrechtlichen Wirkungen des Güterstandes und von den Vorschriften der französischen und der badischen

Gesetze über das Verfahren bei Vermögensabsonderungen unter Ehegatten.

Eine nach den Vorschriften des Bürgerlichen Gesetzbuchs zulässige Regelung des Güterstandes kann durch Ehevertrag auch dann getroffen werden, wenn nach den bisherigen Gesetzen ein Ehevertrag unzulässig sein würde.

Soweit die Ehefrau nach den für den bisherigen Güterstand maßgebenden Gesetzen infolge des Güterstandes oder der Ehe in der Geschäftsfähigkeit beschränkt ist, bleibt diese Beschränkung in Kraft, solange der bisherige Güterstand besteht.

Art. 201.

Die Scheidung und die Aufhebung der ehelichen Gemeinschaft erfolgen von dem Inkrafttreten des Bürgerlichen Gesetzbuchs an nach dessen Vorschriften.

Hat sich ein Ehegatte vor dem Inkrafttreten des Bürgerlichen Gesetzbuchs einer Verfehlung der in den §§ 1565 bis 1568 des Bürgerlichen Gesetzbuchs bezeichneten Art schuldig gemacht, so kann auf Scheidung oder auf Aufhebung der ehelichen Gemeinschaft nur erkannt werden, wenn die Verfehlung auch nach den bisherigen Gesetzen ein Scheidungsgrund oder ein Trennungsgrund war.

Art. 202.

Für die Wirkungen einer beständigen oder zeitweiligen Trennung von Tisch und Bett, auf welche vor dem Inkrafttreten des Bürgerlichen Gesetzbuchs erkannt worden ist, bleiben die bisherigen Gesetze maßgebend. Dies gilt insbesondere auch von den Vorschriften, nach denen eine bis zu dem Tode eines der Ehegatten fortbestehende Trennung in allen oder einzelnen Beziehungen der Auflösung der Ehe gleichsteht.

Art. 203.

Das Rechtsverhältnis zwischen den Eltern und einem vor dem Inkrafttreten des Bürgerlichen Gesetzbuchs geborenen ehelichen Kinde bestimmt sich von dem Inkrafttreten des Bürgerlichen Gesetzbuchs an nach dessen Vorschriften. Dies gilt insbesondere auch in Ansehung des Vermögens, welches das Kind vorher erworben hat.

Art. 204.

Ist der Vater oder die Mutter zur Zeit des Inkrafttretens des Bürgerlichen Gesetzbuchs in der Sorge für die Person oder für das Vermögen des Kindes durch eine Anordnung der zuständigen Behörde beschränkt, so bleibt die Beschränkung in Kraft. Das Vormundschaftsgericht kann die Anordnung nach § 1671 des Bürgerlichen Gesetzbuchs aufheben.

Ist dem Vater oder der Mutter die Nutznießung an dem Vermögen des Kindes durch Anordnung der zuständigen Behörde entzogen, so hat das Vormundschaftsgericht die Anordnung auf Antrag aufzuheben, es sei denn, daß die Entziehung der Nutznießung nach § 1666 Abs. 2 des Bürgerlichen Gesetzbuchs gerechtfertigt ist.

Art. 205.

Hat der Vater vor dem Inkrafttreten des Bürgerlichen Gesetzbuchs auf Grund der bisherigen Gesetze die Mutter von der Vormundschaft über das Kind ausgeschlossen oder der Mutter einen Beistand zugeordnet, so gilt die Anordnung des Vaters von dem Inkrafttreten des Bürgerlichen Gesetzbuchs an als Anordnung der Bestellung eines Beistandes für die Mutter im Sinne des Bürgerlichen Gesetzbuchs.

Art. 206.

Ist auf Grund der bisherigen Gesetze eine Ehe geschieden oder infolge der Todeserklärung eines der Ehegatten aufgelöst oder ist auf Trennung der Ehegatten von Tisch und Bett erkannt worden, so bestimmen sich das Recht und die Pflicht der Eltern, für die Person der gemeinschaftlichen Kinder zu sorgen, nach den bisherigen Gesetzen; die Vorschriften des § 1635 Abs. 1 Satz 2, Abs. 2 und des § 1636 des Bürgerlichen Gesetzbuchs finden jedoch Anwendung.

Art. 207.

Inwieweit die Kinder aus einer vor dem Inkrafttreten des Bürgerlichen Gesetzbuchs geschlossenen nichtigen oder ungültigen Ehe als eheliche Kinder anzusehen sind und inwieweit der Vater und die Mutter die Pflichten und Rechte ehelicher Eltern haben, bestimmt sich nach den bisherigen Gesetzen.

Art. 208.

Die rechtliche Stellung eines vor dem Inkrafttreten des Bürgerlichen Gesetzbuchs geborenen unehelichen Kindes bestimmt sich von dem Inkrafttreten des Bürgerlichen Gesetzbuchs an nach dessen Vorschriften; für die Erforschung der Vaterschaft, für das Recht des Kindes, den Familiennamen des Vaters zu führen, sowie für die Unterhaltspflicht des Vaters bleiben jedoch die bisherigen Gesetze maßgebend.

Inwieweit einem vor dem Inkrafttreten des Bürgerlichen Gesetzbuchs außerehelich erzeugten Kinde aus einem besonderen Grunde, insbesondere wegen Erzeugung im Brautstande, die rechtliche Stellung eines ehelichen Kindes zukommt und inwieweit der Vater und die Mutter eines solchen Kindes die Pflichten und Rechte ehelicher Eltern haben, bestimmt sich nach den bisherigen Gesetzen.

Die Vorschriften des Abs. 1 gelten auch für ein nach den französischen oder den badischen Gesetzen anerkanntes Kind.

Art. 209.

Inwieweit ein vor dem Inkrafttreten des Bürgerlichen Gesetzbuchs legitimiertes oder an Kindes Statt angenommenes Kind die rechtliche Stellung eines ehelichen Kindes hat und inwieweit der Vater und die Mutter die Pflichten und Rechte ehelicher Eltern haben, bestimmt sich nach den bisherigen Gesetzen.

Art. 210.

Auf eine zur Zeit des Inkrafttretens des Bürgerlichen Gesetzbuchs bestehende Vormundschaft oder Pflegschaft finden von dieser Zeit an die Vorschriften des Bürgerlichen Gesetzbuchs Anwendung. Ist die Vormundschaft wegen eines körperlichen Gebrechens angeordnet, so gilt sie als eine nach § 1910 Abs. 1 des Bürgerlichen Gesetzbuchs angeordnete Pflegschaft. Ist die Vormundschaft wegen Geistesschwäche angeordnet, ohne daß eine Entmündigung erfolgt ist, so gilt sie als eine nach § 1910 Abs. 2 des Bürgerlichen Gesetzbuchs für die Vermögensangelegenheiten des Geistesschwachen angeordnete Pflegschaft.

Die bisherigen Vormünder und Pfleger bleiben im Amte. Das gleiche gilt im Geltungsbereiche der preußischen Vormundschaftsordnung vom 5. Juli 1875 für den Familienrat und dessen Mitglieder. Ein Gegenvormund ist zu entlassen, wenn nach den Vorschriften des Bürgerlichen Gesetzbuchs ein Gegenvormund nicht zu bestellen sein würde.

Art. 211.

Die nach den französischen oder den badischen Gesetzen für einen Geistesschwachen angeordnete Bestellung eines Beistandes verliert mit dem Ablaufe von sechs Monaten nach dem Inkrafttreten des Bürgerlichen Gesetzbuchs ihre Wirkung.

Art. 212.

In Kraft bleiben die landesgesetzlichen Vorschriften, nach welchen gewisse Wertpapiere zur Anlegung von Mündelgeld für geeignet erklärt sind.

Art. 213.

Für die erbrechtlichen Verhältnisse bleiben, wenn der Erblasser vor dem Inkrafttreten des Bürgerlichen Gesetzbuchs gestorben ist, die bisherigen Gesetze maßgebend. Dies gilt insbesondere auch von den Vorschriften über das erbschaftliche Liquidationsverfahren.

Art. 214.

Die vor dem Inkrafttreten des Bürgerlichen Gesetzbuchs erfolgte Errichtung oder Aufhebung einer Verfügung von Todes wegen wird nach den bisherigen Gesetzen beurteilt, auch wenn der Erblasser nach dem Inkrafttreten des Bürgerlichen Gesetzbuchs stirbt.

Das gleiche gilt für die Bindung des Erblassers bei einem Erbvertrag oder einem gemeinschaftlichen Testamente, sofern der Erbvertrag oder das Testament vor dem Inkrafttreten des Bürgerlichen Gesetzbuchs errichtet worden ist.

Art. 215.

Wer vor dem Inkrafttreten des Bürgerlichen Gesetzbuchs die Fähigkeit zur Errichtung einer Verfügung von Todes wegen erlangt und eine solche Verfügung errichtet hat, behält die Fähigkeit, auch wenn er das nach dem Bürgerlichen Gesetzbuch erforderliche Alter noch nicht erreicht hat.

Die Vorschriften des § 2230 des Bürgerlichen Gesetzbuchs finden auf ein Testament Anwendung, das ein nach dem Inkrafttreten des Bürgerlichen Gesetzbuchs gestorbener Erblasser vor diesem Zeitpunkt errichtet hat.

Art. 216.

Die landesgesetzlichen Vorschriften, nach welchen Mitglieder gewisser ritterschaftlicher Familien bei der Ordnung der Erbfolge in ihren Nachlaß durch das Pflichtteilsrecht nicht beschränkt sind, bleiben in Ansehung derjenigen Familien in Kraft, welchen dieses Recht zur Zeit des Inkrafttretens des Bürgerlichen Gesetzbuchs zusteht.

Art. 217.

Die vor dem Inkrafttreten des Bürgerlichen Gesetzbuchs erfolgte Errichtung eines Erbverzichtsvertrags sowie die Wirkungen eines solchen Vertrags bestimmen sich nach den bisherigen Gesetzen.

Das gleiche gilt von einem vor dem Inkrafttreten des Bürgerlichen Gesetzbuchs geschlossenen Vertrage, durch den ein Erbverzichtsvertrag aufgehoben worden ist.

Art. 218.

Soweit nach den Vorschriften dieses Abschnitts die bisherigen Landesgesetze maßgebend bleiben, können sie nach dem Inkrafttreten des Bürgerlichen Gesetzbuchs durch Landesgesetz auch geändert werden.

Anhang.

1. Verordnung, betr. die Hauptmängel und Gewährfristen beim Viehhandel.

Vom 27. März 1899 (RGBl. 1899 S. 219).

§ 1.

Für den Verkauf von Nutz- und Zuchttieren gelten als Hauptmängel:

I. bei Pferden, Eseln, Mauleseln und Maultieren:

1. Rotz (Wurm) mit einer Gewährfrist von vierzehn Tagen;
2. Dummkoller (Koller, Dummsein) mit einer Gewährfrist von vierzehn Tagen; als Dummkoller ist anzusehen die allmählich oder infolge der akuten Gehirnwassersucht entstandene, unheilbare Krankheit des Gehirns, bei der das Bewußtsein des Pferdes herabgesetzt ist;
3. Dämpfigkeit (Dampf, Hartschlägigkeit, Bauchschlägigkeit) mit einer Gewährfrist von vierzehn Tagen; als Dämpfigkeit ist anzusehen die Atembeschwerde, die durch einen chronischen, unheilbaren Krankheitszustand der Lungen oder des Herzens bewirkt wird;
4. Kehlkopfpfeifen (Pfeiferdampf, Hartschnaufigkeit, Rohren) mit einer Gewährfrist von vierzehn Tagen; als Kehlkopfpfeifen ist anzusehen die durch einen chronischen und unheilbaren Krankheitszustand des Kehlkopfs oder der Luftröhre verursachte und durch ein hörbares Geräusch gekennzeichnete Atemstörung;
5. periodische Augenentzündung (innere Augenentzündung, Mondblindheit) mit einer Gewährfrist von vierzehn Tagen; als periodische Augenentzündung ist anzusehen die auf inneren Einwirkungen beruhende, entzündliche Veränderung an den inneren Organen des Auges;
6. Koppen (Krippensetzen, Aufsetzen, Freikoppen, Luftschnappen, Windschnappen) mit einer Gewährfrist von vierzehn Tagen;

II. bei Rindvieh:

1. tuberkulöse Erkrankung, sofern infolge dieser Erkrankung eine allgemeine Beeinträchtigung des Nährzustandes des

Tieres herbeigeführt ist, mit einer Gewährfrist von vierzehn Tagen;
2. Lungenseuche mit einer Gewährfrist von achtundzwanzig Tagen;

III. bei Schafen:
Räude mit einer Gewährfrist von vierzehn Tagen;

IV. bei Schweinen:
1. Rotlauf mit einer Gewährfrist von drei Tagen;
2. Schweineseuche (einschließlich Schweinepest) mit einer Gewährfrist von zehn Tagen.

§ 2.

Für den Verkauf solcher Tiere, die alsbald geschlachtet werden sollen und bestimmt sind, als Nahrungsmittel für Menschen zu dienen (Schlachttiere), gelten als Hauptmängel:

I. bei Pferden, Eseln, Mauleseln und Maultieren:
Rotz (Wurm) mit einer Gewährfrist von vierzehn Tagen;

II. bei Rindvieh:
tuberkulöse Erkrankung, sofern infolge dieser Erkrankung mehr als die Hälfte des Schlachtgewichts nicht oder nur unter Beschränkungen als Nahrungsmittel für Menschen geeignet ist, mit einer Gewährfrist von vierzehn Tagen;

III. bei Schafen:
allgemeine Wassersucht mit einer Gewährfrist von vierzehn Tagen; als allgemeine Wassersucht ist anzusehen der durch eine innere Erkrankung oder durch ungenügende Ernährung herbeigeführte wassersüchtige Zustand des Fleisches;

IV. bei Schweinen:
1. tuberkulöse Erkrankung unter der in der Nr. II bezeichneten Voraussetzung mit einer Gewährfrist von vierzehn Tagen;
2. Trichinen mit einer Gewährfrist von vierzehn Tagen;
3. Finnen mit einer Gewährfrist von vierzehn Tagen.

---

2. Verordnung über das Erbbaurecht[1]).

Vom 15. Januar 1919 (RGBl. 1919 S. 72).

I. Begriff und Inhalt des Erbbaurechts.

1. Gesetzlicher Inhalt.

§ 1.

Ein Grundstück kann in der Weise belastet werden, daß demjenigen, zu dessen Gunsten die Belastung erfolgt, das veräußerliche und vererbliche Recht zusteht, auf oder unter der Oberfläche des Grundstücks ein Bauwerk zu haben (Erbbaurecht).

Das Erbbaurecht kann auf einen für das Bauwerk nicht erforderlichen Teil des Grundstücks erstreckt werden, sofern das Bauwerk wirtschaftlich die Hauptsache bleibt.

Die Beschränkung des Erbbaurechts auf einen Teil eines Gebäudes, insbesondere ein Stockwerk ist unzulässig.

Das Erbbaurecht kann nicht durch auflösende Bedingungen beschränkt werden. Auf eine Vereinbarung, durch die sich der Erbbauberechtigte verpflichtet, beim Eintreten bestimmter Voraussetzungen das Erbbaurecht aufzugeben und seine Löschung im Grundbuch zu bewilligen, kann sich der Grundstückseigentümer nicht berufen.

2. Vertragsmäßiger Inhalt.

§ 2.

Zum Inhalt des Erbbaurechts gehören auch Vereinbarungen des Grundstückseigentümers und des Erbbauberechtigten über:

1. die Errichtung, die Instandhaltung und die Verwendung des Bauwerkes;
2. die Versicherung des Bauwerkes und seinen Wiederaufbau im Falle der Zerstörung;
3. die Tragung der öffentlichen und privatrechtlichen Lasten und Abgaben;
4. eine Verpflichtung des Erbbauberechtigten, das Erbbaurecht beim Eintreten bestimmter Voraussetzungen auf den Grundstückseigentümer zu übertragen (Heimfall);
5. eine Verpflichtung des Erbbauberechtigten zur Zahlung von Vertragsstrafen;

---

[1]) In dieser Verordnung gehören die Überschriften über den Paragraphen zum Gesetzestext.

6. die Einräumung eines Vorrechts für den Erbbauberechtigten auf Erneuerung des Erbbaurechts nach dessen Ablauf;
7. eine Verpflichtung des Grundstückseigentümers, das Grundstück an den jeweiligen Erbbauberechtigten zu verkaufen.

§ 3.

Der Heimfallanspruch des Grundstückseigentümers kann nicht von dem Eigentum an dem Grundstück getrennt werden; der Eigentümer kann verlangen, daß das Erbbaurecht einem von ihm zu bezeichnenden Dritten übertragen wird.

§ 4.

Der Heimfallanspruch sowie der Anspruch auf eine Vertragsstrafe (§ 2 Nr. 4 und 5) verjährt in sechs Monaten von dem Zeitpunkt an, in dem der Grundstückseigentümer von dem Vorhandensein der Voraussetzungen Kenntnis erlangt, ohne Rücksicht auf diese Kenntnis in zwei Jahren vom Eintreten der Voraussetzungen an.

§ 5.

Als Inhalt des Erbbaurechts kann auch vereinbart werden, daß der Erbbauberechtigte zur Veräußerung des Erbbaurechts der Zustimmung des Grundstückseigentümers bedarf.

Als Inhalt des Erbbaurechts kann ferner vereinbart werden, daß der Erbbauberechtigte zur Belastung des Erbbaurechts mit einer Hypothek, Grund- oder Rentenschuld oder einer Reallast der Zustimmng des Grundstückseigentümers bedarf. Ist eine solche Vereinbarung getroffen, so kann auch eine Änderung des Inhalts der Hypothek, Grund- oder Rentenschuld oder der Reallast, die eine weitere Belastung des Erbbaurechts enthält, nicht ohne die Zustimmung des Grundstückseigentümers erfolgen.

§ 6.

Ist eine Vereinbarung gemäß § 5 getroffen, so ist eine Verfügung des Erbbauberechtigten über das Erbbaurecht und ein Vertrag, durch den er sich zu einer solchen Verfügung verpflichtet, unwirksam, solange nicht der Grundstückseigentümer die erforderliche Zustimmung erteilt hat.

Auf eine Vereinbarung, daß ein Zuwiderhandeln des Erbbauberechtigten gegen eine nach § 5 übernommene Beschränkung einen Heimfallanspruch begründen soll, kann sich der Grundstückseigentümer nicht berufen.

§ 7.

Ist anzunehmen, daß durch die Veräußerung (§ 5 Abs. 1) der mit der Bestellung des Erbbaurechts verfolgte Zweck nicht wesentlich beeinträchtigt oder gefährdet wird, und daß die Persönlichkeit des Erwerbers Gewähr für eine ordnungsmäßige Erfüllung der sich aus dem Erbbaurechtsinhalt ergebenden Verpflichtungen bietet, so kann der Erbbauberechtigte verlangen, daß der Grundstückseigentümer die Zustimmung zur Veräußerung erteilt. Dem Erbbauberechtigten kann auch für weitere Fälle ein Anspruch auf Erteilung der Zustimmung eingeräumt werden.

Ist eine Belastung (§ 5 Abs. 2) mit den Regeln einer ordnungsmäßigen Wirtschaft vereinbar, und wird der mit der Bestellung des Erbbaurechts verfolgte Zweck nicht wesentlich beeinträchtigt oder gefährdet, so kann der Erbbauberechtigte verlangen, daß der Grundstückseigentümer die Zustimmung zu der Belastung erteilt.

Wird die Zustimmung des Grundstückseigentümers ohne ausreichenden Grund verweigert, so kann sie auf Antrag des Erbbauberechtigten durch das Amtsgericht ersetzt werden, in dessen Bezirk das Grundstück belegen ist. Die Vorschriften des § 53 Abs. 1 Satz 1, Abs. 2 und des § 60 Abs. 1 Nr. 6 des Reichsgesetzes über die Angelegenheiten der freiwilligen Gerichtsbarkeit gelten entsprechend.

§ 8.

Verfügungen, die im Wege der Zwangsvollstreckung oder der Arrestvollziehung oder durch den Konkursverwalter erfolgen, sind insoweit unwirksam, als sie die Rechte des Grundstückseigentümers aus einer Vereinbarung gemäß § 5 vereiteln oder beeinträchtigen würden.

3. Erbbauzins.

§ 9.

Wird für die Bestellung des Erbbaurechts ein Entgelt in wiederkehrenden Leistungen (Erbbauzins) ausbedungen, so finden die Vorschriften des Bürgerlichen Gesetzbuchs über die Reallasten entsprechende Anwendung. Die zugunsten der Landesgesetze bestehenden Vorbehalte über Reallasten finden keine Anwendung.

Der Erbbauzins muß nach Zeit und Höhe für die ganze Erbbauzeit im voraus bestimmt sein. Der Anspruch des Grundstückseigentümers auf Entrichtung des Erbbauzinses kann in Ansehung noch nicht fälliger Leistungen nicht von dem Eigentum an dem Grundstück getrennt werden.

Zahlungsverzug des Erbbauberechtigten kann den Heimfallanspruch nur dann begründen, wenn der Erbbauberechtigte mit dem Erbbauzinse mindestens in Höhe zweier Jahresbeträge im Rückstand ist.

4. Rangstelle.

§ 10.

Das Erbbaurecht kann nur zur ausschließlich ersten Rangstelle bestellt werden; der Rang kann nicht geändert werden. Rechte, die zur Erhaltung der Wirksamkeit gegenüber dem öffentlichen Glauben des Grundbuchs der Eintragung nicht bedürfen, bleiben außer Betracht.

Durch landesrechtliche Verordnung können Bestimmungen getroffen werden, wonach bei der Bestellung des Erbbaurechts von dem Erfordernisse der ersten Rangstelle abgewichen werden kann, wenn dies für die vorhergehenden Berechtigten und den Bestand des Erbbaurechts unschädlich ist.

5. Anwendung des Grundstücksrechts.

§ 11.

Auf das Erbbaurecht finden die sich auf Grundstücke beziehenden Vorschriften mit Ausnahme der §§ 925, 927, 928 des Bürgerlichen Gesetzbuchs sowie die Vorschriften über Ansprüche aus dem Eigentum entsprechende Anwendung, soweit sich nicht aus dieser Verordnung ein anderes ergibt. Eine Übertragung des Erbbaurechts, die unter einer Bedingung oder einer Zeitbestimmung erfolgt, ist unwirksam.

Auf einen Vertrag, durch den sich der Grundstückseigentümer verpflichtet, ein Erbbaurecht zu bestellen, findet der § 313 des Bürgerlichen Gesetzbuchs entsprechende Anwendung.

6. Bauwerk. Bestandteile.

§ 12.

Das auf Grund des Erbbaurechts errichtete Bauwerk gilt als wesentlicher Bestandteil des Erbbaurechts. Das gleiche gilt für ein Bauwerk, das bei der Bestellung des Erbbaurechts schon vorhanden ist. Die Haftung des Bauwerkes für die Belastungen des Grundstücks erlischt mit der Eintragung des Erbbaurechts im Grundbuch.

Die §§ 94 und 95 des Bürgerlichen Gesetzbuchs finden auf das Erbbaurecht entsprechende Anwendung; die Bestandteile des Erbbaurechts sind nicht zugleich Bestandteile des Grundstücks.

Erlischt das Erbbaurecht, so werden die Bestandteile des Erbbaurechts Bestandteile des Grundstücks.

§ 13.

Das Erbbaurecht erlischt nicht dadurch, daß das Bauwerk untergeht.

II. Grundbuchvorschriften.

§ 14.

Für das Erbbaurecht wird bei der Eintragung in das Grundbuch von Amts wegen ein besonderes Grundbuchblatt (Erbbaugrundbuch) angelegt. Im Erbbaugrundbuch soll auch der Eigentümer und jeder spätere Erwerber des Grundstücks vermerkt werden. Bei der Eintragung im Grundbuch des Grundstücks ist zur näheren Bezeichnung des Inhalts des Erbbaurechts auf das Erbbaugrundbuch Bezug zu nehmen.

Das Erbbaugrundbuch ist für das Erbbaurecht das Grundbuch im Sinne des Bürgerlichen Gesetzbuchs. Die Eintragung eines neuen Erbbauberechtigten ist unverzüglich auf dem Blatte des Grundstücks zu vermerken.

§ 15.

In den Fällen des § 5 darf der Rechtsübergang und die Belastung erst eingetragen werden, wenn dem Grundbuchamte die Zustimmung des Grundstückseigentümers nachgewiesen ist.

§ 16.

Bei der Löschung des Erbbaurechts wird das Erbbaugrundbuch von Amts wegen geschlossen.

§ 17.

Jede Eintragung in das Erbbaugrundbuch soll auch dem Grundstückseigentümer, die Eintragung von Verfügungsbeschränkungen des Erbbauberechtigten den im Erbbaugrundbuch eingetragenen dinglich Berechtigten bekanntgemacht werden.

Dem Erbbauberechtigten soll die Eintragung eines Grundstückseigentümers, die Eintragung von Verfügungsbeschränkungen des Grundstückseigentümers sowie die Eintragung eines Widerspruchs gegen die Eintragung des Eigentümers in das Grundbuch des Grundstücks bekanntgemacht werden.

Auf die Bekanntmachung kann verzichtet werden.

III. Beleihung.

1. Mündelhypothek.

§ 18.

Eine Hypothek an einem Erbbaurecht auf einem inländischen Grundstück ist für die Anlegung von Mündelgeld als sicher anzusehen, wenn sie eine Tilgungshypothek ist und den Erfordernissen der §§ 19, 20 entspricht.

§ 19.

Die Hypothek darf die Hälfte des Wertes des Erbbaurechts nicht übersteigen. Dieser ist anzunehmen gleich der halben Summe des Bauwerts und des kapitalisierten, durch sorgfältige Ermittlung festgestellten jährlichen Mietreinertrags, den das Bauwerk nebst den Bestandteilen des Erbbaurechts unter Berücksichtigung seiner Beschaffenheit bei ordnungsmäßiger Wirtschaft jedem Besitzer nachhaltig gewähren kann. Der angenommene Wert darf jedoch den kapitalisierten Mietreinertrag nicht übersteigen.

Ein der Hypothek im Range vorgehender Erbbauzins ist zu kapitalisieren und von ihr in Abzug zu bringen.

§ 20.

Die planmäßige Tilgung der Hypothek muß

1. unter Zuwachs der ersparten Zinsen erfolgen,
2. spätestens mit dem Anfang des vierten auf die Gewährung des Hypothekenkapitals folgenden Kalenderjahrs beginnen,
3. spätestens zehn Jahre vor Ablauf des Erbbaurechts endigen und darf
4. nicht länger dauern, als zur buchmäßigen Abschreibung des Bauwerkes nach wirtschaftlichen Grundsätzen erforderlich ist.

Das Erbbaurecht muß mindestens noch so lange laufen, daß eine den Vorschriften des Abs. 1 entsprechende Tilgung der Hypothek für jeden Erbbauberechtigten oder seine Rechtsnachfolger aus den Erträgen des Erbbaurechts möglich ist.

2. Sicherheitsgrenze für sonstige Beleihungen.

§ 21.

Erbbaurechte können nach Maßgabe der §§ 11, 12 des Hypothekenbankgesetzes vom 13. Juli 1899 (Reichs-Gesetzbl. S. 375) von Hypothekenbanken und nach Maßgabe des § 60 des Gesetzes über die privaten Versicherungsunternehmungen vom 12. Mai

1901 (Reichs-Gesetzbl. S. 139) von privaten Versicherungsunternehmungen beliehen werden, wenn

1. der Wert des Erbbaurechts auch nach § 19 Abs. 1 ermittelt ist,
2. eine dem § 20 Abs. 1 entsprechende Tilgung vereinbart wird und
3. die Dauer des Erbbaurechts den Voraussetzungen des § 20 Abs. 2 entspricht.

Auf einen der Hypothek im Range vorgehenden Erbbauzins ist die Vorschrift des § 19 Abs. 2 entsprechend anzuwenden.

3. Landesrechtliche Vorschriften.

§ 22.

Die Landesgesetzgebung kann für die innerhalb ihres Geltungsbereichs belegenen Grundstücke

1. die Mündelsicherheit der Erbbaurechtshypotheken abweichend von den Vorschriften der §§ 18 bis 20 regeln,
2. bestimmen, in welcher Weise festzustellen ist, ob die Voraussetzungen für die Mündelsicherheit (§§ 19, 20) vorliegen.

IV. Feuerversicherung. Zwangsversteigerung.

1. Feuerversicherung.

§ 23.

Ist das Bauwerk gegen Feuer versichert, so hat der Versicherer den Grundstückseigentümer unverzüglich zu benachrichtigen, wenn ihm der Eintritt des Versicherungsfalls angezeigt wird.

2. Zwangsversteigerung

a) des Erbbaurechts

§ 24.

Bei einer Zwangsvollstreckung in das Erbbaurecht gilt auch der Grundstückseigentümer als Beteiligter im Sinne des § 9 des Gesetzes über die Zwangsversteigerung und die Zwangsverwaltung (Reichs-Gesetzbl. 1898, S. 713).

b) des Grundstücks.

§ 25.

Wird das Grundstück zwangsweise versteigert, so bleibt das Erbbaurecht auch dann bestehen, wenn es bei der Feststellung des geringsten Gebots nicht berücksichtigt ist.

V. Beendigung, Erneuerung, Heimfall.

1. Beendigung.

a) Aufhebung.

§ 26.

Das Erbbaurecht kann nur mit Zustimmung des Grundstückseigentümers aufgehoben werden. Die Zustimmung ist dem Grundbuchamt oder dem Erbbauberechtigten gegenüber zu erklären; sie ist unwiderruflich.

b) Zeitablauf.

§ 27.

Erlischt das Erbbaurecht durch Zeitablauf, so hat der Grundstückseigentümer dem Erbbauberechtigten eine Entschädigung für das Bauwerk zu leisten. Als Inhalt des Erbbaurechts können Vereinbarungen über die Höhe der Entschädigung und die Art ihrer Zahlung sowie über ihre Ausschließung getroffen werden.

Ist das Erbbaurecht zur Befriedigung des Wohnbedürfnisses minderbemittelter Bevölkerungskreise bestellt, so muß die Entschädigung mindestens zwei Dritteile des gemeinen Wertes betragen, den das Bauwerk bei Ablauf des Erbbaurechts hat. Auf eine abweichende Vereinbarung kann sich der Grundstückseigentümer nicht berufen.

Der Grundstückseigentümer kann seine Verpflichtung zur Zahlung der Entschädigung dadurch abwenden, daß er dem Erbbauberechtigten das Erbbaurecht vor dessen Ablauf für die voraussichtliche Standdauer des Bauwerkes verlängert; lehnt der Erbbauberechtigte die Verlängerung ab, so erlischt der Anspruch auf Entschädigung. Das Erbbaurecht kann zur Abwendung der Entschädigungspflicht wiederholt verlängert werden.

Vor Eintritt der Fälligkeit kann der Anspruch auf Entschädigung nicht abgetreten werden.

§ 28.

Die Entschädigungsforderung haftet auf dem Grundstück an Stelle des Erbbaurechts und mit dessen Range.

§ 29.

Ist das Erbbaurecht bei Ablauf der Zeit, für die es bestellt war, noch mit einer Hypothek oder Grundschuld oder mit Rückständen aus Rentenschulden oder Reallasten belastet, so hat der Gläubiger der Hypothek, Grund- oder Rentenschuld oder Reallast an dem Entschädigungsanspruch dieselben Rechte, die ihm im Falle des Erlöschens seines Rechtes durch Zwangsversteigerung an dem Erlöse zustehen.

§ 30.

Erlischt das Erbbaurecht, so finden auf Miet- und Pachtverträge, die der Erbbauberechtigte abgeschlossen hat, die im Falle der Übertragung des Eigentums geltenden Vorschriften entsprechende Anwendung.

Erlischt das Erbbaurecht durch Zeitablauf, so ist der Grundstückseigentümer berechtigt, das Miet- oder Pachtverhältnis unter Einhaltung der gesetzlichen Frist zu kündigen. Die Kündigung kann nur für einen der beiden ersten Termine erfolgen, für die sie zulässig ist. Erlischt das Erbbaurecht vorzeitig, so kann der Grundstückseigentümer das Kündigungsrecht erst ausüben, wenn das Erbbaurecht auch durch Zeitablauf erlöschen würde.

Der Mieter oder Pächter kann den Grundstückseigentümer unter Bestimmung einer angemessenen Frist zur Erklärung darüber auffordern, ob er von dem Kündigungsrechte Gebrauch mache. Die Kündigung kann nur bis zum Ablauf der Frist erfolgen.

2. Erneuerung.

§ 31.

Ist dem Erbbauberechtigten ein Vorrecht auf Erneuerung des Erbbaurechts eingeräumt (§ 2 Nr. 6), so kann er das Vorrecht ausüben, sobald der Eigentümer mit einem Dritten einen Vertrag über Bestellung eines Erbbaurechts an dem Grundstück geschlossen hat. Die Ausübung des Vorrechts ist ausgeschlossen, wenn das für den Dritten zu bestellende Erbbaurecht einem anderen wirtschaftlichen Zwecke zu dienen bestimmt ist.

Das Vorrecht erlischt drei Jahre nach Ablauf der Zeit, für die das Erbbaurecht bestellt war.

Die Vorschriften der §§ 505 bis 510, 513, 514 des Bürgerlichen Gesetzbuchs finden entsprechende Anwendung.

Dritten gegenüber hat das Vorrecht die Wirkung einer Vormerkung zur Sicherung eines Anspruchs auf Einräumung des Erbbaurechts. Die §§ 1099 bis 1102 des Bürgerlichen Gesetzbuchs gelten entsprechend. Wird das Erbbaurecht vor Ablauf der drei Jahre (Abs. 2) im Grundbuch gelöscht, so ist zur Erhaltung des Vorrechts eine Vormerkung mit dem bisherigen Range des Erbbaurechts von Amts wegen einzutragen.

Soweit im Falle des § 29 die Tilgung noch nicht erfolgt ist, hat der Gläubiger bei der Erneuerung an dem Erbbaurechte dieselben Rechte, die er zur Zeit des Ablaufs hatte. Die Rechte an der Entschädigungsforderung erlöschen.

3. Heimfall.

§ 32.

Macht der Grundstückseigentümer von seinem Heimfallanspruche Gebrauch, so hat er dem Erbbauberechtigten eine angemessene Vergütung für das Erbbaurecht zu gewähren. Als Inhalt des Erbbaurechts können Vereinbarungen über die Höhe dieser Vergütung und die Art ihrer Zahlung sowie ihre Ausschließung getroffen werden.

Ist das Erbbaurecht zur Befriedigung des Wohnbedürfnisses minderbemittelter Bevölkerungskreise bestellt, so darf die Zahlung einer angemessenen Vergütung für das Erbbaurecht nicht ausgeschlossen werden. Auf eine abweichende Vereinbarung kann sich der Grundstückseigentümer nicht berufen. Die Vergütung ist nicht angemessen, wenn sie nicht mindestens zwei Dritteile des gemeinen Wertes des Erbbaurechts zur Zeit der Übertragung beträgt.

§ 33.

Beim Heimfall des Erbbaurechts bleiben die Hypotheken, Grund- und Rentenschulden und Reallasten bestehen, soweit sie nicht dem Erbbauberechtigten selbst zustehen. Dasselbe gilt für die Vormerkung eines gesetzlichen Anspruchs auf Eintragung einer Sicherungshypothek sowie für den Bauvermerk (§ 61 des Gesetzes über die Sicherung der Bauforderungen vom 1. Juni 1909, Reichs-Gesetzbl. S. 449). Andere auf dem Erbbaurechte lastende Rechte erlöschen.

Haftet bei einer Hypothek, die bestehen bleibt, der Erbbauberechtigte zugleich persönlich, so übernimmt der Grundstückseigentümer die Schuld in Höhe der Hypothek. Die Vorschriften des § 416 des Bürgerlichen Gesetzbuchs finden entsprechende Anwendung. Das gleiche gilt, wenn bei einer bestehenbleibenden Grundschuld oder bei Rückständen aus Rentenschulden oder Reallasten der Erbbauberechtigte zugleich persönlich haftet.

Die Forderungen, die der Grundstückseigentümer nach Abs. 2 übernimmt, werden auf die Vergütung (§ 32) angerechnet.

4. Bauwerk.

§ 34.

Der Erbbauberechtigte ist nicht berechtigt, beim Heimfall oder beim Erlöschen des Erbbaurechts das Bauwerk wegzunehmen oder sich Bestandteile des Bauwerkes anzueignen.

VI. Schlußbestimmungen.

§ 35.

Diese Verordnung hat Gesetzeskraft und tritt am Tage der Verkündung[1]) in Kraft. Gleichzeitig treten die §§ 1012 bis 1017 des Bürgerlichen Gesetzbuchs und § 7 der Grundbuchordnung außer Kraft.

§ 36.

Soweit in Reichs- oder Landesgesetzen auf die §§ 1012 bis 1017 des Bürgerlichen Gesetzbuchs verwiesen ist, treten an deren Stelle die entsprechenden Vorschriften dieser Verordnung.

§ 37.

Im § 20 der Grundbuchordnung werden die Worte „Bestellung oder Übertragung eines Erbbaurechts" ersetzt durch die Worte „Bestellung, Änderung des Inhalts oder Übertragung eines Erbbaurechts".

Im § 84 der Grundbuchordnung werden die Worte „Die Vorschriften der §§ 7, 20" ersetzt durch die Worte „Die Vorschriften des § 20".

Dem § 84 der Grundbuchordnung werden als Abs. 2 und 3 folgende Vorschriften angefügt:

„Ist auf dem Blatte eines Grundstücks ein Recht der in den Artikeln 63 und 68 des Einführungsgesetzes zum Bürgerlichen Gesetzbuch bezeichneten Art eingetragen, so ist auf Antrag für dieses Recht ein besonderes Grundbuchblatt anzulegen. Die Anlegung erfolgt von Amts wegen, wenn das Recht veräußert oder belastet werden soll. Sie wird auf dem Blatte des Grundstücks vermerkt.

Die Landesgesetze können bestimmen, daß statt der Vorschriften des Abs. 2 die Vorschriften der §§ 14 bis 17 der Verordnung über das Erbbaurecht entsprechend anzuwenden sind."

§ 38.

Für ein Erbbaurecht, mit dem ein Grundstück zur Zeit des Inkrafttretens dieser Verordnung belastet ist, bleiben die bisherigen Gesetze maßgebend.

§ 39.

Erwirbt ein Erbbauberechtigter auf Grund eines Vorkaufsrechts oder einer Kaufberechtigung im Sinne des § 2 Nr. 7 das mit dem Erbbaurechte belastete Grundstück oder wird ein be-

---

[1]) 22. Januar 1919.

stehendes Erbbaurecht erneuert, so bleiben reichs-, landesgesetzliche und kommunale Gebühren, Stempel- und Umsatzsteuern jeder Art insoweit außer Ansatz, als sie schon bei Begründung des Erbbaurechts entrichtet worden sind.

---

3. Vorschriften über die in Fundsachen usw. von Reichsbehörden und Reichsanstalten zu erlassenden Bekanntmachungen.

Bekanntmachung des Bundesrats vom 16. Juni 1898 (RGBl. S. 912).

§ 1.

Die nach den §§ 980, 981, 983 des Bürgerlichen Gesetzbuchs von Reichsbehörden und Reichsanstalten zu erlassenden Bekanntmachungen erfolgen durch Aushang an der Amtsstelle oder, wenn für Bekanntmachungen der bezeichneten Art eine andere Stelle bestimmt ist, durch Aushang an dieser Stelle. Zwischen dem Tage, an welchem der Aushang bewirkt, und dem Tage, an welchem das ausgehängte Schriftstück wieder abgenommen wird, soll ein Zeitraum von mindestens sechs Wochen liegen; auf die Gültigkeit der Bekanntmachung hat es keinen Einfluß, wenn das Schriftstück von dem Orte des Aushanges zu früh entfernt wird.

Die Behörde oder die Anstalt kann weitere Bekanntmachungen, insbesondere durch Einrückung in öffentliche Blätter, veranlassen.

§ 2.

Die in der Bekanntmachung zu bestimmende Frist zur Anmeldung von Rechten muß mindestens sechs Wochen betragen. Die Frist beginnt mit dem Aushange, falls aber die Bekanntmachung auch durch Einrückung in öffentliche Blätter erfolgt, mit der letzten Einrückung.

Sachverzeichnis.

Die Ziffern bedeuten die Paragraphen des Bürgerlichen Gesetzbuchs; die Ziffern mit Vorzeichnung E. bedeuten die Artikel des Einführungsgesetzes.

A.

Abfinden, Abfindung bei Gutsübernahme 330. — bei Ehescheidung 1580.

Abgaben, Nichthaftung des Verkäufers eines Grundstücks für Freiheit von öffentlichen A. 436. — A. beim Erbschaftskauf 2379. — Mit Unrecht erhobene A., Landesgesetze über Rückerstattung E. 104.

Abgesonderter Haushalt der Ehefrau 1361.

Abhanden gekommene Schuldverschreibungen und Anteilscheine 799. — Eigentumserwerb an abhanden gekommenen Sachen 935. — Keine Eigentumsvermutung an a. S. gegenüber dem früheren Besitzer 1006. — Herausgabe a. S. 1007.

Abkömmlinge, Vermutung, daß A. aus Unterhaltsgewährung an Eltern und Großeltern keinen Anspruch erlangen wollen 685. — Gemeinschaftliche A. bei gütergemeinschaftlicher Erbfolge 1483. — Unterhaltspflicht 1606, 1609. — Stellung der A. eines unehelichen Kindes 1722. — Wirkung der Ehelichkeitserklärung auf die A. 1737; dgl. der Annahme an Kindes Statt 1762. — A. gesetzliche Erben erster Ordnung 1924; A. der Eltern gesetzliche Erben zweiter Ordnung 1925; der Großeltern dritter Ordnung 1926; der Urgroßeltern vierter Ordnung 1928. — Ausgleichungspflicht der A. 2050 ff. — Erbeinsetzung von A. 2069 f. — Bestimmung eines Nacherben für kinderlose A. 2107. — Pflichtteilsrecht 2303, 2309, 2316, 2333 ff. — Enterbung 2338. — Erbverzicht 2346, 2349, 2350.

Abkürzung der Verjährungsfrist 225; der Gewährfrist 486.

Ablauf der Frist 188 ff.

Ablehnung von Vertragsanträgen 146. — A. des Auftrages 663. — A. der fortgesetzten Gütergemeinschaft durch den überlebenden Ehegatten 1484. — A. der Vormundschaft 1786 f.; des Amts eines Testamentsvollstreckers 2202.

Ablösung von Teilen eines Gebäudes oder Werkes, Entschädigungspflicht 836 ff. — A. von Rentenschuld 1199 ff. — Fortbestand der Landesgesetze über A. von

Sachverzeichnis.

Die Ziffern verweisen auf die Paragraphen, E. = EinfGes.

Dienstbarkeiten und Reallasten E. 113, 114.

Ablösungsrecht bei Rentenschuld 1201 f.; bei Hypothek 1150.

Ablösungsrenten, Fortbestand der Landesgesetze E. 114.

Abmarkung der Grenze von Grundstücken 919.

Abnahme der verkauft. Sache durch den Käufer 433, 448. — A. des Werkes durch den Besteller 640 ff.

Abschlagszahlung, s. Teilleistung. — A. unterbricht Verjährung 208.

Abschriften aus dem Vereinsregister 79; dem Güterrechtsregister 1563; des Testaments 2264.

Abstammung, eheliche 1591 ff. (s. eheliche Kinder).

Abteilungen des Grundbuchs 879.

Abtretung der Ansprüche des Beschädigten 255. — A. von Forderungen 398 ff. (s. auch Übertragung). — A. des Anspruchs auf Herausgabe einer beweglichen Sache 931; der Hypothek 1153 f.

Abweichen vom Auftrage 665; vom Hinterlegungsvertrage 692; von Anordnungen der Erblasser 2216.

Abweisung der Klage, Wirkung auf Anspruchsverjährung 212.

Abwesende, Vertragsannahme unter A. 147.

Abwesenheitspflegschaft 1418, 1428, 1911, 1921.

Adel, hoher E. 58.

Adoption s. Annahme an Kindes Statt.

Adoptivverwandtschaft als Ehehindernis 1311.

Ältere Schuld, Tilgung bei teilweiser Erfüllung mehrerer gleichartiger Schuldverhältnisse 366.

Ärzte, Verjährung ihrer Ansprüche 196.

Affektionswert, Bestimmung des Finderlohnes 971.

Aftermiete, s. Untermiete.

Afterpacht, s. Unterpacht.

Alimente, s. Unterhaltspflicht.

Altenteilsvertrag, Fortbestand der Landesgesetze E. 96.

Alter, s. Lebensalter.

Amtspflicht, Schadensersatz bei Verletzung der A. 839.

Amtssiegel, s. Siegel.

Analphabeten, Testament 2238, 2247.

Anbieten der Leistung, s. Verzug.

Aneignung aufgegebener Grundstücke durch den Fiskus 928, E. 129. — Fruchterwerb durch A. 956 f. — A. herrenloser Sachen, wilder Tiere, Bienen 958 ff.; Tauben E. 130.

Anerbenrecht, Fortbestand der Landesgesetze E. 64.

Anerkennung, Anerkenntnis, unterbricht Anspruchsverjährung 208. — A. nach vollendeter Verjährung 222. — A. des Nichtbestehens eines Schuldverhältnisses 397. — A. eines Kindes 1598, 1599, E. 208. — A. der Vaterschaft eines unehelichen Kindes 1718, 1720, 1725.

Anfall der Erbschaft 1942; des Vermächtnisses 2160, 2176.

Sachverzeichnis.

Die Ziffern verweisen auf die Paragraphen, E. = EinfGes.

Anfang der Frist 187; des Monats 193; der Anspruchsverjährung 198 ff.

Anfangstermin bei Rechtsgeschäften 163; bei Verträgen über unmögliche Leistung 308; bei Vermächtnissen 2162, 2177.

Anfechtbarkeit von Rechtsgeschäften 142 ff.; der Ehe 1323 ff. (s. Ungültigkeit).

Anfechtung des Einspruches von Verwaltungsbehörden gegen Eintragung von Vereinen 62; der Entmündigung 115; von Willenserklärungen 121 f.; von Rechtsgeschäften 142 ff. — A. der einem Dritten überlassenen Bestimmung der Leistung bei Verträgen 318. — Anfechtungsrecht des Schuldners kommt dem Bürgen zugute 770. — A. der Ehe 1330 ff. (s. Ungültigkeit). — A. der Ehelichkeit eines Kindes 1593 ff.; der Anerkennung der Ehelichkeit 1599; des Antrages oder der Einwilligung zur Ehelichkeitserklärung 1731; des Vertrages auf Annahme an Kindes Statt 1755. — A. der Annahme oder Ausschlagung der Erbschaft 1954 ff.; letztwilliger Verfügungen 2078 ff.; von Erbverträgen 2281 ff.; der Ausschlagung von Erbschaft oder Vermächtnis durch Pflichtteilsberechtigten 2308. — Geltendmachung der Erbunwürdigkeit durch A. 2340 ff.

Anfechtungsgesetz E. 33.

Anfechtungsklage bei Todeserklärung 1348 f.; bei Ehe 1341; gegen Ehelichkeit eines Kindes 1596; bei Erbunwürdigkeit 2342.

Angeld s. Daraufgabe.

Angestellte höherer Art, Dienstverhältnis 622, 627, 628. — Haftung der Geschäftsherren für A. 831.

Anlagen, unzulässige Einwirkung auf Nachbargrundstücke 907; zur Ausübung einer Grunddienstbarkeit 1020 ff., 1028. — Neue A. auf einem dem Nießbrauch unterworfenen Grundstück 1037. — A. in Nutzung von Realgemeinden, Übergangsbestimmung E. 164.

Anlandungen, Fortbestand der Landesgesetze E. 65.

Anlegung von Mündelgeld 1806 ff. (s. Vormundschaft). — Landesgesetzliche Bestimmungen E. 212.

Anmeldung von Ansprüchen bei Auflösung eines Vereins 50; von Vereinen zur Eintragung in das Vereinsregister 59, 76, 77. — A. im Konkurse unterbricht Verjährung 209. — A. von Erbrechten 1965, 2358; von Nachlaßforderungen 2061; Einfluß auf Auseinandersetzung der Miterben 2045.

Annahme von Vertragsanträgen 146 ff., 149 f. — A. der Leistung 363. — Vorbehaltlose A. des Kaufgegenstandes 464. — A. der Schenkung 516; der Anweisung 784. — A. der Erbschaft 1406, 1943 ff.; des Vermächtnisses 1453, 2180;

Die Ziffern verweisen auf die Paragraphen, E. = EinfGes.

des Amts eines Testamentsvollstreckers 2202.

Annahme an Erfüllungs Statt s. Erfüllungs Statt.

Annahme an Kindes Statt 11, 1741 ff., 2041, E. 22, E. 209.

Anrechnung der Erfüllung auf mehrere gleichartige Schuldverhältnisse 366; der Besitzzeit des Rechtsvorgängers bei der Ersitzung 943; der Ersitzungszeit der Erbschaftsbesitzer für den Erben 944. — A. der Verbindlichkeiten des verstorbenen Ehegatten auf den Anteil der Abkömmlinge 1500; der Abfindung eines Abkömmlings auf den Anteil der übrigen 1501. — A. auf Pflichtteil 2315.

Anspruch, Begriff 194.

Anspruchsverjährung 194 ff. — des Käufers 477 ff.; des Widerrufsrechts bei Schenkungen 532; der Ersatzansprüche des Vermieters und Mieters 558; der Ansprüche des Verleihers und Entleihers 606; der Ansprüche des Bestellers beim Werkvertrage 638 f. — Keine A. bei Gemeinschaft 758. A. des Anweisungsempfängers 786. — A. aus Schuldverschreibungen und Zins-, Renten-, Gewinnanteilscheinen 801, 804, 808. — A. für Ersatz aus unerlaubten Handlungen 852. — A. gegen verbotene Eigenmacht 864. — Keine V. des A. auf Berichtigung des Grundbuchs 898; der Ansprüche aus in das Grundbuch eingetragenen Rechten 902; der Ansprüche aus dem Nachbarrecht 924. — Verjährung des Anspruches auf Herausgabe der Bereicherung gegen den Finder 977; an Ersatzansprüchen 1002, 1057; des Verpfänders und Pfandgläubigers 1226; aus Verlöbnis 1302; auf Aussteuer 1623; der unehelichen Mutter 1715; des Vertragserben wegen Schenkungen des Erblassers 2287; auf Pflichtteil 2322. — Übergangsbestimmung E. 169.

Anstalten des öffentlichen Rechtes, Haftung für Vertreter, Konkurs 89. — Übermittelung von Willenserklärungen durch A. 120. — Landesgesetze über Recht von A. auf Sicherungshypothek E. 91; über gesetzliches Erbrecht von A. E. 138.

Anstifter zu unerlaubten Handlungen, gesamtschuldnerische Haftung 830.

Anteile der Gesellschafter 719, 722, 725, 738. — A. am Miteigentum 1008 ff. — Nießbrauch an dem A. eines Miteigentümers 1066; dgl. Vorkaufsrecht 1095; Reallast 1106; Hypothek 1114; Pfandrecht 1258.

Antrag auf Schließung eines Vertrages 145.

Antretung der Erbschaft, s. Erbschaftserwerb.

Anwachsung, Anwachsungsrecht. A. des Anteils eines ausgeschiedenen Gesellschafters 738. — A. von Erbteilen, Haftung 2007. — A.

Die Ziffern verweisen auf die Paragraphen. E. = EinfGes.

unter Erben 2094 ff. — A. beim Vermächtnis 2158 f.; beim Erbschaftskauf 2373.
Anweisung 783 ff.
Anwesende, Vertragsschließung 147.
Anwesenheit, Erfordernis bei Testamentserrichtung 2239.
Arbeit, Pflicht der Ehefrau zu häuslicher A. 1356. — Arbeitserwerb des Hauskindes 1651.
Arbeiter s. Gewerbliche Arbeiter.
Arbeitsbuch E. 108 III.
Arbeitsgeräte der Frau 1362, 1366, 1477; des Hauskindes 1650.
Arbeitsverträge Minderjähriger 112; eines Mündels 1822, 1827. S. auch Dienstvertrag.
Arglist des Verkäufers bei Verschweigung von Mängeln 443, 476, 478 ff. — A. des Schenkers 523; des Vermieters bei Verschweigung von Mängeln 540; dgl. des Verleihers 600; des Unternehmers 637. — Arglistige Täuschung als Anfechtungsgrund der Ehe 1334.
Armenanstalten, Rechte am Nachlasse Verpflegter E. 103, 139.
Armenunterstützung, Landesgesetze über Rechte dafür am Nachlaß E. 139.
Arrest gegen Veräußerungsverbot 135, 136; während schwebender Bedingung 161. — Einwirkung der Genehmigung eines Rechtsgeschäfts auf Vollziehung des A. 184. — Dinglicher, persönlicher A. bei Wegnahme, Festnahme als Mittel der Selbsthilfe 230. — Einfluß des A. auf Rücktrittsrecht 553; auf Wiederkaufsrecht 499; auf eine zum Grundbuch eingetragene Vormerkung 883. — Kein A. bei Nachlaßverwaltung 1984. — A. gegen den Vorerben 2115.
Aszendenten, s. Eltern, Großeltern, Urgroßeltern, Voreltern.
Aufbewahrung, s. Hinterlegungsvertrag.
Aufgeben des Besitzes 856; des Eigentums an einem Grundstück 928; an beweglichen Sachen 959. S. auch Aufhebung, Zueignung.
Aufgebot, Aufgebotsverfahren bei Todeserklärungen 13 ff.; zur Kraftloserklärung von Schuldverschreibungen auf den Inhaber 799, 808; zur Tilgung von Vormerkungen im Grundbuche 887; zum Zwecke der Erwerbung des Eigentums an Grundstücken 927; gegen einen unbekannten Vorkaufsberechtigten 1104; gegen einen unbekannten Reallastberechtigten 1112; v. Hypothekenbriefen 1162; des hypothekarischen Rechts 1170 f.; des unbekannten Gläubigers beim Schiffspfandrecht 1269; zur Eheschließung 1316. — A. der Nachlaßgläubiger 1790 ff., 2015; Einfluß auf Auseinandersetzung der Miterben 2045. — A. zur Anmeldung von Erbrechten 2358.

Die Ziffern verweisen auf die Paragraphen, E. = EinfGes.

Aufhebung des Wohnsitzes 7, 8, 11; der Gemeinschaft 749 ff.; des Nießbrauchs durch Rechtsgeschäft 1062, 1064; der Hypothek durch Rechtsgeschäft 1183; des Pfandrechts durch Rechtsgeschäft 1255. — A. der Verwaltung und Nutznießung beim gesetzlichen Güterrecht 1418 ff.; der allgemeinen Gütergemeinschaft 1486 ff. — A. des Familienrats 1879 f.; des Erbvertrags 2290 ff.

Auflage bei Schenkung 525 f. — Letztwillige Auflage, Begriff 1940. — A. beim Aufgebot der Nachlaßgläubiger 1972. — Anfechtung einer A. 2081. — A. auf angewachsenen Erbteil 2095; auf Vermächtnis 2186 f. — Letztwillige Auflagen 2192ff. — A. im Erbvertrag 2278 f., 2291. — Kürzung bei Pflichtteil 2318, 2322. — Wegfall bei Erbschaftskauf 2372.

Auflassung, s. Eintragungsbewilligung. — Kosten der A. beim Grundstückskaufe 449. — Erwerb des Eigentums an Grundstücken durch A. 925.

Auflauf, Landesgesetze über Schadensersatz E. 108.

Auflösende Bedingung 158, 160, 161.

Auflösung eines Vereins 41 ff.; eines eingetragenen Vereins 73 ff. — A. einer neuen Ehe bei Aufhebung der Todeserklärung 1348, 1637. — Einfluß der A. der Ehe auf gemeinschaftliches Testament 2268.

Aufrechnung 387 ff., 406, 417, 422. — A. des Schadensersatzanspruches 479, 490. — A. gegen Mietzinsen 554, 575; gegen Forderung zum Gesellschaftsvermögen 719f.; gegen eine verbürgte Forderung 770; gegen Hypothekengläubiger 1125; der fälligen Hypothekenforderung 1142; zur Befriedigung des Pfandgläubigers 1224; gegen Forderungen, welche zum Gesamtgut gehören 1442. — A. gegen Miterben 2040.

Aufruf, s. Aufgebot.

Aufruhr, Landesgesetze über Schadensersatz E. 108.

Aufschiebende Bedingung 158, 160, 161, 308, 495, 652, 2074, 2108, 2162, 2177, 2179.

Aufsicht, Aufsichtspflicht, Aufsichtsrecht 832, 834, 1837 ff.

Auftrag 662 ff., 2218.

Aufwand, Aufwendungen, s. Verwendungen, ehelicher Aufwand.

Auktionatoren, öffentlich angestellte 383, 457, 458.

Ausbesserungen, gewöhnliche, trägt Pächter 582; Nießbraucher 1041 ff.

Auseinandersetzung der Gesellschaft 730 ff.; des zu neuer Ehe Schreitenden mit den Kindern früherer Ehe 1314; nach Auflösung d. Gütergemeinschaft 1471ff.; der fortgesetzten Gütergemeinschaft 1497 ff.; der Errungenschaftsgemeinschaft 1546; mit den Kindern bei Wiederverheiratung 1669 ff.;

Die Ziffern verweisen auf die Paragraphen, E. = EinfGes.

mit dem angenommenen Kinde bei Eheschließung 1761; mit dem bevormundeten Kinde 1845. — A. der Miterben 2042 ff. (s. Miterben); durch Testamentsvollstrecker 2204.
Ausgleichungspflicht der Gesamtschuldner 426. — A. der Abkömmlinge 2050 ff.; auf angemessenen Erbteil 2095; bei Pflichtteil 2316; bei Erbschaftskauf 2372.
Auskunftspflicht 260; des bisherigen Gläubigers bei Abtretung von Forderungen 402; des Verkäufers 444; des Beauftragten 666; gegenüber dem ausscheidenden Gesellschafter 740; des Mannes hinsichtlich des eingebrachten Guts 1374; des Vormundes gegenüber dem Gegenvormund 1799; gegenüber dem Gericht 1839; des Gegenvormundes 1891; des Erbschaftsbesitzers 2027; des Hausgenossen des Erblassers 2028; bei Ausgleichungspflicht 2057; des Vorerben 2127; des Erben gegenüber dem Pflichtteilsberechtigten 2314; desjenigen, welchem unrichtiger Erbschein erteilt ist 2362.
Ausland, Wohnsitz der Ehefrau bei W. des Ehemannes im A. 10, vgl. E. 9. — Unerlaubte Handlung Deutscher im A. E. 12. — Deutsche Ehen im A. E. 14. — Ausländ. Recht bei Ehescheidung E. 17. — Beerbung Deutscher im A. E. 24. — Vergeltungsrecht gegen A. E. 31.
Ausländer, Eheschließung 1315, E. 13. — Reichsangehörigkeit, Volljährigkeit, Geschäftsfähigkeit E. 7, 16. — Entmündigung E. 8. — Verschollenheitserklärung E. 9. — Rechtsfähigkeit ausländischer Vereine E. 10. — Güterrecht ausländischer Ehegatten E. 15. — Vormundschaft, Pflegschaft über A. E. 23. — Beerbung von A. E. 25. — Erwerb von Grundstücken durch A. E. 38.
Ausländische Erbschaft, Erbschein 2369, E. 26.
Ausländisches Gesetz, ehelicher Güterstand nach demselben 1433. — A. G. gegen gute Sitten E. 30. — S. auch Ausland.
Auslegung von Willenserklärungen 133; der Verträge 154 ff., 157; testamentarischer Bestimmungen 2066ff., 2084.
Auslobung 657 ff.
Ausscheiden eines Gesellschafters 737 ff.
Ausschlagung der Erbschaft 1942ff., 1406, 1453, 2306ff. — A. der Nacherbschaft G. 2142; des Vermächtnisses 2176, 2180.
Ausschlagungsfrist 1944.
Ausschlußurteil bei Todeserklärungen 13 ff.; beim Aufgebot von Schuldverschreibungen 799 f.; bei Aufgebotsverfahren z. Zwecke des Eigentumserwerbs an Grundstücken 927; beim Aufgebot d. Hypothek 1170f.; bei Aufgebot der Nachlaßgläubiger 1973.

Die Ziffern verweisen auf die Paragraphen, E. = EinfGes.

Aussonderungsrecht, Nachlaßgläubiger mit A. 1971.
Ausspielvertrag 763.
Ausstattung eines Kindes 1465, 1538, 1551, 1620 ff., 1624 f. — A. bei Aufhebung der Gütergemeinschaft 1477; der fortgesetzten Gütergemeinschaft 1499. — A. ist eingebrachtes Gut 1521. Erwerb von Gegenständen zur A. bei Fahrnisgemeinschaft 1556. — Ausgleichungspflicht 2050.
Aussteuer 1620. — S. auch Ausstattung.
Austritt aus einem Vereine 39.
Außerehelich, s. Unehelich. — A. Beiwohnung mit Hinterlist usw. 825.
Außerordentlicher Pflichtteil 2325 ff.
Außerordentliche Testamentsform 2249 ff.
Auszug, Auszugsleistungen, Verjährung der Ansprüche aus Rückständen 197. — Nießbrauch am A. 1073.
Auszugsvertrag E. 96.

B.

Badisches Recht, Übergangsbestimmungen E. 154, 156, 157, 200, 208, 211.
Bahneinheiten E. 112.
Bannrechte, Fortbestand der Landesgesetze E. 74.
Bau, s. Gebäude.
Bauliche Anlage als Gegenstand der Grunddienstbarkeit 1022.
Baum auf der Grenze 907, 910, 911, 923, E. 122, 124.
Bauwerk, Mängel desselben 638. — Sicherungshypothek 648. — Erbbaurecht 1012.
Bayerische Gesetze, Übergangsbestimmungen E. 165.
Beamte, Abtretung von Gehaltsansprüchen 411. — Kündigung des Mietverhältnisses bei Versetzung 570; nicht des Pachtververhältnisses 596. — Verletzung der Amtspflicht 839 f. — Erlaubnis zur Eheschließung 1315; zur Übernahme der Vormundschaft 1784, 1888. — Haftung des Staats für seine Beamte E. 77; der Beamten für Stellvertreter und Gehilfen E. 78; Ansprüche und Verbindlichkeiten der Beamten aus dem Dienstverhältnisse E. 80; Übertragung der Gehalts- usw. Ansprüche E. 81. S. auch Reichsbeamte.
Bearbeitung, einer beweglichen Sache, Eigentumserwerb 950.
Bedingte Verbindlichkeit, Bürgschaft dafür 765. — Hypothek für d. Forderung 1113; dgl. Pfandrecht 1204, 1209.
Bedingung 158 ff., 308, 388, 495, 652, 925, 1317, 1598, 1724, 1742, 1768, 1947, 2066, 2074, 2075, 2076, 2108, 2162, 2177, 2179, 2180, 2202, 2319.
Beerdigungskosten 844, 1615, 1713, 1968.
Befreite Vormundschaft 1852 ff., 1909 ff. (s. Vormundschaft).
Befriedigung eines Gläubigers ohne Schuldübernahme 329.

Die Ziffern verweisen auf die Paragraphen, E. = EinfGes.

Befristung 163.
Beglaubigung von Unterschriften und Handzeichen 126, 129; einer Erklärung 129; der Unterschrift des Testamentsvollstreckers 2215.
Begleiter des Gastes, Haftpflicht des Gastwirts 701.
Begräbnisplätze, Landesgesetze E. 133.
Begrenzung des Eigentums 903 ff.
Behörden, Willenserklärung gegenüber B. 130. — Berechtigung der B. zur Vollziehung von Auflagen bei Schenkungen 525.
Beischlaf, außerehelicher mit Hinterlist usw. 825. — Entschädigung 847. — B. von Verlobten 1300. — B. mehrerer 1717.
Beitrag der Gesellschafter 705 ff. — B. der Frau aus dem Vorbehaltsgut zum ehelichen Aufwande 1371.
Bekanntmachung, öffentliche, der Auflösung eines Vereins 50; der Versteigerung 383; bei Auslobung 657; beim Finden von Sachen 980 ff.; beim Pfandverkauf 1237; der Eintragung in das Güterrechtsregister 1562; der Aufforderung zur Anmeldung von Erbrechten 1965; zur Anmeldung von Nachlaßforderungen 2061.
Belastung der Sache mit Rechten Dritter 353. — B. des Vermächtnisgegenstandes 2165 ff.
Beleihungsgrenze für Mündelgeld in Grundstücken 1807.
Belohnung, s. Auslobung.
Benefizialerbe, s. Inventarerbe.
Benennung des Vormundes 1776 ff., 1898.
Benutzung von Sachen, Wertvergütung bei Rücktrittsrecht 346; von Sachen eines Gesellschafters 732, 738; der Nießbrauchsache 1036 ff.
Berechnung der Fristen 187 ff. des Pflichtteils 2311 ff.
Berechtigungen an Grundstücken E. 196.
Bereicherung, ungerechtfertigte aus gegenseitigen Verträgen 323, 327. — B. des Geschäftsführers ohne Auftrag 682, 684. — U. B. im allgemeinen 812 ff. — Herausgabe der B. beim Funde 977. — B. des Gesamtguts 1455; bei der Errungenschaftsgemeinschaft 1539 f.; bei Herausgabepflicht des Erbschaftsbesitzers 2021; bei Unmöglichkeit der Auflage 2196.
Bergbau, Entschädigung E. 67.
Bergrecht E. 67.
Bergwerk, Nießbrauch an einem B. 1038. — Zugehörigkeit zur Nacherbschaft 2123.
Berichtigung des Inhalts des Grundbuchs 894 ff.; des Schiffsregisters 1263.
Beschädigung fremder Sachen als Selbsthilfe 228 f., durch Tiere 833 ff. — Anzeigepflicht der Nießbraucher bei B. 1042.
Beschlagnahme, Aufrechnung gegen beschlagnahmte Forderungen 392; zugunsten

38*

Die Ziffern verweisen auf die Paragraphen, E. = EinfGes.

eines Hypothekengläubigers 1121 ff.
Beschränkte Geschäftsfähigkeit, s. Geschäftsfähigkeit, Geschäftsunfähigkeit.
Beschränkte persönliche Dienstbarkeiten 1090 ff., E. 115, E. 191.
Beschränkungen des Eigentums, s. Begrenzung, Eigentumsbeschränkungen.
Besicht, Kauf auf B. 495 f.
Besitz im allgemeinen 854 ff. — Pflichten und Rechte des Besitzers gegenüber dem Eigentümer 985 ff. (s. Eigentumsanspruch). — Eigentumsvermutung zugunsten des B. einer beweglichen Sache 1006. — Schutz des B. einer Grunddienstbarkeit 1029. — B. des Nießbrauchers 1036, 1081. — B. des Manns am eingebrachten Gute 1373; am Gesamtgut 1443. — Vermächtnis des B. einer Sache 2169. Übergangsbestimmung für bestehendes Besitzverhältnis E. 180; für Besitzschutz v. Grunddienstbarkeiten E. 191.
Besitzergreifung als Form des Eigentumserwerbs an Früchten 955 f.
Besitzer, s. Besitz.
Besitzklage, s. Besitz.
Besitzschutz, s. Besitz.
Besitzstand bei Grenzverwirrung 920.
Besoldungen, Verjährung der Ansprüche aus Rückständen 196. — Übertragung der B., Landesgesetze E. 81.
Besserungsanstalt, Unterbringung in einer 1388, 1666, E. 135.
Bestätigung nichtiger Rechtsgeschäfte, Verträge 141; anfechtbarer Rechtsgeschäfte 144; der Annahme an Kindes Statt 1741, 1753, 1754, 1756; des Erbvertrages 2284.
Bestandteile, wesentliche, einer Sache 93; eines Grundstückes 94 f. — Eigentumserwerb an B. einer Sache 953 ff. — Haftung der B. eines Grundstücks für die Hypothek 1120 ff.
Besteller, s. Werkvertrag.
Betrug, s. Täuschung.
Beugung des Rechts 839.
Beurkundung der Anmeldung zum Vereinsregister 77; des Stiftungsgeschäftes 81; des Vertrages 152, 154; der Anträge auf Ehelichkeitserklärung 1730. — Landesgesetze über B. von Rechtsgeschäften E. 141, 142. — Beurkundung des Personenstandes E. 40, 46.
Bewässerung E. 65.
Bewegliche Sachen, gewerbsmäßige Vermietung 196. — Verpfändung 232, 237. — Schadensersatz beim Verkaufe von b. S. 440 f. — Verjährung des Anspruches auf Gewährleistung 477. — Eigentum an b. S. 929 ff., 1006; Nießbrauch an b. S. 1032, 1033.
Beweis, Beweislast, bei Unmöglichkeit der Leistung 282; bei Vertragsstrafe 343, 345; beim Rücktrittsrecht 358; bei nicht gehöriger Erfüllung 363; Rechtsmangel

Die Ziffern verweisen auf die Paragraphen, E. = EinfGes.

beim Verkaufe 442; bei Mängeln der verkauften Sache 477 ff.; des Vermieters 542; beim Werkvertrage 636; beim Verschulden Angestellter 831; bei versäumter Aufsichtspflicht 832; bei Verletzung durch Tiere 834; bei Überbau 912; bei Pflichtteilsentziehung 2336.
Beweisaufnahme bei Antrag auf Erbschein 2358.
Beweisurkunden, Herausgabe bei Übertragung der Forderung 402; beim Kauf 444.
Bewußtlosigkeit, Nichtigkeit der Willenserklärung 105. — B. bei unerlaubten Handlungen 827. — Nichtigkeit der Ehe wegen B. bei Schließung 1325.
Bienen, Bienenschwarm 961 ff.
Bigamie, s. Doppelehe.
Billiges Ermessen bei Bestimmung der Leistung 315, 317, 319.
Billigung bei Kauf auf Probe oder Besicht 495 f.
Blinde, Pflegschaft 1910.
Boden, s. Grund und Boden.
Bodenbestandteile, Ausnutzung durch den Nießbraucher 1037, den Vorerben 2123.
Börsenpreis, Verkauf geschuldeter Sachen zum B. 385: des Pfandes 1221, 1235; des verpfändeten, indossabelen Papiers 1295.
Bösliche Verlassung als Ehescheidungsgrund 1567.
Brandschaden, Versicherung der Nießbrauchssache gegen B. 1045 f.
Brautgeschenke, Rückgabe beim Rücktritt 1301.
Brautkinder E. 208.
Briefwechsel zur Wahrung der Schriftform für Verträge 127.
Bruchteile eines künftigen Vermögens 310, 311. — Gemeinschaft nach B. 741, E. 173. — B. beim Miteigentum 1008, E. 181. — Vorkaufsrecht am B. eines Grundstücks 1095; dgl. Reallast 1106; dgl. Hypothek 1114. — B. der Erbschaft 2087 ff. (s. Erbeinsetzung). — B. bei Vermächtnis 2153.
Bruder als Nacherbe 2109; als Vermächtnisnehmer 2163.
Buchforderung gegen Reich oder Land bei Gefährdung des eingebrachten Guts 1393; des Kindesvermögens 1667; des Mündelvermögens 1815 f., 1820, 1853; der Nacherbschaft 2117 f.; Landesgesetze über B. E. 97. — S. auch E. 179.
Buchhypothek, s. Hypothek ohne Hypothekenbrief.
Büdnerrecht, landesgesetzliches, E. 63.
Bürgschaft, Bürge, 202, 232, 239, 401, 418, 765 ff., 1822.
Bundesstaaten (Länder), Verleihung der Rechtsfähigkeit an Vereine 22. — Genehmigung von Stiftungen 80. — Aufrechnung gegen Forderungen der B. 395. — Genehmigung von Schuldverschreibungen 795. — Zuständigkeit für Befreiung von Ehehindernissen 1322; von bestimmtem Lebensalter bei Annahme an Kin-

Die Ziffern verweisen auf die Paragraphen. E. = EinfGes.

des Statt 1745. — Ehelichkeitserklärung 1723. — Anlegung von Mündelgeld in Schuldverschreibungen eines V. 1807, 1815 f. — Buchforderungen der Nacherbschaft 2117 f. — Staatsschuldbuch der V. E. 97.
Buße 847.

C.

Cautio Muciana 2075.
Chikane 226.

D.

Dampf, Zuführung von D. auf ein fremdes Grundstück 906.
Damwild, Schaden durch D. 835.
Daraufgabe 336 ff.
Darlehen 607 ff., 700, 1115, E. 94.
Darlehenshypothek 1139, E. 118.
Datum der Eintragung im Grundbuch 879.
Deichrecht E. 66.
Delegation, s. Schuldübernahme.
Deliktsobligationen, s. Schuldverhältnisse aus unerlaubten Handlungen, Unerlaubte Handlungen.
Denunziation, s. Anzeige
Deposition, s. Hinterlegung.
Depositum irregulare 700.
Dereliktion, s. Aufgeben.
Deszendenten, s. Abkömmlinge.
Deutscher, Pflicht zur Übernahme von Vormundschaften 1785. — Anwendung des Deutschen Rechts auf D. E. 12 ff.
Deutsche Sprache, Protokoll über Testamentserrichtung 2240. — Erblasser, welcher der d. S. nicht mächtig 2244 f.
Deutsches Recht, Anwendung E. 12 ff.
Dienendes Grundstück, s. Grunddienstbarkeiten.
Dienstbarkeiten 1018 ff. (s. im übrigen Grunddienstbarkeiten, Nießbrauch, persönliche Dienstbarkeiten), E. 113, 114, 128.
Dienstboten, Dienstleute, s. Gesinde.
Dienste, Dienstleistungen, Anspruchsverjährung 196. — Wertvergütung für geleistete D. beim Rücktrittsrecht 346. — D. als Beitrag zur Gesellschaft 706, 733. — Unentgeltliche D. des Hauskindes 1617. — D. des Vormundes 1835.
Diensteinkommen, Abtretung von Ansprüchen auf D. 411, E. 80, 81.
Dienstsiegel, s. Siegel.
Dienstverhältnis, Aufsuchen eines neuen, Zeitgewährung dazu 629. — D. zum Erblasser 2071.
Dienstvermittelung 655.
Dienstvertrag Minderjähriger 113. — D. im allgemeinen 611 ff. — D., der eine Geschäftsbesorgung zum Gegenstande hat 675. — D. des Mündels 1822, 1827. — Übergangsbestimmung E. 171. — S. auch Werkvertrag, Gesinde.
Dies interpellat pro homine 284.

Sachverzeichnis.

Die Ziffern verweisen auf die Paragraphen, E. = EinfGes.

Differenzgeschäft 764.

Diligentia, s. Sorgfalt.

Dingliche Rechte, Berechnung der Verjährungszeit 221.

Dissens beim Vertragsschluß 154 f.

Dolmetscher, Zuziehung bei Testamentserrichtung 2244 f., 2250.

Domizil, s. Wohnsitz.

Doppelehe 1309, 1326, 1565, 2335.

Dreißig Jahre, Frist für Anfechtung von Willenserklärungen 121, 124. — Verjährungsfrist 195, 218. — Frist für Erlöschen des Rechts auf einen hinterlegten Betrag 382. — Frist für Wiederkaufsrecht bei Grundstücken 503. — Mietvertrag auf länger als d. J. 567. — Vorlegungsfrist für Schuldverschreibung auf den Inhaber 801. — D. J. Eigenbesitz von Grundstücken 900, 927. — Unwirksamkeit der Nacherbschaft 2109, des Vermächtnisses 2136 f.

Drohung bei Willenserklärung 123. — Anfechtung der Ehe wegen D. 1335, 1346, 1704. — Anfechtung letztwilliger Verfügung 2078. — Erbunwürdigkeit 2339.

Dünger als Zubehör eines Landguts 98. — Zurücklassung des D. bei Beendigung der Pacht 593.

E.

Ehe, Eingehung der E. 1303 ff., 1588. — Nichtigkeit und Anfechtbarkeit der Ehe 1323 ff. — Wirkungen der Ehe im allgemeinen 1353ff. — Scheidung der E. s. Ehescheidung. — Wirkung einer verbotenen Ehe 1771. — Eheschließung des Mündels 1847. — Übergangsbestimmung für bestehende Ehen 198 ff.

Ehebruch, als Ehehindernis 1312. — Nichtigkeit der Ehe wegen E. 1328. — E. als Scheidungsgrund 1565.

Eheeinwilligung 1304 ff.

Ehefrau, Wohnsitz 10. — Vormundschaft der E. über den Mann 1900. — Anträge einer E. zum Staatsschuldbuch E. 97.

Ehegatten, Hemmung der Anspruchsverjährung 204. — Unterhaltspflicht der E. 1608. — Einwilligung zur Annahme an Kindes Statt 1746 ff. — Gesetzliches Erbrecht 1931 ff. — Letztwillige Zuwendung an E. 2077. — Keine Mitwirkung bei Testamentserrichtung 2234. — Gemeinschaftliches Testament der E. 2265 ff. — Erbvertrag von E. 2275, 2276, 2279, 2280, 2290. — Pflichtteilsrecht 2303, 2335. — Erbverzicht 2346 f. — Deutsche E. im Auslande E. 14. — Übergangsbestimmung E. 199.

Ehelicher Aufwand 1371, 1389, 1427 ff., 1441, 1458, 1529.

Eheliche Gesinnung 1353.

Eheliches Güterrecht, Gesetzliches Güterrecht 1363 ff. — Vorbehaltsgut 1365 ff. — Eingebrachtes Gut 1372. —

Die Ziffern verweisen auf die Paragraphen, E. = EinfGes.

Verwaltung des Mannes 1373 ff., 1418 ff. — Nutznießung 1383 ff., 1418 ff. — Sicherheitsleistung 1391 ff. — Verfügungsrecht der Frau 1395 ff. — Schuldenhaftung 1410 ff. — Gütertrennung 1426 ff. — Vertragsmäßiges Güterrecht 1432 ff. (s. Ehevertrag, Gütergemeinschaft, Errungenschaftsgemeinschaft, Fahrnisgemeinschaft). — Ausländer E. 15.

Eheliche Kinder, Wohnsitz 11. — Einwilligung der Eltern zur Eheschließung 1305 ff. — Eheliche Kinder im allgemeinen 1591 ff. — Beurteilung der ehelichen Abstammung E. 18 f.; Übergangsbestimmungen E. 203 ff.

Eheliche Lebensgemeinschaft 1353 ff.

Eheliche Nutznießung 1373 ff.

Ehelichkeitserklärung, s. Legitimation. Aussetzung der Erbteilung vor Entscheidung über E. 2043.

Ehemann, ausländischer, Verschollenheit E. 9.

Ehemündigkeit 1303.

Eherechtliches Register, s. Güterrechtsregister.

Ehescheidung 1564 ff. — Sorge für Person und Vermögen der Kinder 1635 ff., E. 206. — Einfluß der E. auf letztwillige Zuwendungen 2077. — Entziehung des Pflichtteils 2335. — Anwendung fremden Rechts E. 17. — Übergangsbestimmung E. 201, 206.

Eheschließung 1299 ff. — Anwendung fremden Rechts E. 13. — Änderung der Gesetze über E. 40, 46.

Ehevermittlung 656.

Ehevertrag 1415, 1432 ff. — Einfluß auf das eheliche Güterrecht 1436, 1510, 1523, 1526, 1553, 1557. — E. ausländischer Ehegatten E. 15. — Übergangsbestimmung E. 200.

Ehrenrechte, aberkannte, keine Zeugenschaft bei Eheschließung 1318, bei Testament 2237. — Unfähigkeit zur Vormundschaft 1781.

Ehrloses Verhalten als Ehescheidungsgrund 1568. — Entziehung des Pflichtteils 2333.

Eigenbesitz 872, 836, 900, 927, 937 f., 955.

Eigenmacht, s. Selbsthilfe, Verbotene Eigenmacht.

Eigenschaft, zugesicherte, s. Gewährleistung. — Irrtum über Eigenschaften einer Person oder Sache bei Willenserklärungen 119. — Anfechtung der Ehe bei Irrtum über persönliche E. 1333.

Eigentum an Grundstücken 313, 873. — Verletzung des E. 823. — Verschaffung des E. beim Kauf 433. — Inhalt des Eigentums 903 ff. — Erwerb und Verlust des E. an Grundstücken 925 ff. — Erwerb und Verlust des E. an beweglichen Sachen 929 ff. — Ersitzung 937 ff. — Verbindung, Vermischung, Verarbeitung 946 ff.

Sachverzeichnis.

Die Ziffern verweisen auf die Paragraphen, E. = EinfGes.

— Erwerb des Eigentums an Erzeugnissen und sonstigen Bestandteilen, Trennung, Aneignung, Besitzergreifung 953 ff. — Aneignung herrenloser Sachen, wilder Tiere, Bienen 958 ff. — Schutz des E., s. Eigentumsanspruch. — Übergangsvorschriften E. 181, 185, 189.

Eigentumsanspruch 985 ff. — Haftung des Besitzers 990 ff. — Ersatz für Verwendungen des Besitzers 994 ff. — Beeinträchtigung des Eigentums ohne Besitzentziehung (actio negatoria) 1004. — Aufsuchen und Wegnahme einer auf ein fremd. Grundstück gelangten Sache durch den Eigentümer 1005. — Eigentumsvermutung zugunsten des Besitzers einer beweglichen Sache 1006. — Anspruch auf Herausgabe aus früherem Besitze gegen den Besitzer 1007. — E. bei Miteigentum 1011.

Eigentümergrundschuld 1196 f.

Eigentümerhypothek 1163, 1168, 1170.

Eingebrachtes Gut, Begriff 1363. — Inventarfrist bei Erbschaft 2008.

Eingebrachte Sachen des Mieters, Pfandrecht des Vermieters 559 ff.; dgl. Pfandrecht des Verpächters 581, 585. — E. S. des Gastes, Haftung des Gastwirts 701 ff.

Eingetragene Vereine 55 ff.

Einheitliches Grundstück 890, E. 119.

Einheitliche Sache, Herstellung durch Verbindung, Vermischung 947 f.

Einlage des Gesellschafters 707, 733.

Einlassungspflicht des Erben 1958.

Einlösungsrecht beim Pfand 1249.

Einrechnung der Ersitzungszeit des Rechtsvorgängers 943; des Erbschaftsbesitzers 944.

Einreden, welche die Anspruchsverjährung nicht hemmen 202. — E. beim Versprechen einer Leistung an Dritte 334. — E. schließen Aufrechnung aus 390. — E. gegen abgetretene Forderungen 404. — E. des Schuldübernehmers 417; des Bürgen 768 ff.; des Angewiesenen 784, 792; des Ausstellers von Schuldverschreibungen auf den Inhaber 796. — Erfüllung einer Verbindlichkeit, der eine peremtorische E. entgegensteht 813. — E. gegen Ansprüche wegen Besitzentziehung, Besitzstörung 863; gegen Eintragung einer Vormerkung in das Grundbuch 886. — E. des Eigentümers gegen die Hypothek 1137 ff., 1157. — E. des Verpfänders 1211, 1254. — Aufschiebende E. des Erben gegenüber den Nachlaßgläubigern 2014 ff.

Einseitige Rechtsgeschäfte Minderjähriger 111. — Anfechtung e. Rechtsgeschäfte 143; Vornahme durch Bevollmächtigte 174; durch Vertreter ohne Vertretungs-

Die Ziffern verweisen auf die Paragraphen, E. = EinfGes.

macht 180. — Zustimmung (Einwilligung, Genehmigung) zu e. R. 182 ff. — E. R. über eingebrachtes Gut 1398, 1403. — E. R. des Vormunds 1831.

Einsicht des Vereinsregisters 79; von Urkunden 810; des Güterrechtsregisters 1563; der Vormundschaftspapiere 1799; der Akten des Nachlaßgerichts 2228; des Testaments 2264; der Akten über Erbschaftskauf 2384.

Einstweilige Verfügungen zur Eintragung in das Grundbuch 885, 899; zur Sicherung der Unterhaltsrate für ein uneheliches Kind 1716.

Eintragung von Vereinen in das Vereinsregister 21, 55. — Kosten der E. des Käufers in das Grundbuch 449. — E. in das Grundbuch 861, 873, 879 f., 882, 883 ff., 914. — E. in das Güterrechtsregister 1558 ff. — E. eines Schuldverhältnisses in ein öffentliches Buch E. 179.

Eintragungsbewilligung als Voraussetzung des Erwerbes von Rechten an Grundstücken 873 f. — E. für Vormerkungen 879 f.; für einen Widerspruch gegen die Richtigkeit des Grundbuchs 899.

Einwendungen, s. Einreden.

Einweisung des mutmaßlichen Erben in den Nachlaßbesitz E. 161, 162.

Einwilligung des Minderjährigen zur Volljährigkeitserklärung 4; des Gewalthabers zu derselben 4. — E. des gesetzlichen Vertreters zu Willenserklärungen Minderjähriger 107; zu deren Verträgen 108 ff.; zu einseitigen Rechtsgeschäften 111; Dritter zu Verträgen, Rechtsgeschäften 183; zu Verfügungen über einen Gegenstand 185. — E. zur Eheschließung 1304 ff. — Anfechtbarkeit der Ehe bei Mangel derselben 1331. — E. des Mannes zu Verfügungen der Frau über das eingebrachte Gut 1395; der Frau zu Verfügungen des Mannes über das Gesamtgut 1444 ff. — E. der Mutter des Kindes zur Ehelichkeitserklärung 1726. — E. zur Annahme an Kindes Statt 1746 ff.; zur Eheschließung des Mündels 1847; des Nacherben zu Verfügungen des Vorerben 2120.

Einwirkung auf fremde Grundstücke 906, 907.

Einziehung einer gemeinschaftlichen Forderung 754; einer mit Nießbrauch belasteten Forderung 1074. — E. unrichtigen Erbscheins 2361.

Eisenbahnunternehmungen, Anspruchsverjährung 196. — Einheitliche Grundstücke E. 112. — Schadloshaltung durch E. 125.

Eisenbahnbetrieb, Schadensersatz E. 105.

Eltern, elterliche Gewalt, elterliches Recht, Einwilligung der E. zur Eheschließung 1305 ff. — Verwirkung der e. G. 1495. — All-

Die Ziffern verweisen auf die Paragraphen, E. = EinfGes.

gemeine Vorschriften über das Rechtsverhältnis zwischen Eltern und ehelichen Kindern 204, 685, 1616 ff., E. 19, 203 ff. — Elterliche Gewalt 1626 ff., 1676 ff., 1684 ff. — Vermögensverwaltung 1638 ff. — Elterliche Nutznießung 1649 ff., E. 203. Aufsicht und Fürsorge des Vormundschaftsgerichts 1665 ff. — Bestellung eines Beistandes 1687 ff. — Vermögensverwaltung 1691 ff. Sorge der minderjährigen Mutter für Person des Kindes 1696, 1698. Wiederverheiratung 1697. Elterliche Gewalt der unehelichen Mutter 1707. Verheiratung des Vaters 1740. E. G. bei Annahme an Kindes Statt 1760 f. Anwendung der Vorschriften über e. G. bei Vormund 1800. E. G. als Voraussetzung der Benennung eines Vormundes 1777; der Anordnung befreiter Vormundschaft 1856; der Anordnung des Familienrats 1868. Eltern sind gesetzliche Erben zweiter Ordnung 1925.

Emanzipation des französischen, badischen Rechts E. 154.

Emphyteuse, s. Erbpachtrecht.

Empfängniszeit 1591 f., 1717, 1720.

Empfangene, noch nicht geborene Personen 844, 1923, 1963, 2043, 2101, 2105 f., 2141, 2162, 2178.

Empfangsbekenntnis, s. Quittung.

Empfehlung 676.

Ende des Monats 192.

Endtermin bei Rechtsgeschäften 163; bei Erbeinsetzung, Nacherbschaft 2104 ff.

Entbindungskosten 1715, E. 21.

Enteignungsrecht 52 f., 109.

Enterbung, s. Ausschließung, Entziehung des Pflichtteils. — E. in guter Absicht 2338.

Entgelt, s. Vergütung.

Enthebung, s. Entlassung.

Entlassung des Vormundes 1790, 1886 ff.; des Mündels aus dem Staatsverband 1827, 1847; E. von Mitgliedern des Familienrats 1871, 1878; des Testamentsvollstreckers 2227.

Entleiher, s. Gebrauchsleihe.

Entmündigung 6, 114 f., 1418, 1425, 1428, 1468, 1495, 1780, 1885, 1841, 1865, 1906 ff., 2229 f., 2253, E. 8, 155 f.

Entsagung, s. Ausschlagung, Verzicht.

Entscheidung, s. Urteil.

Entschädigung, s. Schadensersatz.

Entwässerung E. 65.

Entwehrung, s. Gewährleistung.

Entziehung der Geschäftsführung beim Gesellschaftsvertrag 712; des Besitzes 861. E. des Pflichtteils 2333 ff.

Erbbaurecht, neue Verordnung an Stelle der §§ 1012 bis 1017.

Erbe, E. des Mieters, Kündigungsrecht 569. E. des Auftraggebers, Pflichten

Die Ziffern verweisen auf die Paragraphen, E. = EinfGes.

672. E. des Beauftragten 673; des Besitzers 857; des Verpflichteten aus einer Vormerkung zum Grundbuch 884. Begriff des E. 1922. Rechtliche Stellung des E. 1942 ff.; Haftung f. Nachlaßverbindlichkeiten 1967 ff., 2013, 2016. Mehrheit von E., s. Miterben.
Erbeinsetzung 2087 ff. Gemeinschaftlicher Erbteil 2093. Anwachsung 2094 f. Ersatzerbe 2096 f. Nacherben 2100 ff. E. im Erbvertrag 2251 ff.
Erbeinsetzungsvertrag 2274.
Erbentsagung, s. Ausschlagung, Verzicht.
Erbenzeugnis, s. Erbschein.
Erbfähigkeit, Voraussetzung des Überlebens 1923. Nasciturus 1933.
Erbfall 1922, 2317, 2160.
Erbfolge, gesetzliche 1922 ff. Einseitige Verfügung von Todes wegen (Testament, letztwillige Verfügung, Vermächtnis, Auflage), 1937 ff. Erbvertrag 1941. Gesetzliche E. neben Erbeinsetzung 2088.
Erblegitimation, s. Erbschein.
Erbpachtrecht, landesgesetzliches E. 63.
Erbrecht, gütergemeinschaftliches 1482 ff. Kein E. des an Kindes Statt Annehmenden 1759. Ausschließung des E. des angenommenen Kindes 1767. E. für Deutsche im Auslande, Ausländer im Inlande E. 24 f. Übergangsbestimmung E. 213.
Erbschaft. Nießbrauch an einer E. 1089. Annahme oder Ausschlagung einer E. durch die Frau ohne Zustimmung des Mannes 1406, 1453. Erwerb einer E. durch die Frau als Vorbehaltsgut 1461. Verfügung über dem Mündel zustehende E. 1822. Begriff der E. 1922. Anfall der E. 1942. Ausschlagung 1943 ff. Anfechtung der Annahme oder Ausschlagung 1954 ff. Fürsorge des Nachlaßgerichts 1960 ff. Erbschaftserwerb religiöser Orden E. 87.
Erbschaftliches Liquidationsverfahren E. 213.
Erbschaftsanspruch 2018 ff.
Erbschaftsbesitzer, Begriff 2018. Anrechnung der Ersitzungszeit des E. für den Erben 499.
Erbschaftskauf 2371 ff.
Erbschein 2353 ff.
Erbteil, Begriff 1922. Bruchteile der Erbschaft 2087 ff. Gemeinschaftlicher E. 2093.
Erbteilung, s. Auseinandersetzung (unter Miterben). Erbteilungsvertrag eines Mündels 1822.
Erbunwürdigkeit 1506, 2339 ff.
Erbvertrag, Begriff 1941. Übergangsbestimmung E. 214 (s. Erbeinsetzungsvertrag, Erbverzicht, Vermächtnisvertrag).
Erbverzicht 1517, 2346 ff., E. 217.
Erdboden, unzulässige Vertiefung 909.

Die Ziffern verweisen auf die Paragraphen, E. = EinfGes.

Erdkörper unter einem Grundstück 905.
Erfüllung von Verträgen, welche Vertreter ohne Vertretungsmacht schlossen 179. E. Zug um Zug 274. E. der Schuldverhältnisse 362ff.
Erfüllungs Statt, Leistung an E. 364 f., 422.
Erfüllungsübernahme 329.
Ergänzung der Sicherheitsleistung 240; der Einlage des Gesellschafters 707; des Pflichtteils 1505, 2305, 2325 ff. Vorbehalt der E. letztwilliger Verfügung 2086.
Erhaltung der Anlage zur Ausübung einer Grunddienstbarkeit 1020 f.
Erhaltungspflicht des Vermieters 536; des Entleihers 601; bei gemeinschaftlichem Gegenstande 744, 748; des Nießbrauchers 1041; des Vorerben 2124.
Erhöhung des Beitrages des Gesellschafters 707.
Erklärung des gesetzlichen Vertreters zu Verträgen Minderjähriger 108.
Erlaß der Schuld 397; E. vertrag bei Gesamtschuldverhältnis 423.
Erlaubnis zur Eheschließung für Militärpersonen usw. 1315; für Beamte und Religionsdiener zur Übernahme der Vormundschaft 1784.
Erlöschen der Vollmacht 168 f.; der Stiftung 88; der Schuldverhältnisse 362 ff.; des Auftrages 671 ff.; der Rechte Dritter 936, 945, 949; des Nießbrauchs 1061, 1063; des Pfandrechts 1252 ff.; des Amtes des Testamentsvollstreckers 2225.
Ermächtigung Minderjähriger durch den gesetzlichen Vertreter 112, 113. E. eines unzuständigen Standesbeamten 1321.
Ernennung von Testamentsvollstreckern 2197 ff.
Erneuerung von Schuldverschreibungen auf den Inhaber 798. E. durch den Nießbraucher 1041 ff.
Erneuerungsscheine, Hinterlegung bei Sicherheitsleistung 234. E. für eine Schuldverschreibung auf den Inhaber 805. Besitz des E. bei Nießbrauch an dem Inhaberpapier 1081 f. Hinterlegung der E. der Inhaberpapiere von Mündeln 1814; durch den Vorerben 2116.
Eröffnung des Testaments 2260 f., 2263, 2273; des Erbvertrags 2300.
Errungenschaftsgemeinschaft 1519 ff. Eingebrachtes Gut 1520 ff. Vorbehaltsgut der Frau 1526 ff. Gesamtgutsverbindlichkeiten 1530 ff. Unterhaltspflicht der Ehegatten gegenüber Verwandten bei E. 1604.
Ersatz, s. Schadensersatz, Kosten. E. von Verwendungen 257, 273. Einfluß der Rechtshängigkeit auf den Anspruch 292.
Ersatzerbe 2096 ff.
Ersatzgeld bei Pfändung E. 89.
Erschütterungen, Zuführung

Die Ziffern verweisen auf die Paragraphen, E. = EinfGes.

auf ein fremdes Grundstück 906.
Ersitzung, Eigentumserwerb an beweglichen Sachen durch E. 937 ff. E. des Nießbrauchs an einer beweglichen Sache 1033. E. des Erbschaftsbesitzers gegenüber dem Erben 2026. Übergangsbestimmung E. 185, 189.
Ertragswert eines Landguts, Feststellung 1515, 2049, 2312, E. 137.
Erwählter Wohnsitz, Übergangsbestimmung E. 157.
Erwerb, s. Besitz, Eigentum, Erbschaftserwerb.
Erwerbsbeschränkungen für juristische Personen E. 86; für Orden E. 87.
Erwerbsfähigkeit, Aufhebung der Verminderung durch Körperverletzung, Rentenanspruch 843.
Erwerbsgeschäft, selbständiges Minderjähriger 112; einer Ehefrau 1405, 1452, 1462; bei Errungenschaftsgemeinschaft 1524, 1533. E. im Namen eines Kindes unter väterlicher Gewalt 1645. E. eines Hauskindes 1651, 1655; eines Mündels 1822, 1823, 1825, 1841.
Erwerbsunfähigkeit, Voraussetzung des Unterhaltsanspruchs 1602.
Erwerbs- und Wirtschaftsgesellschaften bayerischen Rechts E. 165.
Erzeugnisse eines Grundstückes 94. E. einer Sache als Frucht 99. Eigentumserwerb an den Erzeugnissen einer Sache 953 ff. Haftung der E. eines Grundstücks für die Hypothek 1120 ff. Erstreckung des Pfandrechts auf Erzeugnisse 1212.
Erzieher, Dienstverhältnis, Kündigung 622, 627, 628.
Erziehungsanstalten, Anspruchsverjährung 196. Unterbringung eines Kindes in E. 1666; eines Mündels 1838. Landesgesetze E. 135, 136.
Erziehungskosten 1610.
Erziehungsrecht, Erziehungspflicht 1631, 1686, 1696.
Esel, Gewährleistung bei Verkauf 481 ff.
Eviktion, s. Entwehrung.
Expropriation, s. Enteignungsrecht.

F.

Fabrik, Zubehör 98.
Fabrikanten, Verjährung ihrer Ansprüche 196.
Fabrikarbeiter, Verjährung ihrer Ansprüche 196.
Fälligkeit, Zahlung einer unverzinslichen Schuld vor F., 272. Verzinsung der Geldschuld von F. ab 291. Anrechnung der Erfüllung auf die noch fälligen Schulden 366. F. des Darlehens 609. F. der Forderung behufs Befriedigung aus dem Pfandrechte 1228, 1282.
Fahrlässigkeit 276 f. Haftung des Schuldners für jede F. bei Verzug 287; nur für grobe F. bei Annahmeverzug 300. F. bei unerlaubten Handlungen 823. F.

Die Ziffern verweisen auf die Paragraphen, E. = EinfGes.

Verletzung der Amtspflicht 839. F. des Erben bei überschuldetem Nachlasse 1980.
Fahrnisgemeinschaft 1559 ff.
Fälschung von Urkunden über letztwillige Verfügung, Erbunmündigkeit 2339.
Familienangehörige des Erblassers, Unterhaltsanspruch 1969.
Familienbilder bei Erbschaftskauf 2373.
Familienfideikommisse E. 59.
Familienname 12, der Frau 1355, 1577; des Kindes 1616, 1706, 1758, 1772.
Familienrat 1791, 1858 ff., 1905. S. auch E. 160, 210.
Familienrechtliche Ansprüche, Verhältnisse, keine Verjährung 195, 200.
Familienschriftstücke in Erbschaft 2047; bei Erbschaftskauf 2373.
Familienstand, nicht zu ermittelnder Minderjähriger 1773.
Fasanen, Schaden durch F. 835.
Faustpfandrecht, s. Pfandrecht (an beweglichen Sachen).
Fehler, s. Gewährleistung (für Mängel).
Fehlerhafter Besitz 858 ff.
Feiertag bei Fristberechnung 193.
Feldfrevel E. 89, 107.
Fernsprechanstalt, Vertragsantrag durch F. 147.
Festnahme von Personen als Selbsthilfe 229 f.
Feststellung des Zustandes der Nießbrauchssache 1034.
Feststellungsklage unterbricht Verjährung 209.
Festungen, s. Rayongesetz.
Fideikommiß E. 59.
Finden, Finder, s. gefundene Sachen.
Finderlohn 971.
Fische in Teichen, Privatgewässern 960.
Fischereirecht E. 69.
Fiskus, Anfall von Vereinsvermögen 45 f. Haftung für Schaden durch Vertreter 89. Aneignung aufgegebener Grundstücke 928. Recht des F. auf den Versteigerungserlös aus gefundenen Sachen 981. Erbrecht des F. 1936, 1964 ff. Inventarfrist 2011. F. nicht gesetzlicher Erbe bei Nacherbschaft 2104. Hinsichtlich Vermächtnisses 2149. Recht des F. auf Sicherungshypothek E. 91; über gesetzliches Erbrecht des F. E. 138; über Ansprüche an den Nachlaß von Armen E. 139.
Fixgeschäft, Rücktrittsrecht 361.
Flößereirecht, Flößrecht E. 65.
Flußbett, verlassenes E. 65.
Forderung, s. Leistung. Erfüllung der F. s. Erfüllung. Hinterlegung der F. s. Hinterlegung. Aufrechnung der F. s. Aufrechnung. Erlaß der F. s. Erlaß. Vereinigung der F. s. Vereinigung. Übertragung der F. s. Übertragung. Verpfändung von F. als Mittel der Sicherheitsleistung 232, 236, 238. Verkauf von F. 437, 438, 754. F. aus unerlaubter Handlung 853. Nieß-

Die Ziffern verweisen auf die Paragraphen. E. = EinfGes.

brauch an F. 1074, 1076 ff. Pfandrecht an F. 1279 ff. Vermächtnis einer F. 2173, 2175.

Form, der Anmeldung zum Vereinsregister 77; der Rechtsgeschäfte 125 ff. F. der Vollmachterteilung 167; der Zustimmung 182; von Verträgen 311, 312, 313; der Erklärung über Ausübung des Wiederkaufsrechtes 497; der Ausübung des Vorkaufsrechts 505; des Schenkungsversprechens 518; des Mietvertrages über Grundstücke 566; des Pachtvertrages 581; des Schuldversprechens und Schuldanerkenntnisses 780 ff.; der Anweisung 783, 784, 792; der Einigung zur Übertragung des Grundstückseigentums 873, E. 142; der Auflassung 925; der Begründung des Erbbaurechts 1015; beim Nießbrauch an beweglichen Sachen 1032, 1035; der Abtretung der Hypothek 1154; der Eheschließung 1317 ff.; der Anfechtung der Ehe 1342; des Ehevertrages 1434; des Verzichts eines Abkömmlings auf den Anteil am Gesamtgut 1491; der Erklärung der Aufhebung der fortgesetzten Gütergemeinschaft 1492; des Vertrages über Anrechnung der Abfindung eines Abkömmlings 1501; der Zustimmung des anderen Ehegatten zu letztwilligen Verfügungen über den Anteil eines Abkömmlings 1516; zu Erbverzicht eines Abkömmlings 1517; der Eintragung in das Güterrechtsregister 1560 f.; der Anfechtung der Ehelichkeit eines verstorbenen Kindes 1597; des Verzichts auf elterliche Nutznießung 1662; der Einwilligungserklärung zur Annahme an Kindes Statt 1748; der Erbschaftsausschlagung 1945; der Verfügung eines Miterben über seinen Anteil 2033; der Anfechtung letztwilliger Verfügungen 2081; der Einwilligung des Nacherben zu Verfügungen des Vorerben 2121; der Ernennung eines Testamentsvollstreckers 2197 f.; des Testamentes 2231 ff.; des Erbvertrags 2276 f.; des Rücktritts von demselben 2296; des Erbverzichts 2348; der Aufhebung desselben 2351; des Erbschaftskaufs 2371. Maßgebende Gesetze für die F. der Rechtsgeschäfte E. 11.

Fortgesetzte Gütergemeinschaft, s. Gütergemeinschaft.

Forstwirtschaftliche Grundstücke in Nutzung von Realgemeinden E. 164.

Forstwirtschaftsbetrieb, Anspruchsverjährung 196.

Frachtfuhrleute, Verjährung ihrer Ansprüche 196. Auslieferung der Kaufsache an F., Tragung der Gefahr 447.

Französisches Recht, Übergangsbestimmungen E. 154, 156, 157, 200, 208, 211.

Freies Vermögen des Hauskindes 1650 f.

Die Ziffern verweisen auf die Paragraphen, E. = EinfGes.

Freiheitsentziehung 823. Entschädigung Dritter, welchen durch F. Dienste entgangen sind 845. Entschädigung für F. 847.

Freiwillige Gerichtsbarkeit, Gesetz E. 1.

Freizügigkeit, Gesetz über die E. 37.

Fremdes Recht, Anwendung E. 7 ff., 27 f.

Frist für Todeserklärung 14ff.; für Anfechtung von Willenserklärungen 121, 124. Fristbestimmung für Annahme von Vertragsanträgen 148. Fristen im allgemeinen 186 ff. F. zur Herstellung bei Schadensersatzpflicht 250. F.bestimmung seitens des Gläubigers zur Bewirkung der Leistung 283, 325. F.-bestimmung bei Leistungsverzug 326. F. für Ausübung des Rücktrittsrechts 355; zur Wandelung 466; zur Erklärung über Billigung beim Kauf auf Probe 496; für Ausübung des Wiederkaufsrechts 503; des Vorkaufsrechts 510; für Widerruf der Schenkung 532; für Kündigung des Darlehens 609; für Kündigung d. Dienstverhältnisses 620 ff.; zur Beseitigung von Mängeln beim Werkvertrage 634; zu Handlungen des Bestellers zur Herstellung des Werkes 642; bei Auslobung 658; bei Preisbewerbung 661; der Kündigung des Gesellschaftsvertrages 723 ff.; für Erwerb des Eigentums an Grundstücken durch Eigenbesitz 900; für Anmeldung von Rechten an gefundenen Sachen 973, 977, 981; der Geltendmachung des Ersatzanspruchs für Verwendungen gegen Eigentumsanspruch 1002; zur Genehmigung der Verwendungen durch den Eigentümer 1003; zur Anfechtung der Ehe 1339; zur Genehmigung von Verfügungen der Frau über eingebrachtes Gut 1396; zur Genehmigung von Verfügungen des Mannes über Gesamtgut 1448; zur Erhebung der Ehescheidungsklage 1571; der Anfechtung der Ehelichkeit eines Kindes 1594; der Erbschaftsausschlagung 1944; der Anfechtung der Annahme oder Ausschlagung 1954; zur Anmeldung von Nachlaßforderungen 2061; zur Anfechtung letztwilliger Verfügung 2082; zur Anfechtung des Erbvertrags 2283.

Fruchtgenuß, zeitliche Bestimmungen 101.

Früchte einer Sache, eines Rechts 99. Herausgabe von F., Ersatz verwendeter Kosten 102. Gesetzliches Pfandrecht des Verpächters an den F. 585. F. eines gemeinschaftlichen Gegenstandes 743. Überfallen von F. 911. F. des Baums auf der Grenze 923. Eigentumserwerb an den F. 953 ff. F. bei Herausgabe eines landwirtschaftlichen Grundstücks 998.

Die Ziffern verweisen auf die Paragraphen, E. = EinfGes.

Erwerb der F. durch den Nießbraucher 1039. Herausgabepflicht des Erbschaftsbesitzers 2090. Teilung der F. unter Miterben 2038. F.bezug des Vorerben 2133. F. des Vermächtnisgegenstandes 2184.

Fürsorge für Witwen und Waisen E. 48, 49, 51.

Führungszeugnis beim Dienstvertrage 630.

Fundrecht, s. Gefundene Sachen.

Fungible Sachen, s. Vertretbare Sachen.

Fütterungskosten von Tieren 488, 547, 601.

G.

Garnisonort, Wohnsitz der Militärpersonen 9.

Gase, Zuführung auf ein fremdes Grundstück 906.

Gastwirte, Verjährung ihrer Ansprüche 196. Einbringung von Sachen bei G. 701 ff.

Gattung als Gegenstand der Leistung 243, 279. Gewährleistung bei Verkauf einer G. 480. Verkauf eines der G. nach bestimmten Haustieres 491; Schenkung 524; Vermächtnis 2155, 2182 f.

Gebäude, wesentliche Bestandteile eines Grundstücks 94 f. Zubehör eines G. 98. Ausbesserungspflicht des Pächters 582. Einsturz eines G. 836 ff., 908, Überbau 912 ff. Wohnungsrecht an G. 1093. Landesgesetzliche Vorschriften E. 110, 131.

Gebäudeversicherung, Haftung für die Hypothek 1128.

Gebot bei Versteigerung 156.

Gebrauch der Mietsache 548, 550, 552. G. eines gemeinschaftlichen Gegenstandes 743.

Gebrauchsleihe 598 ff.

Gebrauchsrecht, siehe Persönliche Dienstbarkeiten.

Gebrechen, Ablehnung der Vormundschaft wegen G. 1786. Pflegschaft wegen G. 1910, 1920.

Geburt als Beginn der Rechtsfähigkeit 1. Berechnung des Lebensalters 187.

Geburtshelfer, Verjährung ihrer Ansprüche 196.

Gefängnisstrafe, Verwirkung der elterlichen Gewalt 1680.

Gefahr, Umkommen in gemeinsamer G. 20. G. als Voraussetzung der Selbsthilfe 226 ff. Haftung des Geschäftsführers ohne Auftrag bei dringender G. 680. Einwirkung Dritter zur Abwendung von G. 904. Anzeigepflicht des Nießbrauchers bei G. 1042.

Gefahrtragung, bei Übersendung von Geld 270; bei Annahmeverzug 300; bei Hinterlegung 379; beim Kaufe 446, 447, 451; bei Übernahme des Inventars eines verpachteten Grundstücks 587 f.; beim Werkvertrage 644 f. der Vorlegung von Sachen und Urkunden 811; der durch unerlaubte Handlung entzo-

Die Ziffern verweisen auf die Paragraphen, E. = EinfGes.

genen Sache 848; beim Erbschaftskauf 2380.

Gefundene Sachen 965 ff. Finderlohn 971. Zurückbehaltungsrecht des Finders 972. Eigentumserwerb des Finders 973. Weitere Einzelheiten 974 ff. Behandlung der in den Geschäftsräumen oder Beförderungsmitteln einer öffentlichen Behörde oder Verkehrsanstalt gefundenen Sachen 978 ff. Schatz 984.

Gegenleistung, s. Gegenseitige Verträge. Bestimmung der G. durch den Berechtigten 316. Hinterlegung bei Verpflichtung des Gläubigers zu G. 373.

Gegenseitige Verträge 320 ff. G. Ersatzerbeinsetzung 2098. G. Erbvertrag von Ehegatten 2280.

Gegenvormund 1786, 1792, 1799, 1809 f., 1812 f., 1826, 1832, 1833, 1836, 1837, 1839, 1842, 1852, 1854, 1891. Tod des G. 1894, 1895, 1903 f., 1915, E. 136, 160, 210.

Gehalt, s. Diensteinkommen.

Geheimer Vorbehalt bei Willenserklärungen 116.

Gehilfen, Verjährung der Ansprüche gewerblicher G. 196. G. des Beauftragten, Haftung für deren Verschulden 664; dgl. des Verwahrers 691. G. bei unerlaubten Handlungen 830. Haftung der Beamten für ihre G. E. 78.

Geisteskrankheit, Entmündigung 6, E. 155. Geschäftsunfähigkeit 104. Scheidung der Ehe wegen G. 1478, 1569, 1583.

Geistesschwäche, Entmündigung 6. Geschäftsunfähigkeit 104, 105, 114 ff. Unfähigkeit zum Vormunde 1780, E. 210, 211; zum Familienrat 1865. Testamentserrichtung 2229. Widerruf des Testaments 2253. Nichtigkeit der Ehe 1325.

Geistesstörung bei unerlaubten Handlungen 827.

Geistliche, Abtretung von Gehaltsansprüchen 411. Kündigung des Mietverhältnisses bei Versetzung 570; nicht bei Pachtverhältnis 596. Landesgesetze E. 80, 81.

Geistliche Gesellschaften. Landesgesetze über deren Rechtsfähigkeit E. 84.

Geld, Hinterlegung zur Sicherheitsleistung 232, 233, 235. Kosten der Übersendung einer Leistung in G. 270. Hinterlegung von G. als Leistung 372. G. als Gegenstand des Darlehens 607. Haftung des Gastwirtes für eingebrachtes G. 702. G. als Gegenstand der Anweisung 783. Eigentumserwerb an gestohlenem usw. G. 935, 1006 f. Einziehung einer verpfändeten Geldforderung 1288. Erhebung und Anlegung von G. der Frau durch den Mann 1376 f. G. als Gegenstand elterlicher Nutznießung 1653.

Geldrente. Vorausleistung 760. G. als Entschädigung für Körper- oder Gesund-

heitsverletzung 843; als Erfüllung einer dem Getöteten obliegenden Unterhaltspflicht 844. Zahlung einer G. an den Dritten als Ersatz für Dienste des Verletzten 845. G. als Entschädigung für Überbau 912 ff., E. 116; für Duldung eines Notweges 917, E. 116. G. zur Erfüllung der Unterhaltspflicht der Ehegatten 1361; des schuldigen Teils bei Ehescheidung 1580. G. zum Unterhalt 1612, 1710.
Geldschuld, inländische, ausländische 244; Münzsorte 245. Verzinsung einer G. 291, 301.
Geldstrafen, s. Ordnungsstrafe.
Gemeinden, Aufrechnung gegen Forderungen 395. Rechte der G. des Fundorts 976. Haftung der G. für ihre Beamten E. 77.
Gemeindevorsteher, Testamentserrichtung vor demselben 2249, 2252, 2262, E. 150.
Gemeindewaisenräte 1675, 1779, 1849 ff., 1862.
Gemeinheitsteilung, Landesgesetze E. 113.
Gemeinschaft 741 ff. Aufhebung der G. 749 ff., 758. Art der Teilung 752 ff. G. des Jagdrechts 835. Gemeinschaftlicher Besitz des Nießbrauchers und des Eigentümers an Inhaber- oder Orderpapieren 1081. Stellung des Pfandgläubigers am Anteil eines Miteigentümers zur G. 1258. G. der Miterben 2032 ff. Übergangsbestimmung an E. 173, 181.
Gemeinschaft des beweglichen Vermögens und der Errungenschaft (Fahrnisgemeinschaft) 1549 ff.
Gemeinschaftlicher Anteil beim Vermächtnis, Anwachsung 2158.
Gemeinschaftlicher Erbteil 2093.
Gemeinschaftliche Sache, s. Miteigentum.
Gemeinschaftliches Testament der Ehegatten 2265 ff.; über Anteil eines Abkömmlings am Gesamtgut 1516. Aufhebung eines Erbvertrags durch g. T. 2292. Übergangsbestimmung E. 215.
Gemeinschuldner, s. Konkurs.
Genehmigung. Staatliche G. der Stiftung 80. G. der Verträge Minderjähriger durch gesetzlichen Vertreter 107 ff. G. von Verträgen, welche von einem Dritten ohne Vertretungsmacht abgeschlossen sind 177 ff. G. von Verträgen und einseitigen Rechtsgeschäften 184. G. des Gläubigers für Schuldübernahme 415; der Geschäftsführung ohne Auftrag 684. Staatliche G. zur Ausgabe von Schuldverschreibungen auf den Inhaber 795. G. der Verwendungen des Besitzers einer Sache durch den Eigentümer 1001, 1003. G. des Mannes zu Verfügungen der Frau über eingebrachtes Gut 1396 f.; der Frau zu Verfügungen des Mannes über Gesamtgut 1448 f. G. des

Die Ziffern verweisen auf die Paragraphen, E. = EinfGes.

Vormundschaftsgerichts zur Ablehnung der fortgesetzten G. durch den überlebenden Ehegatten 1484. G. des der Mutter zur Ausübung der elterlichen Gewalt bestellten Beistandes 1690. G. des Antrages auf Ehelichkeitserklärung durch das Vormundschaftsgericht 1729; zur Erhebung und Anlegung von Mündelgeld 1809 ff. Fälle der erforderlichen G. zu Handlungen des Vormunds 1819 ff. G. des Erbvertrags 2275; des Erbverzichts 2347.

Gerätschaften als Zubehör eines Gebäudes, eines Landgutes 94.

Geräusch, Zuführung von G. auf fremdes Grundstück 906.

Gerechtigkeiten, s. Berechtigungen.

Gerichtliche Form, Beurkundung des Vertrages 128. G. Beglaubigung des Handzeichens 126, 129. G. Beurkundung von Verträgen 152. G. F. von Verträgen 311 ff., 518, 1434, 1491, 1492, 1501, 1516, 1517; der Anträge auf Ehelichkeitserklärung 1730; der Einwilligungserklärung zur Annahme an Kindes Statt 1748; des Annahmevertrages 1750; der Verfügung eines Miterben über seinen Anteil 2033; der Anfechtung des Erbvertrags 2282, 2296; des Erbverzichts 2348, 2351; des Erbschaftskaufs 2371. Landesgesetze E. 141, 142. S. auch E. 151.

Gerichtsschreiber beim Testament 2233 ff.

Gerichtsverfassungsgesetz, Änderungen E. 1, 33.

Gerichtsvollzieher, Zustellung von Willenserklärungen 132. Anspruchsverjährung 196. Öffentliche Versteigerung 383.

Gerüche, Zuführung auf fremdes Grundstück 906.

Gesamtgläubiger, s. Gesamtschuldverhältnis.

Gesamtgrundschuld an mehreren Nachlaßgrundstücken 2168.

Gesamtgut bei allgemeiner Gütergemeinschaft 1438 ff.; bei fortgesetzter Gütergemeinschaft 1485; bei Errungenschaftsgemeinschaft 1519; bei Fahrnisgemeinschaft 1550. Inventarfrist bei Erbschaft, welche zum G. gehört 2008. Zuwendungen an Abkömmlinge aus dem G. 2054. Berücksichtigung beim Pflichtteilsanspruch 2331.

Gesamtgutsverbindlichkeiten 1459 ff. G. der fortgesetzten Gütergemeinschaft 1488 f., 1499; der Errungenschaftsgemeinschaft 1530 ff.

Gesamthypothek 1132, 1172, 1173, 1174, 1181, 1182.

Gesamtpreis beim Verkaufe mehrerer Sachen 469, 471, 472; beim Vorkaufsrecht 508.

Gesamtschuldner, s. Gesamtschuldverhältnis. Liquidatoren eines Vereins als G. 53; desgl. die Mitglieder eines Vereins 54; desgl. Mitbürgen 769; mehrere Eigentümer eines Grundstücks als G. 1108. Haftung

Die Ziffern verweisen auf die Paragraphen. E. = EinfGes.

des Mannes als G. neben der Frau 1388, 1459, 1530. Mehrere Vormünder als G. 1833; mehrere Erben bei ungeteilter Erbschaft 2058; mehrere Testamentsvollstrecker 2219.

Gesamtschuldverhältnis 420 ff., 755, 830, 840.

Geschäftsbetrieb Minderjähriger 112.

Geschäftsbesorgung, gewerbsmäßige, Anspruchsverjährung 196. G. als Gegenstand eines Dienst- oder Werkvertrages 675.

Geschäftsfähigkeit, beschränkte, 8, 104 ff., 114, 115, 131, 165, 206, 1304, 1331, 1336 f., 1364, 1437, 1676, 1729, 1751, 2201, 2229, 2275, 2282, 2290, 2296, 2347, E. 17.

Geschäftsführung des Vereinsvorstandes 27; bei der Gesellschaft 709 ff., 729, 730.

Geschäftsführung ohne Auftrag 677 ff.

Geschäftsherr, Haftung für unerlaubte Handlungen der Angestellten 831.

Geschäftsunfähigkeit 8, 104 ff., 130, 131, 153, 206, 672, 682, 791, 794, 939, 1325, 1336, 1337, 1340, 1595, 1676, 1780, 1865, 2201, 2282, 2347, E. 7.

Geschwister, Eheverbot 1310.

Gesellen, Verjährung ihrer Ansprüche 196.

Gesellschaft, Anwendung der Vorschriften über G. auf nicht rechtsfähige Vereine 14, 54. G. im allgemeinen 705 ff. Gesellschaftsvermögen 718 ff. Kündigung der G. 723 ff. Auflösung der G. 726 ff. Auseinandersetzung 730 ff. Ausscheiden eines Gesellschafters 736 ff. G.-vertrag des Mündels 1822.

Gesellschafterinnen, Dienstverhältnis, Kündigung 622, 627, 628.

Gesetzliches Güterrecht 1363 ff.

Gesetzliche Vertreter, s. Vertreter.

Gesinde des Richters oder Notars, Unfähigkeit zu Testamentszeugen 2237.

Gesinderecht, landesgesetzliche Vorschriften E. 95.

Gestohlene Schuldverschreibung auf den Inhaber 794. Eigentumserwerb an g. Sachen 935. Besitzer g. S. 1006. Herausgabe g. S. 1007.

Gesundheit. Gesundheitsgefährliche Wohnung, Miete 544. Verletzung der G. 823; durch Tiere 833 f.; durch Einsturz eines Gebäudes 836 ff. Entschädigung 843, 845, 847.

Gewährfristen bei dem Verkaufe von Haustieren 482 ff.

Gewährleistung bei Hingabe an Erfüllungs Statt 365; von Rechtsmängeln beim Kaufe 434 ff. G. wegen Mängel der veräußerten Sache 459 ff. Wandelung, Minderung 462 ff. G. bei Veräußerung v. Haustieren 481 ff. G. des Schenkers für Rechtsmängel 523; für Sachmängel 524. G. des Vermieters 537 ff.; beim Werkvertrage, Minderung, Wandelung 633 ff.; bei Zuteilung eines gemeinschaftlichen Gegenstandes an einen

Die Ziffern verweisen auf die Paragraphen, E. = EinfGes.

Teilhaber 757. G. bei Ausstattung 1624. G. bei Vermächtnis 2182 f.; bei Erbschaftskauf 2376; bei Schenkung einer Erbschaft 2385.
Gewalthaber, Einwilligung zur Volljährigkeitserklärung 4.
Gewalt, höhere, 203, 701, 854 f., 859, 1996.
Gewerbebetrieb, selbständiger eines Minderjährigen 112. Verjährung von Ansprüchen aus G. 196. Ort der Leistung im G. 269, 270. Sicherheitsleistung für einen G. E. 90.
Gewerbliche Anlagen, Zubehör 98.
Gewerbliche Arbeiter, Verjährung ihrer Ansprüche 196.
Gewerblicher Betrieb, Gebäude zu solchem 98. Pachtvertrag über g. B. bei Mündelgut 1822.
Gewerbeordnung 44, 62, E. 36.
Gewinn, entgangener als Gegenstand des Schadensersatzes 252.
Gewinnanteilsscheine, Hinterlegung zur Sicherheitsleistung 234. Keine Kraftloserklärung 799. Vorlegungsfrist 801. Verluste von G. 804. Erneuerung 805. Besitz der G. bei Nießbrauch am Inhaberpapier 1081. G. verpfändeter Werpapiere 1296. G. von Mündelgeld 1814, 1818. Übergangsbestimmungen E. 174 f.
Gewinnverteilung bei der Gesellschaft 721.
Goldsachen als Pfand 1240.
Gottesdienstliche Gebäude, E. 133.
Grad der Verwandtschaft 1589, der Schwägerschaft 1590.
Grenze. Grenzanlagen 907 ff., Überschreitung der G. bei Errichtung eines Gebäudes (Überbau) 912 ff. Abmarkung 919. Grenzverwirrung 920. Baum auf der G. 923.
Grobe Fahrlässigkeit 277, 932. Bei Annahmeverzug 300. Haftung des Schenkers 521. G. F. des Mieters 539. Haftung des Verleihers 599. Haftung des Geschäftsführers ohne Auftrag 680. Haftung des Finders 968.
Großeltern 685, 1776, 1899 f., 1926.
Großjährigkeit, s. Minderjährigkeit, Volljährigkeit.
Grundbuch, s. Grundstücke.
Grundbuchordnung E. 1.
Grunddienstbarkeiten 916, 1018 ff., E. 115, 184, 187, 191.
Grund und Boden, mit demselben verbundene Sachen 94, 95.
Grundschuld. Verpfändung als Sicherheitsleistung 232, 238. Pflicht des Verkäufers zur Beseitigung einer G. 439. Änderung des Ranges einer G. 880. Nießbrauch an einer G. 1080. Im allgemeinen 1191 ff. Eigentümergrundschuld 1196 f. Verwandlung der G. in eine Hypothek und umgekehrt 1198. Pfandrecht an einer G. 1291. G. bei Fahrnisgemeinschaft 1551. Anlegung von Mündelgeld in G.

Die Ziffern verweisen auf die Paragraphen, E. = EinfGes.

1807; Verfügung des Vormundes darüber 1819, 1821. Verfügung des Vorerben 2114. G. auf vermachten Grundstücken 2165 ff. Beschränkung der G. durch Landesgesetz E. 60, 117, 118, Übergangsbestimmung E. 195.

Grundschuldbriefe, Eigentum daran 952. G. auf den Inhaber 1195.

Grundstücke, wesentliche Bestandteile 94, 95, 96. Zubehör 97. Früchte 99. Aufgabe des Besitzes eines herauszugebenden G. 303. Form des Vertrages auf Eigentumsübertragung am G. 313, E. 142. Übernahme einer Schuld durch den Erwerber 416. Löschung nicht bestehender Rechte 435; Nichthaftung für Freiheit von öffentlichen Abgaben 436. Herausgabe von Beweisurkunden 444. Eintragung d. Käufers vor Übergabe, Wirkung auf die Gefahr 446. Wandelung bei zugesagter bestimmter Größe des G. 468. Ansprüche des Käufers auf Gewährleistung 477. Wiederkaufsrecht bei G., Frist 503. Stundung des Kaufpreises, Sicherheitsleistung bei Vorkaufsrecht 509. Frist für Ausübung des V. an G. 510. Zusicherung bestimmter Größe eines vermieteten G. 537. Gesetzliches Pfandrecht des Vermieters eines G. 559 ff. Kündigungszeit bei vermieteten G. 565. Form des Mietvertrages über G. 566. Kauf bricht nicht Miete 571 ff. Pacht eines landwirtschaftlichen G. 582 ff. Werkvertrag über Arbeiten an einem G., Verjährung der Ansprüche 638. Störung des Besitzes von G. durch verbotene Eigenmacht 859. Besitz einer auf ein fremdes G. gelangten Sache 867. Allgemeine Vorschriften über Rechte an Grundstücken 873 ff., E. 142 (Eintragung in das Grundbuch, Löschung, Rangverhältnis der eingetragenen Rechte, Vormerkung usw.). Öffentlicher Glaube des Grundbuchs 892 ff. Recht auf Berichtigung des Grundbuchs, Nichtverjährbarkeit solcher Ansprüche 894 ff. Erwerb des Eigentums durch Eintragung in das Grundbuch 900. Verjährung der Rechte 901, 902. Inhalt und Begrenzung des Eigentums an G. 90 ff. (Überbau, Nachbarrecht usw.). Erwerb und Verlust des Eigentums an G., Auflassung 925 ff. Verbindung einer beweglichen Sache mit einem G. 946. Herausgabe eines landwirtschaftlichen G. 998. Gemeinschaftliche Grundstücke 1009 f. Dienstbarkeiten eines G., f. Grunddienstbarkeit. Nießbrauch an G. 1037, 1038, 1043, 1044, 1047, 1048, 1056, 1062. Beschränkte persönliche Dienstbarkeiten an G. 1090 ff.

Vorkaufsrecht an G. 1094 ff. Reallast an G. 1105 ff. Miet- und Pachtverhältnisse an eingebrachtem Gute 1423. Grundbuch bei allgem. Gütergemeinschaft 1438. Verfügung des Mannes über Gesamtgut-G. 1445, bei Fahrnisgemeinschaft 1551. G. in elterlicher Nutznießung 1663. Anlegung von Mündelgeld in inländischen G. 1807. G. des Mündels 1821; Verfügung des Vorerben über G. 2113, 2135. G. als Vermächtnisgegenstand 2165 ff., 2182. Beschränkungen der Veräußerung oder Belastung E. 60, 61; des Erwerbes durch Ausländer E. 88. Anlagen und Betriebe auf G. im öffentlichen Gebrauche E. 106; Schutz von G. E. 107; Regelung der Rechte an G. bei Herstellung zerstörter Gebäude E. 110; Zusammenlegung von G. E. 113; Verbote der Belastung von G. E. 115, 117, 118; Veräußerungs-, Teilungsbeschränkungen E. 119 ff.; Übertragung von G. von einem Kommunalverbande E. 126; von G., welche nicht im Grundbuch eingetragen sind E. 127; Aneignung von G. E. 129; Gemeinschaftsverhältnis an bebauten G. E. 131; Form des Vertrages über G. E. 142, 143; Anlegung des Grundbuchs E. 186 ff. über Erwerb und Verlust von Eigentums- und sonstigen Rechten E. 189 ff., vererbliche und übertragbare Nutzungsrechte an G. E. 196.

Güteantrag 209, 210, 212a.

Gütergemeinschaft, allgemeine G. 1437 ff. Verhältnis während bestehender G. 1438, 1439. Vorbehaltsgut 1440 f. Zustimmung der Frau erforderlich (Verfügung über das ganze Gesamtgut, über Grundstücke, Schenkungen) G. 1444 ff. Gesamtgutsverbindlichkeiten 1459 ff. Aufhebung der Gütergemeinschaft 1468 ff. Auseinandersetzung 1472 ff. Fortgesetzte Gütergemeinschaft mit gemeinschaftlichen Abkömmlingen 1483 ff. Auseinandersetzung bei fortges. Gütergemeinschaft 1497 ff. Eintritt der F. G. nach Fahrnisgemeinschaft 1557. Unterhaltspflicht der Ehegatten gegenüber Verwandten bei G. 1604.

Gütergemeinschaftliches Erbrecht 1483 ff.

Güterregister 1558 ff.

Güterstand, gesetzlicher 1363 ff. (s. Eheliches Güterrecht). Übergangsbestimmungen E. 200.

Gütertrennung 1426 ff., 1470, 1545, 1587.

Guter Glaube beim Erwerb des Zubehörs eines Grundstücks 926; beim Erwerb beweglicher Sachen 932 ff., 936; als Erfordernis der Ersitzung 937; des Frucht-

Die Ziffern verweisen auf die Paragraphen. E. = EinfGes.

erwerbes 955, 957; Pflichten und Rechte des gutgläubigen Besitzers 988 ff.; Schutz des gutgläubigen Nießbrauchers 1058; des gutgläubigen Pfanderwerbers 1207 ff.; des gutgläubigen Käufers 1244; des gutgläubigen Dritten bei Nichtigkeit der Ehe 1344; der gutgläubigen Ehegatten 1345 ff.; gutgläubiger Dritter gegenüber Eheverträgen 1435; gegenüber der Beendigung der Verwaltung und Nutznießung am eingebrachten Gut 1424; der Beendigung der elterlichen Gewalt 1682; Mangel des g. G. beim Erbschaftsbesitzer 2024. G. G. Dritter bei Verwaltung der Nacherbschaft 2129; bei Rechtsgeschäften mit dem durch Erbschein legitimierten Erben 2366 f., 2370.

Gutsherrlich-bäuerliche Verhältnisse, Landesgesetze E. 113, 114.

Gutsübernahme mit Abfindung Dritter 330.

H.

Haftung, Haftpflicht, d. Vereins für Handlungen des Vorstandes 31; der Liquidatoren eines Vereins 53; juristischer Personen für ihre Vertreter 89; des Schuldners für Vorsatz und Fahrlässigkeit 276 f., für Vertreter 278; bei Leistungsverzug 287; des Schuldners bei Annahmeverzug 300; des Käufers, s. Gewährleistung; des Schenkers 521; des Verleihers 599; des Beauftragten für Substituten, Gehilfen 665; des Geschäftsführers ohne Auftrag 677 ff.; des Verwahrers 690 f.; des Gastwirts für eingebrachte Sachen 701 ff.; des Gesellschafters 708; aus unerlaubten Handlungen 823 ff.; für fremde Handlungen 831; für Verletzung durch Tiere 833 f.; für Untergang einer durch unerlaubte Handlung entzogenen Sache 848; des Erben aus Vormerkung zum Grundbuche 884; des Finders 968; des Besitzers gegenüber dem Eigentumsanspruch 987 ff. Persönliche H. des Eigentümers für die Leistungen aus Reallast 1108. H. des Grundstücks für die Hypothek 1118. Gegenstände der H. für die Hypothek außer dem Grundstück 1120 ff. H. der Versicherungsgelder 1127 ff. H. des Pfandes 1210. H. des Pfandgläubigers 1214, 1215, 1217, 1223, 1226, 1243, 1251. H. des verpfändeten Schiffes 1264. H. des Mannes für Verbindlichkeiten der Frau 1388, 1530; des eingebrachten Guts 1388, 1410, 1530; des Gesamtguts 1459 ff.; aus elterlicher Nutznießung 1654, 1664; des Vormundschaftsrichters 1674, 1848; des Vormundes 1833; der Mitglieder des Familienrats 1872; des Erben für die Nachlaßverbindlichkeiten 1967 ff.; bei mehreren Erb-

Die Ziffern verweisen auf die Paragraphen, E. = EinfGes.

teilen 2007; unbeschränkte H. 2013, 2016; des Erbschaftsbesitzers, s. Erbschaftsanspruch; der Miterben 2036, 2058 ff.; des Nacherben 2144; des Vorerben 2145; des Beschwerten bei Vermächtnis 2182 ff.; des Testamentsvollstreckers 2219; des Erbschaftsverkäufers 2374ff.; bei Schenkung einer Erbschaft 2385. Landesgesetze über Haftung des Staates, der Gemeinde usw. für ihre Beamten 77; der Beamten für Stellvertreter und Gehilfen E. 78; der Sachverständigen für Grundabschätzungen E. 79.

Haftpflichtgesetz, Änderungen E. 42.

Halbjahr, Fristberechnung 189.

Halbteilung, bei Auflösung der Gütergemeinschaft 1476; der fortgesetzten Gütergemeinschaft 1498.

Handarbeiter, Verjährung ihrer Ansprüche 196.

Handelsmäkler, Verkauf von geschuldeten Sachen durch H. 385, 457 f.; von Pfandsachen 1221.

Handgeld, s. Daraufgabe.

Handlungsfähigkeit, s. Geschäftsfähigkeit.

Handschlag, an Eides Statt, des Vormundes 1789; des Familienrats 1870.

Handwerker, Verjährung ihrer Ansprüche 196.

Handzeichen unter Urkunden 126, 129.

Hauptmängel beim Verkauf von Haustieren 482 ff.

Hauptsache 97 ff., Wandelung wegen Mängel der H. 470.

Hauptschuldner, s. Bürgschaft.

Häuslerrecht E. 63.

Häusliche Gemeinschaft, s. eheliche Lebensgemeinschaft. H. G. mit dem Erblasser, Auskunftspflicht, Offenbarungseid 2028.

Häuslicher Wirkungskreis der Frau 1356 ff.

Haushaltsgegenstände, Ergänzung 1382. H. als Voraus des überlebenden Ehegatten 1932.

Hauskinder, s. elterliche Gewalt.

Hausstand, Aussteuer für den H. 1620 ff.

Haustiere, Gewährleistung beim Verkaufe 481 ff. Beschädigung durch H. 833.

Hebammen, Verjährung ihrer Ansprüche 196.

Heilanstalten, Anspruchsverjährung 196.

Heiratsregister 1324, 1699.

Hemmung der Anspruchsverjährung 202 ff.; bei Gewährleistung 477; wegen Mängel des Werkes 639; bei Schuldverschreibung auf den Inhaber 802; der Frist zum Erwerbe des Eigentums an Grundstücken 900; der Verjährung des Eigentumsanspruchs 939.

Herabsetzung der Gegenleistung, s. Minderung; der Vertragsstrafe 343; bei Mäklerlohn 655.

Herausgabe von Früchten 102; von Sachen 258. H. eines Inbegriffs von Gegenständen 260. Zurückbehaltungsrecht bei H. von Gegenstän-

Die Ziffern verweisen auf die Paragraphen, E. = EinfGes.

den 273. Einfluß der Rechtshängigkeit auf den Anspruch zur H. 292. Berechtigung des zur H. eines Grundstücks verpflichteten Schuldners zum Aufgeben des Besitzes 303. H. des Erhaltenen beim Auftrage 667; bei Geschäftsführung ohne Auftrag 681; der ungerechtfertigten Bereicherung 812 ff.; der Sache an den Eigentümer 985 ff.; des eingebrachten Guts 1421 ff.; eines Kindes 1632. H.pflicht des Erbschaftsbesitzers 2018 ff.; des Vorerben 2130 ff.; H. des unrichtigen Erbscheins 2362. H.pflicht des Erbschaftsverkäufers 2374 ff.

Heres ex certa re 2087.

Herrenlose Sachen 958, 959. H. Tiere 960 ff.

Herrschendes Grundstück, s. Grunddienstbarkeiten.

Hilfskassen, Aufrechnung der Beiträge gegen Hebungen 394.

Hinterleger, s. Verwahrer.

Hinterlegung von Schuldbeträgen bei Auflösung eines Vereins 52; von Geld oder Wertpapieren als Sicherheitsleistung 232 ff.; H. durch Dritte zur Befriedigung des Gläubigers 262; von Geld und Wertpapieren zur Erfüllung der Leistung 372 ff. Fragen der Rücknahme der hinterlegten Sache 376 ff. Gefahr der hinterlegten Sache, Zinsen, Nutzungen 379. Erklärung des Schuldners zur Empfangsberechtigung des Gläubigers 380. Kosten der H. 381. Erlöschen des Gläubigerrechts auf den hinterlegten Betrag 382. H. des Erlöses von zur H. nicht geeigneten Sachen 383 ff. H. bei Gesamtschuldverhältnis 422. H. einer unteilbaren Leistung bei mehreren Forderungsberechtigten 432. H. des Erlöses versteigerter Haustiere 489. H. der ausgelobten Belohnung 660. H. eines mit einem Nießbrauche belasteten Kapitals 1077; desgl. eines Inhaber- oder Orderpapiers 1082. H. der fälligen Hypothekenforderungen 1142; des Hypothekenkapitals für unbekannten Gläubiger 1171; der Pfandsache 1217. H. zur Befriedigung des Pfandgläubigers 1224. H. der Leistung aus einer verpfändeten Forderung 1281. H. bei Gefährdung von Inhaberpapieren im eingebrachten Gut 1392; von Wertpapieren usw. des Kindesvermögens 1667. H. der ersten Unterhaltsrate für uneheliche Kinder 1716. H. von Mündelgeld 1808, E. 144; von Wertpapieren des Mündels 1814, 1818, 1853; von Leistungen an mehrere Erben 2039; von Inhaberpapieren durch den Vorerben 2116. Landesgesetzliche Bestimmungen E. 145, 146.

Hinterlegungsschein über Testament 2246, Erbvertrag 2277.

Hinterlegungsstellen 233, 372

Die Ziffern verweisen auf die Paragraphen, E. = EinfGes.

ff., 380, 1808, 1814, 2116. Landesgesetze E. 144.

Hinterlegungsvertrag (Verwahrung) 688 ff. H. vertretbarer Sachen (depositum irregulare) Darlehensvertrag 700.

Hochzeitsgeschenke, Voraus des überlebenden Ehegatten 1932.

Höhere Gewalt, s. Gewalt.

Hohenzollern, fürstliche Familie, Anwendung des BGB. E. 57.

Holschuld, Verzug des Gläubigers bei Verbaloblation 295. Verwahrung 697. H. aus öffentlichen Kassen E. 92.

Hypothek bei Verjährung des Anspruchs 223. H.bestellung als Sicherheitsleistung 232. Verpfändung von H.forderungen als Sicherheitsleistung 232, 238. Übergang der H. mit Abtretung der Forderung 401. Übernahme einer Schuld, für die eine H. besteht 416. Erlöschen der H. bei Schuldübernahme 418. Pflicht des Verkäufers zur Beseitigung von H. 439. Aufgeben einer H., Wirkung auf die Bürgschaft 776. Änderung des Ranges einer H. im Grundbuch 880. Eigentum an dem H.briefe 952. Hypothek im Allgemeinen 1113 ff. Gegenstände der Haftung 1120 ff. Haftung der Versicherungsgelder 1127 ff. Zuschreibung eines anderen Grundstückes, Erstreckung der H. auf dasselbe 1131. Gesamthypothek (an mehreren Grundstücken) 1132, 1172 ff. Schutz des Gläubigers gegen Verschlechterung des Grundstücks und Zubehör 1133 ff. Nichtigkeit der Verträge über Nichtveräußerung oder Nichtbelastung des Grundstücks 1136. Einreden des Eigentümers gegen die H. 1137 ff., 1157. Kündigung der H. 1141. Befriedigung des Gläubigers 1142 ff. Teilhypothekenbrief 1145, 1152. Übertragung der Hypothek 1153 ff. Legitimation des Gläubigers 1160 ff. Übergang der H. auf den persönlichen Schuldner 1164, 1167. Befreiung desselben 1165, 1166. Eigentümerhypothek 1163, 1168, 1170 f. Sicherungshypothek 1184 ff., 1190. Verwandlung der H. in eine Grundschuld 1198. H. bei Fahrnisgemeinschaft 1551. Anlegung von Mündelgeldern in H. 1807, 1819, 1821. Verfügung des Vorerben über H. 2114. H. auf vermachten Grundstücken 2165ff. Beschränkung der H. durch Landesgesetz E. 60, 117, 118.

J.

Jagdrecht 835, E. 69.

Ideelle Teile, s. Bruchteile.

Illaten, s. Eingebrachte.

Immission, s. Zuführung.

Impensen, s. Verwendungen.

Inbegriff von Sachen, Herausgabe 260. Nießbrauch 1035.

Indignität, s. Erbunwürdigkeit.

Die Ziffern verweisen auf die Paragraphen, E. = EinfGes.

Inhaber, s. Schuldverschreibung.
Inhaberpapiere, Sicherheitsleistung 234. Eigentumserwerb an gestohlenen usw. J. 935, 1006 f. Nießbrauch an J. 1081 ff. Pfandrecht an J. 1293. J. im ehelichen Güterrecht 1362, 1381, 1392. Erwerb von J. mit Mitteln eines Kindes 1646. J. von Mündeln 1815, 1818, 1820, 1853, des Vorerben 2116 f.
Inkrafttreten des BGB. E. 1.
Inselbildung E. 65.
Interesse, Ersatz bei Vertrag auf unmögliche Leistung 307. Mangelndes J. der Erfüllung gegenseitiger Verträge 325 f. Berücksichtigung berechtigten J. bei Ermäßigung der Vertragsstrafe 343. Berechtigtes J. bei Mitteilung unwahrer Tatsachen 824.
Inventar, Mitverpachtung bei Grundstücken 586. Übernahme nach Schätzungswert 587 ff., Pfandrecht des Pächters am J. 590. Grundstück mit J. als Gegenstand des Nießbrauchs 1048. Verfügung des Mannes über J. 1378. J. eines Erbschaftsgrundstücks 2111. S. auch Inventarrecht.
Inventarrecht der Erben G. 1406, 1453, 1993 ff., 2063, 2144, 2383, E. 148.
Irrtum bei Willenserklärungen 119; die Selbsthilfe 231; über die Person des Geschäftsherrn 686. Einfluß des J. auf den Vergleich 779. Anfechtung der Ehe wegen J. 1332 f.; bei Bestätigung des Vertrages auf Annahme an Kindes Statt 1756; bei Erbschaftsannahme 1949; bei letztwilliger Verfügung 2078, 2080.
Juristische Personen 21 ff. J. P. des öffentlichen Rechts 89. Nießbrauch einer j. P. 1061. Erbeinsetzung noch nicht bestehender j. P. 2101, 2105 f., 2109. Vermächtnis an j. P. 2163. Landesgesetze E. 86, 166. Übergangsbestimmungen E. 163 ff.
Jus tollendi, s. Wegnahme.

K.

Kapitalanspruch als Entschädigung für Körper- oder Gesundheitsverletzung 843.
Kassen, öffentliche, Zahlung aus solchen E. 92.
Karten auf den Inhaber 807. Kraftloserklärung, Zahlungssperre E. 102.
Kauf 433 ff. Mängel der Sache 459 ff. K. nach Probe oder Muster G. 494; auf Probe oder Besicht G. 495 f. Wiederkauf 497 ff. Vorkauf 504 ff. Kauf bricht nicht Miete 577. Abgrenzung des Werkvertrages vom K. 651. Überlassung des Baugrundes beim Überbau 915.
Kaufleute, Verjährung ihrer Ansprüche 196.
Kaufpreis, Verzinsung, Stundung 452.
Kaution, s. Sicherheitsleistung.
Kautionshypothek 1184. Schiffspfandrecht nach Analogie der K. 1271.

Die Ziffern verweisen auf die Paragraphen, E. = EinfGes.

Kennenmüssen 122, 166.
Kinder, Wohnsitz 11. Hemmung der Anspruchsverjährung zwischen Eltern und K. 204. S. auch eheliche Kinder. Rechtliche Stellung der Kinder aus nichtigen Ehen 1699 ff. Rechtliche Stellung der unehelichen Kinder 1705 ff., E. 20 f., 207. Legitimation unehelicher Kinder 1719 ff., E. 22, 208. Auslegung der Erbeinsetzung der „Kinder" 2068.
Kindesalter, unerlaubte Handlungen 828.
Kirchenbaulast E. 132.
Kirchenstühle E. 133.
Kirchliche Verpflichtungen in Ansehung der Ehe 1588.
Klageerhebung unterbricht Verjährung 209 f.; wirkt als Mahnung 284. K. in Streitsachen, welche nicht der Zivilprozeßordnung unterliegen E. 152.
Klagen, Verjährung, s. Anspruchsverjährung.
Klageverjährung, s. Anspruchsverjährung.
Kleidungsstücke der Ehefrau 1362, 1366; bei Auflösung der Gütergemeinschaft 1477; des Hauskindes 1650.
Kleinbahnunternehmen E. 112.
Knappschaftskassen, Aufrechnung d. Beiträge gegen Hebungen 394.
Kollation, s. Ausgleichungspflicht (der Abkömmlinge).
Kommodat, s. Gebrauchsleihe.
Kommunalverbände, Aufrechnung gegen Forderungen derselben 395. Haftung der K. für ihre Beamten E. 177, Übertragung von Grundstücken von und auf K. E. 126.
Kompensation, s. Aufrechnung.
Kongregationen, ordensähnliche E. 87.
Konkurs eines Vereins 42, 75 f.; einer Stiftung 86; einer jurist. Person 89. Anmeldung im K. unterbricht Verjährung 209. Rücknahmerecht des Hinterlegers ruht während des K. 377. K. eines Gesellschafters 728, 736. K. des Hauptschuldners 733. K. des Mannes und eingebrachtes Gut 1419; und Errungenschaftsgemeinschaft 1543, 1547. K. und väterl. Vermögensverwaltung 1647. K. und Vormundsamt 1781.
Konkursordnung, Änderungen E. 1, 33.
Konkursverwalter, Verfügungen desselben 161, 184, 353, 499, 883, 2115. Verbot des Kaufes von Gegenständen der Masse durch den K. 457. Vorkaufsrecht bei Verkauf durch K. 1098.
Konsolidation, s. Vereinigung.
Konsulatsgesetz E. 38.
Konsumtibilien, s. Verbrauchbare Sachen.
Konventionalstrafe, s. Vertragsstrafe.
Konversion nichtiger Rechtsgeschäfte 141.
Körperschaften, s. Vereine, Stiftungen. Haftung öff. K. f. Schäden durch ihre Vertreter 89. Konkurs öff. K. 85. Mündelgeld in Schuldver-

Die Ziffern verweisen auf die Paragraphen, E. = EinfGes.

schreibungen kommunaler K. 1807. Recht von K. auf Sicherungshypothek E. 91; über gesetzliches Erbrecht E. 138.

Körperverletzung 823; durch Tiere 833 ff.; durch Einsturz eines Gebäudes 836 f. Art der Entschädigung 843, 847. Ersatz an Dritte für entgangene Dienste des Verletzten 844.

Korporationen, s. Körperschaften.

Korrealhypothek, s. Gesamthypothek.

Korrealobligation, s. Gesamtschuldverhältnis.

Kostbarkeiten, Hinterlegung z. Erfüllung der Leistung 372. Haftung des Gastwirts für eingebrachte K. 702. Hinterlegung von K. aus Kindervermögen 1667; aus Mündelvermögen 1818 f.

Kosten der Fruchtgewinnung, Ersatz 102; der Abnahme d. Offenbarungseides 261; der Versendung bei Leistung 269 f. Anrechnung nicht ausreichlicher Leistung auf K. 367. K. der Hinterlegung 381; der öffentlichen Versteigerung 386. Aufrechnung zunächst auf K. 396. K. der Urkunde über Abtretung einer Forderung 403; der Erfüllung des Kaufvertrages 448 f. Haftung des Bürgen für K. 767. K. bei Schuldverschreibungen 798ff. K. der Vorlegung von Sachen und Urkunden 811, der Berichtigung d. Grundbuchs 897; der Abmarkung von Grundstücken 919; der Beseitigung eines Baums usw. auf der Grenze 923; d. Versteigerung gefundener Sachen 981; der Verlegung des Ausübungsorts einer Grunddienstbarkeit 1023; bei Nießbrauch 1035, 1038, 1045. K. der Kündigung u. Rechtsverfolgung der Hypothek 1118; des Pfandes 1210. K. der Nutznießung und Erhaltung des eingebrachten Guts 1384; des Rechtsstreits der Verteidigung der Frau 1387, 1412, 1415 f., 1460; des Rechtsstreits von Ehegatten bei Gesamtgut 1463f.; der Beendigung als Unterhaltsanspruch 1615; des Rechtsstreits, der Verteidigung eines Hauskindes 1654; der Bestellung und Aufhebung der Sicherheitsleistung bei elterlicher Vermögensverwaltung 1672; der Sicherheitsleistung des Vormundes 1844; der Aufforderung zur Anmeldung von Erbrechten 1965; von Nachlaßforderungen 2061; des Nachlaßverzeichnisses bei Nacherbschaft 2121; des Vermögensverzeichnisses bei Testamentsvollstrecker 2215; zur Berechnung des Pflichtteils 2314; Landesgesetze über Erstattung E. 104.

Kostenanschlag beim Werkvertrage, Überschreitung 650.

Kraftloserklärung von Vollmachtsurkunden 176; von Schuldverschreibungen auf den Inhaber 799 f.; des Erbscheins 2361; von Karten, Marken usw. auf den

Die Ziffern verweisen auf die Paragraphen, E. = EinfGes.

Inhaber E. 102. Übergangsbestimmung E. 178.
Krankenhäuser, s. Heilanstalten.
Krankenkassen 394, 616 f.
Krankheit des Dienstverpflichteten 617; der Frau, Verfügung des Mannes über eingebrachtes Gut 1379; des Mannes, Verfügung der Frau über Gesamtgut 1450. Ablehnung der Vormundschaft wegen K. 1786.
Kredit, Aufnahme von Geld auf K. des Hauskindes 1643; des Mündels 1822.
Kreditanstalten, Zinsen 248. Eintragung von Darlehn d. K. zur Hypothek 1115. Anlegung von Mündelgeld 1807. Übergangsbestimmung E. 167.
Kreditauftrag 778.
Kreditschädigung 824.
Kriegsverschollenheit 15.
Kündigung der Vereinsmitgliedschaft 39. Anspruchsverjährung bei auf K. gestellten Leistungen 199. K.-recht des Schuldners 247. K. als Mahnung 284. Verzug des Gläubigers nach K. 296. K. gegenüber dem debitor cessus 410, bei Gesamtschuldverhältnis 425. K. des Mietverhältnisses 542 f., 544, 564 ff. K.befugnis des Vermieters 553 ff. K. der Grundstückspacht 595 f.; der Leihe 605; des Darlehns 909; des Dienstvertrages 620 ff. der Geschäftsführung beim Gesellschaftsvertrage 712; des Gesellschaftsvertrages 723 ff., 736. Haftung der Bürgen für Kosten der K. 767. K. einer mit einem Nießbrauche belasteten verzinslichen Forderung 1077f. K. der Hypothek 1141, 1156, 1160; Kosten 1118. K. der Grundschuld 1193; der Rentenschuld 1202; der verpfändeten Forderung 1283, 1286. Kündigungsrecht des Mannes bei Übernahme persönlicher Leistungen durch die Frau 1358. Bestimmung des Erblassers über Kündigungsfrist für Auseinandersetzung der Miterben 2044. K. von Forderungen durch den Vorerben 2114. K. des Amtes als Testamentsvollstrecker 2226.
Künftige Verbindlichkeit, Bürgschaft dafür 765. Hypothek für k. Forderung 1113; dgl. Pfandrecht 1204, 1209.
Kunstgewerbe, Anspruchsverjährung 196.
Kupons, s. Zinsscheine.
Kurswert von Wertpapieren 234, 236; bei Umrechnung ausländisch. Währung 244.
Kürzung des Vermächtnisses 2186 ff.; bei Pflichtteil 2318.

L.

Länder, s. Bundesstaaten.
Landesbeamte, Erlaubnis zur Eheschließung 1315.
Landesgesetze für Abmarkung von Grundstücken 919. Regelung durch L. E. 2; Außerkraftsetzung derselben E. 3. Verhältnis zum BGB. E. 55 ff.
Landesrecht, E. 55 ff.

Die Ziffern verweisen auf die Paragraphen, E. = EinfGes.

Landesregierung, Ehelichkeitserklärung 1723. Befreiung vom Erfordernisse bestimmten Alters bei Annahme an Kindes Statt 1745.

Landgut, landwirtschaftliche Grundstücke, Zubehör 98. Pacht 582 ff., 593 f. Herausgabe 998. Rückgabe nach beendetem Nießbrauch 1055; nach Beendigung der Verwaltung und Nutznießung am eingebrachten Gut 1421. Übernahme eines L. aus dem Gesamtgut 1515. L. G. in elterlicher Nutznießung 1663. Pachtvertrag über L. bei Mündelgut 1822. L. bei Erbauseinandersetzung 2049. Herausgabepflicht des Vorerben 2130. Schätzung für Berechnung des Pflichtteils 2312. Abschätzung eines L. E. 137. L. G. in Nutzung von Realgemeinden E. 164.

Landwirtschaftliche Erzeugnisse als Zubehör eines Landguts 98. Zurücklassung bei Beendigung der Pacht 593.

Landwirtschaftsbetrieb, Verjährung der Ansprüche 196.

Lasten einer Sache, eines Rechts 103, 436, 446, 546, 748, 995. L. des eingebrachten Guts 1385, 1529, 1531. L. des der elterlichen Nutznießung unterliegenden Vermögens 1654. Ersatz der vom Erbschaftsbesitzer bestrittenen L. 2022. L. des Vorerben 2126; des Vermächtnisgegenstandes 2185; beim Erbschaftskauf 2379 f.

Lebensalter, Berechnung 187. Einfluß des L. auf die Haftung aus unerlaubten Handlungen 828. L. für Annahme an Kindes Statt 1744 f.; für Testamentserrichtung 2229; für Testamentszeugen 2237.

Lebensdauer, mutmaßliche 14.

Lebensgefahr, Verschollenheit 18 ff.

Lebensgemeinschaft der Eheleute 1353.

Lebensnachstellung als Ehescheidungsgrund 1566; Entziehung des Pflichtteils 2333, 2334.

Lebensversicherung zugunsten Dritter 330.

Lebenswandel, ehelicher, unsittlicher, Entziehung des Pflichtteils 2333.

Lebenszeit, Mietvertrag auf L. 567; Dienstverhältnis 624; Gesellschaft 724; Gemeinschaft 750; Leibrente 759.

Legitimation, Legitimierte, Wohnsitz 11. Ehelichkeitserklärung unehelicher Kinder 1719 ff., 1883, E. 22, 209.

Lehranstalten, s. Unterrichtsanstalten.

Lehrherren, Lehrmeister, Verjährung ihrer Ansprüche 196.

Lehrer, Verjährung ihrer Ansprüche 196; Abtretung von Gehaltsansprüchen 411, E. 81; Kündigung des Mietverhältnisses bei Versetzung 570; **nicht des Pacht-**

Die Ziffern verweisen auf die Paragraphen, E. = EinfGes.

verhältnisses 596; Dienstverhältnis, Kündigung 622, 627 f.; Ansprüche d. L. E. 80.

Lehrlinge, Verjährung ihrer Ansprüche 196.

Lehrlingsverhältnis, Verjährung der Ansprüche 196.

Lehrvertrag des Mündels 1822, 1827.

Leibesfrucht, Pflegschaft 1912, 1918.

Leibgedingsvertrag E. 96.

Leibrente, Leibrentenvertrag zugunsten Dritter 330. Dauer der Entrichtung einer L. 759. Betrag 759. Vorausleistung 760. Nießbrauch am L. 1073.

Leihe, Leihvertrag, s. Gebrauchsleihe.

Leistung nach vollendeter Verjährung 222. L. als Gegenstand des Schuldverhältnisses 241. L. nach Treu und Glauben 242; nach Gattung 243, 279. L. einer Geldschuld, Währung 244; Münzsorte 245. Zinsen 246 ff. Wahlrecht bei Mehrheit von L. 262 ff. Unmöglichkeit der L. bei Alternativobligation 265. Teilleistung 266. L. durch Dritte 267 f. Ort der L. 269 f. Kosten der L. 270. Zeit der L. 271 f. Zwischenzinsen 272. Zurückbehaltungsrecht 273 f. Spätere Unmöglichkeit der L. 275. Haftung für Vorsatz und Fahrlässigkeit 276 f.; für Vertreter 278. Unmöglichkeit der L. 280 ff., 306 ff. Leistungsverzug des Schuldners 284 ff. Einfluß der Rechtshängigkeit auf L. bestimmten Gegenstandes 292. Verzug des Gläubigers 298 f. Bestimmung der L. 315 f. L. aus gegenseitigen Verträgen 320 ff. (s. Vertrag). Versprechen der L. an einen Dritten 328 ff. Ort der L. als Hinterlegungsstelle 374; als Versteigerungsstelle 383. Nicht übertragbare L. 399. Mehrheit von Schuldnern und Gläubigern bei teilbarer L. 420. L. bei Gesamtschuldverhältnis 421 ff. Teilbare, unteilbare L. 427, 431 f. L. aus ungerechtfertigter Bereicherung 812 ff.; gegen Verbot oder gute Sitten 817. Wiederkehrende L. als Gegenstand der Reallast 1105. Pfandrecht am Rechte auf eine L. 1275. Übernahme persönlicher L. durch die Ehefrau 1358. Wiederkehrende L. aus dem eingebrachten Gut 1386. Rechtsgeschäfte der Frau, durch welche sie zu einer L. verpflichtet wird 1399. L. an das Mündelvermögen 1813. Verweigerung der L. aus anfechtbarer letztwilliger Verfügung 2083. Vermächtnis des Anspruchs auf L. einer Sache 2169.

Letztwillige Verfügung, Begriff 1937. L. V. zur Ausschließung der fortgesetzten Gütergemeinschaft 1509; zur Ausschließung eines Abkömmlings von der fortgesetzten Gütergemeinschaft 1511 ff.; für Abkömmling

Die Ziffern verweisen auf die Paragraphen, E. = EinfGes.

bei Teilung des Gesamtguts 1515. Benennung des Vormunds durch l. V. 1776 f.; Ausschließung desselben 1782; Anordnung befreiter Vormundschaft 1856; eines Familienrats 1868. L. V. im Erbvertrag 2278; zur Entziehung des Pflichtteils 2336. S. im übrigen Testament.
Linien der Verwandtschaft 1589; der Schwägerschaft 1590; der Erbfolge 1924 ff.
Liquidation von Vereinen 47 ff., 76.
Litispendenz, Verjährung derselben 211.
Lohnkutscher, Verjährung ihrer Ansprüche 196.
Löschung, Löschungsbewilligung zur Aufhebung von Rechten an Grundstücken 875 f.
Lotterielose, gewerbsmäßiger Vertrieb, Anspruchsverjährung 196.
Lotterievertrag 763.
Luftraum über einem Grundstück 905.

M.

Mahnung als Voraussetzung des Verzuges 284. M. an den debitor cessus 410. M. ohne Vorlegung des Hypothekenbriefes 1160.
Mahnverfahren, Unterbrechung der Verjährung 209, 213.
Mäklervertrag, Mäklerlohn 652ff. Gesindevermittelung 655. Ehevermittelung 656.
Mala fides superveniens bei Ersitzung 937.
Malen, Eigentumserwerb 950.
Mandat, s. Auftrag.
Mängel der Sache, s. Gewährleistung.
Marine, letztwillige Verfügungen von Angehörigen der M. E. 44. Änderungen des Reichsgesetzes betr. Fürsorge für Witwen usw. der M. E. 49.
Marinetestament E. 44.
Marken auf den Inhaber 807, E. 102.
Marktpreis, Verkauf von geschuldeten Sachen zum M. 385. M. als Kaufpreis 453. Verkauf des Pfandes, welches einen M. hat 1221, 1235, des verpfändeten indossabelen Papiers 1291.
Maschinen als Zubehör eines Gebäudes 98.
Mauer zwischen zwei Grundstücken 921 f.
Maulesel, Maultiere, Gewährleistung bei Verkauf 481 ff.
Mediatisierte, s. Reichsunmittelbare.
Mehrfacher Wohnsitz 7.
Meinungsverschiedenheit zwischen Eltern bezüglich des Hauskindes 1634; zwischen Vormündern 1798.
Meliorationsdarlehen E. 118.
Mengekauf, Vorkaufsrecht 508.
Mensor, Haftung E. 79.
Messen, Kosten des M. beim Kauf 448.
Miete 535 ff. Gesetzliches Pfandrecht des Vermieters 559 ff. Beendigung des Mietverhältnisses, Kündigung 564 ff. Kauf bricht

Die Ziffern verweisen auf die Paragraphen, E. = EinfGes.

nicht Miete 571. Schutz des unmittelbaren Besitzes des Mieters 868 f. Mietverträge des Nießbrauchers an einem Grundstück, Einfluß der Beendigung des Nießbrauchs 1056; dgl. des Mannes am eingebrachten Gut 1423; dgl. des Vaters bei elterlicher Nutznießung 1663; bei Mündelgut 1822; bei Nacherbschaft 2135. M. für volljährige Bevormundete 1902. Räumungsfristen der Landesgesetze E. 93. Übergangsbestimmung E. 171, 172, 188.

Mietzinsen, Verjährung des Anspruchs aus Rückständen 197. Haftung für die Hypothek 1123 ff. S. im übrigen Miete.

Milde Stiftungen, s. Stiftungen.

Militärpersonen, Wohnsitz 9. Abtretung von Gehaltsansprüchen 411. Kündigung des Mietverhältnisses 570; nicht des Pachtverhältnisses 596. Erlaubnis zur Eheschließung 1315.

Minderjährige, Volljährigkeitserklärung 3 ff. Beschränkte Geschäftsfähigkeit 106 ff. Haftung aus unerlaubten Handlungen 832. Keine Zeugenschaft bei Eheschließung 1318. Anspruch minderjähriger Kinder auf Unterhalt 1602 f. Familienrechtliche Stellung m. Kinder 1605, 1626. M. Mutter, Sorge für die Person des Kindes 1696. Vormundschaft über Minderjährige 1773 ff. M. nicht Vormund 1781. Testamentserrichtung von M. 2229, 2238, 2247; kein Testamentszeuge 2237.

Minderung 462 ff.; beim Werkvertrage 634 ff. M. des Wertes der Pfandsache, Rückforderungsrecht d. Verpfänders 1218; Verkaufsrecht d. Gläubigers 1219 ff.

Mineralien, Gewinnung E. 68.

Mißbrauch der Rechte des Ehemannes 1354.

Mißbilligung, s. Billigung.

Mißhandlung als Ehescheidungsgrund 1568. Entziehung des Pflichtteils 2333.

Mitbesitz, Schutz 866. Einräumung des M. zur Bestellung des Nießbrauchs an Inhaber- oder Orderpapieren 1081; zur Bestellung des Pfandrechts 1206.

Mitbieten des Gläubigers, Eigentümers, Schuldners beim Pfandverkauf 1239.

Mitbürgen als Gesamtschuldner 769. Haftung untereinander 774. Aufgeben des Rechts gegen einen M. durch den Gläubiger 776.

Miteigentum, Entstehung 947 f., 963. Rechtsverhältnisse des Miteigentums 1008 ff. Nießbrauch an dem Anteil eines Miteigentümers 1066; Vorkaufsrecht 1095; Reallast 1106; Hypothek 1114; Pfandrecht 1258. M. als Gegenstand des Vermächtnisses 2172. M. an bebauten Grundstücken E. 131. Übergangsbestimmung E. 181.

Die Ziffern verweisen auf die Paragraphen, E. = EinfGes.

Miterben 2032 ff. Auseinandersetzung 2042 ff. Ausgleichung 2050 ff. Haftung der M. für die Schulden 2058 ff. Einsetzung von M. 2091 ff. Auseinandersetzung durch Testamentsvollstrecker 2204. Verhältnis der M. zum Pflichtteilsanspruch 2319 ff. Gemeinschaftl. Erbschein 2357.
Mitgliederversammlung der Vereine 32 ff.
Mitte des Monats 192.
Mittelbarer Besitz 868 ff., 930, 934, 936, 986, 991, 1006, 1205.
Mittlere Art, Güte bei Leistung einer Gattung 243.
Mittäter bei unerlaubten Handlungen 830.
Mitvollstrecker des Testaments 2199.
Mitvormund 1778, 1786, 1833.
Mitwirkende Personen bei Testamentserrichtung 2239.
Modus, s. Auflage.
Monat, Fristberechnung 188 ff. Dienstverhältnis nach M. 621.
Mühle, Zubehör 98. M. in Nutzung von Realgemeinden E. 164.
Mühlenrecht E. 65.
Mündel, s. Vormund, Vormundschaft
Mündelgelder 234, 238, 1079, 1288, 1377, 1642, 1691, 1807, 2119, E. 212.
Münzsorte, Zahlung in bestimmter M. 245.
Muster, Kauf nach M. 494.
Mutter, Einwilligung zur Eheschließung 1305 ff. Verpflichtung zur Aussteuer eines Kindes 1620 ff. Sorge für die Person des Kindes 1634. Elterliche Gewalt der Mutter 1684 ff. Benennung eines Vormundes 1776 f. Vormundschaft 1783, 1845, 1899 f. Entziehung des Pflichtteils 2334. Rechtsverhältnis der M. zum unehelichen Kinde E. 20. S. auch E. 205.

N.

Nachbarrecht, Nachbargrundstücke 907 ff., 924, E. 124.
Nachteile bei Besitzstörung 859.
Nacherbe, Nacherbschaft, Vorerbe 2100 ff. Verfügungen über die Erbschaft 2112. Sicherungen 2121 ff., 2127 ff. Kosten, Aufwendungen, Lasten 2124 ff. Herausgabepflicht, Rechnungslegung 2130 ff. Pacht- und Mietverhältnisse von Grundstücken 2135. Befreiung des Vorerben von Beschränkungen 2136. N. auf den Überrest 2137 f. Eintritt der N. 2139 ff. Ausschlagung der N. 2142. Haftung für Nachlaßverbindlichkeiten 2144 ff. Testamentsvollstrecker zur Wahrnehmung der Rechte des N. 2222. N. aus gemeinschaftlichem Testament 2269; aus Erbvertrag unter Ehegatten 2280. Einsetzung eines Pflichtteilsberechtigten als N. 2306. Angabe der N. im Erbschein 2363. N. nicht Gegenstand des Erbschaftskaufs 2373.
Nachlaß, Anspruchsverjäh-

Die Ziffern verweisen auf die Paragraphen, E. = EinfGes.

rung 207. Vertrag über den N. eines noch lebenden Dritten 312. Ersitzung gegen einen N. 939. N. unterstützter Personen E. 139.

Nachlaßgericht 1342, 1491, 1492, 1507, 1597, 1945, 1955, 1960 ff., 2003, 2081, 2146, 2200, 2228, 2259 ff., 2281, 2358, 2384, E. 147, 148.

Nachlaßgläubiger, kein Klagerecht vor Annahme der Erbschaft 1958. Aufgebot der N. 1970 ff. Nachlaßverwaltung zur Befriedigung der N. 1975 f. Aufschiebende Einreden der Erben gegenüber den Nachlaßgläubigern 2014 ff. Rechtsverhältnis zwischen N. und mehreren Erben 2058 ff. Forderungsanmeldung der N. 2061. Antrag von Miterben auf Nachlaßverwaltung 2062. Anzeigepflicht des Vorerben bei Eintritt der Nacherbfolge 2146. N. bei Testamentsvollstrecker 2213; beim Erbschaftskauf 2382 f.

Nachlaßinventar, s. Inventarrecht.

Nachlaßkonkurs 1975 ff., 2060.

Nachlaßpflegschaft 1960 ff., 2012, 2017.

Nachlaßregulierung, s. Auseinandersetzung, Miterben.

Nachlaßverbindlichkeiten 1967, 1968, 1974, 2022, 2036, 2058 ff., 2144, 2145, 2206 ff., 2379.

Nachlaßverwaltung 1975 ff., 2205.

Nachlaßverzeichnis 1960, 2121, E. 140.

Nachvermächtnis 2190 f.

Nachweis der Gelegenheit z. Abschluß eines Vertrages 652.

Namen, Beeinträchtigung des Berechtigten z. Gebrauch eines N. 12. N. des eingetragenen Vereins 57, 64 f. Schuldverschreibungen auf N. 806, 808. Namensführung der geschiedenen Frau 1577. (S. auch Familiennamen.)

Namenrecht 12.

Nasciturus, s. Empfangene noch nicht geborene Personen.

Naturalteilung bei Gemeinschaft 752.

Natürliche Kinder, s. Kinder. N. Personen 1 ff.

Nebenansprüche, Nebenleistungen 224, 507.

Nebenrechte, Übertragung mit der Forderung 401.

Nebensache, Wandelung wegen Mängel 470.

Negatives Vertragsinteresse 122, 179, 307.

Nichtigkeit der. Willenserklärung 105, 116 ff., 125, 134, 138 ff. N. der Ehe 1323 ff., 2268, E. 207.

Nichtigkeitsklage (bei der Ehe) 1329.

Nichtschuld, Leistung einer N. 812 ff. (S. auch Bereicherung [ungerechtfertigte].)

Nichtstreitige Rechtspflege, s. freiwillige Gerichtsbarkeit.

Niederlassung, Begründung d. Wohnsitzes durch N. 7. Leistung am Orte der gewerblichen N. 269 f.

Die Ziffern verweisen auf die Paragraphen, E. = EinfGes.

Zwangsvollstreckung am Orte der N. 772 f.
Nießbrauch 310, 311, 868, 1030 ff., 1242, 1652, E. 185.
Notare, Beurkundung eines Stiftungsgeschäfts 81. Notarielle Beglaubigung von Unterschriften 126, 129. N. Beurkundung und Vertragsform 126 ff., 152, 311 ff. Anspruchsverjährung 196, 518, 1035; des Ehevertrages 1434, E. 141 f.; im Familienrecht 1491 f., 1501, 1516 f., 1730, 1748, 1750; im Erbrecht 2002, 2033, 2215, 2231 ff., 2276, 2282, 2296, 2348, 2351, E. 149.
Notdürftiger Unterhalt 1611.
Noterben, s. Pflichtteil.
Notweg 917 f., E. 123.
Notwehr 227, 859.
Notzucht 825.
Nutznießung des Mannes am eingebrachten Gut 1383 ff. S. auch elterliche N.
Nutznießung, eheliche, s. eheliches Güterrecht. Elterliche N., s. elterliche Gewalt.
Nutzungen, Begriff 100. Herausgabe von N. 292, 302, 818, 820, 987 f., 993. Nicht gezogene N. bei Hinterlegung 379. N. beim Kaufe 446. Ersatz der gezogenen N. bei Wandelung 487. N. des Pfandes 1213 f. Herausgabepflicht des Erbschaftsbesitzers 2020, 2023. N. des Vermächtnisgegenstandes 2184; beim Erbschaftskauf 2379 f. N. der Mitglieder v. Realgemeinden E. 164.
Nutzungspfandrecht 1213 f.
Nutzungsrechte 955, 1024, E. 196.

O.

Oberfläche eines Grundstücks 905.
Obervormundschaft, s. Vormundschaftsgericht.
Obligation, s. Schuldverhältnisse.
Offenbarungseid bei Rechnungslegung 259; bei Herausgabe eines Inbegriffs von Sachen 260. Zuständigkeit 261. O. des Erben 2006, E. 147; des Hausgenossen des Erblassers 2028; der Miterben 2057.
Offenkundigkeit von Tatsachen für Erteilung d. Erbscheins 2356.
Öffentliche Anstalt, Anfall v. Vereinsvermögen 45. Anspruchsverjährung 196.
Öffentlicher Glaube des Grundbuchs 891 ff., 1140 ff.
Öffentliches Interesse, Geschäftsführung gegen den Willen des Geschäftsherrn 679; bei letztwilligen Auflagen 2194.
Öffentliche Stiftung, Anfall von Vereinsvermögen 45; Haftung für Vertreter 89. Konkurs 89.
Öffentliche Zustellung von Willenserklärungen 132.
Okkupation, s. Aneignung.
Orden, religiöse, Schenkungen und Erbschaften an dieselben E. 87.
Ordentliche Testamentsform 2231 ff.
Orderpapiere, Sicherheitsleistung 234. Nießbrauch an

Die Ziffern verweisen auf die Paragraphen, E. = EinfGes.

O. 1081 ff. O. und eingebrachtes Gut 1381, 1392. O. und Kindesvermögen 1646. O. aus Mündelvermögen 1814, 1853; zur Nacherbschaft gehörige 2116.

Ordnungsstrafen im Vereinsrecht 78; im Vormundschaftsrecht 1788, 1837; gegen Mitglieder des Familienrats 1875.

Ordnungen der gesetzlichen Erben 1924 ff.

Ort der ständigen Niederlassung als Wohnsitz 7. O. der Vereinsverwaltung 24. O. der Leistung 269 ff.; als Hinterlegungsstelle 374; als Versteigerungsstelle 383. Aufrechnung bei verschiedenen Leistungsorten 391. O. der Zurückgabe beim Verwahrungsvertrag 697; der Vorlegung von Sachen u. Urkunden 811; der Zahlung einer Grundschuld 1194; der Versteigerung des Pfandes 1236. Gesetze des Orts der Vornahme eines Rechtsgeschäfts E. 11.

P.

Pacht 581 ff., 868, 1056, 1423, 1663, 1822, 1902, 2135, E. 171, 172, 188.

Pachtjahr 584.

Pachtzinsen, Verjährung des Anspruchs aus Rückständen 196. Haftung der P. für die Hypothek 1123 ff.

Personen, natürliche 1 ff.; juristische 21 ff.

Personenstand, Änderung der Gesetze, betr. Beurkundung desselben E. 40, 46.

Persönliche Angelegenheiten d. Ehefrau 1402, 1451.

Persönliche Dienstbarkeiten, Nießbrauch 1030 ff., 1090 ff.

Persönliche Eigenschaften, Verhältnisse, Irrtum über solche als Anfechtungsgrund der Ehe 1333.

Persönliche Leistung beim Dienstvertrage 613. Übernahme p. L. durch die Ehefrau 1358.

Pfand, s. Pfandrecht (an beweglichen Sachen).

Pfandbestellung unterbricht Anspruchsverjährung 203.

Pfandgeld E. 89.

Pfandgläubiger. Schutz des mittelbaren Besitzes des Pf. 868. Pf. bei Aufgebot der Nachlaßgläubiger 1971.

Pfandleihanstalten E. 94.

Pfandrecht, Dauer über Verjährung 223. Pf. an hinterlegtem Gelde usw. 233. Übergang des Pf. mit Abtretung der Forderung 401. Erlöschen des Pf. bei Schuldübernahme 418. Beseitigung von Pf. an dem Kaufgegenstande 439. Gesetzliches Pfandrecht d. Vermieters 559 ff.; des Verpächters 585; des Pächters 590; des Unternehmers an dem Werke 647; des Gastwirtes an d. eingebrachten Sachen 704. Ausübung des Pf. gegen den Hauptschuldner 772. Aufgaben eines Pf., Wirkung auf Bürgschaft 776. Pfandrecht an beweglichen Sachen 1190, 1204 ff. Verkauf d. Pfandes 1228 ff., 1242 ff. Verfahren beim

Die Ziffern verweisen auf die Paragraphen, E. = EinfGes.

Verkauf 1233 ff., 1245 ff. Übertragung der Forderung 1250. Erlöschen des Pf. 1252 ff. Pf. am Anteil eines Miteigentümers 1258. Pf. an Schiffen 1259 ff. Pf. an einer Schiffspart 1272. Pf. an Rechten 1273 ff. Pf. an einer Forderung 1279 ff. Übergangsvorschriften E. 188, 192, 193, 194.

Pfändung, s. Privatpfändungsrecht. Rücknahmerecht des Hinterlegers unterliegt nicht der Pf. 377. Pf. eines Anteils am Gesellschaftsvermögen 725; eines Anteils an Gemeinschaft 751.

Pfandverkauf 461, 1003, 1233 ff.

Pfandvertrag 1205.

Pferde, Gewährleistung bei deren Verkauf 481 ff.

Pflanzen als Bestandteil des Grundstücks 94.

Pflegschaft über den Mann 1418, 1425, 1428. Pf. über ein Kind 1629 f. Pf. über den Vater 1676. Pf. und Vormundschaft 1781, 1786, 1794, 1915 ff. Pf. im allgemeinen 1909 ff. Beendigung 1918 ff., E. 160. Unfähigkeit zum Testamentsvollstrecker 2201. Pf. über Ausländer E. 23. Übergangsbestimmung E. 210.

Pflichtteil, Verträge über Pfl. 312. Verzicht auf Pfl. durch die Frau 1406, 1453. Verfügung über Pfl. des Mündels 1822. Pflichtteilsrechte und Nachlaßgläubiger 1972. Kürzung des Vermächtnisses durch Pflichtteilsanspruch 2188 f. Rücktritt vom Erbvertrag und Entziehung des Pfl. 2294. Pflichtteilsberechtigte 2079, 2271, 2281, 2303, 2309. Pfl. keine Erbeinsetzung 2304. Ergänzung 2305. Beschränkung des als Pfl. hinterlassenen Erbteils 1505, 2306. Vermächtnis als Pfl. 2307. Anfechtung der Ausschlagung des Zugewendeten 2308, 2310 ff. Anrechnung auf Pfl. 2215. Ausgleichungspflicht mehrerer Abkömmlinge 2316. Entstehung, Vererblichkeit, Übertragbarkeit des Anspruchs 2317. Pflichtteilslast 2318 ff. Ergänzung des Pfl. wegen Schenkungen 2325 ff. Zuwendungen aus Gesamtgut 2331. Verjährung des Pflichtteilsanspruchs 2332. Entziehung des Pfl. 1611, 1621, 2333 ff. Anfechtung des Pflichtteilsanspruchs wegen Erbunwürdigkeit 2345. Verzicht auf Pfl. 2346. Nichtbeschränkung gewisser ritterschaftlichen Familien durch Pfl. E. 216.

Pfründenrecht E. 80.

Planke zwischen zwei Grundstücken 921 f.

Politische Vereine 43.

Polizeibehörde, Mitwirkung beim Funde 965 ff.

Praecipuum, s. Voraus, Vorausvermächtnis.

Praedialservitut, s. Grunddienstbarkeit.

Praelegat, s. Vorausvermächtnis.

Sachverzeichnis.

Die Ziffern verweisen auf die Paragraphen, E. = EinfGes.

Prämie auf ein eingelöstes Inhaberpapier 1083.
Pränumeration, s. Vorausleistung.
Präsumtion, s. Vermutung.
Praesumtio Muciana 1362.
Preisbewerbung (Auslobung) 661.
Priorität, s. Rangordnung.
Privatbeamte, Dienstverhältnis 622, 627 f.
Privatlehrer, Verjährg. ihrer Ansprüche 196. Dienstverhältnis, Kündigung 622, 627 f.
Privatgewässer, geschlossene, Fische in solchen 960.
Privatpfändungsrecht E. 89.
Privattestament 2231, 2247, 2248, 2256, 2267.
Prokura, Erteilung durch Vormund 1822.
Prozeßfähigkeit 206.
Prozeßkosten, s. Kosten.
Putativehe 1344 f.
Putativerbe 2026.

Q.

Quittung, Verpflichtung zur Ausstellung 368. Kosten d. Qu. 369. Ermächtigung d. Überbringers der Qu. zum Leistungsempfang 370. Rückgabe d. Schuldscheins neben Qu. 371.

R.

Rain auf der Grenze zweier Grundstücke 921 f.
Rangordnung der eingetragenen Rechte an einem Grundstücke 879 ff.; der Rente für Überbau 914; der Teilhypotheken untereinander 1151; der Pfandrechte 1209; der Pfandrechte an einem Schiffe 1261; der Unterhaltspflichtigen 1606. R. von Belastungen eines Grundstücks mit staatlicher Hypothek usw. E. 118.
Rat, Erteilung 676.
Rauch, Zuführung von R. auf ein fremdes Grundstück 906.
Raum. Schutz des Besitzers abgesonderter Räume 865. R. über und unter der Oberfläche 905. Miete von Räumen 544, 580. Beschaffenheit der Räume für Dienstboten 618.
Räumungsfristen E. 93.
Rayongesetz E. 54.
Reallasten 1105 ff., E. 113 ff., 120, 121.
Realgemeinden E. 164.
Realgewerbeberechtigungen E. 74.
Realoblation d. Leistung 294.
Rechnungsabschluß bei der Gesellschaft 721.
Rechnungslegung 259; des Beauftragten 666; des Geschäftsführers ohne Auftrag 681; gegenüber dem ausscheidenden Gesellschafter 740; beim Nutzungspfandrecht 1214; bei Herausgabe des eingebrachten Guts 1421; bei elterlicher Vermögensverwaltung 1667; d. Vormundes 1840 ff.; nach beendeter Vormundschaft 1890 ff.; des Testamentsvollstreckers 2218.
Rechte als Bestandteile eines Grundstücks 96. Übertragung von R. außer Forde-

Die Ziffern verweisen auf die Paragraphen, E. = EinfGes.

rungen 413. Verkauf von R. 437; von R. an beweglichen Sachen 441. R. an Grundstücken 873 ff., 1551, E. 189. R. an fremden Sachen 954, E. 184. Nießbrauch am R. 1068 ff. Pfandrecht am R. 1273 ff.
Rechtsanwälte, Verjährung ihrer Ansprüche 196.
Rechtsbesitz der Grunddienstbarkeit 1027.
Rechtsfähigkeit, Beginn 1. R. der Vereine 21 ff.
Rechtsgeschäfte des Vereins mit Mitgliedern 34. Einseitige R. des Minderjährigen 111. R. Entmündigter 114 f. Form der R. 125 ff. R. gegen gesetzliches Verbot 134; zur Beschränkung der Verfügung über ein veräußerliches Recht 137; gegen gute Sitten, wucherische 138. Nichtige R. 139 ff. Anfechtung von R. 142 ff. Zustimmung zu einseitigen R. 182 ff. Aufhebung des Nießbrauchs durch R. 1062, 1064, R. der Frau 1395 ff., 1406, 1532. R. zwischen Vormund und Mündel 1795. R. von Ausländern E. 7. Bestimmung der Form von R. E. 11. Beurkundung von R. E. 141, 142.
Rechtsgrund, fehlender einer Leistung 812, 819, 821.
Rechtshängigkeit, Verzinsung einer Geldschuld von R. ab 291. R. und Herausgabe 292, 818. R. und Pflichten des Besitzers 987 ff. R. des Unterhaltsanspruchs 1613. R. von Streitsachen E. 152.
Rechtsmängel beim Kaufe 434 ff.; bei anderen Verträgen 445; beim Erbschaftskauf 2376; bei Schenkung einer Erbschaft 2385.
Rechtsnachfolge bei der Verjährung 221, bei Erbschaftsbesitz 2030.
Rechtsnorm E. 2.
Rechtsstreit des Vereins mit Mitgliedern 34. R. der Frau 1387, 1400, 1412, 1415, 1454, 1460, 1463 f., 1532. R. zwischen Ehegatten 1416, 1463 f. R. des Mannes über Gesamtgut 1443. R. eines Hauskindes 1654. R. zwischen Vormund und Mündel 1795.
Rechtsverletzung, Schadensersatz 823 f.
Rechtsverwirkung, Vorbehalt der R. 360.
Regalien E. 73.
Regreß, s. Rückgriff.
Rehwild, Schaden durch R. 835.
Reich, Aufrechnung gegen Forderungen desselben 395. Ausgabe von Schuldverschreibungen auf den Inhaber 795; Anlegung von Mündelgeldern in solchen 1807, 1815 f. Buchforderungen der Nacherbschaft 2117 f.
Reichsadel, Anwendung des BGB. E. 58.
Reichsangehörigkeit und Eherecht E. 14, 16, 17.
Reichsbank, Hinterlegung von Inhaber- od. Orderpapieren 1082, 1814, 2116. Anlegung von Mündelgeld 1808.
Reichsbeamtengesetz, Änderung E. 43.

Die Ziffern verweisen auf die Paragraphen, E. = EinfGes.

Reichsfiskus, Erbrecht 1936.
Reichsgesetze, Verhältnis zum BGB. E. 32 ff.
Reichsgericht, Zuständigkeit E. 6.
Reichskanzler, Ehelichkeitserklärung 1723. Dispensation bei Annahme an Kindes Statt 1745.
Reichsmilitärgesetz, Änderungen E. 44 f.
Reichsschuldbuch, Verpfändg. von R.-Forderungen 232, 236. Anlegung von Mündelgeld 1807, 1853. Forderungen der Nacherbschaft 2118. Änderungen des Gesetzes, betr. das R. E. 50.
Reichsunmittelbare Familien, Anwendung des BGB. E. 58.
Reichswährung bei Leistung einer Geldschuld 244.
Reihenfolge, s. Rangordnung. R. der Berufung zum Vormund 1776, 1899.
Rekurs gegen Einspruch der Verwaltungsbehörde bei Eintragung von Vereinen 62.
Religion, Rücksichtnahme auf R. der Dienstboten 618.
Religionsdiener, Bestellung z. Vormunde 1784, 1888.
Religionsgesellschaft, Rechtsfähigkeit E. 84.
Religiöse Erziehung d. Mündels 1801, der Kinder E. 134.
Religiöse Vereine 43.
Renten, Verjährung des Anspruchs aus Rückständen 197.
Rentengüter E. 62.
Rentenkupons 234.
Rentenscheine 799, 801, 804, 805, 1081, 1296, 1814, 1817, E. 174 ff.
Rentenschuld, Verpfändung zur Sicherheitsleistung 232, 238. R. an einem Kaufgegenstande 439. Änderung des Ranges einer R. im Grundbuch 880. Eigentum an dem R.briefe 952. Nießbrauch an einer R. 1080. R. im allgemeinen 1199 ff. Pfandrecht an einer R. 1291. R. bei Fahrnisgemeinschaft 1551. Anlegung v. Mündelgeld in R. 1807. Verfügung des Vormundes darüber 1819, 1821. Verfügung des Vorerben 2114. R. auf vermachten Grundstücken 2165 ff. Beschränkung der R. durch Landesgesetz E. 60, 117, 118.
Retentionsrecht, s. Zurückbehaltungsrecht.
Reugeld 336, 359.
Revenüenhypothek E. 60.
Richter bei Testamentserrichtung 2231 ff., E. 149; bei Erbvertrag 2276.
Rindvieh, Gewährleistung bei dessen Verkauf 481 ff.
Ritterschaftliche Familien E. 216.
Rotwild, Schaden durch R. 835.
Rückforderung, s. Zurückforderung.
Rückgabe, s. Zurückgewährung, Zurückgabe.
Rückgängigmachen, s. Wandelung.
Rückgewähr, s. Zurückgewährung.
Rückgewährtaxe beim Inven-

Die Ziffern verweisen auf die Paragraphen, E. = EinfGes.

tar eines verpachteten Grundstücks 587 ff.; des Grundstücks selbst 594.
Rückgriff des Bürgen 774.
Rückkauf, s. Wiederkauf.
Rücknahme, s. Zurücknahme.
Rückständige Leistungen an Zinsen, Pacht, Miete, Besoldungen usw., Verjährung 197, 223.
Rücktrittsrecht bei teilweiser Unmöglichkeit der Leistung 280, 325; bei Verzug des Schuldners 286; bei Nichterfüllung gegenseitiger Verträge 325 ff.; bei Verträgen im allgemeinen 346 ff. Kein R. des Verkäufers bei gestundetem Kaufpreise 454. R. bei Wandelung 467. R. beim Werkvertrage 636, v. Verlöbnisse 1298 ff., vom Erbvertrag 2293 ff.
Rückübertragung eines übertragenen Rechtes 223.
Rückwirkende Kraft der Bedingung 158 ff.; der Genehmigung 184; der Aufrechnung 389; des Urteils auf Aufhebung der Verwaltung des eingebrachten Guts 1422; auf Aufhebung der Gütergemeinschaft 1479.
Ruhen der Verjährung, siehe Hemmung. R. der elterlichen Gewalt des Vaters 1676 ff.
Ruhegehalt, Verjährung der Ansprüche aus Rückständen 197. Abteilung von Ansprüchen aus R. 411, E. 81.
Ruß, Zuführung von R. auf ein fremdes Grundstück 906.

S.

Sachen 90. Vertretbare S. 91. Verbrauchbare S. 92. Wesentliche Bestandteile 93. Einem Gebäude eingefügte S. 95. Zubehör 97. Früchte 99. Nutzungen 100. Lasten von S. 103. Vergütung für Benutzung von S. 346. Herausgabe eines Inbegriffs von S. 60, Nießbrauch daran 1035.
Sachbeschädigung, Geldentschädigung 249.
Sachenrecht 854 ff.
Sachinbegriff 92, 260.
Sächsisches Gesetz, betr. die juristischen Personen E. 166.
Sachverständige, Verjährung ihrer Ansprüche 196. Feststellung des Zustandes der Nießbrauchssache durch S. 1034; des Wertes derselben 1067; des Zustandes des eingebrachten Guts 1372, 1528; des Zustandes der Vorerbschaft 2122. S. für Grundstücksabschätzung E. 79.
Samen als Bestandteil des Grundstücks 94.
Sammlungen, öffentliche, Pflegschaft für Vermögen aus solchen 1914.
Satzung der Vereine 25 ff., 57 ff.
Schadensersatz durch Vereine 31; bei Anfechtung von Willenserklärungen 122; bei Vereitelung oder Beeinträchtigung einer Bedingung 160; des Vertreters ohne Vertretungsmacht 179; bei Selbstverteidigung, Selbsthilfe 228, 231. Inhalt und Umfang des Sch.

Sachverzeichnis.

Die Ziffern verweisen auf die Paragraphen. E. = EinfGes.

249 ff. Sch. bei Unmöglichkeit der Leistung 280 ff., 292, 307; bei Verzug des Schuldners 286 ff. Sch. bei Nichterfüllung gegenseitiger Verträge 324 f. Draufgabe beim Sch. 338. Sch. und Vertragsstrafe 340 ff. Sch. bei vertragsmäßigem Rücktrittsrechte 347; bei Hinterlegung 374; bei Nichtbenachrichtigung von öffentlicher Versteigerung 384; bei Aufrechnung 391; beim Verkaufe einer beweglichen Sache 440; bei Nichtinnehaltung der Transportanweisung des Käufers 447; für Mängel 463, 477 ff. Sch. bei Gattungskauf 480; bei Viehmängeln 490; des Wiederverkäufers 498; des Schenkers 523 f.; des Vermieters 538, 571; des Verleihers 600; des Dienstberechtigten 618; bei Kündigung des Dienstvertrages 628; beim Werkvertrage 635; bei Kündigung des Auftrages 671; aus Rat oder Empfehlung 676; bei der Geschäftsführung 678 f., 682; des Hinterlegers 694; des Gastwirtes 701 ff.; des Ausstellers von Schuldverschreibungen auf den Inhaber 795. Sch. für unerlaubte Handlungen 823 ff., 842; aus Haftung für Angestellte und Beaufsichtigte 831 f.; aus Haftung für Tiere, Wildschaden 834 ff.; aus Haftung für den Einsturz von Gebäuden 836 ff.; aus Verletzung einer **Amtspflicht 839 ff.; bei Körper**oder Gesundheitsverletzung 843; für Aufsuchung und Wegnahme einer auf ein fremdes Grundstück gelangten Sache 867. Einzelne Fälle 902, 904, 951. Sch. des Eigentümers gegen den Besitzer 989, 992 f. Sch. bei Nichtanzeige der Versteigerung des Pfandes 1220; bei Verletzung der Vorschriften über Pfandverkauf 1243; bei Rücktritt vom Verlöbnis 1298 f.; des Mannes bei Verwaltung des Gesamtguts 1455; des Vormunds 1833. Landesgesetzliches u. dgl. E. 42, 105 ff.

Schafe, Gewährleistung bei dem Verkauf 481 ff.

Schatz 984, 1040.

Schätzungswert 237, 501, 587 ff., 1048, 1502, 1515, E. 137.

Scheidung, s. Ehescheidung.

Scheingeschäft 117.

Schenkung 516 ff., 1406, 1446, 1447, 1453, 1521, 1551, 1556, 1584, 1624, 1641, 1804, 2113, 2287, 2288, 2301, 2325, 2327, 2329 f., 2385, E. 87.

Scherz, Willenserklärung zum Scherz 118.

Schiedsvertrag, Einfluß auf die Verjährung 220. Sch. für Mündel 1822.

Schiffe, Pfandrecht an Sch. 1242 ff., 1259.

Schiffer, Verjährung ihrer Ansprüche 196.

Schiffspart, Pfandrecht am Sch. 1272.

Schiffsregister, Löschung nicht bestehender Rechte im Sch. 435.

Die Ziffern verweisen auf die Paragraphen, E. = EinfGes.

Schlüsselgewalt der Frau 1357.
Schmerzensgeld 847.
Schmiede, Zubehör 98.
Schmucksachen der Ehefrau 1362, 1366, 1477, des Hauskindes 1650.
Schreiben, Eigentumserwerb 950.
Schreibensunkundige, s. Analphabeten, Handzeichen.
Schriftliche Form, Rechtsgeschäfte 126 f., Hypothek 416, 1154; Mietvertrag 566; Pachtvertrag 581; Leibrentenvertrag 761; Schuldversprechen 780, 782; Schuldanerkenntnis 781; Anweisung 783 f., 792.
Schriftstücke, s. Familienschriftstücke.
Schulbaulast 132.
Schuld, s. Schuldübernahme, Erfüllungsübernahme, Schulden.
Schuldanerkenntnis, schenkweise erteiltes 518, 2301; aus Spiel oder Wette 762. Begriff, Form 781 ff.
Schuldbekenntnis, s. Schuldanerkenntnis.
Schulden der Gesellschaft 733, 735, 738 f.
Schulderlaß 397.
Schuldiger Teil bei der Ehescheidung 1574.
Schuldschein, Rückgabepflicht 371. Eigentum am Sch. 952.
Schuldübernahme 329, 414 ff.
Schuldverhältnisse 241 ff. Sch. aus Verträgen 305 ff. Übergangsbestimmung E. 170, 179.
Schuldverschreibung auf den Inhaber 247 ff., 793 ff., 1187 ff., 1195, 1270, 1807, 1822, E. 100 f., 174 ff.
Schuldversprechen, s. Schuldanerkenntnis.
Schutzgesetze, Verletzung derselben 823. Sch. für Grundstücke E. 107.
Schwägerschaft als Ehehindernis 1310 f.; Zeugenschaft bei Eheschließung 1318. Nichtigkeit der Ehe wegen S. 1327. Begriff, Linien, Grade der S. 1590. S. nach Auflösung der Ehe 1590. Wirkung der Ehelichkeitserklärung auf S. 1737; der Annahme an Kindes Statt 1762. Verhältnis zu anderen Reichsgesetzen E. 33.
Schwangerschaft, Unterhalt d. Mutter eines Erben während der S. 1963, 2141. Aussetzung der Erbteilung 2043.
Schwarzwild, Schaden durch S. 835.
Schwebezeit der Bedingung 160 f.
Schweine, Gewährleistung bei Verkauf 481 ff.
Schwester als Nacherbe 2109: als Vermächtnisnehmer 2163.
Sechswochenkosten bei unehelicher Geburt 1715, E. 21.
Seetestament 2251 f.
Seeverschollenheit 16.
Seitenverwandte 1589, 2349.
Selbsthilfe 226 ff.: des Vermieters 561; gegen verbotene Eigenmacht 859 f.
Selbstschuldner, Verbürgung als S. 773.
Selbstverteidigung 226 ff.
Selbstzugriff 228 ff.
Separation, s. Trennung.
Sequestration, s. Verwaltung, Zwangsverwaltung.

Die Ziffern verweisen auf die Paragraphen, E. = EinfGes.

Servitut, s. Grunddienstbarkeiten, persönliche Dienstbarkeiten.
Seuchentestament 2250, 2252.
Sicherheitsarrest bei Selbsthilfe 229.
Sicherheitsleistung an Gläubiger bei Auflösung eines Vereins 52. S. und Verjährung 202, 208, 222. S. im allgemeinen 232 ff. S. für Befreiung von Verbindlichkeiten 257; für Schaden 258; zur Abwendung des Zurückbehaltungsrechts 273; für die Gegenleistung bei gegenseitigen Verträgen 321; des Vorkaufsberechtigten 509; des Mieters 562, 572; gegenüber einem Gesellschafter 738. S. des Hauptschuldners an den Bürgen 775; für Kosten u. Gefahr der Vorlegung von Sachen und Urkunden 811; für Wegnahme einer auf ein fremdes Grundstück gelangten Sache 867; des Nießbrauchers 1051 f., 1067; bei Rückforderung d. Pfandes 1218; bei Gefährdung des eingebrachten Guts 1391; des Kindervermögens 1668 ff. S. des Vormunds 1762, 1844. Aufhebung usw. durch Vormund 1822. S. des Vorerben 2128; des Erben 2217. S. für ein Amt, einen Gewerbebetrieb E. 90.
Sicherheitsmaßregeln bei Nachlaß E. 140.
Sicherstellung des Nachlasses 1960, E. 140.
Sicherung des Beweises bei Mängeln der verkauften Sache 477 f.; bei Viehmängeln 485.
Sicherungshypothek 238, 648, 1184 ff., 1287, E. 91, 192, 193.
Siegelung des Nachlasses E. 140.
Sielrecht E. 66.
Silbersachen als Pfand 1240.
Simulation, s. Scheingeschäft.
Sitten, gute, Rechtsgeschäft gegen dieselben 138, Leistung gegen g. S. 817, Annahme 819. Schadensersatz aus Handlungen gegen g. S. 826. Vermächtnis gegen g. S. 2171.
Sittliche Pflicht, Unwiderruflichkeit der Schenkung 534, 2113; des ohne Verpflichtung Geleisteten 814.
Sitz des Vereins 24, 55, der Stiftung 80.
Söhne, Sorge bei Ehescheidung 1635.
Soldaten, s. Militärpersonen.
Solidarobligation, s. Gesamtschuldverhältnis.
Sondergut, s. Vorbehaltsgut.
Sondernachfolge in Forderung und Schuld 398 ff.
Sonderrechte von Vereinsmitgliedern 35.
Sonntag bei Fristberechnung 193.
Sorgfalt, im Verkehr erforderliche 276; in eigenen Angelegenheiten 277; bei Aufbewahrung 690; beim Gesellschaftsvertrag 708; der Eheleute 1359; bei elterlicher Nutznießung 1664; d. Vorerben 2131.
Sozietät, s. Gesellschaft.

Die Ziffern verweisen auf die Paragraphen, E. = EinfGes.

Sparkassen, Zinsen aus Zinsen 248. Landesgesetze E. 99.
Sperre, s. Zahlungssperre.
Spezifikation, s. Umbildung, Verarbeitung.
Spiel 762.
Sprechen, Unfähigkeit bei Testamentserrichtung 2243.
Staat, Haftung des St. für seine Beamten E. 77.
Staatliche Genehmigung von Vereinen 22; zu Änderungen der Vereinssatzung 33; von Stiftungen 80; zur Ausgabe von Schuldverschreibungen auf den Inhaber 795.
Staatsangehörigkeit E. 29, 41.
Staatsbank, Anlegung von Mündelgeld 1808.
Staatsgewalt, Ehelichkeitserklärung durch Verfügung derselben 1723.
Staatsschulden, Rückzahlung oder Umwandlung E. 98.
Staatsschuldbücher, Schuldbuchforderungen als Mittel der Sicherheitsleistung 232, 236. Anlegung von Mündelgeld 1807, 1853. Landesgesetze über St. E. 97, 98.
Staatsverträge der Bundesstaaten E. 56.
Stämme, Erbfolge nach St. 1924, 1927.
Stammhypothekenbrief, siehe Teilhypothekenbrief.
Standesbeamter 1317 ff.
Standesmäßiger Unterhalt 1610. Gefährdung durch Schenkung 519, 528.
Statutenkollision E. 11 ff.
Stellvertretung, siehe Vertretung, Vollmacht. Haftung der Beamten für Stellvertreter E. 78.
Sterbekassen, Aufrechnung geschuldeter Beiträge 394.
Stiftungen 80 ff., E. 85, 91.
Stillschweigen. Stillschweigende Verlängerung des Mietverhältnisses 568, des Dienstverhältnisses 625. St. vereinbarte Vergütung für Dienstleistung 612; beim Werkvertrag 632; beim Mäklervertrag 653; beim Hinterlegungsvertrag 689.
Stillstand der Rechtspflege samt Anspruchsverjährung 203. Einfluß des St. des Prozesses auf die Verjährung 211.
Stimmeneinheit bei Gesellschaft 709.
Stimmenmehrheit in der Mitgliederversammlung von Vereinen 32 ff.; bei Gesellschaft 709.
Stockwerkseigentum E. 182.
Stoff zum Werke 644 f., 651. Verarbeitung eines St., Eigentumserwerb 950.
Störung des Besitzes 846; einer Grunddienstbarkeit 858. St. der Geistestätigkeit, Nichtigkeit der Ehe 1325.
Strafbare Handlung, s. Unerlaubte H.
Strafen als Ehescheidungsgrund 1565; als Grund der Verwirkung der elterl. Gewalt 1680.
Strafgesetze zum Schutz von Grundstücken E. 107.
Strafgesetzbuch, Änderungen E. 34.
Strafprozeßordnung, Änderungen E. 33, 35.

Die Ziffern verweisen auf die Paragraphen. E. = EinfGes.

Strafverfahren, s. Verteidigung.
Streitverkündung unterbricht Verjährung 209, 215. St. bei Mängeln der verkauften Sache 478; bei Viehmängeln 485.
Stückzahlung, s. Teilleistung.
Stumme, Pflegschaft 1910. Testamentserrichtung 2243.
Stundung d. Leistung hemmt Anspruchsverjährung 202. St. des Kaufpreises 452, 454; bei Vorkaufsrecht 509.
Substitution beim Auftrage 664; beim Dienstvertrage 613; beim Hinterlegungsvertrage 691.
Sühnetermin in Ehesachen 1571.
Superficies, s. Erbbaurecht.
Surrogationsprinzip 281, 1381, 1382, 1473, 1524, 1554, 1646, 2019, 2041, 2111, 2164, 2169, 2374.

T.

Tage, Fristberechnung 188. Dienstverhältnis nach T. 621. Tag der Eintragung in das Grundbuch 879.
Tagelöhner, Verjährung ihrer Ansprüche 191. Tagelohn 621.
Talon, s. Erneuerungsschein.
Täter, mehrere bei unerlaubten Handlungen 830.
Taube, Pflegschaft 1910.
Tauben, Aneignung E. 130.
Taubstumme, Haftung für unerlaubte Handlungen 828.
Tausch 515.
Täuschung bei Willenserklärungen 123. Anfechtung d. Ehe wegen arglistiger T. 1334. Erbunwürdigkeit 2339.
Taxe für Dienstleistung 612; für Werkübernahme 632; für Mäklerlohn 653.
Teil einer Sache, s. Bestandteil.
Teilaufrechnung 396.
Teilbare Leistungen 420, 427.
Teilhaber, s. Gemeinschaft.
Teilhypothekenbrief 1145, 1152.
Teilleistungen 266, 283.
Teilung des Gesellschaftsvermögens 719; des gemeinschaftlichen Gegenstandes 752 ff., 1010. T. des Grundstücks bei Grunddienstbarkeit 1025 f.; bei Reallast 1109. T. des Gesamtguts 1442, 1476 ff., 1497 ff. T. des Nachlasses, s. Auseinandersetzung.
Teilungsbeschränkungen für Grundstücke E. 119 ff.
Teilweise Unmöglichkeit der Leistung 280, 307, 323 ff. T. Leistung bei gegenseitigen Verträgen 320 ff. T. Untergang beim Rücktrittsrechte 351. T. Vollendung eines Bauwerkes, Sicherungshypothek 648. T. Zahlung der Hypothek 1145, 1176.
Telegraphische Übermittelung von Rechtsgeschäften 127.
Termine 186 ff., zur Testamentseröffnung 2260.
Testament, Begriff 1937. Allgemeine Vorschriften 2064. Anfechtung 2078 ff. Auslegung 2066 ff., 2084 ff. Testamentserrichtung (Fähigkeit) 2229 f. Gerichtliches,

notarielles T., Privatt. 2231 ff., 2247. Art der Errichtung 2238. Anwesenheit der Mitwirkenden 2239. Protokoll 2240 ff. Stumme 2243. Dolmetscher 2244 f. Versiegelung und Verwahrung 2246. Minderjährige 2247; Analphabeten 2248. T. vor Gemeindevorsteher 2249. T. bei Verkehrssperre 2250. Seetestament 2251. Gültigkeitsdauer der außerordentlichen T. 2252. Widerruf des T. 2253 ff. Ablieferung des T. an das Nachlaßgericht 2259. Testamentseröffnung 2260 ff. Gemeinschaftliches T. der Ehegatten 2265 ff. Vertragsmäßiger Verzicht auf Zuwendung aus T. 2352. Übergangsbestimmung E. 214.

Testierfähigkeit 2229 ff., E. 215.

Testierfreiheit 2302.

Tierärzte, Verjährung ihrer Ansprüche 196.

Tiere, Beschädigung durch T. 823 f. Wilde Tiere 960; gezähmte 960.

Tilgung, Verjährung von Zinszuschlägen zur T. des Kapitals 197.

Tisch und Bett, Trennung 1575 f., 1586, E. 202, 206.

Töchter, Pflicht der Eltern zur Aussteuer 1620 ff. Vertretung verheirateter T. durch den Vater 1633. Sorge für T. bei Ehescheidung 1635.

Tod, Zeitpunkt bei Todeserklärung 18; bei Umkommen in gemeinsamer Gefahr 20. Genehmigung einer Stiftung nach dem T. des Stifters 84. T. nach Abgabe einer Willenserklärung 130; des Antragenden vor Annahme des Vertrages 153. T. des Vermächtnisempfängers 331. T. des Beschenkten 532. T. des Mieters 569; des Pächters 596; des Entleihers 598, 605. T. des Auftraggebers 672; des Beauftragten 673; eines Gesellschafters 727, 736; eines Teilhabers 750; eines Beteiligten bei Anweisung 791. T. des in das Grundbuch eingetragenen Eigentümers 927. T. des Nießbrauchers 1061; eines Verlobten 1301. Anfechtung der Ehe nach dem T. 1342. T. der Frau, Fortführung der Verwaltung d. eingebrachten Guts 1424. T. eines Ehegatten bei Gütergemeinschaft 1482 f.; eines Abkömmlings bei fortgesetzter Gütergemeinschaft 1490; des überlebenden Ehegatten bei derselben 1494. T. des schuldigen Teils nach Ehescheidung 1582. T. des Berechtigten oder Verpflichteten bei Unterhaltsanspruch 1615. T. des Kindes, Endigung der elterlichen Gewalt 1683. Elterliche Gewalt der Mutter bei Tod des Vaters 1684. T. des Kindes oder Vaters vor Ehelichkeitserklärung 1733. T. eines Interessenten vor Bestätigung

Die Ziffern verweisen auf die Paragraphen, E. = EinfGes.

des Vertrages auf Annahme an Kindes Statt 1753. T. des Erben während Inventarfrist 1998. T. des Vermächtnisnehmers vor Erbfall 2160.
Todeserklärung Verschollener 13 ff. Wiederverheiratung im Falle der T. 1648 ff. T. und eheliches Güterrecht 1419, 1425, 1494, 1545, 1547 f., T. und Beendigung der elterlichen Gewalt 1679, 1684. T. des Mündels 1847, 1884. T. des Vormunds 1885. Unrichtige T. des Erbschaftsanspruchs 2031. Aufhebung der T., Herausgabe des Erbscheins 2370. Übergangsbestimmungen E. 158, 159, 160, 161, 162.
Totgeburt, Ansprüche der unehelichen Mutter 1715.
Tötung von Haustieren 488. T. des Schenkers 530. T. eines Menschen durch Tiere 813, durch Einsturz eines Gebäudes 836 f. Ersatz der Beerdigungskosten bei T. 844. T. des Erblassers 2339.
Tradition, s. Übergabe.
Transportgefahr beim Kaufe 447; beim Werkvertrage 644.
Transportgeschäfte, Anspruchsverjährung 196.
Transportkosten beim Kauf 448.
Trauerzeit, s. Wartezeit.
Trennung von Bestandteilen einer Sache 953 ff., 997. T. von Tisch und Bett 1575 f., 1586, E. 202, 206.
Treu und Glauben bei Verträgen 157. Handeln des bedingt Verpflichteten wider T. u. G. 162. Leistung nach T. u. G. 242, 320. Hinderung des Erfolges wider T. u. G. 815.
Trunkenheit bei unerlaubten Handlungen 827.
Trunksucht, Entmündigung 6. Beschränkte Geschäftsfähigkeit 114 f. Unfähigkeit zum Amte des Vormunds 1780, zum Familienrat 1865. Testamentserrichtung 2229, Widerruf eines Testaments 2253.

U.

Überbau 912 ff.
Überfall von Früchten 911.
Übergabe des Kaufgegenstandes 433, 448. Ü. beweglicher Sachen 929 ff., 1032; des Hypothekenbriefes 1117; der Sache zur Begründung des Pfandrechts 1205.
Übergebot 156.
Übergehung eines zum Vormund Berufenen 1778, eines Pflichtteilsberechtigten 2079.
Überhang, s. Hinüberragen.
Überinventar 589.
Überleben als Voraussetzung der Erbfähigkeit 1923, des Vermächtnisses 2176.
Überlegungsfrist, s. Ausschlagungsfrist.
Übermittelung von Willenserklärungen, unrichtige 120.
Übernahme fremder Schuld, s. Schuldübernahme, Erfüllungsübernahme. Ü. eines Vermögens 419. Ü. fremder

Sachverzeichnis.

Die Ziffern verweisen auf die Paragraphen, E. = EinfGes.

Verbindlichkeit durch Vormund 1822.
Übernahmetaxe bei Grundstücken 587, 594.
Überrest, Nacherbschaft 2137.
Übersendung geschuldeten Geldes 270.
Übersetzung des Testamentsprotokolls 2244 f.
Überschuldung eines Vereins 42; der Gesellschaft 735, 739; des Gesamtguts 1468 f.; des Nachlasses 1980, 1990 ff. Enterbung in guter Absicht 2338.
Überschuß bei Auseinandersetzung der Gesellschaft 734.
Übertragung. Übertragenes Recht 223. Ü. des Eigentums an Grundstücken 313, E. 126 f. Ü. der Forderung 398 ff., 429. Ü. des Vorkaufsrechts 514. Ü. des Auftrages 664; der gegenseitigen Ansprüche aus dem Gesellschaftsverhältnis 717; der Anweisung 792; des mittelbaren Besitzes 870, 1205; des Eigentums an beweglichen Sachen 929 ff., der Ausübung des Nießbrauchs 1059; eines Rechts zum Nießbrauch 1069; der Ausübung der beschränkten persönlichen Dienstbarkeit 1092; der Hypothek 1153 f.; Pfandrecht bei Ü. der Forderung 1250 f., 1274. Ü. des Pflichtteilsanspruchs 2317.
Überweisung (gerichtliche) einer abgetretenen Forderung 408; Hypothek 1155.
Ultimat, Eintragung in das Grundbuch 882.
Umbildung einer Sache 352; eines Stoffes 950; des Vermächtnisgegenstandes 2172.
Umrechnung ausländischer Geldschuld 244.
Umschreibung von Inhaberpapieren auf den Namen der Frau 1393; den des Mündels 1815, 1820; des Vorerben 2117.
Umtausch von hinterlegten Geldern und Wertpapieren 235.
Umwandlung von Geldschuld in Darlehen 607; der Sicherungshypothek 1186; der Hypothek in eine Grundschuld und umgekehrt 1198; der Rentenschuld in eine Grundschuld und umgekehrt 1203. U. von staatlichen Inhaberpapieren in Buchforderungen 1667, 1815.
Unbestimmte Leistungszeit, Verzug des Gläubigers 299.
Unbewegliche Sachen 94 ff.
Unbewegliches Vermögen 1551.
Undank, Grund zum Widerruf der Schenkung 530, 533.
Uneheliche Geburt, Vormundschaft 1589, 1705.
Uneheliche Kinder 11, 1305, 1589, E. 20 ff., 208; s. a. unter Kinder.
Unentgeltlichkeit. U. Zuwendung 330, 516, 822. U. als Erfordernis der Leihe 598: des Auftrages 662. U. der Vormundschaftsführung 1836. U. Verfügungen des Erbschaftsverkäufers 2375; des Schenkers einer Erbschaft 2385.
Unerlaubte Handlungen 393,

Die Ziffern verweisen auf die Paragraphen, E. = EinfGes.

823 ff., 1415, 1463, 2025, 2205, E. 12.
Unfähigkeit zur Bestellung als Vormund 1780.
Unfälle, Versicherung der Nießbrauchsache gegen U. 1045 f.
Unfallversicherung, Anrechnung des dem Dienstverpflichteten aus U. Zukommenden 616.
Ungewisse Rechte 779, 820, 2313.
Ungewißheit der Person 372, 1913, 2073.
Ungültigkeit der Rechtsgeschäfte, s. Anfechtbarkeit, Nichtigkeit. U. der Ehe 1323 ff. Wiederverheiratung im Falle der Todeserklärung 1348 ff. Übergangsbestimmung für Kinder aus ungültigen Ehen E. 207.
Universalfideikommiß, s. Nacherbe.
Unmögliche 265, 275, 280 ff., 285, 287, 291, 292, 306 ff., 323 ff., 338, 347, 351, 425, 498, 501, 815, 848, 2023, 2171, 2195 f., 2375.
Unmündigkeit, s. Minderjährigkeit.
Unpfändbare Forderungen 394, 400. U. Sachen 559, 585.
Unsittliche, s. Sitten. U. Verhalten als Ehescheidungsgrund 1568. Entziehung des Pflichtteils 2333.
Unterbrechung der Verjährung 209; bei Gewährleistung 477; der Ersitzung 940 ff.
Unterbringung eines Kindes in einer Familie usw. 1666; eines Mündels 1838. Landesgesetze E. 135.
Untergang des Leistungsgegenstandes bei Verzug des Schuldners 290. U. des bestimmten Gegenstandes nach eingetretener Rechtshängigkeit 292. U. bei vertragsmäßigem Rücktrittsrechte 347, 350 f. Gefahr des U. beim Kauf 446 f. U. bei Wiederkauf 498, 501. Gefahr des U. bei Übernahme des Inventars 588. U. des vom Besteller gelieferten Stoffes beim Werkvertrage 644 f.; von Sachen, die der Gesellschaft überlassen sind 732. U. der dem Berechtigten entzogenen Sache 848. U. der Sache nach Rechtshängigkeit des Eigentumsanspruchs 989. U. des Gebäudes 1016. U. von Erbschaftssachen 2023.
Unterhalt, Unterhaltsanspruch. Nichtverkümmerung des standesmäßigen U. durch Schadensersatzpflicht 829. U. der schwangeren Mutter bei Erwartung der Geburt eines Erben 1936; eines Nacherben 2141. U. des Vermächtnisgegenstandes 2172; eines Gegenstandes bei Erbschaftskauf 2375.
Unterhaltsbeiträge, Verjährung der Ansprüche aus Rückständen 197.
Unterhaltspflicht. Kollision von Schenkung mit U. 528 f. Geschäftsführung gegen den Willen des Geschäftsherrn bei gesetzlicher

Unterhaltspflicht desselben 679. Verhältnis der gesetzlichen U. zur Schadensersatzpflicht 829. U. eines Dritten und Entschädigungsanspruch wegen Körperverletzung 843. Übergang der dem Getöteten obliegenden U. auf den Töter 844. U. im Eherecht 1345, 1351 f., 1360 f., 1386, 1418, 1468, 1495, 1534, 1578 ff., 1585, E. 199. U. der Verwandten 1601 ff. Verletzung der U. seitens des Vaters 1666. U. des Vaters gegen Kind aus nichtiger Ehe 1703. U. des unehelichen Vaters 1708 ff., E. 21. U. des Vaters bei Ehelichkeitserklärung 1739; der leiblichen Eltern bei Annahme an Kindes Statt 1765; des Annehmenden 1766. U. des Erben gegen Familienangehörige des Erblassers 1969. U. des Bedachten im Erbvertrage gegen den Erblasser 2295. Verletzung der U., Entziehung des Pflichtteils 2333, 2334. Anspruch des Staates, von Verbänden und Anstalten auf Erstattung des aus öffentlicher U. Gewährten E. 103.

Unterhaltungslast von Gebäuden 838. U. des Zwischenraums usw. zwischen zwei Grundstücken 921 f.; von Anlagen zur Ausübung einer Grunddienstbarkeit 1021 f., E. 116.

Unterlassen als Gegenstand der Obligation 241.

Untermiete 549.

Unternehmer, s. Werkvertrag.

Unterpacht 596.

Unterrichtsanstalten, Verjährung ihrer Ansprüche 196. Unterbringung eines Kindes in U. 1666.

Unterschrift von Urkunden über Rechtsgeschäfte 126, 127, 129; von Schuldverschreibungen auf den Inhaber 793; des Testamentsprotokolls 2242.

Unterstützung, fortlaufende als Gegenstand der Schenkung 520.

Unteilbare, Unteilbarkeit des vertragsmäßigen Rücktrittsrechts 356. U. Leistungspflicht mehrerer 431. Verhältnis des Schuldners einer u. Leistung gegenüber mehreren Berechtigten 432.

Unübertragbarkeit der Mitgliedschaft eines Vereins 38; des Auftrags 664; des Anspruchs auf Schmerzensgeld 847; des Nießbrauchs 1059. U. des Rechts schließt Nießbrauch aus 1069: U. der beschränkten persönlichen Dienstbarkeit 1092; der Rechte des Mannes am eingebrachten Gute 1408. U. Rechte gehören zum eingebrachten Gute der Errungenschaftsgemeinschaft 1522: der Fahrnisgemeinschaft 1552; U. der elterlichen Nutznießung 1658.

Unveräußerlichkeit, s. Veräußerungsverbot, Veräußerungsbeschränkung.

Unvererblichkeit der Mitgliedschaft eines Vereins 38.

Die Ziffern verweisen auf die Paragraphen, E. = EinfGes.

Unvermögen des Schuldners zur Leistung 275; bei Gattungsschuld 279.
Unverzüglich 121.
Unwahre Tatsachen, Behauptung und Verbreitung, Schadensersatz 824.
Unwiderruflichkeit, s. Widerruf.
Unwürdigkeit, s. Erbunwürdigkeit.
Unzucht, widernatürliche, Ehescheidungsgrund 1565. Grund zur Entziehung des Pflichtteils von Ehegatten 2335.
Unzurechnungsfähigkeit bei unerlaubten Handlungen 827 f.
Urgroßeltern, gesetzliche Erben vierter Ordnung 1928.
Urkunde über ein Rechtsgeschäft 126, 372, 403, 810, 952. U. über letztwillige Verfügung 2339. Öffentliche U. bei Beantragung des Erbscheins 2356. U. auf den Inhaber 807, E. 102. Gerichtliche oder notarielle U. E. 151.
Urkundsbeamter der Geschäftsstelle s. Gerichtsschreiber.
Urkundsperson bei letztwilligen Verfügungen 2233 ff., E. 149.
Urteil gegen einen einzelnen Gesamtschuldner 425. U. über Richtung und Benutzung eines Notweges 917.

V.

Väterliche Gewalt, s. Elterliche Gewalt.
Vater, Vaterschaft. Keine Verwandtschaft des V. mit einem unehelichen Kinde 1589. Einwilligung zur Eheschließung 1305 ff. Pflicht zur Aussteuer einer Tochter 1620 ff.; zur Ausstattung eines Kindes 1624 f. Benennung eines Vormundes 1776 f. Auseinandersetzung des V. als Vormund bei Eheschließung 1845. Berufung zur Vormundschaft über Volljährige 1899. Entziehung des Pflichtteils 2334.
Veränderung, s. Abänderung. V. der Kaufsache beim Wiederkauf 498. V. der Mietsache durch ordnungsmäßigen Gebrauch 548; der geliehenen Sache 602. V. der Hauptverbindlichkeit 767. V. der Nießbrauchssache 1037, 1050, 1057; bei Nacherbschaft 2132.
Verarbeitung einer Sache 352. V. eines Stoffes 950.
Veräußerung. Beschränkung der Verfügung über ein veräußerliches Recht 137. V. der Sache, Ausschluß des Rücktrittsrechts 353. Beschränkungen durch Landesgesetze E. 61, 119.
Veräußerungsverbot 135 f.
Verbaloblation als Voraussetzung des Verzuges des Gläubigers 295.
Verbandsvorsteher, Testamentserrichtung vor demselben 2249, E. 150.
Verbindung zu wesentlichem Bestandteil 946 f. Untergang des Vermächtnisgegenstandes durch V. 2172.
Verbotene (durch Gesetz) Rechtsgeschäfte 134. Verträge 309. Vertragsstrafe für verbotene Leistung 344. Leistung gegen gesetzliches Verbot 817. Annahme 819. V. Vermächtnis 2171.

Sachverzeichnis.

Die Ziffern verweisen auf die Paragraphen, E. = EinfGes.

Verbotene Eigenmacht 858 ff., 992, 2025.

Verbrauchbare Sachen 92, 706. Nießbrauch an v. S. 1067, 1075, 1086, 1087. V. S. im ehelichen Güterrecht 1377, 1411, 1540. V. S. in elterlicher Nutznießung 1653, 1659. Wertberechnung bei Verletzung des Pflichtteils 2335.

Verbrechen der Ehegatten, Scheidung 1565. V. gegen das Kind, Verwirkung der elterlichen Gewalt 1680. Entziehung des Pflichtteils 2333, 2334.

Verbreitung unwahrer Tatsachen, Schadensersatz 824.

Verderb des Pfandes 1218 ff.

Verderbliche Sachen, Sicherheitsleistung 237; Versteigerung 383 f.

Vereine 21 ff., E. 10, 82, 85.

Vereinigung von Forderung und Schuld in der Person eines Gesamtschuldners 425; in der Person eines Gesamtgläubigers 429. V. des Eigentums und eines andern Rechts an einem Grundstücke in einer Person 889. V. mehrerer Grundstücke im Grundbuch 890. Erlöschen des Nießbrauchs durch V. 1063. V. der Hypothek mit dem Eigentum 1177; des Pfandrechts mit dem Eigentum 1256. Wiederaufhebung der V. bei Verwaltung oder Konkurs über Nachlaß 1976, 1991; bei Eintritt der Nacherbfolge 2143; bei Vermächtnis 2175; bei Erbschaftskauf 2377.

Vereinigungsbeschränkungen für Grundstücke E. 119.

Vereinsgesetz, bayerisches E. 165.

Vereinsvermögen bei Auflösung des Vereins 45 ff.

Vereinsregister 21, 55, 79.

Vereinssatzung 25 ff., 57 f.

Vererblichkeit des Vorkaufsrechts 514; des Besitzes 857.

Verfallvertrag beim Pfande 1229.

Verfassung der Vereine 25, E. 82; der Stiftung 85.

Verfehlung, schwere, Widerruf der Schenkung 530.

Verfügung von Todes wegen, s. letztwillige V., Erbvertrag, Vermächtnisvertrag. Stiftung durch Verfügung v. T. w. 83. V. Nichtberechtigter über einen Gegenstand 185, 816. V. v. T. w. bei Versprechen einer Leistung an einen Dritten 332. V. v. T. w. zur Anerkennung eines Kindes 1598. Hinderung an V. v. T. w. 2339.

Verfügungsbeschränkung bezüglich veräußerlicher Rechte 137; des Erben durch Testamentsvollstrecker 2211 f., 2217. Übergangsbestimmung E. 168.

Vergehen der Ehegatten, Trennung der Ehe 1565. V. gegen das Kind, Verwirkung der elterlichen Gewalt 1680.

Vergleich 779, 782, 1822.

Vergütung von Nutzungen 292. V. beim Dienstvertrag 611 f.; beim Werkvertrag 631 f.; beim Mäklervertrag 652 f.; beim Hin-

Die Ziffern verweisen auf die Paragraphen, E. = EinfGes.

terlegungsvertrag 689, 699; bei Eigentumsverlust durch Verbindung 951; für Vormundschaftsführung 1836; für Beistand 1694; für Nachlaßverwaltung 1987; d. Testamentsvollstreckers 2221.

Verheiratung des Hauskindes, Endigung der elterlichen Nutznießung 1661.

Verhinderung der Bedingung 162; des zum Vormunde Berufenen 1778. V. des Erblassers an Errichtung oder Aufhebung einer Verfügung von Todes wegen 2339.

Verjährung, s. Anspruchsverjährung, Ersitzung. V. des Anfechtungsrechts von Willenserklärungen 121, 124. V. bei Aufrechnung 390; gegenüber einem einzelnen Gesamtschuldner 425; der Ansprüche des Käufers auf Gewährleistung 477; des Anspruchs auf Wandelung wegen Viehmängel 490; des Widerrufsrechts bei Schenkung 532; der Ersatzansprüche des Vermieters und Mieters 558; der Ansprüche des Verleihers und Entleihers 606; der Ansprüche des Bestellers beim Werkvertrage 638 f. Keine V. des Anspruchs auf Aufhebung der Gemeinschaft 758; auf Berichtigung des Grundbuchs 898. V. der Ersatzansprüche des Verpfänders und Pfandgläubigers 1226; von Nachlaßverbindlichkeiten 1974; des Pflichtteilsanspruchs 2332.

Übergangsbestimmung E. 169.

Verjährungsfristen 195 ff.

Verkauf für fremde Rechnung 457 f., 1228 ff., 2034.

Verkehr der Eltern mit den Kindern bei Ehescheidung 1636.

Verkehrsanstalten, gefundene Sachen 978 ff.

Verkehrssitte bei Auslegung von Verträgen 157; bei Leistung 272.

Verkehrssperrung, Testament bei solcher 2250, 2252.

Verkehrsunternehmungen, über Schadloshaltung durch solche E. 125.

Verkündung des Testaments 2260 f., 2273.

Verlagsrecht, Landesgesetze E. 76.

Verlassung, s. bösliche Verlassung, Auflassung.

Verlegung des Ausübungsorts einer Grunddienstbarkeit 1023.

Verleiher, s. Gebrauchsanleihe.

Verleihung der Rechtsfähigkeit an Vereine 22.

Verletzung an Personen, Geldentschädigung 249.

Verlöbnis 1297 ff.

Verlobte, s. Verlöbnis. Letztwillige Zuwendung an V. 2077. Erbvertrag 2275, 2276, 2279, 2290. Erbverzicht 2347.

Verlorene Schuldverschreibung auf den Inhaber 794, 798. Eigentumserwerb an v. Sachen 935, 1006. Herausgabe v. S. 1007.

Verlust des Besitzes 856. An-

Die Ziffern verweisen auf die Paragraphen. E. = EinfGes.

teil am V. bei Gesellschaft 707, 722. V. des Eigentums an Grundstücken 925 ff.; an beweglichen Sachen 929 ff.

Vermächtnis, Begriff 1939. Nichtigkeit des Vertrages über V. aus dem Nachlaß eines noch lebenden Dritten 312. Annahme oder Ausschlagung eines V. durch die Frau 1406, 1453; als Vorbehaltsgut 1461. V. bei Aufhebung der Gütergemeinschaft 1477, 1556; bei Fahrnisgemeinschaft 1551, 1556. Verfügung über ein dem Mündel zustehendes Vermächtnis 1822. V. und Aufgebot der Nachlaßgläubiger 1972. V. auf angewachsenem Erbteil 2095. V. im einzelnen 2147 ff. Testamentsvollstrecker zur Ausführung der einem V. auferlegten Beschwerungen 2223. V. in gemeinschaftlichem Testament 2269. V. im Erbvertrag 2278 f., 2291. V. als Pflichtteil 2307. V. bei Pflichtteilsanspruch 2318, 2320 ff. Anfechtung des V. wegen Erbunwürdigkeit 2345. Vertragsmäßiger Verzicht auf V. 2352. Wegfall eines V. bei Erbschaftskauf 2372.

Vermächtnisvertrag, Beeinträchtigung durch den Erblasser 2288.

Vermengung beweglicher Sachen 948. Untergang des Vermächtnisgegenstandes durch V. 2172.

Vermietung beweglicher Sachen, Anspruchsverjährung 196.

Verminderung des Gesamtguts 1468, 1495.

Vermischung beweglicher Sachen 948, 2172.

Vermittelung eines Vertrages 652; eines Dienstvertrags 655; einer Ehe 656.

Vermögen, Vertrag auf Übertragung des ganzen künftigen V. 310. Vertrag über gegenwärtiges V. 311. Nießbrauch an einem V. 1085 ff. Verfügung über V. des Mündels 1822.

Vermögensabsonderung unter Ehegatten E. 200.

Vermögenslosigkeit als Voraussetzung der Unterhaltspflicht 1602.

Vermögensminderung als Voraussetzung der Schenkung 516. Schadensanspruch ohne V. 253.

Vermögensübernahme 330, 419.

Vermögensübersicht bei befreiter Vormundschaft 1854.

Vermögensverlust, Widerruf des Schenkungsversprechers 519.

Vermögensverwaltung, Überlassung der V. seitens des Kindes an die Eltern 1619. Väterliche V. 1638 ff. V. durch Pfleger 1909; durch Testamentsvollstrecker 2205 ff.

Vermögensverzeichnis bei Errungenschaftsgemeinschaft 1528; bei fortgesetzter Gütergemeinschaft 1493; bei elterlicher Vermögensverwaltung 1640, 1667, 1692, 1760; bei vormundschaftlicher Verwaltung 1802; des Testamentsvollstreckers 2215; zur Berechnung des Pflichtteils 2314.

Vermutung des Todes 18; des Lebens 19; gleichzeitigen Todes in gemeinsamer Gefahr 20. V. hinsichtlich Hauptmängel beim Haustierkaufe 484. V. gegen Unterhaltsanspruch 685; für Richtigkeit des Grundbuchs 891; der Fortdauer des Eigenbesitzes bei Ersitzung 938; des Eigentums zugunsten des Besitzers 1006; für Erlöschen des Pfandrechts 1253; für Eigentum des Ehemannes an beweglichen Sachen 1362; für Gesamtgut 1527, 1540; der Ehelichkeit eines Kindes 1591. V. im Vermögensrecht des Kindes 1618, 1625; der Vollständigkeit rechtzeitigen Nachlaßinventars 2009. V. für Richtigkeit des Erbscheins 2365. V. für Aufhebung des Testaments bei Vernichtung der Urkunde 2255.

Vernachlässigung des Hauskindes 1666.

Vernichtung der Testamentsurkunde 2255.

Verpfändung von Forderungen 232, 236, 238; beweglicher Sachen 232, 237.

Verpflegungsanstalten, Anspruchsverjährung 196. Staatliche V. E. 136.

Verschaffungsvermächtnis 2170.

Verschlechterungen des Leistungsgegenstandes 290, 292. V. und Rücktrittsrecht 347, 351. Tragung der Gefahr der V. beim Kauf 446 f., 498, 501, bei Grundstücksverpachtung 588. V. der Mietsache 548. V. der geliehenen Sache 602. V. des vom Besteller gelieferten Stoffes 644 f.; von Sachen, die der Gesellschaft überlassen sind 732; der dem Berechtigten entzogenen Sache 848; der Sache nach Rechtshängigkeit des Eigentumsanspruchs 989; der Nießbrauchsache 1050f., 1057; des Grundstücks 1133 ff. V. von Erbschaftssachen 2033, 2132, 2375.

Verschließung der Testamentsurkunde 2246; des Erbvertrags 2277.

Verschollenheit, Todeserklärung 14 ff. V. des in das Grundbuch eingetragenen Eigentümers 927. V. des Mündels 1884. V. von Ausländern E. 9. S. auch E. 161.

Verschulden der Liquidatoren eines Vereins 53; des Beschädigten 254; eines Gesamtschuldners 425. V. als Voraussetzung d. Schadensersatzes 823. Schadensersatzpflicht ohne V. 829. V. des Vormundes 1833; des Testamentsvollstreckers 2219.

Verschwägerung, s. Schwägerschaft. Ferner 1779, 1847, 1895, 1862, 2234.

Verschwender, Entmündigung 6, E. 156. Beschränkte Geschäftsfähigkeit 114 f. Verschwendung des Gesamt-

guts 1468, 1497. V. unfähig zum Vormunde 1780; zum Familienrat 1865. Testamentserrichtung 2229; Widerruf eines Testaments 2253. Enterbung 2338.
Versetzung, Kündigung des Mietverhältnisses bei V. 570; nicht des Pachtverhältnisses 596.
Versicherung zugunsten Dritter 330; der Nießbrauchssache 1045 f. Haftung der Versicherungsgelder für die Hypothek 1127 ff. V. des eingebrachten Guts 1385.
Versicherungsrecht E. 75.
Versiegelung des Testamentsprotokolls 2246.
Versprechen der Leistung an einen Dritten 328 ff.; eines Darlehens, Widerruf 610; einer Schenkung 518.
Versprechensempfänger 331 ff.
Versteigerer, s. Auktionatoren.
Versteigerung 156, 383 ff., 461, 489, 753, 935, 966, 979 ff., 1219 ff., 1235 ff.
Verteidigung gegen gefahrdrohende Sachen oder rechtswidrigen Angriff 226 ff.; gegen verbotene Eigenmacht 859 f. Kosten der V. der Frau 1387; des Hauskindes 1654.
Vertiefen eines Grundstücks zu Gefahr des Nachbargrundstücks 909.
Vertrag Minderjähriger 108 ff. Urkunden über V., Form 126 f. Bestätigung eines nichtigen V. 141. V. im allgemeinen 145 ff. V. zur Begründung eines Schuldverhältnisses 305; über unmögliche Leistung 306 ff., 323 ff. V. über Vermögen 310 f.; über den Nachlaß eines noch lebenden Dritten 312. V. über Eigentumsübertragung an Grundstücken 313 f. Bestimmung der Leistung durch einen der Vertragschließenden 315 f.; durch einen Dritten 317 ff. Gegenseitige Verträge 320 ff. Anwendung der Vorschriften über Kauf auf andere V. 445; dgl. über Gewährleistung 493. V. über Verzicht eines Abkömmlings 1491; über Aufhebung der fortgesetzten Gütergemeinschaft 1492; über Anrechnung der Abfindung eines Abkömmlings 1501. V. über Vermögen bevormundeter Volljähriger 1902.
Vertragsannahme, s. Vertrag.
Vertragsanträge, s. Vertrag. Ablehnung von V. durch die Frau 1406, 1453.
Vertragsschließung, s. Vertrag.
Vertragserbe 1941.
Vertragsform, s. Form.
Vertragsmäßiges Güterrecht 1423 ff. (s. im übrigen Ehevertrag, Gütergemeinschaft, Errungenschaftsgemeinschaft, Fahrnisgemeinschaft).
Vertragsstrafe 336 ff., 1210, 1297.
Vertragsurkunden 126 ff.
Vertragszinsen 246 f., E. 39.
Vertretbare Sachen 91, 607, 700, 706, 783.
Vertreter (gesetzlicher) des Geschäftsunfähigen 8, 131.

Die Ziffern verweisen auf die Paragraphen, E. = EinfGes.

V. des Vereinsvorstandes 29. Einwilligung zu Willenserklärungen u. Rechtsgeschäften Minderjähriger 107 ff. S. auch Vertretung. Kontrahieren des Vertreters mit sich selbst 181. Haftung des Schuldners für Versehen des V. 278. G. V. des Auftraggebers 672. V. bei hypothekarischen Rechtsgeschäften 1141, 1189. Eheeinwilligung des g. V. 1304. Anfechtung der Ehe durch den g. V. eines Ehegatten 1336 ff., 1340. G. V. beim Ehevertrag auf allgemeine Gütergemeinschaft 1437. G. V. des Mannes bei Anfechtung der Ehelichkeit eines Kindes 1595. G. V. des Kindes bei Geschäftsunfähigkeit des Vaters 1676. Zustimmung des g. V. zum Erbvertrag mit Ehegatten 2275. Anfechtung des Erbvertrags durch g. V. 2282; vertragsmäßige Aufhebung 2290; Rücktritt 2296. Genehmigung des Erbverzichts 2347.

Vertretung von Vereinen 26 ff. V. bei Rechtsgeschäften 164 ff. V. ohne Vertretungsmacht 177 ff. V. der Gesellschaft gegenüber Dritten 714 f. V. des Kindes unter elterlicher Gewalt durch den Vater 1630, 1633, 1635. Keine V. bei Stellung des Antrags und Einwilligung zur Ehelichkeitserklärung 1728. V. bei Einwilligungserklärung zur Annahme an Kindes Statt 1748; beim Annahmevertrage 1750 f. V. des Mündels durch den Vormund 1793 ff. Keine V. bei Abschluß des Erbvertrags 2247.

Vertretungsmacht, s. Vertretung, Vollmacht.

Verwahrer, s. Hinterlegungsvertrag. V. einer zur Hinterlegung nicht geeigneten Sache 432, 2039. Schutz des mittelbaren Besitzes des V. 868. V. einer Pfandsache 1217, 1231; der Leitung aus einer verpfändeten Forderung 1281.

Verwahrung, s. Hinterlegungsvertrag. V. der gefundenen Sache 966; des Pfandes 1215; des Testamentsprotokolls 2246; des Testaments 2248, 2256, 2279; des Erbvertrags 2277, 2300.

Verwalter zur Ausübung des Nießbrauchs 1052, 1054, 1070.

Verwaltung einer Nießbrauchssache 1052, 1054, 1070. V. der Vorerbschaft 2129. V. des Testamentsvollstreckers 2205, 2209 f., 2216.

Verwaltungsbehörden, Einspruch gegen Eintragung in das Vereinsregister 61 f. Geltendmachung von Ansprüchen vor V. und Verwaltungsgerichten 220.

Verwaltungsstreitverfahren 44, 62.

Verwandlung, s. Umwandlung.

Sachverzeichnis.

Die Ziffern verweisen auf die Paragraphen, E. = EinfGes.

Verwandte, Unterhaltspflicht s. d. V. und Vormundschaft 1779, 1847. Antrag auf Einsetzung eines Familienrats 1859, 1862. Auslegung der Erbeinsetzung von V. 2067. Mitwirkung bei Testamentserrichtung 2234. Erbverzicht 2346.

Verwandtenerbfolge 1924 ff.

Verwandtschaft als Ehehindernis 1310, 1327. Zeugenschaft bei Eheschließung 1318. Grade der V. 1589. Wirkung der Ehelichkeitserklärung auf V. 1737; der Annahme an Kindes Statt 1763 f. Anwendung des BGB. über V. auf andere Reichsgesetze E. 33.

Verwendungen, Anspruch auf Ersatz 258, 292, 304, 347, 951. Zurückbehaltungsrecht wegen V. 273. V. des Käufers 450; des Wiederverkäufers 500 f.; des Mieters 547; des Pächters 581; des Entleihers 601; des Mäklers 652; des Beauftragten 669 f.; des Geschäftsführers ohne Auftrag 683 f.; des Verwahrers 693; auf die durch unerlaubte Handlung entzogene Sache 850; des Finders 970; des Besitzers gegenüber dem Eigentumsanspruch 994 ff.; des Nießbrauchers 1049, 1057; des Pfandgläubigers 1210, 1216; des Ehemannes 1390, 1466; des Vaters für Person oder Vermögen des Kindes 1648. V. von Mündelvermögen in den Nutzen des Vormunds 1805, 1834. Ersatz von V. des Vormunds 1835; des Erben bei Nachlaßverwaltung 1978; des Erbschaftsbesitzers 2022 f.; des Vorerben 2124 f., 2134. V. des Beschwerten bei Vermächtnis 2185. V. beim Erbschaftskauf 2381.

Verwirkung, s. Rechtsverwirkung. V. der elterlichen Gewalt 1495, 1680, 1684.

Verzeichnis der Mitglieder eines Vereins 72. V. beim Nießbrauch 1035. V. des eingebrachten Guts 1372, 1528; des Kindervermögens 1667, 1669, 1692, 1760; des Mündelvermögens 1802; des Nachlasses 1960, 2121, 2215.

Verzeihung schließt den Widerruf der Schenkung aus 532. Erlöschen des Rechts auf Ehescheidung 1570; auf Entziehung des Pflichtteils 2337; auf Geltendmachung der Erbunwürdigkeit 2343.

Verzicht auf Rücknahme der hinterlegten Sache 376, 382; auf Gewährleistung von Mängeln 476, 540; des Hauptschuldners auf Einreden 768; auf das Eigentum an Grundstücken 928; an beweglichen Sachen 959; des Gläubigers auf die Hypothek 1165, 1168 f. V. der Frau auf Pflichtteil 1406, 1453. V. eines Abkömmlings auf seinen Anteil am Gesamtgut 1491, 1501, 1517. Kein V. auf Unterhaltsanspruch 1614. V. auf elter-

Die Ziffern verweisen auf die Paragraphen, E. = EinfGes.

liche Nutznießung 1662; auf Unterhalt des unehelichen Kindes 1714. V. auf gesetzliches Erbrecht, s. Erbverzicht.

Verzinsung, s. Zinsen. V. einer Geldsumme bei vertragsmäßigem Rücktrittsrecht 347. V. des Kaufpreises 452; der Vergütung beim Werkvertrage 641. Verzinsliche Anlegung von Mündelgeldern 1806.

Verzug des Wahlberechtigten bei Alternativobligationen 264. V. des Schuldners 284 ff., 425. V. des Gläubigers 293 ff., 372, 424, 429. V. der Annahme bei gegenseitigen Verträgen 322, 324; der Leistung bei solchen 326 f. V. des Rücktrittsberechtigten mit der Rückgewähr 354. V. des Vermieters bei Beseitigung von Mängeln 538. Annahmeverzug des Dienstberechtigten 615. V. des Unternehmers bei Beseitigung von Mängeln 633; des Bestellers 642 f., 644. V. des Besitzers bei Herausgabe der Sache 990; des Unterhaltspflichtigen 1613.

Verzugszinsen 288f., 522, 1146.

Vieh als Zubehör eines Landguts 98.

Viehmängel 481 ff.

Vierteljahr, Fristberechnung 189. Dienstverhältnis nach V. 621.

Volljährigkeit 2 ff., 1847, 1896 ff., E. 7, 153, 154.

Vollmacht 164 ff., 1945.

Vollstreckungshandlung unterbricht Verjährung 209, 216.

Voraus des überlebenden Ehegatten 1932. V. bei Berechnung des elterlichen Pflichtteils 2311.

Vorausklage 202, 239, 771 ff.

Vorausleistung der Leibrente 760; der Geldrente für die Duldung des Überbaues 913; des Unterhalts 1612, 1614 f., 1710.

Voraussetzung, Rückforderung wegen Nichteintritts der V. einer Leistung 804; Anfechtung letztwilliger Verfügung 2078.

Vorausvermächtnis 2150. V. nicht Gegenstand der Nacherbfolge 2110; des Erbschaftskaufs 2373.

Vorbehalt, geheimer, bei Willenserklärungen 116. Unter V. ergangenes rechtskräftiges Urteil 219. V. der Rechtsverwirkung 360. V. des Eigentums 455. V. des Ranges für ein Recht an einem Grundstücke 881. V. der Entlassung bei Bestellung des Vormundes 1790; der Ergänzung letztwilliger Verfügung 2086.

Vorbehaltsgut 1365ff., 1414ff., 1425, 1440 f., 1461 ff., 1486, 1526, 1538 (s. Eheliches Güterrecht, Gütergemeinschaft, Errungenschaftsgemeinschaft).

Vorbildung, Kosten der V. 1610, 2050.

Voreltern als Erben 1929.

Vorempfangenes, s. Ausgleichungspflicht.

Vorenthalten eines Hauskin-

des 1632; eines Mündels 1800.
Vorerbe, s. Nacherbe.
Vorführung des Festgenommenen bei Selbsthilfe 230.
Vorkauf, Vorkaufsrecht 504 ff. V. an Grundstücken 1094 ff., 2034 f.
Vorlegung von Inhaberschuldverschreibungen 801 f. V. von Sachen 809. V. von Urkunden 810. Art, Kosten, Gefahr der V. 811. V. von Hypotheken- usw., Briefen beim Grundbuchamt 896.
Vorleistung bei gegenseitigen Verträgen 320 ff.; des Dienstverpflichteten 614.
Vormerkung im Grundbuche 439, 883 ff. V. bei Vorkaufsrecht 1098. Nachlaßgläubiger, deren Ansprüche durch V. gesichert sind 1971.
Vormund, Hemmung der Anspruchsverjährung zwischen V. und Mündel 204. V. des Ehemannes 1409, 1457. Annahme des Mündels an Kindes Statt durch den V. 1752. V. darf nicht Mitglied des Familienrats sein 1866 (s. Vormundschaft).
Vormundschaft 1773 ff. (bis 1921), E. 23, 136, 160, 210. Mündelgelder 1806 ff.; Beendigung der V. 1882 ff. V. über Volljährige 1906 ff.
Vormundschaftsgericht bei Rechten Minderjähriger 3, 112 f.; im Eherecht 1308, 1357 f., 1379, 1402, 1437, 1447, 1451, 1484, 1491, 1492; bei Rechtsverhältnissen zwischen Eltern und Kindern 1595, 1629, 1630, 1631, 1635, 1636, 1639, 1640, 1643 ff., 1653, 1662, 1665 ff., 1687 ff., 1714, 1727, 1729; bei Annahme an Kindes Statt 1750, 1760 f.; im Vormundschaftsrecht 1809 ff., 1837 ff.; im Erbrecht 2275, 2282, 2290, 2347. Landesgesetze über Verrichtungen des V. E. 147.
Vormundschaftsrichter, Haftung gegenüber dem Hauskinde 1674; dem Mündel 1848. Vorsitzender des Familienrats 1860, 1872, 1876.
Vorrang, s. Rangordnung.
Vorräte eines verpachteten Landguts 594.
Vorrechte, s. Vorzugsrechte.
Vorsatz, Haftung für V. 276; bei Annahmeverzug 300; Haftung des Schenkers 521; des Verleihers 599; des Geschäftsführers ohne Auftrag 680. V. bei unerlaubten Handlungen 823. Haftung des Finders 968.
Vorschüsse an Rechtsanwälte, Anspruchsverjährung 196. V. beim Auftrage 669; der Kosten der Vorlegung von Sachen an Urkunden 811.
Vorstand von Vereinen 26 ff., 58 ff., 68 ff.; von Stiftungen 86. V. von Erziehungs- usw. Anstalten E. 136.
Vorzeigung, s. Vorlegung.
Vorzugsrechte, Übergang derselben mit Abtretung der Forderung 401. Erlöschen der V. bei Schuldübernahme 418. Aufgeben eines V. durch den Gläubiger 776.

Die Ziffern verweisen auf die Paragraphen, E. = EinfGes.

W.

Wahl, Wahlrecht bei Leistungen 262 ff.; bei Vermächtnissen 2152 ff.
Wahlvermächtnis 2154.
Währung, bei Leistung einer Geldschuld 244.
Waisen, s. Witwen.
Waisenrat, s. Gemeindewaisenrat.
Wald, Nießbrauch an einem W. 1038. Nutzung durch den Vorerben 2123.
Waldgenossenschaften E. 83.
Waldgrundstücke E. 183.
Wandelung 462 ff.; beim Werkvertrag 634 (s. Gewährleistung der Mängel).
Warenlager 92.
Wartegelder, Verjährung der Ansprüche aus Rückständen 197. Abtretung von Ansprüchen auf W. 411, E. 81.
Wartezeit der Frauen zur Wiederheirat 1313.
Wasserrecht E. 65.
Wechsel, Bestellung einer Hypothek für Forderung aus W. 1187; dgl. eines Schiffspfandrechts 1270. Verpfändung eines W. 1292, 1294. Verpflichtung aus W. durch Vormund 1822.
Wechselseitiges Testament, s. gemeinschaftliches Testament, auch Gegenseitige.
Wege, Ausbesserungspflicht des Pächters 582. Notweg 917 f.
Wegeregulierung E. 113.
Wegnahme fremder Sachen als Selbsthilfe 229 f.; von Einrichtungen bei Herausgabe einer Sache 258; beim Wiederkauf 500; bei d. Miete 547; bei der Leihe 601; einer auf ein fremdes Grundstück gelangten Sache 867, 1005. Recht der W. bei Eigentumsverlust durch Verbindung 951; des Besitzers gegenüber dem Eigentumsanspruch 997. Wegnahmerecht d. Nießbrauchers 1049, 1057; des Pfandgläubigers 1216; des Vorerben 2125. Recht auf W. als Gegenstand des Vermächtnisses 2172.
Werk auf fremdem Grundstücke 95. Eigentumsübertragung an dem W. bei Preisbewerbung 661. Einsturz eines W., welches mit einem Grundstücke verbunden ist, 836 ff., 908.
Werkvertrag 631 ff., 675.
Wert einer durch unerlaubte Handlung entzogenen Sache 849. Ersatz des W. bei ungerechtfertigter Bereicherung 818. Minderung des W. der Pfandsache 1218 ff.
Wertgrenze der Belastung von Grundstücken E. 117.
Wertpapiere, Hinterlegung als Sicherheit 232 ff.; als Leistung 372. Haftung des Verkäufers beim Verkauf von W. 437. Hinterlegte W. als Darlehen 700. Haftung des Gastwirts für eingebrachte W. 702. W. als Gegenstand der Anweisung 783. Pfandrecht an W. 1292 ff. Hinterlegung von W. aus Kindesvermö-

Die Ziffern verweisen auf die Paragraphen, E. = EinfGes.

gen 1667. Anlegung von Mündelgeld in W. 1807; Hinterlegung 1814, 1818 f., 1853.

Wesentliche Bestandteile einer Sache 93; eines Grundstückes 94 f.

Wette 762.

Widernatürliche Unzucht als Ehescheidungsgrund 1565; als Grund zur Entziehung des Pflichtteils des Ehegatten 2335.

Widerrechtliche Handlungen, s. unerlaubte H.

Widerruf der Bestellung des Vereinsvorstandes 27; der Stiftung 81; von Verträgen 109, 178; von Willenserklärungen unter Abwesenden 130; der Vollmacht 168; der Einwilligung 183; der Schenkung 530 ff.; des Darlehensversprechens 610; der Auslobung 658; des Auftrages 671; der Anweisung 790; der Zustimmung zur Aufhebung des Pfandrechts 1255; der Zustimmung des Pfandgläubigers zur Verfügung über ein verpfändetes Recht 1276; von Verträgen im Eherecht 1397, 1516, 1584. Kein W. der Einwilligung zur Ehelichkeitserklärung 1726; derjenigen zur Annahme an Kindes Statt 1748. W. des Testaments 2253 ff., 2271.

Widerruflichkeit der Vollmacht 168.

Widerspruch eines Gesellschafters gegen ein Geschäft 711; gegen die Richtigkeit des Grundbuchs 899; gegen Überbau 912; gegen Eintragung einer Hypothek 1139; gegen die Richtigkeit des Schiffsregisters 1263; der Frau gegen Zwangsvollstreckung 1407.

Wiederaufhebung der Entmündigung 6.

Wiederkauf 497 ff.

Wiederkehrende Leistungen 197, 218, 223, 902, 1088, 1105, 1126, 1902.

Wiederverheiratung, Frist für die Frau 1313, 1600. W. im Falle der Todeserklärung 1348 ff., E. 159. Aufhebung der fortgesetzten Gütergemeinschaft durch W. 1493. W. nach Ehescheidung 1581. Auseinandersetzung mit den Kindern 1669. Verlust der elterlichen Gewalt 1697.

Wilde Tiere. Beschädigung durch dieselben 833 ff. Herrenlose w. T. 960; in Tiergärten 960; gezähmte 960.

Wildschaden 835, E. 69—72.

Willenserklärung gegenüber dem Vereinsvorstande 28; Geschäftsunfähiger 105; Minderjähriger 107. Rechtsfolgen im einzelnen 116 ff. W. unter Abwesenden 130. Zustellung von W. 132. Auslegung der W. 133. Zustimmung (Einwilligung, Genehmigung) zu W. 182 ff.

Willensmängel 116 ff.

Wirtschaftsgebäude, Ausbesserungspflicht des Pächters 582.

Die Ziffern verweisen auf die Paragraphen, E. = EinfGes.

Wirtschaftsvorräte bei Beendigung der Pacht 593.
Witwe, minderjährige, Volljährigkeitserklärung 4. Fürsorge für W. und Waisen E. 48, 49, 51.
Witwen- u. Waisengeld E. 81.
Woche, Fristberechnung 188. Dienstverhältnis nach W. 621.
Wochenbettskosten 1715.
Wochenlohn 621.
Wohngebäude, Ausbesserungspflicht des Pächters 582.
Wohnort, Bestimmung des Ehemannes 1354.
Wohnräume, Schutz des Besitzers 865.
Wohnsitz 7 ff.; des Schuldners 269 f., 772 f. W. des Mannes 1558 f. W. und Vormundschaft 1786. W. und Erbrecht 24 f. W. des französischen und badischen Rechts E. 157.
Wohnung, Mängel einer gemieteten W. 544. Bestimmung der W. durch den Ehemann 1354.
Wohnungsräume, Miete 580.
Wohnungsrecht 1093.
Wuchergesetze E. 47.
Wucherische Rechtsgeschäfte 138.
Wundärzte, Verjährung ihrer Ansprüche 196.
Wurzeln, Eindringen in fremdes Grundstück 910.

Z.

Zahlung, s. Erfüllung, Leistung. Z. einer Geldschuld, Währung, Münzsorte 244 f. Zahlung einer mit dem Nießbrauche belasteten Forderung 1077. Z. aus öffentlichen Kassen E. 92.
Zahlungsbefehl 209, 213, 284.
Zahlungsfähigkeit des Schuldners 438.
Zahlungsfristen des Erben 2015; des Nachlaßpflegers 2017.
Zahlungsort von Hypotheken 1119.
Zahlungssperre 799, 801 f., E. 102, 178.
Zahlungs Statt, s. Erfüllungs Statt.
Zahlungszeit von Hypotheken 1119.
Zahnärzte, Verjährung ihrer Ansprüche 196.
Zeichnen, Eigentumserwerb 950.
Zeit, Zeitbestimmungen, s. Fristen, Termine. Z. der Leistung 271 f. Zeitbestimmung bei Aufrechnungserklärung unzulässig 388. Z. der Zahlung des Mietzinses 551. Endigung des Mietverhältnisses durch Z. 564f. Z. der Entrichtung des Pachtzinses 584. Z. der Kündigung d. Grundstückspacht 595; der Leihe 604; der Zahlung von Darlehnszinsen 608; der Zahlung für Vergütung beim Dienstvertrag 614. Beendigung des Dienstverhältnisses durch Zeitablauf 620. Z. der Kündigung des Dienstverhältnisses 621 ff. Z. der Zahlung der Vergütung beim Werkvertrage 641; der Zurückgabe beim Hinterle-

gungsvertrag 695 f.; der Entrichtung der Vergütung bei demselben 699; der Kündigung des Gesellschaftsvertrages 723f. Bürgschaft auf bestimmte Zeit 777. Keine Z. bei Auflassung 925. Z. der Ersitzung 937. Z. der Zahlung einer Grundschuld 1193. Keine Z. bei Eheschließung 1317; bei Anerkennung eines Kindes 1598; bei Ehelichkeitserklärung 1724; bei Annahme an Kindes Statt 1742; bei deren Aufhebung 1768; bei Annahme oder Ausschlagung der Erbschaft 1947. Z. bei Einsetzung der gesetzlichen Erben 2066; bei Vermächtnis 2162, 2177, 2180; beim Amt eines Testamentsvollstreckers 2202.

Zeitfolge, s. Rangordnung.

Zeitpunkt des Todes bei Todeserklärung 18.

Zerstörung fremder Sachen als Selbsthilfe 228 f. Anzeigepflicht des Nießbrauchers bei Z. 1042.

Zession s. Übertragung.

Zeugen, Verjährung ihrer Ansprüche 196. Z. der Eheschließung 1318; der Testamentserrichtung 2233 ff., 2249 f.

Zeugnis des Nachlaßgerichts bei Gütergemeinschaft 1507.

Zinsen, Verjährung des Anspruches auf rückständige Z. 197. Höhe der Z. 246 f. Z. aus Z. 248. Verzugszinsen 288 f., 301. Anrechnung nicht ausreichlicher Leistung auf Z. 367. Aufrechnung zunächst auf Z. 396. Z. von Darlehen 608. Z. beim Auftrage 668; bei Hinterlegung 379, 698; beim Nichteintritt des bezweckten Erfolges 820. Z. vom Werte einer dem Berechtigten entzogenen Sache 849. Nießbrauch an einer auf Z. ausstehenden Forderung 1076 ff. Verpflichtung des Nießbrauchers an einem Vermögen zur Zahlung von Z. 1088. Haftung des Grundstücks für gesetzliche Z. der Hypothek 1118. Z. der Hypothek 1119. Haftung des Pfandes für Z. 1210, 1264, 1289. Z. der auf dem eingebrachten Gute ruhenden Verbindlichkeiten 1386. Z. von Mündelgeld 1806. Z. bei Erbschaftskauf 2379.

Zinsrückstände, Verjährung des Anspruchs 197, 224.

Zinsscheine 234, 799, 801, 803 ff., 1081, 1296, 1814, 1818, E. 174 ff.

Zinszahlung unterbricht Verjährung 208.

Zubehör, Zubehöreigenschaft, Zubehörstück 97 f., 314, 926, 1031, 1062, 1096, 1120 ff., 1135, 1265, 2164.

Zuchthausstrafe, Verwirkung der elterlichen Gewalt bei Z. 1680.

Züchtigungsrecht des Dienstherrn E. 95.

Zuchtrecht des Vaters 1631.

Zueignung, s. Aneignung.

Zufall, Haftung für Z. 287.

Die Ziffern verweisen auf die Paragraphen, E. = EinfGes.

Zug um Zug, Erfüllung 274, 322, bei Rücktritt vom Vertrage 348.

Zukünftige Geldforderung, Hypothek dafür 1113.

Zurückbehaltungsrecht an Vollmachtsurkunden 175. Einrede des Z. 202. Z. bei Schuldverhältnissen 273, 772 f.; bei Miete 556. Z. des Finders 972; des Besitzers wegen Verwendungen 1000.

Zurückbeziehung d. Bedingung 159.

Zurückforderung des nach Verjährung Geleisteten 222; des ohne Verpflichtung Geleisteten 813 ff. (s. Bereicherung).

Zurückgabe der Vollmachtsurkunde 175; der Mietsache 556; von Grundstücken und Inventar 589, 591, 597; der Nießbrauchssache 1055; der Pfandsache 1253, 1278.

Zurückweisung der Leistung aus dem Vertrage zugunsten eines Dritten 329.

Zusammenlegung von Grundstücken E. 113.

Zusammentreffen von Grunddienstbarkeiten mit anderen Rechten 1024; dgl. des Nießbrauchs 1060.

Zusammenrottung E. 108.

Zuschlag bei Versteigerungen 156.

Zuschüsse zum Einkommen, Ausgleichungspflicht 2050.

Zuständiges Gericht für Volljährigkeitserklärung 3. Z. für Vereine 44, 62. Z. Amtsgericht für Zustellung von Willenserklärungen 132; für Ableistung des Offenbarungseides 261. Z. des Standesbeamten 1320 f. Z. der Bundesstaaten für Befreiung von Ehehindernissen 1322.

Zustimmung Dritter zu Verträgen und einseitigen Rechtsgeschäften 182 ff. Z. des Eigentümers zur Rangänderung von eingetragenen Rechten 880. Z. Dritter zur Aufhebung des Pfandrechts 1255; des Mannes zu Rechtsgeschäften der Frau 1395 ff., 1451; der Frau zu solchen des Mannes 1377 ff., 1444 ff., 1468; der Abkömmlinge bei fortgesetzter Gütergemeinschaft 1495. Z. des anderen Ehegatten zu letztwilligen Verfügungen 1516.

Zustellung von Willenserklärungen 132.

Zutaten, Lieferung beim Werkvertrage 651.

Zuwachs zum Vermächtnisse 2184.

Zuwendung, unentgeltliche mit Auflegung einer Leistung an einen Dritten 330. Z. an ein Hauskind 1651. Z. Dritter an einen Mündel 1803; Pflegschaft 1909. Z., welche der Ausgleichungspflicht unterliegen 2050 ff. Letztwillige Z., Auslegung, Gültigkeit, Anfechtung 2066 ff. Z. aus dem Gesamtgut und Pflichtteilsanspruch 2331.

Zwang, s. Drohung.

Die Ziffern verweisen auf die Paragraphen, E. = EinfGes.

Zwangsenteignung, s. Enteignung.
Zwangserziehung Minderjähriger E. 135.
Zwangsrechte E. 74.
Zwangsversteigerung E 1.
Zwangsverwaltung E. 60, 192.
Zwangsvollstreckung 135 f., 161, 184, 209, 264, 268, 353, 456, 458, 499, 771 f., 883, 1003, 1147, 1268, 1277, 1407, 1984, 1990, 2115.
Zweckvermächtnis 2156.
Zweige, Hinüberragen in fremdes Grundstück 910.
Zweite Ehe, s. Wiederverheiratung.
Zwischenraum zwischen zwei Grundstücken 921 f.
Zwischenzinsen, keine bei vorzeitiger Leistung 272, 813.

Gedruckt bei A. W. Hayn's Erben, Potsdam.

Nachweis wichtiger Gesetzesausgaben

mit und ohne Erläuterungen, größere und kleinere Kommentare, Lehrbücher, Sammelwerke, Entscheidungssammlungen, Zeitschriften

Zusammengestellt vom Verlage Walter de Gruyter & Co., Berlin W 10
Sommer 1930

Inhaltsübersicht

Seite

I. **Allgemeines, Sammelwerke** 3

II. **Bürgerliches Recht** . . 5
1. Bürgerliches Gesetzbuch . . 5
Schuldverhältnisse insbesondere 7
Sachenrecht insbes. 8
Familienrecht, Erbrecht 9
Aufwertung . . . 10
2. Handelsrecht . 10
Gesellschaften . . 12
Wechselordnung u. Scheckrecht . . 13
Schiffahrtsrecht . . 13
Genossenschaften . 15
Verschiedenes . . 15
Bank und Börse . 16

III. **Grenzgebiete des Bürgerlichen Rechts** . 17
1. Privat- u. Sozialversicherung . 17
2. Arbeitsrecht . . 19
3. Gewerberecht . 20
4. Geistig-gewerbl. Rechtsschutz . 21

IV. **Zivilprozeß** 24
Freiw.Gerichtsbarkeit 26
Konkursordnung und Zwangsvollstreckung 27

V. **Strafrecht und Strafprozeß** 28
Strafgesetzbuch . . 28
Nebengesetze . . . 30
Strafprozeßordnung . 31

VI. **Öffentliches Recht** . 33
1. Staats- u. Völkerrecht 33
2. Verwaltungsrecht 37
Reichsrecht . . . 37
Landesrecht . . . 41
3. Steuerrecht . . 45

VII. **Entscheidungs-Sammlungen u. Zeitschriften** 47

I. Allgemeines, Sammelwerke.

Handwörterbuch der Rechtswissenschaft. Unter Mitberatung von Reichsgerichtspräsident Dr. E. Bumke, L. Busch, Oberreichsanwalt Dr. L. Ebermayer, Geh. Justizrat Professor Dr. Fr. Endemann, Geh. Justizrat Professor Dr. E. Heymann, Senatspräsident am Reichsgericht Dr. O. Strecker, Präsident des Bayrischen Obersten Landesgerichts Staatsrat Dr. K. v. Unzner herausgegeben von Dr. jur. Fritz **Stier-Somlo,** o. Professor an der Universität Köln, und Dr. jur **Alex. Elster,** Berlin. 6 Bände. Lexikon-Oktav. 1926/29.
In Halbleder geb. RM. 304.—

Dazu erscheint ein Ergänzungsband, der das Handwörterbuch bis auf den letzten Stand von Wissenschaft und Praxis fortführt.

„Es zeigt sich doch jetzt immer mehr, daß Ihr Handwörterbuch ein ganz großer Wurf war. Wie ich höre, wird es auch in der Praxis in steigendem Maße benutzt." Professor Dr. Nipperdey, Köln.

Bürgerliches Rechtslexikon. (Nach dem Bürgerlichen Gesetzbuch, dem Handelsgesetzbuch und sonstigen Reichs- und Landesgesetzen.) Von E. **Christiani,** weil. Amtsgerichtsrat. Vierte, durchgearbeitete und verbesserte Auflage von Dr. Alexander **Elster,** Rechtsanwalt Dr. Hugo Hoormann, Amtsgerichtsrat Georg Krause, Lexikon-Oktav. IV, 474 Seiten. 1930 . . . . Geb. RM. 15.—

Christianis „Bürgerliches Rechtslexikon" erscheint nach seinen großen Erfolgen vor dem Kriege nunmehr in vierter Auflage. Die besondere Art der Stichwortaufteilung und die verständliche Darstellung haben es in alle Kreise gelangen lassen, die stets eine Gelegenheit zu zuverlässiger Rechtsbelehrung haben müssen.

Hedemann, J. W., **Einführung in die Rechtswissenschaft.** Zweite, erweiterte und umgestaltete Auflage. Oktav. XXII, 566 Seiten. 1927. (Lehrbücher und Grundrisse der Rechtswissenschaft Bd. IX.)
RM. 14.—, geb. RM. 16.—

„. . . Das Buch Hedemanns, welches die Aufgabe einer Einführung am reichsten und umfassendsten auffaßt und löst . . ."
Juristische Wochenschrift.

Sternberg, Theodor, **Einführung in die Rechtswissenschaft.**
I. Teil: Methoden- und Quellenlehre. Zweite, neugestaltete Auflage. Verbesserter Neudruck. 190 Seiten. 1927. (Sammlung Göschen Bd. 169.)
Geb. RM. 1.80

II. Teil: Das Rechtssystem. Erste Hälfte: Grundbegriffe und Privatrecht. Zweite, vermehrte Auflage. 133 Seiten. 1922. (Sammlung Göschen Bd. 170.) . . . . Geb. RM. 1.80

Eine in ihrer Knappheit ganz ausgezeichnete Darstellung der juristischen Begriffe und Probleme.

Schröder, Richard, und **Glitsch,** Heinrich, **Deutsche Rechtsgeschichte. schichte.** Sechste, verbesserte Auflage. Groß-Oktav. Mit einer Abbildung im Text, fünf Tafeln und einem Bildnis. 1124 Seiten. 1922.
RM. 26.—, in Halbleder geb. RM. 30.—

Dieses bekannte Lehrbuch hat sich seit langen Jahren bestens bewährt.

Fehr, Hans, **Deutsche Rechtsgeschichte.** Zweite, verbesserte und ergänzte Auflage. Oktav. 416 Seiten. 1925. (Lehrbücher und Grundrisse der Rechtswissenschaft Bd. X.) RM. 13.—, geb. RM. 14.50

Das Buch gibt eine plastische Darstellung der deutschen Rechtsgeschichte, die eine Anhäufung von Stoff ausdrücklich vermeidet, vielmehr das Schwergewicht auf eine mehr ideengeschichtliche Behandlung des Gegenstandes legt.

Maas, Georg, und **Magnus,** Julius, **Abkürzungsverzeichnis der Rechtssprache.** Abkürzungen der Bezeichnungen von Rechtsquellen, Behörden, Entscheidungen usw. des deutschen und österreichischen Rechts. Oktav. IV, 140 Seiten. 1929. . . . . RM. 4.—

„Bis jetzt fehlte eine Zusammenstellung, die in zuverlässiger Weise die gebräuchlichsten Abkürzungen wiedergab. Diese Lücke füllt das neue Buch in glücklicher Weise aus." *Der junge Rechtsgelehrte.*

Endemann, Friedrich, **Grundriß des römischen Privatrechts.** Oktav. X, 256 und 30 Seiten. 1925. (Lehrbücher und Grundrisse der Rechtswissenschaft Bd. XII.) . . . . RM. 9.—, geb. RM. 10.50

„. . . ein nach jeder Richtung hochstehendes Werk."
Der junge Rechtsgelehrte.

Stammler, Rudolf, **Aufgaben aus dem römischen Recht.** Der „Institutionenübungen für Anfänger" vierte Auflage. Oktav. IV, 92 Seiten. 1919. Mit Figuren im Text . . . . Geb. RM. 5.—

Zum selbständigen Einarbeiten in das System des römischen Privatrechts.

II. Bürgerliches Recht

1. Bürgerliches Gesetzbuch

Lehmann, Heinrich, **Allgemeiner Teil des Bürgerlichen Gesetzbuches.** Dritte, vermehrte und verbesserte Auflage (9. bis 12. Tausend). Oktav. XIV, 439 Seiten. 1928. (Lehrbücher und Grundrisse der Rechtswissenschaft Bd. I.) . . . . RM. 12.—, geb. RM. 13.50

„Es liegt ein großer pädagogischer Wert in diesem Buch. Es wird sich unter den Studenten rasch großer Beliebtheit erfreuen."
Das Recht.

Leonhard, R., **Der Allgemeine Teil des Bürgerlichen Gesetzbuches** in seinem Einflusse auf die Fortentwicklung der Rechtswissenschaft. Groß-Oktav. XVI, 537 Seiten. 1900. (Recht des Bürgerlichen Gesetzbuches in Einzeldarstellungen Nr. X.) . . . . RM. 10.—

Die Sammlung „Recht des Bürgerlichen Gesetzbuches" umfaßt systematische Darstellungen des BGB. aus der Feder erster Juristen der Wissenschaft und Praxis.

Oertmann, Paul, **Allgemeiner Teil des Bürgerlichen Gesetzbuches.**
I. Einleitung. Lehre von den Personen und von den Sachen. Dritte, verbesserte Auflage. 136 Seiten. 1926. (Sammlung Göschen Bd. 447.) Geb. RM. 1.80
II. Erwerb und Verlust, Geltendmachung und Schutz der Rechte. Dritte, verbesserte Auflage. 147 Seiten. 1928. (Sammlung Göschen Bd. 448.) . . . . Geb. RM. 1.80

Nach der die Vorgeschichte des BGB. und einzelne für seine Bedeutung und Anwendung wichtige Hauptfragen behandelnden Einleitung bespricht der Verfasser die Lehre von den Personen und von den Sachen. Er verarbeitet den Inhalt der einzelnen Gesetzesparagraphen wissenschaftlich und erörtert dabei auch mehrfach Fragen, die im BGB. selbst nicht geregelt, höchstens gestreift werden.

Plancks Kommentar zum Bürgerlichen Gesetzbuch nebst Einführungsgesetz. Bisher herausgegeben von E. Strohal. Bearbeitet von E. Brodmann, L. Busch, J. Ebbecke, F. Flad, M. Greiff, K. Gunkel, P. Knoke, M. Landois, A. Lobe, Fr. Oegg, H. Siber, O. Strecker, K. von Unzner. Vierte, völlig neubearbeitete Auflage. Lexikon-Oktav. Bisher sind erschienen:
I. Band: Allgemeiner Teil. 606 Seiten. 1913. RM. 15.—, geb. RM. 17.—
II. Band, 1. Hälfte: Recht der Schuldverhältnisse. (Allgemeiner Teil.) 640 Seiten. 1914 . . . . RM. 15.—, geb. RM. 17.—

II. Band, 2. Hälfte: Recht der Schuldverhältnisse. (Besonderer Teil.) 1296 Seiten. 1928 . . . . RM. 49.—, geb. RM. 52.—
III. Band: Sachenrecht. 1464 Seiten. 1920. RM. 30.—, geb. RM. 33.—
IV. Band: Familienrecht. 1. Hälfte §§ 1297—1588. 701 Seiten. 1928. RM. 26.—, geb. RM. 28.—
V. Band: Erbrecht. XII, 1136 Seiten. 1930. RM. 51.—, geb. RM. 54.—

„Für jeden Praktiker, der tiefer in den Rechtsstoff eindringen muß, um die zur Entscheidung stehende Frage zu prüfen, ist Plancks Kommentar immer ein zuverlässiger Ratgeber und seine Erläuterung und Meinung von hohem Wert und Gewicht, stets sorgfältiger Beachtung wert." *Zentralblatt für freiwillige Gerichtsbarkeit.*

Das Bürgerliche Gesetzbuch mit besonderer Berücksichtigung der Rechtsprechung des Reichsgerichts. Erläutert von Dr. Busch, Erler, Dr. Lobe, Michaelis, Oegg, Sayn, Schliewen und Seyffarth, Reichsgerichtsräten und Senatspräsidenten am Reichsgericht. Siebente, unveränderte Auflage. 5 Bände. §§ 1—2385. Lexikon-Oktav. 3182 Seiten. 1928 . . . . RM. 125.—, in Halbleder geb. RM. 150.—
I. Band: Allgemeiner Teil. Recht der Schuldverhältnisse I. (Allgemeiner Teil.) — II. Band: Recht der Schuldverhältnisse II. (Einzelne Schuldverhältnisse.) — III. Band: Sachenrecht. — IV. Band: Familienrecht. — V. Band: Erbrecht. Alphabetisches Sachverzeichnis.
(Das Werk wird nur komplett abgegeben.)

„Eine neue Auflage dieses für die Praxis wertvollsten Kommentars ist ein Ereignis für die Juristenwelt."
Blätter für Rechtspflege im Bezirk des Kammergerichts.

Achilles-Greiff, Bürgerliches Gesetzbuch nebst Einführungsgesetz. Mit Einleitung, Anmerkungen und Sachregister. Nach dem Tode des ersten Herausgebers Dr. A. Achilles in Verbindung mit J. Altstötter, Oberamtsrichter in Sonthofen, O. Meyer, Oberlandesgerichtspräsident in Celle, Dr. J. Kieckebusch, Land- und Amtsgerichtsrat in Kassel, Dr. O. Strecker, Senatspräsident am Reichsgericht i. R. in Leipzig, herausgegeben von Dr. M. Greiff, Wirkl. Geh. Oberjustizrat, Oberlandesgerichtspräsident i. R. in Berlin. Dreizehnte, vermehrte und verbesserte Auflage. Mit Erläuterungen der Verordnung über das Erbbaurecht, des Gesetzes über die religiöse Kindererziehung und des Gesetzes für Jugendwohlfahrt. Groß-Oktav. XXIII, 1304 Seiten. 1930. (Guttentagsche Sammlung Deutscher Reichsgesetze Bd. 38/39.) . . . . RM. 24.—

„Das ausgezeichnete Buch, das einer weiteren Empfehlung kaum bedarf, wird seine führende Stellung unter den Handausgaben ohne Zweifel behaupten." *Juristische Rundschau.*

Bürgerliches Gesetzbuch nebst Einführungsgesetz. Vom 18. August 1896 mit Berücksichtigung der bis zum 1. Januar 1928 ergangenen Abänderungen. Textausgabe mit ausführlichem Sachregister. Sechzehnte Auflage. (61. bis 66. Tausend). Taschenformat. 758 Seiten. 1928. (Guttentagsche Sammlung von Textausgaben ohne Anmerkungen mit Sachregister.) . . . . Geb. RM. 5.—

Die vorliegende Ausgabe zeichnet sich durch Vollständigkeit und besondere Ausführlichkeit des Sachregisters aus.

Lindemann, Otto, Ausführungsgesetz zum Bürgerlichen Gesetzbuche vom 20. September 1899 nebst einem Anhang: Verordnung zur Ausführung des Bürgerlichen Gesetzbuchs vom 16. November 1899. Nach dem Tode des früheren Herausgebers Kammergerichtsrat Dr. P. Siméon, erläutert von Geh. Oberjustizrat Otto Lindemann, Ministerialdirektor im Pr. Justizministerium. Vierte Auflage. Etwa 220 Seiten. 1930. (Guttentagsche Sammlung Preußischer Gesetze Bd. 23.) Geb. RM. 5.—

Die neue Auflage kommt im richtigen Augenblick, um dem fühlbaren Mangel an neuen Bearbeitungen der Ausführungsgesetze zum Bürgerlichen Gesetzbuch abzuhelfen. Sie ist völlig neu bearbeitet und nach den Ergebnissen von Gesetzge'ung und Rechtsprechung bis in die jüngste Zeit ergänzt.

v. Schwerin, Cl., Frhr., **Grundzüge des deutschen Privatrechts.** Zweite Auflage. Oktav. XII, 342 Seiten. 1928. (Lehrbücher und Grundrisse der Rechtswissenschaft Bd. XIII.) RM. 9.50, geb. RM. 11.—

„Was dem Studenten not tut, ist ein kurzgefaßtes Handbuch. . . . Ein ausgezeichnetes Hilfsmittel dieser Art ist das vorliegende Buch."
Zeitschrift für Rechtspflege in Bayern.

Wegner, Arthur, **Jugendrecht.** Ein Lehrbuch zur Einführung. Oktav. IX, 219 Seiten. 1929 . . . . RM. 6.—, geb. RM. 7.50

„Ein gleichartiges und gleichwertiges Werk über das Jugendgericht gibt es noch nicht." Breslauer Zeitung.

Schuldverhältnisse insbesondere

Hedemann, Justus Wilh., **Schuldrecht des Bürgerlichen Gesetzbuches.** Oktav. Zweite Auflage in Bearbeitung. (Lehrbücher und Grundrisse der Rechtswissenschaft Bd. II.)

„Die Schrift bietet die beste mir bekannte Einführung in das schwierige Recht der Schuldverhältnisse." Staats- und Selbstverwaltung.

Oertmann, Paul, **Schuldrecht.** (BGB. II.)

I. Allgemeine Lehren. Dritte, verbesserte Auflage. 142 Seiten. 1927. (Sammlung Göschen Bd. 323.) . . . . Geb. RM. 1.80

II. Die einzelnen Schuldverhältnisse. Dritte, verbesserte Auflage. 159 Seiten. 1929. (Sammlung Göschen Bd. 324.) . . Geb. RM. 1.80

„In knapper Form und gemeinverständlicher Ausdrucksweise ist ein vorzüglicher Überblick über den Stoff gegeben."
Leipziger Zeitschrift für deutsches Recht.

Meyer, Georg, **Das Recht der Beschlagnahme von Lohn- und Gehaltsforderungen.** Sechste Auflage. Taschenformat. 1927. Mit Nachtrag 1928. (Guttentagsche Sammlung Deutscher Reichsgesetze Bd. 55.) Geb. RM. 4.50

„Das Buch ist in flüssiger, übersichtlicher Form geschrieben und schöpft aus der Praxis für die Praxis; ein Handbuch nicht nur für den Juristen, sondern ebenso für das kaufmännische Büro, die Fabrik und das Handelsgeschäft." Württembg. Wirtschafts-Zeitung.

Seligsohn, Franz, **Haftpflichtgesetz.** Groß-Oktav. 349 Seiten. 1920. RM. 8.—, geb. RM. 9.50

„Das reiche Material hat der Verfasser mit logischer Schärfe und in knapper Form bearbeitet und damit ein mustergültiges Werk geschaffen, das für die meist veralteten Kommentare zum Reichshaftpflichtgesetz einen wertvollen Ersatz bietet."
Blätter für Rechtspflege im Bezirk des Kammergerichts.

Krieg, O., **Mietrecht und Wohnungsmangelgesetzgebung** im Reiche, in Preußen und in Berlin, einschließlich Hauszinssteuer, Kostenwesen und Rechtsentscheiden des Kammergerichts und des Obersten Landesgerichts. Zusammengestellt und mit ausführlichem Schlagwortregister versehen. Vierte Auflage. Taschenformat. XII, 594 Seiten. 1928. (Guttentagsche Sammlung Deutscher Reichsgesetze Bd. 156.) Geb. RM. 10.—

„Eine solche Ausgabe zu besitzen, ist wertvoll. Diese Ausgabe verdient schon wegen ihrer Vollständigkeit besondere Beachtung. Ein vortreffliches Sachregister ist beigegeben." Juristische Wochenschrift

Stölzle, Hans, **Viehkauf** nach Bürgerlichem Gesetzbuch und ausländischem Recht. Verordnung, betreffend die Hauptmängel und Gewährfristen beim Viehhandel. Von Eugen Fröhner. Sechste, vermehrte und wesentlich verbesserte Auflage. Taschenformat. 699 Seiten. 1926. (Guttentagsche Sammlung Deutscher Reichsgesetze Bd. 50.) Geb. RM. 15.—

„Das Buch ist Juristen wie Laien als lichtvoller Ratgeber in allen Fragen nur auf das wärmste zu empfehlen."
Deutsche Juristen-Zeitung.

Hoffmann, J., **Abzahlungsgeschäfte.** Vierte Auflage, besorgt von K.-A. Crisolli. Taschenformat. Im Druck. (Guttentagsche Sammlung Deutscher Reichsgesetze Bd. 34.)

„Jeder, der mit Abzahlungsgeschäften zu tun hat, kann sich bestens aus dem Büchlein informieren. Der Kommentar ermöglicht es auch dem Laien, sich mit allen einschlägigen Fragen vertraut zu machen." Berliner Intelligenz-Blatt.

Harnier, Ed., **Sicherung der Bauforderungen.** Dritte Auflage. Taschenformat. 122 Seiten. 1912. (Guttentagsche Sammlung Deutscher Reichsgesetze Bd. 93.) . . . . Geb. RM. 1.80

„Die vorliegende Neubearbeitung der kleinen Ausgabe des äußerst schwierigen Gesetzes findet einen weiterstreckten Interessenkreis. Nach einer äußerst klaren Einleitung werden seine Bestimmungen an der Hand der Gesetzesmaterialien und auf dem Boden des geltenden Rechts, unter Herstellung des Zusammenhanges mit ihm, in knappen Anmerkungen erläutert." Mitteilungen der Handelskammer Breslau.

Göppert, H., **Gesetz, betreffend die gemeinsamen Rechte der Besitzer von Schuldverschreibungen.** Zweite Auflage, bearbeitet von E. Trendelenburg. Taschenformat. 156 Seiten. 1915. (Guttentagsche Sammlung Deutscher Reichsgesetze Bd. 52.) . . . . . . Geb. RM. 1.50

Dungs, H., **Sechs Haager Abkommen über internationales Privatrecht.** Taschenformat. 116 Seiten. 1910. (Guttentagsche Sammlung Deutscher Reichsgesetze Bd. 98.) . . . . Geb. RM. 1.50

„Die diesen Abkommen vom Verfasser beigefügten Erläuterungen sind kurz und klar gefaßt und entsprechen den allgemeingültigen Anschauungen. Der Kommentar von Dungs kann nur angelegentlichst empfohlen werden." Juristisches Literaturblatt.

Bogeng, G., **Die Haager Abkommen über das internationale Privatrecht.** Taschenformat. 173 Seiten. 1908. (Guttentagsche Sammlung Deutscher Reichsgesetze Bd. 90.) . . . . Geb. RM. 2.—

Sachenrecht insbesondere

Hedemann, Justus Wilh., **Sachenrecht des Bürgerlichen Gesetzbuches.** Oktav. XXXII, 507 Seiten. 1924. (Lehrbücher und Grundrisse der Rechtswissenschaft Bd. III.) . . . . . RM. 12.—, geb. RM. 13.50

„Ein trotz seiner Kürze ausgezeichnetes und inhaltreiches Lehrbuch, nicht nur für den Studierenden, sondern auch für ältere Juristen. Die Arbeit ist wissenschaftlich tiefgründig und doch gemeinverständlich geschrieben." Zeitschrift des Deutschen Notarvereins.

Kretschmar, F., **Sachenrecht.**

I. Allgemeine Lehren. Besitz und Eigentum. Zweite, verbesserte Auflage. 142 Seiten. 1922. (Sammlung Göschen Bd. 480.) Geb. RM. 1.80

II. Begrenzte Rechte. 144 Seiten. 1923. (Sammlung Göschen Bd. 481.) Geb. RM. 1.80

Diese Bändchen bieten die Grundzüge des Sachenrechts in gedrängter und klarer Form.

Lenzen, Georg, **Das Deutsche Pfandleihrecht.** Kommentar zum preußischen Pfandleihgesetz unter Berücksichtigung der außerpreußischen Gesetze. Oktav. XXVI, 266 Seiten. 1929 . . . . Geb. RM. 20.—

„Diese zusammenfassende Darstellung ist die erste ihrer Art und sehr verdienstlich. Das Buch regt zu allerhand Fragen an." Juristische Wochenschrift.

Günther, Hermann, **Erbbaurecht.** Taschenformat. 167 Seiten. 1919. (Guttentagsche Sammlung Deutscher Reichsgesetze Bd. 135.) Geb. RM. 2.—

„Günther ist ausführlich, ohne weitschweifig zu sein; ausgezeichnete Vorbemerkungen geben vorzügliche Übersicht und wahren den Zusammenhang. Überall ist der bisherige Rechtszustand, der ja für absehbare Zeit seine Bedeutung behält, mit in das Bereich der Betrachtungen gezogen. Der Praxis wird das Werk von hervorragendem Nutzen sein." *Beiträge zur Erläuterung des deutschen Rechts.*

Arnheim, Hugo, **Grundbuchordnung.** Kommentar zur Grundbuchordnung für das Deutsche Reich nebst den für Preußen erlassenen Ausführungsbestimmungen. Zweite, völlig neubearbeitete Auflage. Lexikon-Oktav. 959 Seiten. 1913 . . . . RM. 15.—

„Der Band weist außerordentliche Gründlichkeit, Klarheit und Übersichtlichkeit auf. Man kann wohl sagen, daß kaum eine Frage auftauchen wird, die nicht wenigstens berührt wäre; die bisher zutage getretenen Fragen aber sind sämtlich in der eingehendsten Weise erörtert." *Zentralblatt für freiwillige Gerichtsbarkeit.*

Fischer, Otto, und **Fischer,** Norbert, **Grundbuchordnung für das Deutsche Reich** nebst den preußischen Ausführungsbestimmungen. Neunte, durchgearbeitete und ergänzte Auflage. Taschenformat. 322 Seiten. 1927. (Guttentagsche Sammlung Deutscher Reichsgesetze Bd. 42.) Geb. RM. 5.—

„Eine der vortrefflichen alteingeführten Handausgaben der Guttentagschen Sammlung, bei der schon die Auflagenziffer für die Brauchbarkeit in der Praxis spricht. Nach wie vor ist das Buch ein vortrefflicher Wegweiser und Berater." *Juristische Wochenschrift.*

Ricks, Gerhard, **Die Grundbuchpraxis.** Ein Handbuch für den täglichen Gebrauch in Grundbuchsachen. Achte Auflage. Groß-Oktav. XII, 412 Seiten. 1929 . . . . RM. 12.—, geb. RM. 14.—

„Das Buch hat einen Anspruch darauf, in der Praxis geradezu verschlungen zu werden. Es ist aus der täglichen Praxis heraus für die Praxis lebensfrisch und unterhaltend geschrieben." *Mitteilg. a. d. Württemb. Notariats-Praxis.*

Friedlaender, Martin, **Hypothekenbeschaffung für Wohn- und Geschäftshäuser.** Handbuch für die Praxis der Grundstückswirtschaft. Groß-Oktav. VIII, 151 Seiten. 1929 . . . . . RM. 6.—, geb. RM. 7.50

„Das Buch gibt einen außerordentlich praktischen Überblick über alle Fragen der Hypothekenbeschaffung. Die anschauliche Art der Zergliederung und die gründliche Darlegung des Statuts sichern dem Buch eine weite Verbreitung." *Deutsche Sparkassen-Zeitung.*

Familienrecht, Erbrecht

Lehmann, Heinrich, **Familienrecht** des Bürgerlichen Gesetzbuches einschließlich Jugendfürsorgerecht. Oktav. XII, 352 Seiten. 1926. (Lehrbücher und Grundrisse der Rechtswissenschaft Bd. IV.) RM. 11.—, geb. RM. 12.50

„Die Schilderung Lehmanns ist überall anregend und fesselnd. Das Werk kann allen Rechtsstudenten und Referendaren zur Anschaffung dringend empfohlen werden." *Der junge Rechtsgelehrte.*

Titze, Heinrich, **Familienrecht.** (BGB. IV.) 169 Seiten. Neudruck. 1924. (Sammlung Göschen Bd. 305.) . . . . Geb. RM. 1.80

Endemann, Fr., **Erbrecht.** Oktav. XII, 166 Seiten. 1923. (Lehrbücher und Grundrisse der Rechtswissenschaft Bd. V.) RM. 3.—, geb. RM. 4.50

„Dieser Leitfaden behandelt den spröden Stoff des schwierigen Erbrechts in meisterhafter, fesselnder Darstellung." *Zeitschrift des Bundes Deutscher Justizamtmänner.*

Blume, Wilh. von, **Erbrecht.** (BGB. V.)

I. Einleitung. Die Grundlagen des Erbrechts. 75 Seiten. 1913. (Sammlung Göschen Bd. 659.) . . . . Geb. RM. 1.80

II. Die Nachlaßbeteiligten. Mit 23 Figuren. 131 Seiten. 1913. (Sammlung Göschen Bd. 660.) . . . . Geb. RM. 1.80

Riesenfeld, S., **Die Erbenhaftung nach dem Bürgerlichen Gesetzbuch.** Groß-Oktav. 2 Bände. 1916 . . . . . RM. 15.—, geb. RM. 18.—
I. Band: Die Grundsätze der Haftung. XII, 461 Seiten.
II. Band: Das Inventar und die Mittel der Haftungsbeschränkung. VIII, 455 Seiten.

„Ein hervorragendes Werk, das in allen Teilen die vollständige Beherrschung des schwierigen Stoffes erkennen läßt und sich dabei durch klare und gemeinverständliche Darstellung auszeichnet."
Sächsisches Archiv für Rechtspflege.

Aufwertung

Michaelis, Richard, **Das Aufwertungsrecht** nach den Aufwertungsgesetzen und nach allgemeinem bürgerlichem Rechte. Kommentar zu den Gesetzen vom 16. Juli 1925 über die Aufwertung von Hypotheken und anderen Ansprüchen und über die Ablösung öffentlicher Anleihen sowie systematische Darstellung des Aufwertungsrechts außerhalb dieser Gesetze. Zweite, gänzlich umgearbeitete Auflage des Kommentars zur Dritten Steuernotverordnung vom 14. Februar 1924 (Aufwertung). Mit einer Fristentabelle von H. Hoormann. Groß-Oktav. X, 516 Seiten. 1926. Mit Nachtrag 1927. (de Gruytersche Sammlung Deutscher Gesetze. Handkommentare.) . . . . Geb. RM. 16.—

„Es handelt sich um ein ganz erstklassiges Werk, das sich für jeden Aufwertungsinteressenten als unentbehrlich erweisen wird."
Deutsche Allgemeine Zeitung.

Berliner, Ludwig, und **Pfaffenberger,** Ernst, **Aufwertung von Versicherungsansprüchen** mit Durchführungsbestimmungen.

I. Teil. Oktav. 235 Seiten. 1925. (Guttentagsche Sammlung Deutscher Reichsgesetze Bd. 164.) . . . . Geb. RM. 6.50

II. Teil: Sach- und Transportversicherung; Unfall- und Haftpflichtversicherung. Oktav. 112 Seiten. 1926. Mit Nachtrag. (Guttentagsche Sammlung Deutscher Reichsgesetze Bd. 164a.) . . Geb. RM. 3.50

„Eine ganz ausgezeichnete, wohldurchdachte Darstellung und Erläuterung des Aufwertungsrechtes des gesamten Versicherungswesens, eine unentbehrliche Ergänzung zu jedem Gesamtkommentar über das Aufwertungsgesetz." *Zentralblatt für Handelsrecht.*

2. Handelsrecht.

v. Gierke, Jul., **Handelsrecht und Schiffahrtsrecht.** Dritte, ergänzte Auflage. Groß-Oktav. XIV, 744 Seiten. 1929. (Lehrbücher und Grundrisse der Rechtswissenschaft Bd. VI.) RM. 21.—, geb. RM. 22.50

„. . . ein außerordentlich hochstehendes, immer den neuesten Stand der Lehre und der Rechtsprechung widerspiegelndes Lehrbuch des Handelsrechts im weitesten Sinn." *Der junge Rechtsgelehrte.*

Lehmann, K., und **Hoeniger,** H., **Lehrbuch des Handelsrechts.** Dritte Auflage. Erster Halbband, enthaltend die Lehre vom Handelsstand und von den Handelsgesellschaften. Groß-Oktav. 432 Seiten. 1921 RM. 10.—

Ein großangelegtes Lehrbuch des Handels- und Schiffahrtsrechts.

Lehmann, K., und **Hoeniger,** H., **Deutsches Handelsrecht.**

I. Einleitung. Der Kaufmann und seine Hilfspersonen. Offene Handels-

ausgabe mit Sachregister. Zwölfte Auflage. Taschenformat. 370 Seiten. 1930. (Guttentagsche Sammlung von Textausgaben ohne Anmerkungen mit Sachregister.) . . . . Geb. RM. 3.50

Die handliche Ausgabe enthält den genauen Gesetzestext mit einem das Zurechtfinden sehr erleichternden Sachregister.

Baum, G., **Das vertragliche Wettbewerbsverbot** (Konkurrenzklausel). Nebst Kommentar zum Gesetze vom 10. Juni 1914. Taschenformat. XII, 231 Seiten. 1914. (Guttentagsche Sammlung Deutscher Reichsgesetze Bd. 115.) . . . . Geb. RM. 3.—

Gesellschaften

Brodmann, Erich, **Aktienrecht.** Kommentar. Groß-Oktav. XII, 580 Seiten. 1928. (Gewerbe- und Industrie-Kommentar Bd. IV.) RM. 28.—, geb. RM. 30.—

„Mit unvergleichlichem Geschick hat der Verfasser Großartiges geleistet — Brodmann ist Trumpf!" Zeitschrift für Aktiengesellschaften.

Solmssen, Georg, **Probleme des Aktienrechts** unter besonderer Berücksichtigung ihrer Entwicklung in den Vereinigten Staaten von Amerika. Zweite Auflage. Oktav. I, 127 Seiten. 1928 . . RM. 2.50

„Sämtliche Momente, die bei der Prüfung der Frage, ob und inwieweit das geltende deutsche Aktienrecht änderungsbedürftig ist, haben eine eingehende und umfassende Erörterung gefunden. Allen, die sich mit dieser recht heiklen Frage befassen, kann die Anschaffung des Werkes wärmstens empfohlen werden." Badische Wirtschafts-Zeitung.

Hachenburg, Max, **Kommentar zum Gesetz, betr. die Gesellschaften mit beschränkter Haftung.** (Früher **Staub-Hachenburg.**) Fünfte Auflage unter Mitarbeit von Fritz Bing und Walter Schmidt. 2 Bände . . . . RM. 43., geb. RM. 47.—
I. Band: §§ 1—34. Groß-Oktav. VI, 527 Seiten. 1926.
II. Band: §§ 35—84. Groß-Oktav. II, 452 Seiten. 1927.

„Was Hachenburg in seinen Neubearbeitungen aus diesem Buche gemacht hat, ist erstaunlich. Sein reiches juristisches Wissen, sein überlegener und kritischer Verstand, seine vorzügliche Gestaltungskraft und seine nur wenigen Juristen eigene vielseitige Auslegungskunst haben etwas Großes, Unvergleichliches geschaffen. Man findet selten ein literarisches Werk, in welchem Rechtsgelehrsamkeit und praktisches Können vereint einem Spezialgesetz so zugute kamen wie hier." Zeitschrift für Aktiengesellschaften.

Brodmann, Erich, **Gesetz, betr. die Gesellschaften mit beschränkter Haftung.** Kommentar. Groß-Oktav. VIII, 304 Seiten. 1930. Gewerbe- und Industrie-Kommentar Bd. I.) . . . . RM. 16.—, geb. RM. 18.—

„Übersichtliche, klare Anordnung der Erläuterungen, tiefes Eindringen in die Einzelheiten des Gesetzes unter steter Berücksichtigung des Wirtschaftslebens, erschöpfende Wiedergabe der Rechtsprechung, namentlich des Reichsgerichts, sind die besonderen Vorzüge des Werkes, das damit ein unentbehrliches Rüstzeug werden wird." Badische Rechtspraxis.

Parisius, Ludolf, und **Crüger**, Hans, **Das Reichsgesetz, betr. die Gesellschaften mit beschränkter Haftung.** Textausgabe mit Anmerkungen und Sachregister. Achtzehnte Auflage, bearbeitet von Adolf Crecelius und Fritz Citron. Taschenformat. 244 Seiten. 1929. (Guttentagsche Sammlung Deutscher Reichsgesetze Bd. 32.) Geb. RM. 3.50

„Die äußerst sachkundig erläuterte Ausgabe wird von den interessierten Kreisen freudig begrüßt werden. Wir können das Bändchen der bekannten Sammlung bestens empfehlen." Badische Wirtschafts-Zeitung.

Klumpp, Hermann, **Beiträge zur Rechtsstellung der Geschäftsführer einer G. m. b. H. nach deutschem und französischem Recht.** Oktav. XVI, 180 Seiten. 1928 . . . . RM. 6.—

Im G.m.b.H.-Recht hat die Stellung des Geschäftsführers besondere Bedeutung. Die vorliegende Arbeit, die unter Auswertung der umfangreichen Literatur eine eingehende Untersuchung dieser so wichtigen Frage nach deutschem und französischem Recht darstellt, wird in juristischen und geschäftlichen Kreisen Interesse finden.

Starke, Arthur, **Offene Handelsgesellschaften, Kommanditgesellschaften und stille Gesellschaften** von der Errichtung bis zur Auflösung. Nebst Vertrags- und Anmeldeformularen und mit Berücksichtigung des Steuerrechts. Oktav. XIV, 167 Seiten. 1928 . . . . RM. 5.—

Eine systematische Darstellung für Studium und Praxis.

Wechselordnung und Scheckrecht

Staubs Kommentar zur Wechselordnung. Fortgesetzt von J. Stranz und M. Stranz. Zwölfte Auflage, bearbeitet von M. Stranz und Martin Stranz. Groß-Oktav. 432 Seiten. 1929. RM. 16.—, geb. RM. 18.—

„Staub-Stranz ist der Kommentar zur Wechselordnung. Auch die jüngste Auflage des Kommentars gibt einen echten Staub-Stranz. Weiterer Kommentar dazu ist überflüssig." Juristische Wochenschrift.

Stranz, J., und **Stranz,** M., **Wechselordnung** vom 3. Juni 1908. Kommentar. Zwölfte Auflage von M. und M. Stranz. Taschenformat. VIII, 396 Seiten. 1923. Mit Nachtrag 1926. (Guttentagsche Sammlung Deutscher Reichsgesetze Bd. 5.) . . . Geb. RM. 3.50

„Die Ausgabe der Wechselordnung mit ihrem äußerst nützlichen, guten Kommentar ist sehr zu empfehlen. Erfreulicherweise enthält das Bändchen auch die Bestimmungen der Zivilprozeßordnung über Urkunden- und Wechselprozesse im Anhang." Badische Wirtschaftszeitung.

Wechselordnung in der Fassung der Bekanntmachung vom 3. Juni 1908 (RGBl. S. 326ff.). Mit einem Anhang, enthaltend den Wechselprozeß und Nebengesetze. Textausgabe mit Einleitung und Sachregister. Taschenformat. 102 Seiten. 1928. (Guttentagsche Sammlung von Textausgaben ohne Anmerkungen.) . . . . Geb. RM. 1.50

Vorteilhafte Anordnung, ein zuverlässiges Sachregister, das das Gesetz erschließt, Handlichkeit und sauberer Druck zeichnen auch die neue Auflage der Wechselordnung aus, deren Einleitung den letzten Stand dieser Materie erfaßt und deren Anhang „Nebengesetze" bis auf die letzte Zeit ergänzt ist.

Michaelis, Richard, **Scheckgesetz** mit allen einschlägigen Nebengesetzen, den ausländischen Gesetzen und dem Deutschen Postscheckgesetz mit Postscheckordnung. Kommentar. Groß-Oktav. VII, 339 Seiten. 1927. (Gewerbe- und Industrie-Kommentar Bd. II.) RM. 16.—, geb. RM. 18.—

„Wenn irgendein Buch, so entspricht dieses einem Bedürfnis." Berliner Tageblatt.

Schiffahrtsrecht

Schaps, Georg, **Das deutsche Seerecht.** Kommentar zum vierten Buche des Handelsgesetzbuches (als Ergänzung zu Staub's Kommentar nebst Erläuterungen zu den seerechtlichen Nebengesetzen. Zweite, vollständig umgearbeitete Auflage herausgegeben von Max Mittelstein † und Julius Sebba.

I. Band. (Handelsgesetzbuch: Viertes Buch.) Groß-Oktav. VIII, 1041 Seiten. 1921 . . . . RM. 25.—, geb. RM. 28.—

II. Band. (Seerechtliche Nebengesetze.) **Bearbeitet von J. Sebba.** XVI, 1108 Seiten. 1929 . . . . RM. 52.—, geb. RM. 55.—

„Die alte, auf der Staubschen Kommentierungsmethode beruhende Auflage erfreute sich mit Recht schon großen Ansehens. In diesen bewährten Bahnen leistet die zweite Auflage an Vollständigkeit, Übersichtlichkeit und Genauigkeit das Höchste, was Wissenschaft und Praxis nur wünschen können." *Juristische Wochenschrift.*

Brandis, Otto, **Das deutsche Seerecht** (mit Ausschluß des Seeversicherungsrechts.) I. Allgem. Lehren: Personen und Sachen des Seerechts. 130 Seiten. 1908. II. Die einzelnen seerechtlichen Schuldverhältnisse: Verträge des Seerechts und außervertragliche Haftung. 156 Seiten. 1908. (Sammlung Göschen Bd. 386/87.) . . . . . Geb. je RM. 1.80

Knitschky, W. E., **Die Seegesetzgebung.** Fünfte Auflage, bearbeitet von O. Rudorff. XXIV, 1024 Seiten. 1913. (Guttentagsche Sammlung Deutscher Reichsgesetze Bd. 19.) . . . . Vergriffen.

Sieveking, Gustav, **Das deutsche Seeversicherungsrecht.** Kommentar zum zehnten Abschnitt des vierten Buches des Handelsgesetzbuches. Lexikon-Oktav. 218 Seiten. 1912 . . . . RM. 5.—, geb. RM. 6.80

„Der Kommentar ruht auf einer vortrefflichen Grundlage und zeigt sich auch in seinem Inhalte dieser Grundlage durchaus würdig. Er ersetzt ein Lehrbuch und kann daher auch zur Einführung in das Seeversicherungsrecht empfohlen werden."

Leipziger Zeitschrift für deutsches Recht.

Ritter, Carl, **Das Recht der Seeversicherung.** Ein Kommentar zu den Allgemeinen Deutschen Seeversicherungsbedingungen. Groß-Oktav. 2 Bände. 1494 Seiten. 1924. (Friederichsen, de Gruyter & Co., m. b. H., Hamburg.) . . . . Geb. RM. 100.—

Allgemeine Deutsche Seeversicherungs-Bedingungen. Im Jahre 1919 herausgegeben von den deutschen Seeversicherern nach Beratung mit deutschen Handelskammern und Fachverbänden unter Vorsitz der Handelskammer Hamburg. 16.—20. Tausend. 50 Seiten. 1925. (Friederichsen, de Gruyter & Co., m. b. H., Hamburg.) . . . . RM. 2.—

General Rules of Marine. Insurance 1919 adopted by the German Underwriters. Authorind Translation by Dr. Alfred Sieveking, larger in Hamburg. 64 Seiten. 1920. (Friederichsen, de Gruyter & Co., m. b. H., Hamburg.) . . . . RM. 3.—

Materialien zu den Allgemeinen Deutschen Seeversicherungs-Bedingungen. Im Auftrag der vereinigten Handelskammern herausgegeben von Prof. Dr. E. Bruck. Groß-Oktav. 2 Bände. 678 Seiten. 1920. (Friederichsen, de Gruyter & Co., m. b. H., Hamburg.) . . . . RM. 10.—

Bene, F., **Der Begriff des Versicherungsfalles in der Seeversicherung.** (Hamburger Rechtsstudien, herausgegeben von Mitgliedern der Rechts- und Staatswissenschaftlichen Fakultät der Hamburgischen Universität, Heft 1.) Groß-Oktav. 75 Seiten. 1928. (Friederichsen, de Gruyter & Co., m. b. H., Hamburg.) . . . . RM. 4.50

Elkan, H. H., **Die Bedeutung des Interesses für die Veräußerung der versicherten Sache.** (Hamburger Rechtsstudien, herausgegeben von Mitgliedern der Rechts- und Staatswissenschaftlichen Fakultät der Hamburgischen Universität, Heft 2.) Oktav. 58 Seiten. 1928. (Friederichsen, de Gruyter & Co., m. b. H., Hamburg.) . . . . RM. 4.—

Makower, H., **Gesetze, betreffend die privatrechtlichen Verhältnisse der Binnenschiffahrt und der Flößerei.** Nach den Materialien erläutert. Sechste, vermehrte Auflage, bearbeitet von E. Loewe. Taschenformat. 458 Seiten. 1923. (Guttentagsche Sammlung Deutscher Reichsgesetze Bd. 36.) . . . . Geb. RM. 4.—

„Das vorzüglich bearbeitete Buch dürfte mit seinen klaren und verständlichen Erläuterungen für jeden, der in irgendeiner Weise mit der Binnenschiffahrt und der Flößerei zu tun hat, ein nie versagender Ratgeber sein." Schiffbau.

Sebba, Jul., **Seewasserstraßenordnung.** (Polizeiverordnung zur Regelung des Verkehrs auf den deutschen Seewasserstraßen vom 31. März 1927.) Taschenformat. 493 Seiten. 1928. (Guttentagsche Sammlung Deutscher Reichsgesetze Nr. 171.) . . . . Geb. RM. 8.50

Die vorliegende Ausgabe ist für die an dem neuen Gesetz interessierten beiden Fachgruppen, die der Nautiker und der Juristen, von gleich großer Bedeutung. Diese Verbindung zweier Kenntnisgebiete gibt dem vorliegenden Kommentar seine besondere Note und seinen großen Wert.

Genossenschaften

Parisius, Ludolf, **Crüger,** Hans, **Crecelius,** Adolf, und **Citron,** Fritz, **Reichsgesetz, betreffend die Erwerbs- und Wirtschaftsgenossenschaften.** Kommentar zum praktischen Gebrauch für Juristen und Genossenschaften. Elfte, neubearbeitete Auflage. Groß-Oktav. XV, 598 Seiten. 1928 . . . . RM. 28.—, geb. RM. 30.—

„Crüger beherrscht wie kein anderer Theorie und Praxis des Genossenschaftswesens, auch nach der wissenschaftlichen Seite hin." Juristische Wochenschrift.

Parisius, Ludolf, und **Crüger,** Hans, **Das Reichsgesetz, betreffend die Erwerbs- und Wirtschaftsgenossenschaften.** Textausgabe mit Anmerkungen und Sachregister. Zwanzigste, neubearbeitete und erweiterte Auflage von Hans Crüger, Adolf Crecelius und Fritz Citron. Taschenformat. 297 Seiten 1930. (Guttentagsche Sammlung Deutscher Reichsgesetze Bd. 29.) . . . . Geb. RM. 4.—

„In knapper und klarer Form werden die gesetzlichen Bestimmungen abgehandelt und alles zum Verständnis unbedingt Erforderliche in den Anmerkungen beigebracht. Das Werk kann nur empfohlen werden." Ministerialblatt f. d. Preuß. innere Verwaltung.

Verschiedenes

Schreiber, Otto, **Handelsrechtliche Nebengesetze.** Taschenformat. VIII, 1002 Seiten. 1926. (Guttentagsche Sammlung Deutscher Reichsgesetze Bd. 162.) . . . . Geb. RM. 14.—

„Die Sammlung ist ein unentbehrliches Hilfsmittel für den Praktiker. Die Zusammenstellung ist sehr zuverlässig; auch das Sachregister von Kleffel verdient volle Anerkennung." Zentralblatt für Handelsrecht.

Staffel, W., **Verordnung gegen Mißbrauch wirtschaftlicher Machtstellungen** vom 2. November 1923. Kommentar. Oktav. 108 Seiten. 1927. (Guttentagsche Sammlung Deutscher Reichsgesetze Bd. 167.) Geb. RM. 3.50

„Die für das Wirtschaftsrecht so wichtige Kartellverordnung findet hier eine eingehende Kommentierung. Die Erläuterungen werden daher um so unentbehrlicher für die wirtschaftliche Praxis auf diesem Gebiete sein." Industrie- und Handelszeitung.

Lusensky, F., Gesetz über die Handelskammern. Taschenformat. (Guttentagsche Sammlung Preußischer Gesetze Bd. 21.)
Neue Auflage in Vorbereitung.

„Das Buch ist ein vortrefflicher Berater aller derer, die in der Handelskammerorganisation sind oder zu ihr in Beziehung stehen. Es kann warm empfohlen werden."
Zeitschrift für Polizei- und Verwaltungsbeamte.

Göppert-Seydel, Hypothekenbankgesetz vom 13. Juli 1899 (mit den Änderungen durch die Gesetze vom 14. Juli 1923, vom 26. Januar 1926 und 21. Dezember 1927). Textausgabe mit Einleitung, Anmerkungen und Sachregister. Dritte Auflage bearbeitet von Dr. **Martin Friedländer.** Taschenformat. VIII, 202 Seiten. 1929. (Guttentagsche Sammlung Deutscher Reichsgesetze Nr. 51.) . . . . RM. 5.—

Die vorliegende Auflage des bekannten „Göppert-Seydel" ist den veränderten Verhältnissen entsprechend vollkommen umgearbeitet worden; sie berücksichtigt sowohl die nach dem Kriege erfolgten Änderungen und Ergänzungen des Gesetzes und des Aufwertungsrechtes wie auch die Judikatur und das Schrifttum bis auf die letzte Zeit. Damit kommen die Vorzüge des „Göppert-Seydel" der Praxis und Wissenschaft wieder in ihrem ganzen Umfange zugute.

Bank und Börse

Koch, R., und **Schacht,** Hjalmar, **Die Reichsgesetzgebung über das Münz- und Notenbankwesen.** Textausgabe mit Anmerkungen und Sachregister. Siebente, völlig neubearbeitete Auflage. Taschenformat. XVIII, 617 Seiten. 1925. (Guttentagsche Sammlung Deutscher Reichsgesetze Bd. 26.) . . . . Geb. RM. 14.—

„Dieser Kommentar zeichnet sich durch Vollständigkeit und Reichhaltigkeit aus und bietet außerdem in der Einleitung einen vortrefflichen Überblick über die Entwicklung des deutschen Noten- und Geldwesens während der letzten Jahrzehnte."
Monatsschrift für Handelsrecht und Bankwesen.

Nußbaum, Arthur, **Bank- und Börsenrecht.** Eine Sammlung von Gesetzen und Geschäftsbedingungen. Taschenformat. XII, 622 Seiten. 1927. (Guttentagsche Sammlung Deutscher Reichsgesetze Bd. 169)
Geb. RM. 11.—

Die vorliegende Sammlung der verstreuten bank- und börsenrechtlichen Vorschriften fehlte bisher in der kaufmännischen und juristischen Bankpraxis ebenso wie im handelsrechtlichen und betriebswirtschaftlichen Unterricht. Ihr Erscheinen wurde daher vielseitig begrüßt. Die Sammlung berücksichtigt auch die dem freien Verkehr entstammenden Rechtsbildungen.

Kommentar zum Börsengesetz. Im Auftrage des Centralverbandes des Deutschen Bank- und Bankiergewerbes (E. V.) bearbeitet von H. Rehm, H. Trumpler, Heinrich Dove, Ernst Neukamp, R. Schmidt-Ernsthausen, James Breit. Mit einem Vorwort von J. Rießer. Lexikon-Oktav. VIII, 464 Seiten. 1909.
RM. 12.—, geb. RM. 13.50

„Einen so guten Kommentar zum Börsengesetz hat es noch nie gegeben. Wer sich darein vertieft, wird reiche Belehrung daraus schöpfen über das Börsenwesen im allgemeinen und über seine Rechtsübung und Rechtsprechung im besonderen."
Sächsisches Archiv für Rechtspflege.

Hemptenmacher, Th., **Börsengesetz.** Dritte Auflage von O. Meyer. Taschenformat. XXIII, 373 Seiten. 1915. (Guttentagsche Sammlung Deutscher Reichsgesetze Bd. 41.) . . . . Geb. RM. 3.50

„Das Bändchen bringt neben einem kurzen Überblick und einem vorteilhaft erweiterten Anhang das Börsengesetz nebst Ausführungs-

bestimmungen. Alles in allem schließt sich auch dieses Bändchen wieder den übrigen Textausgaben der wegen ihrer unbedingten und erschöpfenden Sachlichkeit bekannten Guttentagschen Sammlung Deutscher Reichsgesetze würdig an." Bayrische Handelszeitung.

Lusensky, F., Gesetz, betreffend die Pflichten der Kaufleute bei Aufbewahrung fremder Wertpapiere (Depotgesetz). Neue Auflage in Bearbeitung. (Guttentagsche Sammlung Deutscher Reichsgesetze Bd. 40.)

„Die beste Bearbeitung des sogenannten Depotgesetzes." Zeitschrift für Aktiengesellschaften.

Frohner, G., Aktiensonderdepot und Legitimationsübertragung. (Hamburger Rechtsstudien, herausgegeben von Mitgliedern der Rechts- und Staatswissenschaftlichen Fakultät der Hamburgischen Universität, Heft 3.) Groß-Oktav. VII, 114 Seiten. 1929. (Friederichsen, de Gruyter & Co., m. b. H., Hamburg.) . . . . RM. 7.—

Schwerin, Frh. Cl. von, Recht der Wertpapiere (einschließlich Wechsel- und Scheckverkehr). Oktav. X, 234 Seiten. 1924. (Lehrbücher und Grundrisse der Rechtswissenschaft Bd. 7.) RM. 7.—, geb. RM. 8.50

„Das Buch löst seine Aufgabe, den Studierenden eine Einführung in die Materie des Wertpapierrechts zu geben, ausgezeichnet, vor allem deshalb, weil es eine gute theoretische Fundierung mit einer dem Lehrzweck entsprechenden Darstellung des praktischen Rechts und der Rechtstatsachen verbindet." Deutsche Juristenzeitung.

Bank-Archiv. Zeitschrift für Bank- und Börsenwesen. Unter Mitwirkung von hervorragenden Fachmännern herausgegeben von Geh. Justizrat Prof. Dr. Rießer, Berlin. Schriftleitung: Rechtsanwalt Otto Bernstein, geschäftsführendes Mitglied des Centralverbands des Deutschen Bank- und Bankiergewerbes. Quart. Jährlich 24 Nummern. XXIX. Jahrgang. 1929/30 . . . . Pro Halbjahr RM. 12.—

„Ein von sachverständigen Mitarbeitern unterstütztes Organ, das in der glücklichen Vermischung von wissenschaftlichen Aufsätzen mit Mitteilungen aus der bankmännischen und gerichtlichen Praxis einen Berater von exzeptionellem Werte bildet." Frankfurter Zeitung.

Zeitgemäße Bankrechtsfragen. Festgabe der Rechtsabteilung der Disconto-Gesellschaft zum 70. Geburtstage des Herrn Dr. jur. Arthur Salomonsohn. Quart. 126 Seiten. 1929 . . . RM. 8.—, geb. RM. 10.—

„Der Band enthält 8 vorzügliche Aufsätze. Die Verfasser befassen sich mit Problemen, die in der Rechtsabteilung einer Großbank oft zur Debatte stehen und deren endgültige Klärung ein praktisches Bedürfnis ist." Wirtschaftl. Nachrichten.

Verhandlungen des VII. allgemeinen deutschen Bankiertages. Köln 9.—11. September 1928 auf Grund stenographischer Berichte. Groß-Oktav. 436 Seiten . . . . RM. 10.—

III. Grenzgebiete des Bürgerlichen Rechts

1. Privat- und Sozialversicherung

Koenige, Heinrich, und **Petersen,** A., **Gesetz über die privaten Versicherungsunternehmungen** vom 12. Mai 1901. Textausgabe mit Anmerkungen und Sachregister. Dritte, umgearbeitete Auflage. Taschenformat. 856 Seiten. 1927. (Guttentagsche Sammlung Deutscher Reichsgesetze Bd. 62.) . . . . Geb. RM. 20.—

„Der Verfasser hat es meisterhaft verstanden, reiche Literatur und Judikatur zu dem wichtigen Grundgesetz der Privatversicherung mit seiner eigenen selbständigen Auffassung von der Bedeutung der Gesetzesbestimmungen in Verbindung zu bringen. Für Theorie und Praxis der Privatversicherung wird das Werk dadurch zu einem unentbehrlichen Hilfsmittel." Deutsche Versicherten-Zeitung.

Bruck, E., **Reichsgesetz über den Versicherungsvertrag** nebst dem zugehörigen Einführungsgesetz vom 30. Mai 1908. Sechste, vollkommen neubearbeitete Auflage. Taschenformat. 708 Seiten. 1929. (Guttentagsche Sammlung Deutscher Reichsgesetze Bd. 83.) Geb. RM. 14.—

„Die Vorzüge, welche die früheren Auflagen schon zeigten, die Fülle des Gebotenen, die Beherrschung des Stoffes, die anschauliche und doch knappe Sprache, und dies alles in dem engen Rahmen einer Textausgabe, kleinen Handausgabe mit Anmerkungen, sind auch dieser vierten Auflage in hohem Maße eigen."

Mitteilungen für die öffentlichen Feuerversicherungs-Anstalten.

Moldenhauer, Paul, **Das Versicherungswesen.**

I. Allgemeine Versicherungslehre. Vierte Auflage. 152 Seiten. 1925. (Sammlung Göschen Bd. 262.) . . . . Geb. RM. 1.80

II. Die einzelnen Versicherungszweige. Zweite Auflage. 130 Seiten. 1923. (Sammlung Göschen Bd. 636.) . . . . Geb. RM. 1.80

„Das Buch ist für jeden, der sich mit dem Versicherungswesen und seinen Zweigen vertraut machen will, ein trefflicher Führer."

Versicherungspost.

Veröffentlichungen des Reichs-Aufsichtsamts für Privatversicherung. Groß-Oktav. Jahrg. 1—2, je 2.50. Jahrg. 3—16, je 6.—. Jahrg. 17—21, je 7.50. Jahrg. 22, 15.—. Jahrg. 23, 18.—. Jahrg. 24, 21.—. Jahrg. 25, 50.—. Jahrg. 26, 51.50. Jahrg. 27, Heft 1—3, 28.—. Jahrg. 28, Heft 1, 6.—; 2, 13.—; 3, 9.—.

Versicherungsstatistik für 1902 über die unter Reichsaufsicht stehenden Unternehmungen. Herausgegeben vom Reichsaufsichtsamt für Privatversicherung. Lexikon-Oktav. LXXVII, 384 Seiten. 1905. RM. 10.—

— für 1903 bis 1917 . . . . Je Jahrgang RM. 10.—

Berliner, Ludwig, und **Pfaffenberger**, Ernst, **Aufwertung von Versicherungsansprüchen** mit Durchführungsbestimmungen.

I. Teil. Oktav. 235 Seiten. 1926. Mit Nachtrag. (Guttentagsche Sammlung Deutscher Reichsgesetze Bd. 164.) . . . . Geb. RM. 6.50

II. Teil: Sach- und Transportversicherung; Unfall- und Haftpflichtversicherung. Oktav. 112 Seiten. 1926. (Guttentagsche Sammlung Deutscher Reichsgesetze Bd. 164a.) . . . . Geb. RM. 3.50

„Ein bedeutsamer Kommentar, durch den die gesetzlichen Bestimmungen von der juristischen und versicherungstechnischen Seite aus eingehend erläutert werden. In seinem straffen, systematischen Aufbau, der Geschlossenheit der Darstellung muß man das Buch als ein Standardwerk für das gesamte versicherungsrechtliche Aufwertungsgebiet bezeichnen.

Ein unentbehrlicher Ratgeber in allen interessierten Kreisen."

Versicherungs-Post, Berlin.

Lippmann, Karl, **Die Reichsversicherungsordnung** in der Fassung der Bekanntmachung vom 15. Dezember 1924 und des Gesetzes über das Reichsschiedsamt vom 22. Januar 1925 nebst dem Einführungsgesetze, den wichtigsten Ausführungsvorschriften, den ergänzenden Gesetzen und Verordnungen sowie den Verordnungen über das Verfahren. Oktav. XV, 589 Seiten. 1925. (Guttentagsche Sammlung Deutscher Reichsgesetze Bd. 161.) . . . . Geb. RM. 11.—

Ergänzungsband, enthaltend den vollständigen Wortlaut der neuen Fassung des Unfallversicherungsgesetzes sowie die Ergänzungen der übrigen Bücher der RVO. Oktav. 224 Seiten. 1926. (Guttentagsche Sammlung Deutscher Reichsgesetze Bd. 161a.) . . . Geb. RM. 4.—

Zweiter Ergänzungsband, enthaltend weitere Änderungen und Ergänzungen durch die in der Zeit von Anfang 1926 bis Mitte 1928 erlassenen Gesetze und Verordnungen. Zweite, vermehrte Ausgabe, Stand vom 1. Juli 1928. Oktav. 71 Seiten. 1928. (Guttentagsche Sammlung Deutscher Reichsgesetze Bd. 161b.) . . . . . RM. —.80

Dritter Ergänzungsband, enthaltend weitere Änderungen und Ergänzungen durch die bis Mitte 1929 erlassenen Gesetze und Verordnungen. Oktav. 81 Seiten. 1929. (Guttentagsche Sammlung Deutscher Reichsgesetze Bd. 161c.) . . . . RM. 1.—

„Das Buch dürfte sich in der Bibliothek eines jeden finden, der sich mit der Reichsversicherungsordnung befaßt. Es gehört zu den praktisch wertvollsten.“ Deutsche Allgemeine Zeitung.

Reuß, Max, und **Hense,** Fritz. **Das Reichsknappschaftsgesetz** vom 1. Juli 1926 nebst Einführungsgesetz. 2. Aufl. Taschenformat. XVI, 640 Seiten. 1926. (Guttentagsche Sammlung Deutscher Reichsgesetze Bd. 155.) . . . . Geb. RM. 12.—

„Die Herausgabe des Gesetzes bedarf keiner besonderen Empfehlung. Das Buch kann allen, die auf dem Gebiete des Knappschaftswesens tätig sind, aufs wärmste empfohlen werden.“

Zeitschrift für Bergrecht.

Angestelltenversicherungsgesetz vom 28. Mai 1924. Zweite Auflage. Taschenformat. 143 Seiten. 1927. Mit Nachtrag. (Guttentagsche Sammlung Deutscher Reichsgesetze. Textausgaben ohne Anmerkungen.) Geb. RM. 2.50

Diese neue Ausgabe entspricht der neuesten Fassung des Gesetzes unter Berücksichtigung der letzten Änderungen und Verordnungen. Das beigefügte Sachregister erleichtert das rasche Zurechtfinden in den einzelnen Bestimmungen des Gesetzes.

Manes, Alfred, **Sozialversicherung.** 7., ergänzte Aufl. 1928. Kl.-Oktav. 139 Seiten. (Sammlung Göschen Bd. 267.) . . . . Geb. RM. 1.80

„Es gibt keine andere Darstellung der geltenden Sozialversicherung, die in solch erfreulicher Kürze und Sachlichkeit durch die annähernd 2400 Paragraphen führt.“

Hanseatische Rechts- und Gerichts-Zeitschrift.

Schmeißer, Herbert, **Handbuch der Arbeitslosenversicherung.** Mit einer Einführung und Erläuterungen. Taschenformat. 2. Aufl. im Druck. (Guttentagsche Sammlung Deutscher Reichsgesetze Bd. 165.)

„Das Buch gibt in kurzer, aber ausreichender Form eine Darstellung des gesamten Rechtsstoffes der Erwerbslosenfürsorge unter Anpassung an die praktischen Bedürfnisse.“ Kommunalpolitische Blätter.

2. Arbeitsrecht

Depéne, Hans, **Das Arbeitsgerichtsgesetz.** Taschenformat. 180 Seiten. 1927. (Guttentagsche Sammlung Deutscher Reichsgesetze Bd. 168.) Geb. RM. 3.60

„Zur Einarbeitung ist das vorliegende Buch besonders brauchbar, weil es sich nicht um einen Kommentar mit vielen Details handelt, sondern um eine Textausgabe mit einer ausführlichen, von einem hervorragenden Sachkenner verfaßten Einleitung. Daß die entsprechenden Bestimmungen anderer einschlägiger Gesetze gleich mit abgedruckt sind, ist ein großer Vorteil.“ Wirtschaftliche Rundschau.

Arbeitsrechtliche Spruchsammlung. Beiträge zum Deutschen Handwerksblatt . . . . Pro Quartal RM. 0.90

Günther, Adolf, und **Schneider,** Richard, **Arbeiterschutz und Arbeitsrecht.** Zweite Auflage. Taschenformat.

I. Teil: **Arbeitszeitschutz.** Das Arbeitszeitnotgesetz und die übrige arbeitszeitrechtliche Gesetzgebung des Reichs seit dem 9. November 1918. 386 Seiten. 1927 . . . . Geb. RM. 7.50

„Der Kommentar umfaßt die gesamte arbeitszeitrechtliche Gesetzgebung von der Staatsumwälzung bis zur Gegenwart. Er ist ein Führer durch das weite und unübersichtliche Gebiet der arbeitszeitrechtlichen Gesetzgebung. Ein ausführliches Sachregister soll die praktische Benutzung erleichtern." Die Wirtschaftsgenossenschaft.

II. Teil: Gesetz über die **Beschäftigung Schwerbeschädigter** nebst den einschlägigen gesetzlichen Bestimmungen. 404 Seiten. 1928. (Guttentagsche Sammlung Deutscher Reichsgesetze Bd. 138a/138c.) Geb. RM. 8.—

„Das Buch stellt nicht nur beim Studium des Gesetzes ein wertvolles Hilfsmittel dar, sondern ist auch für den Handgebrauch des Arbeitsrechtspraktikers unentbehrlich." Berliner Wohlfahrtsblatt.

IV. Teil: **Betriebsstillegungsverordnung.** 240 Seiten. 1929. (Guttentagsche Sammlung Deutscher Reichsgesetze. Bd. 138d.) Geb. RM. 6.50

Tilly, Dr. Helmuth Tczerclas von, **Internationales Arbeitsrecht.** Unter besonderer Berücksichtigung der Internationalen Arbeitsorganisation. 120 Seiten. 1924. (Sammlung Göschen Bd. 882.) . . . . Geb. RM. 1.80

Es ist das erste Werk, das in klarer, kurzer und allen leicht verständlicher Weise das gesamte grundlegende Tatsachenmaterial — und zwar nur dieses — auf dem umfassenden Gebiete des internationalen Arbeiterschutzes von dessen ersten Anfängen bis in die neueste Zeit bietet.

3. Gewerberecht

Hiller, Fr., und **Luppe,** H., **Gewerbeordnung für das Deutsche Reich** nebst **Kinderschutzgesetz und Hausarbeitsgesetz** sowie den für das Reich und Preußen erlassenen Ausführungsbestimmungen. Einundzwanzigste, veränderte Auflage. (143. bis 148. Tausend.) Taschenformat. 931 Seiten. 1928. Mit Nachtrag vom 11. 2. 1929. (Guttentagsche Sammlung Deutscher Reichsgesetze Bd. 6.) . . . . . . Geb. RM. 11.—

„Ein Wort der Empfehlung für dieses Buch zu sagen, erübrigt sich. Hervorgehoben sei, daß diese Auflage alle Vorzüge der früheren Auflagen in sich schließt. Die zahlreichen neuen Gesetze sind erschöpfend berücksichtigt." Zeitschrift des Deutschen Notarvereins.

Brassert, H., **Allgemeines Berggesetz** für die preußischen Staaten mit Kommentar. Zweite Auflage, bearbeitet von Hans Gottschalk. Groß-Oktav. XXIX, 1291 Seiten. 1914. RM. 27.—, geb. RM. 30.—

Sonnenfeld, Hugo, **Die reichsrechtlichen Bestimmungen, betreffend den Handel mit Drogen und Giften.** Dritte, veränderte Auflage. Taschenformat. 435 Seiten. 1926. (Guttentagsche Sammlung Deutscher Reichsgesetze Bd. 64.) . . . . Geb. RM. 12.—

„Die Arbeit gehört einem Spezialgebiet an, mit dem nicht jeder Jurist zu tun hat. Wird er einmal genötigt, sich auf dieses Gebiet zu begeben, so ist er um so dankbarer für eine Arbeit, die sofort den Eindruck größter Sachkunde und vollständiger Materialsammlung macht, und deren Führung man sich unbedenklich anvertrauen kann." Vossische Zeitung.

Lebbin, Georg, **Nahrungsmittelgesetze** mit Erläuterungen. Zweite, stark vermehrte Auflage in zwei Bänden.

I. Band: Das Lebensmittelgesetz vom 5. Juli 1927 mit Nebengesetzen (Margarine, Fleisch, Milch, Süßstoff, Essigsäure usw.). Erläutert von G. Lebbin und R. Gießner. Taschenformat. XVI, 419 Seiten. 1928. Geb. RM. 8.50

II. Band: Getränkegesetze und Getränkesteuergesetze (Wein, Bier, Branntwein, Mineralwasser). Unter Mitarbeit von Rechtsanwalt Dr. Kniebe. Taschenformat. XII, 400 Seiten. 1926. (Guttentagsche Sammlung Deutscher Reichsgesetze Bd. 54b.) . . . . Geb. RM. 10.—

„Das Werk ist für unsere Leser und überhaupt die ganze Fachwelt der Getränkeindustrie unentbehrlich, muß doch jedermann mit den einschlägigen Gesetzesbestimmungen sich soweit wie irgend möglich vertraut machen, wenn er nicht in Nachteile geraten will. Die Anschaffung des Buches kann bestens empfohlen werden."

Branntweinmonopol.

Voß, Werner, **Die reichs- und landesrechtlichen Bestimmungen auf dem Gebiete des Gesundheitswesens. Taschenformat** 608 Seiten. 1929. (Guttentagsche Sammlung Deutscher Reichsgesetze Bd. 172.) Geb. RM. 11.—

„Das Buch wird seiner Aufgabe, fast den gesamten Gesetzesstoff in einem einzigen kleinen Bande in die Hand zu geben, gewiß gerecht und wird sich schnell als unentbehrliches Hilfsmittel für jeden erweisen, der öfter mit dem Gesundheitswesen zu tun hat." *Reichsverwaltungsblatt.*

4. Geistig-gewerblicher Rechtsschutz.

Pietzcker, Eduard, **Patentgesetz und Gebrauchsmusterschutzgesetz.** Kommentar unter Berücksichtigung der vorgeschlagenen und weiter beantragten Abänderungen des Patentgesetzes. Erster Halbband: §§ 1—12 PatG. Groß-Oktav. 427 Seiten. 1929. (Gewerbe- und Industrie-Kommentar Bd. V, 1.) . . . . . RM. 26.—, geb. RM. 28.—

„Die überall zutage tretende geistige Leistung macht Pietzckers Kommentar für jeden, der sich mit diesem Rechtsgebiet zu beschäftigen hat, zum unentbehrlichen Rüstzeug."

Markenschutz und Wettbewerb.

Seligsohn, Arnold, **Patentgesetz und Gesetz, betr. den Schutz von Gebrauchsmustern.** Siebente Auflage. Oktav. 1930. In Bearbeitung.

„Die Vorzüge des Buches sind bekannt. Klare, leichtfaßliche Sprache, wissenschaftliche Vertiefung, dabei starke Betonung der Praxis, lückenlose Behandlung aller Probleme sind die Vorzüge, die den Seligsohnschen Kommentar zum unentbehrlichen Rüstzeug jedes im gewerblichen Rechtsschutz Tätigen gemacht haben."

Mitteilungen vom Verband Deutscher Patentanwälte.

Lutter, R., **Patentgesetz.** Nebst Ausführungsbestimmungen, völkerrechtlichen Verträgen und Patentanwaltsgesetz, unter eingehender Berücksichtigung der Rechtsprechung des Reichsgerichts und der Praxis des Reichspatentamts. Neunte Auflage. Taschenformat. XV, 467 Seiten. 1928. (Guttentagsche Sammlung Deutscher Reichsgesetze Bd. 22.) Geb. RM. 10.—

„Der jetzige Verfasser hat einen völlig neuen Kommentar geschaffen, der in seiner Knappheit und Sparsamkeit dem ursprünglichen Zweck gerecht wird, aber an wissenschaftlicher Durcharbeitung und Gründlichkeit die vorangegangenen Auflagen weit überragt."

Gewerblicher Rechtsschutz und Urheberrecht.

Elster, Alexander, **Urheber- und Erfinder-, Warenzeichen- und Wettbewerbsrecht.** (Gewerblicher Rechtsschutz.) Zweite, stark erweiterte und völlig umgearbeitete Auflage. Mit Abdruck der Gesetzestexte. Oktav. XII, 611 Seiten. 1928. (Lehrbücher und Grundrisse der Rechtswissenschaft Bd. VIII.) . . . . RM. 18.—, geb. RM. 19.50

„Seit Kohler und Osterrieth endlich wieder das lang entbehrte Lehrbuch. Hier unternimmt ein wahrhaft selbständiger und ideenreicher Kopf den Versuch, eine wirkliche Synthese zu schaffen."

Juristische Rundschau.

Neuberg, J., **Der internationale gewerbliche Rechtsschutz.** 2. Auflage. 128 Seiten. 1923. (Sammlung Göschen Bd. 271.) . . . Geb. RM. 1.80

Neuberg, Johannes, **Gesetz, betr. das Urheberrecht an Mustern und Modellen,** und Gesetz, betr. den Schutz von Gebrauchsmustern, nebst den zu beiden Gesetzen ergangenen Ausführungsverordnungen und abgeschlossenen internationalen Verträgen. Textausgabe mit Einleitung, Anmerkungen und Sachregister. Taschenformat. 192 Seiten. 1911. (Guttentagsche Sammlung Deutscher Reichsgesetze Bd. 102.) Geb. RM. 2.40

„Die Anmerkungen sind kurz, klar, treffend, mit Nachweisungen aus der Judikatur und aus der Literatur versehen. Sie ermöglichen auch dem mit der Materie nicht vertrauten Praktiker eine schnelle Orientierung über den Stand der Frage."

Zeitschrift für das gesamte Handelsrecht.

Daude, Paul, **Die Reichsgesetze über das Urheberrecht an Werken der Literatur und der Tonkunst und das Verlagsrecht** vom 19. Juni 1901 in der Fassung des Gesetzes vom 22. Mai 1910 zur Ausführung der revidierten Berner Übereinkunft. Oktav. VIII, 293 Seiten. 1910. RM. 6.—

„Der Zusammenhang der erläuterten Gesetze mit dem Strafgesetzbuch, dem Bürgerlichen Gesetzbuch und anderen Gesetzen ist in leichtverständlicher Weise praktisch dargestellt. Es wird vorzügliche Dienste leisten." *Deutsche Literatur-Zeitung.*

Lindemann, O., **Gesetz, betr. das Urheberrecht** an Werken der Literatur und der Tonkunst. Vierte Auflage. Taschenformat. 171 Seiten. 1921. (Guttentagsche Sammlung Deutscher Reichsgesetze Bd. 60.) Geb. RM. 1.80

„Die Arbeit ist nicht bloß eine Gesetzesausgabe, sondern ein wertvoller Kommentar des Gesetzes. Das Werk sei jedermann auf das beste empfohlen." *Juristische Wochenschrift.*

Fuld, Ludwig, **Gesetz, betr. das Urheberrecht an Werken der bildenden Künste und der Photographie.** Zweite Auflage. Taschenformat. 192 Seiten. 1925. (Guttentagsche Sammlung Deutscher Reichsgesetze Bd. 81.) . . . . Geb. RM. 6.—

„Der zwar kleine, aber inhaltreiche und daher sehr beliebte Kommentar von Fuld erscheint in zweiter, völlig neubearbeiteter Auflage. Überall ist dem Stande der heutigen Rechtsprechung und wissenschaftlichen Auffassungen Rechnung getragen. In einem Anhang sind die einschlägigen internationalen Übereinkommen abgedruckt. Alle Interessenten werden mit Freuden die neue Auflage begrüßen."

Danziger Juristische Monatsschrift.

Heinitz, Ernst, und **Marwitz,** Bruno, **Das Reichsgesetz über das Verlagsrecht.** Textausgabe mit Einleitung, Anmerkungen und Sachregister. Dritte Auflage. Taschenformat. 136 Seiten. 1922. (Guttentagsche Sammlung Deutscher Reichsgesetze Bd. 61.) . . . . Geb. RM. 1.60

„Dieser kurze Kommentar ist durch seine knappen, das Wichtige klar vortragenden Darlegungen dazu berufen, eine Lücke auszufüllen, die sich für den Praktiker des Verlagsrechts seit Jahren ergab. Man darf deshalb das Erscheinen dieser neuen Auflage aus der Feder des Spezialisten des Verlagsrechts mit größter Freude begrüßen."
Börsenblatt für den Deutschen Buchhandel.

Elster, A., **Das deutsche Urheber- und Verlagsrecht.** 128 Seiten. 1923. (Sammlung Göschen Bd. 863.) . . . . Geb. RM. 1.80

„Erstaunlich ist, wie Elster diese beiden so viel umstrittenen Gesetze auf so engem Raum in vortrefflicher Weise zur Darstellung gebracht hat." *Deutscher Journalistenspiegel.*

Heymann, E., **Die zeitliche Begrenzung des Urheberrechts.** Oktav. 74 Seiten. 1927. (Sitzungsberichte der Preußischen Akademie der Wissenschaften zu Berlin.) . . . . RM. 5.—

Elster, A., **Das deutsche Erfinderrecht.** (Patent- und Musterschutzrecht). 118 Seiten. 1924. (Sammlung Göschen Bd. 891.) . . Geb. RM. 1.80

„Die Aufgabe, einen Überblick über das deutsche Erfinderrecht zu geben, ist im Rahmen der kurzen Erörterungen mit viel Geschick gelöst. Deshalb wird das Büchlein auch bei allen Gruppen der am Patentrecht interessierten Personen seine Freunde finden."
Gewerblicher Rechtsschutz und Urheberrecht.

Seligsohn, Jul., **Geheimnis und Erfindungsbesitz.** Groß-Oktav. 147 Seiten. 1921 . . . . RM. 3.—

Reininger, G., **Der Schutz des Urheberrechts im deutschen Rundfunk.** Oktav. 88 Seiten. 1929 . . . . RM. 4.—

„Eine interessante, zeitgemäße, namentlich auch für geistige Neuschöpfer wichtige Studie." *Badische Rechtspraxis.*

Wolff, F., und **Crisolli,** K.-A., **Das Recht der Reklame.** Lexikon-Oktav. 424 Seiten. 1929 . . . . RM. 20.—, geb. RM. 22.—

Mit diesem Buch ist erstmalig eine systematische erläuternde Zusammenstellung der hauptsächlichsten Bestimmungen gegeben, die von Reklame handeln, bzw. mit Reklame in irgendeinem Zusammenhang stehen. In der Praxis macht sich das Fehlen einer solchen Bearbeitung sehr bemerkbar, da die Reklame in der Gesetzgebung kein in sich abgeschlossenes Gebiet bildet, sondern ihre gesetzlichen Grundlagen in den mannigfachen Bestimmungen des privaten und öffentlichen Rechts findet. Die Verfasser haben die einschlägige Rechtsprechung und Literatur bis in die neueste Zeit berücksichtigt.

Pinner-Elster, Gesetz gegen den unlauteren Wettbewerb. Achte, sehr vermehrte und umgestaltete Auflage. Taschenformat. 254 Seiten. 1927. (Guttentagsche Sammlung Deutscher Reichsgesetze Bd. 37.)
Geb. RM. 5.—

„Das Buch ist mehr als eine bloße ‚Textausgabe mit Anmerkungen', nämlich ein richtiger Kommentar, und wird in der Praxis ausgezeichnete Dienste tun."
Senatspräsident am Reichsgericht Dr. Lobe, Leipzig, i. d. Jurist. Wochenschrift.

Wassermann, Martin, **Der unlautere Wettbewerb** nach deutschem Recht. I. Generalklausel, Reklameauswüchse, Ausverkaufswesen, Angestelltenbestechung. 160 Seiten. 1911. II. Kreditschädigung, Firmen- und Namenmißbrauch, Verrat von Geheimnissen, Ausländerschutz. 151 Seiten. 1911. (Sammlung Göschen Bd. 339 u. 535.) . . . Geb. je RM. 1.80

Born, A., **Reichspreßgesetz** vom 7. Mai 1874 nebst den einschlägigen Bestimmungen der Reichsverfassung, des Reichsstrafgesetzbuches, der Gewerbeordnung usw. Mit Kommentar und Sachregister. Dritte Auflage. Taschenformat. 176 Seiten. 1924. (Guttentagsche Sammlung Deutscher Reichsgesetze Bd. 53.) . . . . Geb. RM. 4.—

„Das Werk bringt eine sehr reichhaltige Kommentierung des Stoffes, die um so wertvoller ist, als den Entscheidungen der Wortlaut der Urteilsbegründungen beigefügt ist. Sämtliche einschlägigen Bestimmungen der das Pressewesen berührenden Gesetze sind aufgeführt, eingehend besprochen und in Beziehung zueinander gebracht worden. Als Nachschlagewerk in Zweifelsfällen wird das Buch von großem Nutzen sein.“ Ministerialblatt für die preußische innere Verwaltung.

Hagens, Alfred, **Warenzeichenrecht.** Kommentar. Groß-Oktav. VIII, 408 Seiten. 1927. (Gewerbe- und Industrie-Kommentar Bd. III.) RM. 22.—, geb. RM. 24.—

„Eine ausführliche Darstellung, die zeigt, daß der Verfasser das gesamte Fachschrifttum und die reichhaltige Rechtsprechung restlos beherrscht. Ich habe gefunden, daß nicht ein einziger Fall von Bedeutung fehlt.“ Markenschutz und Wettbewerb.

Seligsohn, Arnold, **Gesetz zum Schutz der Warenbezeichnungen.** Dritte Auflage, bearbeitet in Gemeinschaft mit Martin Seligsohn in Berlin. Groß-Oktav. IV, 416 Seiten. 1925. RM. 15.—, geb. RM. 16.50

„Der Kommentar zeigt alle Vorzüge des in der Wissenschaft und Praxis des gewerblichen Rechtsschutzes gleich ausgezeichneten Juristen: volle theoretische und praktische Beherrschung des Stoffes, klare Darstellungsgabe, sorgsame Behandlung und treffsicheres Urteil.“ Badische Rechtspraxis.

Freund, G. S., **Magnus**, Julius, und **Jüngel**, Friedrich, **Das deutsche Warenzeichenrecht.** Sechste, neubearbeitete Auflage. Teil I: Die internationalen Verträge. VI, 247 Seiten. Mit 4 Tafeln. 1924. (Guttentagsche Sammlung Deutscher Reichsgesetze Bd. 87a.) Geb. RM. 9.—

„Das ganze Werk mit seiner Fülle von Gesetzen, Verordnungen, Verträgen, Bekanntmachungen bildet eine Quellensammlung für das internationale deutsche Zeichenrecht, ohne die man fortan nicht mehr auskommen kann.“ Gewerblicher Rechtsschutz und Urheberrecht.

IV. Zivilprozeß

Fischer, Otto, **Lehrbuch des deutschen Zivilprozeß- und Konkursrechts.** Groß-Oktav. XII, 488 Seiten. 1918 . . . RM. 8.—, geb. RM. 10.—

Kisch, Wilh., **Deutsches Zivilprozeßrecht.**

I. Band. Vierte, verbesserte Auflage. 115 Seiten. 1929. (Sammlung Göschen Bd. 428.) . . . . Geb. RM. 1.80

II. Band. Vierte, verbesserte Auflage. 168 Seiten. 1929. (Sammlung Göschen Bd. 430.) . . . . Geb. RM. 1.80

III. Band. Vierte, verbesserte Auflage. 148 Seiten. 1929 (Sammlung Göschen Bd. 430.) . . . . Geb. RM. 1.80

Diese Auflage wird jedem, der sich auf gemeinverständliche Weise über unser geltendes Zivilgerichtswesen unterrichten will, gute Dienste leisten, und kann namentlich den Studierenden des Rechts als Einführung bestens empfohlen werden.

Sydow, R., **Busch**, L., und **Krantz**, W., **Zivilprozeßordnung und Gerichtsverfassungsgesetz** nebst Anhang, enthaltend Entlastungsgesetze. Handkommentar unter besonderer Berücksichtigung der Entscheidungen oberster Gerichte. Neubearbeitete, zwanzigste Auflage. Erster Band: Einführungsgesetz und Zivilprozeßordnung §§ 1—703. Groß-Oktav. VIII, 872 Seiten. 1930. (de Gruytersche Sammlung Deutscher Gesetze, Handkommentare.) . . . . . . Geb. RM. 18.—

Der Bezug des ersten Bandes verpflichtet zur Abnahme des zweiten Bandes.

„Der Wert des Werkes ist längst anerkannt. Es gibt wohl keinen Praktiker, der sich seiner nicht mit besonderer Vorliebe bedient. Vollständigkeit, Übersichtlichkeit, Zuverlässigkeit und Ausführlichkeit der Erläuterungen sind auch diesmal dem allgemein beliebten Buche als seine hervorstechendsten Vorzüge treugeblieben. Für die Praxis ist es unentbehrlich.“

Zeitschrift des Bundes Deutscher Justizamtmänner.

Zivilprozeßordnung mit Gerichtsverfassungsgesetz und Einführungsgesetzen in der Fassung der Bekanntmachung vom 13. Mai 1924 mit den bis 1. April 1929 **ergangenen Abänderungen**. Textausgabe mit Sachregister. Taschenformat. 440 Seiten. 1929. (Guttentagsche Sammlung von Textausgaben ohne Anmerkungen.) . . . Geb. RM. 3.50

Die handliche Ausgabe enthält den genannten Gesetzestext mit einem das Zurechtfinden sehr erleichternden Sachregister.

Sydow, R., **Busch**, L., und **Krantz**, W., **Gerichtsverfassungsgesetz** mit Einführungsgesetz. Unter besonderer Berücksichtigung der Entscheidungen des Reichsgerichts. Zehnte Auflage. Taschenformat. 347 Seiten. 1925. (Guttentagsche Sammlung Deutscher Reichsgesetze Bd. 14.) Geb. RM. 6.—

„Das Buch bedarf keiner Empfehlung, es empfiehlt sich selbst durch die Fülle dessen, was es bietet. Gesetzgebung und Rechtsprechung sind bis in die neueste Zeit berücksichtigt.“

Leipziger Zeitschrift für Deutsches Recht.

Rausnitz, Julius, **Gebührenordnung für Notare** vom 28. Oktober 1922 (GS. 404) nebst den einschlägigen Vorschriften des Preußischen Gerichtskostengesetzes vom 28. Oktober 1922 (GS. 363), beide in der Fassung der Gesetze vom 12. April 1923 (GS. 107), 18. Dezember 1923 (GS. 556) und der Verordnung vom 28. Juni 1924 (GS. 573). Sechste, umgearbeitete Auflage. Oktav. 158 Seiten. 1925. (Guttentagsche Sammlung Preußischer Gesetze Bd. 4.) . . . Geb. RM. 7.—

„Der in seiner äußeren Form sehr handlich und gut ausgestaltete Kommentar kann nur auf das wärmste empfohlen werden. Er wird sehr bald ein unentbehrlicher, weil nie versagender Ratgeber werden, der die Berufsarbeit sehr erleichtern wird.“ Juristische Wochenschrift.

Sydow, R., **Busch**, L., und **Krieg**, O., **Die Deutsche Gebührenordnung für Rechtsanwälte**, das Gesetz, betreffend die Erstattung von Rechtsanwaltsgebühren in Armensachen, und die Preußische Landesgebührenordnung mit Erläuterungen. Auf der Grundlage der Sydow-Busch'schen Textausgabe mit Anmerkungen in dreizehnter Auflage unter Mitaufnahme des Gesetzes über die Erstattung in Armensachen neubearbeitet. Taschenformat 496 Seiten. 1929. (Guttentagsche Sammlung Deutscher Reichsgesetze Bd. 17.) . . . . Geb. RM. 9.—

„Die Erläuterung der Gebührenordnung bietet besonders Wertvolles. Sie steht schon lange unter den Anmerkungsausgaben mit an erster Stelle. Und das mit Recht.“

Zeitschrift des Bundes Deutscher Justizamtmänner.

Sydow, R., **Busch,** L., und **Krieg,** O., **Deutsches Gerichtskostengesetz nebst Gebührenordnung** für Gerichtsvollzieher und für Zeugen und Sachverständige in den neuesten Fassungen. Auf der Grundlage der Sydow-Busch'schen Textausgabe mit Anmerkungen neubearbeitet in elfter Auflage. Taschenformat. XI, 433 Seiten. 1928. (Guttentagsche Sammlung Deutscher Reichsgesetze Bd. 15.) . . . . . . Geb. RM. 7.50

„Die neue Auflage bietet unter gründlicher Berücksichtigung der gesamten einschlägigen Rechtsprechung eine zeitgemäße, übersichtliche und erschöpfende Erläuterung des Gesetzes. Für den täglichen Gebrauch in der Praxis erscheint diese Textausgabe mit Anmerkungen als unentbehrlich."

Dr. Natter in der „Württembergischen Zeitschrift für Rechtspflege".

Lindemann, Otto, **Preußisches Gerichtskostengesetz** (neueste Fassung). Nach dem Tode des früheren Herausgebers P. Siméon erläutert. Achte, völlig umgearbeitete Auflage. Taschenformat. 439 Seiten. 1928. (Guttentagsche Sammlung Preußischer Gesetze Bd. 17.) Geb. RM. 8.—

„Die achte Auflage dieser bekannten Ausgabe des Preußischen Gerichtskostengesetzes ist entsprechend den bedeutsamen Änderungen der letzten Jahre völlig umgearbeitet. Die gesamte Rechtsprechung wurde eingehend berücksichtigt, so daß hier eine Erläuterung vorliegt, die Zuverlässigkeit und Vollständigkeit in sich verbindet."

Mitteilungen des Preußischen Richtervereins.

Freiwillige Gerichtsbarkeit

Jastrow, Hermann, und **Günther,** Hermann, **Die Gesetze des Reiches und Preußens über die freiwillige Gerichtsbarkeit.** Textausgabe mit Einleitung, Anmerkungen und Sachregister. Siebente, vermehrte Auflage. Taschenformat. 548 Seiten. 1928. (Guttentagsche Sammlung Deutscher Reichsgesetze Bd. 46.) . . . . Geb. RM. 9.—

„Die Anmerkungen unterrichten in zuverlässiger Weise über die wichtigste Rechtsprechung des Reichsgerichts und der deutschen Oberlandesgerichte auf dem Gebiete der freiwilligen Gerichtsbarkeit. Ein ausführliches Sachregister erhöht die Brauchbarkeit des bewährten Buches, das auch in der neuen Auflage seinen Zweck auf das beste erfüllen wird." *Juristische Wochenschrift.*

Die Gesetze des Reiches und Preußens über die freiwillige Gerichtsbarkeit. Textausgabe mit Sachregister. Taschenformat. 168 Seiten. 1930. (Guttentagsche Sammlung von Textausgaben ohne Anmerkungen mit Sachregister.) . . . . RM. 3.—

Das Buch enthält in der bekannten Art der Guttentagschen Gesetzesausgaben außer dem „Gesetz über die Angelegenheiten der freiwilligen Gerichtsbarkeit" alle in dieses Gebiet fallenden sonstigen Gesetze, Ausführungsbestimmungen, Abkommen, Verordnungen usw. in absolut zuverlässigem Abdruck und ein das Zurechtfinden sehr erleichterndes Sachregister.

Szkolny, Felix, und **Kober,** Leopold, **Das Notariatsrecht,** unter besonderer Berücksichtigung des materiellen Rechts und des Steuer- und Stempelrechts erläutert. Oktav. 236 Seiten. 1926. (Guttentagsche Sammlung Deutscher Reichsgesetze Bd. 163.) . . . . Geb. RM. 8.50

„Die Darlegung des materiellen Rechts, soweit es in der täglichen Anwendung den Notar hauptsächlich beschäftigt. Es wird die Beurkundung einzelner Rechtsgeschäfte und anderer Rechtsvorgänge behandelt. Die Ausführungen verwerten die neueste Lehre und Rechtsprechung eingehend, die Darstellung ist leicht faßlich und klar, einzelne Muster vervollkommnen das anschauliche Bild."

Zeitschrift des Deutschen Notarvereins.

Szkolny, Felix, **Die Belehrungspflicht des Notars.** Oktav. 52 Seiten. 1927. . . . . RM. 2.—

„Ein trotz seines geringen Umfanges sehr nützliches Buch, für das wir dem Verfasser Dank wissen müssen. Es ist zu begrüßen, daß die Beschäftigung mit dem Notariatsrecht zunimmt, und es besteht die Hoffnung, daß dies eine günstige Einwirkung auf die Handhabung des Notariats nicht verfehlen wird."

Zeitschrift des Deutschen Notarvereins.

Konkursordnung und Zwangsvollstreckung

Jaeger, Ernst, **Kommentar zur Konkursordnung** und den Einführungsgesetzen. Mit einem Anhang, enthaltend das Anfechtungsgesetz, die Vergleichsordnung, Auszüge aus den Kostengesetzen, Ausführungsgesetze und Geschäftsordnungen. Sechste und siebente, neubearbeitete Auflage. Groß-Oktav. Der Umfang des Gesamtwerkes umfaßt etwa 100 Bogen. Die Ausgabe erfolgt in Lieferungen.

Gesamtpreis etwa RM. 80.—

Erster Band. Erste Lieferung (§§ 1—16). 296 Seiten. 1928. RM. 16.—

Erster Band. Zweite Lieferung (§§ 17—27). Seite 297—472. 1929. RM. 10.—

Erster Band. Dritte Lieferung. (§§ 28—42.) Seite 473—736. 1930. RM. 15.—

„Das Jaegersche Werk ist ohne Zweifel der beste von den mehreren guten Kommentaren zur Konkursordnung, die wir besitzen."

Zeitschrift für Deutschen Zivilprozeß.

Sydow, R., **Busch,** L., und **Krieg,** O., **Konkursordnung** und Anfechtungsgesetz mit Erläuterungen. Auf der Grundlage der Sydow-Buschschen Textausgabe mit Anmerkungen in fünfzehnter Auflage unter Mitaufnahme der Vergleichsordnung neubearbeitet. Taschenformat. 816 Seiten. 1929. (Guttentagsche Sammlung Deutscher Reichsgesetze Nr. 13.) . . . . Geb. RM. 12.—

„Die Erläuterungsbücher von Sydow-Busch sind als Kommentare mittleren Umfanges seit vielen Jahren in der Juristenwelt rühmlichst bekannt." *Juristische Rundschau.*

Fischer, K., und **Schäfer,** L., **Die Gesetzgebung, betr. die Zwangsvollstreckung in das unbewegliche Vermögen** im Reiche und in Preußen. Bearbeitet von J. Krech und O. Fischer. Zweite Auflage. Lexikon-Oktav. XVI, 728 Seiten. 1910 . . . RM. 15.—, geb. RM. 18.—

„Unter den zahlreichen Bearbeitungen des Zwangsvollstreckungsgesetzes ist der Kommentar von Fischer und Schäfer wohl der wissenschaftlich bedeutendste. Überall sind die Erläuterungen systematisch, manchmal geradezu lehrbuchartig aufgebaut, die leitenden Gedanken treten trotz der Fülle der behandelten Einzelfragen klar und deutlich hervor."

Zeitschrift für Rechtspflege in Bayern.

Krech, J., und **Fischer,** O., **Die Gesetzgebung, betr. die Zwangsvollstreckung in das unbewegliche Vermögen** im Reiche und in Preußen. Textausgabe mit Einleitung, Anmerkungen und Sachregister. Zehnte Auflage, bearbeitet von O. Fischer. Taschenformat. 266 Seiten. 1929. (Guttentagsche Sammlung Deutscher Reichsgesetze Bd. 43.)

Geb. RM. 5.—

„Einer besonderen Empfehlung dieser handlichen Ausgabe, deren Hauptteil das Gesetz über die Zwangsversteigerung und Zwangsverwaltung bildet, bedarf es nicht, Gesetzgebung, Rechtsprechung und Rechtslehre sind bis zur Gegenwart berücksichtigt."

Sächsisches Archiv für Rechtspflege.

Samter, M. K., **Handbuch zum Verfahren der Zwangsversteigerung und Zwangsverwaltung** nach dem Reichsgesetz vom 24. März 1897 (Fassung vom 20. Mai 1898). Zweite Auflage, vermehrt durch einen Nachtrag und ein Selbstexaminatorium. VIII, 400 Seiten. 1912. RM. 5.—

Im ersten Teil dieses Handbuches sind, seinem Einführungszweck entsprechend, die allgemeinen und materiellrechtlichen Grundlagen des Verfahrens kurz dargestellt, deren Aneignung jüngeren Juristen besonders schwer fällt. Im zweiten Teil ist das Verfahren in organischer Plastik zur Darstellung gelangt, um auch älteren Juristen, in strepitu fori, eine leichte und doch voll ausreichende Übersicht der in Betracht kommenden Vorschriften und Rechtsgrundsätze zu gewähren.

Kretzschmar, F., **Die Zwangsversteigerung und die Zwangsverwaltung.** 110 Seiten. 1911. (Sammlung Göschen Bd. 523.) . . Geb. RM. 1.80

V. Strafrecht und Strafprozeß

Strafgesetzbuch

Ebermayer, Ludwig, **Lobe,** Adolf und **Rosenberg,** Werner, **Das Reichsstrafgesetzbuch,** Leipziger Kommentar mit besonderer Berücksichtigung der Rechtsprechung des Reichsgerichts. Vierte, vermehrte und verbesserte Auflage. Lexikon-Oktav. X, 1282 Seiten. 1929. RM. 56.—, in Halbleder geb. RM. 63.—

„Zusammenfassend wird man sagen müssen, daß der Kommentar nun wohl endgültig an die Spitze der großen Kommentare zum StGB. getreten ist.“ *Zeitschrift für Rechtspflege in Bayern.*

Kohlrausch, Eduard, **Strafgesetzbuch für das Deutsche Reich mit Nebengesetzen.** Textausgabe mit Anmerkungen und Sachregister. Früher von Dr. Fr. v. Liszt u. Dr. E. Delaquis. Neunundzwanzigste Auflage. Taschenformat. X, 562, *48 Seiten. 1930. (Guttentagsche Sammlung Deutscher Reichsgesetze Bd. 2.) . . . Geb. RM. 8.—

„Ein Buch, an Hand dessen eine schnelle und zuverlässige Orientierung über die wichtigsten Auslegungsfragen möglich ist. Es dient in gleicher Weise dem Studierenden zur Einführung in eine Lektüre des Gesetzes wie dem Praktiker zur schnellen Auffindung einer Entscheidung.“

Rechtsanwalt Dr. Max Alsberg in der „Juristischen Wochenschrift“.

Liszt, Fr. v., **Lehrbuch des deutschen Strafrechts.** Fünfundzwanzigste, vollkommen durchgearbeitete und zum Teil umgestaltete Auflage, besorgt von Dr. E. Schmidt, Professor an der Universität Breslau. Groß-Oktav. XXXIV, 976 Seiten. 1927. RM. 27.50, geb. RM. 30.—

„Das Lisztsche Lehrbuch wird auch in dieser neuen Bearbeitung seinen ersten Platz und seinen Weltruf sich bewahren.“

Zeitschrift des Deutschen Notarvereins.

Gerland, H. B., **Das deutsche Reichsstrafrecht.** Oktav. 600 Seiten. 1922. (Lehrbücher und Grundrisse der Rechtswissenschaft Bd. XVI.) RM. 10.—, geb. RM. 11.50

„Durch knappe, geradezu klassische Kürze zeigende Darstellung gelang es Gerland auf engem Raume eine ungeheure Fülle des Stoffes zu bieten und auf jede Frage Antwort zu geben.“

Juristische Wochenschrift.

Gerland, H., Der Entwurf 1925. Allgemeiner Teil. Kritische Bemerkungen. Oktav. 96 Seiten. 1925 . . . . RM. 5.—

„Eine außerordentlich interessante Abhandlung. Die Schrift stellt ein fast unentbehrliches Hilfsmittel für jeden dar, der sich mit den einschlägigen Fragen zu beschäftigen hat."

Mitteilungen des Preußischen Richtervereins.

Aschrott, P. F. u. Kohlrausch, Ed., Reform des Strafrechts. Kritische Besprechung des Amtlichen Entwurfs eines Allgemeinen Deutschen Strafgesetzbuchs. Auf Veranlassung der Deutschen Landesgruppe der Internationalen Kriminalistischen Vereinigung unter Mitwirkung erster Fachgenossen herausgegeben. Gr.-Oktav. V, 415 S. 1926. RM. 18.—

„Die gestellte Aufgabe ist glänzend gelöst. Kaum ein Punkt ist übersehen worden, der die Kritik herausfordert. — Niemand, der an der endgültigen Gestaltung unseres Strafrechts Anteil nimmt, darf an dieser Sammelkritik achtlos vorübergehen."

Geh. Hofrat Prof. Dr. v. Lilienthal in der „Deutschen Juristen-Zeitung".

Zeitschrift für die gesamte Strafrechtswissenschaft. Gegründet von **Fr. von Liszt und A. Dochow.** Unter ständiger Mitarbeiterschaft hervorragender Fachmänner herausgegeben von Dr. K. von Lilienthal, Professor in Heidelberg, Dr. Ed. Kohlrausch, Professor in Berlin, und Dr. W. Gleispach, Professor in Wien. Der Jahrgang besteht aus 8—9 Heften. Quart.

Bd. 1—43. 1881—1922. Je RM. 15.—. Bd. 44. 1922. RM. 25.—. Bd. 45. 1924. RM. 21.—. Bd. 46—49. 1925—1929. Je RM. 30.—.

Sammlung außerdeutscher Strafgesetzbücher in deutscher Übersetzung. Herausgegeben von den Schriftleitungen der Zeitschrift für die ges. Strafrechtswissenschaft u. d. Mitteilungen der Internationalen Kriminalistischen Vereinigung. Nr. 1—43. 1881—1914 . . Preise auf Anfrage.

Nr. 44:

Japanische Strafgesetze. I. Schwurgerichtsordnung vom 18. April 1923 und strafrechtliche Nebengesetze. Übersetzt von Hyoichiro Kusano, Reichsgerichtsrat in Tokio, Tadao Sugiura, Oberlandesgerichtsrat in Sapporo, und Dr. jur. Fritz Bartelt in Berlin. II. Strafvollzugsgesetz vom 28. März 1908 nebst Ausführungsverordnung vom 16. Juni 1908. Übersetzt von Dr. jur. Toshita Tokiwa, Gerichtsassessor in Tokio, und Dr. jur. Werner Gentz, Justizrat beim Strafvollzugsamt in Kiel. Oktav. 55 Seiten. 1927. RM. 3.—

Nr. 45:

Die Auslieferungsgesetze Norwegens, Schwedens und Finnlands. Mit einer systematischen Darstellung der Grundzüge des nordischen Auslieferungsrechts im Hinblick auf den Erlaß eines deutschen Auslieferungsgesetzes Von Dr. jur. Ernst Wolgast, Privatdozent in Königsberg i. Pr. Groß-Oktav. VIII, 487 Seiten. 1928. . . RM. 20.—

Nr. 46:

Das Türkische Strafgesetzbuch vom 1. März 1926. Gesetz Nr. 765. (Türkisches Gesetzblatt Nr. 320 vom 13. März 1926.) Das Ausführungsgesetz zum Türkischen Strafgesetzbuch vom 26. April 1926. Deutsche Übersetzung von Dr. K. Ziemke. Oktav. 138 S. 1927. RM. 5.—

Nr. 47:

Entwurf eines griechischen Strafgesetzbuches. Übersetzt und eingeleitet von Demetrius G. Venturas, Rechtsanwalt in Korfu, Griechenland. Oktav. 123 Seiten. 1928 . . . . RM. 7.—

Nr. 48:

Italienischer Vorentwurf zu einem neuen Strafgesetzbuch. (Progetto di un nuovo codice penale.) In deutscher Übersetzung von Dr. K. Bunge, Landgerichtsrat in Berlin. Oktav. XXXII, 244 Seiten. · 1928 RM. 10.—

Nebengesetze

Lindemann, Otto, **Sammlung der wichtigsten preußischen Strafgesetze.** Zweite Auflage. Taschenformat. 372 Seiten. 1912. (Guttentagsche Sammlung Preußischer Gesetze Bd. 34.) . . . . . . Geb. RM. 3.50

„Die durch mehrere wichtige Gesetze erweiterte zweite Auflage dieses unentbehrlichen Ergänzungsbandes zu den in Einzelausgaben erschienenen Preußischen Gesetzen ist durch die Wiedergabe der noch geltenden vereinzelten alten Strafvorschriften nebst trefflich unterrichtenden Vorbemerkungen und Erläuterungen besonders wertvoll. Nur mittels einer solchen ausgezeichneten Sammlung ist es möglich, auch die zerstreuten Gebiete des Strafrechts völlig zu beherrschen." Deutsche Juristen-Zeitung.

Fraustädter, Werner, **Deutsches Auslieferungsgesetz** vom 23. Dezember 1929 und andere neuere Vorschriften der Rechtshilfe in Strafsachen, einschließlich der Auslieferung. Textausgabe mit Einleitung, Erläuterungen und Sachregister. Etwa 150 Seiten. 1930. (Guttentagsche Sammlung Deutscher Reichsgesetze Bd. 86.) . . . . Geb. RM. 4.—

Das Auslieferungsgesetz hat durch die Neufassung vom 25. 12. 1929 eine starke Umgestaltung erfahren, die zur Hearusgabe der vorliegenden Neubearbeitung geführt hat. Diese enthält eine ausführliche Erläuterung der neuen Bestimmungen sowie einen Abdruck der wichtigsten Verträge und Vorschriften und ermöglicht einen vollständigen Überblick über den gegenwärtigen Stand des deutschen Auslieferungsrechtes.

Kirchner, Rudolf, **Gesetz über den Verkehr mit Kraftfahrzeugen.** Vierte Auflage. (Guttentagsche Sammlung Deutscher Reichsgesetze Bd. 92.) In Vorbereitung.

„Ein sehr wertvolles Hilfsmittel für Anwendung und Auslegung des wichtigen Gesetzes." Leipziger Zeitschrift für deutsches Recht.

Lindemann, Otto, **Polizeiverordnungen in Preußen.** Zweite Auflage. Taschenformat. 189 Seiten. 1912. (Guttentagsche Sammlung Preußischer Gesetze Bd. 36.) . . . . Geb. RM. 2.50

Abhandlungen des Kriminalistischen Instituts an der Universität Berlin. Herausgegeben von Dr. **Franz von Liszt,** o. Professor der Rechte. Sonderverzeichnis kostenlos. Vierte Folge. I. Band.

Heft 1:

Dannenberg, Herbert, **Liberalismus und Strafrecht im 19. Jahrhundert unter Zugrundelegung der Lehren Karl Georg von Waechters.** Oktav. IV, 66 Seiten. 1925 . . . . RM. 3.—

Heft 2:

Tarnowski, Dr. Hans, **Die systematische Bedeutung der adäquaten Kausalitätstheorie für den Aufbau des Verbrechensbegriffs.** Oxtav. X, 340 Seiten. 1927 . . . . RM. 18.—

Heindl, Robert, **System und Praxis der Daktyloskopie** und der sonstigen technischen Methoden der Kriminalpolizei. Dritte, neubearbeitete und vermehrte Auflage. 900 Abbildungen im Text und 21 Bildertafeln. 780 Seiten. Groß-Oktav. 1927 . . . . . RM. 36, geb. RM. 40.—

„Ein Werk, mit dem wohl für geraume Zeit die Literatur dieses Gebiets ihren krönenden Abschluß gefunden haben dürfte. — Es darf erwartet werden, daß jeder Richter, Rechtsanwalt und Verteidiger sich dieses vorzüglichen Werkes bedient." Deutsche Juristenzeitung.

Kleine kriminalistische Bücherei.

Band 1:

Schneickert, Hans, **Die strafrechtlichen Aufgaben der Polizei.** Für den Polizeiunterricht und die Polizeipraxis. Taschenformat. 182 Seiten. 1921. RM. 2.—

Band 2:

Philipp, Lothar, **Beobachtungs- und Ermittlungspraxis im Polizei- und Detektivdienst.** Taschenformat. 180 Seiten. 1923 . . . RM. 2.—

„Alles in allem: ein Buch, für den Fachmann lesenswert, für den Anfänger ein guter Leitfaden, für den Laien interessant." Zeitschrift für gerichtliche Schriftvergleichung.

Band 3:

Manteuffel, H. v., **Falschspieler.** Formen und Technik des Spielbetruges, nebst einem Anhange: Der Spielprofessor und sein angeblich sicheres System beim Spiele gegen eine öffentliche Roulettebank. Taschenformat 90 Seiten. 1923 . . . . RM. 2.—

Gerade heutzutage, wo die Spielleidenschaft so weite Kreise zieht, ist es von besonderem Reiz, diese klare, flüssige und lehrreiche Darstellung zu verfolgen.

Band 4:

Schneickert, Hans, **Kriminalistische Spurensicherung.** Sammlung dienstlicher Anweisungen und sachverständiger Ratschläge für den Dienstgebrauch und für Polizeischulen. Zweite, vermehrte und verbesserte Auflage. Taschenformat. 96 Seiten. Mit 2 Abbildungen. 1925. Geb. RM. 3.—

„Alle Einzelheiten werden hervorgehoben und als möglicherweise wichtige Beweismomente in einem vielarmigen System zusammengefaßt. In der Durchführung seiner Aufgabe hat der Verfasser tatsächlich alles berücksichtigt, was für das Beweisverfahren von Bedeutung ist und sein könnte." Archiv für Kriminologie.

Band 5:

Rehfeld, P., **Gerichtsärztliche Tatbestandsfeststellungen** im Dienste der Polizei. Ein Leitfaden für Polizei- und Kriminalbeamte. Taschenformat. 133 Seiten. 1927 . . . . Geb. RM. 3.50

„Die Bearbeitung gibt eine geschlossene, einheitliche Behandlung des Stoffgebietes durch einen Arzt, wie sie anderweitig in der kriminalistischen Literatur nicht vorhanden ist." Deutsches Polizeiarchiv.

Strafprozeßordnung

Kohlrausch, Eduard, **Strafprozeßordnung** und Gerichtsverfassungsgesetz. Textausgabe mit Einleitung, Anmerkungen und Nebengesetzen. In Verbindung mit Dr. Hermann Mannheim, Landgerichtsrat und Professor in Berlin, bearbeitet von Dr. Eduard Kohlrausch, Professor der Rechte in Berlin. Zweiundzwanzigste Auflage (101. bis 104. Tausend). Taschenformat. XI, 510 Seiten. 1930. (Guttentagsche Sammlung Deutscher Reichsgesetze Bd. 12.) RM. 7.50

„Das Buch ist nicht nur für den Praktiker, der sich rasch unterrichten will, sondern auch für den Studierenden, zumal wenn ihm die wirtschaftlichen Verhältnisse die Anschaffung umfangreicher Kommentare nicht ermöglichen, von größtem Wert." Oberreichsanwalt Dr. Ebermayer in der „Juristischen Wochenschrift".

Feisenberger, Albert, **Strafprozeßordnung und Gerichtsverfassungsgesetz.** Handkommentar. Groß-Oktav. IX, 517 Seiten. 1926. Mit Nachtrag. 1927. (de Gruytersche Sammlung Deutscher Gesetze. Handkommentare.) . . . . Geb. RM. 17.—

„Eine glänzende Arbeit, die bald in der Hand jedes Strafrichters und Rechtsanwalts sein wird. Geradezu vorbildlich ist der Handkommentar für den Umfang der Heranziehung der Rechtsprechung. Alles Wesentliche ist berücksichtigt." Danziger Juristische Monatsschrift.

Beling, E., Deutsches Reichsstrafprozeßrecht mit Einschluß des Strafgerichtsverfassungsrechts. Oktav. XIV, 568 Seiten. 1928. (Lehrbücher und Grundrisse der Rechtswissenschaft Bd. XVII.)
RM. 15, geb. RM. 16.50

Die Eigenart des vorliegenden Lehrbuches des Reichsstrafprozeßrechts ist, daß es dem Verständnis der Gesetzestexte vorarbeiten und zu ihnen hinführen will. Gerade das, was nicht im Gesetz steht, ist die Hauptsache; die Gesetzesparagraphen sind Ziel, nicht Ausgangspunkt. Insbesondere aber stellt der Verfasser die Regelungsinhalte des geltenden Rechts in die heutige rechtspolitische Gedankenwelt hinein und gibt ein auch äußerlich scharf hervortretendes System, das den Lernenden befähigt, die Fülle der Einzelheiten unter allgemeinen Ordnungsgesichtspunkten zusammenzusetzen.

Rosenfeldt, E. H., **Deutsches Strafprozeßrecht.** 2 Bände. 128 und 148 Seiten. 1926. (Sammlung Göschen Bd. 938/939.) Geb. je RM. 1.80

„Eine wissenschaftlich hochstehende, auf einem knappen Raum zusammengedrängte, klar und originell geschriebene Einführung in den deutschen Strafprozeß." Schweizer. Zeitschrift für Strafrecht.

Löwe, F., und **Rosenberg,** Werner, **Die Strafprozeßordnung für das Deutsche Reich** vom 22. März 1924 nebst dem Gerichtsverfassungsgesetz. Kommentar. Achtzehnte, neubearbeitete Auflage. Lexikon-Oktav. 1332 Seiten. 1929 . . . . RM. 44.—, in Halbleder geb. RM. 50.—

„Der Löwesche Kommentar hat sich in Wissenschaft und Rechtsprechung eine so hervorragende Stellung erworben, daß er zum unentbehrlichen Ratgeber für Theoretiker und Praktiker geworden ist. Der Kommentar steht nach wie vor an erster Stelle und ist ein Meisterwerk in der Kunst einer klaren, übersichtlichen und erschöpfenden Darstellung dieses außerordentlich spröden Stoffes." Zeitschrift des deutschen Notarvereins.

Feisenberger, Albert, **Strafprozeßordnung und Gerichtsverfassungsgesetz,** in alter und neuer Fassung synoptisch gegenübergestellt. Mit ausführlichem Sachregister. Taschenformat. 265 Seiten. 1924. Mit Nachtrag. 1927. (Guttentagsche Sammlung Deutscher Reichsgesetze Bd. 158.) . . . . Geb. RM. 4.50

„Die Ausgabe ist für die Praxis auf längere Zeit unentbehrlich. Die synoptische Darstellung erleichtert die Arbeit und schützt vor Gedächtnisfehlern." Juristische Wochenschrift.

Aschrott, P. F., **Die Reform des Strafprozesses.** Kritische Besprechungen der von der Kommission für die Reform des Strafprozesses gemachten Vorschläge. Auf Veranlassung der Internationalen Kriminalistischen Vereinigung, Gruppe Deutsches Reich. Groß-Oktav. XII, 120 und 784 Seiten. 1906 . . . . RM. 12.—

Beiträge zur Reform des Strafprozesses. Herausgegeben von Dr. Franz **Adickes,** Dr. P. F. **Aschrott,** Dr. K. **von Lilienthal,** Dr. Fr. **von Liszt.** 2 Bände. Groß-Oktav. I. Bd. Heft 1—6. 1908. RM. 9.70. — II. Bd. Heft 1—5. 1909. RM. 15.10.

Frede, L. u. **Grünhut,** M., **Reform des Strafvollzuges.** Kritische Beiträge zu dem Amtlichen Entwurf eines Strafvollzugsgesetzes. Oktav. VII, 264 Seiten. 1927 . . . . RM. 10.—

Die in dem vorliegenden Buch zusammengefaßten Beiträge üben nicht nur eine Einzelkritik an den Bestimmungen des Entwurfs, sondern dienen zugleich unter dem Gesichtspunkt der gegenwärtigen gesetzgeberischen Aufgabe der wissenschaftlichen Grundlegung des ganzen Strafvollzugsproblems.

VI. Öffentliches Recht.

1. Staats- und Völkerrecht.

Fischbach, O. G., **Allgemeine Staatslehre.** Zweite Auflage. 136 Seiten. 1928. (Sammlung Göschen Bd. 358.) . . . . . Geb. RM. 1.80

„Das Buch darf einer breiten Öffentlichkeit als ausgezeichnete Einführung, den Fachgenossen aber, jung und alt, als Musterbeispiel wissenschaftlichen Bemühens um die denkbar beste Leistung anempfohlen werden, wie man ihm heute nicht allzu häufig mehr begegnet."
Reichsverwaltungsblatt.

Fischbach, O. G., **Allgemeines Staatsrecht.**
1. Teil. 139 Seiten. 1923. (Sammlung Göschen, Bd. 415.)
Geb. RM. 1.80
II. Teil. 151 Seiten. 1923. (Sammlung Göschen Bd. 416.)
Geb. RM. 1.80

Diese Bearbeitung bringt nicht bloß einen leicht faßlichen gemeinverständlichen Überblick über alle Zweige des Staatsrechtes, sondern auch in den einzelnen Partien viele gründliche wissenschaftliche Erörterungen der einschlagenden Probleme und kritischen Beleuchtung der verschiedenen Rechtsansichten.

Stier-Somlo, Fritz, **Deutsches Reichs- und Landesstaatsrecht I.** Oktav. XVI, 726 Seiten. 1924. (Lehrbücher und Grundrisse der Rechtswissenschaft Bd. XVIII.) . . . . RM. 16.50, geb. RM. 18.—

„. . . Von den zurzeit vorhandenen größeren Lehrbüchern des Reichsstaatsrechts das geignetste." *Juristische Wochenschrift.*

Stier-Somlo, Fritz, **Reichsstaatsrecht.** I. Grundbegriffe des Staatsrechts. Verfassungsgeschichte vom Ende des 18. Jahrhunderts bis zur Reichsverfassung vom 11. August 1919. 108 Seiten. 1927. (Sammlung Göschen Bd. 967.) . . . . Geb. RM. 1.80
II. Das geltende Reichsstaatsrecht. 114 Seiten. 1927. (Sammlung Göschen Bd. 968.) . . . . Geb. RM. 1.80

Stier-Somlo, Fritz, **Preußisches Staatsrecht.** Zweite Auflage. 136 Seiten. 1927. (Sammlung Göschen Bd. 298.) . . . . Geb. RM. 1.80

„Die drei schmalen Bändchen werden nicht allein als wünschenswertes Orientierungsmittel für den Laien und den angehenden Juristen zu begrüßen sein, sondern auch dem im praktischen Berufsleben stehenden Juristen Anregung und Belehrung bieten."
Juristische Wochenschrift.

Arndt, Adolf, **Die Verfassung des Deutschen Reiches.** Dritte Auflage. Taschenformat. 1927. (Guttentagsche Sammlung Deutscher Reichsgesetze Bd. 137.) . . . . RM. 8.—

„Für alle, die sich auf dem schwierigen Gebiet der Reichverfassung orientieren wollen, liegt hier ein vorzügliches Nachschlagewerk von gediegener Wissenschaftlichkeit vor."
Staats- und Selbstverwaltung.

Stier-Somlo, Fritz, **Kommentar zur Verfassung des Freistaates Preußen.** Groß-Oktav. 319 Seiten. 1921 . . . . Geb. RM. 3.—

„Die Darstellung ist flüssig und knapp und ist als treffliche Orientierung über das neue Verfassungswerk, eine Orientierung, die ihre notwendige Ergänzung in dem vorzüglichen Kommentar Stier-Somlos findet, sehr zu empfehlen." *Zeitschrift für öffentliches Recht.*

Arndt, Adolf, **Die Verfassung des Freistaats Preußen** vom 30. November 1920. Mit Einleitung, vollständigem Kommentar, Landeswahlgesetz und Sachregister. Taschenformat. 158 Seiten. 1921. (Guttentagsche Sammlung Preußischer Gesetze Bd. 1.) Geb. RM. 2.—

„Die Einleitung ist eine vortreffliche staatsrechtliche Abhandlung, die unter Berücksichtigung und Verwertung der einschlägigen Literatur in die Entstehungsgeschichte und in die Bedeutung der Verfassungsurkunde einführt. Der Kommentar wird denjenigen, die sich mit den einzelnen Bestimmungen der Verfassung vertraut machen wollen, ein willkommener Ratgeber sein."
Zeitschrift für Polizei- und Verwaltungsbeamte.

Veröffentlichungen der Vereinigung deutscher Staatsrechtslehrer.
Heft 1: Der deutsche Föderalismus. Oktav. 1924 . . . RM. 5.—
Heft 2: Der Schutz des öffentlichen Rechts. Oktav. 1925. RM. 12.—
Heft 3: Die Gleichheit vor dem Gesetz. Der Einfluß des Steuerrechts auf die Begriffsbildung des öffentlichen Rechts. Oktav. 1927. RM. 7.—
Heft 4: Das Recht der freien Meinungsäußerung. — Der Begriff des Gesetzes in der Reichsverfassung. Oktav. 1928 . . . . . . RM. 10.—
Heft 5: Wesen und Entwicklung der Staatsgerichtsbarkeit. — Überprüfung von Verwaltungsakten durch die ordentlichen Gerichte. Oktav. 1929 . . . . RM. 12.—
Heft 6: Bundesstaatliche und gliedstaatliche Rechtsordnung. Verwaltungsrecht der öffentlichen Anstalt. Berichte von Fritz Fleiner, Josef Lukas, Lutz Richter und Arnold Köttgen. Verhandlungen der Tagung der deutschen Staatsrechtslehrer zu Frankfurt a. M. am 25. und 26. April 1929. Mit einem Auszug aus der Aussprache. Oktav. IV, 166 Seiten. 1929 . . . . RM. 9.—

Sehling, Emil, **Kirchenrecht.** Zweite Auflage.

I. Teil. Einleitung. Quellen, Verfassung und Verwaltung der katholischen Kirche. Anhang: Die griechisch-orthodoxe Kirche. 119 Seiten. 1922. (Sammlung Göschen Bd. 377.) . . . . Geb. RM. 1.80

II. Teil: Das evangelische Kirchenrecht. Die Stellung des Staates zur Kirche und das Verhältnis der Religionsgesellschaften zueinander. 87 Seiten. 1927. (Sammlung Göschen Bd. 954.) . . . Geb. RM. 1.80

Edler v. Hoffmann, H., **Deutsches Kolonialrecht.** 150 Seiten. 1907. (Sammlung Göschen Bd. 318.) . . . . Geb. RM. 1.80

Reier, Otto, **Sozialisierungsgesetze.** Taschenformat. 214 Seiten. 1920. (Guttentagsche Sammlung Deutscher Reichsgesetze Bd. 141.) Geb. RM. 2.20

„Das Werk stellt die erste zusammenfassende kommentarische Darstellung der Sozialisierungsgesetzgebung dar und ist für alle Interessenten unentbehrlich." *Zentralblatt der Reichsversicherung.*

Delius, H., **Die Beamtenhaftpflichtgesetze** des Reiches und der Länder. Vierte, vermehrte und vollkommen neubearbeitete Auflage. Taschenformat. 384 Seiten. 1929. (Guttentagsche Sammlung Deutscher Reichsgesetze Bd. 94.) . . . . Geb. RM. 10.—

Hohenstein, Adolf, und **Goldbaum,** Wenzel, **Reichsschädengesetze.** Textausgabe mit Anmerkungen. Oktav. 360 Seiten. 1922. (Guttentagsche Sammlung Deutscher Reichsgesetze Bd. 150.) . . . Geb. RM. 4.—

„Im ganzen ist das vorliegende Werk nicht nur ein wertvolles Hilfsmittel für den Fachmann, sondern ist besonders jedem Geschädigten zu empfehlen, der sich über seine Ansprüche orientieren will."
Auslandswarte.

Wörterbuch des Völkerrechts und der Diplomatie. Begonnen von Professor Dr. Julius **Hatscheck** †. Fortgesetzt und herausgegeben von Dr. Karl **Strupp**, Professor an der Universität Frankfurt a. M., Associé de l'institut de droit international, membre de l'Academie Diplomatique Internationale. Lexikon-Oktav.

Band I: Aachen—Lynchfall. VI, 860 Seiten. 1924.
RM. 35.—, in Halbleder geb. RM. 40.—

Band II: Maas—Utschiali. 779 Seiten. 1925.
RM. 35.—, in Halbleder geb. RM. 40.—

Band III (Schluß): Vasallenstaaten—Zwangsverschickung. Ferner Anhang: Abessinien—Weltgerichtshof; Sachverzeichnis und Mitarbeiterregister. II, 1316 Seiten. 1929.
RM. 62.—, in Halbleder geb. RM. 67.—

„Der Vorsprung, den entsprechende Werke in französischem Sprachgewande bisher hatten, ist nunmehr in Deutschland eingeholt. Die Form der alphabetischen Zergliederung des Stoffes ermöglicht eine breitere Behandlung der Einzelfälle, die im internationalen Rechtsleben nicht selten von größerer Bedeutung als vorzeitig aufgestellte Abstraktionen sind." Zeitschrift für Völkerrecht.

Anzilotti, Lehrbuch des Völkerrechts. Übersetzt und herausgegeben vom Institut für ausländisches öffentliches Recht und Völkerrecht, Berlin. I. Band. Groß-Oktav. 444 Seiten. 1929. RM. 19.—, geb. RM. 20.—

Mit der Herausgabe der Übersetzung dieses Lehrbuches des berühmten Völkerrechtlers ist das Institut für ausländisches öffentliches Recht und Völkerrecht einem in Deutschland außerordentlich fühlbaren Bedürfnis entgegengekommen. Das Buch ist nicht schlechthin eine Übersetzung der italienischen Originalausgabe, sondern berücksichtigt auch die gesamte Rechtsprechung und Literatur der letzten Zeit und stellt somit das zurzeit modernste Lehrbuch des Völkerrechts überhaupt dar.

Niemeyer, Theodor, **Völkerrecht.** 168 Seiten. 1925. (Sammlung Göschen Bd. 865.) . . . . Geb. RM. 1.80

Dieses Bändchen gibt in gedrängter Form eine vollständige Übersicht über das Völkerrecht.

Beiträge zum ausländischen öffentlichen Recht und Völkerrecht. Herausgegeben im Auftrage des Instituts für ausländisches öffentliches Recht und Völkerrecht in Berlin in Gemeinschaft mit Friedrich Glum, Ludwig **Kaas**, Rudolf Smend, Heinrich Triepel von Viktor **Bruns.** Groß-Oktav.

Eine Sammlung einschlägiger wissenschaftlicher Abhandlungen, Materialsammlungen, Übersetzungen besonders wertvoller ausländischer Werke u. a.

Heft 1:

Staatsrecht und Politik. Rede beim Antritt des Rektorats der Friedrich-Wilhelms-Universität zu Berlin am 15. Oktober 1926. Von Heinrich **Triepel.** 40 Seiten. 1927 . . . . RM. 2.—

Heft 2:

Volksentscheid und Volksbegehren. Ein Beitrag zur Auslegung der Weimarer Verfassung und zur Lehre von der unmittelbaren Demokratie. Von Dr. Carl **Schmitt,** o. ö. Professor der Rechte an der Universität Bonn. 54 Seiten. 1927 . . . . RM. 2.60

Heft 3:

Der Aufbau des britischen Reiches. (Der Verhandlungsbericht der Reichskonferenz von 1926.) Eingeleitet und herausgegeben von Gerichtsassessor Dr. K. **Heck,** Referent am Institut für ausländisches öffentliches Recht und Völkerrecht. 152 Seiten. 1927 . . RM. 6.—

Heft 4:

Die Souveränität. Ein Beitrag zur Theorie des Staats- und Völkerrechts. Von Dr. H. **Heller,** Privatdozent und Referent am Institut für ausländisches öffentliches Recht und Völkerrecht. 177 Seiten. 1927 RM. 8.50

Heft 5:

Die Missionsfreiheit nach den Bestimmungen des geltenden Völkerrechts. Von Dr. Theodor **Grentrup,** S. V. D. 112 Seiten. 1928. RM. 5.50

Heft 6:

Das Minoritätenproblem und seine Literatur. Kritische Einführung in die Quellen und die Literatur der europäischen Nationalitätenfrage der Nachkriegszeit, unter besonderer Berücksichtigung des völkerrechtlichen Minderheitenschutzes.

Allgemeiner Teil. Von Jakob **Robinson,** Rechtsanwalt in Kaunas (Litauen). 265 Seiten. 1928 . . . . RM. 9.—

Heft 7:

Der Reichssparkommissar. Von Dr. Karl **Bilfinger,** o. ö. Professor der Rechte an der Universität Halle. 68 Seiten. 1928 . . . RM. 3.60

Heft 8:

Die völkerrechtliche Stellung der fremden Truppen im Saargebiet. Von Dr. jur. J. M. **Bumiller,** Referent am Institut für ausländisches öffentliches Recht und Völkerrecht, Berlin. 156 Seiten. 1928. RM. 9.–

Heft 9:

Das Recht des Ausnahmezustands im Auslande (Frankreich, Belgien, Niederlande, Italien, England, Irland). Bearbeitet im Institut für ausländisches öffentliches Recht und Völkerrecht. 296 Seiten. 1928. RM. 14.—

Heft 10:

Die Beziehungen zwischen dem Parlament und den Gerichten in England. Eine rechtsvergleichende Studie. Von Heinrich B. **Gerland.** 137 Seiten 1928 . . . . RM. 8.—

Heft 11:

Zu den Problemen des fascistischen Verfassungsrechts. Akademische Antrittsvorlesung. Von Dr. Gerhard **Leibholz,** Privatdozent an der Universität Berlin, Referent am Institut für ausländisches öffentliches Recht und Völkerrecht. 112 Seiten. 1928 . . . . RM. 5.—

Heft 12:

Der deutsche und der französische Reichswirtschaftsrat. Ein Beitrag zu dem Problem der Repräsentation der Wirtschaft im Staat. Von Dr. Friedrich **Glum,** Privatdozent an der Universität Berlin, Wissenschaftliches Mitglied des Instituts für ausländisches öffentliches Recht und Völkerrecht. 188 Seiten. 1929 . . . . RM. 9.—

Heft 13:

Das Wesen der Repräsentation unter besonderer Berücksichtigung des Repräsentativsystems. Ein Beitrag zur allgemeinen Staats- und Verfassungslehre. Von Dr. Gerhard **Leibholz,** Privatdozent an der Universität Berlin, Referent am Institut für ausländisches öffentliches Recht und Völkerrecht. Groß-Oktav. 214 Seiten. 1929 . . . . RM. 14.—

Zeitschrift für ausländisches öffentliches Recht und Völkerrecht. Im Auftrage des Instituts für ausländisches öffentliches Recht und Völkerrecht herausgegeben von Dr. Viktor **Bruns,** Professor an der Universität Berlin, Leiter des Instituts.

Band I, Teil 1: Abhandlungen. 43 Bogen . . . . RM. 43.—
Band I, Teil 2: Urkunden. 5 ½ Bogen . . . . RM. 54.—

Der neuen Zeitschrift für ausländisches öffentliches Recht und Völkerrecht ist es als Aufgabe gesetzt, die wichtigsten, die Wissenschaft und die Praxis beschäftigenden Probleme des Völkerrechts und des außerstaatlichen öffentlichen Rechts zu behandeln. Sie wird zu all diesen Fragen eingehend Stellung nehmen und über alle wichtigen Ergebnisse der Gesetzgebung und der Rechtsprechung auf diesem Gebiete im In- und Ausland eingehend berichten. Der I. Jahrgang der Zeitschrift wird in zwei Bänden herausgegeben; künftig erfolgt das Erscheinen vierteljährlich.

Kraus, H., **Internationale Schiedssprechung.** Eine Sammlung der für das Deutsche Reich verbindlichen Verträge und Vertragsbestimmungen, die sich auf internationale Gerichtsbarkeit, Schiedsgerichtsbarkeit, sowie Vergleichsverfahren beziehen, nebst den dazugehörigen deutschen Regierungsdenkschriften. Taschenformat. XXXVI, 348 Seiten. 1929. (Guttentagsche Sammlung Deutscher Reichsgesetze Bd. 174. Geb. RM. 10.—

„Die vorliegende Dokumentensammlung füllt eine Lücke aus, da es bisher schwer war, alle schiedsrichterlichen Verpflichtungen des Deutschen Reiches auf einmal einzusehen.“ *Friedenswarte.*

Strupp, Karl, **Das Werk von Locarno.** Eine völkerrechtlich-politische Studie. Oktav. 180 Seiten. 1926 . . . . RM. 10.—

„Die lückenlose Mitteilung aller für das Verständnis und die Auslegung wichtiger Urkunden macht das aktuelle Buch zu einem außerordentlich wertvollen Mittel der Erkenntnis des Inhalts und der Tragweite dieser grundlegenden Staatsverträge.“ *D. A. Z.*

Deutschland unter dem Dawes-Plan. Entstehung, Rechtsgrundlagen, wirtschaftliche Wirkungen der Reparationslasten. Von Professor Max **Sering,** Universität Berlin. Oktav. VIII, 237 Seiten. 1928. RM. 10.—

„Nicht nur dem Juristen und Volkswirtschaftler, sondern auch dem Laien verständlich, gibt das Werk einem jeden wertvollen Einblick in Deutschlands wirtschaftspolitische Abhängigkeit, die sich bis in die kleinsten Betriebe hineinzieht, die jedes einzelne Glied des deutschen Volkes betrifft.“ *Prakt. Rundschau.*

2. Verwaltungsrecht.

Reichsrecht

Blume, E., und **Weirauch,** W., **Die Eisenbahn-Verkehrsordnung** vom 16. Mai 1928 mit Allgemeinen Ausführungsbestimmungen sowie dem Internationalen Übereinkommen über den Eisenbahnfrachtverkehr vom 30. Mai 1925 und dem Internationalen Übereinkommen über den Eisenbahn-Personen- und Gepäckverkehr vom 12. Juni 1925. Textausgabe mit Anmerkungen. Vierte Auflage. Taschenformat. X, 482 Seiten. 1928. (Guttentagsche Sammlung Deutscher Reichsgesetze Bd. 91.)
Geb. RM. 9.—

„Ein treffliches Hilfsbuch für alle, die sich mit dem Eisenbahnverkehrsrecht theoretisch und praktisch zu beschäftigen haben. Der Kommentar wird besonders auch den Gerichten und den Anwälten

gute Dienste leisten, da die Ausführungsbestimmungen zur Eisenbahnverkehrsordnung, die vollständig abgedruckt werden, sonst nur in den Tarifen veröffentlicht werden, die in den Kreisen der Juristen weniger bekannt sind. Allen, die es angeht, kann daher die Anschaffung der neuen Auflage dringend empfohlen werden.“

Juristische Wochenschrift.

Fischer, D., und **Staedler,** E., **Die deutsche Post- und Telegraphengesetzgebung.** Teil I: Postrecht (mit Ausschluß des internationalen Rechts). Siebente Auflage. 47*, 586 Seiten. 1929. (Guttentagsche Sammlung Deutscher Reichsgesetze Bd. 7.) . . . . Geb. RM. 15.—

Mit der vorliegenden Neuauflage dieser lange Zeit vergriffen gewesenen Ausgabe wird dem Wunsche zahlreicher Interessenkreise entsprochen: Die neue Bearbeitung ist gegenüber der letzten Auflage wesentlich vermehrt und in allen Teilen neugestaltet. Sie enthält die Quellen des Postrechts, wobei die Postordnung in ihrer letzten Fassung (vom Januar 1929) erscheint.

Dem Ganzen wurde erstmalig eine Systematik des geltenden Postrechts vorangestellt; die Gesetzestexte wurden sorgfältig erläutert, Rechtsprechung und die einschlägige Literatur bis auf die letzte Zeit berücksichtigt.

Sebba, Julius, **Seewasserstraßenordnung.** (Polizeiverordnung zur Regelung des Verkehrs auf den deutschen Seewasserstraßen vom 31. März 1927.) Taschenformat. 493 Seiten. 1928. (Guttentagsche Sammlung Deutscher Reichsgesetze Bd. 171.) . . . . Geb. RM. 8.50

„Es bedarf hierbei wohl nicht der besonderen Hervorhebung, daß die Kommentierungsmethode des rühmlichst bekannten Neu-Herausgebers von Schaps-Seerecht auch in dem vorliegenden Werke eine knappe und doch gründliche geworden ist.“

Verkehrsrechtliche Praxis.

Busse, Rudolf, **Luftrecht einschließlich Luftverkehrsgesetz und Pariser Luftverkehrsabkommen.** Taschenformat. XVIII, 448 Seiten. 1928. (Guttentagsche Sammlung Deutscher Reichsgesetze Bd. 170.) Geb. RM. 10.—

Das vorliegende Buch sucht in einem nationalen und internationalen Teil einen klaren Überblick über das gesamte Luftrecht zu geben; der neueste Stand der Rechtsprechung ist hierbei berücksichtigt. Den erläuterten Gesetzesabkommenstexten ist eine systematische Einführung in das gesamte Luftrecht mit seinen vielseitigen Rechtsdisziplinen vorausgeschickt.

Zeitschrift für das gesamte Luftrecht (ZLR.). Herausgegeben von Dr. jur. Otto **Schreiber,** o. Professor an der Universität Königsberg i. Pr., Geh. Regierungsrat, Leiter des Instituts für Luftrecht. Erscheint in Bänden zu je vier Heften.

Band I 1926/28 . . . . RM. 50.—, geb. RM. 55.—
Band II, Heft 1 . . . . RM. 10.—

„Organisation und Inhalt der Zeitschrift machen einen vorzüglichen Eindruck. Im Interesse ihres hohen sachlichen Zieles sind ihr weite Verbreitung und bester Erfolg zu wünschen.“

Weltwirtschaftliches Archiv.

Volkmann, Kurt, **Die Straßenverkehrsordnungen** nebst den einschlägigen **Nebenbestimmungen.** Taschenformat. 312 Seiten. 1929. (Guttentagsche Sammlung Deutscher Reichsgesetze Bd. 175.) . . . Geb. RM. 7.—

„Das übersichtliche Werkchen, das uns eine schnelle Information über auftauchende Rechtsfragen auf diesem besonderen Verkehrgebiete verschafft, kann Polizeibeamten, Gerichten, Anwälten, Fuhrwerksbesitzern, Kraftfahrern und Radfahrern zur Anschaffung empfohlen werden.“

Verkehrsrechtl. Rundschau.

Kirchner, Rudolf, **Gesetz über den Verkehr mit Kraftfahrzeugen** vom 3. Mai 1909. Vierte, völlig neubearbeitete Auflage. (Guttentagsche Sammlung Deutscher Reichsgesetze Bd. 92.) . . In Vorbereitung.

„Der Verfasser hat sich mit der nicht unschwierigen Materie auf das beste vertraut gemacht und seine Kenntnisse mit großer Gewandtheit in logischen, klaren und ausführlichen Erläuterungen zum Gesetze verwertet." Zeitschrift für Polizei- und Verwaltungsbeamte.

Aumer, Georg, **Der Kraftfahrzeugverkehr.** Richtlinien für Polizeibeamte und Kraftfahrer. Mit 79 Abbildungen und Figuren. Zweite Auflage. Taschenformat. 208 Seiten. 1928 . . . . Geb. RM. 4.50

„Ein kleines, aber nicht nur für jeden Polizeibeamten, sondern für jeden bei einem Kraftfahrzeugunfall — sei es nur als Zeugen — Beteiligten interessantes Kapitel über Hinweise auf Feststellungen bei Unglücksfällen und eine Übersicht über den Kraftfahrzeugbestand schließen die interessante Schrift, die — wenn sie sich auch ihrem Zweck entsprechend von juristischen Erörterungen fernhält — doch auch dem Juristen eine Fülle rechtstatsächlichen Materials, das gerade auf diesem Gebiete besonders wichtig ist, bietet." Juristische Wochenschrift.

Holzapfel, W., **Die Siedlungsgesetzgebung** im Reich und in Preußen. 347 Seiten. 1920. (Guttentagsche Sammlung Deutscher Reichsgesetze Bd. 140.) . . . . Geb. RM. 3.—

„Die zur Ausführung jener Gesetze bestimmten Behörden und auch die literarische Forschung wird dem Verfasser für seine mühevolle Arbeit Anerkennung zollen." Archiv für öffentliches Recht.

Behrend, Ernst, und **Stranz-Hurwitz,** Helene, **Sammlung von Wohlfahrtsgesetzen** des Deutschen Reichs und Preußens nebst den allgemeinen Wohlfahrtsgesetzen von Sachsen, Thüringen, Hamburg, Mecklenburg-Schwerin und -Strelitz, Oldenburg, Lippe und Lübeck.

Teil I: Taschenformat. 560 Seiten. 1923 . . . . . Geb. RM. 5.—

Teil II: Nebst Ausführungsgesetzen sämtlicher Länder zum Reichsjugendwohlfahrtsgesetz. Taschenformat. XVI, 551 Seiten. 1925. (Guttentagsche Sammlung Deutscher Reichsgesetze Bd. 152 und 152a.) Geb. RM. 9.—

Teil I und II zus. RM. 12.—

„Die kurzen, alles Wesentliche zusammenfassenden Einleitungen zu den einzelnen Gesetzen sind mit außerordentlicher Sachkunde und Klarheit geschrieben; sie genügen zusammen mit den Literaturangaben völlig für den Praktiker, um die Gesetzestexte richtig handhaben zu können. Das Werk ist für alle in der Wohlfahrtspflege Arbeitenden unentbehrlich und sehr praktisch." Nachrichtendienst des Deutschen Vereins für öffentliche Fürsorge.

Wegner, Arthur, **Jugendrecht.** Ein Lehrbuch zur Einführung. Oktav. IX, 219 Seiten. 1929 . . . . RM. 6.—, geb. RM. 7.50

„Ein gleichartiges und gleichwertiges Werk über das Jugendrecht gibt es noch nicht." Breslauer Zeitung.

Drewes, Paul, und **Sandré,** Emil, **Das Reichsgesetz für Jugendwohlfahrt** vom 9. Juli 1922 und **Jugendgerichtsgesetz** vom 16. Februar 1923 nebst Nebengesetzen. Zweite Auflage. Taschenformat. XVI, 496 Seiten. 1928. (Guttentagsche Sammlung Deutscher Reichsgesetze Bd. 154.) Geb. RM. 11.—

„Eine sehr handliche Gesetzesausgabe. Sie bietet in ausführlichen geschichtlichen und rechtlichen Vorbemerkungen und Einleitungen wertvolles Material zur Einführung in den Willen und Geist beider Gesetze und gibt in knappen, aber ausreichenden Erläuterungsbemerkungen zu den einzelnen Bestimmungen dem Praktiker die erforderlichen Unterlagen zur richtigen Anwendung. Das Werk dürfte sich in der Praxis beliebt machen." Blätter für öffentliche Fürsorge

Sandré, Emil **Verordnung über die Fürsorgepflicht.** Vom 14. Februar 1924. Mit Einschluß der für die Durchführung dieser Verordnung in Frage kommenden reichs- und landesgesetzlichen Bestimmungen. Taschenformat. 342 Seiten. 1925. (Guttentagsche Sammlung Deutscher Reichsgesetze Bd. 160.) . . . . Geb. RM. 6.—

„Die Zusammenstellung der bis in die jüngste Zeit ergangenen gesetzlichen Bestimmungen, die in Beziehung zur Fürsorgepflichtverordnung stehen, gibt der Sandréschen Arbeit ihre besondere Bedeutung. Die Anmerkungen sind zahlreich und zeichnen sich durch einen feinen, klaren Stil aus. Das Buch ist übersichlich geordnet und leicht zu handhaben." Schleswig-Holsteinsche Wohlfahrtsblätter.

Szczesny, Viktor, **Das Lichtspielgesetz** vom 12. Mai 1920 mit der Ausführungsverordnung Einleitung, Gebührenordnung und Sachregister. Taschenformat. 106 Seiten. 1920. (Guttentagsche Sammlung Deutscher Reichsgesetze Bd. 147.) . . . . Geb. RM. 1.50

„Das neue Lichtspielgesetz hat hier eine ausführliche Kommentierung gefunden. Das Buch kann bei der gründlichen Behandlung des Stoffes als ein geeignetes Hilfsmittel für die Praxis bezeichnet werden." Preußische Gemeinde-Zeitung.

Wündisch, Ernst, **Das Gesetz über Schußwaffen und Munition** vom 12. April 1928 (RGBl. I S. 143) nebst der Ausführungsverordnung der Reichsregierung vom 13. Juli 1928 (RGBl. I S. 198) und dem Preußischen Erlaß zur Durchführung des Gesetzes vom 7. September 1928 (MBliV. S. 925). Taschenformat. 139 Seiten. 1928. (Guttentagsche Sammlung Deutscher Reichsgesetze Bd. 173.) . . . . Geb. RM. 5.—

Durch das neue Gesetz über Schußwaffen und Munition vom 12. April 1928 sind auf diesem für die Öffentlichkeit so wichtigen Gebiet neue Rechtsverhältnisse geschaffen worden, für die die Praxis exakte Erläuterungen wünscht. Eine solche Erläuterung stellt das vorliegende Buch dar, das, von einem auf diesem Gebiet besonders erfahrenen Sachkenner bearbeitet, eine absolut zuverlässige Darstellung der neuen Bestimmungen enthält. Außer dem Gesetzestext sind die für die Praxis wichtigen Ausführungsbestimmungen des Reiches und Preußens abgedruckt. Auf Übersichtlichkeit, Leichtverständlichkeit und Vollständigkeit der Erläuterungen, die die Hauptvorzüge der Guttentagschen Sammlung sind, wurde auch bei diesem Gesetze Wert gelegt.

Fraustädter, W., und **Kreutzberger,** M., **Das deutsche Ausländerrecht.** Die Bestimmungen des Reichsrechts und preußischen Landesrechts. Textausgabe mit Erläuterungen und Sachregister. Taschenformat. 396 Seiten. 1927. (Guttentagsche Sammlung Deutscher Reichsgesetze Bd. 166.) Geb. RM. 9.—

„Eine höchst begrüßenswerte Veranstaltung, aus dem Bedürfnis der Praxis hervorgegangen und mit vollendetem Sachverständnis unternommen. Sowohl die Vollständigkeit der mannigfach verstreuten gesetzlichen Bestimmungen als deren Anordnung, Registrierung und Erläuterung durch Ausführungsbestimmungen, Gerichtsentscheidungen, Verwaltungspraxis ist vortrefflich."
Niemeyers Zeitschrift für internationales Recht.

Voß, Werner, **Die reichs- und landesrechtlichen Bestimmungen auf dem Gebiete des Gesundheitswesens.** Zusammengestellt und mit Anmerkungen versehen. Taschenformat. 608 Seiten. 1929. (Guttentagsche Sammlung Deutscher Reichsgesetze Bd. 172.) . . . . Geb. RM. 11.—

„Der Band enthält eine Sammlung der Gesetze, Verordnungen und Bestimmungen auf dem Gebiete des Gesundheitswesens, wie sie in dieser Vollständigkeit sonst nicht besteht. Dadurch erst ist ein zuverlässiger und rascher Überblick über die einschlägigen weit verstreuten Bestimmungen gewährleistet."
Württ. Zeitschr. f. Rechtspflege.

Hippel, W. von, **Reichsviehseuchengesetz** vom 26. Juni 1909 nebst Ausführungsvorschriften und dem preußischen Ausführungsgesetz. Zweite Auflage. Taschenformat. 486 Seiten. 1913. (Guttentagsche Sammlung Deutscher Reichsgesetze Bd. 103.) . . . . Geb. RM. 4.—

Boxberger, L. von, **Vogelschutzgesetz** vom 30. Mai 1908 nebst den das Flugwild betreffenden Bestimmungen der Preußischen Jagdordnung. Taschenformat. 57 Seiten. 1909. (Guttentagsche Sammlung Deutscher Reichsgesetze Bd. 89.) . . . . Geb. RM. 1.—

Landesrecht

Bitter, von, **Handwörterbuch der Preußischen Verwaltung.** Dritte, vollständig umgearbeitete Auflage. Unter Mitwirkung zahlreicher hoher Reichs- und preußischer Staatsbeamten herausgegeben von Dr. Bill Drews, Staatsminister a. D., Präsident des Pr. Oberverwaltungsgerichts, und Dr. Franz Hoffmann, Wirklicher Geheimer Oberregierungsrat, Berlin. Lexikon-Oktav. 1928.
RM. 120.—, in Halbleder geb. RM. 132.—
Erster Band, 1. Halbband: Abbaugerechtigkeiten—Fleisch- und Viehagenten. 552 Seiten.
2. Halbband: Fleischvergiftung—Kyffhäuserbund. Seite 553 bis 1134 und IX Seiten.
Zweiter Band: Lackfabriken—Zwischenkredit. VII, 1220 Seiten.
(Im Verlage der Firmen: Walter de Gruyter & Co., Berlin; Carl Heymanns Verlag, Berlin; Roßberg'sche Verlagsbuchhandlung, Leipzig.)

Das zentrale Werk der Praxis des Verwaltungsrechts.

Reichelt, H., **Verwaltungsgesetzbuch für Preußen.** Systematische Zusammenstellung der wichtigsten Verwaltungsgesetze und Verordnungen für Praxis und Unterrichtszwecke. Lexikon-Oktav. VII, 1302 Seiten. 1914 . . . . Geb. RM. 7.60

„Das Buch ist sehr wertvoll, dem Praktiker unentbehrlich und leistet demjenigen, der sich auf eine Prüfung vorbereitet, vorzügliche Dienste. Allen Verwaltungsbehörden wird das Buch warm empfohlen."
Preußische Verwaltungs- und Finanz-Zeitung.

Friedrichs, K., **Die Gesetzgebung über die allgemeine Landesverwaltung** und Zuständigkeit der Verwaltungs- und Verwaltungsgerichtsbehörden. Dritte, durchgesehene Auflage. Taschenformat. XXIII, 295 Seiten. 1927. (Guttentagsche Sammlung Preußischer Gesetze Bd. 42.)
Geb. RM. 5.—

„Der Wert dieser Arbeit liegt darin, daß er eine erschöpfende und klare Übersicht über das tatsächlich geltende Verwaltungsrecht bringt. Das Werk ist ein vorzügliches und nie versagendes Hilfsmittel."
Gesetz und Recht.

Fischbach, Das Reichbeamtengesetz vom 31. März 1873 in der Fassung der Bekanntmachung vom 18. Mai 1907 mit allen Abänderungen und Ergänzungen. Taschenformat. 311 Seiten. 1930. (Guttentagsche Sammlung Deutscher Reichsgesetze Bd. 82.) . . . . . . Geb. RM. 6.—

Die vorliegende Erläuterung des Beamtengesetzes durch den bekannten Staatsrechtlehrer kommt einem besonderen Bedürfnis der Praxis entgegen, die s. Zt. eine den neuesten Fortschritten der Wissenschaft und Rechtsprechung entsprechende Handausgabe sehr entbehrt. Bemerkenswert ist, daß auch verwandte Gesetze und Verordnungen der einheitlichen Erläuterung unterzogen wurden, so daß dieses Buch für die Praxis ein der Sache wie der Erläuterungsart wichtiges Hilfsmittel darstellt.

Pfafferoth, Carl, **Preußische Beamtengesetzgebung.** Fünfte Auflage. XIV, 280 Seiten. 1916. (Guttentagsche Sammlung Preußischer Gesetze Bd. 2.) . . . . Geb. RM. 2.40

Dultzig, Eugen von, **Das preußische Disziplinargesetz für die nichtrichterlichen Beamten.** Taschenformat. XIV, 364 Seiten. 1914. (Guttentagsche Sammlung Preußischer Gesetze Bd. 51.) . . . . Geb. RM. 4.20

„Der Verfasser kennt das Disziplinarrecht aus eigener Tätigkeit und aus langer Erfahrung. Diese hat er zu einem praktischen Nachschlagebuch für alle praktischen Fragen des Disziplinarrechts ausgestaltet. Bei tunlichster Kürze sind doch recht erschöpfende, klare und anschauliche Erläuterungen entstanden, die das Verständnis und die Anwendung des Disziplinarrechts in zweckmäßiger Weise erleichtern. Das Büchlein verdient volle Beachtung."
Zeitschrift für Polizei- und Verwaltungsbeamte.

Hagemann, Rudolf, **Hinterlegungsordnung** vom 21. April 1913. Taschenformat. 175 Seiten. 1914. (Guttentagsche Sammlung Preußischer Gesetze Bd. 53.) . . . . Geb. RM. 2.20

„Das in der vorteilhaft bekannten Guttentagschen Sammlung erschienene Buch darf als ein Hilfsmittel zu dem nicht immer ganz einfachen Verständnis der neuen Hinterlegungsvorschriften bestens empfohlen werden; es ist klar, übersichtlich und ausführlich."
Zentralblatt für freiwillige Gerichtsbarkeit.

Aschrott, P. F., **Gesetz über die Fürsorgeerziehung Minderjähriger.** Vom 2. Juli 1900. Nebst Ausführungsanweisungen. Dritte Auflage. Taschenformat. 374 Seiten. 1917. (Guttentagsche Sammlung Preußischer Gesetze Bd. 28.) . . . . Geb. RM. 2.80

„Das Buch gewährt nicht nur einen klaren Einblick in die gegenwärtige Gestaltung der Fürsorgeerziehung in Preußen, sondern es gibt auch über die Zweifelsfragen, welche bei der Auslegung des technisch ziemlich unvollkommenen Fürsorgeerziehungsgesetzes in besonders reicher Fülle auftauchen, durchweg eine erschöpfende und zutreffende Auskunft." *Das Recht.*

Marcks, A., **Gesetz, betr. die Unterhaltung der öffentlichen Volksschulen.** Taschenformat. 194 Seiten. 1906. (Guttentagsche Sammlung Preußischer Gesetze Bd. 39.) . . . . Geb. RM. 1.80

„Das handliche Büchlein wird, von sachkundiger Seite herrührend und praktisch angelegt, Verwaltungsbeamten, Schulvorständen, Lehrern beim Gebrauch gute Dienste leisten."
Schulblatt der Provinz Brandenburg.

Ledermann, W., und **Brühl.** L., **Die Städteordnung für die sechs östlichen Provinzen Preußens.** Zweite Auflage. Taschenformat. 593 Seiten. 1913. (Guttentagsche Sammlung Preußischer Gesetze Bd. 32.) Geb. RM. 6.—

„Der Kommentar, eine hervorragende Arbeit, ist von der Kritik und der Praxis so einmütig günstig aufgenommen worden, daß er auch in seiner zweiten durch Gesetzgebung, Literatur und Rechtsprechung der letzten zehn Jahre bereicherten Ausgabe keiner weiteren Empfehlung bedarf." *Kommunale Praxis.*

Wölbling, P., **Bildung der neuen Stadtgemeinde Berlin.** Zweite Auflage. Taschenformat. 114 Seiten. 1920. (Guttentagsche Sammlung Preußischer Gesetze Bd. 59.) . . . . Geb. RM. 1.40

„Die Ebenmäßigkeit mit den Kommentaren anderer Gesetze der Guttentagschen Sammlung erringt der Verfasser durch seine strenge Sachlichkeit. Damit muß seinem Werk die Beachtung bei der Durchführung des Gesetzes und bleibender Wert gesichert erscheinen."
Soziale Praxis.

Holzapfel, W., Umlegungsordnung. Taschenformat. 144 Seiten. 1921. (Guttentagsche Sammlung Preußischer Gesetze Bd. 60.) . . RM. 1.80

„Holzapfel, der hervorragende Kenner der Auseinandersetzungsgesetze, erläutert die Vorschriften der Umlegungsordnung in seiner scharfsinnigen Art in durchaus erschöpfender Weise und gibt in diesen Erläuterungen ein außerordentlich anschauliches Bild von der Umlegung der Grundstücke. Das Buch ist auch für Laien leicht und gut verständlich und kann jedem, der für die Umlegung Interesse hat, zur Benutzung angelegentlich empfohlen werden."

Preußisches Verwaltungsblatt.

Holzapfel W., Gesetz über Landeskulturbehörden. Taschenformat. 176 Seiten. 1919. (Guttentagsche Sammlung Preußischer Gesetze Bd. 57.) Geb. RM. 2.—

„Der Titel gibt den Inhalt des Werkchens vollständig an, hinzuzufügen ist aber, daß die Erläuterung, die umfangreich und eingehend ist und der praktischen Handhabung des Gesetzes Schritt für Schritt folgt, aus der Feder eines Mannes herrührt, der durch seine sachliche Qualifikation als gründlicher Kenner der Materie für eine zuverlässige Führung die größte Gewähr bietet. Dankenswert ist die Gründlichkeit der im bescheidenen Rahmen geleisteten Arbeit."

Verwaltungs-Archiv.

Meyer, O., **Gesetz, betr. die Anlegung und Veränderung von Straßen und Plätzen in Städten und ländlichen Ortschaften.** Taschenformat. 211 Seiten. 1913. (Guttentagsche Sammlung Preußischer Gesetze Bd. 50.) RM. 3.—

Strauß-Torney, Hugo von und **Saß,** Carl, früher **Friedrichs,** R., **Gesetz, betr. Anlegung und Veränderung von Straßen und Plätzen** in Städten und ländlichen Ortschaften. (Straßen- und Baufluchtengesetz.) Kommentar. Sechste Auflage. Groß-Oktav. 211 Seiten. 1920. RM. 8.—, geb. RM. 9.50

„Das Werk zeigt eine Reichhaltigkeit und Vollständigkeit, die sonst wenigen Kommentaren eigen ist, und übertrifft hierin noch weit die früheren Auflagen. Besonders erwähnenswert ist die geschickte Anordnung der Erläuterungen und das praktische Inhaltsverzeichnis."

Wochenschrift des Architektenvereins zu Berlin.

Heine, H. **Die preußischen Baupolizeigesetze** nebst den sonstigen einschlägigen Reichs- und Landesgesetzen. Taschenformat. 404 Seiten. 1928. (Guttentagsche Sammlung Preußischer Gesetze Bd. 64.) Geb. RM. 8.—

Diesem Band ist die Aufgabe gestellt, die in erster Linie in Betracht kommenden Gesetze und sonstigen Vorschriften und die im Zusammenhang hiermit entstehenden Rechtsfragen in übersichtlicher Weise zusammenzufassen und zu erörtern. Die Rechtsprechung des Oberverwaltungsgerichts und anderer Gerichte ist hierbei berücksichtigt worden.

Goldschmidt, O., **Gesetze gegen die Verunstaltung landschaftlich hervorragender Gegenden mit Ausführungsanweisungen.** Taschenformat. 152 Seiten. 1912. (Guttentagsche Sammlung Preußischer Gesetze Bd. 49.) Geb. RM. 2.40

„Der Kommentar bietet eine sachgemäße, sorgfältige und erschöpfende Erläuterung der einzelnen gesetzlichen Bestimmungen. Er wird als ein durch Vollständigkeit und Zuverlässigkeit ausgezeichnetes Hilfsmittel jedem Freunde des Heimatschutzes ein willkommener Ratgeber sein." *Jahrbuch des Verwaltungsrechts.*

Wulff, G., und **Herold,** F., **Wassergesetz** vom 7. April 1913. Mit Einleitung, Erläuterungen und Sachregister. Zweite, umgearbeite Auflage von G. Wulff. Taschenformat. XVI, 665 Seiten. 1928. (Guttentagsche Sammlung Preußischer Gesetze Bd. 52.) . . Geb. RM. 12.—

„Gründlichkeit und trefflichere Kürze bilden einen besonderen Vorzug des Werkes." Ministerialblatt f. d. preuß. innere Verwaltung.

Lohmann, W., **Gesetz, betr. die Feuerbestattung.** Taschenformat. 79 Seiten. 1912. (Guttentagsche Sammlung Preußischer Gesetze Bd. 47.) Geb. RM. 1.50

„Der Verfasser, der als Mitglied der Kommission des Abgeordnetenhauses an dem Zustandekommen des Gesetzes hervorragend beteiligt war, konnte als zuständiger Bearbeiter des Gesetzes in erster Linie gelten. Der kleine Kommentar ist besonderer Aufmerksamkeit sicher." Jahrbuch des Verwaltungsrechts.

Holtgreven, A., und **Wolff,** Th., **Das Wildschadengesetz** vom 11. Juli 1891. Kommentar. Vierte, vermehrte und verbesserte Auflage. Oktav. VIII, 216 Seiten. 1902 . . . . RM. 4.—

„Dieses Werkchen will einerseits die juristisch zweifelhaften Punkte des Wildschadengesetzes wissenschaftlich erörtern und klarstellen und andererseits allen denjenigen, welche bei der Handhabung dieses Gesetzes in irgendeiner Weise, sei es als Private, Beamte, Grundbesitzer oder als Jagdberechtigte, beteiligt sind, ein praktischer Berater sein." Allgemeine Forst- und Jagdzeitung.

Born, A., **Das preußische Fischereigesetz** vom 11. Mai 1916 in der geltenden Fassung. Taschenformat. 428 Seiten. 1928. (Guttentagsche Sammlung Preußischer Gesetze Nr. 62.) . . . . Geb. RM. 7.50

Die Ausgabe bietet eine bis jetzt fehlende neue Darstellung des Fischereigesetzes, in der vor allem die neue Rechtsprechung eingehend verwertet ist. Außer dem Fischereigesetz, das eine ausführliche Erläuterung gefunden hat, sind die wichtigen Ausführungsverordnungen und im Anhang die einschlägigen Bestimmungen anderer für die Anwendung des Fischereigesetzes in Frage kommenden Gesetze berücksichtigt.

Born, A., **Die preußischen Jagdgesetze** in ihrer geltenden Fassung. Mit Erläuterungen versehen. Taschenformat. 433 Seiten. 1928. (Guttentagsche Sammlung Preußischer Gesetze Nr. 63.) . . . Geb. RM. 8.—

„Das Buch kann zur Belehrung und Handgebrauch den Gerichten, Landratsämtern, Gemeinden und Forstbehörden sowie allen jagdlich interessierten Personen warm empfohlen werden." Leipziger Ztsch. f. dtsch. Recht.

Kunze, F., **Das Jagdscheingesetz.** Zweite Auflage. Taschenformat. 157 Seiten. 1899. (Guttentagsche Sammlung Preußischer Gesetze Bd. 19.) . . . . Geb. RM. 2.—

„Die eingehenden Anmerkungen und die im Titel hervorgehobenen Beigaben machen den kleinen Kommentar zu einem vortrefflichen, in der Praxis schwer entbehrlichen Hilfsmittel zur Auslegung des Gesetzes." Zeitschrift für die gesamte Strafrechtswissenschaft.

Caro, H., **Gesetz, betr. Austritt aus der Landeskirche,** vom 14. Mai 1873. Taschenformat. 190 Seiten. 1911. (Guttentagsche Sammlung Preußischer Gesetze Bd. 46.) . . . . Geb. RM. 2.40

„Ein sehr praktisches Buch, das in den Anmerkungen zum Wortlaut des Gesetzes eine reiche Fülle von Material bietet für alle möglichen Fragen, die mit Aus- und Übertritt zusammenhängen. Das genau gearbeitete Inhaltsverzeichnis ermöglicht bei gelegentlicher Benutzung ein leichtes Auffinden des Nötigen." Deutsch-Protestantische Bücherschau.

Kollenscher, M., Rechtsverhältnisse der Juden in Preußen. Taschenformat. VIII, 199 Seiten. 1910. (Guttentagsche Sammlung Preußischer Gesetze Bd. 45.) . . . . RM. 2,40

„Eine zusammenfassende, erschöpfende Darstellung der in den verschiedensten Quellen zerstreuten zahlreichen Judengesetze und Verordnungen. Jede Synagogengemeinde und jeder, der sich mit jüdischen Angelegenheiten beschäftigt, müßte dieses Buch besitzen." Jüdische Rundschau.

3. Steuerrecht

Nieberl, A., Reichsabgabenordnung vom 13. Dezember 1919 nebst Einführungsverordnung vom 18. Dezember 1919 und Übergangsverordnung vom 11. Oktober 1921. Textausgabe mit Anmerkungen und ausführlichem Sachregister. Zweite, neubearbeitete Auflage. Taschenformat. 1927. (Guttentagsche Sammlung Deutscher Reichsgesetze Bd. 143.) . . . . Geb. RM. 12.—

„Die Darstellung ist leicht verständlich und klar. Das Sachregister ist gründlich bearbeitet. Jedenfalls wird das Buch, das einen mit der praktischen Handhabung der RAbgO. vertrauten Verfasser erkennen läßt, nicht nur den Steuerbeamten, sondern auch dem rechtsuchenden Publikum und seinen Beratern ein willkommener guter Führer auf diesem Gebiet sein." Juristische Wochenschrift.

Michaelis, Richard, **Die Dritte Steuernotverordnung** vom 14. Februar 1924. Mit besonders ausführlicher Berücksichtigung der Vorschriften über die Aufwertung und die öffentlichen Anleihen. Taschenformat. VIII, 388 Seiten. 1924. (Guttentagsche Sammlung Deutscher Reichsgesetze Bd. 157.) . . . . Geb. RM. 7.—

„Ganz besonders zu rühmen ist der Kommentar von Michaelis, der dank seiner eingehenden und gründlichen Bearbeitungsweise erheblichen Einfluß auf die Praxis gewonnen hat." Juristische Wochenschrift.

Hollaender, Adolf, **Einkommensteuergesetz und Körperschaftsteuergesetz** nebst den zugehörigen Aus- und Durchführungsbestimmungen, Verordnungen und Erlassen. Taschenformat. XXXIX, 697 Seiten. 1926. Mit Nachtrag. 1928. (Guttentagsche Sammlung Deutscher Reichsgesetze Bd. 151.) . . . . Geb. RM. 24.—

„Das auf die Bedürfnisse der Praxis abgestellte und ihnen gerecht werdende Buch wird jedem gute Dienste leisten, der sich handelnd oder leitend auf dem äußerst unsicheren, ohne Hilfsmittel überhaupt nicht begehbaren Boden der heutigen Einkommensteuer zurechtfinden muß." Juristische Rundschau.

Pick, Reichsbewertungsgesetz. Textausgabe mit Anmerkungen. In Bearbeitung.

Wrzeszinski, Richard, und **Simon,** H. Veit, **Vermögenssteuergesetz und Reichsbewertungsgesetz.** Kommentar . . . . . . In Bearbeitung.

Schachian, Herbert, **Erbschaftsteuergesetz,** Fassung vom 22. August 1925, mit Anmerkungen. Vierte Auflage. Oktav. 65 Seiten. 1926. RM. 2.50

„Eine vollständige Darstellung des Erbschaftssteuerrechts und der zugrunde liegenden bürgerlich-rechtlichen Vorschriften des Erbrechts. Als wissenschaftliche und praktische Leistung steht der klar und scharf geschriebene Kommentar in vorderster Reihe unter seinen Rivalen; er ist als Wegweiser besonders zu empfehlen." Juristische Wochenschrift.

Hoffmann, U., **Die preußischen Erbschaftsteuergesetze.** Taschenformat. 561 Seiten. 1905. (Guttentagsche Sammlung Preußischer Gesetze Bd. 20.) . . . . RM. 3.—

Lindemann, Otto, **Umsatzsteuergesetz** (neueste Fassung) mit Ausführungsbestimmungen. Vierte, vermehrte und verbesserte Auflage. Taschenformat. 518 Seiten. 1926. (Guttentagsche Sammlung Deutscher Reichsgesetze Bd. 132.) . . . . Geb. RM. 10.—

„Es handelt sich um einen ausführlichen, gediegenen und klar abgefaßten Kommentar, der den weiteren Vorzug besitzt, auf dem laufenden zu sein. Das Werk kann allen Interessenten nur warm empfohlen werden." *Industrie- und Handelszeitung.*

Meyer, E. H., **Gesetzgebung über Steuer- und Kapitalflucht.** Zweite Auflage. Taschenformat. 129 Seiten. 1921. (Guttentagsche Sammlung Deutscher Reichsgesetze Bd. 145.) . . . . Geb. RM. 1.60

„Das Büchlein enthält den Text der einschlagenden vier Gesetze samt den vier Verordnungen gegen die Kapitalabwanderung bzw. Kapitalflucht, eine kurze Übersicht über den Inhalt der Gesetze und sehr knapp gehaltene Anmerkungen. Sein Wert liegt in der handlichen Zusammenfassung der einschlagenden Vorschriften." *Juristische Wochenschrift.*

Lindemann, Otto, **Grunderwerbsteuergesetz** (neueste Fassung) mit den Ausführungsbestimmungen. Zweite, völlig umgearbeitete Auflage. Taschenformat. 186 Seiten. 1926. Mit Nachtrag 1927. (Guttentagsche Sammlung Deutscher Reichsgesetze Bd. 139.) . . . . Geb. RM. 4.—

„Das Buch wird manchem in den mannigfachen Streitfragen des in der Praxis sehr einschneidenden Gesetzes ein willkommener Ratgeber sein. Die Erläuterungen zeichnen sich durch Klarheit und Gemeinverständlichkeit im besten Sinne aus." *Württembergische Industrie.*

Hagelberg, E., und **Krämer,** L., **Grunderwerbsteuergesetz** vom 12. September 1919 (RGBl. S. 1617) in der Fassung des Gesetzes vom 11. März 1927 (RGBl. I S. 72) nebst Einleitung, Sachregister und Ausführungsbestimmungen und der einschlägigen Vorschriften des Finanzausgleichs-Steuermilderungsgesetzes und Steuerstrafrechts. Für die Praxis erläutert. Zweite, völlig umgearbeitete und erweiterte Auflage. 1928. Groß-Oktav. 355 Seiten . . . . Geb. RM. 15.—

„Die verhältnismäßige Kürze ihrer Erläuterungen bei großer Vollständigkeit ist zu rühmen. Das Buch ist nicht nur für den Juristen, sondern auch für den gebildeten Laien, namentlich Grundstücksmakler und Hausbesitzer, von großem, praktischen Wert." *Zeitschrift d. Deutsch. Notarvereins.*

Hagelberg, E., und **Krämer,** L., **Wertzuwachssteuerrecht.** Kommentar. Groß-Oktav. 256 Seiten. 1929 . . . . . RM. 12.—, geb. RM. 13.50

Die Verfasser kommentieren die neue Wertzuwachssteuerordnung für Berlin und die preußische Mustersteuerordnung. Ihr Buch ist ein Leitfaden für die Steuerpflichtigen und ihre Rechtsberater und die mit der Wertzuwachssteuer befaßten Behörden. Es stellt die rechtliche und wirtschaftliche Bedeutung der Bestimmungen klar: Die Rechtsprechung des Preußischen Oberverwaltungsgerichts wurde erschöpfend berücksichtigt. Auch Spezialfragen wie die Aufwertung und das Schwarzkaufwesen wurden behandelt.

Hoepker, Heinrich, **Die Industriebelastungsgesetze** vom 30. August 1924 nebst den Durchführungsbestimmungen zum Gesetz über die Industriebelastung. Taschenformat. XV, 200 Seiten. 1925. Mit Nachträgen. (Guttentagsche Sammlung Deutscher Reichsgesetze Bd. 159.) Geb. RM. 4.—

„Die Anmerkungen sind erschöpfend und führen den Leser mit Geschick in die schwierige und neue Materie ein. Rechtsanwälte sowie Kaufleute, für welche die Industriebelastung in Frage kommt, werden das mit einem guten Sachregister ausgestattete Werk mit gleichem Nutzen gebrauchen!" *Industrie- und Handels-Zeitung.*

Eiffler, Kurt, **Staatliche Verwaltungsgebühren.** Gesetz über staatliche Verwaltungsgebühren vom 29. September 1923 nebst Gebührenordnungen und Ausführungsbestimmungen. Taschenformat. 192 Seiten. Mit Nachtrag. 1925. (Guttentagsche Sammlung Preußischer Gesetze Bd. 61.) Geb. RM. 6.—

„Das Buch ist für alle preußischen staatlichen und kommunalen Behörden unentbehrlich." Deutsches Beamtenarchiv.

Loeck, P., und **Eiffler,** K., **Preußisches Stempelsteuergesetz** mit den gesamten Ausführungsbestimmungen. Unter besonderer Berücksichtigung der Entscheidungen der Verwaltungsbehörden und der Gerichte herausgegeben. Zehnte, neubearbeitete Auflage. Taschenformat. 476 Seiten. 1928. (Guttentagsche Sammlung Preußischer Gesetze Bd. 18.) Geb. RM. 13.—

„Die zahlreichen Auflagen zeugen für die Güte und praktische Brauchbarkeit des Buches, das durch den von Eiffler hinzugefügten Anhang auf den gegenwärtigen Rechtsstand gebracht ist." Finanz-Ministerialblatt.

Lebbin, Georg, **Nahrungsmittelgesetze** mit Erläuterungen. Zweite, stark vermehrte Auflage in zwei Bänden.
Zweiter Band: **Getränkegesetze und Getränkesteuergesetze** (Wein, Bier, Branntwein, Mineralwasser). Unter Mitarbeit von Rechtsanwalt Dr. Kniebe. Taschenformat. XII, 400 Seiten. 1926. (Guttentagsche Sammlung Deutscher Reichsgesetze Bd. 54b.) . . . . . . Geb. RM. 10.—

„Die wichtigsten Gesetze sind eingehend kommentiert und so vollständig ergänzt, daß die Sammlung als unentbehrliches Hilfsmittel, wie es in dieser Art bislang noch fehlte, für den Sachbearbeiter bei Behörden und Verbänden sowohl als auch für den Kaufmann der Branche zu begrüßen ist." Württembergische Wirtschafts-Zeitschrift.

Wündisch, Friedrich, **Das Tabaksteuergesetz** vom 12. September 1919 nebst den Ausführungsbestimmungen vom 26. Februar 1920. Taschenformat. 286 Seiten. 1920. Mit Nachtrag 1925. (Guttentagsche Sammlung Deutscher Reichsgesetze Bd. 146.) . . . . Geb. RM. 4.—

„Endlich ein Kommentar zum Tabaksteuergesetz! Die Ausgabe kommt den Wünschen der Praxis nach einer erschöpfenden Darstellung des neuen Gesetzes in umfassender Weise entgegen. Das Buch bildet eine ausgezeichnete Informationsquelle für alle Fragen, die in der Praxis vorkommen." Deutsche Tabak-Zeitung.

VII. Entscheidungs-Sammlungen und Zeitschriften.

Entscheidungen des Reichsarbeitsgerichts. Herausgegeben von den Mitgliedern des Reichsarbeitsgerichts. Oktav.
Band I. 1928. Band II. 1928/29. Band III. 1929. Band IV. 1929/30. Band V. 1930. . . . . Je RM. 6.50, geb. RM. 8.—

Entscheidungen des Reichsgerichts. Herausgegeben von den Mitgliedern des Gerichtshofes u. d. Reichsanwaltschaft. Oktav. (2 Sammlungen.)

1. **Entscheidungen in Zivilsachen.** (Werden in Heften im Umfange von etwa 5 bis 6 Bogen sowie in vollständigen Bänden, geheftet und gebunden, ausgegeben. Jährlich 4 Bände.) 1.—127. Band. Je RM. 6.50, geb. RM. 8.—

2. **Entscheidungen in Strafsachen.** (Werden in Heften im Umfange von 5 bis 6 Bogen sowie in vollständigen Bänden, geheftet und gebunden, ausgegeben. Jährlich 1 Band.) 1.—63. Band. Je RM. 6.50, geb./ RM. 8.—

Zeitschrift für die gesamte Strafrechtswissenschaft. Gegründet von Fr. von **Liszt** und **A. Dochow.** Unter ständiger Mitarbeiterschaft hervorragender Fachmänner herausgegeben von Prof. Dr. K. von **Lilienthal,** Prof. Dr. Ed. **Kohlrausch** und Prof. Dr. W. **Gleispach.** Der Jahrgang besteht aus 8—9 Heften. Quart.

Bd. 1—43. 1881—1922. Je RM. 15.—. Bd. 44. 1922. RM. 25.—.
Bd. 45. 1924. RM. 21.—. Bd. 46—49. 1925—1929. Je RM. 30.—. Bd. 50. 1929/30. RM. 36.—.

Juristische Rundschau. Herausgegeben von Otto **Lindemann,** Ministerialdirektor, Geh. Oberjustizrat, Berlin, Dr. Friedrich **Flad,** Senatspräsident beim Reichsgericht, Leipzig, Fritz **Hartung,** Ministerialrat im preußischen Justizministerium, Berlin, und

Höchstrichterliche Rechtsprechung. Herausgegeben von Eugen **Friedrichs,** Oberlandesgerichtsrat, Naumburg a. d. S., Dr. Albert **Feisenberger,** Reichsanwalt, Leipzig, Benno **Mugdan,** Kammergerichtsrat i. R., Geh. Justizrat, Berlin. — Erscheint am 1. und 15. jeden Monats.
6. Jahrgang. 1930. Vierteljährlich RM. 7.50, Einzelheft RM. 1.50
Beilage „Höchstrichterliche Rechtsprechung" einzeln vierteljährlich 5.—

Judicium. Vierteljahresschrift für die gesamte Zivilrechtspflege. Unter ständiger Mitarbeit von J. Goldschmidt (Berlin), H. Lehmann (Köln), R. Pollak (Wien), L. Rosenberg (Gießen), H. Walsmann (Rostock) herausgegeben von W. **Kisch** (München), H. **Lucas** (Berlin), A. **Mendelssohn-Bartholdy** (Hamburg), M. **Pagenstecher** (Hamburg), J. D. **Sauerländer** (München), H. **Sperl** (Wien), E. **Volkmar** (Berlin). Vierteljährlich erscheint 1 Heft. Der Jahrgang beginnt am 15. November. 2. Jahrgang 1929/30. (Friederichsen, de Gruyter & Co. m. b. H., Hamburg 36.) . . . . RM. 24.—

Zeitschrift für ausländisches und internationales Privatrecht. Herausgegeben in Gemeinschaft mit Ernst **Heymann,** Heinrich **Titze,** Martin **Wolff,** ordentliche Professoren an der Universität Berlin, wissenschaftliche Berater des Instituts, Max **Pagenstecher,** o. Professor an der Universität Hamburg, Franz **Schlegelberger,** Ministerialdirektor im Reichsjustizministerium, Honorarprofessor an der Universität Berlin, von Ernst **Rabel,** o. Professor an der Universität Berlin, Direktor des Instituts. Jährlich 6 Hefte im Umfang von etwa 65 Bogen.
Preis des dritten Jahrganges RM. 50.—

Zeitschrift für Bergrecht. Bis zu seinem Tode herausgegeben von dem Wirkl. Geh. Rat, Berghauptmann a. D. Dr. jur. H. Brassert. Redigiert und herausgegeben von den rechtskundigen Ministerialräten der Bergabteilung des Preußischen Ministeriums für Handel und Gewerbe. Jährlich ein Band von mehreren Heften. Die Hefte erscheinen in zwangsloser Folge. 1928/29. RM. 20.—, Jahrgang 70, Heft 1/2. 1929. RM. 10.—

Zeitschrift für das gesamte Luftrecht (ZLR.). Herausgegeben von weiland Dr. jur. Otto **Schreiber.** Erscheint in Bänden zu je vier Heften.
Band I. 1926/28 . . . . RM. 50.—, geb. RM. 55.—
Band II, Heft 1 . . . . RM. 10.—

Bank-Archiv. Zeitschrift für Bank- und Börsenwesen. Unter Mitwirkung von hervorragenden Fachmännern herausgegeben von Geh. Justizrat Prof. Dr. **Rießer,** Berlin. Schriftleitung: Rechtsanwalt Otto **Bernstein,** geschäftsführendes Mitglied des Centralverbandes des Deutschen Bank- und Bankiersgewerbes. Quart. Jährlich 24 Nummern. XXIX. Jahrgang. 1929/30 . . . . Pro Halbjahr RM. 12.—

Änderungen des BGB.

I.

Gesetz über die Pflicht zum Antrag auf Eröffnung des Konkurses oder des gerichtlichen Vergleichsverfahrens.

Vom 25. März 1930 (RGBl. I S. 93).

Artikel II.

Das Bürgerliche Gesetzbuch wird wie folgt geändert und ergänzt:

1. Im § 42 Abs. 2 Satz 1 treten an die Stelle der Worte „die Eröffnung des Konkurses" die Worte „die Eröffnung des Konkursverfahrens oder des gerichtlichen Vergleichsverfahrens".
2. § 53 erhält folgende Fassung:

   Die Liquidatoren haben im Falle der Überschuldung die Eröffnung des Konkursverfahrens zu beantragen.

   Liquidatoren, welche die ihnen nach dem Abs. 1 und den §§ 50 bis 52 obliegenden Verpflichtungen verletzen oder vor der Befriedigung der Gläubiger Vermögen den Anfallberechtigten ausantworten, sind, wenn ihnen ein Verschulden zur Last fällt, den Gläubigern für den daraus entstehenden Schaden verantwortlich; sie haften als Gesamtschuldner.
3. Im § 1980 Abs. 1 treten an die Stelle des ersten Satzes folgende Sätze:

Hat der Erbe von der Überschuldung des Nachlasses Kenntnis erlangt, so hat er unverzüglich die Eröffnung des Konkursverfahrens oder, sofern nach § 92 der Vergleichsordnung ein solcher Antrag zulässig ist, die Eröffnung des gerichtlichen Vergleichsverfahrens über den Nachlaß zu beantragen. Verletzt er diese Pflicht, so ist er den Gläubigern für den daraus entstehenden Schaden verantwortlich.

II.

Im **§ 1807** Abs. 1, Nr. 4 des BGB. werden die Worte „von dem Bundesrate" ersetzt durch die Worte „von der Reichsregierung mit Zustimmung des Reichsrats".

(Gesetz vom 23. März 1931, RGBl. I S. 69.)

III.

§ 616 BGB. hat durch die Verordnung des Reichspräsidenten zur Sicherung von Wirtschaft und Finanzen (Notverordnung) vom 1. Dezember 1930 (RGBl. I S. 517) und die Berichtigung dazu (RGBl. I S. 608) sowie durch die Zweite Verordnung des Reichspräsidenten zur Sicherung von Wirtschaft und Finanzen (Zweite Notverordnung) vom 5. Juni 1931 (RGBl. I S. 279/281) folgende Fassung erhalten:

§ 616. Der zur Dienstleistung Verpflichtete wird des Anspruchs auf die Vergütung nicht dadurch verlustig, daß er für eine verhältnismäßig nicht erhebliche Zeit durch einen in seiner Person liegenden

Grund ohne sein Verschulden an der Dienstleistung verhindert wird. Er muß sich jedoch den Betrag anrechnen lassen, welcher ihm für die Zeit der Verhinderung aus einer auf Grund gesetzlicher Verpflichtung bestehenden Kranken- oder Unfallversicherung zukommt. Der Anspruch eines Angestellten (§ 1 Abs. 1, 2 des Angestelltenversicherungsgesetzes) für den Krankheitsfall kann nicht durch Vertrag ausgeschlossen oder beschränkt werden.

Der Anspruch eines Angestellten (§ 1 Abs. 1, 2 des Angestelltenversicherungsgesetzes) auf Vergütung kann für den Krankheitsfall nicht durch Vertrag ausgeschlossen oder beschränkt werden. Hierbei gilt als verhältnismäßig nicht erheblich eine Zeit von sechs Wochen, wenn nicht durch Tarifvertrag eine andere Dauer bestimmt ist.

IV.

§ 247 ist vom 1. Januar 1932 ab gemäß der 4. NotVO. vom 8. Dezember 1931 Teil I Kap. III § 8 (RGBl. I S. 703) wieder in Kraft gesetzt.

V.

Für die **§§ 573, 574, 1123, 1124** ist durch die 4. NotVO. vom 8. Dezember 1931 Teil 3 § 12 (RGBl. I S. 711) und durch die VO. vom 14. Juni 1932 Teil II Art. 1 Nr. 7 (RGBl. I S. 293) folgende Einschränkung von Verfügungen über Miet- und Pachtzinsforderungen eingetreten:

Die Vorschriften der §§ 573, 574, 1123, 1124 des Bürgerlichen Gesetzbuchs (Reichsgesetzbl.

1896 S. 195, 1915 S. 327) und des § 21 der Konkursordnung (Reichsgesetzbl. 1898 S. 612, 1915 S. 327) sind, soweit sie die Wirksamkeit von Verfügungen und Rechtsgeschäften in Ansehung von Miet- und Pachtzinsforderungen gegenüber dem Erwerber des Grundstücks, den Hypothekengläubigern und der Konkursmasse betreffen, mit der Änderung anzuwenden, daß die in ihnen erwähnten Verfügungen und Rechtsgeschäfte nur für den laufenden Kalendermonat und, wenn das nach den genannten Vorschriften maßgebende Ereignis (der Übergang des Eigentums, die Kenntnis von dem Eigentumsübergang, die Beschlagnahme oder die Konkurseröffnung) nach dem fünfzehnten Tage des Monats eingetreten ist, für den folgenden Kalendermonat wirksam sind.

VI.

Die §§ **1082, 1392, 1808, 1814** und **2116** erhielten durch die NotVO. vom 18. März 1933 (RGBl. I S. 109/119) Kap. XI Art. 1 folgende Ergänzung:

Im § 1082 Satz 2, im § 1392 Abs. 1 Satz 1, im § 1808, im § 1814 Satz 1 und im § 2116 Abs. 1 Satz 1 des Bürgerlichen Gesetzbuchs werden hinter dem Worte „Reichsbank" die Worte eingefügt:

„bei der Deutschen Zentralgenossenschaftskasse oder bei der Deutschen Girozentrale (Deutschen Kommunalbank)".

VII.

Gesetz gegen Mißbrauch bei der Eheschließung und der Annahme an Kindes Statt.

Vom 23. November 1933 (RGBl. I S. 979).

Artikel I.

Mißbrauch von Ehe und Kindesannahme.

Das Bürgerliche Gesetzbuch wird wie folgt geändert:

1. Hinter § 1325 wird folgende Vorschrift als § 1325a eingestellt:

§ 1325a.

Eine Ehe ist nichtig, wenn sie ausschließlich oder vorwiegend zu dem Zwecke geschlossen ist, der Frau die Führung des Familiennamens des Mannes zu ermöglichen, ohne daß die eheliche Lebensgemeinschaft begründet werden soll.

Haben die Ehegatten nach der Eheschließung fünf Jahre oder, falls einer von ihnen vorher gestorben ist, bis zu seinem Tode, jedoch mindestens drei Jahre als Ehegatten miteinander gelebt, so ist die Ehe als von Anfang an gültig anzusehen. Diese Vorschrift findet keine Anwendung, wenn bei dem Ablaufe der fünf Jahre oder zur Zeit des Todes des einen Ehegatten die Nichtigkeitsklage erhoben ist.

2. Dem § 1699 wird folgender Abs. 3 angefügt:

Ein Kind aus einer nach § 1325a nichtigen Ehe gilt nicht als ehelich.

3. Dem § 1703 wird folgender Abs. 2 angefügt:

Diese Vorschriften gelten auch für ein Kind aus einer nach § 1325a nichtigen Ehe.

4. § 1754 erhält folgende Fassung:

Die Annahme an Kindes Statt tritt mit der rechtskräftigen Bestätigung des Annahmevertrags in Kraft. Die Vertragschließenden sind schon vor der Bestätigung gebunden.

Die Bestätigung ist nur zu versagen,

1. wenn ein gesetzliches Erfordernis der Annahme an Kindes Statt fehlt,
2. wenn begründete Zweifel daran bestehen, daß durch die Annahme ein dem Eltern- und Kindesverhältnis entsprechendes Familienband hergestellt werden soll,
3. wenn vom Standpunkt der Familie des Annehmenden oder im öffentlichen Interesse wichtige Gründe gegen die Herstellung eines Familienbandes zwischen den Vertragschließenden sprechen.

Wird die Bestätigung endgültig versagt, so verliert der Vertrag seine Kraft.

Vor der Entscheidung über den Bestätigungsantrag ist die höhere Verwaltungsbehörde zu hören.

5. § 1770 erhält folgende Fassung:

Die Aufhebung des Annahmeverhältnisses tritt mit der Bestätigung in Kraft. Die Bestätigung ist nur zu versagen, wenn ein gesetzliches Erfordernis der Aufhebung fehlt.

Die für die Annahme an Kindes Statt geltenden Vorschriften der §§ 1750, 1751, 1753, des § 1754 Abs. 1 Satz 2, Abs. 2 Satz 2 und des § 1755 gelten auch für die Aufhebung.

Artikel II.

Ehenichtigkeits- und Feststellungsverfahren.

§ 1.

Die auf § 1325a des Bürgerlichen Gesetzbuchs gestützte Ehenichtigkeitsklage kann nur von dem Staatsanwalt erhoben werden.

§ 2.

Ist eine nach § 1325a nichtige Ehe durch den Tod des Mannes oder durch Scheidung aufgelöst, bevor sie für nichtig erklärt ist, so kann der Staatsanwalt gegen die Frau auf Feststellung der Nichtigkeit klagen.

Ist die Frau gestorben, bevor die Ehe für nichtig erklärt oder bevor die Nichtigkeit nach Abs. 1 festgestellt ist, so kann der Staatsanwalt gegen ein Kind der Frau auf Feststellung der aus § 1699 Abs. 3 sich ergebenden Unehelichkeit klagen.

§ 3.

Soweit sich aus Vorstehendem nichts anderes ergibt, finden auf die Feststellungsklage gegen die Frau die Vorschriften über die Ehenichtigkeitsklage, auf die Feststellungsklage gegen das Kind die Vorschriften über die Klage auf Feststellung eines Eltern- und Kindesverhältnisses mit folgenden Maßgaben entsprechende Anwendung:

Die Klage ist vor dem Gerichte zu erheben, das zur Zeit der Auflösung der Ehe für die Ehenichtigkeitsklage zuständig gewesen wäre.

Stirbt der Mann vor der Rechtskraft des Nichtigkeitsurteils, so kann der Staatsanwalt zur Feststellungsklage gegen die Frau übergehen. Stirbt die Frau vor der Rechtskraft des Nichtigkeits- oder Feststellungsurteils, so kann der Staatsanwalt zur Feststellungsklage gegen das Kind übergehen.

§ 4.

Auf Ersuchen des Staatsanwalts ist die Feststellung der Nichtigkeit der Ehe (§ 2 Abs. 1) in der Heiratsurkunde, die Feststellung der Unehelichkeit eines Kindes (§ 2 Abs. 2) in der Geburtsurkunde des Kindes am Rande zu vermerken. Dem Ersuchen ist eine mit dem Rechtskraftzeugnis versehene Ausfertigung des Urteils beizufügen.

Werden durch die Nichtigkeit der Ehe die Standesverhältnisse anderer Personen betroffen, so kann der Staatsanwalt auf Grund des Nichtigkeits- oder Feststellungsurteils um die Beischreibung entsprechender Randvermerke ersuchen.

Artikel III.

Kindesannahmeverfahren.

Das Gesetz über die Angelegenheiten der freiwilligen Gerichtsbarkeit wird wie folgt geändert:

1. Hinter § 66 wird folgende Vorschrift als § 66a eingestellt:

§ 66a.

Über den Antrag auf Bestätigung des Annahmevertrags ist die höhere Verwaltungsbehörde zu hören, in deren Bezirk das für die Bestätigung zuständige Gericht seinen Sitz hat. Welche Behörde als höhere Verwaltungsbehörde gilt, bestimmt die oberste Landesbehörde.

2. Die §§ 67, 68 erhalten folgende Fassung:

§ 67.

Der Beschluß, durch den der Annahmevertrag bestätigt wird, ist auch der höheren Verwaltungsbehörde bekanntzumachen.

Der Beschluß, durch den die vertragliche Aufhebung des Annahmeverhältnisses bestätigt wird, tritt mit der Bekanntmachung an den Annehmenden in Wirksamkeit; nach dem Tode des Annehmenden tritt der Beschluß, unbeschadet des § 1753 Abs. 3 und des § 1770 des Bürgerlichen Gesetzbuchs, mit der Bekanntmachung an das Kind, im Falle des § 1769 des Bürgerlichen Gesetzbuches mit der Bekanntmachung an die übrigen Beteiligten in Wirksamkeit. Das Gericht ist zu einer Änderung des Beschlusses nicht befugt.

§ 68.

Gegen den Beschluß, durch den der Annahmevertrag bestätigt wird, steht der im § 66a bezeichneten höheren Verwaltungsbehörde die sofortige Beschwerde zu. Der Beschluß, durch den der Vertrag über die Aufhebung des Annahmeverhältnisses bestätigt wird, ist unanfechtbar.

Gegen den Beschluß, durch den die Bestätigung eines Annahme- oder Aufhebungsvertrags versagt wird, steht jedem Vertragschließenden die sofortige Beschwerde zu, auch wenn er die Bestätigung nicht beantragt hatte.

§ 22 Abs. 2, § 24 Abs. 3 und § 26 Abs. 2 finden keine Anwendung.

Artikel IV.

Nichtigkeit früherer Ehen.

Die Vorschriften des Artikels I Nr. 1 bis 3 und des Artikels II finden auf eine vor dem Inkrafttreten dieses Gesetzes geschlossene Ehe nur Anwendung, wenn die Eheschließung nach dem 8. November 1918 erfolgt ist.

Die im Artikel II bezeichneten Klagen können nur binnen sechs Monaten seit dem Inkrafttreten erhoben werden.

Artikel V.

Nichtigkeit früherer Kindesannahmeverträge.

§ 1.

Ist anzunehmen, daß durch einen zwischen dem 9. November 1918 und dem Inkrafttreten dieses Gesetzes bestätigten Kindesannahmevertrag ein dem Eltern- und Kindesverhältnis entsprechendes Familienband nicht hat hergestellt werden sollen, so hat auf Antrag der höheren Verwaltungsbehörde das Amtsgericht die Nichtigkeit des Vertrags durch Beschluß festzustellen. Dies gilt nicht, wenn das durch die Annahme begründete Rechtsverhältnis durch Vertrag aufgehoben ist.

Der Antrag kann nur binnen sechs Monaten seit dem Inkrafttreten gestellt werden. Er ist nicht mehr zulässig, wenn die Vertragschließenden nach der Bestätigung des Annahmevertrags fünf Jahre oder, falls einer von ihnen vorher gestorben ist, bis zu seinem Tode, jedoch mindestens drei Jahre, in einem Eltern- und Kindesverhältnis gelebt haben.

Der Antrag kann zurückgenommen werden.

§ 2.

Zur Stellung des Antrags ist die höhere Verwaltungsbehörde berechtigt, in deren Bezirk das für die Entscheidung zuständige Gericht seinen Sitz hat. Welche Behörde als höhere Verwaltungsbehörde gilt, bestimmt die oberste Landesbehörde.

§ 3.

Für die Entscheidung ist das Gericht zuständig, in dessen Bezirk der Annehmende seinen Wohnsitz oder in Ermangelung eines inländischen Wohnsitzes seinen Aufenthalt hat. Hat er im Inlande weder Wohnsitz noch Aufenthalt, so ist das Gericht zuständig, das den Annahmevertrag bestätigt hat. Der Richter, der den Vertrag bestätigt hat, ist kraft Gesetzes ausgeschlossen.

Das Verfahren bestimmt sich nach den Vorschriften des Gesetzes über die Angelegenheiten der freiwilligen Gerichtsbarkeit.

§ 4.

Vor der Entscheidung sind die Vertragschließenden zu hören. Ist der Angenommene gestorben, so sind seine Abkömmlinge zu hören, soweit sich die Wirkungen der Annahme auf sie erstrecken.

§ 5.

Gegen den Beschluß, durch den dem Antrag stattgegeben wird, steht den Vertragschließenden die sofortige Beschwerde zu; ist der Angenommene verstorben, so kann jeder seiner Abkömmlinge, auf den sich die Wirkungen der Annahme erstrecken, die sofortige Beschwerde erheben.

Gegen den Beschluß, durch den der Antrag abgelehnt ist, steht der höheren Verwaltungsbehörde die sofortige Beschwerde zu.

§ 6.

Auf Ersuchen der höheren Verwaltungsbehörde ist die Feststellung der Nichtigkeit des Annahmevertrags in der Geburtsurkunde des Angenommenen am Rande zu vermerken. Dem Ersuchen ist eine mit dem Rechtskraftzeugnis versehene Ausfertigung des Beschlusses beizufügen.

Werden durch die Nichtigkeit des Annahmevertrags die Standesverhältnisse anderer Personen betroffen, so kann die höhere Verwaltungsbehörde auf Grund des Feststellungsbeschlusses um die Beischreibung entsprechender Randvermerke ersuchen.

Gedruckt bei A. W. Hayn's Erben, Potsdam.

gesellschaft, Kommandit- und stille Gesellschaft. 117 Seiten. 1921. (Sammlung Göschen Bd. 457.) . . . . Geb. RM. 1.80

II. Aktiengesellschaften, Gesellschaften mit beschränkter Haftung, eingetragene Genossenschaften. Handelsgeschäft, 126 Seiten. 1924. (Sammlung Göschen Bd. 458.) . . . . Geb. RM. 1.80

Eine gemeinverständliche Darstellung in gedrängter Form.

Hein, Joh., **Die Zusammenhänge zwischen Steuerrecht und Handelsrecht und ihre Entwicklung,** untersucht an dem Gewinn und an der Bewertung. Eine bilanzrechtliche und bilanzkritische Darstellung mit praktischen Beispielen. Groß-Oktav. X, 280 Seiten. 1928. RM. 10.—, geb. RM. 12.—

„Das Buch führt in klarer Gestaltung in die Probleme des Bilanzrechts ein. Eine übersichtliche' Gliederung ermöglicht eine schnelle und doch gründliche Einführung. Darüber hinaus stellt das Buch eine wesentliche Förderung für die dringend notwendige wissenschaftliche Behandlung des Steuerbilanzrechts und seiner Zusammenhänge mit den verwandten Rechtsmaterien dar." Zeitschrift für Handelsrecht.

Veröffentlichungen der Vereinigung der Handelsrechtslehrer deutscher Hochschulen.

Bericht über die erste Tagung der Vereinigung in Berlin am 7. und 8. März 1927 (Senatssaal der Universität). Mit Beiträgen von **Ernst Heymann, Hans Wüstendörfer, Otto Schreiber** und **Arthur Nußbaum.** Oktav 65 Seiten. 1928. . . . . RM. 5.—

Das Handelsrecht zeigt heute unter den privatrechtlichen Materien die meisten wissenschaftlichen und gesetzgeberischen Probleme und entwickelt am meisten Initiative. Unter diesen Verhältnissen werden sich die Veröffentlichungen der Vereinigung der Handelsrechtslehrer deutscher Hochschulen als besonders fruchtbar und förderlich erweisen.

Staubs Kommentar zum Handelsgesetzbuch. Zwölfte und dreizehnte Auflage. Bearbeitet von Heinrich Koenige, Albert Pinner, Felix Bondi. Vier Bände und ein Registerband. Groß-Oktav. 4000 Seiten. 1927 . . . . Zusammen RM. 157.—, in Halbleder RM. 183.60

„Der Staub'sche Kommentar ist das klassische Hilfswerk zum Deutschen Handelsgesetzbuch und für die Beurteilung der zahlreichen schwierigen Fragen dieses Gesetzes maßgebend geworden; es stellt ein unentbehrliches Mittel zur Erfassung und zur Anwendung des Gesetzes dar." Frankfurter Zeitung.

Mosse, Albert, und **Heymann,** Ernst, Handelsgesetzbuch (ohne Seerecht). Mit den ergänzenden Vorschriften des Bürgerlichen Gesetzbuchs und einem Anhang, enthaltend das Einführungsgesetz, das Depotgesetz, die Bestimmungen über Börsentermin- und Differenzgeschäfte u. a. Nebst Erläuterungen. Im Anschluß an die Textausgabe von F. Litthauer. Siebzehnte Auflage. Unter Mitwirkung von Karl August Crisolli. Oktav. VIII, 693 Seiten. 1926 (Guttentagsche Sammlung Deutscher Reichsgesetze Bd. 4.) . . . . Geb. RM. 14.—

„Die Litthauer-Mossesche Ausgabe des Handelsgesetzbuches hat bei allen Praktikern seit langem den wohlbegründeten Ruf größter Zuverlässigkeit und übersichtlicher Anordnung, die mit möglichster Knappheit des Ausdrucks gepaart sind. Das Buch ist ein zuverlässiger Führer durch das immer schwieriger werdende Gebiet des Handelsrechts." Vossische Zeitung.

Handelsgesetzbuch nebst Einführungsgesetz vom 10. Mai 1897, unter Berücksichtigung der bis zum 15. Juni 1930 ergangenen Novellen. Text-

2.

Änderungen des BGB.

Verordnung zur Vereinheitlichung der Zuständigkeit in Familien- und Nachlaßsachen.

Vom 31. Mai 1934 (RGBl. I S. 472).

Auf Grund des Artikels 5 des Ersten Gesetzes zur Überleitung der Rechtspflege auf das Reich vom 16. Februar 1934 (Reichsgesetzbl. I S. 91) in Verbindung mit Artikel 5 des Gesetzes über den Neubau des Reichs vom 30. Januar 1934 (Reichsgesetzbl. I S. 75) wird verordnet:

§ 1.

Ehemündigkeit.

Über die Befreiung vom Erfordernis der Ehemündigkeit (§ 1303 des Bürgerlichen Gesetzbuchs) entscheidet das für die Frau zuständige Vormundschaftsgericht.

§ 2.

Ehebruch.

(1) Über die Befreiung vom Ehehindernis des Ehebruchs (§ 1312 des Bürgerlichen Gesetzbuchs) entscheidet der Präsident des Landgerichts, vor dem der Ehescheidungsstreit im ersten Rechtszuge verhandelt worden ist.

(2) Ist die Ehe im Auslande geschieden, so entscheidet der Landgerichtspräsident, in dessen Bezirk

der geschiedene Ehegatte seinen Wohnsitz oder in Ermangelung eines Wohnsitzes seinen Aufenthalt hat; hat er im Inlande weder Wohnsitz noch Aufenthalt, so ist der Landgerichtspräsident in Berlin zuständig.

(3) Bedarf nicht der geschiedene Ehegatte, sondern nur der Mitschuldige der Befreiung, so bestimmt sich die Zuständigkeit der Befreiungsbehörde nach den Verhältnissen des Mitschuldigen.

(4) Sind beide Verlobte wegen des Ehebruchs geschieden, so entscheidet der für den Mann zuständige Landgerichtspräsident.

(5) Der Reichsminister der Justiz behält sich vor, in Fällen bestimmter Art selbst zu entscheiden oder die Entscheidung der Landesjustizverwaltung zuzuweisen. Auch sonst kann er im Einzelfalle die Entscheidung an sich ziehen; die gleiche Befugnis hat die Landesjustizverwaltung, wenn er die Entscheidung nicht in Anspruch nimmt.

§ 3.

Wartezeit.

Über die Befreiung von der Wartezeit (§ 1313 des Bürgerlichen Gesetzbuchs) entscheidet der Standesbeamte, vor dem die Ehe geschlossen werden soll. Soll sie im Auslande geschlossen werden, so ist der Standesbeamte des Standesamts I in Berlin zuständig.

§ 4.

Ehefähigkeitszeugnis für Ausländer.

(1) Die landesrechtlichen Vorschriften über die Eheschließung von Ausländern (§ 1315 Abs. 2 des Bürgerlichen Gesetzbuchs) treten außer Kraft.

(2) Ein Ausländer darf die Ehe nur eingehen, wenn er ein Zeugnis der zuständigen inneren Behörde seines Heimatstaates darüber beibringt, daß ihr ein in den Gesetzen dieses Staates begründetes Ehehindernis nicht bekannt ist.

(3) Von der Beibringung des Zeugnisses kann Befreiung bewilligt werden. Über die Befreiung entscheidet der Oberlandesgerichtspräsident, in dessen Bezirk die Ehe geschlossen werden soll.

(4) Der Reichsminister der Justiz behält sich vor, in Fällen bestimmter Art selbst zu entscheiden oder die Entscheidung der Landesjustizverwaltung zuzuweisen. Auch sonst kann er im Einzelfalle die Entsche dung an sich ziehen; die gleiche Befugnis hat die Landesjustizverwaltung, wenn er die Entscheidung nicht in Anspruch nimmt.

§ 5.

Ehefähigkeitszeugnis für einen Deutschen im Auslande.

(1) Zur Ausstellung eines Ehefähigkeitszeugnisses, dessen ein Deutscher zur Eheschließung im Auslande bedarf, ist der Standesbeamte zuständig, in dessen Bezirk der Verlobte seinen Wohnsitz oder in Ermangelung eines Wohnsitzes seinen Aufenthalt hat. Hat der Verlobte im Inland weder Wohnsitz noch Aufenthalt, so ist der Ort des letzten gewöhnlichen Aufenthalts maßgebend; hat er sich niemals oder nur vorübergehend im Inland aufgehalten, so ist der Standesbeamte des Standesamts I in Berlin zuständig.

(2) Die oberste Landesbehörde kann die Ausstellung der Zeugnisse für mehrere Standesamtsbezirke einem Standesbeamten zuweisen.

§ 6.

Aufgebot.

(1) Über die Befreiung vom Aufgebot (§ 1316 des Bürgerlichen Gesetzbuchs) entscheidet die Aufsichtsbehörde des Standesbeamten, vor dem die Ehe geschlossen werden soll.

(2) Über die Abkürzung der Aufgebotsfrist entscheidet die Aufsichtsbehörde des Standesbeamten, bei dem das Aufgebot beantragt ist.

§ 7.

Verehelichung von Personen ohne inländischen Wohnsitz oder Aufenthalt.

In den Fällen des § 1320 Abs. 3 des Bürgerlichen Gesetzbuchs ist der Standesbeamte des Standesamts I in Berlin zuständig.

§ 8.

Name der geschiedenen Frau.

(1) Zur Entgegennahme und Beglaubigung einer Erklärung, durch die eine geschiedene Frau ihren früheren Namen wieder annimmt (§ 1577 Abs. 2 des Bürgerlichen Gesetzbuchs) oder der geschiedene Mann der Frau die Führung seines Namens untersagt (§ 1577 Abs. 3 des Bürgerlichen Gesetzbuchs), ist der Standesbeamte zuständig, vor dem die Ehe geschlossen ist. Die Erklärung ist am Rande der Heiratsurkunde zu vermerken.

(2) Ist die Ehe im Auslande geschlossen, so ist der Standesbeamte zuständig, in dessen Bezirk der Erklärende seinen Wohnsitz oder in Ermangelung eines Wohnsitzes seinen Aufenthalt hat; hat er im

Inlande weder Wohnsitz noch Aufenthalt, so ist der Standesbeamte des Standesamts I in Berlin zuständig.

§ 9.

Namenserteilung an ein uneheliches Kind.

(1) Zur Entgegennahme und Beglaubigung einer Erklärung, durch die der Ehemann der Mutter eines unehelichen Kindes diesem seinen Namen erteilt, sowie der Einwilligungserklärungen des Kindes und der Mutter (§ 1706 Abs. 2 des Bürgerlichen Gesetzbuchs) ist der Standesbeamte zuständig, der die Geburt des Kindes beurkundet hat. Zuständig ist auch der Standesbeamte, vor dem die Ehe geschlossen ist; dieser hat den Standesbeamten, der die Geburt des Kindes im Inlande beurkundet hat, von der Namenserteilung zu benachrichtigen. Die Namenserteilung ist am Rande der Geburtsurkunde zu vermerken.

(2) Ist im Inlande weder die Geburt des Kindes beurkundet noch die Ehe geschlossen, so ist der Standesbeamte zuständig, in dessen Bezirk der Ehemann seinen Wohnsitz oder in Ermangelung eines Wohnsitzes seinen Aufenthalt hat; hat er im Inlande weder Wohnsitz noch Aufenthalt, so ist der Standesbeamte des Standesamts I in Berlin zuständig.

(3) Die oberste Landesbehörde kann die Entgegennahme und Beglaubigung der Erklärungen für mehrere Standesamtsbezirke einem Standesbeamten zuweisen.

(4) Die Zuständigkeit von Mitgliedern und Beamten der Jugendämter zur Entgegennahme und

Beglaubigung der Erklärungen (§ 43 Abs. 2 des Reichsgesetzes für Jugendwohlfahrt) bleibt unberührt. Die Vorschriften des Abs. 1 Satz 2, 3 über die Benachrichtigung des Standesbeamten und über die Eintragung des Randvermerks gelten entsprechend.

§ 10.

Ehelichkeitserklärung.

(1) Über die Ehelichkeitserklärung (§ 1723 des Bürgerlichen Gesetzbuchs) entscheidet der Landgerichtspräsident, in dessen Bezirk der Vater des unehelichen Kindes seinen Wohnsitz oder in Ermangelung eines Wohnsitzes seinen Aufenthalt hat; hat er im Inlande weder Wohnsitz noch Aufenthalt, so ist der Landgerichtspräsident in Berlin zuständig.

(2) Der Reichsminister der Justiz behält sich vor, in Fällen bestimmter Art selbst zu entscheiden oder die Entscheidung der Landesjustizverwaltung zuzuweisen. Auch sonst kann er im Einzelfalle die Entscheidung an sich ziehen; die gleiche Befugnis hat die Landesjustizverwaltung, wenn er die Entscheidung nicht in Anspruch nimmt.

§ 11.

Befreiung vom Alterserfordernis bei der Annahme an Kindes Statt.

Über die Befreiung vom Alterserfordernis bei der Annahme an Kindes Statt (§ 1745 des Bürgerlichen Gesetzbuchs) entscheidet das für die Bestätigung des Annahmevertrags zuständige Amtsgericht.

§ 12.

Vorschriften über die Zuständigkeit.

(1) Die Zuständigkeit der in den vorstehenden Vorschriften bezeichneten Behörden wird durch eine Veränderung der sie begründenden Umstände nicht berührt.

(2) Entscheidungen, durch die einem Gesuche stattgegeben wird, sind nicht deshalb unwirksam, weil sie von einer örtlich unzuständigen Behörde erlassen sind.

§ 13.

Besonderes für Justizverwaltungsentscheidungen.

Die in den Fällen der §§ 1, 2, 4, 10, 11 vorgesehenen Entscheidungen sind Verwaltungsentscheidungen. Gegen die Entscheidung, durch die ein Gesuch abgelehnt wird, findet die Beschwerde unmittelbar an die Justizverwaltung des Landes statt, in dem die entscheidende Behörde ihren Sitz hat.

§ 14.

Zuständigkeit in Vormundschafts-, Kindesannahme- und Nachlaßsachen.

In den Fällen des § 36 Abs. 2, des § 66 Abs. 2 und des § 73 Abs. 2 des Gesetzes über die Angelegenheiten der freiwilligen Gerichtsbarkeit ist das Amtsgericht in Berlin zuständig. Es kann jedoch die Sache aus wichtigen Gründen an ein anderes Gericht abgeben; die Abgabeverfügung ist für dieses Gericht bindend.

§ 15.

Durchführungsbestimmungen.

Die zur Durchführung dieser Verordnung erforderlichen Bestimmungen treffen die zuständigen Reichsminister.

§ 16.

Inkrafttreten.

(1) Diese Verordnung tritt am 1. August 1934 in Kraft.

(2) Verfahren, die in diesem Zeitpunkt anhängig sind, werden nach den bisherigen Vorschriften erledigt.

Berlin, den 31. Mai 1934.

Der Reichsminister der Justiz.
Dr. Gürtner.

Der Reichsminister des Innern.
In Vertretung:
Pfundtner.

FSC
www.fsc.org
MIX
Papier | Fördert gute Waldnutzung
FSC® C083411

Kolibri 360 GmbH
Ferdinand-Jühlke-Straße 7
99095 Erfurt, Deutschland
produktsicherheit@kolibri360.de